民國時期

公共圖書館古籍出版史

胡培培 著

中國書店

图书在版编目（CIP）数据

民国时期公共图书馆古籍出版史／胡培培著．—北京：中国书店，2024.9

ISBN 978-7-5149-3483-0

Ⅰ．①民… Ⅱ．①胡… Ⅲ．①公共图书馆－古籍－出版事业－文化史－中国－民国 Ⅳ．① G256.1

中国国家版本馆 CIP 数据核字（2024）第 055124 号

## 民国时期公共图书馆古籍出版史

胡培培　著
徐　超　题签
责任编辑　李宏书

出版发行：中国书店
地　　址：北京市西城区琉璃厂东街 115 号
邮　　编：100050
印　　刷：北京建宏印刷有限公司
开　　本：710 mm×1000 mm　1/16
版　　次：2024 年 9 月第 1 版第 1 次印刷
印　　张：29.75
字　　数：470 千
书　　号：ISBN 978-7-5149-3483-0
定　　价：138.00 元

# 序

杜泽逊

我国的古籍出版，发轫于唐朝，但是真正登上朝廷的出版平台国子监，是五代时期后唐长兴三年（932）宰相冯道奏请刻《九经》。以后北宋国子监，南宋国子监，元代各路儒学，明代南京国子监、北京国子监，清代武英殿以及各省官书局，都校刻了很多古籍，成为文化传承的重要手段。晚清以来，新的印刷术石印、排印等传入我国，生产方式有了新的变化，出版成本降低，价格上就比中国传统雕版印刷术具有市场竞争力。我国的雕版印刷术式微，是必然的了。

然而这个过程是复杂的。例如民国十五年（1926），掖县张宗昌皕忍堂摹刻《开成石经》，聘请陶湘主其事。当时石印技术已经较为成熟，如果用石印技术影印拓本，传真效果要比刻版强，而且成本更低。为什么张宗昌要刻木版呢？这应该是中国出版文化的作用，就是要留下雕版印刷的精品，而且是雕版印刷即将退出历史舞台时期的精品。这部精刻的《开成石经》也确实受到学者和藏书家的高度重视。

在同一时期，大量木刻版得不到妥善保存，甚至被当作柴烧。一部分有价值的木版，在晚清到辛亥革命以后，被新成立的公共图书馆收存，并继续刷印流通。这类木刻版以各省官书局刻版为多，因为从管理体制上，官书局裁撤后，省一级管理图书的公共图书馆基本上可以认为具有业务继承权。刷印旧版可以节约刻版的成本，所以这类印刷品还有一定的市场竞争力。也有刻新版的，例如浙江图书馆精刻章太炎的著作《章氏丛书》，就是极具影响力的。可是这类新刻版不多，原因是成本高，无法和石印、排印本竞争。这样，图书馆的古籍出版也出现了石印、排印本。山东省图书馆王献唐先生主持排印了《山左先喆遗书》若干种，浙江图书馆排印了姚振宗著作《快阁师石山房丛书》。也有的用影印办法，江苏省立国学图书馆馆长柳诒徵先生用"陶风楼"的名义主持影印了若干稀见明代史料，山东省图书馆也彩色影印出版了海源阁旧藏黄丕烈手校《穆天子传》。

民国间各国立、省立等公共图书馆到底出版了哪些古籍？出版的过程如何？产生了什么影响？这对我们认识民国间的古籍出版史，以及民国间的公共图书馆史，都是一个特殊的角度。胡培培的这部专著《民国时期公共图书馆古籍出版史》就是解决这个问题的，这是该领域的第一部专著，值得重视。

胡培培毕业于吉林大学历史文献学专业，毕业后到山东省图书馆古籍部工作，参加古籍普查，接触了很多民国版本，积累了一定的直接经验。2018年她考取山东大学儒学高等研究院古典文献研究所博士，随我学习。到2022年夏顺利毕业，获得博士学位。她的博士论文选题和她参加古籍普查的经验积累是密不可分的。

在博士研究生阶段，胡培培一边工作，一边上学，利用课余时间参加我主持的《十三经注疏汇校》的《毛诗注疏汇校》，以及国家清史项目《清人著述总目》《清史典籍志》等工作。她的工作非常用心，在校勘《毛诗》静嘉堂本、敦煌本时，发现了《敦煌经部文献合集》存在若干值得补充的问题，撰写了《读〈敦煌经部文献合集·毛诗传笺〉札记》，虽尚未发表，但对她提升版本校勘的水平有很大帮助。在参加《清人著述总目》与《清史典籍志》编纂过程中，她利用在山东省图书馆普查的信息，补充了十数种清人著述。这些都可见她的专业素养。

关于清乾隆年间曲阜孔继涵刻《微波榭丛书》和《微波榭遗书》的关系，尚未有人说清楚，因此，我让胡培培进行研究，考查清楚微波榭刻书的情况。结果她发现《戴氏遗书》《微波榭遗书》《微波榭丛书》均有三种及三种以上的印本，看来孔继涵微波榭刻印的丛书，其汇印情况前后存在变化，她的成果也写成了文章《微波榭刊刻丛书考辨》。《微波榭丛书》包含《戴氏遗书》和《算经十书》。她发现《算经十书》中的《九章算术》存在特殊的文本形成过程。微波榭刊刻的《九章算术》与戴震的关系长期存在混乱不清的认识。自清代阮元修《畴人传》之后，论者多认为，孔继涵微波榭刻本《九章算术》是戴震辑校整理的成果，并且认为微波榭刊刻的《算经十书》也是戴震在四库馆的辑佚整理成果。然而经胡培培查考研究发现，孔继涵微波榭刊刻的《九章算术》是孔继涵自己整理刊刻的，与收入《武英殿聚珍版丛书》和《四库全书》的戴震整理本不是一回事。孔继涵微波榭本和戴震本的形成过程不同，内部结构也有差别。微波榭刻本前五卷以汲古阁影宋抄本为底本，后四卷以戴震辑《大典》本为底本，除文字校改外，微波榭刻本遵循汲古阁影宋抄本的行款、衔名等，戴震的《订讹补图》附在每卷之末，从而保存了宋本的面貌。这是作为藏书家的孔继涵不同于考据学家戴震的刻书理念。戴震则按考据学方法，利用《永乐大典》引用的《九章算经》，把《九章算术》进行了彻底整理，补入了图说，形成了更为独立的版本。不仅如此，微波榭本《算经十书》也都是孔继涵自己整理刊刻的，其间虽然与戴震有交流，但是各行其是，贯彻了两种不同的古籍整理思路。胡培培撰写了《试论孔继涵微波榭刻〈九章算术〉与戴震的关系》一文，发表在《中国科技史杂志》上，很有学术创见。在这个过程中，我们反复讨论，我也从中获得很多新认识。经过学术训练，此后胡培培又撰写了若干篇学术论文。

胡培培毕业后，继续在山东省图书馆工作，应该说业务水平有了明显提高。她的博士论文得到中国书店的支持，得以正式出版，这是和学术界交流的非常好的机会。所以写下以上的话，作为序言。

# 目 录

绪论 …………………………………………………… 1

第一节 清末民初官刻本发展概况 …………………………… 2

第二节 民国时期公共图书馆与古籍出版 …………………… 6
  一、民国时期公共图书馆的宗旨与出版 …………………… 6
  二、民国时期公共图书馆古籍出版的使命 ………………… 11

第三节 研究综述 ……………………………………………… 25
  一、处在"夹缝"中的民国官刻古籍研究 ………………… 25
  二、当前研究存在的不足 …………………………………… 29
  三、当前学界研究动态及本书的研究内容 ………………… 31

第一章 继承官版，保存私刻——刷印木版古籍 ………… 36

第一节 民国时期公共图书馆雕版印书概况 ………………… 36

第二节 浙江省立图书馆木版古籍的印行 …………………… 47
  一、浙江图书馆版片的继承与扩充 ………………………… 48
  二、浙江图书馆雕版书的印行 ……………………………… 52
  三、印行书籍发展变化特点 ………………………………… 61

第三节 江苏省立国学图书馆木版古籍的印行 ……………… 64
  一、国学图书馆本馆所藏书版 ……………………………… 64

1

二、国学图书馆书版的印行 …………………………………… 68
　　三、中央图书馆的木版印书 …………………………………… 74

第四节　苏州图书馆木版古籍的印行 …………………………… 77
　　一、苏州图书馆印行木版书概览 ……………………………… 77
　　二、木印书中的代表书籍 ……………………………………… 80

第五节　广东图书馆木版古籍的印行 …………………………… 91
　　一、辑印《广雅丛书》 ………………………………………… 92
　　二、印行《广雅丛书》之外的书版 …………………………… 95
　　三、广雅书局的独立和版片的存放 …………………………… 98

第六节　山东、江西、河南、吉林、陕西等图书馆的
　　　　　木版印书 …………………………………………………… 100
　　一、山东省立图书馆的木版印书 ……………………………… 100
　　二、江西省立图书馆的木版印书 ……………………………… 107
　　三、河南、吉林、陕西等图书馆的木版印书 ………………… 111

# 第二章　表彰先哲，阐扬学风——辑印乡贤著述 ……… 117

第一节　云南图书馆与《云南丛书》的出版 …………………… 118
　　一、辑刊《云南丛书》的发端 ………………………………… 119
　　二、《云南丛书》的选目 ……………………………………… 122
　　三、方树梅北游搜访文献 ……………………………………… 132
　　四、《云南丛书》的刊印 ……………………………………… 142
　　五、其他云南地方文献的出版 ………………………………… 154

第二节　浙江图书馆与章太炎、姚振宗著述的出版 …………… 163
　　一、版刻章太炎《章氏丛书》 ………………………………… 163
　　二、续刊姚振宗《快阁师石山房丛书》 ……………………… 192

第三节　王献唐与山东文献的整理出版 ………………………… 200

一、潍县高氏砖瓦的抢救与《上陶室砖瓦文攈》的拓印 ……… 200
　　二、《山左先喆遗书》辑刊始末 …………………………………… 213
　　三、金石古物的搜辑与《海岳楼金石丛编》的拓印 …………… 230

## 第三章　寓存于印，挽救沦亡——影印珍稀善本 ……… 241

### 第一节　北平图书馆的善本影印 ……………………………… 242
　　一、海外典籍 ………………………………………………………… 243
　　二、《宋会要辑稿》 ………………………………………………… 245
　　三、《北平图书馆珍本丛书》 ……………………………………… 247
　　四、《国立北平图书馆善本丛书》 ………………………………… 250
　　五、《国藏善本丛刊》 ……………………………………………… 253
　　六、珍本方志和拓片 ………………………………………………… 256

### 第二节　柳诒徵与国学图书馆善本影印 ……………………… 258
　　一、成立印行部，始印善本 ………………………………………… 259
　　二、与中央大学图书馆、商务印书馆的合作 …………………… 263
　　三、效法先贤，以"陶风"命名 …………………………………… 271
　　四、国事日蹇，印书寄怀 …………………………………………… 276

### 第三节　郑振铎与中央图书馆《玄览堂丛书》的出版 ……… 287
　　一、"保存文献同志会"的文献收集 ……………………………… 290
　　二、《玄览堂丛书》初集的出版 …………………………………… 295
　　三、《玄览堂丛书》续集、三集 …………………………………… 309
　　四、《玄览堂丛书》的底本与旧藏 ………………………………… 314

## 第四章　民国时期公共图书馆古籍出版的经营 ………… 321

### 第一节　经费来源及影响 ……………………………………… 321

### 第二节　印刷途径——自印与委托印刷 ……………………… 325
　　一、刻工的新去向 …………………………………………………… 325

二、委托印刷 …………………………………………… 327
　　三、本馆自印 …………………………………………… 330

　第三节　广告与流通方式 …………………………………… 331
　　一、广告类型 …………………………………………… 332
　　二、销售方式 …………………………………………… 335
　　三、交换与赠送 ………………………………………… 340

　第四节　定价与销售 ………………………………………… 344
　　一、书籍价格考察 ……………………………………… 344
　　二、印书不为营利 ……………………………………… 350

## 第五章　民国时期公共图书馆古籍出版与近代学术演进 … 358

　第一节　典籍阅读与国学研究 ……………………………… 358

　第二节　新材料的发现与语言文字研究 …………………… 369

　第三节　国势变化与明清史研究 …………………………… 379

　第四节　善本入藏与文献传承 ……………………………… 395
　　一、善本入藏与流传 …………………………………… 395
　　二、延续雕版印书 ……………………………………… 397

## 结语 ……………………………………………………………… 405

## 参考文献 ………………………………………………………… 409

## 附录《云南丛书》子目版本情况表 …………………………… 428

## 后记 ……………………………………………………………… 463

# 绪　　论

在中国古代的图书出版活动中，官方一直占据重要位置。雕版印刷技术发明以后，很快被官方应用到书籍出版中，政府与士人、书坊均为重要的刻书事业主体。当前的版本学和出版史研究成果，多根据刻书主体的不同，将刻书形式分为官刻、家刻、坊刻，官刻居其一。古籍版本学著述方面，中国历史上第一部系统的版本学著作叶德辉的《书林清话》总结各朝版本情况，将比较有代表性的版本单独叙述，其余则基本按照官刻、家刻、坊刻的顺序展开，如卷三宋代部分分为"宋司库州军郡府县书院刻书""宋州府县刻书""宋私宅家塾刻书""宋坊刻书之盛"，前两个可归为官刻书。元代部分亦有"元监署各路儒学书院医院刻书""元私宅家塾刻书""元时书坊刻书之盛"等。

1941年潘承弼、顾廷龙撰《明代版本图录初编》将明代版刻分为分代、监本（官刻附）、内版、藩府、书院、家刻、毛刻、书林、活字、套印、绘图、附录等十二卷。[①] 其中据刻书主体而列的是监本（官刻附）、内版、藩府、书院、家刻、毛刻、书林，可归类为官刻、家刻、坊刻。

1960年北京图书馆编《中国版刻图录》没有明确按照出版主体进行分类，然前言中有一句具有代表性的话："从十世纪到十四世纪，包括宋、金、元三朝，除了浙江杭州，福建建阳、四川成都眉山、山西平阳四个文化区刻印了大量书籍行销四方并互为影响外，其他地方政府、私人和书坊

---

① 潘承弼、顾廷龙：《明代版本图录初编》十二卷，开明书店，1941年。

也都从事刻书工作。"①基本认为从事刻书的主体分为政府、私人和书坊。黄永年《古籍版本学》特别强调："要讲版本，尤其是为了鉴别而讲版本，一般讲都要考虑到时代、地域和官刻、家刻、坊刻。"②直举官刻、家刻、坊刻。

在印刷史和出版史领域，也基本是按照这种叙述模式。张秀民《中国印刷史》虽然以地域为类分析刻书特点，但在每个地域中又分别介绍了官刻、私刻、坊刻的情况。肖东发、杨虎《中国出版史》在宋代、明代、清代的刻书事业叙述中，也是按照官刻、私刻、坊刻等三大系统展开的。

清末以来，传统的出版体系发生了重大的变化，民营出版业崛起，官方出版衰落。当前的民国时期出版史著述，多以商业出版（或称民营出版）为主要的书写对象。如吴永贵《民国出版史》实际上就是上海商务印书馆、中华书局、世界书局等新型出版机构的发展史及其人物史，这与近代以来商业出版的大规模发展是分不开的。但是，官方出版并非完全销声匿迹，它仍在以一定的形式生存。忽略这一段事实，在一定程度上会造成中国出版史书写的内部断层。

## 第一节　清末民初官刻本发展概况

五代两宋时期至清代的官刻，无论是出版的机构还是出版的书籍数量，都非常可观。宋代上自国子监、下至州府县署、各路转运司、漕运司、府学等出版的书籍质量上乘，校勘精审，与以建阳为代表的坊刻形成了较为鲜明的对比。明代的内府、国子监、藩府以及各级地方机构继续承担官刻的职能。清代中前期的武英殿是最具代表性的官刻。相对而言，尽管现存清刻本数量庞大，但是清代的地方官署刻书在整体上已经远不及宋明时期。③直到清代后期，太平天国运动以后，各省督抚兴办官书局，成为清代后期最具代表性的官方出版机构，乃至于将其书称为"局刻本"，成为与监本、建阳刻本、武英殿本等并列的版本称谓。

---

①　北京图书馆：《中国版刻图录·中国版刻图录序》，文物出版社，1960年，第3页。
②　黄永年：《古籍版本学》，江苏教育出版社，2009年，第61页。
③　张秀民著，韩琦增订：《中国印刷史》，浙江古籍出版社，2006年，第559页。

太平天国运动对社会经济造成了巨大的损害，对文化的摧残则更为严重。文化渊薮江南地区甚至"无书可读"。在这种情况下，地方督抚大员承担起兴办文教的责任，选择最需要、最基础的书籍进行刊刻。此时的内府诸如武英殿已经不再刊刻新书，清朝中前期在北京兴办的大型刊书活动没有得到延续，之前刊刻的旧版也未能继续印刷。[①]官书局刊书活动在很大程度上缓解了书籍的紧张需求，当时文人仍然以科举为业，局刻本有较为广阔的市场。

就在清代地方大员们为恢复文化刊刻旧书的时候，中国社会已经开始发生重大变化。各地官书局兴办的时间一般都在同治十年（1871）左右，而在十一年前的咸丰十年（1860），因第二次鸦片战争的失败，清政府又一次与英法签订了不平等条约，设立总理衙门处理外交事务，由此洋务运动兴起，中国开始向西方学习。也就在咸丰十年（1860），京师同文馆成立，开始培养外语翻译、洋务人才，除了学习外语，还兼习算学、天文学等，这与中国传统的经史学问大相径庭。为了配合学习西方技术，同治六年（1867），曾国藩上书："盖翻译一事，系制造之根本。洋人制器出于算学，其中奥妙皆有图说可寻。特以彼此文义扞格不通，故虽日习其器，究不明夫用器与制器之所以然。"[②]于是在该年六月，设翻译馆作为上海制造总局的附属机构。同治八年（1869），上海广方言馆并入江南制造局，翻译外国书籍、刊印出版。据清人陈洙订补编辑的《江南制造局译书提要》，同治以后翻译书馆译书有150种。[③]这显示了新学术在中国的逐渐发展。

到光绪末年，情况变化更加明显。科举停办、新学流行，有的官员倡议官书局引进新设备、出版新式书籍，如江楚编译官书局的创设，就是以译新书为主要任务。但是清朝末期官方机构的腐败混乱以及本身所具有的

---

① 据《蒋复璁文集·古今图书集成的前因后果》："据他（陶兰泉）说，光绪间石印《图书集成》，是因张之洞奏请重印武英殿版本而起，不知乾嘉以后，殿版即未有人重印，雍正铜模及乾隆聚珍，因年深月久，早已化为乌有，但是武英殿管理有人，百余年因循下来。所以有人告张，因为书版遗失，则不仅现管理者有罪，即凡过去管过武英殿的都要受到处分，张氏亦未料到，事之严重如此，此事将兴大狱，于是官官相护，覆奏说，书版具在，不过时间过久，凌乱无次，整理费时，查有《图书集成》实为巨著，可用西法石印，较为便捷，于是有石印《图书集成》一事。"参见《蒋复璁文集》第二卷，美商 EHGBooks 微出版公司，2017年，第539页。
② 曾国藩：《曾国藩全集·新造轮船折》，岳麓书社，2011年，第10册第215页。
③ [清]翻译馆：《江南制造局译书提要》，江南制造局，1909年。

制度弊端等原因导致这些转变未能奏效，官书局的经营普遍陷入困难，而清末民初新型图书馆的兴起为官书局书版的印刷提供了新的契机。

清末李端棻在《请推广学校疏》中提到学习西方主要有几个方面：藏书楼、仪器院、译书局、报馆等，其中藏书楼即图书馆。图书馆的兴建在清末逐渐得到重视，公共图书馆、私立图书馆、大学图书馆、机构图书馆均纷纷兴建。在众多图书馆中，省立公共图书馆是清末民初率先在全国范围内广泛建立的。光绪三十年（1904），湖南图书馆成立，成为第一个以图书馆命名的藏书机构。罗振玉《京师创设图书馆私议》："京师图书馆以外，各省城亦应各立图书馆一所，以为府、厅、州、县之倡。"[①] 清宣统二年（1910）《学部奏拟定京师及各省图书馆通行章程折》："各省图书馆亦须依限于宣统二年一律成立。"[②] 这些都促成了清末的公共图书馆运动，奠定了中国近现代图书馆发展的基础。[③] 到民国初年，省立公共图书馆几乎全部建成。

民国时期，图书馆持续发展，1930年《图书馆章程》第一条："各省及各特别市应设图书馆，储集各种图书，供公众之阅览。"[④] 据1936年的《全国公私立图书馆一览表》，全国仅普通公立图书馆就有573所、专门图书馆11所。[⑤] 省级公共图书馆在抗战以前共34个[⑥]，抗战结束后的39所[⑦]，每省都有1至3所。

很多省立图书馆在开办之初，就接收晚清官书局的书版继续印刷。浙江、江苏、山东、河南、江西、陕西、山西、福建、广东、湖南、云南等

---

[①] 李希泌、张椒华：《中国古代藏书与近代图书馆史料（春秋至五四前后）》，中华书局，1982年，第123—124页。

[②] 袁咏秋、曾季光：《中国历代国家藏书机构及名家藏读叙传选》，北京大学出版社，1997年，第78页。

[③] 谢灼华：《中国图书和图书馆史》，武汉大学出版社，2011年，第269页。

[④] 教育部：《教育法令汇编》，商务印书馆，1936年，第1辑第414页。

[⑤] 教育部社会教育司：《全国公私立图书馆一览表·提要》，1936年，第1页。

[⑥] 严文郁：《中国图书馆发展史：自清末至抗战胜利》，枫城出版社，1983年，第65页。

[⑦] 严文郁：《中国图书馆发展史：自清末至抗战胜利》，枫城出版社，1983年，第157—158页。

省图书馆都有版片接收①。因此，民国时期的公共图书馆接续清代后期的官方刻书继续发展。尽管与民国以前各级政府的官方出版大有不同，但刷印经费均来自政府拨款，即主体为官方机构，印刷为政府出资，实际上在一定程度上成为民国时期的"官刻"。民国时期其他机构如民众教育馆、方志馆等亦有出版，但数量较少，且不成体系，政府机关的出版物则具有档案性质，因而民国年间的官方出版，以公共图书馆最具影响力。在公共图书馆的出版物中，有书目、期刊、古籍，又以古籍最具学术代表性和延续性。本文即以公共图书馆的古籍出版为对象，探讨中国出版史、印刷史发展的重要阶段——民国时期的官方出版情况。

"官刻"一词，并非是指此时期的官方出版均是木刻本，而是用"刻"这个具有接续性质的词来指代"出版"。近代以来，石印、铅印、影印等新的印刷形式的引进，扩大了"刊刻"一词的含义，"刊""刻"不仅指具有实质意义上的动词，任何印刷形式出版均可用"付刊""付刻"或"付梓"来描述。

关于"古籍"的定义，学术界经常把"辛亥革命"作为区分古籍与非古籍的界限。1911年以前的刻本、抄本、拓本等均属于古籍。而对于辛亥革命以后，用传统著述方式撰写的关于中国传统学术的书籍也可以算作古籍。黄永年在《古籍版本学》中认为："中国古籍的下限，一般可划到清末。但清末人进入民国时代仍用传统形式撰写的书籍仍可算作古籍。而清末人用新形式撰写的书籍则不算古籍。"②就是将清末以前以及民初学者撰写的传统形式著作称为古籍。北京图书馆编订《北京图书馆普通古籍总目》时在《前言》中说："本书收录的古籍，主要是1911年之前以古典装帧形式出现的写本和印本图书，同时也包括1911年后以古典装帧形式出现、内容与中国古代文化有关的图书。"③2008年《第一批国家珍贵古籍名录》出版，将竹简、帛书、拓本等均纳入珍贵古籍的收录范围。④因此，

---

① 刘洪权：《民国时期的图书馆对刻书版片的保护》，《大学图书馆学报》，2014年第6期，第103—112页。
② 黄永年：《古籍版本学》，江苏教育出版社，2009年，第2页。
③ 北京图书馆普通古籍组：《北京图书馆普通古籍总目·传记门》，北京图书馆出版社，2008年，第37页。
④ 中国国家图书馆、中国国家古籍保护中心：《第一批国家珍贵古籍名录图录》，国家图书馆出版社，2008年。

本文所论述的古籍，既有辛亥革命前的著述，也有辛亥革命以后以传统形式撰写的学术典籍，形式包括刻本、铅印本、石印本、拓本等。

## 第二节　民国时期公共图书馆与古籍出版

民国时期公共图书馆古籍事业与图书馆的创立与发展的宗旨、使命息息相关，图书馆事业的兴起为古籍出版奠定了基础，社会文化的变化则提供了必要的环境。

### 一、民国时期公共图书馆的宗旨与出版

中国近代图书馆创立的初衷多在于"保存国粹、开通智识"，后逐渐转化为"保护文化、社会教育"，实际上是一脉相承，这种职能体现在各公共图书馆中更具代表性，也影响了各公共图书馆的出版事业。①

1. "保国粹"宗旨的继承

清光绪三十二年（1906），刘师培在《国粹学报》上发表《论中国宜建藏书楼》，提出图书馆与保国粹之间的关系："书籍不备，虽欲悦学而无从，此则保存国粹者之隐忧也。""若能诵诗说书，知人论世，抒怀旧之蓄念，发思古之幽情，爱国之心既萌，保土之念斯切。国学保存，收效甚远。"② 他所言藏书楼实际上是具有现代特色的图书馆。图书馆保存书籍，为保存国粹提供最基础的保障。同年，罗振玉发表《京师创设图书馆私议》："保固有之国粹，而进以世界之知识，一举而二善备者，莫如设图书馆。……鄙意此事亟应由学部倡率，先规画京师之图书馆，而推之各省会。"③ 提倡为保国粹，在各省建图书馆。

其后各省巡抚所上奏折兴建图书馆，多首提"保国粹"。清光绪三十三年（1907）《安徽巡抚冯煦奏采访皖省遗书以存国粹折》："奏为

---

① 民国时期公共图书馆的名称几经变化，如山东省图书馆1909年成立时称山东图书馆，1915年改成山东公立图书馆，1929年改称山东省立图书馆，为叙述准确，本书在各个时期沿用旧称。

② 李希泌、张椒华：《中国古代藏书与近代图书馆史料（春秋至五四前后）》，中华书局，1982年，第120—122页。

③ 李希泌、张椒华：《中国古代藏书与近代图书馆史料（春秋至五四前后）》，中华书局，1982年，第123页。

采访皖省遗书，以存国粹，兼备异日图书馆之用。"①清宣统元年（1909）《山西巡抚宝棻奏山西省建设图书馆折》："奏为晋省创设图书馆，以保国粹而惠士林。"②宣统元年（1909）《山东巡抚袁树勋奏东省创设图书馆并附设金石保存所折》："奏为东省创建图书馆并附设金石保存所，以开民智而保国粹。"③到宣统二年（1910），《学部奏拟定京师及各省图书馆通行章程折》附《京师图书馆及各省图书馆通行章程折》第一条即是"图书馆之设，所以保存国粹，造就通才"。④"保国粹"几乎是省立图书馆建设的共同宗旨。

保国粹的理念在民国年间继续存在。《云南图书馆章程》："本馆以保存国粹，输入文明为主义。"⑤《直隶省立第二图书馆章程·宗旨》第一条即是"本馆搜集中外古今图书，以保存国粹，输入文明为宗旨"，在阅览规章中还强调"图书本系国粹，入览人须格外爱惜"。⑥

此时的"保国粹"不仅是保存书籍，还有其他的文物。《山东巡抚袁树勋奏东省创设图书馆并附设金石保存所折》："山东乃圣人桑梓之邦，为我国数千年文明所自出，经师之传注，衣被士林，金石之留遗，甲于寰宇……就中附设山东金石保存所，凡本省新出土之品与旧拓精本，博访兼收，以表山东古文明之特色，免乡氓无识者之摧残，亦存国粹之一端也。"⑦到1932年《山东省立图书馆组织大纲草案》"本馆之职责"中就有"搜集保存金石、古籍、艺术作品，各种版片及本地已刊、未刊各种有价值著作品"。⑧1928年，中华图书馆协会第一次年会，袁同礼提出《请各大图书

---

① 李希泌、张椒华：《中国古代藏书与近代图书馆史料（春秋至五四前后）》，中华书局，1982年，第150页。

② 李希泌、张椒华：《中国古代藏书与近代图书馆史料（春秋至五四前后）》，中华书局，1982年，第144页。

③ 李希泌、张椒华：《中国古代藏书与近代图书馆史料（春秋至五四前后）》，中华书局，1982年，第143页。

④ 李希泌、张椒华：《中国古代藏书与近代图书馆史料（春秋至五四前后）》，中华书局，1982年，第129页。

⑤ 《云南图书博物馆一览·规章》，云南图书博物馆，1923年，第1页。

⑥ 《浙江公立图书馆年报·附录》，1922年第7期，第17—22页。

⑦ 李希泌、张椒华：《中国古代藏书与近代图书馆史料（春秋至五四前后）》，中华书局，1982年，第143页。

⑧ 《山东教育行政周报》，1932年第179期，第28页。

馆搜集金石拓片遇必要时设立金石部以资保存案》获得通过。① 保存金石古物就是各省图书馆的重要职责。

保国粹不仅仅是指把古籍文物收藏起来，束之高阁，还可以通过出版的方式使其化身千百，广泛流传。宣统二年（1910）《学部奏拟定京师及各省图书馆通行章程折》附《京师图书馆及各省图书馆通行章程折》第十二条："京师暨各省图书馆得附设排印所、刊印所。如有收藏秘笈孤本，应随时仿刊发行，或排印发行，以广流传。"第十五条："私家世守不愿出售者，亦应妥为借出，分别刷印、影钞、过录，以广流传。"② 到民国年间，通过出版保存国粹的做法更为常见，如商务印书馆，影印京师图书馆古籍时称："京师图书馆善本各书，最为难得，外间均未传钞。承学之士，无从窥见，似非所以广流传。敝公司有见于此，拟择影印行。"③ 中华图书馆协会第一次年会，河北省立第一图书馆提出《孤本书籍立行重印以广流传案》获得通过。④ 出版珍稀秘本成为各公共图书馆的共识。

2. 从"开民智"到"发扬文化""社会教育"

晚清社会的巨大变化，使越来越多的人认识到开民智的重要性，《日知会阅书报处启》（1901）："欲弥世变，先增国力；欲增国力，先开民智。"⑤ 图书馆的建立，不仅仅是要"保国粹"，还要"开通民智"。清光绪三十二年（1906）十一月初一日《湘抚庞鸿书奏建设图书馆折》："臣查图书馆之设，足以增长士民智识。"⑥《湖南省图书馆暂定章程》（1907）第三条："本馆以保存国粹，输入文明，开通智识……为主义。"⑦

---

① 中华图书馆协会执行委员会：《中华图书馆协会第一次年会报告》，中华图书馆协会事务所，1929年，第77页。

② 王振鸣：《图书馆法规文件汇编》，河北大学图书馆学系，1985年，第4页。

③ 李希泌、张椒华：《中国古代藏书与近代图书馆史料（春秋至五四前后）》，中华书局，1982年，第224页。

④ 中华图书馆协会执行委员会：《中华图书馆协会第一次年会报告》，中华图书馆协会事务所，1929年，第74页。

⑤ 李希泌、张椒华：《中国古代藏书与近代图书馆史料（春秋至五四前后）》，中华书局，1982年，第178页。

⑥ 李希泌、张椒华：《中国古代藏书与近代图书馆史料（春秋至五四前后）》，中华书局，1982年，第152页。

⑦ 李希泌、张椒华：《中国古代藏书与近代图书馆史料（春秋至五四前后）》，中华书局，1982年，第153页。

光绪三十四年（1908）《奉天总督徐世昌等奏建设黑龙江图书馆折》："所冀积轴填委，学理昌明，国粹藉之保存，人才因而辈出，似于补助教育，发启民智，不无裨益。"①清宣统元年（1909）《署归化城副都统三多奏创办归化图书馆片》也提出图书馆建立"与保存国粹，补助教育，两有裨益。"②同年《浙江巡抚增韫奏创建浙江省图书馆归并扩充折》："奏为浙省创建图书馆，将官书局、藏书楼归并扩充，以备庋藏，而宏教育。"③由此可见，公共图书馆设立之初，其"开民智"的作用是普遍认识。

这与古代的藏书楼有了截然不同的区别。卜正民在评价古代的藏书楼时提出："对于许多捐赠者来说，他们并不是想要利用藏书楼来'周乎万里之势'，而是想要以此来界定和限制什么东西可读，什么东西不可读。当他们建造一个收藏书籍的藏书楼时，大部分地方官会认为他们所进行的工程是代表着国家对知识进行传授、控制，而不是要开启什么人的心智。"④也正因为如此，古代藏书楼的利用是非常有限的。

而图书馆则不同，它的主要服务对象就是普通大众，即"集最有益之书籍，施以最合经济之方法，以供民众应用"⑤，这个宗旨，到民国年间扩大到"发扬文化""社会教育"等。1919年，李大钊在北京高等师范学校图书馆二周年纪念会上的演说辞："现在图书馆已经不是藏书的地方，而为教育的机关，所以和教授法有密切关系。"⑥《山东省立图书馆组织大纲草案》："山东省政府教育厅为发展文化事业，增进民众知识起见，特设山东省立图书馆。"⑦《河北省立第一图书馆书籍说明》小引："图

---

① 李希泌、张椒华：《中国古代藏书与近代图书馆史料（春秋至五四前后）》，中华书局，1982年，第166页。

② 李希泌、张椒华：《中国古代藏书与近代图书馆史料（春秋至五四前后）》，中华书局，1982年，第148页。

③ 李希泌、张椒华：《中国古代藏书与近代图书馆史料（春秋至五四前后）》，中华书局，1982年，第168页。

④ [加]卜正民著，陈时龙译：《明代的社会与国家》，黄山书社，2009年，第175页。

⑤ 《山东省立图书馆季刊》，1931年第1集第1期，第21页。

⑥ 李大钊著，《李大钊全集》编委会编：《李大钊全集》第三卷，河北教育出版社，1999年，第417页。

⑦ 《山东教育行政周报》，1932年第179期，第28页。

书馆之责任在开通民智，传布文化。"①

1933年林宗礼在《图书馆的新倾向》中将图书馆"开民智"进行了更进一步的阐发："过去的图书馆，他唯一的工作，只是尽了搜集图书、保存图书的一种责任。换句话说，就是只尽了保存文化的一种责任。实则图书馆的责任，除去保存文化而外，还有其更大的使命在：即发扬文化是也。……图书馆的主要目的，是要将过去的前人的文化，绍介之于今人、后人，使再经一度的溶化，一则使其不致停滞，一则使其有所发扬，永久递进。但如使其能发扬光大，则全视乎他是否能公之于大众以为断。如能公之于大众，那末，大众得而有机会从而参考之，取而研究之。这样的结果，才能使得我们的思想演进，我们的生活改善，国家的文明进步，国家或世界的文化继续。所以现代的图书馆，他除去尽搜罗图书保存文化的责任以外，无日不在设法使所保存的文化普及于大众，而为大众所享用。换句话说，就是无日不在发扬文化的历程上去努力。"②正如王献唐所说："我们为用好书而收集好书，不是玩版本，更不是夸奇斗富。我们要将一切好书，被藏书家埋没的效用，复活起来，普遍到社会上去，从好书的资产阶级化，转到平民化。换一句话说，就是使一般穷困学子，都能得到读好书的机会和场所。"③

因此，图书馆不仅仅要"由闭架式而开架式"，指导民众阅读。还在于"由管理书籍而指导民众，由保存文化而发扬文化"，这无疑也是图书馆出版的指导思想。"近代式之图书馆，不以保藏图书，整理图书，能供一部分人利用为己足，而必使其能指导众民，方无负其使命，此在公共图书馆为尤然。但口耳相传，究属有限，欲宏其效，莫逾文字"。④"莫逾文字"就是将文字付诸出版。民国时期《云南省立昆华图书馆章程》规定："印售部附设印刷所，办理印书事件。附设售书处，办理售书事件。其目

---

① 《河北省立第一图书馆书籍说明》，河北省立第一图书馆，1931年，第1页。
② 林宗礼：《图书馆的新倾向》，《大公报》（天津），1933年9月3日。
③ 王献唐：《砖瓦图书为甚么要开会展览》，山东省立图书馆，1931年，第24页。
④ 《国内图书馆刊物提要介绍》，《浙江省立图书馆馆刊》，1933年第2卷第3期，第141页。

的在传播文化,不在营利。故书价极廉,以足敷成本为准。"① 所标举的出版目的就是"传播文化",可见发扬文化在图书馆出版中的深刻影响。

## 二、民国时期公共图书馆古籍出版的使命

公共图书馆的出版活动不仅发挥图书馆的宗旨,也承担着出版本身的使命,在延续官刻的同时,逐渐发展为独立的事业。

1. 延续官刻

近代公共图书馆古籍出版事业的开展肇始于接收官书局的书版。清末民初,在清代晚期发挥重要作用的官书局或停办、或裁撤,书版多转归各省立图书馆保存。如宣统元年(1909),浙江官书局的书版转归浙江图书馆。宣统二年(1910),广雅书局停办,改为省立广东图书馆,广雅版片,仍保藏馆中②。1911年,淮南、江楚编译局的版片交由江南图书馆接管。③1914年9月,江苏省立第二图书馆(后为江苏省立苏州图书馆)接收江苏官书局,改名官书印行所,原有售书局全部木刻书版,统由图书馆接管使用。④

表1 各公共图书馆接收书版列表⑤

| 图书馆名称 | 版片来源 | 接收时间 | 接收数量 |
|---|---|---|---|
| 浙江图书馆 | 浙江官书局 | 1909年 | 书版123004块,各书首版1294块⑥ |
| 江苏省立第一图书馆 | 淮南官书局、江楚编译官局 | 1911年 | 各50余种,由江南书局代存。另有储图书馆者7869片⑦ |

---

① 《云南省立昆华图书馆概况》,云南省立昆华图书馆,1937年,第21页。
② 伦明:《辛亥以来藏书纪事诗(外二种)》,北京燕山出版社,2008年,第266页。
③ 江南图书馆,1912年改为江南图书局,1913年7月改为江苏省立图书馆,1919年称江苏省立第一图书馆,1927年9月改为第四中山大学国学图书馆,1928年2月改为中央大学国学图书馆,1929年10月称江苏省立国学图书馆。
④ 蒋吟秋:《江苏官书局及其书版》,政协苏州市委员会文史资料委员会:《苏州文史资料》(第1—5辑),1990年,第328页。
⑤ 本表所列数据均是最初接收版片时的图书馆名称和版片数量,详细论述均见以下各节。
⑥ 《浙江图书馆志》编纂委员会:《浙江图书馆志》,中华书局,2000年,第164页。
⑦ 据1928年整理所得数据。各部汇编:《十七年度全馆工作报告表》,《国学图书馆第二年刊》,1929年。

续表

| 图书馆名称 | 版片来源 | 接收时间 | 接收数量 |
|---|---|---|---|
| 江苏省立第二图书馆 | 江苏官书局 | 1914年 | 196种，74081片 |
| 山东图书馆 | 山东书局 | 1909年 | 107种，16983片，《十三经读本》版片数量未计入 |
| 河南图书馆 | 河南学务公所 | 1913年 | 1913年接收学务公所的书版，数量和种类暂不确定<br>1933年接收的清公家雕刻书版，数量在8种以上 |
| 陕西图书馆 | 味经官书局、陕西官书局 | 光绪末年 | 接收关中书院64种 |
| 湖北图书馆 | 崇文书局 | 1936年 | 199种77040块① |
| 湖南图书馆 | 思贤书局、湖南官书局 | 民国初年 | 至少24种② |
| 江西图书馆 | 江西官书局 | 1928年 | 82种 |
| 广东图书馆 | 广雅书局 | 1910年 | 226种，学海堂、菊坡精舍及潘氏伍氏家刻版，共49种 |
| 云南图书馆 | 云南官书局 | 1909年 | 17种以上 |
| 福建图书馆 | 福州书局、正谊书局 | | 至少有《正谊堂全书》1种 |
| 吉林图书馆 | 吉林通志局 | | 1种 |

各馆接收书版的情形，刘洪权在《民国时期的图书馆对刻书版片的保护》一文中有较为详细的列表，总体上展现了各图书馆保存版片的情形③。只是其中有一些疏漏、错误的地方，如江南图书馆所接收的书版并不包括金陵书局的。国立中央图书馆接收的国学书局的书版实际上是金陵书局以及部分淮南书局、江楚编译局的书版，其中淮南书局、江楚编译局的书版原属国学图书馆即江南图书馆，因此中央图书馆的一部分书版与江苏省立

---

① 方振益《湖北官书局（崇文书局）考略》内称书版75467块，但根据《湖北官书局版刻图录》所附《崇文书局移交版片清册》，移交的版片共77040块。《清册》和方文分别见阳海清、汤旭岩主编《湖北官书局版刻图录》，湖北教育出版社，2014年，第271—272、273—276页。

② 寻霖、刘志盛：《湖南刻书史略》，岳麓书社，2013年，第187—215页。湖南官书局于1916年撤销。

③ 刘洪权：《民国时期的图书馆对刻书版片的保护》，《大学图书馆学报》，2014年第6期。

国学图书馆是继承关系，而非并列关系。福建省立图书馆所存正谊书局《正谊堂全书》的书版，刘氏列表中称"毁于1912年辛亥革命与1922年战争"[①]，但是1929年侯鸿鉴《本馆周年纪念辞》中又称："馆中所藏《正谊丛书》之版片，虽不完全，而外省欲搜罗此书者甚多，亟宜整理印刷，以广流传。"[②] 福建地区曾有两次大型刊刻丛书的活动，一是康熙年间张伯行所刊《正谊堂丛书》，二是左宗棠督闽时所刊《正谊堂全书》。[③] 康熙年间张伯行所刊的《正谊堂丛书》，书版为鳌峰书院所藏，到左宗棠刊刻《正谊堂全书》时，《正谊堂丛书》版片已不可得。左宗棠在写给杨浚的书信中称："闻张清恪刻此书成，旋抚苏州，携版片去。又求之苏州书肆，亦不得见。"[④] 因此侯鸿鉴所称《正谊丛书》就是同治年间正谊书局（设正谊书院内）刊刻的《正谊堂全书》。到1929年时，这些版片虽遭到部分损坏，但并未全毁。

原官书局书版是公共图书馆古籍出版最初的资源，奠定了各图书馆雕版印书的基础。1935年陈训慈在《全国省立图书馆现状之鸟瞰》中即说道："至若清季各省官书局刻版印行各书，今亦多归各省之省立图书馆继续印售。"[⑤] 浙江图书馆在《通志》一书的广告语中称："本馆远绍官书局之遗规，仍以版行，副多士望，好古敏求者，其兴来乎。"[⑥] 正是实情的反映。

民国时期的省立图书馆多以继承官书局事业自居，浙江省立图书馆自称："以事属公营，不与商贾竞力同趋，而竭其绵薄；取价务低，印刷务善，期无负官书局之旧规，而尽宏播文化之天职。"[⑦] "为文化而服务，非谋

---

[①] 辛亥革命发生在1911年。
[②] 侯鸿鉴：《民国十八年周年纪念辞》，《福建省立图书馆概况·民国十八年福建省立图书馆年报》，福建省立图书馆，1936年，第1页。
[③] 徐长生：《〈正谊堂丛书〉与〈正谊堂全书〉考论》，安徽理工大学学报（社会科学版），2020年第1期，第71—78页。
[④] 左宗棠：《左宫保书·正谊堂全书》，福州正谊书局刻本，1866年，第1册第1叶b面。
[⑤] 陈训慈：《全国省立图书馆现状之鸟瞰》，《浙江省立图书馆馆刊》，1935年第4卷第3期，第22页。
[⑥] 《浙江省立图书馆馆刊》，1934年第3卷第2期，刊内广告。
[⑦] 《浙江省立图书馆启》，《浙江省立图书馆出版图书目录》，浙江省立图书馆，1936年，扉页。

利而经营。"① 浙图标榜其书校勘精审，价格低廉，目的即是"无负官书局旧规""宏播文化"，这就不仅仅是对官书局物质上的继承，而且还是理念上的继承。

晚清官书局创办的最初目的是为士子读书之用，是太平天国运动以后文化恢复的重要措施，因而与民间坊刻不同，不追求商业利润。清末郑观应在《藏书》中说："中兴将帅，每克复一省一郡，汲汲然设书局，复书院，建书楼。官价无多，尽人可购，故海内之士多有枕经菹史，博览群书，堪为世用者。"② 官书局书籍以价格低、校勘精为广大士人欢迎，并成为很多读书人基本典籍的主要来源。

官书局发挥的"宏播文化"的作用在民国年间仍旧得到承认。1922年，因经济问题，江苏省欲裁撤经营江苏省立国学图书馆书版的江南书局，安徽学者刘启琳致书江苏省省长，就从官书局书籍的文化贡献出发劝勿裁撤：

> 溯该局（江南官书局）未设以前，士人读书，无论大部正经正史，难求善本，即求一可观《史记》，而坊板恶谬，不堪寓目。高之必觅殿监各板，次亦当求汲古阁刻，寒畯满前，岂易语此。五局全史合刊，《十七史》以前悉仿毛氏式样，虽不能上媲殿、监，然实优于原椠远甚。吾国五代以前，书无刻板，□冯道刊五经发卖，于是始有印本。迨冯、曾二公创立官局，于是始有佳书，六十年来可谓衣被天下矣……民国以来，他处书局，闻有因驻兵残毁板片，局遂废止者，此犹有说。今江南乃无故，而亦与之俱废，举两局（扬州淮南局数年前已归并江南）大好枣梨，同付摧毁。譬犹温饱之家，歆羡寒乞，弃五味烹调于粪壤，而甘受长饥；委四时裘葛于道涂，而自沦裸国。准斯以谈，岂非大怪！议员诸公，来日贿买，何必读书。③

刘启琳提出的解决办法是将司役薪工增长的钱数全以加入售价，不费公家一钱，"书价昂贵，慰情胜无，亦一办法"。可见其对官书局书籍的深厚情怀。

---

① 《图书展望》，1935年第1期，刊内广告。
② 郑观应：《盛世危言》，内蒙古人民出版社，2006年，第39页。
③ 《刘启琳致江苏省长书》，《时报》，1922年8月8日，第4版。

这正与新兴图书馆"弘扬文化"的宗旨不谋而合，1929年1月28日至2月1日，中华图书馆协会第一次年会召开，江西省立图书馆馆长欧阳祖经提出议案"各省官书局应由各省省立图书馆接管并在各该馆内附设印行所案"获得通过，规定"省立图书馆，必须附设印行所，即接管原有之官书局，分印刷、发行两部，从事推广文化事业"①。接管官书局印刷书籍、推广文化成为省立图书馆的共识。正是在这种认知下，民国时期公共图书馆继续开展雕版印书。

民国时期，各官书局虽多改属图书馆，但也多沿用旧称，各书局之称仍屡见不鲜，知名度甚至超过图书馆，这也反映了官书局的深远影响。还因为所印书籍大多数是官书局旧书，在接收初期，经营模式和营业内容并未发生太大变化。各图书馆不仅各自继续经营业务，还会互相合作。1925年5月14日浙江公立图书馆附设印行所致函湖北官书处，商讨五局合刻《二十四史》的印刷尺寸问题，以求五局所印史书形制统一。虽历经时局变化，五局仍然在新的历史条件下合作印制《二十四史》，这不得不说是对晚清官书事业的延续。

2. 传印珍本秘籍

清末公共图书馆在最初成立时，清政府就鼓励图书馆印行珍籍，到民国年间，刊印珍稀善本才逐渐发展起来。即使不设印行所，也有专门的出版部或编辑部，如山东省立图书馆专设编辑部，掌管图书馆金石书画及各项版片的保存整理、图书之装订修补传写、编辑本馆出版物以及书版的印行事宜。②陈训慈《全国省立图书馆现状之鸟瞰》也有对这一现象的描述："省立图书馆之印行馆藏珍本，或编印专著，尚为近年之事。其间南京国学图书馆以馆藏之多珍，与方针之所重，印行珍本为特多。次则山东省馆藏兼有博物馆之性质，藏金石甚多，故所出如《汉魏石经残字》《两汉印帚》等，皆蔚为巨制，间多有影印之珍本（如《穆天子传》）。此外如浙馆之印行目录学著作，赣馆之重印《豫章丛书》，豫馆之筹划《中州丛刻》，陕馆之印行《碑林目录》，以及皖馆之编行乡贤像传，皆吾人所闻知，其

---

① 中国图书馆协会执行委员会：《中华图书馆协会第一次年会报告》，中华图书馆协会事务所，1929年，第98页。
② 《山东省立图书馆组织章程·本馆计划规程》，《山东省立图书馆季刊》，1931年第1集第1期，第51页。

未闻而出有佳籍者,殆犹不在鲜也。"①

图书馆传印善本书,有一个非常独特的优势,即是资源丰富。图书馆储存的大量珍善本、金石拓片、书画等都是出版资源。民国年间力量雄厚的商业出版公司商务印书馆,为编译出版之便,专门附设涵芬楼用来藏书,以供工作人员参考研究,后改组为东方图书馆。到1932年,其藏书达四十六万册,是当时上海甚至全国首屈一指的公共图书馆。②商务印书馆取得的出版成就离不开东方图书馆的建立,在这方面,公共图书馆也具备资源。

公共图书馆所藏善本书各具特色,南京省立国学图书馆接收钱塘丁氏八千卷楼藏书。浙江图书馆有文澜阁《四库全书》。山东省图书馆自1928年王献唐任馆长后,更注意搜集,除宋元旧椠(如宋本《文选》、宋本《通鉴纪事本末》、元本《仪礼集说》)外,尤注重乡邦文献,多珍稀抄稿本。

当时各界所影印之书,除了少部分是私家所藏外,多是从图书馆借得,而影印善本反过来也能促进馆藏。1925年,鲍士伟博士致中华图书馆协会及中华教育改进社专门提到中国贵重善本的印行问题:"中国旧籍,以省立图书馆所藏者为最多。……若要保存中国旧有的善本书,势必需建筑避火的书库,及改良装订;其贵重孤本,亟应影印,以广流传。凡此种种并不是要完全仿效欧美,乃是研究如何采用各种最合中国情形的改革方法。"③中国古代很多藏书家专注于藏而不关注于传,正如河北省立第一图书馆在其《概况》中所说:"每思我国古籍……高价居奇,富豪徒资陈设,书之价值愈贵而其失亡也亦愈易,若不广为翻印散布人间,行将家传户诵之书直同宋本,而寒畯学子必至无书可读。"④出版还可以使珍籍化身百千,不仅利于学术研究,还可更好地保存原本古籍。上海沪江大学图书馆在中华图书馆协会提案中,提到影印在一定程度上可以解决私家秘笈不

---

① 陈训慈:《全国省立图书馆现状之鸟瞰》,《浙江省立图书馆馆刊》,1935年第4卷第3期,第18页。

② 杨宝华、韩德昌:《中国省市图书馆概况(1919—1949)》,书目文献出版社,1985年,第145页。

③ 《鲍士伟博士致本会及中华教育改进社第二次报告书》,《中华图书馆协会会报》,1925年第1卷第3期,第3页。

④ 《河北省立第一图书馆概况·计划》,河北省立第一图书馆,1931年,第4页。

愿公开的问题："我国人民，自古即今，素守保藏性质，对于书籍尤甚。如年代愈多，保藏愈密，所以致社会不能得一睹者常有之。因此国人不能得其古学，或遭罹灾害，遂致湮没，大有危害于国粹。如能影印出版，不但不致湮没，亦不致防碍其所有权，而国人藉受深益矣。"①

保存善本书、影印古籍是图书馆的共识。中华图书馆协会第一次年会通过《本会调查登记国内外公私所藏善本书籍编制目录以便筹谋影印案》和《请拨中华教育文化基金影印〈四库全书〉，各省区指定一图书馆陈列以广流传而维国粹案》，前者是在五个原议案的基础上形成的，除了第二件《调查国内善本书籍编制目录案》外，其余四件均是与影印善本书有关的②：

1. 请本会调查登记公私中外现存宋版书以便筹谋影印使勿亡佚案　国立中央大学国学图书馆；
2. 孤本书籍立行重印以广流传案　河北省立第一图书馆；
3. 请国民政府转咨教育部下令全国民间所保存古籍，社会所未能见者应请在附近书店仿印出版，以便张明我国古学，亦可藉免古学湮没案　上海沪江大学图书馆原案；
4. 请国民政府收回庚子年被外人掳去之各种古籍（如《永乐大典》等）及其他陆续收去者请准我国影印收回以保存国粹案　上海沪江大学图书馆原案。

从上可以看出，"广为流传、使勿亡佚"是图书馆影印古籍的主要出发点，更是"保存国粹"的必要方法。1933年福建省立图书馆征求本省古籍、画像、金石、书画，或就地抄录，或用影片邮寄到馆，"以便影印刊行公诸海内，庶几前人著作不随烟云之飞，民族精神乃共日星而焕"③。都是将影印古籍作为传播民族文化的重要途径。

---

① 中华图书馆协会执行委员会：《中华图书馆协会第一次年会报告》，中华图书馆协会事务所，1929年，第74页。
② 中华图书馆协会执行委员会：《中华图书馆协会第一次年会报告》，中华图书馆协会事务所，1929年，第71—74页。
③ 《征求本省文献启示》，《福建省立图书馆图书目录》（上册），福建省立图书馆，1933年，末页。

1936年，北平图书馆联合故宫博物院、北京大学等影印《国藏善本丛书》，在《景印国藏善本丛书缘起》中说道："设令久付缃縢，何以发扬典籍，用是载披簿录，妙选精华，勒为丛书，公诸当世。……所采皆学人必备之书，所摹为流传有绪之本，非仅供儒林之雅玩，实以树学海之津梁，搜奇采逸，期为古人续命之方。取精用宏，差免坊肆滥竽之诮，敢述引言，聊抒捆臆。"[1] 也是视影印为发扬之方。

影印也是当时学界较为通行的风气。学者将自己收藏的珍贵文物，影印成册。罗振玉在民国初年将其收集的65种六朝及唐五代写本敦煌遗书卷子影印出版，这就是著名的《鸣沙石室古籍丛残》和《贞松堂藏西陲秘籍丛残》。傅增湘得到宋单疏本《周易正义》，用珂罗版印行百部。王同愈在《刻书三难》中曾提出了刊刻丛书的三种情况："刊刻丛书……上焉者，搜访秘籍、孤本而汇刊之，使古人著作，自我而传……其次，汇宋元精椠者而影刊之，以留古书真面，可资学子之考订，并可供鉴家之珍藏……又其次，世有通行本，而无精善本，求得名人手校，或名人手钞者刻之，亦足以赉校勘，供鉴藏，为大雅所称道。"[2] 比较全面地概括了刊印珍本秘籍的类型。在民国时期公共图书馆的出版中，这三种书籍均存在。

中华图书馆第一次年会通过了江西图书馆提出的"省立图书馆应附设印行所案"："若省立图书馆一律附设印行所，可翻印古籍、推广新书、实行供给各市县立图书馆藏书，自又绝大便利。"具体办法是所附设印行所分印刷、发行两部从事推广文化事业。[3] 这为公共图书馆的出版珍籍提供了条件。

3. 保存、传播地方文献

1930年10月15日，安徽省立图书馆《学风》杂志第一卷第一期出版，这份在当时并不起眼的杂志，刊登了一封特殊的信件，是北京大学教授胡适写给安徽省立图书馆馆长陈东原的回信《整理安徽文献之我见——覆陈馆长东原书》。[4] 陈东原，安徽省合肥人，1929年毕业于北京大学教育系

---

[1] 《景印国藏善本丛书缘起》，《国立北平图书馆馆务报告（1936—1937年）·附录三》，国立北平图书馆，1937年，第1页。
[2] 王同愈著，顾廷龙编：《王同愈集》，上海古籍出版社，1998年，第333页。
[3] 《江西省立图书馆馆务汇刊·报告》，江西省立图书馆，1929年，第38页。
[4] 《学风》，1930年第1卷第1期，第14页。

后即任安徽省立图书馆馆长，陈氏所学并非图书馆学，因而连续写了三封信求教于母校的教授和乡贤胡适，求教的问题只有一个：关于安徽文献的征集与整理办法。

公共图书馆的收藏本身就带有浓重的地方特色，重在保存地方文献。1916年《山东图书馆书目》就专设"山东艺文"为一卷，为教育部所提倡。1916年11月20日《教育部咨各省区请通饬各省县图书馆注意搜集乡土艺文文》："查山东济南图书馆藏书目中，有'山东艺文'一门，搜罗颇富，而他处图书馆留意及此者尚少。亟宜参照济南图书馆办法，于本地艺文刊本广为搜集，即未出版者，亦宜设法借抄藏庋，以免历久放佚。"① 对着意于地方文献搜集加以支持。这在省立图书馆的地方文献收藏中，更具代表性。王献唐曾道："注意搜集发扬全省之图书文献，本馆既为山东公共藏书总汇，应以所处地位，负其地位上搜集发扬之责任。其地处相近，其声闻相通，调查搜讨，亦易于为力，且可免除他省人士辗转钩致之困难，而所得稽考。"② 1930年国民政府教育部颁布的《图书馆章程》第六条"公共图书馆除搜集中外各书籍外，应负责收集保存本地已刊未刊各种有价值之著作品。"③ 1939年，《修正图书馆规程》第1条规定："储集各种图书及地方文献，供众阅览。"④ 更加鲜明地提出搜集保存地方文献的理念。

1930年4月23日，胡适给陈东原回信，较为详细地讲述了他认为的征集本省文献的步骤：必须首先征集通志、府志、县志等志书；制作儒林、文苑、艺文详表，填注"存""版本""未刻""知""见""佚"等情况；搜辑学者著述；尤其注意收集诗文集、小说弹词等。这成为指导陈东原工作的纲领性文件。

在众多的公共图书馆中，搜辑、阐发地方文献不遗余力，出版也充满发扬地方文献意识，方式多种多样。1928年中华图书馆协会第一次年会上议决通过杨锡类、陕西省教育厅原案，大会修正的"各省市县图书馆应尽

---

① 李希泌、张椒华：《中国古代藏书与近代图书馆史料（春秋至五四前后）》，中华书局，1982年，第186页。
② 《山东省立图书馆季刊·引言》，《山东省立图书馆季刊》，1931年第1集第1期。
③ 《图书馆规程》，《教育部公报》，1930年第2卷第20期，第27页。
④ 《修正图书馆规程》，《浙江省政府公报》第3179期，1939年7月22日，第4页。

力收藏乡贤著作案"[①]，着重强调对地方文献的搜集。搜集的进一步则是地方文献的出版。中央大学区立苏州图书馆提出"图书馆内刊行掌故丛书及先哲遗书案"[②]，就是对公共图书馆这一职责的正式化。民国年间公共图书馆的出版物中，也多以地方文献为主。最具代表性的是各省丛书的出版："近世各省丛书之刻，所以网罗文献，敬恭桑梓，用意至佳。"[③]1931年，山东省立图书馆计划编印书籍，共拟编印三种丛刊，一为《图书馆学丛刊》，一为《古学丛刊》，一为《山东先正遗书》。[④] 山东先正遗书列入出版计划，后逐渐得到实施。

1947年，山东图书馆拟购入《说文》大家王筠著述书版，馆长罗象临在呈教育厅文中阐述道："菉友先生著述关系东省文献，任其散佚，本馆实觉可惜，若由内政部拨来之文献收复费下拨款购存馆中，待机印行，既可保存齐鲁文献，亦可宣扬先哲著作，将来裨益我国文化，诚非浅鲜。"[⑤] 王筠是清代山东安丘人，为山左文字研究之代表人物，其版片的保存，不仅是齐鲁文献的延续，也是表彰先哲学术之举措。

4. 传拓金石文字

近代公共图书馆兴起初期，是兼具博物馆功能的，如山东图书馆附金石保存所，云南图书馆一度名为"云南图书博物馆"，广东省立图书馆也曾名为"广东图书博物馆"，西安碑林附设于陕西省立图书馆等。因此，图书馆不仅收藏书籍，还藏有众多的金石文物。

公共图书馆也非常注重收藏文物与墨本，光绪三十二年（1906），罗振玉《京师创设图书馆私议》中即提出"征取各省志书及古今刻石……古

---

① 中华图书馆协会执行委员会：《中华图书馆协会第一次年会报告》，中华图书馆协会事务所，1929年，第81页。

② 中华图书馆协会执行委员会：《中华图书馆协会第一次年会报告》，中华图书馆协会事务所，1929年，第39页。

③ 《云南图书博物馆一览·公牍》，云南图书博物馆，1923年，第10页。

④ 《一年来本馆工作之回顾》，《山东省立图书馆季刊》，1931年第1卷第1期，第35页。

⑤ 《罗象临呈报省教育厅函请求教育厅派员勘估王筠著述刻板以购存》附《刻板清单》，山东省图书馆：《山东省图书馆馆史资料选编》，齐鲁书社，2015年，第195页。

金石刻，在秦汉以前者，大有裨于古文学，秦汉以后者，亦有裨于历史。"① 1916年，教育部咨各省区征求各种著名碑碣石刻等拓本。②

国立北平图书馆"鉴于地下物之材料有时且较书本为重要，而其相互之关系，尤为密切"，特设金石部主管金石与墨本的收藏。1929年，北平图书馆在河南洛阳购入汉《熹平石经后记》一方，两面存字凡一百四十余，是存字较多的汉石经，对经学大有裨益。还购得陈介祺手辑《金文》二十册、王懿荣旧藏南北朝碑志八百余种。此外还聘定郭玉堂在洛阳广收新出土金石墨本，前后寄到者已在六百种以上，收藏蔚为大观。③

民国初年，浙江图书馆的年度任务之一就是搜集碑志，1916年11月间呈报浙江教育厅通令各县征送志书并拓送著名碑碣石刻。④河南图书馆也藏有一批石刻，是张凤台在河南任政期间（1913—1924年冬任省长）所获，分别存于图书馆和金石编纂处。⑤1924年何日章任河南图书馆馆长，整理旧藏碑志，并不断搜储新石："日章既次旧存隋唐碑志为《藏石目》，复逐集《孝经》残刻及《金源国书碑》，筑亭而庇藏之。而二年来游踪所涉，时复遇吉金断石，散置废寺墟莽间。怅随光之埋幽，吊孤芳而无赏。居恒愧叹，未能致之也。今年夏，乃得金石编纂处以泉男生碑相让，八月又运取黄肠石三十方，今复新购魏志六种，不三月而得奇石者数焉。吾馆之光，亦斯石之幸也哉。"⑥何日章还撰写了《洛阳石棺考》《登封如意考》等研究性文章。1925年李根源游历开封，在督办胡励生的支持下，与何日章一起编纂了《河南图书馆藏石目》，这是较早将所藏文物进行编目和研究的图书馆。

---

① 《京师创设图书馆私议》，李希泌、张椒华：《中国古代藏书与近代图书馆史料（春秋至五四前后）》，中华书局，1982年，第123—124页。

② 《教育部咨各省区征求各种著名碑碣石刻等拓本文》，李希泌、张椒华：《中国古代藏书与近代图书馆史料（春秋至五四前后）》，中华书局，1982年，第219页。

③ 《国立北平图书馆馆务报告（民国十八年七月至十九年六月）》，国立北平图书馆，1930年，第18页。

④ 《公牍》，《浙江公立图书馆年报》，1917年第2期，第2页。

⑤ 李根源、何日章《河南图书馆藏石目》末有李根源"附识"云："开封存石，多安阳张省长凤台在任时所获，旧分庋于图书馆及金石编纂处。今春余游汴梁，白于富平胡励生督办……因与馆长何君日章编定目次如右，俾考古之君子得观览焉。"河南官印局铅印本，1925年，上海图书馆藏。

⑥ 何日章：《河南图书馆藏石跋·叙》，河南官印局铅印本，1925年，上海图书馆藏。

正是在这样的情况下，袁同礼提出"请各大图书馆搜集金石拓片遇必要时设立金石部以资保存案"。在提案中袁同礼论述了金石拓片的重要价值。

金石拓片，于历史上之参证，文字之发明，均关重要，尤为我国历史上所独有。目下各图书馆虽知注重书籍之保存，而对拓片之庋藏，竟无人注意。长此以往，搜求益难。亟应由协会通告各图书馆，即时搜集，遇必要时，得设金石专部，以资保存而供参考。

会议议决通过议案，并由协会委员会函请各大图书馆查照办理。① 袁同礼主要关注在金石拓片，苏州图书馆则提出"图书馆内添设历史博物部案"，其中金石陶瓷竹木等，均应置备。金石尤宜注重，彝器碑刻则量力而置。② 这与浙江图书馆在中华图书馆协会第二次会议提出的"各省立图书馆得附设古物陈列所案"③ 有相似之处。当时的学者都认识到各种古器、古物、金石、字画等为研究一国文化的最好材料。而在当时若每省都设立博物院则经费浩大，一时难以办到。但是面对古器物散失的现状又必须加以保护，在图书馆内开设博物部或陈列所则是可行之举措。

特别是民国以来，考古事业愈见发展，丰富了图书馆的金石收藏："近十余年来，中国考古学者亦咸集，视线于地下文物之积储，遂携同欧美人士从事各地发掘工作。即如北平地质调查所，在奉天、河南、甘肃等省之发掘，清华学校与福利尔艺术陈列馆在山西夏县西阴村之发掘，中央研究院与该馆（案：山西公立图书馆）之发掘河南安阳之殷墟，皆以至少之经济工作，得最多之成绩。"④ 图书馆对文物出土等事颇为关注，不仅出版了一些与之相关的书籍、刊物，还参与考古发掘活动。1930年秋，在南

---

① 中华图书馆协会执行委员会：《中华图书馆协会第一次年会报告》，中华图书馆协会事务所，1929年，第77页。
② 中华图书馆协会执行委员会：《中华图书馆协会第一次年会报告》，中华图书馆协会事务所，1929年，第80页。
③ 《浙江公立图书馆年报·附录》，1924年第9期，第64页。
④ 柯璜：《序言》，董光忠：《山西万泉县阎子疙瘩（即汉汾阴后土祠遗址）之发掘》，山西公立图书馆，1932年。

京古物保存的卫聚贤与美国福利尔艺术陈列馆主任毕士博以及董光忠计议下，太原山西公立图书馆与美国斯密苏尼恩研究院福利尔艺术陈列馆订立合约，发掘万泉县汉汾阴后土祠遗址。双方达成协议：

考古团由山西公立图书馆出名组织；
考古团旅行及发掘经费由福利尔艺术陈列馆担任；
工作报告用中文英文合刊，印刷费由福利尔艺术陈列馆担任；
发掘古物均归山西公立图书馆永远保存。①

此次发掘还邀请前在中央研究院历史语言研究所考古组供职的张蔚然到晋，连同图书馆图书部主任聂光甫等四人前赴万泉县汉汾阴后土祠遗址进行挖掘。这次工作于10月30日开工，11月8日停工，共计9日，约用130余工。

根据协议，1932年12月，双方合刊《山西万泉县阎子疙瘩（即汾阴后土祠遗址）之发掘》一书，中英文合刊，从前往后是中文，从后往前是英文，各据一封面。

在此次发掘之前，卫聚贤曾自著《汉汾阴后土祠遗址的发现》一文发表②，卫聚贤在万全县实地调查与考证各有关史书的基础上认定此次后土遗址地点范围。发掘验证了卫氏所说阎子疙瘩即为汉汾阴后土祠之遗址。双方合刊的《山西万泉县阎子疙瘩（即汾阴后土祠遗址）之发掘》一书主要报告阎子疙瘩发掘所获之物品。除书前有董光忠《山西万泉县阎子疙瘩（即汉汾阴后土祠遗址）之发掘》叙事情之经过以及末附张蔚然《遗址附近之地形及地质》一篇外，主要内容是掘获物门类［砖类；瓦类；陶器类；用具类（石器类、铜器类、铁器类、蚌器类、骨器类、琉璃器、杂件）]及各坑掘获器物数目统计表。

民国时期，西安碑林隶属于陕西省立图书馆，陕西省立图书馆整理出版了《陕西碑林碑目》对碑林所藏各碑的地区、碑名、时代、撰文人（书绘

---

① 董光忠：《山西万泉县阎子疙瘩（即汉汾阴后土祠遗址）之发掘》，山西公立图书馆，1932年，第1页。
② 《东方杂志》，1929年第26卷第19号，第71—82页。

人）、字体、石数、附注等项做了充分的辑录。陕西图书馆编辑的期刊《图书馆》刊登温天伟《欢迎徐旭生先生并请注意两事》："近来国内学者从事地下发掘，研究古代文化之风渐盛，远如河南安阳殷墟与渑池之发掘，近如山东邹峄滕三县之发掘，皆得良好成绩。"[①] 第一卷第三期又刊布《寿州新获古物》一文。[②] 范腾端编《国立北平图书馆藏碑目》，在1941年由上海开明书店铅印。1932年4月《江苏省立苏州图书馆馆刊》还在第三号上配插《东魏殷仲胜造像》《北齐张静孺造像》的影印图片。

以收藏文物为基础进行的出版以墨本最具代表性，主要有书籍墨本和单张拓片两种。收藏金石古器尤多的当属山东省立图书馆，出版有《上陶室砖瓦文攈》、《海岳楼金石丛编》五种、《海岳楼金石丛拓》五种，单张拓片80种以上。

江苏省立国学图书馆也出版了拓本，如《竹坡先生洗砚图》《元代清凉广惠寺游人题名碑》。1935年，孙康侯赠送浙江省立图书馆《淳化阁帖》刻石，浙图"亟觅良工，用佳纸精拓"，定价发售，广告标举其为"用宋刻原石精拓"。1936年江苏省立国学图书馆铅印出版《陶风楼藏拓本影片目》，详列馆藏摹拓类、刊印类、杂图、摄影、石经类、法帖类、图像类、泥封印玺类、丛编类等十类拓本、影印片，近2000余种开封图书馆拓制的墨本。[③]

到民国后期，图书馆与博物馆逐渐分离，1944年沈祖荣在《战后图书馆发展之途径》中说："战后的图书馆要和博物馆密切合作，与档案馆、印刷所也要联络，或兼办此类职务。博物馆所藏是实物的图书，印刷所是图书的制造所，现代图书的范围与使命，已由推广而倾向于分工化。将来各省县能增加专设博物馆、档案馆、印刷所，自然更好。暂时财力人力不够时，图书馆应尽力兼办博物馆与保存档案印刷出版的工作。因为这几件事有密切关系，都有保存和发扬文化的功用。"[④] 无论是图书馆要加强与博物馆、档案馆、印刷所的联系，还是兼办保存出版的工作，图书馆均与

---

① 《图书馆》，1933年第1卷第2期，第1页。
② 《图书馆》，1934年第1卷第3期，第19页。
③ 此书为《江苏省立国学图书馆第九年刊》1936年抽印本。
④ 沈祖荣：《沈祖荣集》，武汉大学出版社，2016年，第327页。

金石文字的出版有不解之缘。

## 第三节　研究综述

### 一、处在"夹缝"中的民国官刻古籍研究

之所以说民国官刻古籍研究处在"夹缝"中，是因为在当前的出版、印刷、版本通史著述中，对于官方刻书的叙述常常截至清末，而近代出版史、印刷史则以铅印、石印出版的传入与兴盛，民营出版企业的大规模出现为开始，民国官刻鲜有提及。如张召奎《中国出版史概要》[①]，宋原放、李白坚《中国出版史》[②]，张煜明《中国出版史》[③]，多是在清官刻本后谈到晚清的官书局刻本，但均未提及民国以后的状况。李致忠《历代刻书考述》"清代地方官刻书"一节[④]、张秀民《中国印刷史》"局刻本"一节，严佐之《古籍版本学概论》"清代版本概述"专门介绍"官书局刻本"，均止于清末或止于官书局版片为图书馆接收。元青主编，王建明、王晓霞等著《中国近代出版史稿》[⑤]，在清末叙述到官书局的转变和衰落，民国年间的情形并未提及。范慕韩主编《中国印刷近代史初稿》第四章讲民族近代印刷工业的兴起与发展，首先叙官办的印刷机构，但仅将官书局列入清代部分。即使是叙述到民国史部分，如王雨著《古籍版本学》[⑥]、魏隐儒编著《中国古籍印刷史》，仅在清代官书局刻本部分讲述了浙江官书局民国年间自刻和接收书版的状况，而在民国的版刻及雕版印刷术的叙述中，官方的雕版印书只字未提。[⑦] 地域的出版史研究实际上是全国出版史研究

---

[①] 张召奎：《中国出版史概要》，山西人民出版社，1985年。
[②] 宋原放、李白坚：《中国出版史》，中国书籍出版社，1991年。
[③] 张煜明：《中国出版史》，武汉出版社，1994年。
[④] 李致忠：《历代刻书考述》，巴蜀书社，1990年。
[⑤] 元青主编，王建明、王晓霞等著：《中国近代出版史稿》，南开大学出版社，2011年。
[⑥] 此书完成于1960年代，有1961年油印本。王雨著，王书燕编纂：《王子霖古籍版本学文集》第1册《古籍版本学》，上海古籍出版社，2006年。
[⑦] 魏隐儒书第十六章和王雨的第七章内容几乎相同，参见魏隐儒：《中国古籍印刷史》，北京印刷工业出版社，1988年。

的缩影，会注意到公共图书馆的出版状况[①]，如顾志兴《浙江印刷出版史》论述民国时期浙江传统雕版印书时首举浙江图书馆，但着墨较少，不足五百字。

王余光、吴永贵著《中国出版通史·民国卷》以"民国出版业的形成"开始，在第一节"晚清出版业的影响"中叙述道："民国时期，一些继承了官书局版片的图书馆，曾利用馆藏的版片资源稍事刷印，间或刻一些新书。这些重印或新刻的古籍，构成了民国时期古籍出版的一个部分，然而相比于民国时期商务印书馆、中华书局等上海民营出版业在古籍出版上的大动作而言，那只能是十分细小的部分。"[②] 这段文字几乎可以作为很多出版史著作的典型观点。对比之下，在民国出版史研究中，多有立足于"私营"或"民营"的研究成果，黄宝忠《近代中国民营出版业研究——以商务印书馆和中华书局为考察对象》[③]、段继红《近现代上海民营出版业的运作模式》[④]、刘志斌《民国时期上海民营出版机构的生存发展研究》[⑤]等，都是在"民营"视角下展开的研究。还有关于商务印书馆、中华书局、世界书局等专题研究更是屡见不鲜。

尽管无法与商务印书馆、中华书局比拟，但民国年间的官方出版也并非毫无影响力。各省、市公共图书馆就是其中最具代表性的机构，仅就图书馆接收官书局书版刷印而言，就是民国时期重要事件。只是，此时的公共图书馆作为官方文化机构并不具备行政管理职能，其主持者也不具备行政权力。由于"局刻"的较大影响，在售书目中经常作为单独一类提出，这在民国年间很多书店的书目中屡见不鲜。如1923年《北京直隶书局书

---

① 梁春芳、朱晓军、胡学彦、陈后扬：《浙江近代图书出版史研究》，学习出版社，2014年。张雪峰：《福建近代出版史研究》，中国书籍出版社，2015年。张忠：《民国时期成都出版业研究》，巴蜀书社，2011年。寿勤泽：《浙江出版史研究·民国时期》，浙江大学出版社，1994年。张宪文、穆纬铭：《江苏民国时期出版史》，江苏人民出版社，1993年。

② 王余光、吴永贵：《中国出版通史·民国卷》，中国书籍出版社，2008年，第11页。

③ 黄宝忠：《近代中国民营出版业研究——以商务印书馆和中华书局为考察对象》，浙江大学博士学位论文，2007年。

④ 段继红：《近现代上海民营出版业的运作模式》，《编辑之友》，2014年第12期。

⑤ 刘志斌：《民国时期上海民营出版机构的生存发展研究》，北京印刷学院硕士学位论文，2010年。

目说明》："本局创办二十余年书精价廉，久为主顾诸君赏识，今更不惜资本，转运各省局刻、家藏木版，各种经、史、子、集，并搜罗宋元明精刊善本。"《书目说明》中首提"各省局刻"，1927年、1928书目仍然沿用。1929年《邃雅斋书目》中《外埠函购书籍章程》第一条："本店向在各省搜罗宋元明板及清朝家藏、局刻各书，照定价，概无折扣。"[①] 同年的《开明书局书目·外埠函购书籍简章》第一条也是"本局创办多年，采访旧刻古书、家藏及局刻各种书籍，照定价一律八折"[②]。局刻书籍是这些书店经营的重要类型。其影响还表现在抗战期间郑振铎等人访购古籍时，也在其重要考虑之列。1940年5月14日，郑振铎在给张寿镛的信中特别提道："各种局刻及普通实用书籍，在杭州胡氏书及李氏书中已搜罗不少，邓氏书中亦有若干。以后自当多购。"[③] 局刻书籍因其实用性而受到重视，也是公共图书馆发挥"官刻"职能继续出版的价值所在。公共图书馆新编刊的古籍中，还有影响力较大的《章氏丛书》《云南丛书》《四库全书珍本丛书》《玄览堂丛书》《宋会要辑稿》等，并且采用了铅印、影印、油印、晒印等多种新型印刷方式，足见其丰富性。

在对民国古籍的专门研究中，尚有学者对民国时期公共图书馆的出版活动给予了关注，最早的当属民国年间王汉章的《刊印总述》，对民国年间各种印刷方式作了详细介绍，在雕版印刷部分，重点表彰了公共图书馆的古籍出版。1991年，曹之《民国时期的古籍出版业》一文，在客观评价"民国期间，官方的主导地位已经不复存在"之外，仍将浙江图书馆、广雅书局以及徐世昌刊刻《新元史》的官方出版活动作为民国古籍出版的重要组成部分。[④]2003年，刘洪权《民国时期古籍出版研究》也论述到："民国时期的古籍出版延续了传统的三大刻书系统，即坊刻、官刻、私刻。其中官刻演化为公立机构刻书。"文中概述了图书馆的古籍出版，只是仅占据

---

① 中国国家图书馆、中华书局：《民国线装图书总目》第8册，中华书局影印本，2020年，第270页。
② 1929年北平开明书局铅印本，参见中国国家图书馆、中华书局：《民国线装图书总目》第8册，中华书局影印本，2020年，第274页。
③ 沈津：《郑振铎致蒋复璁信札（上）》，《文献》，2001年第3期，第252页。
④ 曹之：《民国时期的古籍出版业》，《图书馆工作》，1991年第1期。

了论文的一小节，未能展开，且主要集中在雕版印书。①他的单篇论文《民国雕版刻书研究》在图书馆出版方面基本上沿用了博论的叙述。②彭卫国、胡建强著《民国刻本经眼录》叙述了民国时期藏书家刻本、私家刻本、机构刻本等93种书籍，其所说"机构刻书"实际上就是官方刻书。③杜少霞《民国时期古籍版本学研究》④将刻书主体分为民营出版机构、私人出版者、旧式书肆、图书馆，图书馆就代表着官方出版。秦嘉杭《新中国雕版印书研究》，虽然是论述新中国成立后的雕版印书，但在版片的溯源时，对民国时期的公共图书馆多有涉及。⑤

还有将图书馆的古籍出版作为民国时期图书馆出版的一部分纳入综合性著述中。1935年，陈训慈《全国省立图书馆现状之鸟瞰》中"专著"项对当时的省立图书馆印行珍本古籍的情况有简要的概述，是较早对公共图书馆古籍出版进行关注和总结的文章。⑥黄少明《民国时期公共图书馆的出版物》⑦是目前所知首次对民国时期公共图书馆的出版物进行全面概述的论文，偏向于史实的编排，按照类型将出版物分为报刊和图书，图书下又细分为有关图书馆的书、局本图书、地方文献、书目索引、古籍及其他图书等，均是就每项列举出较有代表性的图书馆及其刊物。王细荣《从文献统计看中国近代图书馆的图书出版》指出"近代图书馆的图书出版是近代出版业的补充"，重点叙述了出版过80种以上书籍的图书馆出版，其中多有代表性古籍。对于图书馆的主要出版活动，专门讨论了"善本、孤本、珍本、稿本、钞本等古籍珍品的刊行"⑧。

迄今为止，民国时期公共图书馆古籍出版的专门论述当属全根先《民

---

① 刘洪权：《民国时期古籍出版研究》，安徽教育出版社，2022年。
② 刘洪权：《民国雕版刻书研究》，《图书情报知识》，2010年第4期。
③ 彭卫国、胡建强：《民国刻本经眼录》，上海远东出版社，2011年。
④ 杜少霞：《民国时期古籍版本学研究》，郑州大学硕士学位论文，2007年。
⑤ 秦嘉杭：《新中国雕版印书研究》，北京大学出版社，2020年。
⑥ 陈训慈：《全国省立图书馆现状之鸟瞰》，《浙江省立图书馆馆刊》，1935年第4卷第3期。
⑦ 黄少明：《民国时期公共图书馆的出版物》，参见佐斌：《教育文献信息建设》，华中师范大学出版社，2005年，第201—208页。
⑧ 王细荣：《从文献统计看中国近代图书馆的图书出版》，《大学图书馆学报》，2017年第1期。

国时期图书馆刊刻古籍述略》，虽名为"刊刻"，但实际上包括了影印和铅印。按照图书馆类型分为国家图书馆和地方图书馆、研究型图书馆等的古籍刊刻，是第一篇专门论述民国时期图书馆古籍刊刻的论文。该文属于概述性质，尽管论述并不全面，如江西省立图书馆并未提及，且有部分误识，如叙述广东省立图书馆时说道"广东省立图书馆在民国时期于古籍刊刻未能有所作为，实为憾事"[①]，是没有真正了解广东省立图书馆的实际出版情况，但是仍不失为一篇开创性的文章。

以上研究成果多围绕于书籍内容展开叙述，即图书馆出版书籍的种类、数量等，这种叙述与描绘图书的馆藏情形有很多相似之处。但是出版活动是一种带有商业性的活动，在这方面，王细荣《中国近代图书馆图书出版的书业性质》，注意到近代图书馆出版、印刷、发行中的书业性质[②]，这突破了近代图书馆出版研究中仅关注书籍本身的不足，而将之纳入书业研究的范畴。智晓静、智晓敏《民国时期图书馆出版实践初探》，探讨了民国时期图书馆出版的五种模式[③]，同时也关注到书籍内容之外的编刊模式问题。这些都为民国时期公共图书馆古籍出版研究提供新的思路。

## 二、当前研究存在的不足

民国时期出版史已经有相当多的成果，通过对这些成果的分析可以发现，由于民国时期官方出版没有得到重视和充分的研究，导致民国时期古籍出版史研究仍然存在一些问题与不足，这些不足是本书力求在一定程度上加以解决的。主要包括以下几个方面：

1. 没有整体的论述导致评价偏颇

当前的研究成果中，由于还没有对民国时期官方出版古籍活动整体的研究，以致在评价中多笼统地用"十分细小""衰落"等词来形容，有的甚至只字不提。但是实际上，公共图书馆不仅继承官书局版片继续坚持印刷流通，还新刊了很多具有影响力的古籍。举其重要者，如云南图书馆的

---

① 全根先：《民国时期图书馆刊刻古籍述略》，《新世纪图书馆》，2004年第5期，第78—80页。

② 王细荣：《中国近代图书馆图书出版的书业性质》，《出版发行研究》，2018年1期，第102—104页。

③ 智晓静、智晓敏：《民国时期图书馆出版实践初探》，《新世纪图书馆》，2019年9期，第81—86页。

《云南丛书》、浙江图书馆出版的章太炎《章氏丛书》，江苏省立国学图书馆影印善本达60种，还有中央图书馆主持影印的《四库全书珍本初集》《玄览堂丛书》，均是皇皇巨著，至今仍为学者所用。在民国时期出版的浩如烟海的图书中，这些公共图书馆出版的古籍虽占比很小，但均是当时精选的具有学术代表性的古籍。这些书籍有的已经得到较为广泛的关注，关于《章氏丛书》《蓬莱轩舆地丛书》《师石山房丛书》研究的专篇论文数量非常可观。本书从整体上全面考察民国时期公共图书馆出版的古籍，以期对民国时期的官方出版有更公允的评价。

2. 缺乏细致专门的研究导致事实错误

由于对民国时期公共图书馆古籍出版的关注较少，更缺乏深入专门的研究，以致在涉及民国时期公共图书馆古籍出版活动的描述时，经常发生错误。如王余光、吴永贵的《中国出版通史·民国卷》谈到："官书局刻书日渐凋零、繁荣不再，多数官书局先后停办，只有浙江官书局、北洋官书局等零星可数的少数几个官书局延续到了下一个政权时期。……各地纷纷倒闭的官书局，后来大多附属于各省图书馆，就连在民国初年还在刻印章太炎的《章氏丛书》（初稿）和其他一些有关西北地理研究方面著作的浙江官书局，也在后来同样归并到了浙江省立图书馆。"[①] 首先，浙江官书局早在清宣统元年即归并到浙江图书馆，并没有支撑到民国时期。其次，文中所说"有关西北地理研究方面著作"，即丁谦《蓬莱轩舆地丛书》。民国初年浙江图书馆刻印《章氏丛书》，还将《蓬莱轩舆地丛书》二编共三十种以《浙江省立图书馆丛书》的名义出版，并不是浙江官书局出版。又如范慕韩《中国印刷近代史初稿》在"官报局、官印局、官纸局（迄清末）"一节将国学图书馆印行所列入[②]，但国学图书馆成立印行部的时间在1927年，而不是在图书馆成立之初。这些细节的错误都会影响对民国时期公共图书馆古籍出版成就的评价。

另外民国时期公共图书馆出版古籍的版本标识错误也是缺乏细致研究所导致的。如中国国家图书馆《民国线装图书总目》著录《安南弃守本末》

---

① 王余光、吴永贵：《中国出版通史·民国卷》，中国书籍出版社，2008年，第11页。

② 范慕韩：《中国印刷近代史初稿》，北京印刷工业出版社，1995年，第218页。

二卷校记一卷补一卷，版本为"民国二十六年上海陶风楼影印本"[①]，"陶风楼"乃指江苏省立国学图书馆的藏书楼，并不是上海的出版社，所以版本当为"江苏省立国学图书馆影印本"或直书"陶风楼影印本"。本书在文中展现公共图书馆古籍出版的细节，以正本清源。

3. 集中于书籍种类、数量的整理而缺乏出版活动的动态过程

现有的研究成果偏向于概述，多集中于出版种数的统计以及具有代表性书籍的举例。对于公共图书馆出版古籍的具体过程尚未有详细的讨论，对于其中所反映的图书馆学家出版的现实原因和深厚背景没有关注。但是古籍刊刻的过程不仅是民国时期古籍出版经济活动的体现，也是组织者学术思想和观念的反映，更代表着民国时期学术发展的特色。对于公共图书馆的代表人物柳诒徵、王献唐、袁同礼、赵万里、郑振铎等，现已有较为丰富的研究成果，尚需将其与公共图书馆的古籍出版进行关联。本书叙述各公共图书馆具体出版活动时，充分运用组织者、参与者的文集、日记、书信资料，使民国时期公共图书馆的古籍出版史成为一段以人为主导的鲜活的历史。

4. 读者群体及其与学术研究之间的关系有待考察

在民国时期，中国古籍的阅读已经发生了重大变化，从民国以前的"主场"逐渐变成仅是阅读场域的一个组成部分，趋向于学术研究化、兴趣化。这从民国时期公共图书馆出版古籍的读者群体中可以大概看出这一情形。同时，本书结合书籍史、文化史的研究视角，运用当时读书人的日记、信札以及研究情况分析民国时期公共图书馆出版的古籍与近代学术演进之间的关系。

## 三、当前学界研究动态及本书的研究内容

1. 古籍出版专题研究的兴盛与范围的扩大

与出版通史书写中面面俱到而不能展开论述相比，以特定的时期、地域、主体等的出版活动为考察对象可作更为深入的探讨，相关书籍或论文越来越丰富。自王国维《五代两宋监本考》《两浙古刊本考》发表以来，

---

① 中国国家图书馆、中华书局：《民国线装图书总目》第20册，中华书局影印本，2020年，第338页。

建阳地区、元代书院、明代内府[①]、明代嘉靖刻时期[②]、清代武英殿[③]、福建四堡[④]等刻书都有专门探讨，逐渐扩大了古籍出版研究的范围。研究愈加深入，晚清官书局的研究就是一个典型的例子。仅总体性的论述就有吴家驹《清季各省官书局考略》[⑤]、张宗友《试论晚清官书局的创立》和《晚清官书局的图书发行》[⑥]、邓文锋《晚清官书局述论稿》[⑦]、王晓霞《纲维国本：晚清官书局研究》[⑧]等，各官书局也都得到了专门关注。[⑨]

古籍出版不仅限于出版活动的客观描述，还与政治背景、社会文化以及阅读环境等交相呼应。社会文化史、书籍史、阅读史研究的相关成果拓宽了古籍出版史研究的范围。潘光哲《晚清士人的西学阅读史》，立足于晚清社会，案例分析士人的西学阅读和接受状况，背后则是西学书籍出版的增多[⑩]。张仲民《出版与文化政治：晚清的"卫生"书籍研究》一书，就是将社会文化史、阅读史与医药卫生书籍的出版相结合的典范[⑪]。又如褚金勇《作为变革动因的印刷机：中国近代文人著述出版的观念转型》也是聚焦于新的印刷方式对中国文人著述方式带来的改变。

出版书籍更能体现时代的学术风气，兰秋阳《金陵官书局与晚清学术》，

---

① 马学良：《明代内府刻书考》，上海古籍出版社，2021年。

② 李开升：《明嘉靖刻本研究》，中西书局，2019年。

③ 项旋：《皇权与教化：清代武英殿修书处研究》，中国社会科学出版社，2020年。

④ 包筠雅著，刘永华、饶佳荣等译：《文化贸易：清代至民国时期四堡的书籍交易》，北京大学出版社，2016年。

⑤ 吴家驹：《清季各省官书局考略》，《文献》，1989年第1期。

⑥ 张宗友：《试论晚清官书局的创立》，《文献》，1999年第4期；《晚清官书局的图书发行》，《编辑学刊》，1999年第3期。

⑦ 邓文锋：《晚清官书局述论稿》，中国书籍出版社，2011年。

⑧ 王晓霞：《纲维国本：晚清官书局研究》，江西高校出版社，2018年。

⑨ 徐琼：《广雅书局研究》，华中师范大学硕士学位论文，2014年。张娟：《江苏官书局研究》，河南大学硕士学位论文，2016年。兰秋阳：《金陵书局与晚清学术（1864—1911）》，中国社会科学院大学博士学位论文，2018年。罗伟华：《江楚编译书局研究》，华东师范大学硕士学位论文，2019年。王晓霞：《新旧之间：江楚编译局始末》，《中国出版史研究》，2022年第1期。石杰：《清末陕西味经书院与味经官书局出版活动研究》，山东大学硕士学位论文，2019年。唐桂艳：《山东书局研究》，山东大学出版社，2020年。

⑩ 潘光哲：《晚清士人的西学阅读史（1833—1898）》，凤凰出版社，2019年。

⑪ 张仲民：《出版与文化政治：晚清的"卫生"书籍研究》，上海书店出版社，2009年。

就着重分析了金陵官书局出版书籍中所体现的理学、诸子学及其编纂者的学术思想。周武《张元济研究》中关注张元济访日寻访古籍以影印，蕴含了民国时期"民族记忆的修复"。以上这些学术研究都为探讨民国时期公共图书馆古籍出版对读者以及学术风气的影响提供了重要的借鉴。

2. 研究资料的日益丰富

与古籍出版研究的日益深入相对应的是，民国时期出版资料的汇编与整理也日益丰富。1933年出版的朱士嘉《官书局书目汇编》，率先关注民国时期官书局出版，据他所述，这是在顾颉刚和几个同学的"怂恿"下而作，当时已经注意到官书局发展的状况。① 周振鹤《晚清营业书目》将朱士嘉书目录入，实际上这些书目均非晚清时期的，时间均在1925—1930年之间。但是在序言中，周振鹤提出："营业书目充分展示了当时市面上的书籍流行情况，也就是一般常说的大众阅读趋向，这种趋向与社会自身发展相一致，也基本上与国家改革的进程相切合，但却不会完全合拍，因为大众的利益与兴趣还有自己的倾向。对历史学研究而言，片言只字无不是可资利用的资料，晚清营业书目就有这样的作用。"② 是较早注意到售书目录价值的学者，很有启发意义。

21世纪以来，汇编类书目更加丰富。仅就古籍出版发行而言，有徐蜀、宋安莉编《中国近代古籍出版发行史料丛刊》③，韦力编《中国近代古籍出版发行史料丛刊补编》④，殷梦霞、李莎莎编《中国近代古籍出版发行史料丛刊续编》⑤，刘洪权编《民国时期出版书目汇编》⑥，国家图书馆编《民国时期发行书目汇编》⑦ 等。民国时期出版资料的汇编出版颇多，

---

① 朱士嘉：《官书局书目汇编·引言》，中华图书馆协会，1933年，第1页。
② 周振鹤：《晚清西学流行程度的一个视角（代前言）》，周振鹤：《晚清营业书目》，上海书店出版社，2005年，第2页。
③ 徐蜀、宋安莉：《中国近代古籍出版发行史料丛刊》，北京图书馆出版社，2003年。
④ 韦力：《中国近代古籍出版发行史料丛刊补编》，线装书局影印本，2006年。
⑤ 殷梦霞、李莎莎：《中国近代古籍出版发行史料丛刊续编》，北京图书馆出版社影印本，2008年。
⑥ 刘洪权：《民国时期出版书目汇编》，国家图书馆出版社影印本，2010年。
⑦ 国家图书馆典藏阅览部：《民国时期发行书目汇编》，国家图书馆出版社影印本，2010年。

为研究提供了丰富的资料。但对这些书目的研究还有待深入。

民国书目方面，1986—1996年，《民国时期总书目》出版，虽然其标举收录平装书，但是作为民国时期书目的一大汇总，开创之功意义重大。2020年，中国国家图书馆、中华书局编《民国时期出版物总目录·民国线装图书总目》[①]（以下均称"民国线装图书总目"）出版，共四辑308册，是民国时期线装书目录编纂的重大成果。每种书不仅著录书名、著者、版本、册数、馆藏，还附有书影，给民国时期的古籍研究提供了极大的便利。

出版史料方面，1954—1959年，张静庐辑注《中国近代出版史料》出版，展现了近代出版的大势，为民国年间图书馆的古籍出版提供了丰富的背景资料。2001—2006年，宋原放主编的《中国出版史料》补充了很多张静庐书中未尽的部分。

文献的电子资源愈加丰富，也为研究提供了便利。在民国文献方面，《中国国家图书馆民国图书数据库》，《中国历史文献总库》之《民国图书数据库》《民国期刊数据库》，《大学数字图书馆国际合作计划数据库》（CADAL）汇入了数以万册的民国书籍、期刊，其中就包括公共图书馆出版的概况、馆务报告、馆刊以及古籍，前三者为研究古籍出版提供重要的背景资料，后者则是古籍的直观展示。《全国报刊索引》《瀚堂近代报刊》是目前搜罗民国时期报刊资料最全的，多有与公共图书馆古籍出版相关的内容。古籍资源方面，国家图书馆《中华古籍资源库》《全国古籍普查登记基本数据库》《"学苑汲古"高校古文献资源库》可以提供很多古籍的在线浏览和版本比对。各图书馆建设的《温州图书馆数字文献档案库》《复旦大学民国书刊库》《云南古籍数字数据库》亦均在各个专题研究中提供相应的资料。以上资源虽未囊括民国时期公共图书馆古籍出版的全部内容，但至少过半。

3. 本书的研究内容

本书主要探讨民国时期公共图书馆的古籍出版活动以及其所反映的学术文化、时代风气等情况。所述公共图书馆，是中央所属及各省、市、

---

① 中国国家图书馆编、中华书局：《民国线装图书总目》，中华书局影印本，2020年。

县等公立普通图书馆，其中又以省立图书馆为主。私立、大学图书馆以及民众教育馆等专门图书馆不在论述范围内。本书研究内容，可概括为以下几点：

第一，本书以民国时期公共图书馆古籍出版活动着手，关注前人研究中较为忽视的民国时期的官方出版，充分考察民国时期公共图书馆出版古籍的整体情况，从而对民国时期的官方出版有进一步的认识，进而给予更加公允的评价。在充分研究的基础上，纠正当前研究中的部分讹误。

第二，注重古籍出版过程的考察，突破现有的仅从宏观层面总结书籍出版数量、种类统计的研究范式。在古籍出版活动的探究中，关注主持者的知识背景、学术旨趣、师友交流等，以及这些方面对出版活动的影响。充分利用民国时期各图书馆出版的《概况》、期刊以及相关的档案资料，并广泛搜罗出版的各类售书目录，考察公共图书馆古籍出版活动的细节。

第三，考察民国时期公共图书馆的经营情况，分析官方出版与商业出版之不同。主要体现在两个方面：经费来自政府拨款、定价不为盈利。特别是在 20 世纪 20 年代，制约公共图书馆古籍出版的因素并非市场的狭小，而是经费的不足，甚至出现了谢绝买主的现象，这些也都是目前民国时期古籍出版研究中尚未涉及、需要补充的内容。

第四，借鉴书籍史、阅读史研究的视角，关注书籍出版后的影响，包括对文人阅读的影响和在学术研究中的具体运用，使古籍出版的研究范围不仅限于书籍生产的过程，还将之与读者相互联系。章太炎、朱希祖、胡适等都是这些书籍的读者，显示了当时公共图书馆出版古籍的影响力。

公共图书馆的成立，是清末以来学习西方文明的一大举措，其创办与发展具有官方色彩，又因其文化属性，带有公益性和普及性。在变化纷繁的民国时期，公共图书馆的古籍出版也充满波折与无奈，是中国近代文化事业的缩影。

# 第一章　继承官版，保存私刻
## ——刷印木版古籍

雕版，又称木刻，是中国古代主要的书籍出版方式。清末以来，新的印刷方式的传入，深刻影响了中国传统的雕版印刷业。民国时期的公共图书馆不仅是藏书机构，还是中国历史上最后一批全国范围内的、有制度保障的官方雕版印书机构。一方面其继承晚清官书局版片，继续开展雕版印书，另一方面又设法征集私家版片，保护存储、刷印流传，在民国时期新的印刷形式大行其道的背景下独有特色。民国时期继续雕版印书的除公共图书馆外，还有以金陵刻经处为代表的宗教出版、以藏书家为代表的私人出版和坊间出版。公共图书馆的雕版印书与宗教、私人、坊间不同，范围广、组织全，最能代表民国时期雕版印刷业经营的状况。本章从民国时期公共图书馆雕版印书的实际情况出发，展现中国官方雕版印刷业在民国时期的发展进程。

## 第一节　民国时期公共图书馆雕版印书概况

民国时期，仍然有采用雕版印刷的私人刻书家，比如刘承幹、董康、周叔弢等人，所刻书籍，多以宋元珍本或稀见稿抄为底本，校刻精良，是民国时期雕版印书的精品。王汉章《刊印总述》曾对其有总体论述：

近30年来，木版家刻书之最精者，其在京津，以董授经康之诵芬室、陶兰泉湘之涉园、朱桂莘启钤之存素堂为最，而秋浦周叔弢季木昆仲次之。

不惟校订精良、纸墨优美，而行款装订，均皆佳妙。其在上海，刘翰怡承幹之嘉业堂、求恕斋，徐积余乃昌之积学斋，张石琴均衡之适园，刘聚卿世珩之聚学轩，缪筱珊荃孙之艺风堂、云自在龛，皆为近代中国木刻书之代表者。他如武进盛杏荪宣怀之《常州先哲遗书》，沔阳卢木斋靖之《湖北丛书》，长白杨芷晴钟羲之《八旗文经》，更为局部文化之特征，允为家刻书之巨擘。其他如海丰吴氏之石莲龛，钱塘吴氏之九钟精舍，长沙叶氏之丽楼，均皆有精刻古本，或印行自著之书。至于印一二种之古籍，或其本身及先世遗著者，更夥涉沉沉，然亦不能不为出版之一。①

但是，这些书籍大多刷印数量很少。周叔弢曾跋1918年吴兴刘氏刊《求恕斋丛书》本《丧服郑氏学》："南浔刘氏刻书甚夥，唯每种只印数十部，流传益稀，此书立庵求之数年不得。"②而且，这些刻书多集中在民国初年。由于经济、社会等原因，私家版片保存境况愈艰难，湖南王闿运的后代就曾公开发布广告，将王闿运所刊《湘绮楼全集》书版25种3637片待价出让③。因此，越来越多的私人选择将书版寄存或赠送给图书馆保存。

私人刻书家的观念也在发生变化，在出版的周期、印刷的速度等方面，雕版印刷与铅印、石印等都无法比拟，这逐渐影响了出版者在印刷方式上的选择。清末民初的著名藏书家和刻书家，逐渐接受新技术。1913年，刘承幹出资印行杨钟羲著《雪桥诗话》，"初拟由西泠印社排印，以价高而出滞。复拟托商务印书馆石印，及开价目与授梓相较相去不远"，作为刻书家的刘承幹在印书时，最先选择的却是铅印和石印，只在价格相当的情况下，才更偏向于雕版。刘承幹认为刻本可长久，因而刊雕合算，于是决计雕版，"约需工资七百余元，加以纸张印订，亦不过共费千余金耳"④。

以刻书著称的陶湘先后用影印出版钱馨室手抄《游志续编》、仿宋抄

---

① 张静庐：《中国近现代出版史料（近代二编）》，上海书店出版社，2011年，第363—364页。
② 李国庆：《周书弢藏书题识》，中国人民政治协商会议天津市委员会文史资料研究委员会：《天津文史资料选辑》第52辑，天津人民出版社，1990年，第94页。
③ 《图书文化消息·出版界珍闻》，《浙江省立图书馆馆刊》，1934年第3卷第6期，第32页。
④ 刘承幹著，陈谊整理：《嘉业堂藏书日记抄》，凤凰出版社，2016年，第135页。

本《营造法式》等书籍。另一位精于雕版刻书的藏书家董康，在1934年转向铅活字印刷："窃念仿宋字体，风行时尚，诵芬室十年摹锓古籍，与有提倡；今习俗所趋，争相仿效，别裁伪体，面目全非，康又安敢不及时贡献，以为失诸正鹄者反求之准的。……康将舍弃诵芬室雕板故业，而从事仿宋活字之新生活。"①清末民初雕版印书的中坚力量——私人刻书家也逐渐转向新的技术，刻书的版片则大都逐渐归于公共图书馆。

事实上，公共图书馆最初接收的官书局书版中，绝大多数是官书局自刻的版片，也有部分寄存在书局的书院、私家的版片，只是数量较少，后逐渐增多。宣统初年，丁氏嘉惠堂因为其家所刻书籍数量甚多，储藏书版颇占空间，而丁氏宅邸空间狭窄，于是将书版寄存至浙江公立图书馆，刷印售卖。②1920年广东省立图书馆印行的书目中，也包括潘氏、伍氏等家刻书。③1927年12月，缪荃孙之子缪禄保（字子寿）寄存《艺风堂金石目》《常州词录》《云自在龛丛书》版片于江苏省立国学图书馆。④1928年，安节局旧藏段氏《说文注》版片改储江苏省立苏州图书馆印行所。1931年，山东省立图书馆因"近年来本省私家所刻书版，屡经变乱，多请求本馆代为保藏"，拟进行的工作之一即为"代藏私家所刻书版"。⑤

而社会上对于版片的重要性最初并没有普遍深刻的认识："藏书之家，网罗珍秘。校订之士，考索源流。而往往于印行所资之版片，反多忽略。饲蠹投铲，不可胜计。"⑥在这种情况之下，1929年中华图书馆协会第一次年会分组会议议决案中，据刘纯、袁同礼提案合定的"调查及登记全国公私版片编制目录案"获得通过。其中刘纯原提出《调查全国家刻版片资助印行案》，理由有：

---

① 董康：《创制百宋活字序》，张静庐：《中国现代出版史料（补编）》，上海书店出版社，2011年，第286—287页。

② 石祥：《杭州丁氏八千卷楼书事新考》，上海古籍出版社，2011年，第266—270页。

③ 广东图书馆附设印行所：《广东图书馆附设印行所书目》，广东图书馆附设印行所，1920年。

④ 《国学图书馆第二年刊·大事记》，1929年，第3页。

⑤ 《一年来本馆工作之回顾》，《山东省立图书馆季刊》，1931年第1卷第1期，第36页。

⑥ 中华图书馆协会执行委员会：《中华图书馆协会概况》，中华图书馆协会事务所，1933年，第40页。

（一）家刻版片中之极有价值者，为数甚夥。因保管不得其人，或藏版不得其法，以致多年不印，即有虫食霉烂诸弊。

（二）民国以来，军事迭兴，版片首遭其厄。因版藏处所大都为庵庙空房，致为驻军焚毁散失者，不知凡几。

（三）家刻版片，现因无力印书，置之高阁，因而散失毁坏者，比比皆是。①

刘纯在这里分析了家刻版片面临保管不得其人、军事损坏、无力印刷等的众多问题。事实上，在会议之前，刘纯就已经关注到了私家版片的问题，1926年，《中华图书馆协会会报》第2卷第2期就刊登了他的《南京家刻版片调查初录》：

金陵素为文化之区，海禁未通以前，尤为书贾所走集，学士大夫，竞以刊书相尚，流风于今，犹未全泯。然数十年来，时事推移，新刊既寡，旧藏复多零落，而漫灭蠹蚀者，尤所在多有。窃恐其或日就渐灭，或埋没终古，乃有调查南京现存版片之举。

调查版片采取的办法是列表分目，将版权、书名、卷数或页数、开刊年月、刊成年月、版存处所六项一一列出。经过一年的工作，刘纯总结道："盖南京版本，约分局刻、坊刻、家刻三种，前二者或有目录可稽，调查尚易，独家刻一种，既无集中之处所，复往往畏为人知，深秘固藏，甚难得其真象，调查所及，独多缺漏，然佳籍往往在是。吾人之愿知此项消息者，当更胜于前之二项，因先摘录此部，就版权人、书名、现存处所等，公于众。"②刘纯认为私家刻书中的精品佳籍较多，但因深藏各家，不易寻访，其目更为学界所需，故先录家刻版片。

袁同礼则将版片与档案同等对待，强调其文献价值，重在保存。他提出的议案为《请各省市政府调查及登记所属区域内所藏之书板及档案遇必

---

① 中华图书馆协会执行委员会：《中华图书馆协会第一次年会报告》，中华图书馆协会事务所，1929年，第76页。

② 《中华图书馆协会会报》，1926年第2卷第2期，第11—12页。

要时得设法移送图书馆保存案》：“查书板、经板及档案，关系一切文献至为重要，而各省市县所辖区域内所藏此项板片及档案，往往以无人注意之故，损坏甚巨。应请各市县政府，以最严密之方法，调查登记，并将结果公布于世。遇必要时，得移送图书馆保存。”议案获得通过后，协会拟对全国版片广为调查、详为登记，版片不限新旧，一概著录。①

　　协会还组建了版片调查委员会，以徐鸿宝为主席，王重民为书记，成员还有杨立诚、赵鸿谦、柳诒徵、陈乃乾、欧阳祖经、胡广诒、侯鸿鉴、徐绍棨、何日章、聂光甫等，大都是各省立图书馆的馆长或负责人。1932年，善本调查委员会并入版片调查委员会，改以柳诒徵为主席，缪凤林为书记。②版片和善本作为图书馆的保护对象得到同等重视。版片委员会还在《会报》和《图书馆学季刊》上发布《中华图书馆协会版片调查委员会启事》：

　　版籍尚矣，萌始于隋唐，大盛于五季；闽雕蜀刻，传古香于后世；坊刊监本，播嘉惠于士林。自元讫明，士夫不学，读书而义愈晦，刻书而书愈亡。有清朴学独炽，订讹补佚，必以宋刻为征，于是有《百宋一廛》之赋，《宋元行格》之表，见重于世矣。独叹夫藏书之家，网罗珍秘，校订之士，考索源流，而于板片反多忽焉。宜乎五百年后，欲求勤有堂陈道人之刻书掌故者，已云不易，况板片乎？及《汲古阁刻板存亡考》一书，亦因时尚不远，故得存千百于十一，若再五百年后，亦将有如勤有堂陈道人者矣。中华图书馆协会有鉴于此，特组织板片调查委员会，拟及时广为调查，详为登记，板片不限新旧，一概著录。同人等谬庸重寄，唯恐限于人地，有未周者。念国人当不乏好古同志，若肯就地调查，邮筒相寄，将来得共汇一编，不惟敝会所私庆，抑亦全国学术之幸也。敝会现制有板片调查表，请向北平国立北平图书馆徐鸿宝君或王重民君，函索当奉上不误。敬祈公鉴！③

---

① 中华图书馆协会执行委员会：《中华图书馆协会第一次年会报告》，中华图书馆协会事务所，1929年，第76页。
② 中华图书馆协会执行委员会：《中华图书馆协会概况》，中华图书馆协会事务所，1933年，第40—41页。
③ 《中华图书馆协会版片调查委员会启事》，《图书馆学季刊》，1929年第3卷第2期，第313页。

随着版片保存的意识不断提高，公共图书馆对私家书版征收和保存逐渐规范。特别是有些图书馆还制定了版片捐赠、寄存规章，鼓励藏家捐赠、寄存版片。1929年，侯鸿鉴在福建省立图书馆《周年纪念辞》中，提出除搜罗先哲遗书外，还要搜罗版片："各县图书版片，自遭兵匪，毁弃无遗，亟应搜罗，藏之馆内；所有私家所藏版本，亦当设法庋之馆中，以永保存。"[①] 同年6月，浙江大学发布《调查坊刊家刊图书版片》训令，要求各市县教育机关填表寄至浙江省立图书馆。[②]

1931年《山东省立图书馆组织大纲草案·本馆之职责》规定"搜集保存金石、古籍、艺术作品，各种版片及本地已刊、未刊各种有价值著作品"[③]，已经将版片包括在内。浙江省立图书馆制订《浙江省立图书馆奖励捐赠图书版片及文献物品办法》《浙江省立图书馆收受寄存图书版片及文献物品办法》等规定完善的捐赠、寄存书版的办法，还专门发布通告《本馆征求图书版片及文献物品之捐赠》进行征求：

私家藏书，不如公家之传久而溉广，旧刻书版，家藏不易印行，不印尤易蠹损。本馆为充实馆藏、发扬浙江学风起见，订有奖励捐赠图书版片及文物品办法与收受寄存办法，于奖励纪念，及暂时寄存，皆订有详密之办法。各界诸君幸赐赞助焉。[④]

持续保持征集版片，还列入各馆的每年度工作计划中。浙图甚至打算"遇必要时拟委托就地人士，或由所派员，赴各藏家面洽征求。务使本所藏版，继续增加，本省各地私家所刻书版，得以既弭散失，复广其书之流传"[⑤]。

---

① 侯鸿鉴：《本馆周年纪念辞》，福建省立图书馆：《福建省立图书馆概况·民国十八年福建省立图书馆年报》，福建省立图书馆，1936年，第1页。
② 1929年6月18日第575号训令，《调查坊刊家刊图书版片（附表）》，《浙江大学教育周刊》，1929年第64期，第20—21页。
③ 《山东省立图书馆组织大纲草案》，《山东教育行政周报》，1932年第179期，第28页。
④ 《浙江省立图书馆概况》，浙江省立图书馆，1934年，书末广告。
⑤ 《浙江省立图书馆附设印行所民国二十四年度进行计划》，《浙江省立图书馆馆刊》，1935年第4卷第4期，第24页。

公共图书馆的版片征求取得了较好的效果,如1931年,王勤生寄存家藏《论语正录》及《筱泉先生年谱》书版490块于北平图书馆[①]。浙江省立图书馆仅1933年就征得捐赠书版23种22041块,寄存书版7种1000块。1935年时馆藏"官书局及续雕版片达14万余块之多"[②],如果加上各方捐赠,则"合计已达18万余块"[③]。1935年,福州乌山图书馆接管《福建新通志》版片。1937年,山东省立图书馆接收《济南府志》版片[④]。

1933年浙江图书馆新增书版主要为胡氏退补斋之《续金华丛书》及丁氏八千卷楼之各种版片。[⑤] 由于胡氏捐赠书版甚多,浙馆还照捐资兴学褒奖条例专门向教育部申请颁发一等奖。

> 浙江教育厅前据本馆呈,以旅津浙绅胡宗楙(永康人)继绳先志,捐存《续刻金华丛书》版片三千六百十一块,内容俱属巨著名椠,且多人间孤本、中秘珍藏,估量时值,合银至少在一万元以上。附送议据清册,事实表册,转请褒奖等情,经核无异,特为转呈教育部请奖。兹奉教育部指令,以胡君热心文化,慨捐《丛书》版片,价值巨万,良堪嘉许,除登教育部公报外,并颁发捐资兴学一等奖状一纸。[⑥]

浙江图书馆还在馆内悬挂胡氏父子影片以作纪念[⑦],这对捐赠者来说,都是极大的鼓励。

为了保存版片,公共图书馆尽量改善版片储存的条件。民国初年,浙

---

① 《寄存书籍及书版》,《国立北平图书馆馆刊》,1931年第5卷第5期,第134页。
② 《浙江省立图书馆谨启》,《浙江省立图书馆出版图书目录》,浙江省立图书馆,1935年,扉页。
③ 《浙江省立图书馆概况》,浙江省立图书馆,1936年,第19页。
④ 《乌山图书馆接管通志版片》,《中华图书馆协会会报》,1935年第10卷第4期,第42页;《济南府志等版片归省立图书馆保存》,《中华图书馆协会会报》,1937年第12卷第4期,第29页。
⑤ 《浙江省立图书馆附设印行所二十二年度工作报告》,《浙江省立图书馆馆刊》,1934年第3卷第4期。
⑥ 《教部褒奖金华胡氏捐存续金华丛书版片》,《浙江省立图书馆馆刊》,1933年第2卷第5期,第217页。
⑦ 《续金华丛书版片归馆》,《浙江省立图书馆馆刊》,1933年第2卷第3期,第210—213页。

江省立图书馆与戴氏三忠祠订立租约，将版片存储其中，刷印流布。① 到1920年租约期满，考虑到印行所自刻及寄存书版计数量庞大，再外加守版工头及公役住处暨印刷处、厨房，"非得绝大之屋不能容住，即使另拨相等之屋，而搬运既须费用，迁动尤虑损失。"② 于是继续在三忠祠保存版片，几年以后又迁放孤山分馆内。1932年至1935年，浙图将全部藏版清查，并将所有书版依照书目排列上架，标明书目与块数，以便捡取。③ 选择其中较为完好者付印发售，蠹蚀或短缺者，择要陆续修补，全部蚀坏者，暂行废去停售。④

设法消除书版内虫害是公共图书馆面临的共同问题。浙江省立图书馆在1934年度曾将藏版用硫黄熏蒸一次，并计划以后并每年必须熏蒸一次，使书版可久藏不坏。⑤ 还总结出精印雕版书的方法："木刻书版最难经久，一虞蛀蚀，二患漫灭也。辟蠹虽尚有方，漫漶模糊则舍求最佳之坚木外，殆无他术，故刊书当以上等梨木为佳。又印刷寻常多用煤屑代墨，而和以麦粉与胶水，不知麦粉受潮则生虫，煤屑色浅易落，而气味亦劣，因陋就简则可，如欲求精，不宜惜费也。"⑥ 江苏省立苏州图书馆则煎煮木刻书版，或注射防蛀药物，勿使蠹蚀。⑦

为了保存版片、修补版片，江西省立图书馆在年度预算中，专项列出版木修理的费用，用于专门修理应天寺所藏版片，1934年版片修理费216

---

① 《呈教育厅文》，《浙江公立图书馆年报》，1920年第5期，第2页。

② 《呈为租屋藏版年需赁金仰祈核准追加预算事》，《浙江公立图书馆年报》，1920年第5期，第6页。

③ 《浙江省立图书馆附设印行所二十一年度工作报告》，《浙江省立图书馆馆刊》，1933年第2卷第6期，第141页。

④ 《浙江省立图书馆民国二十四年度进行计划·浙江省立图书馆附设印行所民国二十四年度进行计划》，《浙江省立图书馆馆刊》，1935年第4卷第4期，第24页。

⑤ 《浙江省立图书馆附设印行所民国二十四年度进行计划》，《浙江省立图书馆馆刊》，1935年第4卷第4期，第24页。

⑥ 毛春翔：《浙江省立图书馆藏书版记》，浙江省立图书馆，1935年，第19页。

⑦ 《江苏省立苏州图书馆概况·进行计划》，江苏省立苏州图书馆，1947年，第11页。

元①，1935年版木修理费115元②。

值得注意的是，公共图书馆的保存，不是单纯的"存"，更在于"传"。刘纯的议案中主要强调的还是"资助印行"，协会拟定的办法就是在调查报告的基础上，"遇有版片不全者，应即设法补刊。或无力印行者，更需资助印行。惟上项办法，须双方订立互惠合同，庶于整理国学之中，仍寓维持经济之意"③，所重视的仍有版片的实际出版效益。国立北平图书馆制定了《收受寄存书版暂行规则》，除规定点校清册必须具备标题、镌椠年代、面积大小及数量、有无损伤情形、其他可供参考之记载、估价等各项外，还规定寄存书版馆中有刷印之权："惟所印之书售出时除将印刷、工料等费全数扣还外，所得余利原主及本馆各得五成。寄存书版必须修配时得由本馆商取原主同意酌量修补，其费用临时商定之。"④浙江省立图书馆发布《征求书版启事》，主要宣称在馆保存的出版用处："公家保存可以广为印传，捐赠寄存皆可通函接洽。"

> 本省前贤刻书，版片藏在家中不复印行者何限？版片保藏不易，不印尤易蠹蚀，续印亦不易广售。何如捐入公家，广为印售，既不违前贤梓版之初衷，复足以策推进学术之宏效。⑤

不仅如此，浙江省立图书馆还在《收受寄存图书版片及文献物品办法》中规定"凡寄存之书版，本馆有印刷出版之权，如版主欲抽版税，其成数须在议据中订明之"⑥，对寄存的书版印刷利润分成有明确的细则。为了能保证将所存版片均能印刷出版，浙图还提出了寄存版片的要求：

---

① 《江西省立图书馆民国二十三年度支付预算书》，《江西图书馆馆刊》，1935年第2期，第161页。

② 《江西省立图书馆民国二十四年度支付预算书草案》，《江西图书馆馆刊》，1935年第2期，第160页。

③ 《中华图书馆协会会报》，1926年第2卷第2期，第11—12页。

④ 《国立北平图书馆各项章程》，国立北平图书馆，1912—1949年，第28页。

⑤ 《浙江省立图书馆征求书版启事》，《浙江省立图书馆馆刊》，1934年第3卷第4期，刊内广告。

⑥ 《浙江省立图书馆奖励捐赠图书版片及文献物品办法》，《浙江省立图书馆馆刊》，1934年第3卷第2期，第2页。

"私家书版寄存本印部者甚多，拟与版主分别接洽，请其捐赠于公，或订立寄存合同，本所负责代其保管，惟须有印刷出版之全权，如二项均未能得版主同意，即谢绝寄存，请其自行搬出。"①云南省立图书馆在制订章程中也说明："本馆收藏除图书报纸外，凡本省旧椠新镌各种图书、版片均应搜集保存，并斟酌需要缓急随时印售以广流传。"②公共图书馆保存版片的立意均在于刷印流传。据刘承幹《嘉业堂藏书日记抄》，宣统二年十月十四日，浙江图书馆将雕版印出的《武林掌故丛编》送到刘承幹处，计洋26元③，就是公共图书馆刷印私家版片出售的较早案例。

叶景葵曾感慨私家藏书的不易："子弟不喜书，易将藏书散失。乃有喜书之子弟，亦复不能保有，其亡也忽焉。于是叹私家藏守之不易，而创立公共图书馆之不可不努力也。"④伦明在《辛亥以来藏书纪事诗》自序中也说："书之聚散，公私无别，且今后藏书之事，将属于公而不属于私，今已萌兆之矣。"⑤书版与书有着相似的命运，私家保存不力，则需依靠公家之力。民国年间的公共图书馆发挥其公藏的职能，征集印行私家版片，在版片保存和继续使用上发挥了重要作用，成为中国雕版印刷业发展史上特殊的风景。

总体来看，公共图书馆雕版印书的形式主要分为两种：第一，由专门附设印行所印刷，以浙江图书馆、江苏省立国学图书馆、江苏省立苏州图书馆、广东图书馆、云南图书馆以及中央图书馆为代表；第二，没有印行所，以临时印刷为主，山东省立图书馆、湖南省立图书馆、江西省立图书馆、河南省立图书馆均属这种情况。兹将各馆雕版印书的总数及代表性书籍列表如下（表2）：

---

① 《浙江省立图书馆附设印行所二十一年度工作报告》，《浙江省立图书馆馆刊》，1933年第2卷第6期，第140页。
② 《修订云南图书博物馆章程》，《云南图书博物馆一览》，云南图书博物馆，1923年，第13页。
③ 刘承幹著，陈谊整理：《嘉业堂藏书日记抄》，凤凰出版社，2016年，第16页。
④ 叶景葵：《卷盦书跋》，古典文学出版社，1957年，第87—88页。
⑤ 伦明：《辛亥以来藏书纪事诗》，北京燕山出版社，2008年，第3页。

表2 各馆雕版印书的总数及代表性书籍情况表[①]

| 图书馆名称 | 印刷总数 | 代表性书籍 |
|---|---|---|
| 浙江省立图书馆 | 603种 | 《章氏丛书》《蓬莱轩地理学丛书》《咸淳临安志》《温州经籍志》 |
| 云南省立图书馆 | 212种 | 《云南丛书》《吕子全书》 |
| 江苏省立国学图书馆 | 馆内印行14种，江南书局代印111种 | 《藕香拾零》《云自在龛汇刻名家词》《艺风堂金石文字目》 |
| 江苏省立苏州图书馆 | 234种 | 《古逸丛书》《直省释奠礼乐记》《资治通鉴》《碑传集》 |
| 广东图书馆 | 275种 | 《广雅丛书》 |
| 山东省立图书馆 | 109种 | 《毛诗正韵》《金石著录名家考略》《十三经读本》 |
| 江西图书馆 | 103种 | 《豫章丛书》 |
| 河南图书馆 | 18.5种[②] | 《石田野语》《隐山郫事》《东京梦华录》《如梦令》 |
| 湖南省立图书馆 | 1种 | 《曾文正公全集》[③] |
| 吉林省立图书馆 | 1种 | 《吉林通志》 |
| 中央图书馆 | 157种[④] | 《十五史订本》《岑氏本旧唐书》 |

以上十一家公共图书馆，是民国时期雕版印书的图书馆中最具代表性的，统计所印书籍总数逾1800种，这虽难以企及同时代的铅印、石印书，但在民国时期，能够继续坚持雕版的印刷形式并成这一规模，无出其右者。

另外还有一些市县图书馆，也雕版印刷书籍，其版片或由自刻、或由

---

① 本表就目前可获得资料统计，详见本章第二节至第六节。
② 《历范》刻成半部。
③ 湖南省图书馆在民国初年接收了传忠书局所刻《曾文正公全集》版片及思贤书局所刻的书版。1931年，黄济任湖南图书馆馆长，筹备恢复中山图书馆，整理旧藏版片。1935年，通过湖南省政府拨款，刷印《曾文正公全集》数十部。寻霖、刘志盛：《湖南刻书史略》，岳麓书社，2013年，第204页。
④ 其中有69种是原属江苏省立国学图书馆的版片。

捐赠，虽数量较少，但是也属于公共图书馆的雕版印书，兹大致列表如下（表3）：

表3　市县公共图书馆出版雕版印书（部分）

| 图书馆名称 | 书名 | 出版时间 |
| --- | --- | --- |
| 广东东莞博物图书馆 | 《明史窃》一百五卷 | 民国年间刻 |
| 万县公立图书馆 | 《[同治]增修万县志》三十六卷 | 清同治五年（1866）刻，1926年补刻① |
| 无锡图书馆 | 《纪县城失守克复本末》四卷（木活字本） | 1918年刻 |
| 太仓图书馆 | 《周易传义合阐》十二卷 | 1926年刻 |
| 经川图书馆 | 《[嘉靖]巩县志》八卷 | 1935年刻 |

民国时期公共图书馆雕版印书的情况较为复杂，下文选择其中有代表性的分别叙述其雕版印书的具体情况，以展现民国时期雕版印书的实际面貌。

## 第二节　浙江省立图书馆木版古籍的印行

浙江省立图书馆附设印行所是民国年间规模最大的公共图书馆出版机构。宣统元年，浙江图书馆在原浙江藏书楼的基础上创建。建馆同时，浙江官书局即隶属本馆，开展出版业务。《浙江省立图书馆藏书版记》："宣统元年，巡抚增韫适应时势，奏扩大方伯之浙江藏书楼为图书馆，以官书局隶之。三月得准，四月实行，于是局丽于馆，更名官书印售所，直属于图书馆坐办，而仍设提调以司局事。"②浙江官书局更名为官书印售所，继

---

① 封面题"清同治丙寅年镌，万川书院藏版，中华民国十五年补镌，万县公立图书馆藏版"。参见中国国家图书馆、中华书局：《民国线装图书总目》第39册，中华书局影印本，2020年，第120页。

② 毛春翔：《浙江省立图书馆藏书版记》，浙江省立图书馆，1935年，第1页。

续印行书籍。印售所地址在小营巷的报恩寺，藏版处则在中正巷的三忠祠，印书和售书分设两地。宣统二年（1910）十二月十九日，浙江图书馆在《申报》发布广告，官书印售所正式改名为浙江省图书馆附设印行所，并于宣统二年十月十五日正式开幕。① 附设印行所分印刷、发行二部。印刷部仍设三忠祠，发行部则迁至大方伯浙江图书馆。②

1913 年 3 月 25 日，浙江图书馆孤山馆舍落成正式开放，改大方伯之旧馆舍为浙江图书新民分馆，设门售部在新民分馆，版片仍存放三忠祠印刷。1929 年秋，浙江图书馆增设铅印部，而改称旧印刷、发行二部为木印部，始设主任，综理全所事务。③ 在 1929 年以前，浙江省立图书馆附设印行所所印书籍均为木版书，增设铅印部以后，原来的印刷、发行二部改称木印部，与铅印部并列。印行所主任由本馆总务主任冯攸兼任，铅印部管理员陆宗赟，木印部管理员俞树德，此外职员共八人，工人学徒凡五十余人。④ 门售部分，仍设于新民分馆。⑤1932 年，浙江图书馆总馆迁设于大学路新馆，孤山分馆腾出余屋颇多，于是又将三忠祠藏版徙贮于孤山分馆，加以整理。⑥

## 一、浙江图书馆版片的继承与扩充

浙江省立图书馆所储浙江官书局书版"均用木笼装置，编号标明陈列"，"如《九通》《二十二子》、新旧《唐书》、《宋史》《资治通鉴》等书版，均为国内校勘精确之本，风行甚广。《浙江通志》《忠义录》《两浙輶轩录》等，则为本省掌故之要籍。"⑦ 原浙江官书局刊书校勘精审，是晚清官书局中书籍的代表，向为人所称道。浙江图书馆附设印行所成

---

① 《申报》，1911 年 1 月 19 日。
② 《浙江省立图书馆概况·印行所概况》，浙江省立图书馆，1934 年，第 13 页。
③ 《浙江省立图书馆概况·印行所概况》，浙江省立图书馆，1934 年，第 13 页。
④ 《浙江省立图书馆一览》，浙江省立图书馆，1932 年，第 1 页。
⑤ 陈训慈：《浙江图书馆之回顾与展望（续）》，《浙江省立图书馆馆刊》，1933 年第 2 卷第 3 期，第 14 页。
⑥ 毛春翔：《浙江省立图书馆藏书版记》，浙江省立图书馆，1935 年，第 1 页。
⑦ 《浙江省立图书馆概况》，浙江省立图书馆，1936 年，第 19 页。

立后，不断有私家捐赠、寄存者。特别是 1926 年以后，捐赠、寄存数量不断增多，有的还是多次捐赠，如永康胡氏《金华丛书》书版。胡凤丹（字月樵）曾于清季搜集金华先哲未刊已刊名著，梓为《金华丛书》。胡凤丹故后，版藏于家，1923 年间，其子胡宗楙（字季樵）以胡氏退补斋代表名义，将这项版片捐赠浙江图书馆，由浙馆印行所印售。胡氏后续刊《金华丛书》，浙馆亦受托在印行所代售。《金华丛书》书版已为图书馆所有，《金华丛书续编》则为寄售，外间容易不明就里，且不便文献保存。于是在 1933 年，胡宗楙援照前例，与图书馆订立契约，又捐赠《续金华丛书》版片三千六百余块，使《金华丛书》的版片臻于完璧。① 另有丁氏八千卷楼书版，也是分批次归馆，石祥《杭州丁氏八千卷楼书事新考》一文介绍颇详。②

各家捐赠情况，毛春翔在《浙江省立图书馆藏书版记》中专门列出了《馆藏书版历年得自藏家割爱相畀者简表》③，记载详细，但略有漏误之处。兹以此表为基础，略加补充，成浙江省立图书馆藏捐赠／购买／寄存书版表（表 4）。

表 4　浙江省立图书馆藏捐赠／购买／寄存书版表④

| 捐赠者 | 版片数 | 时间 | 书名 |
| --- | --- | --- | --- |
| 黄氏家塾（黄以周） | 1717 | 1893 年左右 | 《儆居遗书》 |
| 杭县谭氏（谭子鎦） | 743 | 1916 年 6 月 | 《半厂丛书》⑤ |
| 富阳夏氏（夏震武） | 140 | 1920 年 | 《悔言》⑥ |

---

①　《续金华丛书版片归馆》，《浙江省立图书馆馆刊》，1933 年第 2 卷第 3 期，第 210—213 页。

②　石祥：《杭州丁氏八千卷楼书事新考》，上海古籍出版社，2011 年。

③　毛春翔：《浙江省立图书馆藏书版记》，浙江省立图书馆，1935 年，第 19—20 页。

④　另如《浙江省立图书馆附设印行所二十二年度工作报告》中有《二十二年度收得捐赠书版表》《二十二年度收得寄存书版表》等均可参考，《浙江省立图书馆馆刊》，1933 年第 3 卷第 4 期，第 3—4 页。

⑤　《浙江公立图书馆年报·公牍》，1916 年第 2 期，第 3 页。

⑥　《浙江公立图书馆年报·本馆办理情形并一切章制文牍》，1920 年第 5 期，第 10 页。

续表

| 捐赠者 | 版片数 | 时间 | 书名 |
|---|---|---|---|
| 旧钱塘汪氏振绮堂（汪玉年） | 4157① | 1922年2月 | 《振绮堂丛书》 |
| 金华胡氏退补斋（胡宗楙） | 13981 | 1923年<br>1933年7月 | 《金华丛书》<br>《续金华丛书》3611片 |
| 杭县项氏（项藻馨） | 67 | 1932年10月 | 《下学弇算术》② |
| 杭县丁氏嘉惠堂（丁立方） | 18071③ | 1933年 | 《武林掌故丛编》8427片<br>《武林往哲遗著前编》2557片<br>《武林往哲遗著后编》1396片<br>《当归草堂丛书》《当归草堂医学丛书》279片<br>《杭郡诗正辑》612片<br>《杭郡诗续辑》616片<br>《杭郡诗三辑》2003片<br>《善本书室藏书志》547片<br>《西泠五布衣遗书》370片<br>《半岩庐遗诗》24片<br>《茶梦盦诗稿》105片<br>《乐善缘》341片<br>《苏堤渔唱》17片<br>《城隍庙志》180片 |
| 杭县孙氏寿松堂（孙康侯） | 276 | 1933年10月 | 《乾道临安志》44片④<br>《后汉书补逸》174片<br>《孙氏列代世表》29片<br>《玉川子诗注》276片<br>《清河家乘》276片 |
| 绍兴樊漱圃（樊镇） | 157 | 1934年 | 《樊谏议集》等 |

---

① 毛春翔记载为4157片，但是据1922年《呈教育厅文》："五千七百六十一块，内有蛀烂者四百七十余块。"《浙江公立图书馆年报》，1922年第7期，第5页。

② 《浙江省立图书馆概况》，浙江省立图书馆，1936年，第19页。

③ 《馆讯鳞爪·版片之增添》："丁氏方面，亦以先人竹州、松生两先生刻书志在文化，愿为其心，化公为私。特仿永康胡氏捐版先例，订立议据，并请孙康侯、杨见心诸氏为见议，正式移捐本馆。该项版片数达一万八千四百余块之多。"《浙江图书馆馆刊》，1933年第2卷第4期，第239页。

④ 《馆讯鳞爪》："承主人孙康侯先生慨允，将该项版片四十四块捐赠本馆，以永保存。"《浙江图书馆馆刊》，1933年第2卷第4期，第240页。

续表

| 捐赠者 | 版片数 | 时间 | 书名 |
|---|---|---|---|
| 安徽寿春孙氏小墨妙亭（孙陟甫） | 584 | 1935年 | 覆宋淳祐刊本《四书》[①] |
| 嘉兴陆祖谷（仲襄） | 600多 | 1935年 | 《槜李丛书》（平湖金蓉镜刻）[②] |
| 湖州张乃熊（芹伯） | 8181 | 1936年 | 《适园丛书》（吴兴张石铭辑刻） |
| 徐芾孙 | 1349 | 1936年 | 《宋元四明六志》（《乾道四明图经》《宝庆四明志》《开庆四明续志》《延祐四明志》《至正四明续志》《大德昌国州图志》）[③] |
| 瑞安孙氏玉海楼 | 不详 | 不详 | 《永嘉丛书》[④] |
| **让售者** | | | |
| 红融山房 | 218 | 1890年购入 | |
| **寄存者** | | | |
| 慈溪冯氏（冯庆瑞） | 544 | 1933年10月 | 《姜西溟全集》[⑤] |
| 长兴诒庄楼王氏（王修） | 519 | 1933年10月 | 《箨石斋文集》310片《箨石斋诗集》128片《箬溪艺人征略》97片 |
| 丁立方 | 约526 | 1933年11月 | 《宜堂类编》346片《松梦诗稿》92片《翠螺阁诗稿》50片，重文38片 |

---

[①] 《浙江省立图书馆馆刊·馆务大事简纪》，1935年第4卷第1期，第2页。
[②] 《浙江省立图书馆馆刊》第2卷第3期载有《彊村遗刻竣工》条："前者由浙江大学教授储君皖峰介绍朱氏后人，将版片寄存本馆之讯，现虽方待进行，未遽成说，然化私为公，俾力传远，当为朱氏哲嗣所乐许，而成事期当不远也。"（1933年，第177页）《申报》1937年3月22日《浙江图书馆增书版》："《槜李丛书》《适园丛书》先后征集到馆。《槜李丛书》是书为平湖金蓉镜氏所辑刊、介弟钱孙（名兆蕃）赓才续刊。该馆访求有年去岁钞复由陆仲襄、陆清澄二氏之商洽，已以全部书版六百余块寄存。"据《郑逸梅经典文集》，抗战期间《彊村丛书》版片，由陈彦通藏在金陵刻经处，得以保全。参见郑逸梅：《郑逸梅经典文集·艺林散叶》，北方文艺出版社，2017年，第510页。
[③] 赵达雄：《浙江图书馆的版本庋藏与雕版印刷》，《图书馆杂志》，2001年第5期，第61—63页。
[④] 《浙江图书馆增书版》，《申报》，1937年3月22日。
[⑤] 陈训慈：《浙江图书馆之回顾与展望（续）》，《浙江省立图书馆馆刊》，1933年第2卷第3期，第13页。

## 二、浙江图书馆雕版书的印行

浙江省立图书馆所藏书版数量巨大，前文已说，1934年，综计浙江书局版、续雕及各方送赠之书版（连最近定约捐入者），有十六万八千余块①。到1935年时"合计已达18万余块"。②立足于这些版片基础上刷印的书籍，种数也非常可观。1933年《浙江省立图书馆馆刊》称："本馆附设印行所之木印部……所梓书籍，逾二百余种。"③1935年《浙江省立图书馆启》称"所梓书籍逾四百种"。④均没有一个准确统一的数字。目前统计，常以1934年和1936年的《浙江省立图书馆出版木印书目》（两书目相同）为例，正文中经、史、子、集、丛五部书共有232种，加上丛书子目单行的235种⑤、新组成的丛书2种共计469种。但由于这反映的是1934年至1936的情况，并不完全。目前可以见到的浙江图书馆的出版书目有八种，除《浙江省立图书馆出版木印书目》外，还有民国初年的《浙江图书馆附设印行所书目》，1916年和1920年、1926年、1928年的《浙江公立图书馆附设印行所书目》，1930年的《浙江省立图书馆附设印行所书目》，反映了不同阶段浙江图书馆的出版情况，因而在此以出版书目为线索，勾勒其出版状况。

1. 民国初年《浙江图书馆附设印行所书目》

民国初年的出版情况，反映在周振鹤《晚清营业书目》所收《浙江图书馆附设印行所书目》中。周振鹤所收《浙江图书馆附设印行所书目》并非晚清的书目，目中有《前清御纂七经》，说明书目是民国以后编纂，且称"浙江图书馆"，则应出版于1913年3月以前。因1910年12月19日，浙江官书印售所改为浙江图书馆附设印行所。1913年3月25日开始，浙

---

① 《浙江省立图书馆概况·浙江省立图书馆附设印行所概况》，浙江省立图书馆，1934年，第14页。

② 《浙江省立图书馆概况》，浙江省立图书馆，1936年，第19页。

③ 《浙江省立图书馆馆刊》，1933年第2卷第4期，书后广告。

④ 《浙江省立图书馆启》，《浙江省立图书馆出版图书目录》，浙江省立图书馆，1935年，扉页。

⑤ 丛书子目单行的234种及新组成的丛书2部。《玉海》十三种附《年谱琐记》14种，《二十二子》22种，《邵武徐氏丛书初刻》13种，《邵武徐氏丛书二集》8种。列有定价者可单行的：《金华丛书》48种，《续金华丛书》21种，《半厂丛书》6种，《啸园丛书》25种，《武林掌故丛编》41种，《武林往哲遗著》25种，《章氏丛书》（可拆购）12种。

江图书馆改称"浙江省立图书馆",至1916年1月改称"浙江公立图书馆"①,1927年又改称浙江省立图书馆。《浙江图书馆附设印行所书目》是当前可见的浙江图书馆出版书目中最早的,共有刻本书籍188种,地图6种。书目按照经、史、子、集排列,后有附售书目。

经部如《十三经古注》《十三经读本》《御纂七经》,史部如《旧唐书》《新唐书》《宋史》《续资治通鉴长编》《九通》《续三通》,子部如《二十二子》,集部如《古文渊鉴》《唐宋文淳》等。民国初年刊刻的《韵目表》,版十七块,未在列。

2. 1916年《浙江公立图书馆附设印行所书目》

1916年出版的《浙江公立图书馆附设印行所书目》共列出版书237种,地图6种,后列附售书目。比民国初年《浙江图书馆附设印行所书目》变化的有:

(1)增章太炎撰《文始》《小学答问》,钱恂编《文澜阁书目》,《唐鉴》,《古今储贰金鉴》。其中《文始》为石印本。

(2)增丛书《浙江图书馆丛书二集》,并可单行,共13种。

《浙江图书馆丛书》共二集,均为丁谦所著地理考证之书。1914年6月浙江图书馆依据丁谦所著稿本开始刊刻,到1915年先刻成第二集十三种三十六卷,改原名《蓬莱轩舆地丛书续编》为《浙江图书馆丛书》二集②。

(3)原《通鉴辑览》《康济录》《实政录》《国民录》《洗冤录集证》《五种遗规》《先正遗规》《钱南园遗集》《邵武徐氏丛书初刻》《玉海》等在附售书目,列入正目,并增《邵武徐氏丛书二集》。丛书子目皆可单售。

---

① 陈源蒸等:《中国图书馆百年纪事(1840—2000)》,北京图书馆出版社,2004年,第5页。

② 包括《穆天子传地理考证》六卷《中国人种所从来考》一卷《穆天子传纪日干支表》一卷(案:这三种为一书,下各书之间不加标点者同)、《晋释法显佛国记地理考证》一卷、《后魏宋云西域记地理考证》一卷、《大唐西域记地理考证》一卷《附录》一卷《印度风俗总记》一卷、《唐杜环经行记地理考证》一卷、《元耶律楚材西游录地理考证》一卷、《元秘史地理考证》十五卷《元秘史作者人名考》一卷《元太祖成吉思汗编年大事记》一卷《元初漠北大势论》一卷《元史特薛禅哥思麦里速不台郭宝玉等传地理考》一卷《郭侃传辨》一卷、《元圣武亲征录地理考证》一卷、《元经世大典图地理考证》三卷附《元史地理志西北地》一卷、《元张参议耀卿纪行地理考证》一卷、《元长春真人西游记地理考证》一卷、《元刘郁西使记地理考证》一卷、《图理琛异域录地理考证》一卷。

1915年出版的项元勋《台州经籍志》四十卷未在列。

3.1920年《浙江公立图书馆附设印行所书目》

1920年制定的《浙江公立图书馆附设印行所书目》分经、史、子、集、科学五部。共木印书240种（地图六种、铅印两种除外）。附售书目增加木印书21种（另有《嗷蔗全集》十六卷为铅印本）。与之前书目变化的有：

（1）新设科学部，然部中所列《地理学举隅》《武备新书》《养蚕新法》《柞蚕杂志》《聂氏重编家政学》均已在前书目中存在，仅增《最新养蚕学》八卷。

（2）《浙江图书馆丛书》二集（《蓬莱轩地理学丛书》二集）全部刻成发行，但不可单售。《浙江图书馆丛书一集》原名《蓬莱轩舆地丛书前编》，丁氏稿本十一本，为《汉书》至《明史》各外国传地理考证，刊成子目共十七种[①]，一集的刊成时间当在1916年，据《浙江公立图书馆年报》，1915年时尚未完成，到1916年《案牍》内则称："刻而已成者，五年十月间，呈送之本馆《丛书》一集是也。"[②] "本馆丛书"即《浙江图书馆丛书》，本年丛书刻成以后，呈送给教育厅，自此，《浙江图书馆丛书》一二集全部刻成。《蓬莱轩地理学丛书》，刊刻的版式阔大、字体精美，是省立图书馆新刊本中的佼佼者。蔡元培据此书评价丁谦"治此学数十年，成书二十余种，锲之不已，……是真足愧世之号为名士者。"[③]

（3）《章氏丛书》刻成，列入目中。《台州经籍志》亦在出售之列。

---

[①] 列之如下：《汉书匈奴传地理考证》二卷《西南夷两粤朝鲜传地理考证》一卷《西域传地理考证》一卷、《后汉书东夷列传地理考证》一卷《南蛮西南夷列传地理考证》一卷《西羌传地理考证》一卷《西域传地理考证》一卷《南匈奴传地理考证》一卷《乌桓鲜卑传地理考证》一卷、《三国志乌丸鲜卑东夷传》附《鱼豢魏略西戎传地理考证》一卷、《晋书四夷传地理考证》一卷、《宋书夷貊传地理考证》一卷、《南齐书夷貊传地理考证》一卷、《梁书夷貊传地理考证》一卷、《魏书外国传地理考证》一卷《西域传地理考证》一卷《外国传补地理考证》一卷、《周书异域传地理考证》一卷、《隋书四夷传地理考证》一卷、《新唐书突厥传地理考证》一卷《吐蕃传地理考证》一卷《回纥等国传地理考证》一卷《沙陀传地理考证》一卷《北狄列传地理考证》一卷《东夷列传地理考证》一卷《南蛮列传地理考证》一卷《新旧唐书西域传地理考证》一卷、《新五代史四夷》附录《地理考证》一卷、《宋史外国传地理考证》一卷、《辽史各外国地理考证》一卷、《金史外国传地理考证》一卷、《元史外夷传地理考证》一卷、《明史外国传地理考证》一卷《西域传地理考证》一卷。

[②] 《浙江公立图书馆年报·公牍》，浙江公立图书馆，1916年第2期，第2页。

[③] 民国油印本书前序。

还增《湖塘林馆骈体文》《台湾杂咏合刻》两种。《小学答问》标题改为《篆文小学答问》。《章氏遗书》改为《文史通义》八卷《校雠通义》三卷。

（4）附售书目亦按经史子集分类，增加：《半厂丛书初编》《啸园丛书》《绛守居园池记注》《绛守居园池记补注》《樊绍述集注》。减少《美国议会条例》《考察美国煤油情形》《养蚕学》等。

4.1926年1月重定《浙江公立图书馆附设印行所书目》

前有购书章程："本所印行各书现因工料日贵，不得不加价以免亏损，各书概照定价大洋发售，不折不扣。"售书正目后列《续增书目》《附售书目》《续增附售书目》，后还有《续增书目》24种，《寄售价目》67种。

（1）增加《章氏遗书》二十四卷附正误表，清章学诚撰。

（2）续增书目3种：《富阳夏氏丛刻》《外国师船图表》《温州经籍志》

《富阳夏氏丛刻》乃1920年富阳夏震武先生所赠。1920年4月13日，省立农业校长致信浙江图书馆："日前敝业师富阳夏震武先生拟将所著之《悔言》各书版刻捐存贵馆，曾蒙俞允。兹特具函送上，敬祈先生检收保存，以免散佚，至所企祷，附上各书版摺一扣并乞台阅。"① 至1926年已经收入整理刷印出版。

《温州经籍志》三十三卷《外编》二卷《辨误》一卷，是孙诒让所著关于温州著述之专书，因为体例完善、搜罗广博，被推为"近代汇志一郡地方文献书目之祖"②。后来很多地方文献书目多以此为标准编撰。梁启超在《中国近三百年学术史》书中评说："孙仲容《温州经籍志》，实将来作《温州志》者所不能复加。此书佳极，仿朱氏《经义考》，搜罗殆备。"③ 此书最早刊行于世则是由浙江图书馆。《温州经籍志》成于孙氏早年，由于孙氏转而致力于经子小学，此书遂多被忽略，仅有稿本，至民国初年，多有蠹蚀。故吴氏草《奏》、章氏撰《传》，列举孙诒让著作皆无《温

---

① 《省立农业校长来函》，《浙江公立图书馆年报》，1920年第5期，1920年，第10页。
② 张鉴：《读四库简明目录批注与温州经籍志》，杭州大学语言文学研究室《孙诒让研究》（内部发行），1963年。转引自刘建国、唐运冠：《温州史学论丛》第6辑，中国商务出版社，2017年，第166页。
③ 梁启超：《中国近三百年学术史》，上海古籍出版社，2013年，第300页。

州经籍志》之名。浙江省立图书馆"以屈巡按使所发及刘承幹氏所送各稿本详细校刊"[①]，1920年开始刊刻，当年刻有数卷[②]，1921刻成十卷[③]，1922年刊成二十九卷，到1923年完成。牌记"民国十年浙江公立图书馆校栞"，封面由章炳麟署签。前有1915年10月屈映光序、浙江公立图书馆编的《温州经籍志目录》。书成以后，瑞安陈准又抄寄光绪三年（1877）仪征刘寿曾所作《温州经籍志序》，1926年浙江公立图书馆补刊增入。

（3）续增附售书目：《大学修身教科书》《蕅益中庸直指》《天童直说》。

（4）续增书目（后一个）24种。本书目有两个《续增书目》，内容不同，可以推断在1920至1926年之间，还有售书目制定。1922年《浙江公立图书馆年报·案牍》内专门提到"开始补刊《通鉴辑览》《国语考异》《列女传校注》《道古堂集》《樊榭山房集》及改刊印行所书目。"[④] 此1926年《书目》专列《续增书目》，有《尚书古文疏证》七卷、《左通补释》三十二卷、《国语校注本》三种二十九卷、《列女传校注》八卷、《东轩吟社图附小传》、《汉书地理志校本》二卷、《咸淳临安志》九十六卷、《北隅掌故》二卷、《玉台画史》五卷、《湖船录》一卷、《樊榭山房全集》三十五卷附《振绮堂诗存》一卷《松声池馆诗存》四卷、《道古堂全集》七十五卷、《借闲生诗词》四卷、《二如居赠答诗词》三卷、《依旧草堂遗稿》一卷、《劫余存稿》二卷、《清尊集》十六卷、《琴台合刻》一卷、《唐诗启蒙》、《沧江虹月词》三卷、《莲子居词话》四卷、《瓶笙馆修箫谱》、《金华丛书》等。其中就有《列女传校注》《道古堂集》《樊榭山房集》，则新增的是自1922年以来新修印行的书籍。《列女传校注》《樊榭山房全集》《道古堂全集》分别在道光年间、光绪十年（1884）、清光绪十四年（1888）由汪氏振绮堂刻版，后又均在1922年由汪玉年捐赠给浙江图书馆。

---

[①] 《本学年关于本馆办理情形并一切章制文牍》，《浙江公立图书馆年报》，1924年第9期，第2页。

[②] 《本学年关于本馆办理情形并一切章制文牍》，《浙江公立图书馆年报》，1921年第6期，第2页。

[③] 《本学年关于本馆办理情形并一切章制文牍》，《浙江公立图书馆年报》，1922年第7期，第1页。

[④] 《本学年关于本馆办理情形并一切章制文牍》，《浙江公立图书馆年报》，1923年第8期，第2页。

同年被捐赠的还有《尚书古文疏证》（清同治六年刻）、《左通补释》（道光九年刻）、《国语较注本三种》（道光二十六年刻）、《咸淳临安志》（道光十年刻）、《北隅掌故》（道光二十五年刻）、《湖船录》（道光二十年刻）、《玉台画史》（道光间刻）、《借闲生诗词》（道光二十年刻）、《二如居赠答诗词》《依旧草堂遗稿》（同治七年刻）、《劫余剩稿》（同治七年刻）、《清尊集》《琴台合刻》《唐诗启蒙》（光绪十四年刻）、《莲子居词话》（道光十三年刻）、《沧江虹月词》（嘉庆九年刻）、《瓶笙馆修箫谱》（道光十三年刻）。① 这些书几乎均在1930年《浙江图书馆附设印行所书目》中的新增书目内。

　　1926年新增书目内还有《金华丛书》，则是1923年胡氏捐赠。说明至1926年汪氏和胡氏所捐赠的书版均经修补完毕、刷印发售。毛春翔《浙江省立图书馆藏书版记》中也略提及刻修版之事："《尚书古文疏证》，乙种梨板，三百六十七块，六百四十四页，同治六年汪氏振绮堂刻，民国十一年汪玉年捐赠，蛀蚀不堪，十二年本馆补刊三页，尚印售。"② "《左通补释》，梨板，四百九十七块，九百四十二页，道光九年汪氏振绮堂刻，光绪元年补刻，民国十一年汪玉年捐赠，十二年本馆又补刻四页。"③

　　(5) 后有寄售价目，列《武林掌故丛编》《武林往哲遗书前后编》《西泠五布衣遗书》《当归草堂丛书》《当归草堂医学丛书》《湖海楼丛书》《二思堂丛书》《榆园丛书》等67种，均是钱塘丁氏寄售书。

　　(6) 附售书目，去掉《绛守园池记注》一种，仅刊落书名。

　　5. 1927年7月重定、1928年8月修改《浙江省立图书馆附设印行所书目》

　　《购书章程》前题"民国十六年七月重定"，末题"民国十七年八月修改"。书价又有提高："本所印行各书现因工料日贵，不得不加价以免亏损，各书概照定价大洋发售，不折不扣。"与1926年书目基本相同，

---

① 顾志兴：《浙江印刷出版史》，杭州出版社，2011年，第352—353页。《借闲生诗词》顾书原作《借闲生诗咏》，似应为《借闲生诗词》。道光二十年汪氏振绮堂曾刊刻《借闲生诗》三卷、《借闲生词》一卷。《依旧草堂遗稿》顾氏作《依归草堂遗稿》，《沧江虹月词》原作《沧浪虹月词》，今改正。

② 毛春翔：《浙江省立图书馆藏书版记》，浙江省立图书馆，1935年，第4页。

③ 毛春翔：《浙江省立图书馆藏书版记》，浙江省立图书馆，1935年，第4页。

仅有几处差异。

（1）集部刊去《章氏遗书》二十四卷附正误表。《续增书目》去掉《外国师船图表》十二卷。

（2）附售书目，又刊去《绛守园池记补注》《种树轩遗集》二种。《绛守居园池记》《绛守园池记补注》，《九年书目》录为"绛守居园池记一卷，元赵仁举等，一本，赛连一角二分；绛守居园池记补注一卷，明赵师尹，一本"。《绛守居园池记补注》价格处为墨丁。《十五年书目》刊去《绛守居园池记》的书名及价格，《十六年书目》两行书名、著者、册数等均刊去，仅留《绛守居园池记补注》价格处的墨丁。

（3）寄售价目新增2种：《唐文粹》《藤氏医谈》。

6.1930年《浙江省立图书馆图书馆附设印行所书目》

前有《购书章程》，"民国十九年八月重定"："本印行所各书现因工料日贵不得不加价以免亏损，各书概照定价大洋发售，不折不扣。"正目书共262种，后有《续增书目》《附售书目》《寄售价目》，《附售书目》木印书共28种（另《咉蔗全集》十六卷为铅印本），分经部、史部、子部、集部、科学部、续增书目六个部分，所列之书也属浙江图书馆印行之书，如其中子部有《啸园丛书》，在1916年书目中是列在子部正目中的，说明是浙江图书馆自主印行的。

1930年书目与1927年书目比变化较小，有以下几处不同：

（1）排列有变化，科学部及书列入附售书目。续增书目是合并前目中的《续增书目》和《续增附售书目》。

（2）新增寄售：《金石文钞》《奇觚室吉金文述》《说文校议》。

（3）寄售价目：新增《医官玄稿》《伤寒古方通》《续金华丛书》《金华经籍志》及钤印上去的《老子覈诂》《天马山房丛著》《四库目略》《中国藏书家考略》。其中钤印上去的四种均是铅印本。

7.1934年、1936年《浙江省立图书馆出版木印书目》

1929年，浙江图书馆新设铅印部，原来的木印部分改为木印部，因而在之后的木印目均是在《浙江省立图书馆出版图书录》中所列《浙江省立图书馆出版木印书目》。现可见1934年、1936年出版的目录，两书所列书相同。与1930年书目相比，发生变化的有：

（1）与前目最大的不同是，不列续增书目、寄售价目等，全部书籍按照经、史、子、集、丛书排列。出版正目后有"地图部"专列地图6种、"碑帖部"书2种。

（2）增《湔浚存愚》《韵目表》《十三经源流口诀》《后汉书补逸》《箬溪艺人征略》《乾道临安志》《史目表》《下学弇算术》《从政遗规》《养吉斋丛录》《姜先生全集》《杭郡诗正辑》《杭郡诗续辑》《杭郡诗三辑》。《韵目表》是民国元年浙馆刻，版十七块。《文澜阁书目》1923年刻版一百八十三块，到1936年时，书版均尚完好。[①]《从政遗规》为《五种遗规》之一种。《湔浚存愚》在民国初年书目中列出，他目未有。

浙江省立图书馆出版的《乾道临安志》是孙氏寿松堂版片，此版依据原刊宋本《乾道志》影写锓版，其行格体式，一仍原刊，不加改易。而刻于丁氏《武林掌故丛书》中的《乾道临安志》虽列于一集之首，但行格缩小。会稽章氏及槐庐朱氏亦有刊版，但均未行世，因此孙氏本价值甚大，而流传较少。浙图将书版整理修补，印行百部，卷首原有的乾隆御题，也照原式印成红色，"极为精雅悦目"[②]。在内容和形式上此书均可称精善。

1934年3月31日，陈训慈致信王献唐："寿松堂旧藏宋椠《乾道临安志》，书毁于火，惟先时曾影宋刻为版，今既归馆，已为印行"[③]"《往哲遗著》与《掌故丛编》之书版，曩岁丁氏以之寄存于馆，去夏与丁氏后人磋商，已悉以赠归本馆，由印行所印售，其未收入《往哲遗著》之《半岩庐遗诗》等，则别为单本印行。此数书现皆编入本馆出版书目及丛书目（包括印行所所继承之木印书）中，附奉一份，以备采择。"[④] 私家书版的捐赠大大增加了浙江图书馆出版的古籍。

1935年，毛春翔《浙江省立图书馆藏书版记》（以下简称"藏书版记"）亦曾统计浙馆所藏版片，内说明版片刷印的情况，与《浙江省立图书馆出版木印书目》也有可补充之处，其中《藏书版记》上有，《浙江省立图书

---

① 毛春翔：《浙江省立图书馆藏书版记》，浙江省立图书馆，1935年，第4、10页。

② 《新出版物之刊行》，《浙江省立图书馆馆刊》，1933年第2卷第4期，第241页。

③ 安可荇、王书林手稿整理，杜泽逊编校整理：《王献唐师友书札》，青岛出版社，2009年，第1640页。

④ 安可荇、王书林手稿整理，杜泽逊编校整理：《王献唐师友书札》，青岛出版社，2009年，第1649页。

馆出版木印书目》无的主要有三种。

（1）覆宋淳祐本《四书》。

《藏书版记》："第十一号，甲种梨板，五百八十四块，一千另四十八页，民国十四年寿春孙氏小墨妙亭刊于京师，二十三年捐赠本馆，板片阔大，质又坚实，为本馆全部藏板冠。"①寿春孙氏书版虽于二十三年捐赠浙馆，但直到1935年版片才运到，而1936年的《木印书目》与1934年相同，未见增入，也未见其他刷印的资料，或未印，暂不计入已印。

（2）山阴樊漱圃捐赠书版三种。

《藏书版记》："《樊谏议集七家注》，第一百八十五号，梨板，九十二块，民国廿三年山阴樊漱圃捐赠；《樊绍述遗文》，第一百八十六号，梨板，四十二块，民国廿三年山阴樊漱圃捐赠；《樊集句读合刻》，第一百八十七号，梨板，二十三块，民国廿三年山阴樊漱圃捐赠。"②这三种亦均捐赠于1934年，1936年的《木印书目》均未列此三书。与《覆宋淳祐本四书》情况相似，或亦未及印出。

（3）《审看拟式》。

《藏书版记》："第一百八十八号，梨板，六十八块，光绪间浙局刻。"③历年的木印书目均未列入，或未印。

1935年，浙江图书馆附设印行所又计划完成两项出版任务：增刻《姜先生全集》及《武林第宅考》版片。印行所所存慈溪冯氏寄存的《姜西溟先生全集》书版已经印售，但全集所收有缺，浙江图书馆又访得王定祥所纂《姜先生全集》及邑人冯庆颙所补之《附录》《补遗》④，于是拟在1935年增刻书版，计划与原版大小一律，"俾附入全集，以成完帙"。浙馆还收得《武林第宅考续编》稿本一种，而印行所藏有《武林第宅考初编》（为《武林掌故丛编》中之一种）书版，于是拟将《续编》付刻合印⑤。

---

① 毛春翔：《浙江省立图书馆藏书版记》，浙江省立图书馆，1935年，第3页。
② 毛春翔：《浙江省立图书馆藏书版记》，浙江省立图书馆，1935年，第16页。
③ 毛春翔：《浙江省立图书馆藏书版记》，浙江省立图书馆，1935年，第16页。
④ 《馆讯鳞爪·版片之增添》，《浙江省立图书馆馆刊》，1933年第2卷第4期，第240页。
⑤ 《浙江省立图书馆民国二十四年度进行计划·浙江省立图书馆附设印行所民国二十四年度进行计划》，《浙江省立图书馆馆刊》，1935年第4卷第4期，第24页。

但均因经费问题，最后未能刻成。

## 三、印行书籍发展变化特点

浙江图书馆出版的古籍中，用原浙江官书局书版刷印的书籍占浙江省立图书馆出版的绝大部分，以1934年的《浙江省立图书馆出版木印书目》为例，经部48种均是用浙江官书局版片刷印的，史部82种中有70余种是官书局刻本。

浙江图书馆将接收官书局的书版和私人赠送的书版视情况而修补刷印。《二十二子》是清光绪元年（1874）刻，校勘精、刊刻工。俞樾曾在致刘秉章信中评价浙局所刊《二十二子》："浙局所刻子书，外间颇称善本。"①因刷印次数较多，到民国年间，《老子》二卷文字漫灭，《庄子》十卷亦不堪刷印，浙江图书馆重新刊刻，1919年度刻成《老子》《庄子》并各附校勘记②。其他《荀子》补雕数版，《黄帝内经》修十余版。③修补完善后的《二十二子》是浙江图书馆的招牌书目，经常用大幅广告专门推广。如1934年《浙江省立图书馆馆刊》上的广告语为：

《二十二子》，为旧浙江官书局精刻之一，亦即本馆今日所藏大宗书版中之珍品也。局刻刻精校良，世所知名，兹《二十二子》书，尤为承学者所宝爱。盖以□印之先，料简底本，极其矜慎，入录之本，罔非一时上选。如《墨子》毕本之为孙氏《间诂》未出世以前之最佳本，与汪辑《尹文子》之迄今仍无能出其右者，□一例也（案清王缵亦有《二十二子》之刻，惟滥收释老葬书，驳杂不足与此比数）。其书合刻成一丛镌，惟卷帙较繁，全购非易，再学问嗜欲，亦难悉同。本□用复本便利学界之初衷，特定分购之例。知音君子，当能鉴其微尚也。④

私家捐赠的书版刷印的书籍，书版所有权的变化在印行所书目中有很

---

① [清]俞樾著，张燕婴整理：《俞樾函札辑证》，凤凰出版社，2014年，第190页。
② 《本学年关于本馆办理情形并一切章制文牍》，《浙江公立图书馆年报》，1921年第6期，第2页。
③ 顾志兴：《浙江印刷出版史》，杭州出版社，2011年，第349页。
④ 《浙江省立图书馆馆刊》，1934年第3卷第1期，末页广告。

明显的体现。如《玉海》在民国初年目录中属于寄售，而在1916年已列于史部。1916年至1930年书目中丁氏《武林掌故丛编》二十六集、《武林往哲遗书前后编》《当归草堂医学丛书》《当归草堂丛书》和胡氏《续金华丛书》均是寄售，到1934年时已列入正目。随着版片的增加，浙图在1934年编纂书目时，将私家赠送的版片印行的书籍均列入正目，不再有区分，如1930年《附设印行所书目》内《附售书目》内有《易释》四卷、《军礼司马法考征》二卷、《劝学篇》二卷、《半厂丛书初编》八十二卷、《啸园丛书》五十八卷等，书版均是赠予浙图的，虽所有权已归浙图，但多分列出，而在1934年的《印行所书目》中均已经列入正目。

另一方面，出版的书籍中也有减少的，主要有以下几种：

（1）与晚清政治相关的书籍渐渐不出。如《英国续议通商行船条约》《中日通商行船条约》《中美续议通商行船条约》《中美续订藏印条约》《中瑞通商章程》《中日学校章程》《日本武学兵队各校纪略》《日本陆军大学校》《武备新书》等。

另如《矿务章程》《清奏定矿务新章程》《长江通商章程》《内港行轮补续章程》《清奏定商船公会简明章程》《整顿土货条议》《理财节略》《张之洞奏争金币折》《通商进口税折》等均与清末政策相关的文书，已经不再适用于新的时代。

（2）因版片损坏而不再印行。《十三经古注》是浙馆曾多次印行之书。如1916年《浙江公立图书馆附设印行所书目》中《十三经古注》也在列，并注"重修永怀堂本　四十九本顺泰五元二角四分"，且十三经书分别列书价，说明亦可单售。在1920年、1921年的印行所书目中均在列，仅不见于1934年、1936年《浙江省立图书馆出版木印书目》，这是由于书版后来停印。毛春翔《浙江省立图书馆藏书版记》称《十三经古注》："不列号。梨板，中有补刻白皂板，残存二千三百六十九块，清乾隆年覆刻明永怀堂板，有清讳玄、弘缺笔可证（原刻印本不避），又字体既异，鱼尾形式，句读圈识，亦与明刊异。残板十之七八霉烂，独有《孝经》一种，十八块，卅五页，未坏，现尚印售。其余诸经自民国十七年后即不印，最近已正式呈准教育厅停印矣。"[①] 此《十三经古注》，原被认为是明人旧

---

① 毛春翔：《浙江省立图书馆藏书版记》，浙江省立图书馆，1935年，第2页。

刻《永怀堂十三经古注》，清末经学大师俞樾仍沿此误识，直到毛春翔将其与浙江省立图书馆所藏明刊永怀堂对比，发现其刻版风格及避清讳等特点与原本迥异，断为乾隆刻本。①虽然《藏书版记》中称"除《孝经》外，其余诸经自民国十七年后即不印"，旧印的《十三经古注》仍继续存售，1933年《浙江省立图书馆馆刊》第二卷第四期书后广告明确标明："《十三经古注》（魏王弼等），四十九本，十元。"②至1934年时，旧印的存书或亦售完，因而未列入当年所编的《浙江省立图书馆出版书目》。

还有《西泠五布衣遗书》，《西泠五布衣遗书》在1926年至1930年的《寄售价目》内："西泠十四种，丁氏刻，十本，顺泰，十九元六角。"是曾在浙江图书馆印行寄售。到毛春翔《藏书版记》："不列号，民国廿年十一月杭县丁立方等捐赠，板已霉烂残缺，现停印。"③后丁氏版归浙图，继续刷印，直到后来版坏停印。

随着出版事业的展开，浙江图书馆售书目录的分类逐渐细致。民国初的书目仅大致按照经史子集排列，而没有标明。丛书置于四类之中。1916年《浙江公立图书馆附设印行所书目》分经、史、子、集四部。丛书主要是《浙江图书馆丛书》，亦在史部之下。到1934年书目则经、史、子、集、丛、地图类、碑帖类等分类完善。受当时学术风气的影响，1926年书目、1930年书目等分类中还使用了经、史、子、集、科学五部分类。

出版过程中有时还会修改书名。《小学答问》单行本原在浙江图书馆出版，《浙江图书馆附设印行所书目》《浙江公立图书馆附设印行所书目》均列《小学答问》，而《章氏丛书》中亦有《小学答问》，因而可以看到，在后来的书目中，单行的更名为《篆文小学问答》。毛春翔《藏书版记》亦载：《篆文小学答问》："白皂板，四十七块，九十一页，宣统元年己酉刻。"④为了避免《章氏遗书》与新刊成的《章氏丛书》相混淆，"《章氏遗书》"也改为"《文史通义》八卷《校雠通义》三卷"。

---

① 毛春翔：《浙江省立图书馆藏书版记》，浙江省立图书馆，1935年，第20页。
② 《浙江省立图书馆馆刊》，1933年第2卷第4期，书后广告。
③ 毛春翔：《浙江省立图书馆藏书版记》，浙江省立图书馆，1935年，第16页。
④ 毛春翔：《浙江省立图书馆藏书版记》，浙江省立图书馆，1935年，第3页。

综上统计，民国时期浙江省立图书馆印行的木印书至少有597种，加上地图6种，共603种，是民国年间出版数量最多的图书馆。

## 第三节　江苏省立国学图书馆木版古籍的印行

江苏省立国学图书馆印行木版古籍与其他图书馆不同的是，它有一部分书版是归江南书局代为印售，一部分书版存馆刷印，本节主要叙述存馆刷印的部分。

### 一、国学图书馆本馆所藏书版

国学图书馆本馆所藏书版，来源亦不一，主要是两个部分：原官书局版片和新收私家版片。

1. 原官书局书版

江楚书局和淮南书局的书版大部分存于朝天宫，还有一部分存在图书馆内："淮南之版，自朝天宫所存者外，其储图书馆者，四千五百余片。"[①]"馆之西楼尚储岑刻《旧唐书》板片全份。其余淮南书局板，亦每种酌抽其一，庋之后楼。江南书局印书时，必来馆请取，以便监视焉。"[②] 1928年度国学图书馆全馆工作报告表中称保管部整理书版124架半，7869片，整理书头版片2架，《旧唐书》版82架半[③]，即包括这些原官书局的版片。这些版片的具体情况，现在可参考的是1948年《江苏省立国学图书馆现存书目》附《书版类目录》。属于书版版头的有（表5）：

表5　1948年《江苏省立国学图书馆现存书目》中书版版头目录

| 书名 | 版片数 | 书名 | 版片数 | 书名 | 版片数 |
| --- | --- | --- | --- | --- | --- |
| 《周易本义》 | 一片 | 《书古微》 | 一片 | 《大戴礼补注》 | 一片 |
| 《春秋或问》 | 一片 | 《春秋集古传》 | 一片 | 《春秋繁露》 | 一片 |
| 《大学章句》 | 一片 | 《四书说苑》 | 五片 | 《孝经》 | 一片 |

① 柳诒徵：《国学书局本末》，《国学图书馆第三年刊》，1930年，第13页。
② 《南京图书馆建立藏书组织的经过（一九〇八——一九一九年）》，李希泌、张椒华：《中国古代藏书与近代图书馆史料（春秋至五四前后）》，中华书局，1982年，第309页。
③ 各部汇编：《十七年度全馆工作报告表》，《国学图书馆第二年刊》，1929年。

续表

| 书名 | 版片数 | 书名 | 版片数 | 书名 | 版片数 |
|---|---|---|---|---|---|
| 《说文解字》 | 二片 | 《说文通训定声》 | 五片 | 《复古编》 | 五片 |
| 《广雅疏证》 | 五片 | 《韵诂》 | 一片 | 《古今韵会举要》 | 一片 |
| 《音韵阐微》 | 一片 | 《经籍籑诂》 | 一片 | 《御纂七经》 | 一片 |
| 《南北史补志》 | 五片 | 《续碑传集》 | 三片 | 《胜朝殉扬录》 | 一片 |
| 《东都事略》 | 一片 | 《辽阳指掌》（四字） | 一片 | 《京师通各省会道里图》 | 一片 |
| 《江宁七县地形考略》 | 一片 | 《元宁乡土志》 | 一片 | 《宝应图经》 | 一片 |
| 《扬州水道记》 | 一片 | 《陆宣公奏议》 | 四片 | 《江宁金石记》 | 五片 |
| 《历代史略》 | 五片 | 《白虎通》 | 三片 | 《困学纪闻》 | 五片 |
| 《述学》 | 三片 | 《小学弦歌》 | 五片 | 《小知录》 | 一片 |
| 《孙吴司马法》 | 一片 | 《算学启蒙》 | 一片 | 《割圆密率》 | 一片 |
| 《扬州画舫录》 | 一片 | 《文字蒙求》 | 五片 | 《初唐四杰集》 | 五片 |
| 《古微堂集》 | 一片 | 《秣陵集》 | 一片 | 《南宋杂事诗》 | 一片 |
| 《二家词》 | 一片 | | | | |

以上版头凡 46 种 100 片。其中《说文通训定声》《续碑传集》《历代史略》、《江宁七县地形考略》（江宁府境地形考）、《京师通各省会道里图》（京师通各省会城道里记）、《元宁乡土志》《江宁金石记》《文字蒙求》是江楚编译官书局的书版，《辽阳指掌》（四字）应是1928年刊印《剿奴议撮》时新刊的封面题字，其余均是淮南书局版片。另有《毛诗注疏》残版 648 片、《诗经》残版 242 片、《旧唐书》残版 3092 片，均是淮南书局版片，即柳诒徵所说"以便稽核印书之事"的版片。

2. 各家寄存、赠送的书版

自 1928 年始，有私家寄存、赠送版片于国学图书馆，国学图书馆也主动购买了一些私家版片。主要有以下几项：

（1）1928 年 12 月 16 日，缪子寿寄存《艺风堂金石目》《常州词录》

《云自在龛丛书》版片1756片。①

（2）1929年4月28日，缪氏续寄存《藕香拾零》书版16架869片。②

（3）1934年10月24日，王雷夏寄存龙宛居士著述版片7种（包括《尚诗征名》《正定王氏家传》《贾子次诂》《椒园居士集》等）。③

王雷夏（1865—1936），名宗炎，号燕樵。龙宛先生，即王耕心（1846—1909），原名昂霄，字穆存，一字道农，自号龙宛居士，直隶正定人。著有诗文集《龙宛居士集》六卷和《贾子次诂》十六卷。④王宗炎与耕心、克庵编刊王氏著作有《王氏家传》《椒园居士集》《贾子次诂》《龙宛居士集》《觉华庵诗集》《檃隐庵剩稿》《觉后篇》等。⑤

（4）1935年，印行部购进书版5种977片，包括缪荃孙之《艺风堂文集》《艺风堂续集》《艺风堂文漫存》《艺风堂藏书记正续集》，况周颐（字夔笙，号蕙风）之《蕙风丛书》。⑥

据国学图书馆《民国二十四年度全馆工作报告表》："新购书缪氏书版及《蕙风丛书》版共五种，分插二十一架。"⑦

（5）1936年，仇采（字亮卿）赠送许宗衡《玉井山馆集》木版293片。⑧

虽然随着江南书局改为国学书局、国学书局归中央图书馆筹备处接管，江楚、淮南书局的大部分书版已不属于国学图书馆，但是原存于国学

---

① 《国学图书馆第二年刊·大事记》，1929年，第3页。
② 《国学图书馆第二年刊·大事记》，1929年，第5页。
③ 《江苏省立国学图书馆第七年刊·纪事》，1934年，第4页。
④ 参见徐成志，王思豪：《桐城派文集叙录》，安徽大学出版社，2016年，第31页。《正定王氏家传》六卷，清光绪十九年（1893）龙树精舍刻本，南京图书馆有藏。《贾子次诂》十六卷，清光绪二十九年（1903）龙树精舍刻本，复旦大学图书馆有藏。《檃隐庵剩稿》一卷，清光绪三十二年（1906）龙树精舍刻本，南京图书馆有藏。《龙宛居士集》六卷，清光绪三十二年（1906）自刻本，上海图书馆有藏。《正定王氏四种》，清光绪十九年（1893）王氏龙树精舍刻本，清华大学图书馆有藏。
⑤ 王雒文、王雅文、王繡文、王曼文：《先祖王宗炎先生事略》，泰州市海陵区政协学习文史资料研究委员会：《海陵文史》第10辑，第131页。
⑥ 《二十四年度各部概况·印行部概况》，《江苏省立国学图书馆第九年刊》，1936年，第26页。
⑦ 各部汇编：《民国二十四年度全馆工作报告表》，《江苏省立国学图书馆第九年刊》，1936年。
⑧ 《江苏省立国学图书馆第十年刊·表格》："接收书版293片，仇君亮卿遗赠许宗衡氏《玉井山馆集》木版。"1937年。

图书馆本馆的书版则未移交中央图书馆。1935年4月，国学图书馆举办展览，除宋元刊本、珍稀稿本、字画拓片、档案外，专列书版部，展览国学图书馆所藏书版17种，既有江楚、淮南两局的书版9种，也包括江阴缪氏、正定王氏等书版（表6）①：

表6　1935年4月国学图书馆展览书版

| 书名 | 版本 | 版片数 | 书名 | 版本 | 版片数 |
| --- | --- | --- | --- | --- | --- |
| 《毛诗注疏》 | 淮南局刻 | 一块 | 《旧唐书》 | 淮南局刻 | 二块 |
| 《宝应图经》 | 淮南局刻 | 一块 | 《江宁金石记》 | 淮南局刻 | 一块 |
| 《白虎通疏证》 | 淮南局刻 | 一块 | 《困学纪闻》 | 淮南局刻 | 一块 |
| 《文字蒙求广义》 | 江楚局刻 | 一块 | 《续碑传集》 | 江楚局刻 | 一块 |
| 《元宁乡土志》 | 江楚局刻 | 一块 | 《艺风堂金石目》 | 江阴缪氏家刻 | 二块 |
| 《国朝常州词录》 | 江阴缪氏家刻 | 一块 | 《藕香零拾》 | 江阴缪氏家刻 | 二块 |
| 《云自在龛丛书》 | 江阴缪氏家刊 | 一块 | 《尚诗征名》 | 正定王氏家刊 | 一块 |
| 《正定王氏家传》 | 正定王氏家刊 | 一块 | 《贾子次诂》 | 正定王氏家刊 | 一块 |
| 《椒园居士集》 | 正定王氏家刊 | 一块 |  |  |  |

这17种书版是其中最具代表性的，私家书版如《艺风堂文漫存》《艺风堂藏书记正续集》《蕙风丛书》等均未展出。抗战爆发后，中央图书馆所管的国学书局书版包括金陵书局、淮南书局、江楚编译局等书版均遭到毁灭。国学图书馆所存的这些书版得以保存到战后，1948年，国学图书馆整理书版，其中私家书籍版片有（表7）：

---

① 陈兆鼎：《本馆二十四年四月展览会记事》，《江苏省立国学图书馆第八年刊》，1935年，第36页。

表7　1948年国学图书馆所存私家书版[①]

| 书名 | 版片数 | 书名 | 版片数 | 书名 | 版片数 |
|---|---|---|---|---|---|
| 《玉井山馆集》 | 293片 | 《正定王氏家传》 | 57片 | 《贾子次诂》 | 130片 |
| 《龙宛居士集》 | 88片 | 《尚诗征名》 | 44片 | 《觉花庵诗存》 | 20片 |
| 《椒园居士集》 | 74片 | 《檖隐庵剩稿》 | 13片 | 《艺风堂藏书记》 | 215片 |
| 《艺风堂收藏金石文字目》 | 305片 | 《艺风堂文集》 | 313片 | 《艺风堂漫存稿》 | 150片 |
| 《常州词录》 | 470片 | 《藕香零拾》 | 871片 | 《云自在龛丛书》 | 982片 |
| 《蕙风丛书》 | 409片 | | | | |

以上16种4434片。私家书版基本上得到完整保存。

## 二、国学图书馆书版的印行

柳诒徵在《国学书局本末》中还提道："江楚之书，自国学书局存售者外，其储图书馆者，二万一千余册"，图书馆亦将这些书籍发售。《国学图书馆第三年刊》刊登了《本馆存售书籍价目表》，其中属于江楚、淮南两书局刻本的有（表8）：

表8　《本馆存售书籍价目表》（局部）

| 书名 | 册数 | 售价 | 书名 | 册数 | 售价 |
|---|---|---|---|---|---|
| 《经典释文叙录》 | 一册 | 一角五分 | 《文字蒙求广义》 | 五册 | 一元三角 |
| 《江宁金石记》 | 二册 | 九角 | 《仿宋本周易本义》 | 二册 | 七角二分 |
| 《书古征》 | 四册 | 一元一角二分 | 《大戴礼记》 | 四册 | 九角 |
| 《广雅疏证》 | 八册 | 三元 | 《复古编》 | 三册 | 九角一分 |
| 《古今韵会举要》 | 十册 | 三元四角 | 《春秋繁露》 | 二册 | 六角 |
| 《仿宋孙吴司马法》 | 一册 | 一角七分 | 《困学纪闻》 | 四册 | 一元七角二分 |
| 《初唐四杰文集》 | 四册 | 一元四角 | 《金源纪事诗》 | 四册 | 八角六分 |
| 《秣陵集》 | 三册 | 八角六分 | | | |

---

① 柳诒徵：《江苏省立国学图书馆现存书目》附《书版类》目录，1948年。

1. 江南书局代印

国学图书馆所属的淮南书局、江楚编译官书局的书版大部分由江南书局代管并印刷发行。现可见民国时期较早的售书目录是在1921年印刷的。本年8月1日，江南官书局发布了重订书价公告："近因纸本印工昂贵异常，前定书价不敷工本，缘将经费困难情形呈请酌增书价一成，以免亏耗而便销售。"①此次书价修订，淮南、江楚书籍均在内。

《淮南官书局书目》《江楚编译官书局书目》均题"民国十年八月改定"。其中《淮南官书局书目》共57种。另有《两淮盐法志》《淮南盐法纪略》《淮北票盐续略》《感应篇经史摘典详》四种仅有书名未标价格，应是不印售。《江楚编译官书局书目》共列书70种，除去石印书、铅印书外，木印书53种。

1928年1月，江南官书局又一次改订书目。《淮南官书局书目》改定后的版式与民国十年同，不再销售的书刊去价格：《易经》《书经》《大字毛诗注疏》《诗经》《周礼》《仪礼》《礼记》《春秋左传杜林》《公羊传》《穀梁传》《监本四书》《尔雅》《隋书》等13种，《春秋集古传》《春秋或问》未刊价格，《感应篇经史摘典详》又有售价，应是再次印售，另三种未有价格仍未售，余43种。则共销售书籍至少58种。《江楚编译官书局书目》与1921年8月改定的书目几乎相同，仅《高等古文教科书》未标价格，有个别价格进行了调整，余69种。木印书仍是53种。朱士嘉在《官书局书目汇编》中，所列淮南书局和江楚编译局的目录与1928年所定目录完全相同。据罗伟华《江楚编译书局研究》江楚书局出版的书籍至少有118种②，而在1921年销售书目中也仅有70种，数量已减少。

1928年，江南官书局曾因纷争一度中断印书和售书。1928年10月2日，柳诒徵在给姚石子的信中说道："春间市政府与大学争管书局，迄今未决，典书者坐食其间，不敢售一番。"③直到12月底才重新开市。但紧接着江南书局又改名为国学书局，地址搬迁至向张二公祠，在此期间，很

---

① 《江南书局书目》，1921年刻本，上海图书馆藏《图书书价目录十二种》之一。

② 罗伟华：《江楚编译书局研究》，华东师范大学硕士学位论文，2019年，第39页。

③ 《国学图书馆第二年刊·案牍》，1929年，第29页。

难有稳定的售书活动。1929年4月1日，国学书局发布通告，正式开市，并印制了新书目。在《目录》书衣上特别表明"现移南京三山大街金沙井""即旧江南官书局"。书前《国立中央大学区国学书局通告》简要介绍了国学书局的名称、地址等的来龙去脉，里面还提道："所有江南、淮南、江楚三局旧刊各书仍照1928年1月1日定价出售。"①国学书局继续沿袭了江南官书局的经营。

2. 本馆印行

国学图书馆利用本馆所藏书版自行印行了三次书籍：

（1）第一次：1929年10月至年底。

1929年10月14日，招工印刷缪刻各书。②本年共刷印《艺风堂金石文字目》105部，《常州词录》35部，《藕香零拾》30部。③《国学图书馆第三年刊》（1930年出版）的《本馆新印书售价表》中所列的木版书为：

```
艺风堂金石文字目    六册      五元
常州词录           十二册     八元
藕香零拾           卅二册     十二元
```

此次印行的即是1928年12月16日缪子寿寄存的《艺风堂金石目》《常州词录》以及1929年4月28日缪氏续寄存的《藕香拾零》书版。缪荃孙，字艺风，为清季治金石学者之泰斗，所收金石文字拓本至富，其所著《艺风堂金石文字目》将生平所得自周秦以迄宋元按代编目，共得10800余种，分为十八卷，于光绪三十二年（1906）雕版成书，柯昌泗曾评价云："自刘燕庭以来，著录之家，未有若此精博者也。"④国学图书馆就原版用上

---

① 《江南书局书目》，1929年刻本，上海图书馆藏《图书书价目录十二种》之一。

② 《国学图书馆第三年刊·大事记》，1930年，第2页。

③ 汪闿：《保管部十八年度修补装订书籍一览表》，《国学图书馆第三年刊》，1930年，书内表格。

④ 柯昌泗：《艺风堂金石文字续目序》，缪禄保：《艺风堂金石文字续目》，国家图书馆藏抄本。转引自杨洪升：《缪荃孙研究》，上海古籍出版社，2008年，第410页。

等连史纸印布①。《常州词录》是缪荃孙校辑汇刻清代常州词家作品，凡名家词二十卷、闺秀三卷方外一卷先辈词一卷附纪事，共四百九十八家、词三千一百十首。国学图书馆也就原版用上等连史纸印布。②

此后几年，国学图书馆销售的木印书均是这三部，未发生变化。

（2）第二次：1934年4月至1935年4月，历经一整年。

（1934年）4月7日，印书工杨广源来。

10日，开始刷印《艺风堂收藏金石目》。

21日，《艺风堂收藏金石目》三十部印成。

22日，开始印《常州词录》。

5月13日，开始装订刷印书籍。

14日，《常州词录》三十部印成。

15日，开始印《云自在龛丛书》。

18日，《续千字文》五十五部印成。

6月21日，《艺风堂收藏金石目》《常州词录》《续千字文》三书装订完工。③

7月25日，《云自在龛丛书》三十部印成。

10月1日，《藕香零拾》开始印刷。

28日，《云自在龛丛书》装订完成。

（1935年）2月30日，装成《藕香零拾》十八部。

4月23日，馆印木版书全装订成。④

总计此次重印了《艺风堂收藏金石目》《常州词录》《藕香零拾》，《藕香零拾》的价格由十二元上涨到十五元。而在书籍的销售目中比往年

---

① 《本馆新印史部书提要（二）》，《江苏省立国学图书馆第八年刊》，1935年，《展览会纪事》后，第40页。

② 《本馆印行词曲书目提要》，《江苏省立国学图书馆第八年刊》，1935年，《全宋词跋尾》第28页。

③ 参见《国学图书馆第七年刊·大事记》，又据《二十二年度全馆工作报告表》（1933.7—1934.6），印行部刷印书三种：《金石目》《常州词》《续千字文》，这三种书的刷印率先完成。《江苏省立国学图书馆第七年刊》，1934年。

④ 《江苏省立国学图书馆第八年刊·大事记》，1935年，第1—22页。

增加了五种书：

续千字文　一册　一角五分
苏颖滨年谱　一册　三角
孙渊如年谱　一册　三角
名家词（云自在龛本）　四册　四元
云自在龛丛书　二十四册　二十元①

《云自在龛丛书》《续千字文》为新印的。《苏颖滨年谱》《孙渊如年谱》是《藕香零拾》的子目，现可单售。《云自在龛丛书》中的《名家词》，也可作为独立的小丛书销售。就在《国学图书馆第七年刊》中，详细开列刷印丛书的子目《本馆精印藕香零拾细目》《本馆精印云自在龛丛书细目》《本馆精印云自在龛汇刻名家词细目》。

《续千字文》，宋侍其玮撰。玮字良器，长洲人。是编乃摭周兴嗣千字文所遗之字，仿其体制，别撰千言续之，有益于启训童蒙。缪荃孙收入《云自在龛丛书》，国学图书馆用原版抽印单行本。②《苏颖滨年谱》，宋孙汝听撰，书虽著录于《四库存目》，久已失传，缪荃孙始从《永乐大典》"苏"字韵录出，刻入《藕香零拾》丛书，记载翔实，较胜后代所编。国学图书馆就原版抽印单行本。《孙渊如年谱》，清常州张绍南撰，亦为《藕香零拾》单行刻本，"读之可以详见孙氏之学术及毕生之事实"。③《名家词》，缪荃孙汇辑清代词集如阳湖张翰风《立山词》、长洲宋翔凤《香草词》、祥符周稺圭《金梁梦月词》、江阴鹿潭水《云楼词》等凡十七家，刻入《云自在龛丛书》，"久为艺林所推重"，国学图书馆也就原版抽印单行本。④

---

① 《江苏省立国学图书馆第七年刊·本馆新印书籍售价表》，1934年，《江苏艺文志》第120页。

② 《本馆印行经部书籍提要》，《江苏省立国学图书馆第九年刊》，1936年，《陶风楼藏档案目》卷四后，第142页。

③ 《本馆新印史部书提要》，《江苏省立国学图书馆第八年刊》，1935年，《展览会纪事》后，第40页。

④ 《本馆印行词曲书目提要》，《江苏省立国学图书馆第八年刊》，1935年，《全宋词跋尾》第28页。

实际印行的应该还包括《贾子次诂》，据《民国二十三年度全馆工作表》印行本馆《云自在龛丛书》《藕香零拾》《贾子次诂》《苏颖滨年谱》《孙渊如年谱》《名家词》《续千字文》7种385部2595册。①《贾子次诂》，清正定王耕心撰，耕心通儒术，尤服膺贾生。是书"取贾子旧著五十八篇及史汉以次诸家所记之文，绎之创辟义例，兼综诸家，重订其书"，总分《内》《外》篇，共文六十七篇、十二卷。"复备撮《传记》及《内篇》叙跋，参以新说，别为《翼篇》四卷，全书都十六卷，贾子遗书由是灿焉大备"。②王氏雕版存国学图书馆，用上等连史纸印布。这7种加上《艺风堂收藏金石目》《常州词录》各30部，则此次共印行了445部。

（3）第三次：1936年，数量是历次印行中最多的。

1936年《印行部概况》载："缪艺风先生书版庋藏馆中，前所印刷发售将罄，海内学者恒来询购，爰发架阁续行印布。"③此次共印9种，其中《苏颖滨年谱》100部100册、《孙渊如年谱》100部100册、《艺风堂金石文字目》50部300册，此三书在1934年曾印行。另有《艺风堂文集》30部120册、《艺风堂文续集》30部120册、《艺风堂文漫存稿》30部150册、《艺风堂藏书记》36部60册、《艺风堂藏书续记》30部120册，《蕙风丛书》（册数未记）则是据1935年新购入的书版印行。这9种书除《蕙风丛书》外，共1070册。④

国学图书馆印行的木版书，因最初印行种数较少，在广告中多与馆中影印、铅印的书籍放在一起。随着数量的增多，到1936年，国学图书馆在广告中始将木刻书籍单独列表。从1937年出版的《本馆木刻书籍售价表》可以一窥这些木版书的全貌，共有14种。⑤

---

① 《民国二十三年度全馆工作表》，《江苏省立国学图书馆第八年刊》，1935年，书内表格。

② 《本馆新印子部书提要》，《国学图书馆第九年刊》，1936年，《里乘》卷三后，第130页。

③ 《二十五年度各部概况》，《江苏省立国学图书馆第十年刊》，1937年，第29页。

④ 各部汇编：《民国二十五年度全馆工作表》，《江苏省立国学图书馆第十年刊》，1937年，书内表格。

⑤ 《本馆木刻书籍售价表》，《江苏省立国学图书馆第十年刊》，1937年，《本馆传钞入库书目拓入库金石》第2页。《名家词》价格原缺，兹补入。

表9 1937年《本馆木刻书籍售价表》

| 书名 | 册数 | 售价 | 书名 | 册数 | 售价 |
| --- | --- | --- | --- | --- | --- |
| 侍其良器《续千字文》 | 一册 | 一角五分 | 《苏颍滨年谱》 | 一册 | 三角 |
| 《孙渊如年谱》 | 一册 | 三角 | 《艺风堂藏书记》 | 二册 | 二元 |
| 《艺风堂藏书续记》 | 四册 | 三元 | 《艺风堂金石文字目》 | 六册 | 六元 |
| 王耕心《贾子次诂》 | 二册 | 三元 | 缪筱珊《艺风堂文集》 | 四册 | 四元 |
| 《古文词略》 | 六册 | 一元六角 | 《名家词》（《云自在龛》本） | 四册 | 四元 |
| 《缪艺风常州词录》 | 十二册 | 十元 | 《藕香零拾》 | 三十二册 | 十五元 |
| 《云自在龛丛书》 | 二十四册 | 二十元 | 《蕙风丛书》 | 十二册 | 八元 |

国学图书馆所藏书版并未全部印出，如王氏寄存的《尚诗征名》《正定王氏家传》《椒园居士集》均未见印行。总的来看，国学图书馆印行的书籍数量均不多，大部头的《藕香零拾》在1934年仅印刷了18部，印刷数量最多的是《艺风堂金石文字目》，也仅印行了100多部。①

## 三、中央图书馆的木版印书

由于中央图书馆筹备处所存木版均是从江南书局而来，而江南书局又代印国学图书馆的淮南书局、江楚书局版片，故其藏版和出版情况附识于此。1929年，江南书局的书版归教育部接管，并于1933年易名为中央图书馆筹备处木印部。

国立中央图书馆筹备处接收、刷印书版的情况，蒋复璁在《"国立中央图书馆"创办的经过与未来的展望》一文有较为详细的记载：

南京城内有张国梁祠，原作金陵书局图书及板片储藏处所。又在朝天宫文庙尊经阁储藏板片，不过尊经阁略有坍损，须加修理。其旁住有工人，可以刊刻木板，是从前清金陵书局原旧工役的子孙，主者为一老翁，系前清刘坤一任总督时的湘军旧部。朱先生在中央图书馆筹备处成立时，即由部发给管理。我先一切照旧，木板也照印发售，后来又将朝天宫文庙的尊

---

① 售卖的木印书还有《古文词略》，清梅曾亮编纂，或是存售书。

经阁全部修理，专作板片库，所有藏在张国梁祠内的板片，一并藏在尊经阁，用一刻工专管板片修补及管理等事。①

后来由于故宫文物南迁，南京政府指定朝天宫作为故宫博物院建造古物库房，故宫博物院长马衡要将尊经阁拆去，做库房基地。蒋复璁取得傅斯年的帮助，才得以将尊经阁的版片移置在大成殿没有门窗的两廊，仍由原旧之刻工照料。②

1934年1月，中央图书馆筹备处编辑出版了《国立中央图书馆筹备处木印部出版目录》，发布《购书简章》，已经开始正式刷印出售书籍："本处奉教育部令接办南京国学书局并经部令核准改名为国立中央图书馆筹备处木印部，仍在原址发售前国学书局出版书籍。"《购书简章》主要有三条，简洁明了：

本部售价均照刊定价目八折出售，书籍出门概不退换。

外埠购书于书价外照章程另附包裹邮费，并须将姓名、住址详细注明，以便寄送。

购书如有欠页请查明某书第几卷第几页，开单来部，以便补寄。如经过一月后不声明缺页不得再补。

《国立中央图书馆筹备处木印部出版目录》按经、史、子、集分类，列书名、册数、纸别、版本、价格等项。经部书67种，史部书51种，子部书20种，集部书19种，共157种。版本项中分别标明江南书局、淮南书局、江楚书局，纸张有官堆、赛连、杭连、毛太。从总数来讲，157种书远远少于江南、淮南、江楚三个书局的原刊数量，但可以确定的是，到1934年，至少还有157种书籍的版片是完好的。

中央图书馆筹备处在整理书版过程中，还发现了一种未曾刊刻的顾炎武《肇域志》誊清本："近来学术界中有三件性质相同的极可欣慰的

---

① 《"国立中央图书馆"创办的经过与未来的展望》，《蒋复璁文集》第一卷，美商EHGBooks微出版公司，2017年，第593—594页。

② 《"国立中央图书馆"创办的经过与未来的展望》，《蒋复璁文集》第一卷，美商EHGBooks微出版公司，2017年，第594页。

事。……其二是亭林先生的《肇域志》，三百年来从无刻本，偶有钞本也零落不完，去年中央图书馆整理江南书局版片时发现了一部当时局中预备发刻而未成事实的誊清本，也有刊刻的希望了。"①

顾炎武《肇域志》完成后，一直未刊刻，稿本存于其外甥徐乾学处，至乾隆年间许宗彦抄出，同治年间，蒋光煦又从许宗彦处抄得，后赠予朱兰收藏。清同治六年（1867）十一月，曾国藩计划用聚珍版印顾炎武《肇域志》，朱兰所藏本就是曾国藩刊校的底本，曾国藩曾致信曰："承寄《肇域志》两函，尚未抄校完毕。"②后汪士铎拟订了《校刻〈肇域志〉商例》。但由于意见分歧，此书未能刊刻："顾亭林先生《肇域志》未有刊本，曾文正秉节金陵时，欲付诸筑氏，以集议欠合而止，而钞册尚存书局。"③据蒋复璁《"国立中央图书馆"善本书目序》，"国立中央图书馆"创立之初，"奉令接收南京国学书局，内有顾亭林《肇域志》钞本一部，则金陵书局待梓之清稿。"④复旦大学王文楚亦称："同治八年，汪士铎和成蓉镜据原稿本整理分析成五十册，拟作为付刻的清本，以后流至台湾省，今藏台北市台湾图书馆善本书室。另有清抄本，现藏上海图书馆。"⑤藏于台湾省的那部就是中央图书馆在整理版片时所得。向张二祠旧址曾是汪士铎家族的私宅，到光绪元年（1875）将前两进院落改为了"祭祀清江南大营统帅向荣和继任统帅张国梁的祠堂"，国学书局搬迁至此，后相继改成"国立中央图书馆筹备处""中央图书馆印刷所"。中央图书馆在整理版片时发现这部汪士铎曾校过的《肇域志》，真是历史的巧合。

抗战爆发后，日军进入南京，朝天宫内所藏国学书局印成待售的书籍

---

① 《通信一束（第三次）》，《禹贡》，1935年第4卷第6期，第81—86页。
② 曾国藩：《曾国藩全集》，岳麓书社，2012年，第30册第415页。
③ 陈作霖：《钞肇域志记》，载顾炎武：《肇域志》，上海古籍出版社，2004年，第14页。兰秋阳《金陵书局与晚清学术（1864—1911）》："同治八年曾国藩以活字板印之于金陵书局，成书五十卷。《肇域志》续修四库全书丛刊本，即是据同治八年金陵书局刻本影印。"实误。兰秋阳所依据的当是汪士铎同治八年的序："兹幸钞成清本……然后以聚珍版印行，以惠后之修志者。"但是没有真正刊行。且《续修四库全书》的底本非活字本，而是抄本。参见顾炎武：《肇域志》，《续修四库全书》第586册，第529—558页。
④ 另可参见蒋复璁《"国立中央图书馆"善本书目序》，《蒋复璁文集》第一卷，美商EHGBooks微出版公司，2017年，第523页。
⑤ 王文楚：《史地丛稿》，上海人民出版社，2014年，第286页。

和三局版片均被敌接管。后汪伪组织的伪军住在朝天宫,朝天宫的全部版片被伪军做饭烧光[①],仅国学图书馆馆内存放的书版得以保存。

## 第四节　苏州图书馆木版古籍的印行

江苏省立苏州图书馆的木版印刷也是起源于接收原江苏书局的书版,1914年苏州图书馆馆长沈维骥(字子良)接收江苏官书局所刻书版并《古逸丛书》版片,成立江苏省立第二图书馆附设印行所,并另设主管员,负责主持所内业务,设事务员或管理员,协助处理日常工作及掌管会计出纳事项。

### 一、苏州图书馆印行木版书概览

江苏省立苏州图书馆最初接收的版片数量,经过曹允源、蒋吟秋等人的整理,在1930年《概况》中提道:"本馆储存前江苏书局刊刻书籍版片计有一百九十一种七万另三百十二片。"[②]此外还有私家版片共1878片。印行的书籍种数,据1930年苏州图书馆的《江苏省立苏州图书馆概要》:"本馆印行国学图书经史子集丛计一百另二种,均系木刻精本。"[③]实际上,苏州图书馆印行的书籍数量应不止于此。苏州图书馆印行所编印的售书目录现在见到四种,分别是1921年、1926年《江苏省立第二图书馆官书印行所各种书籍核实价目》,1929年《中央大学区立苏州图书馆印行所书籍价目》,1935年《江苏省立苏州图书馆印行所发售木刻图书目录》,从中可以更为精确地获知苏州图书馆附设印行所的印书状况。

1.1921年《江苏省立第二图书馆官书印行所各种书籍核实价目》

此书价目录编印于1921年,由苏州观西华兴印刷局代为铅印。全目按经史子集丛分类,列书200种,均为木刻书籍。后附寄售书籍价目。末题:"本印行所在苏州城燕家巷杨家园,寄售处本城观西振新书社。"1914

---

① 《"国立中央图书馆"创办的经过与未来的展望》,《蒋复璁文集》第一卷,美商EHGBooks微出版公司,2017年,第595页。

② 《江苏省立苏州图书馆概要·印行》,江苏省立苏州图书馆,1930年,第30页。

③ 《江苏省立苏州图书馆概要·印行》,江苏省立苏州图书馆,1930年,第30页。

年苏州图书馆接收江苏书局书版后，统计书版为196种，74081片，包括一部分残缺不全的书版。1915年，曹允源（根荪）任馆长，到1921年夏，因为藏版中《古逸丛书》和《资治通鉴》两种印行已久，字多剥蚀，漫漶不可辨识，特招工修订，继续发行书籍，历经半年竣工。① 此《江苏省立第二图书馆官书印行所各种书籍核实价目》前有告白："本所近因纸张印工日臻昂贵，不敷成本，议照前定价目自民国十年分四月一日（即农历二月二十三日）起暂加二成，以期持久，如购书多数酌予折扣，俾顾全成本之中仍寓体恤寒畯之意。业经呈报省长核准在案。"则此印行书目印制于曹允源修补馆版之前。每书先列书名、册数，后列纸张、价格。价格由高到低为连史纸、赛连纸、毛太纸。从此书目来看，基本继承了原江苏书局印行的规模。

2. 1926年《江苏省立第二图书馆官书印行所各种书籍核实价目》

1922年，苏州图书馆继续整理印行所书籍版片，并由主管员蒋镜寰重订书目印行流通。这个书目应该就是1926年《江苏省立第二图书馆官书印行所各种书籍核实价目》，苏州利苏印书社铅印。前亦有加价告示："本所近因纸张、印工日臻昂贵，不敷成本，故自民国十五年分七月一日（即旧历五月二十二日）起照前定价目，暂加一成半，以期持久。如购书多数，酌予折扣，俾顾全成本之中仍寓体恤寒畯之意。业经呈报省长，核准在案。"

与1921年《江苏省立第二图书馆官书印行所各种书籍核实价目》所列书目近同，主要变化有：第一，书价提高。如民国十年的《易经读本》连史纸大洋四角四分五厘，赛连纸大洋三角二分五厘，此书目《易经读本》连史纸大洋五角一分二厘，赛连纸大洋三角七分四厘。第二，书目增加了《石台孝经》《陶斋文钞》二种，共202种。

3. 1929年《中央大学区立苏州图书馆印行所书籍价目》

1927年，实行大学区制，江苏省立第二图书馆易名"国立第四中山大学苏州图书馆"。1929年2月，更名"中央大学区立苏州图书馆"。1929年9月，又改为"江苏省立苏州图书馆"。此印行所书籍价目即应印

---

① 政协苏州市委员会文史资料委员会：《苏州文史资料》（第1—5辑），政协苏州市委员会文史资料委员会，1990年，第331页。

行于1929年2月至9月之间，由苏州江苏印务局承印。又蒋镜寰《江苏官书局及其书板》提道："民国十八年，陶小泜（惟坻）任馆长，将燕家巷杨家园官书印行所全部板片迁入沧浪亭图书馆中，修葺楼房十二幢作为储藏书板的专库。并改制板架，编录藏板细册，重印售价目录。"①又《本馆历年大事记》："十八年七月，印行所迁入本馆新修楼屋整理书籍版片。"②而此《中央大学区立苏州图书馆印行所书籍价目》卷末亦有题："本印行所在苏州城燕家巷杨家园，寄售处本城观西振新书社。"则价目应印制于1929年上半年尚未搬迁或搬迁未毕之时。

书目亦分按经、史、子、集、丛分类，后附寄售书籍价目，与1926年《江苏省立第二图书馆官书印行所各种书籍核实价目》所列书目近同，主要变化有：第一，此书目首页有一钤记："自十九年十一月十五日起，照原书价一律加二成。"应是后盖上去的，说明此后书价又有提高。第二，书目又增加了《段氏说文解字注》一种，共203种。1928年，安节局旧藏段氏《说文注》版片947块改储苏州图书馆馆印行所，图书馆整理印行，在1929年时已经正式出售。朱士嘉《晚清官书局书目》中的《江苏书局书目》与此目同。

4. 1935年《江苏省立苏州图书馆印行所发售木刻图书目录》

1935年江苏省立苏州图书馆铅印。苏州图书馆早期没有铅印设备，自1930年开始计划添置。《江苏省立苏州图书馆概要》："本馆印行所发行图书专限前江苏书局木刻版本，兹为欲谋印刷便利减省抄录起见，拟添置铅印机随时可以印行其他亟需发刊之图籍，尤易立时印刷，亦宣扬文化之要件也。"③此目录即由本馆铅印。1934年苏州图书馆奉令将印行所房屋拨归实验小学。1935年，蒋镜寰任苏州图书馆馆长，对书版重新进行了一次彻底的清点与整理，统计除完整书版共192种71650片。另有寄存版片昆山赵氏所刻《峭帆楼丛书》、吴中谢氏所刻《望炊楼丛书》、会稽

---

① 政协苏州市委员会文史资料委员会：《苏州文史资料（第1—5辑）》，政协苏州市委员会文史资料委员会，1990年，第331页。1927年7月1日，江苏教育厅张厅长函聘陶惟坻为省立第二图书馆馆长，于是日正式就职。

② 《江苏省立苏州图书馆年刊》，江苏省立苏州图书馆，1936年，第4页。

③ 《江苏省立苏州图书馆概要》，江苏省立苏州图书馆，1930年，第33页。

施氏所刻《鄦郑学庐丛书》等，共1878片。①《江苏省立苏州图书馆印行所发售木刻图书目录》应是这次整理后重新定价的发行书目。前附两页印行书籍的书影，分别是《古逸丛书》中的仿宋麻沙本《杜工部诗集》书影和仿元《资治通鉴》书影。后有《江苏省立苏州图书馆印行所售书简则》，共十条。

全目按照目录学、丛书、经、史地、哲学宗教、文学、社会科学、应用科学等八类列出，后附本馆编印刊物目录，在排列体例上与之前相比也有较大变化。综计木刻图书229种，刊物29种。每书列书名、册数、纸张和价格，比较重要的丛书子目和寄售书则列出版本，如《日本国见在书目》下为"《古逸丛书》本"，《古逸丛书》下"遵义黎氏刊本"，《鄦郑学庐丛书》"会稽施氏刊本"，《峭帆楼丛书》"昆山赵氏刊本"，《望炊楼丛书》"吴门谢氏刊本"。《段氏说文解字注》"吴门安节局刊本"等。1929年书目中的《清讼章程》《保甲章程》《劝善歌》等五种在此目中未列出。发行处和经售处也有变化："发行处 吴县沧浪亭本馆印行所；经售处 吴县沧浪亭本馆售书处、苏州观前街察院场交通书局。"沧浪亭印行所即是1929年搬迁后苏州图书馆所在地。

1936年苏州图书馆又辟平屋四间为藏版库。增置新式版架，整齐版片20682张，煎煮版片，以防虫蠹。印刷书籍11种共200部，刷取书影17种，编印木刻书籍售价书目，②雕版印书活动在抗战之前一直在持续。总计印行书籍至少234种。

## 二、木印书中的代表书籍

苏州图书馆印行的书，"以《资治通鉴》《五礼通考》《江苏舆图》《苏州府志》《辽金元三史》《唐宋金元明五朝文会》《碑传集》及黎庶昌刻《古逸丛书》为尤著"③。1936年《江苏省立苏州图书馆馆刊》的广告，除了《古逸丛书》《直省释奠礼乐记》外，特别提到的还有：

---

① 政协苏州市委员会文史资料委员会：《苏州文史资料》（第1—5辑），政协苏州市委员会文史资料委员会，1990年，第331页。

② 瞻庐：《二十四年度本馆设施概况》，《江苏省立苏州图书馆年刊》，1936年，第3页。

③ 《江苏省立苏州图书馆概要·印行》，江苏省立苏州图书馆，1930年，第31页。

《古逸丛书叙跋书影》四册六元，《直斋书录解题》六册二元，《郋郑学庐丛书》四册三元六角，《峭帆楼丛书》二十册八元，《望炊楼丛书》四册二元，《元吴乘》三种（《吴地记》《吴郡图经续记》《沧浪小志》）二册八角，《学古堂日记》二十六册十元。其余经史子集精刊印本，名目繁多，不及备载。史籍、舆图尤为精美。寄售《吴县志》四十册，特价十元。①

是印行书籍虽多，以上所举是最具代表性的。除昆山赵氏寄存的《峭帆楼丛书》、吴中谢氏所刻《望炊楼丛书会》、稽施氏所刻《郋郑学庐丛书》等私家版片，其余均是从江苏官书局接收而来。接收的原官书局版片，一部分是官书局自刻及补刻，自刻如《五礼通考》、辽金元三史、《苏州府志》《碑传集》等，补刻如胡克家覆元《资治通鉴》、毕沅《续资治通鉴》；还有学古堂和存古学堂所刻《学古堂日记》《范文正公全集》等②。在接收官书局书版进行刷印发行的省立图书馆中，国学图书馆主要是江南书局代理经营；广东省立图书馆附设印行仅到1923年广雅印行所独立，虽版片后来仍由徐信符管理，但名义上并不属于省立图书馆；山东省立图书馆没有成立专门的发行所。苏州图书馆在规模上是仅次于浙江图书馆的附设印行所的省立图书馆。蒋镜寰在其所纂写的《版本学答问》中，针对"何谓局刻本"这一问题，回答为："江苏书局书版现归苏州图书馆印行，以《古逸丛书》《资治通鉴》、辽金元三《史》、唐宋金元明五朝《文会》、《碑传集》等为最精。"③《古逸丛书》《资治通鉴》等书作为江苏图书馆印行的代表性书籍在各种书目中多次提及，下面也择选其中的几种具体说明。

1. 《古逸丛书》

光绪八年（1882），出使日本大臣黎庶昌访获中国古籍多种，多为中国本土已经亡佚的典籍，命杨守敬将访得之书刊刻出版。光绪十年（1884），《古逸丛书》刊成，黎氏上奏清廷，将这些书版运回国内，赠给江苏官书局，

---

① 《江苏省立苏州图书馆馆刊》，1936年，书前广告。
② 江澄波：《晚清江苏三大官书局刻书》，叶再生：《出版史研究》第3辑，中国书籍出版社，1995年，第130页。
③ 《江苏省立苏州图书馆年刊·版本学答问》，1936年，第9页。

听人刷印。① 光绪十年十一月，江苏候补同知汤纪尚赴沪领运《古逸丛书》版。② 此事在当时获得了学者的普遍称许。有人作诗称之曰："斯文何幸天未丧，《古逸丛书》逃秦坑。携归中华供博览，致之官局逾瑶琼。"③ 1914年《古逸丛书》被当时的江苏省第二图书馆接收，归入附设的官书印行所。

对于《古逸丛书》的编纂与刊刻，学界已多有研究，特别是蒋鹏翔的《〈古逸丛书〉编刊考》对比了大量的《古逸丛书》现存版本，对《古逸丛书》的先印后印有了非常独到的认识。其中与苏州图书馆有关的，莫过于北京大学图书馆收藏的补版后印本《古逸丛书》中的一张广告：

本所《古佚丛书》版片印行年久，漫漶甚多。前特向上海招集名手，重行镌刻修补，所费甚巨。现届工竣，续印并力求美备，选用顶上纸色，以飨阅者之意。惟成本既昂，自应酌加售价，俾免亏折。爰定自出版日起（约夏历十月杪出版），连史纸每部照原价加洋五元，赛速纸每部照原价加洋三元。其应有折扣，仍照旧章办理。

江苏省立第二图书馆官书印行所启。④

另北大所藏本有曹允源《重修古逸丛书叙》，冠于《古逸丛书》补版后印本首册卷端：

自先生（按：指黎庶昌）使节还朝，其版藏苏州书局，印行既久，字多剥蚀。《杜工部草堂诗笺》前四十一卷为宋麻沙本，尤多漫漶，不可辨识。今年孟夏，招沪上良工，用图书馆初印本覆刊，最《影宋台州本荀子》刊补一叶，《影宋本庄子注疏》刊补七叶，《影宋蜀大字本尚书释音》刊补三叶，《影旧钞卷子原本玉篇零本》刊补四叶，《覆麻沙本草堂诗笺》

---

① 《钦差前出使日本国大臣黎奏稿》，《申报》，1884年12月20日。
② 《苏省抚辕抄》，《申报》，1885年1月6日（农历1884年11月21日）。
③ 东武惜红生待定稿：《书黎蒓斋星使所刊古逸丛书后》，《申报》，1886年1月1日。
④ 蒋鹏翔：《〈古逸丛书〉编刊考》，复旦大学博士学位论文，2011年，卷首彩图十八，文字在第149页。

刊补八十九叶。阅半载，工始竣①。精本古籍遂得完善，既以饷学者之意，亦庶几不负先生之盛谊也夫。辛酉九月吴县曹允源。②

蒋鹏翔将此作为《古逸丛书》修版的一个重要证据，并进行了深入的探究。此时，苏州图书馆还将版片借给书坊印刷，蒋鹏翔曾见到一种补版后印本上钤有朱色楷书木记"苏州振新书社经印"③即是例证。振新书社，是苏州的一个大型书店。

《江苏省立第二图书馆官书印行所各种书籍核实价目》《中央大学区立苏州图书馆印行所书籍价目》卷末均题："本印行所在苏州城燕家巷杨家园，寄售处本城观西振新书社。"振新书社是苏州图书馆图书的寄售处。《江苏省立国学图书馆第三年刊》的代售处有苏州振新书局，《第四年刊》的代售处有苏州振新书社，应该均是指此书社。今可见其售书目录《苏州振新书社书目》，首列《省立苏州图书馆印行所出版书籍目录》④，是振新书社与苏州图书馆是经售关系而非并列关系。

苏州图书馆修版是作为一件大事进行的，在1930年印行的《江苏省立苏州图书馆概要》"大事纪要"和1936年印行的《江苏省立苏州图书馆年刊》中"本馆历年大事记"均记载了修版事："十年，修刻本馆藏版《古逸丛书》及《资治通鉴》。"⑤与曹允源的《重修古逸丛书叙》和《江苏省立第二图书馆启》时间完全相合。至于修版的主要内容，则应是曹允源在《叙》中所提到的《杜工部草堂诗笺》诸本，共修5种104叶。据蒋镜寰所说此次修版，是用苏州图书馆旧藏初印本进行复刊修补的，所以在很大程度上保证了质量。

---

① 陈正宏：《雕版研究在东亚汉籍版本学中的地位和作用——以所见中日汉籍书版的比较中心》，《东亚汉籍版本学初探》，中西书局，2014年，第36页。

② 蒋鹏翔：《〈古逸丛书〉编刊考》，复旦大学博士学位论文，2011年，第148页。

③ 蒋鹏翔：《〈古逸丛书〉编刊考》，复旦大学博士学位论文，2011年，第149页。

④ 振新书社：《苏州振新书社书目》，江苏省立苏州图书馆，1932年。振新书社甚至一度是苏州图书馆的独家发售处，此书目内还标有："省立苏州图书馆印行所出版书籍统归本社独家预约发售。"后苏州图书馆又有其他的代售处。

⑤ 分别参见《江苏省立苏州图书馆概要》，1930年，第3页；《江苏省立苏州图书馆年刊·本馆历年大事记》，1936年，第1—2页。

另蒋鹏翔提到一部抽印本，现存三册，首为黎庶昌《叙目》全文，次分别为《尔雅》《春秋穀梁传》《孝经》《老子注》等书的首页、末页、跋语、校记等。蒋氏推断应为四册，"末册当即其余六种书的样张，很可能是曹允源主持《古逸丛书》版片修补时的工作样本。曹氏是苏州图书馆的老馆长，这套抽印本现藏苏图，或非偶然"。事实上，这部书并非是抽印本，也非工作样本。而是当时苏州图书馆出版的正式书籍。上文提到《江苏省立苏州图书馆年刊》扉页的广告中有："此外精本书籍尚多，目录略列如下：《古逸丛书叙跋书影》四册六元，《直斋书录解题》六册二元……欲购者请向本馆总务部函索木刻图书目可也。售书处苏州沧浪亭本馆经售处苏州观前街交通书局。"① 蒋鹏翔所说抽印本当应是《古逸丛书叙跋书影》，确为四册，售价六元。

1929 年，西湖博览会上，苏州图书馆陈列的就有《古逸丛书》多种：《集唐字老子道德经注》《影宋本史略》《覆麻沙本杜工部草堂诗笺》等等。② 由此可见《古逸丛书》对苏州图书馆的重要意义。

2.《资治通鉴》

苏州图书馆印行的《资治通鉴》是江苏书局旧版，全称为《资治通鉴注》二百九十四卷附《释文辨误》十二卷，最初是嘉庆二十一年（1916）江苏巡抚胡克家所刻。胡克家据元朝兴文署本胡三省注《资治通鉴》影刻，后附《释文辨误》十二卷，摹勒甚精，是清代影刻宋元古书的代表。这部书版刻成以后留在苏州，后经太平天国战乱，部分书版被毁。同治七年（1868），丁日昌任江苏巡抚，设局刊书，首先刊刻了《牧令书》。丁氏认为"若乃通括治体经纬万端上下数千年，固莫盛于《通鉴》"③，于是决定让江苏书局覆刻鄱阳胡氏仿元本《资治通鉴》。

此时莫友芝任职江苏书局，负责刊刻事。为了择选技术精湛的刻工，保证补刻的质量，莫友芝先重刻了司马光的《书仪》，今见江苏书局刊刻的《书仪》内封上刻有朱文识语："同治七年夏四月，江苏书局将覆刊司马文正《资治通鉴》胡注兴文署本，刊手杂募，不能别良拙，乃以文正《书

---

① 《江苏省立苏州图书馆年刊》，1936 年，书前广告。
② 白音：《西湖博览会教育馆之研究（二）》，《申报》，1929 年 9 月 20 日。
③ 丁日昌：《资治通鉴序》，清嘉庆二十一年（1816）胡氏刻同治七年（1868）江苏书局补刻本。

仪》归安汪氏仿宋本，各试刊一叶，第其去留，未匝月而工完。"据《张文虎日记》："同治七年六月十三日，与端甫至坊口访莫偲老，见所携苏局新翻胡刻《通鉴》，形模尚似。"①此时距离莫友芝刻完《书仪》仅一月有余，说明很快进行了翻刻《资治通鉴》的工作。江苏书局翻刻胡氏本《通鉴》是从后往前刊刻的，先刻末卷二百九十四卷，"逆而上之"。当刊刻完成后四十卷时，江苏书局听闻胡氏原版仍在，于是辗转购得。胡氏原版从二百八卷以下被毁，其他卷数则基本完整，正好与江苏书局刊刻的新旧衔接。最后江苏书局共新刻《资治通鉴》八十七卷，加上《释文辨误》十二卷。胡氏原版仍存的，江苏书局也进行了修补和校改。如卷二百七末页，胡克家本"宁"字不避讳，江苏书局本缺末笔，是增加了新讳。同治八年（1869）二月修版补版全部完成。②江苏书局修版刷印的《资治通鉴注》牌记题"江苏书局修补鄱阳胡氏仿元本二百七卷重刊九十九卷"与胡克家原本牌记"元初本重雕，鄱阳胡氏藏版"不同。补刻后的《资治通鉴》在很大程度上保持了胡克家原刻的精善。

江苏图书馆接收《资治通鉴》的书版后，在1921年与《古逸丛书》同时修补印刷，并且作为江苏图书馆印行的代表性书籍印行发售。

3.《直省释奠礼乐记》

苏州图书馆印行的多种书籍中，《直省释奠礼乐记》是销售较多的，1935年苏州图书馆《印行所一年来之设施》："发售之书，以《释奠礼乐记》居多数。"③1936年《江苏省立苏州图书馆年刊》前用大篇幅的广告重点介绍了《古逸丛书》和《直省释奠礼乐记》两部书。《古逸丛书》每部六十册，定价三十六元。《直省释奠礼乐记》六卷，每部六册，定价六元二角。《古逸丛书》知之者甚多，《直省释奠礼乐记》却鲜为人知，兹录其广告原文如下，以见其介绍之详细：

清永康应宝时、上海蔡松龄等编纂，卷首为文庙图说，第一卷曰祀位，除大成殿孔子正位外凡四配十二哲及两庑先贤先儒各依位次录其氏讳及从

---

① 张文虎：《张文虎日记》，上海书店出版社，2009年，第143页。
② 江苏书局本《资治通鉴》前丁日昌序。
③ 瞻庐：《二十四年度本馆设施概况》，《江苏省立苏州图书馆年刊》，1936年，第3页。

祀历史，而以崇圣祠正配各位附之；第二卷曰制度，凡鼎、鉶、罍、爵、簠、簋、笾、筐、钟鼓、琴瑟、萧管、箎埙诸礼乐器及供案、胙盘、燔炉、烛台诸祭具，无不详形制、器材、尺寸、重量而附以精图，开卷了然，极便仿造。第三卷曰陈设，凡大成殿两庑及崇圣祠正配诸位前牺牲、脯醢、礼乐器具等陈列方法各有详图而丽以解释。第四卷曰仪节，详述执事之分配及礼注之行施。第五卷曰乐谱，载迎神送神及三献之乐章，与各种乐器之宫谱；第六卷曰舞谱，图绘二百幅，于佾舞节次详尽无遗。附有解说甚便演习；卷末则以稻粱于醢等祭品任治之法为殿，是诚祭祀之宝典、学礼之鸿书也。①

应宝时，字敏斋，浙江永康人，道光二十四年（1844）举人，官至江苏按察使。同治三年（1864）春，宝时任分巡苏松太兵备道，治所在上海。时上海县学始改建于城西北隅，春秋二仲祭祀孔子②，礼器未备，仪节未娴，于是应宝时"详稽今制，搜采旧闻，庀材度工，按图制器，积有岁时，辄成纪载"。至其升任江苏按察使，又与常熟宗廷辅、平湖钱炳奎排比篇帙，绘具图说，《直省释奠书》始备，即《直省释奠礼乐记》③。此书参与纂辑的还有蔡松龄、李曾珂、叶和贾、徐恩灏、郑德钟、王恩溥、倪学称等④。现在可见的有两个版本，一个是同治十二年（1873）江苏刻本，一个是光绪十七年（1891）广东藩署刻本，广东刻本实际上是翻刻的同治本。同治十二年（1873）刻本的版片先归江苏书局，后归苏州图书馆。《直省释奠礼乐记》一书就是指导释奠礼仪之书，之所以在民国年间仍然比较流行，这就需要探讨清末以来祭祀孔子发展变化的情况。

清代尊崇孔子，凡直省各州县均设立文庙以祀孔。应宝时此书是初为上海县学祭祀孔子之礼而作，而成为清代晚期各地县学、文庙祭祀孔子时的重要参照。如光绪年间高明县文庙祭祀，屡经兵燹，宫县残缺，礼器无存。虽有旧志，但旧志所载乐章沿用旧文，乐舞仍用旧谱，均与当时通行

---

① 《江苏省立苏州图书馆年刊》，1936年，书前广告。"稻粱于醢"疑当作"稻粱与醢"。
② 清顺治二年（1645）定制，每年春、秋二祭孔子，均在仲月上丁，故称丁祭。
③ 序中称《直省释奠书》，但卷端、书签等均题为《直省释奠礼乐记》。
④ 参见《直省释奠书序》，同治十二年（1873）江苏刻本。

《会典》《通礼》不符。又如其记载乐器并列金钟、玉磬，但太学有此器，"亦未加深考"。在这种情况下，高明县的打算是："近年布政使王之春于广东藩署重刊《直省释奠礼乐记》，纪载详备。亟为购置一部藏之尊经阁，以俟后之修废举坠者按图考籍，俾复旧观。"①将《直省释奠礼乐记》作为其恢复县学祭祀的重要参考。

又如庐州府，自咸丰三年（1853）兵燹后所有祭器、乐器概毁无存，光绪四年（1878）合肥邑绅时任福建陆路提督的唐定奎先后捐赀库平银一万九百二十余两，作为购器价值、建库工料、延师修金、设局薪水等的费用。其中捐置祭器数目众多，而所置书籍仅《直省释奠礼乐记》一部。②

光绪十九年（1893），舒城县知县高振镛遗命其子监生鲁昌捐置《直省释奠礼乐记》一部、《丁祭谱》百部、镈钟一有架、朱虡、龙簨、金业、金鸾、狮跌、铜钩、编钟十六架，③作为释奠之礼器。

龙门县丁祭中的陈设几乎完全采用了《直省释奠礼乐记》的内容，至光绪三十二年（1906）才略做修改。④

民国成立以后，体制变革，清代制度多不沿用，于是在民国元年，浙江民政司长就呈电中华民国临时政府内务部、教育部询问有关丁祭的事项："文庙丁祭，应否举行？礼式祭服如何？其余前清各祀典应否照办？"内务部、教育部通令各省，并示各县，丁祭仍照旧举行，仅仅节略有删改：

查民国通礼，现在尚未颁行。在未颁以前，文庙应暂时照旧致祭。惟除去拜跪之礼，改行三鞠躬；祭服则用便服。其余前清祭典所载，凡涉于迷信者，应行废止。惟各地所祀者不同，请由本省议会议决存废。⑤

1913年6月22日，总统袁世凯颁布《饬照古义祀孔令》，大力陈述孔子思想与共和思想之共同点，以及有助教化之功能，以推动祀孔的继续

---

① 《[光绪]高明县志》卷八，清光绪二十年（1894）刻本，第14页。
② 《[光绪]续修庐州府志》卷十七《学校志·先师祭》，清光绪十一年（1885）刻本，第21页。
③ 《[光绪]续修舒城县志》卷十九，清光绪二十三年（1897）刻本，第23页。
④ 《龙门县志》卷十三，广州南关增沙街汉元楼，1936年，第146页。
⑤ 《丁祭除去拜跪》，《申报》，1912年3月5日。

实施。9月,教育部通电各省都督定孔子诞辰为圣节。① 当年11月26日,袁世凯发布大总统令尊孔典礼:"所有衍圣公暨配祀贤哲后裔,膺受前代荣典,祀典均仍其旧。"1914年2月7日,大总统正式发布祭孔令:

  崇祀孔子乃因袭历代之旧典,议以夏时春秋两丁为祀孔之日,仍从大祀,其礼节、服制、祭品当与祭天一律。京师文庙应由大总统主祭,各地方文庙应由该长官主祭,如有不得已之事故得于临时遣员恭代。其他开学首日、孔子生日,仍听各从习惯,自由致祭,不必特为规定。②

  总之,在袁世凯执政期间,尊孔复古盛行,祀孔是基本的国策。其后北洋政府黎元洪、冯国璋、徐世昌、曹锟、段祺瑞等人执政期间,以及张作霖出任安国君政府大元帅期间,基本上延续了袁世凯时期制定的尊孔制度,春秋丁日以及孔子诞辰均举行祭祀,仅细节上略有修改。③ 国民政府成立之初,废止春秋祀孔旧典,认为虽然孔子"布衣讲学,其人格学问,自为后世推崇",但是因其"尊王忠君一节,历代专制帝王,资为师表,祀以太牢,用以牢笼士子,实与现代思想自有原则,及本党主义,大相悖谬"。④ 这项命令是中国有史以来第一个废除春秋丁祭的命令,有其进步性,但遭到了中华总商会、国民革命军第二十一军第七师师长蓝天斌等人的反对,要求取消废止祀孔⑤。他们认为儒家思想是中国道德秩序的基础,废止祀孔典礼危及儒学地位乃至传统道德秩序。面对舆论压力,国民政府采取措施予以变通。1928年10月7日内政部电文公布,提出原有废祀政

---

  ① 《教育部关于定孔子诞辰为圣节致各省都督等电(1913年9月17日)》,中国第二历史档案馆:《中华民国史档案资料汇编》第3辑《文化》,江苏古籍出版社,1991年,第2—3页。二十七应为二十八,后教育部专门发函改正。
  ② 章伯锋等:《北洋军阀(1912—1928)》第二卷,武汉出版社,1990年,第1396页。
  ③ 高彦、王琳琳等:《新编国子监志》,中国社会科学出版社,2016年,第66页。
  ④ 《大学院公报》,1928年第3期。高彦、王琳琳等:《新编国子监志》,中国社会科学出版社,2016年,第80页。
  ⑤ 《蓝文斌、饶国华等要求国民政府通电全国取消大学院废止祀孔令的快邮代电》,中国第二历史档案馆:《中华民国史档案资料汇编》第五辑第一编《文化》,江苏古籍出版社,1994年,第516页。

策不变，但以每年夏历8月27日为孔子诞辰纪念日，于是日由各界自行举行纪念演讲活动，"演述孔子言行事迹，以志景仰""仪式不避规定"。此后几年，南京中央政府对祀孔不甚积极，而民间的祭祀活动并没有立即消失。1929年9月29日，为旧例孔子之圣诞，虽然孔子诞辰已改为公历8月27日举行，但是北平各机关依然举行祀孔，可见旧俗相袭不易改变。[①]

到1934年6月，南京政府教育部除重申8月27日为孔子诞辰纪念日，通令直属各大学各学院、并训令各省市教育厅局。还公布了《先师诞辰纪念办法》，孔子诞辰重新成为国家纪念日。1936年北平市政府还恢复了停办多年的丁祭，隆重筹备春丁祀孔。

自民国成立至1937年间，祭祀孔子的典礼基本上是一直延续的，这就使得《直省释奠礼乐记》有了用武之地。1913年11月26日，袁世凯发布大总统的尊孔令时称"祀典均仍其旧。惟尊圣典祀綦重，应由主管部详稽故事，博考成书，广征意见，分别厘定，呈候布行。"[②]"详稽故事，博考成书"应该就包括《直省释奠礼乐记》一类的书籍。

1914年9月20日《爱国白话报》登载《丁祭演礼纪盛》一文，详细介绍了祭祀的场景："大成殿台阶之上，左设金钟，右设玉磬，旁设金鼓，并一切乐器，名类甚繁……其陪祭各员，俱在阶下随同拜跪，系用四拜之礼。……月台上两旁有舞佾生若干人，演习亦甚娴熟。执事人多属内务部司员，服色概用制定祭服。"[③]祭孔之程式迎神、初献、读祝、亚献、终献、饮福受胙、撤撰、望燎等与古相同。所设之礼器、祭祀之过程、舞佾等均参照前法。区别仅在于改称释奠孔子为祀孔、祀孔乐章名改"平"为"和"，三跪九叩为一跪四拜。黎元洪时期改为鞠躬，礼节基本延续，直至张作霖执政期间。《北平晨报》曾报道："民国十七年国府南迁前，每年春秋两季之上丁日，及废历八月二十七日孔子诞辰，均由内务部礼俗司筹备礼典，

---

① 《顺天时报》1929年9月30日的新闻：《昨日平市各机关依然举行祀孔，相袭成风际此尚牢不可破，各地义塾均停课一日》。高彦、王琳琳等：《新编国子监志》，中国社会科学出版社，2016年，第80页。

② 《大总统发布尊孔典礼令》，中国第二历史档案馆：《中华民国史档案资料汇编》第3辑《文化》，江苏古籍出版社，1991年，第6—7页。

③ 《丁祭演礼纪盛》，《爱国白话报》1914年9月20日。"倍祭各员"疑作"陪祭各员"。高彦、王琳琳等：《新编国子监志》，中国社会科学出版社，2016年，第121页。

各部院暨各机关人员均恭往致祭。其祭品除猪牛羊之太牢、少牢外，并依照古礼陈列笾豆，实以脩、脯、榛、栗等物。"①

虽然南京政府成立之初，于祀孔并不热心，1934年8月27日，北平各界举行祀孔典礼，仪式较为简化："所有乐器等件，因为封存库内，时间短促，故决改用军乐，其祭品亦不用太牢少牢。"②致祭礼节与之前的迎神、初献、亚献、终献、撤馔、送神以及相应的乐章不同，仅用唱党歌、鞠躬、读《总理遗嘱》、演讲、唱《孔子纪念歌》等项。但到1936年2月25日上午六时举行春丁祀孔时，已经恢复很多古礼：

平市祀孔典礼，定今晨六时在孔庙，隆重举行。孔庙昨已体置竣事，入门为主祀官及陪祀等之休息棚帐，各路口均饰置红灯，准备祀孔时齐燃，正殿两庑暨崇圣祠各殿内之祭器，亦均布置整齐，其祭器之牛二头，猪羊各十六只，昨晨即在省牲亭宰杀，定今晨分供于各殿现仍置于该亭内，其全份古乐器金钟、玉磬等，均按古式陈列于大成殿阶上。今晨参加典礼之陪祀官共计六百余人，规定文官着蓝袍青马褂，戴呢帽，武官全服军装。③

1936年北平政府筹备春丁祀孔议拟事项时，在祭祀主祭、分献、祝版、祭文、太牢、少劳等的设置上也多沿用旧礼。虽旧乐器不再演奏，但仍然陈列。

北洋政府时期的祀孔乐舞，有一种浓重的复古意味在里面，按照古礼程序而来。④虽然国民政府时期的祭孔乐舞与北洋政府时期相比，更加趋于革新⑤，但是并不能完全禁止民间的祭祀，且在1934年以后，逐渐恢复

---

① 《平市各界今晨举行祀孔典礼，由市长袁良主祭，大成殿布置一新》，《北平晨报》1934年8月27日。高彦、王琳琳等：《新编国子监志》，中国社会科学出版社，2016年，第161页。

② 《平市各界今晨举行祀孔典礼，由市长袁良主祭，大成殿布置一新》，《北平晨报》1934年8月27日。高彦、王琳琳等：《新编国子监志》，中国社会科学出版社，2016年，第161页。

③ 1936年2月25日《今晨祀孔 将于警宪戒备下，在国子监举行，黄土垫道六时断绝交通，大成殿上陈设一遵古制，祀官六百余人，参加者廿五机关》。高彦、王琳琳等：《新编国子监志》，中国社会科学出版社，2016年，第166页。

④ 高彦、王琳琳等：《新编国子监志》，中国社会科学出版社，2016年，第212—213页。

⑤ 高彦、王琳琳等：《新编国子监志》，中国社会科学出版社，2016年，第217页。

古礼。这或许就能解释《直省释奠礼乐记》一书为何销量仍然比较大，旧的学术体系虽然解体，但是儒家的影响力仍然很大，民间祭祀孔子的礼仪活动依然盛行，为祭孔活动提供指引的《直省释奠礼乐记》仍有较大的需求。

　　抗日战争期间，苏州图书馆将善本全部移藏太湖洞庭东山鉴堂小学与西山显庆寺，而木刻书版未及移出。在 1937 年 11 月至 1939 年 5 月期间，苏州图书馆馆舍为日寇所占，书版多被生火烧毁，以致凌乱间缺，损失重大。抗战结束后，经蒋镜寰等人的整理清查，馆藏官书局木刻书版，残存 166 种 55907 片，损失 22 种 18179 片，约占 22%。[①] 仍存的版片中丛类 4313 片，经类 15634 片，史地类 18949 片，哲学宗教类 1168 片，文学类 11235 片，社会科学类 379 片，自然科学类 560 片，应用科学类 250 片。[②] 在此情况下，苏州图书馆继续征集私家版片，至 1947 年，已经征到者，有昆山赵氏《又满楼丛书》、吴县王氏家刊《诗学详说》、邓氏群碧楼书版等，又有钱慕尹购赠刘氏聚学轩家刻书版[③]，是民国后期征集保护书版最多的图书馆。

## 第五节　广东图书馆木版古籍的印行

　　宣统二年（1910），广东省立图书馆成立，创馆之初，即保存广雅书局的版片。而在广雅书局的版片归图书馆的前一年（1909），即宣统元年，广雅书局还在印售书籍，并印行了《广东广雅书局书目》，称："本局印售书籍，前因工料昂贵，禀奉提学宪沈核准发售，各种书籍均照原价加二成收取。兹因核算琐碎，盖照加定二成价值按照今价印售以归划一。宣统元年九月初一日广雅书局重订。"[④] 有书 188 种，且书叶中多有空行，或是未刻全或原有的书被铲落。[⑤] 书版归图书馆后，因二次革命失败，省立

---

[①]《江苏省立苏州图书馆概况·馆务纪要》，江苏省立苏州图书馆，1947 年，第 9 页。

[②]《江苏省立苏州图书馆概况·馆藏书版》，江苏省立苏州图书馆，1947 年，第 4 页。

[③]《江苏省立苏州图书馆概况·馆务纪要》，江苏省立苏州图书馆，1947 年，第 9—10 页。

[④] 徐蜀、宋安莉：《中国近代古籍出版发行史料丛刊》第 3 册，北京图书馆出版社影印本，2003 年，第 141 页。

[⑤] 无学海堂、菊坡精舍等书。

图书馆一度停办，直到1917年，广东省省长李耀汉下令复办省馆。徐信符（字绍棨）、冯愿等受聘为董事，"整理藏书之外，逐渐清理广雅书局、学海堂所刊版片"①。徐信符拟定印书办法，参酌清代广雅书局售书章程及浙江书局印行所办法，呈请省长附设印行所。1918年获得批准，广东图书馆附设广雅版片印行所成立，由徐信符专任其事。

## 一、辑印《广雅丛书》

徐信符在整理版片的同时，计划汇印《广雅丛书》，并在1920年3月撰写了《广雅书局丛书总叙》，内中称："棨于民国六年冬董理图书馆事，勉竭驽钝，从事清理，殚二年致力，略有条绪。今择其板式一律者，凡一百五十余种汇为《广雅丛书》。……今编为简目，弁诸卷首。"他在广雅书局版片中挑选了一百五十余种汇印，命名为《广雅丛书》，并编纂了简目，列于卷首。徐信符在《广东藏书纪事诗》也曾叙述此事："自宣统而后，书局停办，改为省立广东图书馆。广雅版片，仍保藏馆中。余于民国六年，始恢复广雅版片印行所，七年汇刻为《广雅丛书》。"从今天所存的《广雅丛书》实物来看，可以确认这一事实。天津图书馆藏有一部《广雅丛书》，前有徐绍棨新刊的《广雅书局丛书总叙》《广雅书局丛书目录》（题"番禺徐绍棨编次"），这两部分书页的版心上端均刻有"广雅丛书"四个大字，其余所有书籍均是在版心中刊书名卷数、下端椠"广雅书局栞"，这是因为子目书籍均采用的原版，而只有《总叙》和《目录》是新刊的。《广雅丛书》的首册封面题"庚申四月南海冯愿书耑"，"庚申"年即1920年，则汇印本刷印、装订完成的时间当在1920年4月以后。

《广雅丛书》的分类，不是严格的四部分类，具体分经类、小学、杂著、史学、集部。不仅将小学从经类中分离出来，而且还将史部改为"史学"。经类46种，小学11种，杂著17种，史学93种，集部7种，总154种②。史学数量最多，占总数的五分之三，还细分为正史类考证辨说注疏校勘之属、正史类总考之属、正史类表谱之属、别史及载记、礼书及

---

① 《广东省立图书馆沿革》，杜定友：《广东文化论丛》，广东省立图书馆，1949年，第38页。

② 将其中的小丛书算作一种，则共有154种。天津馆藏的这一部著录子目158种，统计方式略有不同。

编年、古史类、地理等类。史学书籍的较大比重反映了广雅书局所刻书的特点。早在广雅书局初创时期，就已经奠定了这个格局。梁鼎芬曾致缪荃孙信云："昨集众议定刻《史学汇函》，经学附刻。如有可刻之书，祈随时示知。"① 王秉恩在致缪荃孙信中也说："春中宏开书局，大抵以经学续学海堂。别开史学，与之并峙。"② 均强调了在经学之外，将重视史学书籍的刊刻。

此事在当时人文字中也多有记载，赵诚夫《三国志注补》是广雅书局所刊史部书籍之一，后此稿本归江苏省立国学图书馆，江苏省立国学图书馆将之作为善本珍藏，并在《江苏省立国学图书馆第九年刊》上刊布了书影。内有陶文冲手跋，对此事亦有着墨："光绪十四年坐主南皮张孝达尚书总督两广，奏设广雅书局，延濬宣总校局书，访刻国朝经史著述。而甲部自阮刻《皇清经解》，王刻《续经解》外，纂书不多。乃广搜乙部，拟编《史学丛书》。岁癸巳，濬宣重度岭南，向松生丁丈假是稿，而同人以全志繁重，难付手民，因议节刻补注。既易汗青，且便通行，唯删乙移渎颇费斟雠，阅三年始竟。时濬宣因病旋里，理董其事者阳湖吴孝廉翙寅也。光绪丙申十二月会稽陶濬宣记。"③ 从这里可以明确看到，广雅书局专注史学书籍的原因在于经部已经多被收进《皇清经解》《续皇清经解》，所以多搜史部，拟编《史学丛书》。《史学丛书》最初是由陶濬宣负责，后又由吴翙寅董理。徐信符在《广东纪事诗》中提道："阳湖吴翙寅编有《广雅史学丛书目录》，所收多名儒稿本及孤本，并有张文襄《史学丛书序》，则翙寅代撰也。"④ 与陶濬宣手跋所述相合。

现国家图书馆即藏有光绪年间广雅书局刊刻的《广雅书局史学丛书目录》。台湾图书馆藏王秉恩编纂的《广雅书局拟刻史学丛书目定本》稿本

---

① 钱伯城、郭郡一整理，顾廷龙校阅：《艺风堂友朋书札》（上），上海人民出版社，2018年，第202页。

② 钱伯城、郭郡一整理，顾廷龙校阅：《艺风堂友朋书札》（下），上海人民出版社，2018年，第878页。

③ 陶濬宣（1846—1912），原名祖望，字文冲，号心云，别号东湖居士，又号稷山居士，绍兴陶堰人，陶渊明第45代孙。陶濬宣应该是广雅书局初期的重要参与人之一。

④ 徐信符：《广东藏书纪事诗》，沈云龙：《近代中国史料丛刊续编》，文海出版社影印本，1975年，第20辑第208页。

一卷。[1]广雅书局应是准备将史学书籍专门列出刊刻为《史学丛书》，但最后并没有将这部《史学丛书》印出，市场上反而流传着两部选辑广雅书局已刊史学诸书，利用石印技术印行的《史学丛书》[2]。徐信符将这些史部书籍归类为"史学"，是对广雅书局之前做法的继承。1935年，商务印书馆编辑出版《丛书集成初编》，计划收入《史学丛书》，子目即为《广雅丛书》中的史学书籍。《丛书百部提要》云：

史学丛书　九十三种一千七百七十一卷　清光绪广雅书局校刊
　　张文襄督粤，首建广雅书院。复于城南南园之侧，建广雅书局，校刊群籍……光绪末年，书局停罢，版片垒积，颠倒错乱。迨入民国，番禺徐绍棨董理图书馆事，从事清厘。择其版式一律者，凡一百五十余种，汇为《广雅丛书》。其属于史学者九十三种，别为《史学丛书》。有专就一史或总集诸史而为之考证、辨说、注疏、校勘者，有作补志、补表者，乃至别史、载记、礼书、编年之属，悉皆收入。治史学者诚不可不读也。[3]

这个提要的前半部分内容，主要是来自徐信符所作《广雅书局丛书叙》，后半部分则明确说明了此《史学丛书》就是来自《广雅丛书》，从中又可以看出此书与徐信符的关联。到1964年，台湾编辑出版《原刻影印百部丛书集成》，其收录的子目和顺序与《广雅丛书》中的"史学"类完全一致。

比较值得一提的是，徐信符在《广雅书局丛书目录》中还标明了每种书所用的底本。如：丁晏《周易解故》《书蔡传附释》《诗集传附释》，郑珍《汗简笺正》，朱百度《汉碑征经》，底本为原稿本；黄式三《易释》，徐养原《仪礼古今异同》，郑珍《仪礼私笺》《轮舆私笺》，陈熙晋《春秋规过考信》《春秋述义拾遗》，底本为家刻本；黄宗羲《易学象数论》，丁晏《易林释文》，刘玉麐《尔雅补注残本》，底本为传抄本；胡承珙《毛

---

[1] 骆伟：《岭南文献综录》，广东人民出版社，2016年，第608页。
[2] 分别是光绪十九年（1893）武林三长斋石印巾箱本，光绪二十五年（1899）上海文澜书局石印巾箱本，参见李绪柏《广雅书局与史学丛书》，《广州大典研究》2018年第2期，第211—222页。
[3] 商务印书馆：《丛书集成初编目录·丛书百部提要》，商务印书馆，1935年，第69—70页。

诗后笺》，底本为《墨庄遗书》本；宋翔凤《小尔雅训纂》，底本为浮谿精舍本；毕沅《释名疏证》八卷、《校议》一卷，底本为经训堂本。这就为考证《广雅丛书》各书之来源提供了便捷的索引。

《广雅丛书》的子目，历来按照徐信符的《广雅书局目录》所列共154种，但根据1924年和1927年《广雅版片印行所书目》，《广雅丛书》子目有155种，后有附记："以上共一百五十五种，分钉五百六十二册，板式一律统名《广雅丛书》，定印全份者须预缴半价，定期取书再交半价。本槽纸二百五十元，南扣纸一百八十元。"对比两个目录，除了有顺序的调整，书名个别字有增减外，《广雅版片印行所书目》增加了钱大昕《诸史拾遗》二卷。徐信符在《广雅书局丛书总叙》明确说明："赵一清之《三国志补注》，钱大昕之《诸史拾遗》《三史拾遗》，张熷之《读史举正》，凡四种，因修补尚须时日，不为列入。"而《广雅版片印行所书目》将其列入，或是因为版已修好。若依此推测，《广雅丛书》中有无《诸史拾遗》可以作为判断是《广雅丛书》最初汇印本和后来的汇印本的依据。

## 二、印行《广雅丛书》之外的书版

广东图书馆所存书版，一部分为广雅书局版，一部分为其他旧版，广雅书局版汇印成《广雅丛书》外，还有一些书版。有人将徐信符所刷印的《广雅丛书》作为统计广雅书局刻书的数量，事实上这个数量远小于实际。《[宣统]番禺县续志》据《采访册》记载"先后刊成经部四十余种四百余卷，史部一百二十余种三千五百余卷，子部一十余种四十余卷，集部一百余种一千九百五十余卷。"①总数在270种以上。

徐信符就任广东省立图书馆馆长，整理版片，到1918年3月制定了新目，并出版了《广东图书馆附设印行所书目》。1918年出版的这个本子尚未见，可见的是1920年2月出版的同名书目，此本首页题："广东图书馆附设印行所书目，民国七年三月更定。"根据《民国时期总书目》的记载，两书均是30页，25开，按经、史、子、集四部分类，前有售书规

---

① 《[宣统]番禺县续志》卷四，1931年，第12叶。

约。①两本的内容应该是相同的，是接收广雅书局的最初阶段统计的。通过1920年2月的《广东图书馆附设印行所书目》可以了解徐信符整理后所印行书籍的总体状况。书目包括两个部分，前为广雅书局版，经部57种，史部122种，集部47种，共226种。其中一些丛书因不列子目，仅算作一种。

也是在1920年，徐信符修补广雅版片，在汇印《广雅丛书》时做了一些剔除，如"其板有残缺如赵一清之《三国志补注》，钱大昕之《诸史拾遗》《三史拾遗》，张熷之《读史举正》，凡四种，因修补尚须时日，不为列入。若诸史纪事本末及《读史方舆纪要》《天下郡国利病书》等则因卷帙浩繁，别为印行，亦不列入"。提到《三国志补注》等版残缺，而1920年《书目》中这些版片残缺的书等在列，说明最初是计划印刷发行的。徐信符整理版片后的书目现在可见最近的就是1924年的《广雅版片印行所书目》，除《广雅丛书》155种外，尚有印行的广雅版片63种，总218种。数量上要比《广东图书馆附设印行所书目》少，这是因为有些版片尚待修补，如徐氏所说残缺的四种书，除《读史拾遗》汇印入《广雅丛书》外，《三国志补注》《三史拾遗》《读史举正》均未在列。

未列入《广雅丛书》的书，除徐氏所说"诸史《纪事本末》及《读史方舆纪要》《天下郡国利病书》"外，还有历代《会要》、《全唐文》等②。这些不在《广雅丛书》的广雅版片，很多是大部头的书。徐信符计划"别为印行"，书目中列入，说明是得到印行的。如《聚珍版丛书》一百四十八种，装订成八百册。

1927年的《广雅版片印行所书目》，虽然局所发生了变化，但所列书目相同，仍然延续了广东图书馆时期的印书规模。

北京大学图书馆就藏有一部题为《广雅书局丛书》，共有书131种，此丛书系收藏者在《广雅丛书》之外又汇集广雅书局其他刻书而成。计收《丛书》印本119种，其他广雅刻书12种，这12种有：《三史拾遗》《诸史拾遗》《读史举正》《资治通鉴考异》《通鉴纪事本末》《宋史纪事本末》《元史纪事本末》《明史纪事本末》《通鉴长编纪事本末》《历代通鉴纂要》

---

① 北京图书馆：《民国时期总书目（1911—1949）·综合性图书》，书目文献出版社，1995年，第212页。

② 徐信符：《广雅版片述略》，广东省新闻出版局、《广东出版史料》编辑部：《广东出版史料》，1991年第2辑，第16页。

《诗薮》《读书丛录》，因而可以总标为"广雅书局刻本"。

其他书版主要包括学海堂、菊坡精舍等的旧版，徐信符《广东版片记略》："陶春海夫子为学海堂学长，镕经铸史斋管理学海堂版片，于印刷术素有研究。"①陶福祥（1834—1896），字春海，别号爱庐，番禺人。光绪元年（1875）举人，学海堂学长，禺山书院院长，大儒陈兰浦之弟子。其管理学海堂书版，所印书，精选纸墨，发兑处名"镕经铸史斋"。②今可见《镕经铸史斋印行书目》："广州学海堂、菊坡精舍刊行诸书及家藏板本向由书肆承印。近因坊间减值争售，遂至纸墨恶劣，印摺草率，而板片亦多损坏，价虽略省，其实得不偿失。刻书、买书两受其病。今先将板片修好照交板租，择其要者，拣选纸墨每种精印数十部，列价于下，随时有书，庶读者可得完善之本而购求亦甚便矣。书俱未装但分册数如有缺叶，录出印补。"③学海堂、菊坡精舍的版片均由陶福祥管理，应均存在学海堂。

又《[宣统]番禺县续志》："（光绪）三十三年，提学使于式枚于局（案：广雅书局）内濠北前校书堂之东建楼五楹，储藏板片。学海堂、菊坡精舍、应元书院奉文停罢后，旧刊书版一并移贮其中，随时印刷流布，嘉惠士林。"④《[宣统]番禺县续志》："广东省图书馆在聚贤坊，宣统二年，提学使沈曾桐遵部章设立在广雅书局中。别购新地建筑藏书楼一所，复于余地设藏板楼一所。其楼中藏书于广雅书院冠冕楼中，选凡有二部者分一部移置。其版片则皆属学海堂、菊坡精舍以及广雅书局、潘氏海山仙馆、伍氏粤雅堂刊刻，历经通人详校，号称精本。"⑤广东省立图书馆成立时，就设在广雅书局内，并于馆内设藏版楼专门储存广雅书局以及学海堂等的书版。

学海堂、菊坡精舍、应元书院均是具有官方色彩的教育机构，在新学兴起后，逐渐停办，版归广东图书馆，与广雅书局版片放在一起。还有广

---

① 徐信符：《广东版片记略》，广东炎黄文化研究会、番禺炎黄文化研究会编：《岭峤春秋 徐信符研究文献集》，广东人民出版社，2004年，第478页。

② 伦明：《辛亥以来藏书纪事诗（外二种）》，北京燕山出版社，2008年，第269页。

③ 徐蜀、宋安莉：《中国近代古籍出版发行史料丛刊》第1册，北京图书馆出版社影印本，2003年，第93页。

④ 《[宣统]番禺县续志》卷四，1931年，第12叶。

⑤ 《[宣统]番禺县续志》卷十一，1931年，第19叶b。

东私家刻书的代表潘氏、伍氏的版片也归入图书馆。1920 年的《广东图书馆附设印行所书目》书首"售书规约"称:"本印行所版片皆属前时学海堂、广雅书局、菊坡精舍,以及潘氏、伍氏家刻,皆经通人详校,号称精本。现拟规复刷印,以广流布。"① 后列学海堂、菊坡精舍及潘氏伍氏家刻版书,共49种。如《粤十三家集》《阮文达翚经室集》《学海堂初二三四集》《菊坡精舍集》《学海堂丛刻》《太平御览》《广东图志》等均是。

在《张元济日记》中,还记载了广东图书馆附设广雅印行所的印书情况,1922 年 3 月 24 日,张元济偕子约"至图书馆访徐信甫,不值。晤史季和,并导观印书处。见所用南扣纸,云出在南雄,每刀一百九十张,价一元五角,约可开如《会典》三开式者六张。又本槽纸,云来自福建,纸色不甚白,而比连史较厚,每百张价约一元四角五,不甚确"②。"徐信甫"即"徐信符",通过张元济的记载可知广东图书馆印书所用的纸张为南扣纸和本糟纸,这与售书目录中所列纸张是相合的。

### 三、广雅书局的独立和版片的存放

1920 年《广东图书馆附设印行所书目》前印售规约所示地址即是"广东公立图书馆附设印行所 广州文明门外聚贤坊旧广雅书局"。1923 年,广雅印行所独立,1924 年的《广雅版片印行所书目》中的《印售规约》称:"本印行所附设广东图书馆中,自民国十二年起,已呈准官厅自行独立,力图扩充,定名广雅印行所。购书者通函请分别书明。"此印售规约后面的地址题为"旧局在广雅书局广东图书馆内,新局迁往双门底西湖街惠东仓"。根据相关资料来看,迁移的可能只是门售部,版片仍存广东图书馆内。1927 年《广雅版片印行所书目》中的印售规约内容与 1924 年同,但在末题:"一局在广雅书局广东图书馆内,一局在双门底西湖街惠济东仓。"说明图书馆内仍继续售卖书籍,则书版当未搬迁。1934 年《书林有名之广雅书局近闻》:

广州之广雅书局,系南皮张文襄公之洞督两粤时所设,校梓各书,与

---

① 《广东图书馆附设印行所书目》,广东图书馆附设印行所,1920年。
② 张元济:《张元济全集》第七卷《日记》,商务印书馆,2008年,第282页。

江浙诸官书局之版刻，为世并称。民国光复以后，改隶广东省立图书馆。最近该馆既并于广州市立图书馆，是局亦改编为编译局。惟版片散佚，久不印书，广雅亦早已名存而实亡。现当局乃拟分三步着手整理：（1）印行现存之板，（2）补充残缺之板，（3）重刊亡佚之板。①

1932年，广东市立中山图书馆成立，粤省教育厅厅长谢瀛洲呈请省府将省立图书馆并于市图书馆，广雅书局改为省编译局，并计划整理广雅书版，准备复印。②从这可以看出，广雅版片应该是一直保存在省立图书馆内的。至于引文中所说"版片散佚，久不印书"，至少应该在1927年以后。而且其中有一定夸张的成分在，此条信息为粤中友人所告，带有传言的成分。徐信符自称："余于民国六年，始恢复广雅版片印行所，七年汇刻为《广雅丛书》，印行整理，历二十余年。及戊寅广州失陷，文化遭厄……"③是广雅版片的印行一直不绝如缕。陈训慈也曾说："广东广雅书局刻板各书，原由广东省馆继承经纪，惜印售不广。廿三年二月，粤省府议决以省馆之书并入市立图书馆，即以省馆旧址改设省立编印局，整理广雅旧刻，且编印新书。"④可能是因为广雅书局的书籍印行较少，导致有误识。

徐信符是广雅版片的最初整理修补者，广雅版片印行所独立时，其印行事宜仍是徐信符负责的，国家图书馆藏有一部1924年铅印的《广雅版片印行所书目》上有一戳记："由邮政寄款书函必须挂号，函面书明徐信甫收，非有本人签字盖章勿交，以专责成。"⑤在省立图书馆改为编译局后，徐氏还负责保管这些版片。特别是在抗战期间，徐信符与省立编译局的同事黄希声、廖伯鲁在广州失陷前已将广雅版片移置乡中，使这些版片安全

---

① 《浙江省立图书馆馆刊·图书文化消息》，1934年第3卷第2期，第35页。
② 《浙江省立图书馆馆刊·图书文化消息》，1934年第3卷第2期，第35页。
③ 伦明：《辛亥以来藏书纪事诗（外二种）》，北京燕山出版社，2008年，第266页。
④ 陈训慈：《全国省立图书馆现状之鸟瞰》，《浙江省立图书馆馆刊》，1935年第4卷第3期，第22页。
⑤ 中国国家图书馆、中华书局：《民国线装图书总目》第8册，中华书局影印本，2020年，第354页。

无虞保存至抗战胜利①。郑师许在回忆徐信符的文章中曾提道:"徐先生为公家服务,最大的劳力系在印行广雅书局各书,使其流通。自六年以后,该印书局虽名字屡迁,但印书发版、修补版片,无不是徐先生一手之力。"②是徐信符的功劳就在于修补、印行版片,保护这些版片历经战火而无虞。

## 第六节　山东、江西、河南、吉林、陕西等图书馆的木版印书

浙江、苏州、广东等图书馆的雕版印书规模较大,山东、江西、河南、吉林等公共图书馆也有雕版印书活动,但范围较小,因而一起在本节讨论。

### 一、山东省立图书馆的木版印书

山东省立图书馆所藏版片,在1933年出版的《山东省立图书馆概况》有非常明确的记载:"有清末叶,各省设立官书局,刻印书籍。山东官书局所刻书板,后归高等学堂,设派专员,刷印发售。光绪三十三年,罗顺循、姚柳屏等,主持此项版片应归图书馆管理,即于次年移馆,仍照旧印售。凡书一百零六种,一万六千九百八十三片。后于十九年,收入《十三经》板六千三百零三片,捐入《毛诗正韵》一百七十八片,购入《诸子詹詹录》等一百十六片,共存二万三千五百八十片。"③光绪三十四年(1908),山东书局版片在罗顺循、姚柳屏等人的主持下,归于正在筹建中的山东图书馆。因此山东省立图书馆所藏版片主要来自山东书局的转交,加上赠入和购入的两种。

山东省立图书馆接收的版片数量,《山东省立图书馆概况》中说是106种,若将《十三经》计入,则有107种。只是早在1913年湖南图书馆与山东图书馆交换书目时,曾将版片进行核查,共81种:

---

① 广东省新闻出版局、《广东出版史料》编辑部:《广东出版史料》第2辑,1991年,第19页。

② 郑师许:《悼念广东藏书家徐信符先生》(稿本,撰于1948年8月28日),转引自倪俊明:《徐信符与广东地方文献的搜集和整理》,参见广东炎黄文化研究会、番禺炎黄文化研究会:《岭峤春秋 徐信符研究文献集》,广东人民出版社,2004年,第160页。

③ 《山东省立图书馆概况》,山东省立图书馆,1933年,第17页。

照《山东旧官书局移交书目》逐一详查，存版共有八十一种，现存书籍止有六十六种，每种自一二部至数十部不等，除各省交换何种书籍临时印刷外，谨将《山东旧官书局新订书籍价目》二十本备由呈报①。

由于《山东旧官书局移交书目》以及《山东旧官书局新订书籍价目》现均不可见，无法准确确认这81种书版的具体名目。《山东省立图书馆概况》中所提到的106种书版或是由于不同的统计方法所致。其中《十三经》版片即是同治年间山东书局刊刻的《十三经读本》，《山东省立图书馆概况》没有将《十三经》版计入图书馆最初接收的版片，而是算作后来接收的。但是在最初接收的版片中，是包括《十三经》的。1925年，张宗昌督鲁，重新印行《十三经读本》，重印的《十三经读本》前有1925年12月张宗昌《重印十三经序》："检图书馆所存前清丁文诚公抚鲁时校刊之《十三经》板重付梓印，分发各学校，俾师生讲读有所遵循。"则张宗昌印书前，版存图书馆。刷印时，版片或从图书馆运出，因而1930年"七月一日，呈复省政府，大舞台所存十三经版片移交图书馆保管。"②济南大舞台，建于同治八年（1869），位于济南汇波寺阁子，1932年停业。③

就在1925年，已成为私营售书机构的山东书局也出版了新的《山东书局木板书籍目录》④，专列《尚志堂所刻书籍目录》，发售新刷印的原山东书局书籍："吾鲁尚志堂所刻各书，校订精审，久见重于士林，无待赘述。惟年来以公帑支绌故，久而未印，实为可惜。敝局今春爰筹巨款，与当事者接洽刷印，现已次第出书，有志国学者盍兴乎来。"⑤共有书73种。其中所说"与当事者接洽刷印"，应该就是同此时保存书版的山东省立图

---

① 《本司公函湖南图书馆奉都督令准山东行政公署咨请交换书目》（1913年6月11日），《湖南教育公报》，1913年第1卷第3期，第60—61页。
② 山东省图书馆：《山东省图书馆馆史资料选编》，齐鲁书社，2015年，第16页。
③ 车吉心等：《齐鲁文化大辞典》，山东教育出版社，1989年，第222页。
④ "1922年，山东书局发生了一个大变化，官本收回，改为私人经营。其性质发生了本质改变，但名称未变，地址仍在后宰门，经理孙达卿。业务也发生了重要变化，即以图书发行为主，古旧书较多，兼售军事书，并兼营文具、印刷。"唐桂艳：《山东书局研究》，山东大学出版社，2020年。
⑤ 《山东书局木板书籍目录·尚志堂所刻书籍目录》，山东书局铅印本，1925年，第27叶。

书馆商议印刷之事。

1921年3月13日，山东图书馆馆长丁麟年呈请教育厅刷印官书局旧版，为此，省教育厅发布训令，同意印书：

> 据图书馆馆长丁麟年呈称：窃以学者温故知新，古有明训，徵文考献，博极群书，本馆藏有书版多种，皆昔年官书局所刊行，自移归本馆后，因公费无余，从未印刷，长此置诸高阁，听其蛀朽，殊属可惜。查《四书》《十三经》《合订春秋大事表》《通鉴纲目》《资治通鉴》《正续山东考古录》《农政全书》等书，皆著名善本，斠椠亦极精雅，均为学士大夫必读之书，拟仿预约法集部付印，广备收庋，以仰副我督军兼省长嘉惠士林，保存国粹之至意。为此，呈请鉴核俯准，通饬各县知事转令该县学界人士，一体订购，以资津逮而广流传。如蒙允准，当有本馆检其有关经史善本，招工估计最廉值数，另备预约章程，分函百七县定期办理。馆长为保持旧籍起见，是否有当，付乞钧鉴施行，并请批示祗遵等情。据此，除指令呈悉列举各书，既为该馆所藏善本，现拟集资付印，以预约廉价出售，俾饷学者，办法甚是，应准令行教育厅通令各县知事，传知学界人士一体订购。仰将预约章程呈送查考等语外，合亟令仰该厅通令各县知事传知学界人士酌量订购。①

此次印书当是包括所有版片在内，共107种。到1930年代，所印之书剩49种："本馆出版书籍，初就山东官书局原刻各书，择其重要者，印刷发行，凡得四十九种。"②今见1931年3月的《山东省立图书馆出版书籍价目表》列原山东书局的书49种，应该就是《概况》中所说的49种。另有1932年《山东省立图书馆碑帖书籍价单》有30种原山东书局的书。综合《尚志堂所刻书籍目录》《山东省立图书馆出版书籍价目表》《山东省立图书馆碑帖书籍价单》可以从总体上了解山东省立图书馆接收的山东书局的版片状况。

---

① 《省图书馆预约集资印刷馆藏书》（1921年3月13日），山东省出版总社出版志编辑室编：《山东出版志资料·山东省清末民国时期出版法令训令选编专辑》，山东出版总社（内部发行），1990年，第23页。

② 《山东省立图书馆概况》，山东省立图书馆，1933年，第38页。

山东省立图书馆的出售的书籍绝大多数在《尚志堂所刻书目录》中，而且这些书版既有原山东书局刻书版存尚志堂的、也有尚志堂自己刊刻的，还有私人刊刻的书版，相同的是，书版均存在尚志堂。清同治八年（1869）春，丁宝桢建尚志堂于金线泉①，是为尚志书院，学堂师生长期参与山东书局刻书的编辑与校勘，还延聘了一些专门的审校人员，如莱之掖邑李懋伦，以家寒故，"奉母携妻西游济南，馆于尚志堂校书籍，如是者八年"②。

　　在清末，尚志堂所存书版先归山东高等学堂，借山东高等学堂师范学校的房屋刷印，后山东师范学校独立，成为山东优级师范学堂，从1925年出版的《历城县志》可以看出，尚志堂与优级师范学校即山东师范学堂距离非常近，仅有一路之隔，版片转运相对容易。后来这些书版又全部运到图书馆。1925年山东书局用"尚志堂"统称这些刷印的书版，说明或是有两个原因：一是此时山东书局已经成为纯粹的售书机构，书版为免混淆，用原来官书局刻书时期的藏版处尚志堂统称这些书籍。二是虽然山东书局和尚志堂不同，但是历来刻书，均是称刊行者或藏版地均可。

　　因此，《山东省立图书馆概况》中所说接收的山东官书局书版，实际上是将尚志堂书版都包括在内。与山东书局情况相似的还有粤东书局，版存学海堂和菊坡精舍，而后来都被统称为广雅版片。这在一定程度上反映了自民国以来，从各官书局接收的书版一般都统称官书局书版，这些书版最初来源不一，从官书局开始兴办时便是如此，还有的官书局本就是在私人刻书处扩展而来。

　　1931年，丁氏留余堂所刻《毛诗正韵》版片移赠山东省图书馆。《毛诗正韵》著者丁竹筠，名以此，字竹筠或竹君，生于道光二十九年（1849），世称竹筠先生。丁竹筠师事日照许瀚，潜心训诂声韵，所著有《毛诗正韵》五卷、《我有园诗草》二卷、《毛诗字分韵》一卷、《古合韵表》一卷、《切音谱》一卷、《楚辞韵证》若干卷、《论语随笔》不分卷等，又有批读《毛诗》全书，依段氏十七部，逐字标韵。除《毛诗正韵》外，均未刊行。③

　　《毛诗正韵》一书，专门讨论《毛诗》中的用韵问题，比前人多有创

---

① 《[民国]续修历城县志》卷一，1926年，第4叶b。
② 《[民国]寿光县志》卷十四，1936年，第40叶a。
③ 王献唐《毛诗正韵》跋，1931年山东省立图书馆印本。

获,得到章太炎的赞赏。1910年3月30日,章太炎在给钱玄同的信中对《毛诗正韵》所附的《毛诗韵例》进行了详细的评价:

丁以此近复寄《毛诗韵例》一册来,其人即许瀚弟子(许瀚即王筠所称印林者),其论《诗》中用韵,谓《雅》《颂》句末有韵,《风》则字字有韵。《雅》《颂》犹唐人作古体,惟句末字论平仄;《风》犹唐人作近体,字字必分平仄,可云创论。然其证据亦多,如云《诗》有四字叠韵者,如"其子在梅""其子在棘"是也;有上三字连用叠韵者,如"展转反侧""作于楚宫""淇则有岸"是也;有下三字连用叠韵者,如"求之不得""左右采之""谁谓女无家""谁谓鼠无牙"是也。亦或散在数句数章,故《风》中未有一字不入韵者。此论一出,觉《诗》真非苟作,然其难恐甚于填词矣。①

又在4月18日写道:

丁以此《毛诗正韵》,其《国风》见存,而《雅》《颂》因遭故没失,尚须逐写。《毛诗韵例》只一小册耳。然当以全书付刻,《韵例》不可单行也。果有愿刻者,仆当向彼言之。②

章太炎在给自己弟子的信中言此书当刻,对此书予以了充分的肯定。宣统元年,章太炎在给《国粹学报》的信中,力赞此书,并将丁竹筠治《诗》比于张尔岐:

近见日照丁竹筠以此所著《毛诗正韵》五卷,条理极精,远在宁人、先篯之上。其人年六十余,教授里巷,岁祇三十千文。仆以其付印无资,为作序一首,望先登"绍介遗书"门中,以后或有人助之刻版。北方学者,今已寂寥,有此一介,而乡邑不知其名,致以训蒙糊口,然后知贤士湮没

---

① 章太炎著,马勇整理:《章太炎全集·书信集》,上海人民出版社,2017年,第177页。信中加点处原文依圈,本文权且作点。
② 章太炎著,马勇整理:《章太炎全集·书信集》,上海人民出版社,2017年,第179页。

者多。宁人遇张稷若，亦在蒙塾中。丁君用心于《诗》亦犹稷若用心于《礼》，山东耆秀，先后同符，可慨也。①

宣统元年章太炎即为此书刊行作推介并为之序，而直到1924年5月，丁竹筠去世以后，《毛诗正韵》才由其次子丁惟汾（字鼎丞）刻于北平，前有牌记"民国甲子五月　日照留余堂丁氏藏版"。此书由章太炎、刘师培作序，黄侃作《毛诗正韵赞》。又有山西景定成、湖北黄侃校雠，安丘刘穆、高密刘冠三参校。章太炎信和刘师培序中均称"毛诗正韵五卷"，真正刊印成书为《毛诗正韵》四卷《毛诗韵例》一卷。

版片归赠山东省立图书馆后，王献唐即刷印出版，新牌记为"日照丁氏留余堂赠版　山东省立图书馆印行"。王献唐亲题书名，并作跋于卷末："乡前辈丁竹筠先生《毛诗正韵》，民国十三年五月，哲嗣鼎丞先生刻于北平。印书无多，流通未广。今岁三月鼎丞先生以版移赠本馆，复刷印行世，时余杭章太炎先生撰墓表新成，亦增刻卷首。"《毛诗正韵》又新增入章太炎所作《丁君墓表》，为前本所无，由茹古书局刊刻。成书后装订成两厚册，售价精装大洋三元，平装二元五角。

《毛诗正韵》印成后，王献唐赠给黄云眉一部。黄云眉在回信中说：

往者读《楚辞》，喜其句中有韵；读《毛诗》，喜其句中用韵更多，而未尝注意其例。偶读清人音韵之书，始知其例非一。及读《国粹学报》竹筠先生之《毛诗韵例》，则大怪，以为区区三百首四言诗，乃有若是夥颐之例，诚哉其铿锵金石，非后代诗人所及。已甚欲一读《正韵》之书，而吾兄适以琼瑶相报，其为感悦何可言耶？新诗家方欲尽脱音韵之缚而自觅园沼，读此书必攒眉称"何苦"。弟谓诗固不必如此作，然此等音乐化之诗，实富有彼等时时喜言之陶醉性，惜彼等不曾细心领略耳。②

---

① 参见章太炎著，马勇整理：《章太炎全集·书信集》，上海人民出版社，2017年，第330页。

② 1932年10月18日，安可荇、王书林手稿整理，杜泽逊编校整理：《王献唐师友书札》，青岛出版社，2009年，第1451—1452页。

黄云眉在信中不仅肯定了《毛诗正韵》一书在《毛诗》用韵方面所取得的丰富见解，还表达了对当前新诗流行、不解旧诗的现状的感慨，这也是当时传统文人的忧虑所在。

山东图书馆印行的另一部名人著述是田士懿《金石著录名家考略》四卷。田士懿（1870—1929），字德忱，斋号饕石墨厂，山东高唐人，光绪二十九年（1903）举人。毕生殚心金石目录之学，所著有《山左汉魏六朝贞石目》《泰山石经峪金刚经残字》《金石名著汇目》《金石著录名家考略》《金石唫呓录》《增广金石汇目》《画学丛钞》《诗古文集稿》等。① 《山左汉魏六朝贞石目》《泰山石经峪金刚经残字》于 1923 年，《金石名著汇目》于 1925 年自家刊印行世。《金石著录名家考略》于 1928 年 3 月开刻，刊刻方竣，田士懿即去世，未能印行。1934 年 8 月，田士懿甥孙刘锡珏（字玉琨）拜访王献唐请代为印行，王献唐"因念书为先生心力所萃，节衣缩食，幸获刊成，不忍听其湮沉"②，答应此事。8 月 18 日，刘锡珏致信王献唐，致谢之外，谈论运版之事：

> 阐扬遗著，意恳情切，没者得显，生者尤荣。隆情厚意，楮墨难宣，晚虽没齿尤难忘也。舍存书板尚称完善，即于阴八月底间运奉钧馆，敬求付印，将来问世之日，亦即晚外祖含笑之时也。③

1935 年，《金石著录名家考略》一书"勉由馆中筹资为印五十部，俾流布海内"。王献唐还作《金石著述名家考略叙》，蓝色铅印冠于卷首。《金石著述名家考略》是较全的金石学家小传及其著述汇辑，实包括《考略》一卷《续》一卷《再续》一卷《拾遗》一卷《附目》一卷。《考略》收自宋迄清的金石家一百九十五人，《续》复增梁至清金石家二百五人，《再续》增梁至清二百三十六人，《拾遗》收宋至清八十二人，《附目》则是列最近金石著述名家容庚、商承祚、马衡三人，是总共七百二十一人，可谓宏富。

---

① 吴金敦：《田士懿金石学著述考略》，《山东图书馆学刊》，2014 年第 5 期，第 87—89 页。
② 王献唐：《金石著述名家考略叙》，1935 年山东省立图书馆印本。
③ 安可荇、王书林手稿整理，杜泽逊编校整理：《王献唐师友书札》，青岛出版社，2009 年，第 1909—1910 页。

由于此书所辑名家是从流传的金石著述中所得，"以书传人，凡有撰述不论存殁悉行著录"①，其见著述尚有未及的，因而还有可补辑者。

1947年，山东省立图书馆又以160万元购入清代王筠旧刻书版333块②，未能印行。

山东省立图书馆印版片虽然在印行规模上远小于浙江、江苏、云南等图书馆，但印行种数并不算少，总体上呈现了山东书局旧版书的主要部分。《毛诗正韵》《金石著录名家考略》亦为重要的学术书籍。2017年，经过普查整理，山东省图书馆现存版片有1004片，其中可以确定为官书局旧版的仅1块，王筠书版11种126块。

## 二、江西省立图书馆的木版印书

1928年2月，江西省教育厅提出制定《江西征集图书文献条例》，在江西省政府第八十八次省务会议通过施行，并登报公布。其中第六条为"前江西官书局刊刻之各种图书版本以及用省公费办理之图书、版本均应收归省立图书馆庋藏"③。于是江西省图书馆先后接受了两宗较大的版片，成为馆藏版片的主要部分。一是接收浙江全省印刷局的版片，二是接收退庐图书馆的《豫章丛书》版片。

1928年前，江西官书局各种图书及版片均由江西全省印刷局保存，江西图书馆馆长欧阳祖经函请该局将这些图书及版本照数点交，而江西全省印书局回函称因未奉省政府此项令文，未便擅行点交，欧阳祖经呈请江西省政府同意后方得接收。④

据《江西全省印刷局移交书版清册》，版片有《御纂七经》（残）、《五种纪事本末》《四书五经》《通监纲目三编》《中庸衍义》《图民录》《佐治药言》《学治臆说》《小学集注》《阮刻十三经注疏》《黄山谷诗全集》《江西通志》《五种遗规》《吕子节录》《劝善要言》《劝戒浅说》《韡园六种》《蚕

---

① 《金石著述名家考略·凡例》，1935年山东省立图书馆印本。
② 《罗象临向教育厅汇报购买王筠书板之全过程》，山东省图书馆：《山东省图书馆馆史资料选编》，齐鲁书社，2015年，第199页。
③ 《江西省立图书馆馆务汇刊·规程》，江西省立图书馆，1929年，第9页。
④ 《接收前江西全省印刷局图书版本案》，《江西省立图书馆馆务汇刊》，江西省立图书馆，1929年，第125页。

桑合编》《近思录》《輶轩语》《十三经识语》《夏桂洲奏议》《化愚俗歌》《公门果报录》、《国朝文才调集》（虫伤残缺不全）、《江西忠义录》《引种牛痘方》、《豫章课艺》（残）、《经训文集》《授时通考》《朱子全书》、《医宗金鉴》（残）、《武英殿聚珍板丛书》（残）等各一付[①]。1936年《江西省立图书馆概况》载馆藏木刻书版中接收前江西官书局版片82种[②]，应该是将以上丛书中的子目单独计算的。

　　清末民初，江西曾有两次辑刻《豫章丛书》事，一为清光绪年间陶福履刊刻，一为民国初年胡思敬刊刻。江西省立图书馆所得《豫章丛书》书版乃是胡氏所刻。胡氏《豫章丛书》始于1915年，全书牌记上均有"退庐图书馆"。胡思敬在1922年去世，刊刻事由其弟继续。胡氏《豫章丛书》成书后整部印行的很少。1929年6月6日，江西省立图书馆馆长欧阳祖经呈报教育厅点收退庐图书馆移交版片图书并捐赠图书之事，中有胡思敬之弟胡思义的书信，对胡氏《豫章丛书》刊印事多有介绍：

　　《豫章丛书》初办之时，虽经咸前省长核准由公家略予补助，然自民八即以停止，先兄亦相继逝世。仍留总校魏绅元旷更续办理，所有经费概由思义独立担任，至民十四年，始行停刊。嗣因驻兵取版片作柴薪，以致被毁多面。匪独邦人君子啧有烦言，即思义亦未尝不时时系念也。正拟筹资补刻，又因拆房让路之事发生，不得不先其所急。今奉函谕移交省立图书馆保存，系为绵乡贤之手泽起见，虽有私款在内，亦未便计较。至公款添购、公私投赠各书既有书目可稽，自应移归省立图书馆保存。[③]

　　当前对《豫章丛书》的研究中，多认为《豫章丛书》已于1923年告成，如喻剑庚主编《两刻豫章丛书题记》[④]，但据胡思义的文中所说，至1925年才停止。而且后因驻兵残毁的也未及补刊，至1929年版片赠予江西省

---

① 《江西全省印刷局移交书版清册》，《江西省立图书馆馆务汇刊》，江西省立图书馆，1929年，第75页。

② 《江西省立图书馆概况》，江西省立图书馆，1936年，第18页。

③ 《呈教育厅文》，《江西省立图书馆馆务汇刊》，江西省立图书馆，1929年，第130页。

④ 喻剑庚：《两刻豫章丛书题记》，百花洲文艺出版社，1999年，第6页。

立图书馆。《豫章丛书》共 103 种，而江西图书馆《退庐图书馆移交豫章丛书版清册》（以下简称书版清册）所载书版共 105 种，7785 块。①去掉《豫章丛书总目》和作为附录的《四库总目江西先哲遗书钞》外也是共 103 种，但是与《豫章丛书总目》②相对比，子目略有出入。《书版清册》没有列《应斋杂著》，而列《清江三孔集》。《清江三孔集》版片 33 块，与《舍人集》《宗伯集》《朝散集》并列而为四种，而在《豫章丛书总目》中《清江三孔集》为小丛书名，子目有《舍人集》《宗伯集》《朝散集》，《清江三孔集》并未计入总数。又《丛书综录》此条为《清江三孔集》三十四卷附校勘记一卷，则《书版清册》中的《清江三孔集》应是《清江三孔集校勘记》一卷（书版有三十三块，其余《舍人集》二卷、《宗伯集》十七卷、《朝散集》十五卷正好三十四卷），在《豫章丛书总目》中是附于集后而不计入种数。

江西省立图书馆历经辗转，在此时渐趋安定，接到这些书版以后，逐渐整理："今经检查清楚，依次排列。版为木质，镌刻颇工。各类用一木架庋藏，架之大小与版本一致。每类版本多者分藏数架，以便搬移。此后同人认为犹须努力进行者，则为筹集经费补全版本，刷印成书，庶版本不等于废木，文献得赖以阐扬。"③至 1929 年 7 月首先整理完成，计划印行发售的书有：

《豫章丛书》，上等连史纸印，定价一百二十元。
《江西通志》，定价五十元。
石印《江西全省舆图》，每部十四册，定价十四元。
《四库总目江西先哲遗书抄》，定价一元。
《黄山谷集》，定价十六元。④

以上五种书，除《江西全省舆图》外，均为木印书。《江西通志》和

---

① 《江西全省印刷局移交书版清册》，《江西省立图书馆馆务汇刊》，江西省立图书馆，1929 年，第 76 页。版片中未列《应斋杂著》，实际刷印的书中有。
② 民国刻本。卷端题"豫章丛书总目一百零三种共六百五十卷"。
③ 《江西省立图书馆馆务汇刊》，江西省立图书馆，1929 年，第 18 页。
④ 《江西省立图书馆馆务汇刊》，江西省立图书馆，1929 年，卷末广告。

《黄山谷集》均是光绪年间原江西官书局所刻。《四库总目江西先哲遗书抄》原是附录于《豫章丛书》中的，此时可单出别行。尤为称道的应该是《豫章丛书》的补刊印行。虽然1929年江西省立图书馆就已经发布《本馆发售书目》，称："上列各书版片现已整理就绪，特先印行，藉广流传。"①但真正印行是在1933年，1934年江西图书馆古籍部主任刘郁文浓墨重彩地介绍印行的《豫章丛书》，以助销售。

江右古称才薮，经术文章为天下宗。其著述之显者，固已光灿海宇，而幽隐者若不亟为刊布，恐遂日即消沉。宜丰胡侍御绍唐有感于此，爰有《豫章丛书》之辑，搜罗放佚，别择精严，复取不同之本，详加校勘，每书之后，皆附有校记及跋语，编刊未竟，而侍御遽归道山，于是公推南昌魏先生斯逸继其事。越时数载，费币巨万。为书百三种，都六百五十一卷。是书内容之佳有三：不涉泛滥，一也；不以意改纂，二也；校雠精审，三也。近代丛书之刻甚夥，而精核若此者殆不多观。初次印行，艺林见珍，顾成书无多，流传未广，嗣罹民十六之变，书版散乱，略有阙失。本馆有保存文献流通古籍之责，乃收归馆有，残缺者以原书摹雕，补之不爽累黍，用国产上等连史精印百部，订环洞式，瓷青纸面，书品阔大，精雅无比，去岁发行预约，遝迩争购，现存书无几，欲购者幸毋交臂失之。②

全书二百六十五册，定价一百二十元。江西省立图书馆还铅印了《江西省立图书馆印行豫章丛书样本》以助推广。《豫章丛书》所收书之内容较佳不仅在于文中所说的校勘精审、不臆改纂等，其底本选择亦有考量。如所收《三家易说》之《易纂言外翼》八卷、《读易考原》一卷、《易学变通》六卷三种"均据钱塘丁氏八千卷楼钞本钞，盖出浙江文澜阁"，而《易纂言外翼》所依据的四库本则采辑自《永乐大典》。

江西图书馆也继续征集了一些版片，如，1935年4月23日教育厅派科员段心哲到馆调查购买《魏氏丛书》版片。③根据1936年《江西省立图

---

① 《江西省立图书馆馆务汇刊》，江西省立图书馆，1929年，卷末广告。
② 《江西图书馆馆刊》，1934年第1期，第44页。
③ 《江西图书馆馆刊》，1935年第2期，第156页。

书馆概况》，馆藏木刻书版共有88种，其中接收前江西官书局版片82种，胡氏赠送《豫章丛书》1种，先后购得私家版片5种。①浙江省立图书馆多次提到整理版片之事，如《江西省立图书馆二十四年度呈厅请求扩充事业经常费预算草案计划书》中计划"整理应天寺版片。本馆藏在应寺内《十三经注疏》等九十余种版片，堆积如山，中多残缺，再不修整，将成废物。故规定预算，急加修补，俾成完璧，以便庋藏"②。又如1936年《来年度进行事项》第五项"整理旧书书版"："本馆藏木刻书版百余种，前已叙述。其中，名贵书版如《豫章丛书》《江西通志》《阮刻十三经注疏》《五种纪事本末》《黄山谷诗集》《江西诗征》等皆为士林所重。除《豫章丛书》在二十二年（1933）重印一次，销售国内各图书馆及私人凡数十部，尚有余存，书存馆备售外，其他各书版久未印刷。今拟择优重印，书成以后，可与其他机关交换书籍或定价发售。曾备文呈请教厅编列二十五年预算，一俟批准即可实行。"③但是均未能印行。

### 三、河南、吉林、陕西等图书馆的木版印书

河南省立图书馆的雕版印书，目前多集中在讨论1931年以后的《中州丛书》。李和邦在《河南省图书馆志略》有过较为详细的叙述："本馆所藏书版来源不一，主要有三种途径：一为接收，如接收前清学务公所所藏书版，1933年省教育厅下令，让开封县、省立第十小学将所藏原学务公所书版交与省馆；二为收购书商所藏书版；三为本馆刻制的书版。另外，1933年安徽省政府主席刘镇华赠送给本馆《安阳四子集》书版一套。"④其所说"接收前清学务公所藏书版"事，在当年的《河南省立图书馆馆刊》的"公牍"部分有较为详细的记录。当时的河南省教育厅为保存公家雕刻书版，令河南图书馆调查版片详请，训令原文如下：

查河南公家雕刻书版遗存甚夥，清光绪间多存学务公所，后展转迁移，存置开封县及文庙现省立第十小学校等处。深虑积久，损坏遗失在所难免，

---

① 《江西省立图书馆概况》，江西省立图书馆，1936年，第18—19页。
② 《江西图书馆馆刊》，1935年第2期，第180页。
③ 《江西省立图书馆概况》，江西省立图书馆，1936年，第54页。
④ 李和邦：《河南省图书馆志略》，中国致公出版社，2001年，第87页。

殊属可惜。合亟令仰该馆切实调查详报，以便规划保存。此令。①

从这篇公文可知，这批公家雕版书当只是在光绪年间曾存放于学务公所，而并非学务公所所有，后来这些书版又转藏开封县（今开封市）及文庙，文庙后又改建为河南省立第十小学。河南省立图书馆在调查后，呈报教育厅：开封县政府存《开封府志》书版，第十小学存《钦定礼记义疏》《钦定仪礼义疏》《钦定周官义疏》《康熙字典》《御纂医宗金鉴》《中州彰善录》《五经详说》《十一经音训》等书版。②教育厅指令开封县政府以及省立第十小学将这批书版移归河南省立图书馆保存。

河南学务公所成立于清光绪三十二年（1906），其职责除督办教学外，还负责保存图书、印刷书籍。据琚青春《河南省图书馆馆藏木刻书版考略》："河南学务公所不仅接收了大梁书院、明道书院的书板，还雕版印刷了一些书籍。"或许因此，才有后来教育厅文中所说："河南公家雕刻书版遗存甚夥，清光绪间多存学务公所"，但是后来这些公家书版又都移至他处。1913年"河南省图书馆迁至学务公所旧址后，接收了一些书板"③，这批书版当主要是学务公所新刊的或部分未及运走的书版。综而论之，河南省立图书馆接收的书版应该是两项，一是1913年馆址迁至学务公所以后接收的书版，数量和种类暂不确定，另一项是1933年接收的清公家雕刻书版，有《开封府志》《钦定礼记义疏》《钦定仪礼义疏》《钦定周官义疏》《康熙字典》等。

河南省立图书馆新刊印行的书版，现熟为人知的就是井俊起任馆长后，在1933年开始汇刻的《中州丛书》，井俊起着力访求河南先贤未刊稿本并请工刊刻，还约开封名书家陈玉璋仿宋精写，刻书费用经呈请教育厅后从补发1930年积久余款项下开支④。到1936年因新任教育厅厅长李敬斋

---

① 《教育厅训令：调查公家书版由》，《河南图书馆馆刊》，1933年，第101页。

② 《呈教育厅 遵令调查公家雕刻书版拟归本馆保存由》，《河南图书馆馆刊》，1933年，第101页。

③ 琚青春：《河南省图书馆馆藏木刻书版考略》，《河南图书馆学刊》，2013年第4期，第125—126页。

④ 《呈教育厅 拟刻本省名人遗著由》，《河南图书馆馆刊》，1933年第1期，第102页。

的反对，刻书中断，刻成《石田野语》《臆见随笔》《隐山鄙事》《书学慎余》《算法通义》《律吕心法》《几何简易》等16部书。①

实际上，在井俊起之前，河南省立图书馆就刊刻了一些书籍，今可见1921年武玉润任馆长期间刊刻的《东京梦华录》十卷、《如梦录》一卷，后者是清常茂徕编，宋保蕃、邹廷銮校，赵文琳重校。1934年，河南图书馆清点馆藏书版，完整无缺的有《经苑》《梦华录》《如梦录》《中州名贤集》《天根诗抄》《文钞》《志远堂文集》《佩渠随笔》《京澳纂闻》《开封府志》《祥符县志》《验方新编》等15种，《东京梦华录》《如梦录》均在内，其他书版中或还有民国年间新刊的②。

吉林省立图书馆也曾雕版印刷书籍。目前所知的是《吉林通志》，此书刊刻完成于光绪二十六年（1900），是吉林省第一部较完备的官修地方志。刊刻完成后即刷印流传，同年七月呈光绪帝留览。《德宗实录》二十六年七月丙午条"吉林将军长顺奏，《吉林通志》成书，装订进呈。得旨，书图留览。"③后此书又在1930年用铅字印刷，广为人知。但鲜有人注意到当时的吉林省立图书馆刷印《吉林通志》之事。这主要记载在《吉林省图书馆大事记》里：

1918年8月，图书馆由历年积存经费项下及教育厅公报费项下垫印《吉林通志》50部。④

11月，吉林省立图书馆馆长呈请吉林教育厅通令各县知事备价请领《吉林通志》以清垫款。⑤

由此可知，在民国年间，《吉林通志》的版片为吉林省立图书馆所有，

---

① 李和邦：《河南省图书馆志略》，中国致公出版社，2001年，第88页。
② 不完整的有《五经详说》、《河南通志》（两种版）、《十一经音训》《五种遗规》《康熙字典》《王文庄公集》《洛阳伽蓝记》《四怡堂丛书》《中州彰善录》《医宗金鉴》等11种，缺损不多，尚可补刊，多是接收的原公家书版。
③ 《清实录》第58册《德宗景皇帝实录（七）》，中华书局，1987年，第107页。
④ 杨柏林：《吉林省图书馆百年馆庆纪念文集》，吉林人民出版社，2009年，第191页。
⑤ 杨柏林：《吉林省图书馆百年馆庆纪念文集》，吉林人民出版社，2009年，第192页。

并印刷了至少50部。大事记还有一条书版事："1932年5月，吉林省立图书馆发函催还经求衡印书局借去的《吉林通志》木版38箱。"①亦可确定这些书版是原属吉林省立图书馆的。

清末民初，大多数图书馆从官书局接收的都是木刻版片，陕西省立图书馆则包括了铅印设备。据清宣统元年成书的《陕西清理财政说明书》记载："陕省原有味经官书局，自光绪三十三年（1907）将学务处改为学务公所，遂于该公所左近，另建房舍，遵章名为图书馆，将官书局并入焉。"②"至官书局，向归善后局专管，光绪三十四年，善后局归并财政局，将官书局并归学司图书馆。"至官书局指原设于西安省城的官书局，是同治十年（1871）四月，由当时的钦差大臣、督办陕甘军务的左宗棠捐款创设的，初称西安书局。"味经书局"即"味经官书局"，是光绪十七年（1891）由陕西学政柯逢时创设的，设在三原。图书馆建立时，先后把味经官书局、至官书局归并进来。而味经官书局在光绪二十八年（1902）时，"在上海购置铅板、活字大小数号及铜模机器等件"，开设了铅字印刷，因而陕西图书馆在开办之初也拥有铅印设备。陕西图书馆铅字排印的《宣统三年陕西各府厅州县岁入岁出款目预算表》应该就是利用这套设备印行的。③

味经书局移交给陕西图书馆的书版现已无从查询，但从今辽宁图书馆所藏1922年陕西省立图书馆造赍的《陕西图书馆附属版库实存书版数目表》可知，陕西省立图书馆确曾储存过书版，且到1922年时，仍然保存的有（大致按照经史子集排列）：

经部：《诗经传说汇纂》《书经传说汇纂》《周易折中》《礼记义疏》《春秋传说汇纂》《周官义疏》《仪礼义疏》《诗经》《书经》《书经讲义会编》《周易本义》《周易辨录》《易经读本》《礼记》《春秋左传》《春秋大事表》《四书读本》《中庸解》《删订四书易知解》《日讲四书解义》《四书集注》《吕泾野先生因问》《尚书因文》《六艺纲目》《四书句辩》《诗经读本》。

---

① 杨柏林：《吉林省图书馆百年馆庆纪念文集》，吉林人民出版社，2009年，第197页。

② 谢林：《陕西省图书馆史》，三秦出版社，2009年，第19页。

③ 北京图书馆出版社影印室：《清末民国财政史料辑刊》第3册，北京图书馆出版社影印本，2007年。

史部：《陕西通省志》《列女传》《补注洗冤录集注证》《大清通礼》《初级师范学堂章程》《学政全书》《礼部则例》。

子部：《代数术》《微积溯源》《明夷待访录》《古品节录》《先正读书诀》《近儒读书法》《性理精义》《朱子全书》。

集部：《二十一史弹词》《明纪弹词》《初学英文简明表》《从政遗规》《养正遗规》《训俗遗规》《教女遗规》《蒙学课本》《汉魏六朝百三家集》《吕泾野先生文集》《续刻吕泾野先生文集》《唐诗三百首注释补正》《古文》《受祺堂文集》《续刻受祺堂文集》《清朝四书文》《治化四书文》《隆万四书文》《启祯四书文》《春秋诗刻汇选》《关中书院课艺》《周犊山文集》《缙山书院文话》。

这些书版的来源，有一部分如《诗经传说汇纂》《诗经传说汇纂》《周易折中》等在清代刊刻次数都非常多，不易判断。但也有一些在陕西地区刊刻较少，可以推断出版本。

如《尚书因文》，清武士选撰，有清光绪十八年（1892）关中书院刻本。

《二十一史弹词注》，明杨慎撰，有清道光十二年（1832）杨浚刻本。

《吕泾野先生文集》《续刻吕泾野先生文集》，明吕柟撰，清道光十二年（1832）富平杨氏刻本。

《受祺堂文集》四卷《续集》四卷，清李因笃撰，杨浚辑编，有清道光十年（1830）关中书院刻本。

《关中书院课艺》，清柏景伟选，清光绪十四年（1888）刻本。

《缙山书院文话》，清孙万春撰，清光绪十一年（1885）孙氏家塾刻本。

以上各书，多与陕西地区书院有关，《尚书因文》《二十一史弹词注》《吕泾野先生文集》《受祺堂文集》《关中书院课艺》等应是关中书院旧藏书版。光绪二十九年（1903），陕西巡抚升允改关中书院为陕西师范学堂。《缙山书院文话》撰者孙万春，字介眉，光绪二十三年（1897）任咸阳知县，捐俸置时务及算术书多种，存渭阳书院[①]，其版应亦存此。渭阳书院于光绪三十二年（1906）易名为"咸阳高等学堂"。陕西图书馆收藏的这批书版，应当是书院改为新式学堂后移交或辗转移交的。

---

[①] 吴廷锡、冯光裕纂，《咸阳经典旧志稽注》编纂委员会编：《咸阳经典旧志稽注·[民国]重修咸阳县志》，三秦出版社，2010年，第179页。

这些书版应都没有得到印刷。陕西省公立图书馆1918年工作报告："本馆第一次书目，虽已出版，而其后图书添购不已，续出目录，自应随时编印，加以零星出版各物，均非印刷不可。且查各省图书馆，无不附设印刷工厂，惟陕西独赋缺如，一有印刷，种种困难。"[1] 陕西图书馆没有附设印刷工厂，清末接收的铅印设备或都移交他处，仅印行了书目，木版印书的情况则没有提及。

其他还有云南图书馆，是民国时期雕版印书的重要图书馆，印行木版书籍至少212种，用云南书局出版的书籍再次印行的有《易经》《书经》《诗经》《礼记》《春秋三传》《孝经注解》《四书正蒙三辨》《孟子要略》《四书集注》《小学集解》《说文部首读本》《洗冤录详义》《幼学琼林》《滇海虞衡志》《南诏野史》等，详细情况在下文叙述。

公共图书馆雕版印刷的书籍特别是官书局书籍满足了近代图书馆建设初期的需要，1917年山东图书馆编纂的《山东图书馆书目》，在《凡例》中专门说明"本馆藏书意在普通适用，先收各省官书局出版之书，次及家刻坊板之善本，然后注意于旧本"[2]。官书局书籍的需求可见一斑。1935年，陈训慈在总结全国省立图书馆藏书情况时说："今各省省立图书馆之藏书……即或总量在数万册者，按其实质，什九为各官局旧刻。"[3] 芮哲非在《古腾堡在上海》一书中提道："中国的公共图书馆始于1908年至1909年间，他们补充了学校之外的教科书市场。然而，直到20世纪20年代末，公共图书馆运动开始时，出版商才从图书馆市场大量获利。"[4] 也从侧面反映出在图书馆馆藏建设初期，新式出版物所占比例较小，发挥比较大作用的是官书局书籍。官书局书籍的较大比重在一定程度上影响了民国时期公共图书馆特别是省立图书馆的学术面貌。

---

[1]《陕西省公立图书馆民国七、八年度工作报告（节录）》，李希泌、张椒华：《中国古代藏书与近代图书馆史料（春秋至五四前后）》，中华书局，1982年，第291页。

[2]《山东图书馆书目》，1917年石印本。

[3] 陈训慈：《全国省立图书馆现状之鸟瞰》，《浙江省立图书馆馆刊》，1935年第4卷第3期，第6页。

[4]［美］芮哲非著，张志强等译：《谷腾堡在上海：中国印刷资本业的发展（1876—1937）》，商务印书馆，2014年，第238页。

# 第二章　表彰先哲，阐扬学风
## ——辑印乡贤著述

民国时期统一整理地方文献的任务，多由图书馆负责。各公共图书馆的出版物中，最能体现一地之学术文化。1933年《国内图书馆刊物提要介绍》对各馆出版刊物所承担的地方使命加以强调："省立图书馆负促进一省学术之使命，其刊物之发行，尤应注意于本省图书馆事业之推进，本省地方文献之发扬，以及读者风气之提倡；立论旨趣，亦应多多以本省情形为对象，如是则始足切合省立之义。"① 公共图书馆出版的刊物在阐发地方文献、发扬地方学术的职责与功能得到普遍重视。

公共图书馆刊物的出版各具学术特色，所出版的书籍更是如此，以山东省立图书馆为例，其出版物以金石考古为最重要特色。当时有评价山东省图书馆的出版称："该馆亦善能利用其优越的历史地理之环境（齐鲁故壤为大圣贤之乡，又为三代以降古文明之所萃），搜藏发扬，不遗余力。故其出版品专书类如《古韵征》《齐鲁陶文》《中国古代货币研究》（以上撰成待印），《玉函山房泉录》《长安获古编校补》《滕县新出土之汉画石及其他》（以上在编著中），罔不饶考古之色彩。即此定期刊物性质之《季刊》，亦复尔尔。略一浏览其总目，除图像只有《汉琅琊相刘君墓

---

① 《国内图书馆刊物提要介绍》，《浙江省立图书馆馆刊》，1933年第2卷第3期，第139页。

表》《滕县新出土汉画石之一》《晋韦子平雠》《明成化卖地券》等外，论著如《山东省图书馆金石志初稿》《发掘龙山城子崖的理由及成绩》《释廑释隅余俞》《中国古钱与埃及蜣螂符》等，便释然也。"①可以说非常准确地指出了山东图书馆出版物的学术特色。

安徽省立图书馆在阐发文献的计划中，也是从本省之文化源流出发："安徽居全国中枢，地扼南北，所以本省文物，颇能擅各方民性之长。远的不必说，有清一代，徽州之经学，桐城之文学，俱为一代大师，全国所宗仰。上溯明代，则有梅宣城之天文数理，方密之之物理，俱开中国治斯学者之先河。流风所被，本省学者，至今尚为世所推重。"②标举安徽最具学术知名度的桐城派文学和梅鼎祚之数学、方以智之物理学，进行计划之一即为收集乡贤遗像作出版专号③。

辽宁省立图书馆出版黑白学会编《研究中国东北参考书目》（1931年）为研究东北问题之提供指导，叙言曰："现代东西学者探讨东北问题，蔚成一时之风，而日人之研深察几，几于东北之一草一木，靡不洞识，搜藏宏富，著述浩繁，国人视之，瞠乎其后矣。同人等不敏，竭其绵薄，辑成此册，以为研究东北问题者之一助，虽涓滴之微，或关宏旨，使国人览斯篇知所感而兴焉。"在东北问题为世瞩目之时，出版此书，体现了辽宁省图书馆对本地区实事问题的关注。

民国年间公共图书馆出版的地方文献、乡贤著述中最重要的要数云南图书馆出版的《云南丛书》，浙江图书馆出版的《章氏丛书》《快阁师石山房丛书》，山东省立图书馆出版的《山左先喆遗书》等等。

## 第一节　云南图书馆与《云南丛书》的出版

1923年，中华书局特约编辑谢彬受邀参加在昆明召开的全国教育联合会第九届会议，谢彬由此撰写了《云南游记》一书，从中可以看出时人

---

① 《国内图书馆刊物提要介绍：山东省立图书馆季刊》，《浙江省立图书馆馆刊》，1933年第2卷第3期，第132页。

② 陈东原：《小引》，《安徽省立图书馆概况》，安徽省立图书馆，1930年，第1—6页。

③ 《浙江省立图书馆馆刊·图书文化消息》，1934年第3卷第6期，第16页。

对云南图书馆的整体认识：

馆距市礼堂甚近，于翠湖北隅，旧为经正书院，后改省会中学堂，至清宣统元年，始改建为云南图书馆。取学务公所图书科所存图籍暨两级师范学堂所存原日经正、五华、育材三书院书籍移置其中。派员经理，任人阅览。《云南丛书》刊印处即附设其中。现任馆长为赵藩君樾村、袁嘉谷君树五，均云南闻人。①

除保存书籍以供阅览外，云南图书馆的重要组成部分是《云南丛书》刊印处。云南图书馆的馆舍布置，由大门入，第一进之右即为刊印所，左为售书处，也体现了印书所占的重要位置。《云南丛书》处的历史与云南图书馆息息相关，先大略举之。宣统元年（1909），云南图书馆成立，继承官书局版片继续印刷书籍，宣统三年七月，云南图书馆内成立云南博物馆，云南图书馆遂改名为"云南图书馆兼博物馆"，简称为"云南图书博物馆"。1914年时，辑刻《云南丛书》处在云南图书馆内成立，所编刻的书籍，统由云南图书馆印售。1919年，云南省署教育科所办印售处，与云南图书馆合并，改组为印售部。期间，还接收了省会文庙尊经阁所藏省府志书版片。②经营费用，全由印售部自理。1931年，云南图书馆改组，因省会地望以昆海华山为代表，故命名"云南省立昆华图书馆"，组织系统愈加完备。自馆长以下，分编选、阅览、印售、事务四部。③其中印售部职掌藏版处、售书处、刊印所（又称印刷所）④，负责本馆出版各书暨《云南丛书》之印刷、发行以及保存书版等事⑤，正式为云南图书馆系统组成部分。印书始终是云南图书馆重要的馆务。

## 一、辑刊《云南丛书》的发端

云南图书馆出版的书籍，以《云南丛书》最为重要和知名，是民国时期省立图书馆编印的地方丛书中历时最久、收书最多的。现讨论《云南丛

---

① 谢彬：《云南游记》，云南人民出版社，2019年，第63页。
② 《云南省立昆华图书馆概况》，云南省立昆华图书馆，1937年，第17页。
③ 《云南省立昆华图书馆概况》，云南省立昆华图书馆，1937年，第9页。
④ 《云南省立昆华图书馆概况》，云南省立昆华图书馆，1937年，第9页。
⑤ 《云南省立昆华图书馆概况》，云南省立昆华图书馆，1937年，第21页。

书》的刊刻缘起，大都追溯到1914年辑刻《云南丛书》处的成立。如1937年的《附设辑刻〈云南丛书〉处概略》：

辑刻《云南丛书》处，民国三年八月成立，附设于省立图书博物馆内。前唐将军蓂赓拨省款万元，先后聘委赵藩为总纂，陈荣昌为名誉总纂，由云龙、周钟岳、唐尔镛为总经理，孙光庭、李坤、袁嘉谷、席聘臣、秦光玉、顾视高、钱用中、蒋谷、张士麟、舒良弼为编纂审查员，何秉智、赵芹、赵震、赵文炳、陈铭、孙允端、华世尧充庶务、文牍、收发、校对、采访各职员。①

1913年，唐继尧继蔡锷出任云南都督，兴办文教。1914年8月，唐继尧拨款万元令云南图书馆设处辑刻《云南丛书》并自任鉴定。他在《云南丛书总目》序中称："收拾丛残、表彰先哲，亦有司之事也。爰拨定款、聘通人，俾之从事搜辑，精加校订，刊为丛书。""犹《畿辅》《湖北》《金陵》诸丛书例也。"②《云南丛书》处的成立是云南图书馆大规模刊印地方文献的开始。

早在清末，就有云南学者提出在图书馆内刊印云南地方文献的计划。如石屏袁嘉谷，在光绪三十一年（1905）检校文渊阁藏书时，特意将为滇人著述中外间所罕见者，抄副数种，冀以流传。到宣统元年，又阅文澜阁书，抄《南园漫录》一种与在文渊阁所得本互校。宣统三年，席聘臣路经杭州回云南，袁嘉谷托其将此书带回，并"谋刊于滇图书馆"③。这或许是由于袁嘉谷与云南图书馆有着较深的联系。宣统元年袁嘉谷被任命为浙江省提学使，创办浙江图书馆，并将浙江官书局的书版移交给浙江图书馆。而云南提学使叶尔恺是浙江人，也促成了云南官书局的书版移归云南图书馆，双方达成合议，将各自图书馆印刷的书籍互相赠送一份。当袁嘉谷得到稀

---

① 《附设辑刻〈云南丛书〉处概略》，《云南省立昆华图书馆概况》，云南省立昆华图书，1937年，第30—31页。
② 《云南丛书总目》，1915年云南图书馆刻本。此书牌记题"民国三年刊云南图书馆藏板"，而序作于1915年2月，则书的正文或刻于1914年，整部书完成当在1915年。
③ 袁嘉谷：《南园漫录跋》，[明]张志淳著，云南省文史研究馆编：《南园漫录校注》，云南民族出版社，1999年，第2页。

见的乡邦文献时，首先想到的是由图书馆刊刻。

云南图书馆也确实刊刻了一些书籍。1912年，时任都督府秘书长的周钟岳就将刊刻清赵元祚撰《滇南山水纲目》的任务交给了云南图书馆。云南图书馆刊成以后，请周氏作序："宣统纪元，友人搜获昆明赵我轩先生《滇南山水纲目》二册，刻之，板存学务公所。三年九月义军反正，板片毁失净尽。今岁秋，余绾学篆，复取旧藏本付图书馆庶务员何君筱泉刻之，属图书科科长秦君璞安、科员王君聚五为之校雠，工既竣，问序于余。"① 也在1912年，云南图书馆刊刻了清闵为人《泰律补》一书，此书牌记为"纪元年夏四月出版 版存古滇图书馆"，是云南图书馆在辑刻《云南丛书》处成立之前刊刻的代表性书籍。

清程含章撰《程月川遗集》的刊刻则历时数年。程含章自著文集在乾隆年间曾有刻版，但均在道光年间毁于兵燹。光绪间，钱用中先后在滇垣旧书肆、京师琉璃厂购得《岭南》《山左》正续四集，《中州》《江右》《冬官》三集，共七集十二卷，"久拟为之重刊，以窘于资，方迟迟有待"。直到宣统二年（1910），云南学务公所图书科长秦光玉请得官款，得以刊行，图书科售书处管理员张雨甘为经理，科员王聚五校字。第二年刊成时，又适值辛亥革命，未及印行。1913年，秦光玉兼任云南图书馆馆长，在寄存书中又得《潞储集》《之江集》《月川未是稿》三卷，程含章遗集乃得全。这三卷又由云南图书馆新馆长蒋谷（字怀若）、庶务何秉智（字筱泉）主持刊刻，"刊资由售书处前存刊书领款项下支付，板存图书馆，由馆承印发行"②。刊刻时间就在1914年，几个月后，《云南丛书》处成立。可见在唐继尧成立《云南丛书》处之前，云南图书馆就已经承担刊刻地方文献的任务。

在方树梅的记载中，就是地方学者先发起辑刻《云南丛书》，既而得到了唐继尧的支持："赵介庵、陈虚斋师、李厚安、袁树五先生等，发起辑刻《云南丛书》。省长唐莫赓（继尧）聘介庵师为总纂、虚斋师为名誉总纂。秦璞安师、李厚安、袁树五、顾仰山、钱平阶诸先生为编纂审查员。"③

---

① 周钟岳：《三刻滇南山水纲目序》，1912年云南图书馆刻本。
② 钱用中：《重刊程月川先生遗集序》，1914年刻本，第1—2叶。
③ 方树梅著，戴群整理，吴格审定：《北游搜访文献日记》，上海人民出版社，2020年，第179页。

赵介庵，即赵藩，光绪元年（1875）举人。陈虚斋，即陈荣昌，光绪九年（1883）进士，授翰林院编修，历任贵州督学、山东提学使、经正书院山长、云南高等学堂总教习、国学专修馆馆长等。袁嘉谷、唐继尧、李根源、赵复祥等均为其门人。李厚安，名李坤，光绪二十九年（1903）进士。袁树五乃袁嘉谷，辛亥革命后回滇。这些学者均是当时云南学界的领军人物。由学者创议、唐继尧实施应该是《云南丛书》处成立较为贴近真实的情况。

辑刻《云南丛书》处的编刻工作附设在云南图书馆内，不仅人员、经费有交叉，事务也经常归云南图书馆办理。《云南丛书》处虽自1914年8月开办，由特别款项拨款，但仍属支绌，因而图书馆的经费经常作为《云南丛书》处的刊书费用。云南图书馆售书收入一年约五六百元，自1916年10月起不扣抵领款，作为轮转印售书籍之用。[①]1918年，云南图书馆又函请政府批准将本馆每月经费支余，自4月份起拨刊《云南丛书》，8月起，馆长俸70元，按月拨交《丛书》处作为刊刻费用。不仅如此，1916年12月，"因经费不敷，《云南丛书》处所有职员、夫马、笔墨、薪津等费概行停止，只留设校对一员。刊印事务，暂归图书馆办理"。1918年，唐继尧聘赵藩为图书馆长，兼《丛书》处总经理，统管两处事务。1919年12月，因经费问题，附设辑刻《云南丛书》处又将校对员暂行停设，其校书事，仍暂归云南图书馆办理。[②]更重要的是，《云南丛书》刊印过程中所用的书版，均属云南图书馆，《云南丛书》处刻印的书籍，也在图书馆印售处出售。所以可以说《云南丛书》处是云南图书馆直接组织负责的。

## 二、《云南丛书》的选目

《云南丛书》的最初选书宗旨是"断限时代，可综历朝，著述专收滇产"[③]。所收不限时代，仅以云南地方文献为限。如固始吴其濬所著《植物名实图考》，"于滇中物产颇有关系，出版印行，用供考证"[④]。《云

---

[①] 《云南图书馆一览》，李希泌，张椒华：《中国古代藏书与近代图书馆史料（春秋至五四前后）》，中华书局，1982年，第341页。
[②] 《云南图书博物馆一览·纪事》，云南图书博物馆，1923年，第5页。
[③] 《云南图书博物馆一览·公牍》，云南图书博物馆，1923年，第11页。
[④] 《云南图书博物馆一览·纪事》，云南图书博物馆，1923年，第3页。

南丛书》处成立后，即广泛征集图书，在设立《云南丛书》处的当年，即编制了《云南丛书总目》，是为《初编》目录，按经、史、子、集四部分类。"云南丛书处"也可称"云南丛书馆"，据后来印行的《介庵印谱》牌记"乙卯岁冬十月石屏袁氏藏本云南丛书馆印"，《留砚堂诗选》稿本钤印"昆华图书馆存""云南丛书馆审定本"，云南图书馆藏《晚翠轩诗钞》钤印"云南丛书馆审定本"等均可确定。《云南丛书》的编辑仿照《四库全书》，按照经、史、子、集排纂，仿"四库馆"名"云南丛书馆"亦可算有历史渊源。

只是，云南文献中经、史、子部书籍均不多，而以集部为盛。《初编》拟收经部15种、史部12种，子部29种，集部96种，共152种。① 到1917年12月，《云南丛书》刊成40余种。1918年12月，《云南丛书》又刊成40余种。② 至1922年，已出版132种。③《初编》完成大部分后，云南图书馆馆长兼《云南丛书》处总经理赵藩计划刊刻《云南丛书》二编。他函请唐继尧，拨兴文当官股七股鸿息为经费，并添聘方树梅、刘淇为校对员。1927年9月赵藩逝世，省政府聘秦光玉任图书馆长兼总经理，陈荣昌为总编纂，袁嘉谷为编纂审查员，秦光玉加聘庶务、会计兼校对员，方树梅为编纂审查员。1934年，云南省政府又聘袁嘉谷为总纂。④ 在编刊《云南丛书》二编的同时，亦将《初编》未完成的补刊。其中最重要的是《滇文丛录》《滇诗丛录》《滇词丛录》，《云南丛书》处曾计划将专著以外之散文诗词零篇，别辑为《滇诗文词丛录》三书以收纳之。《词丛》一种，成书较早，经馆长赵藩编刊成书。自1928年后，《云南丛书》处专意编纂《滇诗文丛录》："《文丛》秦总经理总其事，《诗丛》袁总纂总其事，方编纂审查员则襄助于二者之间。"⑤ 到1937年6月，《滇文丛录》《滇诗丛录》编纂完成⑥。《云南丛书》二编与《初编》不同，并没有一个最

---

① 《云南丛书总目》，1914年刻本。浙江图书馆还藏有辑刻云南丛书处编《云南省明季遗逸著述清册》稿本，应该是在选目过程中产生的。

② 《云南图书博物馆一览·纪事》，云南图书博物馆，1923年，第4页。

③ 《云南省立昆华图书馆概况》，云南省立昆华图书馆，1937年，第30页。

④ 《云南省立昆华图书馆概况》，云南省立昆华图书馆，1937年，第31页。

⑤ 《云南省立昆华图书馆概况》，云南省立昆华图书馆，1937年，第31页。

⑥ 《云南省立昆华图书馆消息二则》，《中华图书馆协会会报》，1938年第13卷第3期，第27页。

初的拟目，随选随刊。1927年，刊出《丛书》二编20余种，1937年又合初、二编刊出10余种。①

《云南丛书》计划刊行和已经刊行的具体子目，历来有很多统计。如云南丛书处《云南丛书初编总目》(1914)、方树梅《云南丛书提要》(1914—1949)、李小缘《云南书目·云南丛书目录》(1937)、梁之相《云南丛书提要》(1941)、《中国丛书综录》(1959—1962)、云南省图书馆《云南丛书简目》(1978)、云南省社会科学文献研究室《云南丛书叙目》(1987)、云南省地方志编纂委员会《云南省志·出版志》(2000)、云南省文史研究馆《〈云南丛书〉书目提要》(2010)等。由于《云南丛书》处、方树梅、李小缘、梁之相的著录都是在《云南丛书》进行中产生的，是重要的资料，因此在此讨论对《云南丛书》的统计，以新中国成立后的总结式著录为主。《丛书综录》《云南丛书简目》《云南丛书叙目》等均对《云南丛书》做了比较详细的考察，但说法不一，也或多或少存在一些讹误。

（1）《中国丛书综录》："《云南丛书》初编141种二编37种。"是初编已刻印141种，二编已刻37种。但是其中《不冷堂遗集》四卷附录一卷、《盘龙山纪要》四卷附《行先遗稿》一卷在初编、二编中重复出现，《七峰先生诗选》《昭文遗诗》实为一种书。去除重复，合并《七峰先生诗选》《昭文遗诗》，实列初编已刻139种，二编已刻36种。

（2）《云南丛书简目》统计初编152种，已刻139种，二编53种、已刻37种。《云南省志·出版志》与《云南丛书简目》同："初编、二编合计205种，初编已刻印139种，二编刻印37种，共176种。"②

（3）《云南丛书叙目》统计数量最多：总数为221种。初编共152种，已刻142种；二编共69种，已刻38种。③但是根据其统计的具体条目来看，初编已刊应为139种，多统计了3种。二编中集部未刊中的《悔庵诗钞》十卷已见于初编集部，《杨光禄寺卿忠节录》二卷二编史部已刻，因而二

---

① 《云南省立昆华图书馆概况》，云南省立昆华图书馆，1937年，第30—31页。
② 云南省地方志编纂委员会总纂，云南省新闻出版局编：《云南省志·出版志》，云南人民出版社，2000年，第73页。
③ 云南省社会科学文献研究室《〈云南丛书〉叙目》，尤中主编，云南省高等院校古籍整理委员会、云南大学西南古籍研究所编：《西南古籍研究1987》，云南人民出版社，1989年，第79—109页。

编应共67种。综而论之，初编152种，已刻139种，二编67种，已刻38种。

（4）《〈云南丛书〉书目提要》一书称共205种，统计经部初编已刻印11种、二编已刻印5种，史部初编已刻11种、二编已刻印8种，子部初编已刻28种、二编已刻1种，而集部仅述共125种，却未言明初编、二编各自的种数以及刊成种数。①实际上，《〈云南丛书〉书目提要》与《云南丛书》简目同。

综合来看，初编总152种应无疑问②，但是具体的子目却略有不同，主要在于《醉吟草》《朱丹木诗集》《积风阁近作》以及《悔庵诗钞》《鸿蒙室诗钞》的选录不同③。主要有以下几种情况（表10）：

表10 《醉吟草》《朱丹木诗集》《积风阁近作》等书著录情况表

| 书目 | 《醉吟草》 | 《朱丹木诗集》 | 《积风阁近作》 | 《鸿蒙室诗钞》 | 《悔庵诗钞》 |
| --- | --- | --- | --- | --- | --- |
| 《丛书综录》 |  | ○（一卷） |  |  |  |
| 《云南丛书简目》 |  | ○（一卷） | ○ | ○ |  |
| 《云南丛书叙目》 | ○ | ○（三卷） |  |  | ○ |
| 《〈云南丛书〉书目提要》 |  | ○（三卷） | ○ | ○ |  |

《醉吟草》一书，1915年云南图书馆刊刻的《云南丛书总目》、1923年《云南图书博物馆一览》附录《云南丛书初编总目》中均列有"《醉吟草》六卷，宁州刘大容撰"，为集部第五十种，是《醉吟草》是列入刊出计划的。1930年以后出版的《云南图书馆发行书目》，将《初编》中已刊、

---

① 云南省文史研究馆：《〈云南丛书〉书目提要》，中华书局，2010年。谢彬《云南游记》载1923年谢彬到《云南丛书》刊印处游览，经部已出15种，史部已出12种，子部已出19种，集部已出96种，共142种，因未列子目，且存在误记的可能，兹暂不论。谢彬：《云南游记》，云南人民出版社，2019年，第65页。

② 李小缘《云南书目》151种，其中《滇海虞衡志》并不属于《云南丛书》，又缺少《悔庵诗钞》《呈贡二孙遗书》二书。

③ 由于《丛书综录》仅列已刻书籍，而《悔庵诗钞》《鸿蒙室诗钞》均未刊，因此均不在列。

待刊的书名卷数均列入，《醉吟草》未刊，但仍在拟出之列[①]，说明《醉吟草》确是《云南丛书初编》的子目之一。《云南丛书叙目》将其列作已刊，《云南丛书简目》《〈云南丛书〉书目提要》等未收此书。

《朱丹木诗集》一书，1915年的《云南丛书总目》、1923年《云南丛书初编总目》列为："《积风阁近作》一卷《味无味斋诗集》一卷，石屏朱麟撰。"是《初编》计划刊刻朱麟的《积风阁近作》《味无味斋诗集》，合为一种，而到《云南图书馆印售云南丛书办法附书目》（约1923年到1929年之间出版）与《云南图书馆发行书目》已出版的书中均仅有朱麟的《朱丹木诗钞》一卷，《云南图书馆发行书目》的待刊书中无《积风阁近作》《味无味斋诗集》，是在实际刊行过程中，仅刊成一卷。现世存有《云南丛书》刻本《朱丹木诗集》一卷，封面、卷端与版心均题"朱丹木诗集"，则《云南图书馆印售云南丛书办法附书目》与《云南图书馆发行书目》中的《朱丹木诗抄》应为《朱丹木诗集》。《云南丛书简目》亦著录《朱丹木诗集》一卷，并注："云南丛书原拟目为《积风阁近作》一卷《味无味斋》一卷，实仅刻印者仅一卷，题为《朱丹木诗集》。"[②]所述与前一致。是书封面题为"云南丛书集部之五十"，卷端则题"云南丛书集部之五十一"[③]，根据《云南丛书总目》《云南丛书初编总目》等，初编集部第五十种应为《醉吟草》，《朱丹木诗集》列于《醉吟草》之后，为第五十一种，封面误题。

梁之相《云南丛书提要》所载《朱丹木诗集》有二卷，后一卷又分上下两卷，卷端题有"味无味斋诗钞卷上""味无味斋诗钞卷下"，版心又有题"朱丹木诗钞"，因而将之与《朱丹木诗集》一卷合称为《朱丹木诗集》

---

[①] 《云南图书馆发行书目》中有《二编》的书籍11种，出版时间在《云南图书馆印售云南丛书办法附书目》后不久，且在1930年以后。与其它书目所不同的是，此书目所列书籍包括计划刊行的在内："本书目书名下未列册数价值者均系刊刻中，俟出书时亟照添载，并另登报广告。"书中将《云南丛书》初编152种均列，是包括已刊未刊在内的发行书目。已刊每书下均标有册数和售价计132种，未刊的则仅有"每部"和"定价"四字，后面空出。

[②] 《云南丛书简目》，云南图书馆油印本，1978年，第12页。

[③] 梁之相书今尚未见，但《云南丛书叙目》将梁书内容原文录入，在此采用书中所载。云南省社会科学文献研究室《〈云南丛书〉叙目》，尤中主编，云南省高等院校古籍整理委员会、云南大学西南古籍研究所编：《西南古籍研究1987》，云南人民出版社，1989年，第94页。

三卷。梁之相还发出疑问，《朱丹木诗集》第一卷"殆即《积风阁近作》耶？然诗多入蜀之作"。①《〈云南丛书〉书目提要》则直言"首一卷卷端及版心均题曰《朱丹木诗集》，即《积风阁近作》，然诗多入蜀之作，其后两卷"。著录为"《朱丹木诗集》三卷"，但将其列为第五十种，稍有误识。若《朱丹木诗集》前一卷确为《积风阁近作》，则此条亦可著录为"《积风阁近作一卷》《味无味斋诗集》二卷"，直接著录为"《朱丹木诗集》三卷"亦可通。今云南图书馆藏清刻本《味无味斋诗钞》二卷（分上下卷），与梁之相所述合，2009年中华书局《云南丛书》影印本将其收入作为《朱丹木诗集》的卷二、三。

《积风阁近作》一卷，《云南丛书简目》《〈云南丛书〉书目提要》均单独列为一种。但所指并非一书，《云南丛书简目》注："未刻印，底本存云南省图书馆。"②《〈云南丛书〉书目提要》称："朱䑣子朱在勤刻印于长沙时，曾与《朱丹木诗集》一并付梓，后又进行单刻行世。故《云南丛书总目》将此单刻本分别著录，标列为《云南丛书》集部之五十一。"③ 所列为刻本。《云南丛书简目》所称未刻本，应该就是上文所述《味无味斋诗钞》，因其将《朱丹木诗集》列为一卷，接着在此《积风阁近作》下注"云南丛书原拟目为《积风阁近作》一卷《味无味斋一卷》，实仅刻印者仅一卷，题为《朱丹木诗集》"，与上文所述《朱丹木诗集》一卷后有未刊一卷相合。则《云南丛书简目》中此条目应与上一条目"《朱丹木诗集》一卷"合为一种。《〈云南丛书〉书目提要》所著录的单刻本《积风阁近作》，并非《云南丛书总目》所标列的"集部第五十一"，而且此《积风阁近作》刻本，共收录朱䑣诗四十一首，与《朱丹木诗集》所收录的前四十一首诗相同④，实无再收之必要。

---

① 云南省社会科学文献研究室：《〈云南丛书〉叙目》，尤中主编，云南省高等院校古籍整理委员会、云南大学西南古籍研究所编：《西南古籍研究1987》，云南人民出版社，1989年，第94页。

② 《云南丛书简目》，云南图书馆油印本，1978年，第12页。

③ 云南省文史研究馆：《〈云南丛书〉书目提要》，中华书局，2010年，第220页。

④ 马萌：《云南诗人鸦片战争文学的创作及与经世派的交往——以朱䑣的诗歌创作与交往为例》，《东陆学林》编委会：《东陆学林》第25辑，云南大学出版社，2016年，第242页。2009年《云南丛书》影印本，与《〈云南丛书〉书目提要》同。

初编集部第六十种，1915年《云南丛书总目》、1923年《云南丛书初编总目》、1930年后的《云南图书馆发行书目》均列《悔庵诗钞》待刊，是《悔庵诗钞》确为初编待刊之书。《云南丛书叙目》亦著录为初编第六十种："《总目》注'待刻'，待刻本存云南省图书馆。梁《提要》谓：'原书厘十三册，未分卷。'"①而《云南丛书简目》录为《鸿蒙室诗钞》："《鸿蒙室诗钞》未刻印，底本存云南省图书馆。"而将《悔庵诗钞》列于二编。②《〈云南丛书〉书目提要》沿用《云南丛书简目》将《鸿蒙室诗钞》计入《云南丛书》初编待刊。③但根据《云南丛书》处最初的编刊计划，《悔庵诗钞》应列于初编，《鸿蒙室诗钞》则为二编待印之书。

综上可知，初编中确有的子目有《醉吟草》六卷、《朱丹木诗集》三卷、《悔庵诗钞》十卷。《朱丹木诗集》三卷仅刻成一卷，权且算作一种。《醉吟草》《悔庵诗钞》未刊。则初编已刻成139种。

《云南丛书》二编的种数，最通行的说法是总53种，如《云南丛书简目》《云南省志·出版志》《〈云南丛书〉书目提要》等。此说最早见于于乃义1937年《云南图书馆见闻录》："这部丛书已编印的计有初编一百五十二种，一千一百四十八卷；二编五十三种，二百五十四卷。"④而于氏所述为1937年之事，后来《云南丛书》处仍在不断征集与选编，所以不止53种。目前所见《云南丛书叙目》统计的69种是最多的，多出16种，其中经部多《律吕新书算法细草》一卷、《肄雅释词》二卷2种，史部多《红叶楼蜀游记》一卷、《示儿录》一卷2种，子部多《筱风阁随笔》四卷1种，集部多11种：《悔庵诗钞》十卷、《杨光禄寺卿忠节录》二卷、《风响集》一卷、《澹园诗稿》十卷、《留砚堂骈文》二卷、《初学文类》一卷、《廉泉诗抄》四卷、《古香书屋诗抄》十二卷《文钞》二卷、《宜良严氏诗》三卷、《知味轩诗文钞》四卷、《北山诗集》一卷。

其中《悔庵诗钞》上文已论及，在初编中。《杨光禄寺卿忠节录》二

---

① 《云南丛书简目》，云南图书馆油印本，1978年，第12页。
② 《云南丛书叙目》谓《简目》未著录，误。
③ 云南省文史研究馆：《〈云南丛书〉书目提要》，中华书局，2010年，第236页。
④ 于乃义：《云南图书馆见闻录》，李希泌、张椒华：《中国古代藏书与近代图书馆史料（春秋至五四前后）》，中华书局，1982年，第498页。

卷亦已刻于二编史部，题为"《明赠光禄寺卿路南杨公忠节录》"。《云南丛书叙目》据梁之相《提要》中所引赵藩《重刊剑川段公昭忠录路南杨公忠节录序》中有"杨公后人又送所辑《忠节录》至，遂倩树五为之董理，亦待梓而入《云南丛书》焉"，认为还有一种《忠节录》未刊[①]。实际上赵藩所说杨公后人所辑之《忠节录》，就是《云南丛书》处所刻本的底本。卷端题名处均有"裔孙杨含泰等重刊"。《云南丛书》处刊刻时还加入了赵藩的序、陈荣昌的题辞、李秉钧的跋。因而总应67种，比《云南丛书简目》等多14种。

多出的14种中，《云南丛书叙目》主要依据梁之相的《提要》，并参照云南图书馆藏书情况著录。兹据《叙目》并参考云南图书馆当前的馆藏情况将这14种的情况重新列之如下（表11）：

表11 《云南丛书叙目》新增14种书版本情况表

| 书名 | 著录内容 | 备注 |
| --- | --- | --- |
| 《律吕新书算法细草》一卷 | 梁《提要》："此本乃辑刻《云南丛书》处审定庋藏待椠旧钞"。 | |
| 《肄雅释词》二卷 | 梁《提要》："此本乃辑刻《云南丛书》处依沈（钟）梨移写待刻之本，列于《丛书》二编集部中，部居殊有未合，今改隶于经部小学类。" | 云南图书馆藏待刻本 |
| 《红叶楼蜀游记》一卷 | 梁《提要》："此本为辑刻《丛书》处庋藏待刻之本。" | 云南图书馆藏清抄本 |
| 《示儿录》一卷 | 按：本书待刻，稿本存云南省图书馆。诸书目均未著录。 | 云南图书馆藏稿本 |
| 《风向集》一卷 | 梁《提要》："是编乃李君印泉自鸡足山得明椠本归赠袁树五先生，复由树五先生移写赠庋辑刻《云南丛书》处者。" | |
| 《筱凤阁随笔》四卷 | 梁《提要》："是编乃先生归道山后，友人搜集其零篇断简，汇集而成。编目于《丛书》二编，尚未椠印。" | |

---

[①] 云南省社会科学文献研究室：《〈云南丛书〉叙目》，尤中主编，云南省高等院校古籍整理委员会、云南大学西南古籍研究所编：《西南古籍研究1987》，云南人民出版社，1989年，第106页。

续表

| 书名 | 著录内容 | 备注 |
|---|---|---|
| 《澹园诗稿》十卷 | 梁《提要》："此本乃昆华图书馆庋藏乾隆丙子澹园手订梓行者。" | |
| 《留砚堂骈文》二卷 | 梁《提要》："此本专载先生骈文,乃辑刻《云南丛书》处移写待刻之本。" | 云南图书馆藏待刻本 |
| 《初学文类》一卷 | 梁《提要》："是编乃辑刻《云南丛书》处移写待椠之本。" | |
| 《廉泉诗抄》四卷 | 梁《提要》："此本乃民国丙寅李君印泉得自申江寄赠昆华图书馆,以备重椠收入《丛书》二编者。" | 云南图书馆藏待刻本 |
| 《古香书屋诗钞》十二卷《文钞》二卷 | 梁《提要》："此本为陈虚斋前辈所藏而赠归《丛书》处编入《丛书》二编,以备据刊者。" | 云南图书馆藏清刻本 |
| 《宜良严氏诗》三卷 | 梁《提要》著录 | |
| 《知非轩诗文钞》四卷 | 梁《提要》著录 | 云南图书馆藏待刻本 |
| 《北山诗集》一卷 | 梁《提要》："是编按辑刻《云南丛书》处档案目录作《北山诗文集》二卷,此本乃油印之本,仅存诗集一卷。" | |

这 14 种书,除《示儿录》"稿本存云南省图书馆"外[①],余 13 种在梁之相《提要》均有著录,《云南丛书叙目》列为未刊之本,《简目》等均未著录。梁之相所说应是有依据的。《丛书综录》有"云南丛书待刻本"九种,其中《诗小学》是《初编》待刻之稿,另有《肄雅释词》二卷、《筱风阁随笔》四卷、《廉泉诗抄》四卷、《知非轩诗文钞》四卷等均在梁之相《提要》内提及,说明确是上文所举 53 种之外的待刻本。

清范仕义撰《廉泉诗抄》四卷,云南图书馆还藏清道光二十二年(1842)刻本,封面有题:"民国十五年丙寅九月得于上海 雪生记。"钤印"李

---

① 云南省社会科学文献研究室:《〈云南丛书〉叙目》,尤中主编,云南省高等院校古籍整理委员会、云南大学西南古籍研究所编:《西南古籍研究 1987》,云南人民出版社,1989 年,第 101 页。

根源""印泉",确为李根源旧藏。卷末有1929年袁嘉谷《重刊廉泉诗钞跋》,墨笔书写:"廉泉……论古文骈体虽罕传而诗钞四卷盛传大江南北,五律第一,七律次之,他体又次之。大都吊古纪今,抒情惬性,无不稳之句,无不达之词,洵南雅之真传而亦风帆之畏友也。五塘重光选刊已夥,兹谋重刊,冀天下得窥全豹,且不负印泉访购捐赠图书馆之美意。"也是明言图书馆将重刊此书,与梁《提要》相合。

今还可见云南图书馆藏《示儿录》一种,方树梅旧藏,前有秦光玉给方树梅的一方纸笺:"《示儿录》即兰泉先生之自撰年谱也,生平事实已可见。惟系草创,尚非定稿,可抄存一份(旁注眉批俱照抄)稍事整理,再收入《丛书》二编。至附录之古近体诗,感慨身世,颇多嘉章,特取十七首备《诗丛》之选,当否仍候公酌。"是秦光玉请方树梅整理《示儿录》准备收入《云南丛书》二编。方氏此本应该就是整理后的本子,所用红格稿纸,版心有"云南丛书用纸"字样,说明已经写就待刊。文后没有附录诗篇,与秦光玉所说亦相符。

云南图书馆现还存《红叶楼蜀游记》一卷清抄本、《古香书屋诗钞》十二卷《文钞》二卷清刻本。兹将梁之相《提要》中所多之本均算作《云南丛书》二编待刊之书。

另《鸿蒙室诗集选》一卷,梁之相《提要》:"是编乃就先生《鸿蒙室诗集》节选钞本,编目于《丛书》二编而待刊者。"此处依从梁之相及《云南丛书叙目》之说列于二编,而《初编》《二编》中均不列《鸿蒙室诗集》。将全集编为选集进行刊印在《云南丛书》中非常常见,如清倪玢撰《小清閟阁诗钞》一卷,以清道光二十七年(1847)刻本选刻;清毕应辰撰《悔斋诗稿》四卷,以光绪元年(1875)刻本选刻。两书云南图书馆均藏有底本,上有选诗标记。2009年云南文史馆影印《云南丛书》,选入《鸿蒙室诗钞》三十卷,所用纸笺版心有"云南丛书用纸""云南通志馆用纸",也是云南图书馆稿本,应是选诗之前的本子。

在《二编》已刻的种数统计中,主要是《向湖村舍诗集》算入已刊还是未刊有争议,因为此书仅刊刻了一部分。《向湖村舍诗初集》十二卷《二集》二十四卷,《初集》原有光绪十四年(1888)长沙刻本,《丛书》处未刻。《二集》云南丛书处刊刻了七卷，其余写宋体字待刻。① 《云南丛书简目》等将之列入未刊，《云南丛书叙目》列为已刊，《丛书综录》列为"《向湖村舍》二集七卷"已刊。在此不将《向湖村舍诗集》列入已刊。另《丛书综录》未列《虚斋文集》八卷、《虚斋诗稿》十五卷、《晋宁诗文征》二十卷。则《二编》已刊 37 种。

表 12　《向湖村舍诗集》《虚斋文集》《晋宁诗文征》著录情况表

| 书目 | 《丛书综录》 | 《云南丛书简目》 | 《云南丛书叙目》 |
| --- | --- | --- | --- |
| 《向湖村舍诗》 | ○ |  | ○ |
| 《虚斋文集》 |  | ○ | ○ |
| 《晋宁诗文征》 |  | ○ | ○ |

1928 年，方树梅认为《丛书初编》《二编》，皆收本省人著作，于是与赵藩商量编辑《三编》，收外省人有关滇事的著作，这样考究滇南文献掌故可为完全。赵藩让方树梅拟目，列书三十余种。② 所选之书未能印出，此目亦尚未能得见。

综上所述，《云南丛书简目》等书列二编子目为 53 种，均已刻 37 种，未刻 16 种，《云南丛书叙目》多出的 14 种均未刻，则二编已刻 37 种，未刻 30 种，共 67 种。综合初编、二编，《云南丛书》目前所知共 219 种，已印行 176 种（详细目录见附录）。其中石印本 5 种、铅印本 2 种、雕版印书 169 种。

### 三、方树梅北游搜访文献

《云南丛书》得到了云南学者的鼎力支持，以云南图书馆附设辑刻《云南丛书》处为中心展开了大规模的文献编纂活动。1914 年 9 月向各县发函《云南图书馆附设辑刻云南丛书处函云南省各县地方请代搜集乡先正遗书以备辑刊公启》，并在报刊上刊登了《辑刻云南丛书处征集乡先正遗著启事》："冀省内外收藏名家及先正子孙藏有遗稿者出其所珍，或大雅君子

---

① 云南图书馆《云南丛书简目》，1978 年油印本，第 19 页。
② 方树梅著，戴群整理，吴格审定：《北游搜访文献日记》，上海人民出版社，2020 年，第 194 页。

不惮搜求之劳为之访求。"①总纂赵藩、名誉总纂陈荣昌等人均出其所藏，搜辑选录。

1916年2月，云南省护国军兴，各机关经费均须核减，云南图书馆自请由二月份起不领经费，自行设法维持，将全馆员役薪工酌减二成，管理印刷员因事务较简裁撤。尽管如此，到五月，《云南丛书》刊成二十余种。②还在《国是报》上刊登《征求毛鹤畦先生遗著启》继续征书，称："仁寿毛鹤畦先生，宦游云南，文章政绩，著称于时，惜殷布未尽，遽归道山，身后无嗣，所著各书，不免散失，同人深为惋惜，拟为搜辑付刊，以广流传。如有收存先生诗文或其他经史、书牍、杂著者，虽吉光片羽，亦属可珍，务望赐交本馆，当酌酬笔资或名誉上之酬报，均听其便。"③并不因经费困难而停止。

特别是在1934年，秦光玉、周钟岳等共同向省府及教厅请得补助旅费千二百元，派方树梅为搜访文献员到各省搜访文献。方树梅周游全国图书馆、博物馆，拜访当地藏书家，采辑到大量云南文献，为《云南丛书》的继续编纂提供了更多的文献资料，这在民国时期的图书馆中是独一无二的举动。

方树梅（1881—1968），字朣仙，号师斋、雪禅、梅居士、盘龙山人等。世居云南昆明晋宁县（今晋宁区）。少受庭训，读《四书》《毛诗》《尚书》《诗品》及唐诗等。年十四，父卒，母送其至郭建侯（之屏）门下读《周易》，学制艺文、试帖诗。又从段受之（天祐）习《礼记》、从李翊清（源）读《四书朱注》、从张用丞（汝厚）受《春秋三传》。自读小说及诸子。光绪二十八年（1902），清廷废制艺，树梅始习古文词。也在此年，阅《滇系》《滇南诗文略》，心好之，自此留意滇南文献。光绪三十二年（1906），入优级师范学堂，两年后毕业，列优等，奖励举人。1913年，谒赵藩门下受业。方氏曾先后任职于云南日报、云南师范学堂、云南女子中学、辑刻《云南丛书》处、云南通志馆等，对云南文献访辑不辍，

---

① 高登智主编，云南省地方志编纂委员会总纂，云南省文化厅编撰：《云南省志·文化艺术志》，云南人民出版社，2002年，第824页。

② 《云南图书博物馆一览·纪事》，云南图书博物馆，1923年，第3页。

③ 高登智主编，云南省地方志编纂委员会总纂，云南省文化厅编撰：《云南省志·文化艺术志》，云南人民出版社，2002年，第824页。

曾自述："寓省前后廿余年，无日不涉足古书肆，省垣书估，无人不相往还。书估有时窘迫，余常以资接济，所得滇贤遗著必留售与梅，故梅得滇南文献独夥。省垣业书籍字画者，称余为'方古董'，乐受之而不辞。"① 在《云南丛书》开始编纂时，就将所搜集的先哲著述二十余种、零篇诗文五巨册，"尽送归选刊"②。1921年，任《云南丛书》处编校员，1927年云南图书博物馆庶务长兼《丛书》处文牍何秉智出掌蹉政，方树梅继任。③1928年，专任丛书编审员。④

方树梅所搜集云南文献，选入《云南丛书》者颇多，现试举几例：

清师荔扉《金华山樵前后集》《二余堂诗稿》及《金华山樵外集》等，向有刊本，滇乱后仅收得旧本八卷，1913年曾以铅字印行《师荔扉先生诗集残本》，所阙甚多。⑤1916年方树梅于升平坡古书肆又得五卷，⑥赵藩将之与昆明蒋谷所得统编刊入《丛书》，为《师荔扉诗集》二十七卷附录一卷，于1922年刊刻，全书仅缺五卷。1930年，方树梅又在三囍巷古书肆，得师荔扉《抱瓮轩诗稿》一册，为师氏卒前两年之作，道光以来《通志》均未著录，方树梅亦建议《丛书》处补刻入《全集》。⑦

明末禅师担当和尚著有《翛园集》《橛庵草》各七卷。《云南丛书》处就赵藩、陈荣昌、李坤、李根源、袁嘉谷等诸先生所得残本及《滇诗略》

---

① 方树梅著，戴群整理，吴格审定：《北游搜访文献日记》，上海人民出版社，2020年，第220页。

② 方树梅著，戴群整理，吴格审定：《北游搜访文献日记》，上海人民出版社，2020年，卷首自序。

③ 方树梅著，戴群整理，吴格审定：《北游搜访文献日记》，上海人民出版社，2020年，第193页。

④ 方树梅著，戴群整理，吴格审定：《北游搜访文献日记》，上海人民出版社，2020年，第196页。

⑤ 《师荔扉诗集总目》后赵藩题识，《师荔扉诗集》二十七卷，1932年刻本。

⑥ 方树梅年谱中所说的卷数与《师荔扉诗集总目》略有不合。《腽仙年录》："得《朝天集》上下、《选人前集》上、《后集》上下，《二余堂诗稿》共五卷。"而总目中卷九"《朝天集》下"标识为阙，方氏所载或有误。且《朝天集》《选人前后集》均属《金华山樵诗后集》，不应统入《二余堂诗稿》。《总目》卷十九、二十为《二余堂诗稿》或亦有方氏所得。因而《腽仙年录》这句话确切应是："得《朝天集》上、《选人前集》上、《后集》上下、《二余堂诗稿》共五卷。"方树梅著，戴群整理，吴格审定：《北游搜访文献日记》，上海人民出版社，2020年，第180页。

⑦ 方树梅著，戴群整理，吴格审定：《北游搜访文献日记》，上海人民出版社，2020年，第201页。

《鸡山志》《云南府志》《晋宁州志》等方志所载的共二百余首，厘为二卷刻行。①1923 年，方树梅从担当和尚的后裔处得《橘园集》《橄庵草》合刻本，只缺五七言今体二卷，乐府、五七古、五绝、六绝、七绝均全，方树梅就新旧所得，重新校删，共一千余篇，仍按诗体编为七卷。又辑诸家赠答、题评诗篇及冯甦所作《塔铭》、李根源《传》合为一卷附于后，1924 年《丛书》处重刻。赵藩评价此书"自是担当集可为定本，续得续增，谅亦无几"。②

1924 年 11 月，方树梅在四吉堆古书肆以百金购段时恒《鸣凤堂诗集》十卷，《问斗吟》《依斗吟》二册，《忆旧词》一卷。此书原为昆明胡景贤所得，景贤子寄售。赵藩选诗三百二十四首，附段时恒嗣子段煜诗十一首，并撰写序言，刊入《丛书》二编，③为《七峰诗选》四卷附《昭文遗诗》一卷。

明末陈佐才的诗集，《云南丛书》处先就《滇诗略》及李根源所得编刊为二卷。1926 年方树梅从蒙化王肇岐得全部抄补，《丛书》处重刊为《陈翼叔诗集》五卷附《石棺集》一卷。④

1928 年 5 月方树梅得明张含辑《太白诗选》，明末朱墨套印本，前有杨升庵序，眉有杨升庵评及明人评语。赵藩认为《太白诗集》虽有龚自珍辑本，但不得见，张含所辑本甚当，于是就此本删去明季人评语，收入《丛书》。⑤

还有《云南丛书》处已经刊印之书，方树梅得更善之本，存之待刊的。如 1929 年朱希祖代为访得杨一清明嘉靖刻本《石淙诗钞》全本，由《丛书》处出资购归。《云南丛书》处原刻本以陈海楼所抄嘉庆刻本为底本，不仅

---

① 方树梅著，戴群整理，吴格审定：《北游搜访文献日记》，上海人民出版社，2020 年，第 188 页。

② 《清代诗文集汇编》编纂委员会：《清代诗文集汇编 9》，上海古籍出版社，2010 年，第 2 页。

③ 方树梅著，戴群整理，吴格审定：《北游搜访文献日记》，上海人民出版社，2020 年，第 187 页。

④ 方树梅著，戴群整理，吴格审定：《北游搜访文献日记》，上海人民出版社，2020 年，第 192 页。

⑤ 方树梅著，戴群整理，吴格审定：《北游搜访文献日记》，上海人民出版社，2020 年，第 194 页。

比嘉靖本少诗三百数十首、文柬札一卷，且移《砥柱行》一首于前，又移《致仕诗》殿于后，各诗中各卷子目亦未照刊，大失原本面目。方树梅认为《丛书》应照原本重刻，最好能由上海影印。①

1930年正月，得《李即园文抄》一卷、《词钞》一卷。《词丛》已刊，拟将来编入续集。文共十余篇，收入《文丛》中。②1932年，四吉堆蒙化范甘亭古书肆，得程含章《月川未是稿》全本，及含章子所撰《月川行述》。《丛书》处原用底本是钱用中搜访的初刻本，刊入时将书名《明一官一集》改为《程月川先生遗集》。方氏所得乃晚年致仕后所刻本，全部分类重编，统名《月川未是稿》，仅墨口下侧仍刻旧名。从规范、全面上来讲，后刻更优。因而方氏认为"丛书处当设法另刊，并将遗像、行述列前，乃成善本"③。

方树梅认为滇南文献在省内的搜罗"已竭尽心力"，但是云南"先贤之服官外省，其著述散佚于外者，尚不知凡几"④。1934年，方树梅得到机会出省搜访文献。云南教育厅规定任教满十年，可得津贴赴省外参观，而方氏在女子中学已连续任教十二年。又兼任辑刻《丛书》事，亦已满十二年，在秦光玉等人的帮助下，遂援例得云南省政府津贴六百元并财政厅津贴六百元，加上自己节约的八百元，共两千元，出游南北各省之资具备，遂偿方氏所愿。1934年12月14日方树梅从昆明出发，先是乘火车绕道越南河内，转入广西、广东，从香港坐船，经过福州到达上海，沿铁路到苏州，继续北上至北平。后沿京沪线南下，经济南、泰安、曲阜到达徐州，又沿陇海线访开封、洛阳进而到西安。回路经郑州到汉口、武昌、南昌，又经九江转安庆，顺到望江，从安庆至南京、苏州，在苏州时北上镇江。由苏州再到上海，从上海顺访杭州，归从上海沿海路，绕道河内回云南。1935年7月11日，历经近七个月，跨越桂、冀、豫、秦、鄂、赣、

---

① 方树梅著，戴群整理，吴格审定：《北游搜访文献日记》，上海人民出版社，2020年，第197—198页。

② 方树梅著，戴群整理，吴格审定：《北游搜访文献日记》，上海人民出版社，2020年，第199页。

③ 方树梅著，戴群整理，吴格审定：《北游搜访文献日记》，上海人民出版社，2020年，第203页。

④ 方树梅著，戴群整理，吴格审定：《北游搜访文献日记》，上海人民出版社，2020年，第1页。

皖、吴、越等十余个省的方树梅回到昆明家中。民国年间逐渐发展起来的铁路交通为方氏的访书活动提供了极大的方便。

方树梅每到一地，遍访古旧书店，拜谒当地藏书家，周览图书馆、博物馆、通志馆，尽其所能地搜罗云南文献。他也得到了各地藏书家及藏书单位负责人的殷切接待，互赠书籍、唱和往来，成为文林美谈。方树梅不仅采购典籍，还寻访古碑、觅工拓石，收获颇丰。其所得文献，多收入《滇志艺文考》《滇南碑传集》《历代滇游诗抄》《杨文襄公年谱》等书中，数量最大的，还是对《云南丛书》的补辑。

方树梅在北平所得文献为最多。1935年2月14日，在北平图书馆阅《国立北平图书馆善本书目》，有杨一清的《宸翰录》《吏部献纳稿》《明伦大典》《密谕录》《阁谕录》《邃庵集》《邃庵集续集》，杨一清选《禹山戊己吟》诸书，均是前所未见，方树梅狂喜弥日。[1] 之后一个半月时间里，除有事外，均在北平图书馆善本书室内阅书，编写诸书提要。[2] 由于数量庞大，到4月2日，方树梅托访股长李翰章抄写所需之书，计划抄写杨一清的《宸翰录》《密谕录》《阁谕录》《吏部献纳稿》《邃庵集》和师范的《课余随笔》。等秦光玉、袁嘉谷、周钟岳三人筹商汇兑抄书费用后，即雇书手代抄。[3] 到7月1日，方树梅已经抵达上海时，请富滇新银行张庸僧经理，托转《丛书》处汇款共国币一百元给北平图书馆馆长袁守和，抄杨一清的书五种。[4] 这五种书均选入《云南丛书》二编，虽未及刊刻，但2009年《云南丛书》影印本已经据以收入。

在北平期间，方树梅还购得师范的《二余堂文稿》三册。《二余堂文稿》，《云南丛书》处已刊刻一部分，今云南图书馆即藏所用底本，为清嘉庆望江县官廨刻本，有《文稿》卷一至二、卷五至六，《续文稿》卷三至四。后有1927年秋袁嘉谷手跋："私心谓滇人之光，石淙、南园最著。至于

---

[1] 方树梅著，戴群整理，吴格审定：《北游搜访文献日记》，上海人民出版社，2020年，第46页。

[2] 方树梅著，戴群整理，吴格审定：《北游搜访文献日记》，上海人民出版社，2020年，第49—50页。

[3] 方树梅著，戴群整理，吴格审定：《北游搜访文献日记》，上海人民出版社，2020年，第71页。

[4] 方树梅著，戴群整理，吴格审定：《北游搜访文献日记》，上海人民出版社，2020年，第155页。

滇所依赖,则首荔扉。前乎荔扉,非荔扉不章;后乎荔扉,非荔扉不宗也。荔扉毕生才力竭于滇先贤,吾辈所以报荔扉,则以刻其诗文集为先务。臞仙与各挚友得诗集刻之,仅缺一卷;今又得文集,亦阙一卷。古云报功崇德,臞仙其速刊之,勿再损其一字乎?"①《云南丛书》本《二余堂文稿》虽题为六卷,但仅有卷一至二、卷四至六。由此方树梅称"不负万里远来也"②。

还有对《滇诗丛录》《滇文丛录》等书的补充,如1935年2月28日,在北平图书馆访得昆明张桥在万历年间官山东南旺都水分司时所撰《泉河志》,虽后有残缺,前有自序,仍很有价值,将之抄收《滇文丛录》③。3月14日,阅《明嘉靖十年云贵乡试录》,抄解元剑川李东儒、亚元晋宁段承恩论策各二篇,备选入《滇文丛录》④。

除《丛书》处未刊的文献外,如果是《云南丛书》中已经刊刻,方氏又看到了其他版本,也购买或录副以资作版本比较。

正因如此,方树梅所得文献还纠正了刊刻过程中的误识。如《韵略易通》一书,《丛书》处已经刊过一种。1917年,云南图书馆得李星槎所藏《韵略易通》二卷,署曰"本悟禅师集,书见禅师校,法孙通雷梓",赵藩和袁嘉谷误认为此书是兰茂所著,题曰"本悟"是冒名顶替,于是改署兰茂著,收入《云南丛书》。1932年,云南籍学者方国瑜撰写《兰廷秀韵略易通跋》一文,指出兰茂和本悟均有《韵略易通》一书,不相混淆。⑤1935年2月17日,方树梅在北平期间,周昊送至一部方国瑜所得明刻本兰茂的《韵略易通》⑥,方树梅携回云南后,《云南丛书》处拟据此本刊《韵略易通》二卷校勘记二卷入《二编》,前所刊本改题"释本悟撰",从而纠正了之前的讹误。

---

① 《二余堂文稿》后跋,云南图书馆藏清嘉庆望江县官廨刻本。
② 方树梅著,戴群整理,吴格审定:《北游搜访文献日记》,上海人民出版社,2020年,第42页。
③ 方树梅著,戴群整理,吴格审定:《北游搜访文献日记》,上海人民出版社,2020年,第55页。
④ 方树梅著,戴群整理,吴格审定:《北游搜访文献日记》,上海人民出版社,2020年,第61页。
⑤ 方国瑜:《兰廷秀韵略易通跋》,《云南旅京学会会刊》,1932年第7期,第1—20页。
⑥ 方树梅著,戴群整理,吴格审定:《北游搜访文献日记》,上海人民出版社,2020年,第49页。

《韵略易通》卷端修改前后

  方树梅还在北平图书馆阅明嘉靖刻本《关中奏题稿》，共六册，有马政类、茶马类、巡抚类、总制类等。各摘录数行，拟携归与《关中奏议》校对是否相同。① 又《丛书》处已刻明张含撰《张愈光诗文选》八卷《附录》一卷，方树梅阅杨一清选《保山张禺山七言律诗》一卷并《禺山戊己吟坿作诗》一卷、《续作》一卷时，抄升庵题辞，摘要抄录，返滇与《丛书》处所刻互校。②

  在山东省立图书馆，王献唐馆长出示馆藏周乐清抄严廷中《红蕉吟馆未刊本》十二卷，方树梅摘要记录，返滇与《丛书》处已刻清严廷中撰《药栏诗话》二卷、《岩泉山人诗四选存稿》一卷对校，若内容不重复，当请代抄。又托代抄之前未见的《秋声谱传奇》刻本。王献唐赠送《秋槎启事》一册，中多可入《滇文丛录》③。

  在龙蟠里江苏省立国学图书馆，取阅馆藏书目，有《盛明百家诗》《张禺山集》《古棠书屋丛书》，简绍芳编《升庵年谱》，无名氏《安南弃守

---

① 方树梅著，戴群整理，吴格审定：《北游搜访文献日记》，上海人民出版社，2020年，第50页。
② 方树梅著，戴群整理，吴格审定：《北游搜访文献日记》，上海人民出版社，2020年，第51页。
③ 方树梅著，戴群整理，吴格审定：《北游搜访文献日记》，上海人民出版社，2020年，第80页。

始末记》诸书①，摘要抄录。②

在河南藏书家张嘉谋家，见到抄本明朱睦㮮《万卷堂家藏艺文书目》一册，史部奏议有杨文襄《关中奏议》十八卷、《督府奏议》八卷、《纶扉奏议》三卷、《吏部献纳稿》一卷、《吏部题稿》五卷，集部有文襄《石淙集》二十七卷、《通家杂述》一卷，而《纶扉奏稿》《吏部题稿》《通家杂述》向所未知。方树梅发出"《石淙汇稿》究不知实有若干也"的感叹。③

方树梅还解决了目录学上的一些学术问题。在北平期间，访吴子和时，吴赠送给方树梅一部滇人吴树声撰《歌麻古韵考》。经比较，知吴子和家中所藏副本与《畿辅丛书》本完全相同。而此书《畿辅丛书》刻为苗仙麓补注，由此确定其为编者王灏误收。④

北游期间，方树梅每隔一段时间即将所得邮寄回滇。还曾将出省以来各处搜获梗概，致一函于《国民日报》登载，以代报告政府诸公并滇中诸师友。⑤ 及时与《云南丛书》处的各位同仁交流信息。

方树梅回到昆明后，仍然与各地学者保持密切联系。1936年1月30日，方树梅致信王献唐，赠送其编著二种、秋槎先生晚年所著之《岩泉山人诗选》一册，并请王献唐代为寻访严廷中（字秋槎）《秋声谱》，张鹏（字溟洲）《东山吟草》，二人均曾在山东为官：

> 严秋槎先生之《药栏诗话》，《丛书》处已得而刊之，惟《秋声谱》一种，仍未觅得，祈为费神代觅是感。拙编二种，并秋槎先生晚年所著之《岩泉山人四选》一册，敬赠高斋。敝邑张溟洲先生官济南太守七载，卓著循

---

① 方树梅著，戴群整理，吴格审定：《北游搜访文献日记》，上海人民出版社，2020年，第129页。
② 方树梅著，戴群整理，吴格审定：《北游搜访文献日记》，上海人民出版社，2020年，第133页。
③ 方树梅著，戴群整理，吴格审定：《北游搜访文献日记》，上海人民出版社，2020年，第91页。
④ 方树梅著，戴群整理，吴格审定：《北游搜访文献日记》，上海人民出版社，2020年，第44—46页。
⑤ 方树梅著，戴群整理，吴格审定：《北游搜访文献日记》，上海人民出版社，2020年，第49页。

声，著有《东山吟草》，久觅未得，祈为代访是叩。①

王献唐不仅为其抄得《秋声谱》，还赠送馆藏金石图籍各目。1936年4月4日，方树梅又致信王献唐代购屏联及张溟洲著述：

> 曩在济南，先生绍介一古玩铺（招牌记不清），请转拜托遇有李因培、刘大绅之屏联，如价值不十分昂，烦代购一二，示以所值，决不食言。敝邑张溟洲先生，梅藏其书不少，惟其诗文除《祠祀录》所收外，屡求而未得，千万广为托人代访，虽吉光片羽，亦望之如渴也。②

虽然代购屏联及张溟洲著述之事不知后续，但可以确定的是王献唐后来还为方树梅访得云南刘大绅行书遗墨，请张希鲁代为询问是否需要。③

民国时期云南图书馆的印书事业在省立图书馆中成绩显著，其原因不仅在接收了官书局、文庙尊经阁等处的大量版片，更重要的是得到了云南省政府的大力支持、更倾注了云南当地士人的巨大心血。方树梅曾述《滇诗丛录》的编纂情况："《诗丛》之得以如此大成者，许五塘先生选《重光集》后，尚有百数十人之稿（成家者五塘已选刻，余百数十人之稿只可披沙拣金），遗嘱交介庵师续选，介庵师数十年之搜辑，拟编《滇诗烬余录》者，俱选入之；虚斋师选《滇诗拾遗》，明代自刻行世，清代选得数十人，亦交归合并；又厚安先生选《滇诗拾遗补》，已收入《丛书》，亦并采入。此外，李印泉先生，华文安、何小泉雨君，搜访不少。"④方树梅本人也持续搜集，曾得《五华诗存》二册、《滇诗选》八卷，多录入《滇诗丛》。⑤在方树梅出游搜访时，《云南丛书》处的负责人云南通志馆馆

---

① 安可荇、王书林手稿整理，杜泽逊编校整理：《王献唐师友书札》，青岛出版社，2009年，第313—315页。

② 安可荇、王书林手稿整理，杜泽逊编校整理：《王献唐师友书札》，青岛出版社，2009年，第316—318页。

③ 张希鲁著，平锦主编：《西楼文选》，云南美术出版社，2006年，第298—299页。方树梅北游期间，张希鲁曾陪伴其左右。

④ 方树梅著，戴群整理，吴格审定：《北游搜访文献日记》，上海人民出版社，2020年，第220页。

⑤ 方树梅著，戴群整理，吴格审定：《北游搜访文献日记》，上海人民出版社，2020年，第185—186页。

长周钟岳、云南省立昆华图书馆馆长秦光玉将方树梅所需推介信等备好以便拜访。如在拜访山东省立图书馆馆长王献唐一函："兹因敝省纂修通志，特派干事兼分纂员方树梅一员到各省搜访资料，并顺便为图书馆征求乡先贤遗著，以备刊入《云南丛书》，藉广流播。素仰贵馆储藏宏富，海内著称。倘该员到达时，敬祈查照，予以指示补助，俾得悉心考察，不致宝山空回，曷胜纫盼之至。"[1] 前文《附设辑刻〈云南丛书〉处概略》中所列总经理、编纂审查员、庶务、文牍、收发、校对、采访各职员[2]等均是当时云南文教界的代表人物，正是这样一个人才济济的队伍，保证了《云南丛书》编纂工作的持续进行。

## 四、《云南丛书》的刊印

于乃义《云南图书馆见闻录》称，云南图书馆的书版，可分六种：原经正书院的藏版、官书局旧刻本、私家刻本、向江浙图书馆借印的、李印泉先生校刻的、新刻本。[3] 旧版片占大多数，"正由于当时利用了一部分旧版片，而新刻的还不到三分之一，因此事半功倍，《丛书》初编，在短期内就编印大体完成。"[4]《云南丛书》的绝大部分是木刻，只少数石印、铅印本，确实使用了大量的旧版片，但是根据仔细统计可以发现，新刊本的数量要远远超过三分之一。

王水乔曾著《云南省图书馆所藏版片概述》一文对云南图书馆所藏版片的各种来源做了概述，谈及《云南丛书》的版片有一段文字：

丛书处所编辑的《云南丛书》的书版来源，除了利用云南馆藏旧版片，包括上述所说的官书局版片，经正、五华书院版片，李根源校刻的版片外，还从别处借来私人收藏的一些版片，如向刘大绅后代借了《寄庵诗文钞》

---

[1] 安可荇、王书林手稿整理，杜泽逊编校整理：《王献唐师友书札》，青岛出版社，2009年，第311—312页。
[2] 《附设辑刻〈云南丛书〉处概略》，《云南省立昆华图书馆概况》，云南省立昆华图书馆，1937年，第30—31页。
[3] 于乃义：《云南图书馆见闻录》，李希泌、张椒华：《中国古代藏书与近代图书馆史料（春秋至五四前后）》，中华书局，1982年，第495—502页。
[4] 于乃义：《云南图书馆见闻录》，李希泌、张椒华：《中国古代藏书与近代图书馆史料（春秋至五四前后）》，中华书局，1982年，第495—502页。

三十三卷，向王元翰后代借了《凝翠集》七卷，这两种版片均藏华宁；向浙江图书馆借了赵玉麟《读书堂全集》。丛书处还利用了一些新刻版片，如《诗经原始》等。①

这段文字概括了《云南丛书》版片来源的各种类型，与于乃义所述基本相近，且列举了一些代表性书籍。但限于文章的概述性质，《云南丛书》的版片情况介绍未能全面展开，且在介绍其他类型的版片时，重点放在了版片本身而不是与《云南丛书》的关系。而《云南丛书》的刊印是一个庞大而复杂的过程，每一种书、每种版片的情况均有不同，需要做仔细的分析。

《云南丛书》的刊印集中了原刻、翻刻，先印、后印的典型案例。在利用现存版本的情况下，阅读序跋、查看版面情况，参照相关的记载，很多都能确定其版本来源。如《史筌》一书，在《云南丛书》之前多次刊刻，有清道光二十六年（1846）杨氏寄云书屋刻本、清道光二十六年京都善成堂刻本、清光绪八年（1882）京都明远堂刻本，《云南丛书》本和光绪八年刻本不仅行款一致，刊刻细节也相同。如下面对比图：

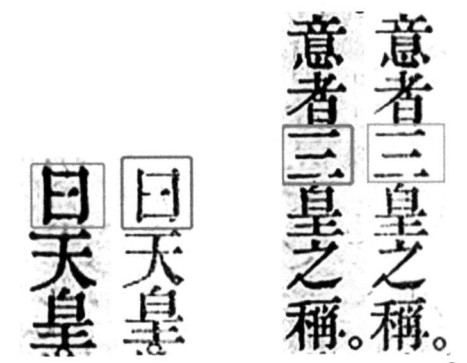

左为光绪八年刻本，右为《云南丛书》刻本②

可以确认《云南丛书》中《史筌》是光绪八年刻本重印。其他各书的情况均各有不同。本文附录中《云南丛书子目版本情况表》详细列出了各本的底本情况，《初编》139种中，仅有11种暂不能确定，新刊的种数有

---

① 王水乔：《云南省图书馆所藏版片概述》，《文献》，1990年第3期，第209—215页。

② 这两例均取自各书卷端首页。

85种，其中有52种为重刻，34种据抄本、稿本新刊。可以确定用旧版刷印的有42种，约占总数的三分之一多。《二编》5种重印，13种重刻，15种据稿抄本新刊，4种暂不确定。下面各选择代表性的几种且做分析。

1. 旧版刷印

（1）旧版来源。

云南接收的旧版数量众多，云南官书局刊刻的古籍，多是适应普通士人应举之用，具备地方文献特色的较少，因而作用较小，所用旧版以书院和私家所刻为主。

所用官书局旧版中最具代表性的是师范编《滇系》，《云南丛书》本所用的版本是光绪六年（1880）云南书局刻本，光绪六年刻本牌记："光绪庚辰春云南书局刻"①，此本后又重印，牌记改为："光绪丁亥云南通志局梓"②，目录后有刻工信息："梓人江宁　周永言　王彝书　监刻工书　王珩　检查　休宁戴耀　婺源　曹文"，两本均同，实为一本。③

书院版片主要是原五华书院的《滇南诗略》《滇南文略》，经正书院的《陶诗汇注》《泰律》，原经正书院山长许印芳主持刊刻的《滇诗重光集》《诗法萃编》《律髓辑要》《诗谱详说》等。还有原经正书院山长陈荣昌收集的私人藏版《味雪斋诗文钞》《喜闻过斋全集》《即园诗抄》《蓝尾轩诗稿》《滇诗嗣音集》《滇诗拾遗》等。以陈荣昌为例，其收集的私人藏版都经过修补，如清李于阳撰《即园诗钞》十五卷，清嘉庆二十三年（1818）刻版，刻成后一直藏于家，陈荣昌向李于阳之孙李文煜求购，文煜不受板赀，赠得印行。陈荣昌"亦非敢私乡先辈遗书者，当度板于经正书院藏书楼中，与同人共守之"。版有残缺，陈荣昌又借原刻本校订补缺二千余字。④又王毓麟撰《蓝尾轩诗稿》四卷，陈荣昌亦访道光原刻版："予前岁得《李即园诗》板，藏之经正书楼，今又得王匏生《蓝尾轩诗》板，

---

① 人民大学图书馆藏本。
② 参见《丛书集成续编》史部第55册，上海书店出版社影印本，1994年，第8页。
③ 梁明青《云南书局、官书局及其刻书考》一文对"《滇系》是局本"说产生怀疑，实因未见光绪六年印本致误。
④ 陈荣昌：《即园诗钞序》，光绪二十五年（1899）刻本，《丛书集成续编》集部第134册，上海书店出版社影印本，1994年，第447页。

仍藏之经正书楼。昔见戴云帆年丈《味雪斋文钞》有《匏生即园合传》一篇，因捡出刊之以冠诸卷首，俾读王、李两先生诗者先阅是传，得其梗概焉。"① 许印芳刊刻的《五塘诗草》《五塘杂俎》《诗法萃编》《诗谱详说》《律髓辑要》《陶诗汇注》《滇秀集》《三字经》等版片均由何秉智保存至云南图书馆。②

私人版片以李根源刻本为较多。民国元年赵藩《重刊明张禺山先生诗文集序》："腾越李君印泉亟意搜辑乡前辈遗书付梓流传，近年已刊《五名臣合稿》《李中谿全集》，文贞道、雷石庵、胡二峰、陈翼叔、刘毅庵、普荷、孙南村、尹虞农、刘桐轩诸残稿。"《五名臣合稿》即《明滇南五名臣遗集》，共五种九卷，封面题："宣统辛亥六月明滇南五臣遗集 昆明吴琨署"。牌记："宣统二年七月付刊，板捐存云南图书馆"。刊刻时版就保存在云南图书馆。

丛书编纂后期云南图书馆还有受捐赠以及购买的私人书版，如向陈荣昌后代收购的《虚斋文集》八卷、《虚斋诗稿》十五卷。《虚斋文集》八卷、《虚斋诗稿》十五卷原是陈荣昌自刻，陈氏于1935年去世，而其书版归云南省图书馆则在此之后，1940年以前。1940年《中华图书馆协会会报》刊登《收购陈筱圃先生诗文集板片》一文，里面提道："前岁太史既归道山，诸弟子即有辑刊遗著之议。该馆馆长秦璞安先生，为太史高弟，关怀尤切，近闻《虚斋诗稿》《文集》板片，尚存太史家属某君处，乃与之商洽，将此项版片，由该馆全数收存，经检查有少数缺页现已补刊完毕，拟即印刷流通，以表扬先贤而餍景仰太史者之望云。"③ 云南图书馆向陈荣昌家属收购《虚斋文集》《虚斋诗稿》，曾任职云南图书馆馆员的彭幼山曾自述这一经过：

陈荣昌先生所著的《虚斋文集》共二十册，全部印板是我于陈荣昌

---

① 陈荣昌书前题识，《丛书集成续编》集部第136册，上海书店出版社影印本，1994年，第619页。

② 《滇诗重光集》袁嘉谷跋，《丛书集成续编》集部第151册，上海书店出版社影印本，1994年，第2页。

③ 《云南省立昆华图书馆近讯：（二）收购陈筱圃先生诗文集板片》，《中华图书馆协会会报》，第14卷第4期，1940年，第29页。

先生逝世后偶然发现抢救回来的。我那时住在文林街染布巷的张家，是陈荣昌先生的亲戚。那天我去给张家看病，看见他家女儿正在用砍刀劈旧木板生火，有十多箱印板也将当作木柴用，我一看，竟是《虚斋文集》，急忙加以制止，当即说明：我们馆里用得着这些板子。拿了二十元钱，作为一千斤烧柴向她换。第二天我反映给馆里，秦馆长很高兴。他估计刻这套板子，要花数千元，命我作价。我只要回二十元烧柴钱，当天就把印板挑到馆里，一直保存下来。①

　　《云南丛书》内所收《虚斋文集》当是版片收至云南图书馆保存后修补印刷的。因据《云南图书馆发行书目》（在1930年后），《虚斋文集》《虚斋诗稿》均列在"代售书籍类"下，而未在《云南丛书》条下，说明此时此书尚未入《云南丛书》。《虚斋文集》选入《云南丛书》当在30年代。

　　借版印刷的，如借刘大绅后代《寄庵诗文钞》、王元翰后代《凝翠集》，均是旧版。借浙江图书馆的赵玉麟《读书堂綵衣全集》版，是清光绪十九年（1893）浙江书局所刻。

　　（2）旧版之使用。

　　第一，增加云南丛书的封面和卷端题字。

　　利用的原版，大多进行了校勘修补。很多书前均有赵藩、袁嘉谷等人的序或跋，叙书之源流，且用统一的格式印刷封面和牌记。初编封面格式一般为：右为云南丛书经／史／子／集部之□、中列书名、左列卷数；二编则为"云南丛书二编经／史／子／集部之□、书名、卷数"，由于二编随编随刻，未能统一排序。牌记则有"云南图书馆藏版　甲寅年刊""云南图书馆藏版"两种，初集大多有"甲寅年刊"字样。

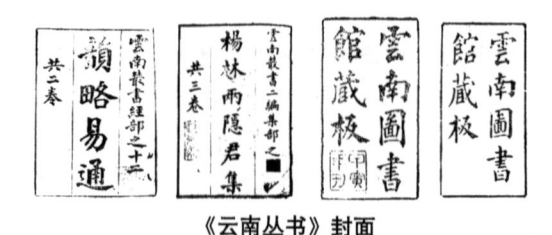

《云南丛书》封面

---

① 政协云南省委员会文史资料委员会：《云南文史资料选辑》第35辑，云南人民出版社，1989年，第191—192页。

有些书籍卷端题字为新增，所以卷端的"云南丛书"字体与正文不一致。

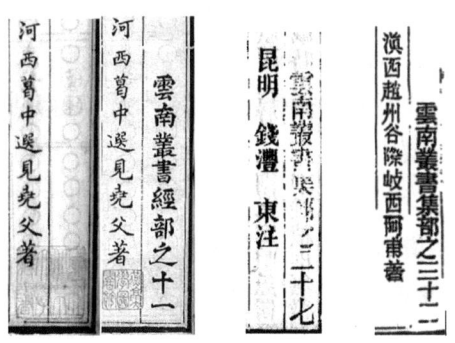

左图：《泰律》，光绪二十八年（1902）经正书院刻本与《云南丛书》重印本
中图：《钱南园先生遗集》，光绪十九年（1893）陈荣昌刻二十六年补刻版《云南丛书》重印本
右图：《西阿先生诗草》三卷附《漱芳亭诗钞》一卷，清刻《云南丛书》重印本

也有增加未尽的。如《泰律补》后亦收入《云南丛书》，或许因为原本就是云南图书馆所刻，在卷端没有增"云南丛书"字。杨一清撰《关中奏议》，用宣统二年云南图书馆刻版重印，卷端也没有增加"云南丛书"字，但牌记"宣统庚戌冬云南图书馆重镌"换成了"云南图书馆藏版"。1912年云南图书馆刻本《滇南山水纲目》二卷，将赵元祚的题名剜改为"云南丛书史部之七"。《二编》中《赵忠愍公景忠集》一卷卷端："云南丛书二编■部之■。"《尹楚珍年谱》一卷卷端："云南丛书二编■部之■。"

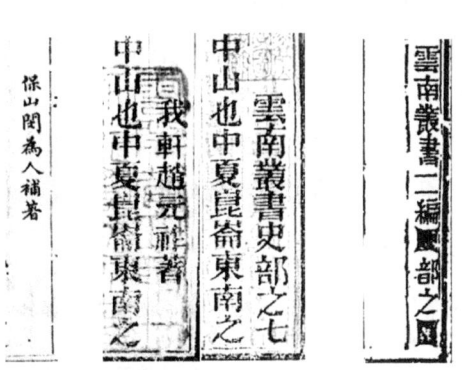

左图：《云南丛书》本《泰律补》
中图：《滇南山水纲目》民国元年云南图书馆刻本、《云南丛书》本
右图：《云南丛书》本《赵忠愍公景忠集》卷端

即使是新刊本，有的也未添加卷端的"云南丛书"字。如袁嘉谟撰《冷官余谈》二卷，前有1916年秦光玉序："民国三年唐蓂赓将军就图书馆附设辑刻《云南丛书》处，搜采旧藏书，不遗余力，于是石屏袁氏以铭泉先生所著《冷官余谈》进付李君厚安审查"是此书据抄本新刻，但卷端无"云南丛书"字。因此不能仅据卷端的题字判断《云南丛书》的版本情况。

第二，增刻、分卷。

元方回辑、清许印芳摘抄《律髓辑要》，许印芳刻六卷，袁丕理又得一卷后，云南图书馆增刻为七卷。《滇诗重光集》十八卷，光绪十八年（1892）许印芳刊刻时未分卷数，版存图书馆，袁嘉谷和何秉智补编目录、厘次卷数，乃成完书。①

第三，校勘补版。

《云南丛书》处所存旧版，还经过内容的校勘和改刻。运用原版修补再印的情况，兹举《盘龙山纪要》一例述之。《盘龙山纪要》四卷是方树梅之父方秉孝的著述，1918年，方树梅自己开始刊刻②，并请赵藩作序、撰墓表。1919年，《盘龙山纪要》四卷附《行先遗稿》一卷刻成，赵藩又署签。此书后收入《云南丛书》二编史部。

李明奎、铁胜定《方孝秉〈盘龙山纪要〉整理研究》一文中提道："《盘龙山纪要》有两个版本，其一为民国七年木刻本，其二为《云南丛书》本。民国七年木刻本现藏于云南省图书馆，《中国西南文献丛书（正编）》第三辑《西南史地文献》第二十八卷曾据以影印。然此木刻本及影印本，不知何故，内容均有脱漏，墨迹亦较淡。现流行较广的本子是《云南丛书》本，……不仅墨迹清晰印刷精良，而且内容完备，无文句脱漏，仅个别文字与民国七年木刻本不同。"③是李明奎、铁胜定认为民国七年本和《云南丛书》本是两个本子。实际上，所谓《云南丛书》本是民国七年刻本的修补本，两版是前印、后印的关系。例如第一叶，就能看到断版处相同，

---

① 《滇诗重光集》袁嘉谷跋，《丛书集成续编》集部第151册，上海书店出版社影印本，1994年，第2页。

② 方树梅著，戴群整理，吴格审定：《北游搜访文献日记》，上海人民出版社，2020年，第182页。

③ 李明奎、铁胜定：《方孝秉〈盘龙山纪要〉整理研究》，《西南古籍研究》，云南大学出版社，2015年，第204—234页。

只是《云南丛书》本的断版更加明显。此种现象书中有多处，足以证明两本是前后印的关系，而非两个版本。

方树梅初印本

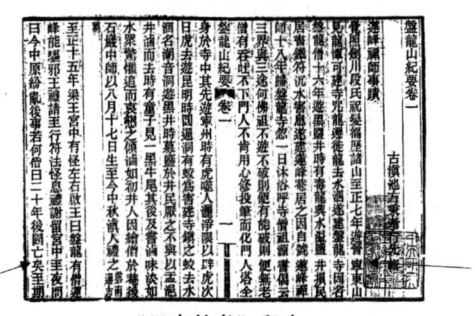

《云南丛书》印本

尽管不能认为是两个版本，但是李明奎、铁胜定参考它书将《盘龙山纪要》各本进行了对校和核查，从中可以非常清楚地看到《云南丛书》处在将书汇印入《云南丛书》时，进行了修补和校订。兹在参考两位研究成果的基础上，自校一过，列校勘表如下（表13）[①]：

表 13  《盘龙山纪要》校勘表

| 序号 | 卷叶行 | 初印本 | 《云南丛书》处印本 |
| --- | --- | --- | --- |
| 1 | 《龙盘山纪要自序》第二页第三行 | 兵燹屡经，诸多残缺 | "残缺"作"残佚" |
| 2 | 《清故文学农髯方府君墓表》第一叶第五行 | 明初有以军官随沐黔国定滇，卜居晋宁之鹩鹋厂 | "定滇"后增"者"字 |

---

① 李明奎、铁胜定：《方孝秉〈盘龙山纪要〉整理研究》，《西南古籍研究》，云南大学出版社，2015年，第204—234页。

续表

| 序号 | 卷叶行 | 初印本 | 《云南丛书》处印本 |
|---|---|---|---|
| 3 | 《清故文学农羁方府君墓表》第二叶第一行 |  | 前增入一行"亦自谓不减羲皇上人。耒耜之役,六十犹亲。暇即手一" |
| 4 | 卷二第七叶第十行 | 唐锜,字池南 | "池南"改作"子荐" |
| 5 | 卷二第七叶第十四行 | 龚一鹏,江西清江举人 | "清江"作"靖江" |
| 6 | 卷二第十叶第十八行 | 浮一太白 | "太"作"大" |
| 7 | 卷三第十一叶第十八行 | 先生官晋宁训导,时来署读书 | "来署"作"侍养" |
| 8 | 卷三第十一叶第十九行 | 绝后终于任所,家人贫,不能归,张溟洲先生归其骨及其妻子焉 | 后终于任所,张溟洲先生归其骨 |
| 9 | 卷三第十四叶第三行 | 相采如得箇中味,直疑丹桂发天香 | "直"作"浑" |
| 10 | 卷三第十六叶第四行 | 天宇澄空,四眺立极 | "立"作"无" |
| 11 | 卷三第十九页第十行 | 会试左腋,晋代封疆 | "试"作"城" |
| 12 | 卷四第三叶第七行 | 时甲辰秋八月十八口 | "口"作"日" |

上列条目中,第2、4、9、10、11是对文本内容讹误的修订。如第2条加上"者"使字文句无语病。第4条,唐锜,字子荐,号池南。《丛书》处改正。第9、10、11条改后的诗句显然更加通畅。第3、6、12则应是对初次刊刻中产生的漏行、错字进行的校正。如第3条,初刻本原版均是半页十行,而此叶为半页九行,漏刻了最右面的一行字以及最左边的空行。《云南丛书》本增加这一行字以后,前半叶变成十行,而后半叶仍保留原样为九行。这不仅是《云南丛书》本的修订,还说明修订是在前本的基础上直接进行的。第1、7、8条,虽不能确定是否有他本所据,但是改后的文句更加准确、简练。第5条,《云南丛书》本误改。而从整体上看,绝大多数的修改都使文本更加完善、准确。

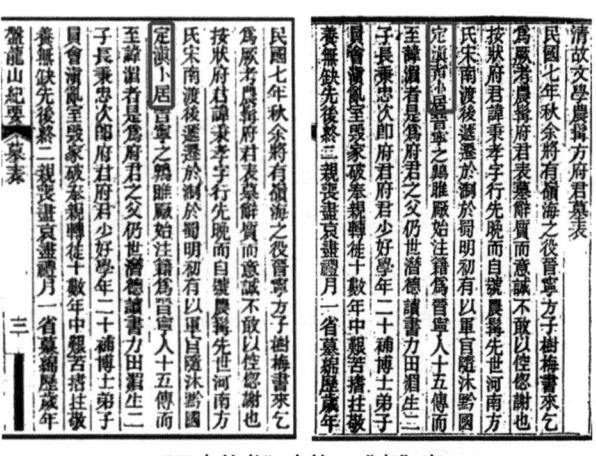

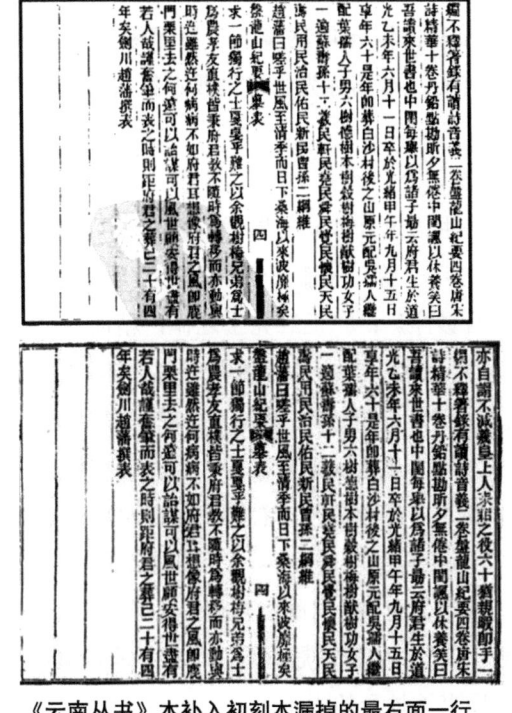

《云南丛书》本补一"者"字

《云南丛书》本补入初刻本漏掉的最右面一行

另外，《云南丛书》本《滇系》中《典故系》第五册末页亦是补刻。由此可见，《云南丛书》在编印书籍时，并非直接采用原版，而会经过详细的校勘，从而保证文本的精善，这也是《云南丛书》能够产生影响的原因之一。

2. 刊印新版

（1）据刻本重刊。

有些古籍年代已远，有刻本流传，即以刻本为底本进行刊刻。并根据刻本的实际情况进行删节增订。如前文已述之《李太白诗选》五卷，以明万历朱墨套印本为底本，赵藩删去其中的明季人评语刻入《云南丛书》。张汉撰《留砚堂诗选》六卷底本为清道光刻本，原足本《留砚堂诗集》七十四卷、诗七千余首，存诗繁、附注琐，观者病之，于是袁嘉谷悉心斟择，存十之二刊行，名《留砚堂诗选》①。

（2）原为铅印，现为木刻。

《云南备征志》原有道光十一年（1831）刻本、宣统二年（1910）云南官报局铅印本。《呈贡二孙遗诗》有清宣统三年（1911）铅印本。《张禹山诗文选》，原有民国元年赵藩、李根源铅印本。《师荔扉诗集》，1913年曾以铅字印行《师荔扉先生诗集残本》八卷，云南图书馆均用木版重新刊刻。

（3）抄本辑刻。

《杨刘周三先生语录合钞》三卷，为何秉智辑，包括《知陋轩迂谈》一卷、《藏拙居遗文》一卷、《郁云语录》一卷。前有1917年何秉智《杨刘周三先生语录合钞序》："汇三先生之作，精而择之，合而编之，各为一卷，名曰三先生语录，合钞付诸丛书子部之末，庶几历下搜存古籍之意。"②清陆天麟撰《烟坪诗钞》二卷，底本亦为清抄本，前有李坤序："州志久毁，省志亦失载，其他行事无可考，乡人林槐钞得遗诗二卷，上卷为《樵隐集》，下卷为《百嘻草》，卷中纪年自永历庚寅起至康熙庚戌止，都一百九十余首，以授昆明李坤，会坤应聘辑《云南丛书》，乃序而刻之。"③

《呈贡文氏三遗集合钞》《晚春堂诗》《釜水吟》《赐砚堂诗稿》《补过斋遗集》《钱南园先生守株图题词录》均据抄本新刊。还有明张合撰《宙载》所据从国学图书馆抄录的本子。

---

① 袁嘉谷：《留砚堂诗选序》，《丛书集成续编》第128册，上海书店影印本，1994年，第470—471页。

② 《丛书集成续编》第168册，上海书店影印本，1994年，第444页。

③ 《丛书集成续编》第124册，上海书店影印本，1994年，第625页。

（4）石印印谱。

《云南丛书》还使用了石印的方式，均是印刷印谱。孙璨之孙桂馨道："有清一代，吾滇以铁笔鸣天下者，有湛介庵、王雪庐、孙铁州、谷梦山诸先生，自足与祖后先辉映，以视金吉、金丁、钝丁有过之无不及也。"① 《云南丛书》处所收印谱即是这几人的。孙璨《澹一斋章谱》一卷、释湛福《介庵印谱》一册、王绰《王雪庐红书》一册、孙铸《十瓶斋印谱》二册、谷清撰《味秋吟馆红书》一册。

但这并不是说云南图书馆有石印设备，而是其委托给石印机构印行的。如《介庵印谱》牌记："乙卯岁冬十月石屏袁氏藏本 云南丛书馆印。"《丛书》是以袁嘉谷家藏本影印，卷末则有"云南崇文印书馆写真石印"字，石印机构是云南崇文印书馆。《味秋吟馆红书》则是由启文局印行，其他三本虽未留下印书处的信息，但可以推断，均是委托石印的。

（5）铅印两书。

《云南丛书》仅有两种书是铅印的：《晋宁诗文征》《滇文丛录》。之所以选择铅印的形式，很大程度上是由于在客观条件上，木印已经无法实现。《晋宁诗文征》二十卷序目一卷，方树梅辑，1938年昆明开智公司铅印，此时全国大部分地区已经处在战火之中，开智公司的印刷厂也曾遭到敌机的轰炸。《滇文丛录》一百卷首一卷总目二卷作者小传三卷，也是在抗战期间开始付印，到抗战结束以后才印成。

《云南书局、官书局及其刻书考》一文认为，在宣统年间，不仅官书局的书版转交可图书馆，而且"官书局的机器设备亦归云南图书馆，即图书馆继承了官书局的使命，并发扬光大"。此言有问题，所说证据中"滇浙刊印并互换各自的优秀书籍，数量不小"，后列浙江省图书馆现藏当时云南图书馆所赠书籍：1911年刊《汉孟孝琚碑题跋》，1913年刊《中溪家传汇稿》十卷卷首一卷，1914年刊《朝天集》一卷、《丽郡文征》八卷、《律髓辑要》七卷、《小清闭阁诗抄》一卷、《赵文恪公遗集》二卷、《筹算法》、《补过斋遗集》二卷、《勾股一贯述》五卷、《大错和尚遗集》、《齐风说》、《诗经原始》十八卷卷首一卷、《穆清堂诗钞》，等等，并言"多是云南

---

① 《澹一斋章谱》卷后1918年孙桂馨跋。《丛书集成续编》第87册，上海书店影印本，1994年，第290页。

名士著作的木刻本"。既然是"木刻本",则又何来"可以说明官书局的机器亦当为图书馆所用,不然图书馆在成立初期不可能刻印多部图书"?且《云南丛书》绝大多数书籍均是木印,为数不多的是石印,仅两种铅印,还是由别处代印,没有任何自己铅印的书籍,若有设备,为何不用?

而原来云南官书局的铅印设备,很有可能被云南官印局所接收,据范慕韩《中国印刷近代史初稿》:"云南官书局1910年与铅印书报的云南官报局合并为云南官印局。"[①] 与官报局合并的当是官书局的铅印部分。梁明青所列《前人所列部分云南书局、官书局书籍辩伪》一表中,《[民国]宜良县志》《培元堂诗钞》《牟伽陀祖师开辟鹤庆掷珠记》《南洋之锡》《云南实业评议会报告书》《云南第一次物产品评会报告书》《[民国]嵩明县地志》《云南实施义务教育须知》[②] 等均是云南官印局铅印本,而正是合并接收了官书局的铅印设备,且也署名"官印"二字,导致前人将这些书也纳入云南官书局的刊书范围。

**五、其他云南地方文献的出版**

《云南丛书》之外的木印书,资料甚少,具体印行情况鲜为人知。幸而现存《云南图书馆发行书目》一册,可以从中了解云南图书馆出版其他书籍的大致情形。

《云南图书馆发行书目》,现云南省图书馆藏本,平装一册,铅印,共十八叶。封面题:"云南图书馆发行书目,总发行所,云南图书馆售书处;分售处,旧粮道街第一售书分处。"正文半叶九行,小字双行。四周双边,单鱼尾,版心上铅印"书籍碑板汇录"六字。书前有"购书章程",正文卷端题"云南图书馆发行各种书籍碑板汇录"。内容分为新书类、代售书籍类、本省碑板类、外省碑帖类四个部分,每书标有册数、售价。书后附《本馆征书三种》和《辑刻云南丛书处续采书籍启事》。其中新书类部分是主体内容,除《云南丛书》的子目外,还有66种。这66种,既有木印书,也有铅印石印书,其中木印书有43种。加上《云南丛书》176种,

---

① 范慕韩:《中国印刷近代史初稿》,北京印刷工业出版社,1995年,第203页。

② 梁明青:《云南书局、官书局及其刻书考》,《文献》,2019年第1期,第80—111页。

云南图书馆印行书籍至少 242 种，木印 212 种。

《云南丛书》之外的木印书，也多是旧版重印。王水乔曾著《云南省图书馆所藏版片概述》详细介绍了云南图书馆所藏版片的大致来源。① 兹在此基础上，参照《云南图书馆发行书目》以及其他资料，将民国时期重新刷印的情况大致介绍如下：

（1）原云南书局版片。从《云南图书馆发行书目》来看，除选入《云南丛书》的以外，云南书局出版的书籍再次印行的有《易经》《书经》《诗经》《礼记》《春秋三传》《孝经注解》《四书正蒙三辨》《孟子要略》《四书集注》《小学集解》《说文部首读本》《洗冤录详义》《幼学琼林》《滇海虞衡志》《南诏野史》等。② 其中《滇海虞衡志》《南诏野史》均属云南地方文献。

（2）文庙尊经阁版片，即原藏文庙尊经阁的云南省通志和府志的版片，主要是以下几种：康熙年间范承勋所修《云南府志》、康熙三十三年（1694）谢俨撰修《云南府志》、光绪九年（1883）岑毓英等修《云南通志》、道光六年（1826）阮元等纂《云南通志》、光绪二十五年（1899）王文韶等修《续云南通志稿》、道光十年（1830）戴絅孙等纂《昆明县志》。这些版片原藏于昆明文庙尊经阁。1930 年，昆明在旧文庙内设民众教育馆，修缮尊经阁，拆除楼梯时，发现了封存已久的《[康熙]云南通志》版片，只缺四十多页。这批书版后来归云南图书馆保管，其余版片则均早在 1917 年已移交云南图书馆保存。云南图书馆将这些本省府志书籍均刷印出售。③

（3）捐赠版片。以陈荣昌捐赠《安士全书》最具代表性，还有许印芳光绪十三年（1887）刊刻的《滇秀集》，云南图书馆也重新刷印销售。

云南图书馆刷印旧版时，也做了修补，并在书前增添了云南图书馆牌

---

① 馆藏全部版片有 254 种，60777 片。其中，云南丛书版片 155 种，15499 片，云南方志版片 6 种，15245 片，云南文献版片 10 种，1451 片，其他图书版片 83 种，28582 片。并将这些版片分为清原官书局版片、清昆明五华、经正书院所刻及书院所收私人刊刻书版，清末民初李根源所刻书版、民国初"辑刻云南丛书处"所刻版片、昆明文庙尊经阁所藏本省通志和府志版片等。本部分所举各书，所依据的来源主要参考王水乔《云南省图书馆所藏版片概述》，《文献》，1990 年第 3 期，第 209—215 页。

② 本部分所举各书，主要参考王水乔《云南省图书馆所藏版片概述》，《文献》，1990 年第 3 期，第 209—215 页。

③ 彭幼山：《昆华图书馆掌故》，政协云南省委员会文史资料委员会：《云南文史资料选辑》第 35 辑，云南人民出版社，1989 年，第 192—193 页。

记。如《南诏野史》，牌记题为"云南图书馆藏版"。

比较重要的是下面三种书。

1. 《吕子全书》

1917年1月，云南省署令发学术批评处支余存银一千四百余元刊刻《吕子全书》。① 吕子即吕坤（1536—1618），字叔简，一字心吾、新吾，自号抱独居士，明代归德府宁陵（今河南商丘宁陵）人，文学家、思想家。云南图书馆刊刻的《吕子全书》，现各图书馆所藏均非全本，台湾傅斯年图书馆是现存种数最多，共14种：《实政录》《宗约歌》《省心纪》《阴符经注》《优免录》《疾苦条陈》《修城书》《展城或问》《反挽歌》《救命书》《河工书》《四礼翼》《四礼疑》《疹科》。另人民大学图书馆藏五种：《优免书》《疾苦条陈》《修城书》《展城或问》《反挽歌》。通过《云南图书馆印行书目》来看，云南图书馆出版的《吕子全书》有19种之多。包括：《呻吟语》《去伪斋文集》《实政录》《宗约歌》《省心纪》《阴符经注》《优免书》《疾苦条陈》《修城书》《展城或问》《反挽歌》《救命书》《河工书》《交泰韵》《四礼翼》《四礼疑》《闺范》《小儿语》《疹科》等。《吕子全书》由赵藩题签，封面题书名卷数，如："吕子全书之十四 交泰韵 共一卷。"内封牌记镌"云南图书馆重校刊"。卷末也有题"云南图书馆重校刊"。

2008年中华书局出版的《吕坤全集》收吕坤著作14部，还有数种未收，均可见于《云南丛书发行书目》：《省心纪》《优免书》《疾苦条陈》《修城书》《展城或问》《反挽歌》《救命书》《河工书》等八种。② 其中《修城书》和《反挽歌》在《云南图书馆发行书目》中尚属未发行，但今人民大学图书馆藏有这两种书，说明均出版过。后来者再整理《吕坤全集》可依目将这八种收入。

2. 《滇南书画集》

云南地区的书画作品，由于屡经兵燹，明以前多不见。明清两代，虽可传者甚多，而中原地区的书画专集，著录甚少。有感于此，1923年9月，

---

① 《云南图书博物馆一览·纪事》，云南图书博物馆，1923年，第4页。

② 《云南图书馆发行书目》，云南图书馆铅印本，约1930年，第3叶。《吕坤全集》中有3种《云南图书馆发行书目》未收：《无如》《好人歌》《闺戒》。

赵藩和袁嘉谷主持并聘方树梅为征集员，开云南书画展览会，为滇省破天荒之举。展览会的详细情形，谢彬曾有过专门叙述，1923年10月16日，他正好游历昆明，参观书画展览会。

入门，过一石桥，左为阅书报挂号处，右为售书处，书画展览会临时警卫室与售票处（每张铜币二枚）……在自在香室。室建翠湖水中，三面临水，风景极佳。中悬书画满壁，馆员就此设茶点，款待余等。统观各室所陈书画，字有钱南园、米襄阳、董其昌、周于礼诸名作，而以钱南园为最多，几与吾湘所有相埒，盖钱本籍昆明而宦湘最久者也。画有仇十洲之《观潮图》、恽南田之《万横香雪》册页、张择端之《清明上河图》、周竹庄之山水诸名作，并有过峰山人七十五岁时画兰一幅，尤苍劲奇古。①

各收藏家送会展览名贵作品，不下千余件。闭会后，择精品而有关者，照印《滇南书画集》。赵藩、袁嘉谷总其成，方树梅与何秉智、华世尧、张澍襄其事。②1924年五月，《滇南书画集》编成，共二十卷，由方树梅编作者小传冠于首。先在云南崇文印书馆印出《杨文襄公致滕危言太守草书手札》《钱南园先生撰业师王素怀楷书墓志》两册，其余的打算在上海以珂罗版印行。③据赵妍《方树梅对近代云南学术的贡献——以方树梅学术交游为中心的讨论》一文所述《滇南书画集》在交付上海商务印书馆影印时，在"一二·八"事变中烧毁。④庆幸的是之前印的两册尚存，云南省图书馆善本书资料室所收此书名为《滇南书画录》。此本经过方树梅的增补，在卷首小传的基础上，旁搜博辑，"以学行诣力为准，汇成四卷，明四十二人，清二百十八人；方外明六人，清五人；闺秀六人；流寓明十六人，清六人，总三百有九人。"又请陈荣昌为之序。赵式铭、郭燮

---

① 谢彬：《云南游记》，云南人民出版社，2019年，第64页。
② 方树梅著，戴群整理，吴格审定：《北游搜访文献日记》，上海人民出版社，2020年，第185页。
③ 方树梅著，戴群整理，吴格审定：《北游搜访文献日记》，上海人民出版社，2020年，第186页。
④ 赵妍：《方树梅对近代云南学术的贡献——以方树梅学术交游为中心的讨论》，《云南社会主义学院学报》2018年第4期，第147—155页。

熙为题词，成为一种新的《滇南书画集》。①

3.《滇南碑传集》

方树梅还有一部重要的著述，即《滇南碑传集》。自清代钱仪吉编撰《碑传集》后，代有续作，缪荃孙《续碑传集》、闵尔昌《碑传集补》是为代表之作。但是所录云南学者不过二十余人，于是方树梅发愿专辑滇南明清两代碑传，纂为一书，补三家之不及，备清史之甄采，体例一本三家，而斟酌损益。

方树梅搜集资料二十余年而不辍，在周游全国搜访文献时多有所获。如1935年3月21日，在北平图书馆《整庵集》中，得毛用成封翁士能先生墓表，收入《滇南碑传集》。②四日初二，阅《怀麓堂集》，得杨文襄公母张太安人墓志铭。六月十六日，在镇江访杨一清公墓。文襄父母墓铭，皆大学士李东阳所撰，与雷跃龙《文襄传》、李元阳《文襄墓表》，俱录入《滇南碑传集》。此书编就，共三十二卷：明十二卷，清十八卷，上至宰辅、部院大臣、九卿、下至隐逸、遗民、女侠、方外等。明共一百十四人，文一百四十篇，附绿十篇；清共二百八十五人，文四百八十篇，附十三篇，撰者二百七十八人。

时在云南大学任教的顾颉刚闻方树梅此书，谓为"云南文献攸关之书"，计划由北平研究院介绍商务印书馆出版。尚未商洽，顾颉刚到成都，主讲齐鲁大学，又打算由齐鲁大学付印。同时，北平图书馆长袁守和与顾颉刚协商，让由北平图书馆交开明书店印行。③到1940年，北平图书馆用哈佛燕京学社经费铅印六册④，是为《滇南碑传集》三十二卷末一卷附人名索引。1956年，《明清滇南碑传集》三十卷，又由上海开明书局出版。

1921年云南图书馆还刊刻有《培远堂手札》，作者陈弘谋，校勘者秦光第。陈弘谋，字汝谘、号榕门，临桂人，雍正癸卯年（1723）进士，

---

① 方树梅著，戴群整理，吴格审定：《北游搜访文献日记》，上海人民出版社，2020年，第205页。

② 方树梅著，戴群整理，吴格审定：《北游搜访文献日记》，上海人民出版社，2020年，第71页。

③ 方树梅著，戴群整理，吴格审定：《北游搜访文献日记》，上海人民出版社，2020年，第223—225页。

④ 封面题："此书印刷费由哈佛燕京学社补助半数，特此志谢 国立北平图书馆谨白。"

官至大学士，历官至云南布政使；秦光第，字少元，呈贡人，廪生，是秦光玉之弟，民国年间历官至蒙自道尹。刊刻时，袁嘉谷又建议将刘树堂评语补入，并定名为《培远堂手札评》。①

另有《汉孟孝琚题跋》《植物名实图考》《颜氏学记》《女学》《雪园丛书》等，不再详细论述②。

《云南丛书》的出版为学界提供了研究的资料。《南诏季刊》创刊号介绍历史上的云南名人孙继鲁、王锡衮、赵巽、杨绳武、尹壮图、王崧，分别据《云南丛书》的《明滇南五名臣集》《景忠集》《尹楚珍年谱》《乐山集》等书。③郑振铎《文学大纲》参考文献有清方玉润撰《诗经原始》，所用的本子即是云南图书馆刻本。④经利彬《滇南本草考证》所用的本子有二，其一即为《云南丛书》本，并对这个本子的基本情况进行了介绍："《丛书》本载明著者为兰茂，号止庵，并有赵藩序，甚详。赵序所述之《一隅本草》及《升庵本草》，尚未寓目，且百计求之而未得。"⑤赵万里著《明人文集题记》中《凝翠集》四卷《附录》一卷、《担当遗诗》八卷，均用《云南丛书》本。⑥

《云南丛书》自1914年开始编纂，历经三十余年。在此期间，1927年赵藩去世，1935年陈荣昌去世，1937年袁嘉谷去世。最初拨款修书的唐继尧也早在1927年病逝。1942年因抗战暂停，到抗战结束后，《云南丛书》处又继续开展工作。1944年，经省政府批准将通志审订委员会经、临费等未用部分拨归《云南丛书》处办理。⑦1945年，《云南丛书》处又

---

① 李友仁主编，李怡苹撰稿，云南省图书馆编：《云南地方文献概说》，云南美术出版社，2005年，第255页。

② 还有《中国五千年文学史》《中国之悲惨教育》《新中国论》《官吏必要之觉悟》《人民须知》《村长须知》等不计入古籍。

③ 孙继鲁、王锡衮、杨绳武均据《明滇南五名臣集》，《南诏季刊》1935年第1期，第34、48、66、76、83、90页。

④ "此书有《鸿蒙室丛书》本，版存云南图书馆；最近有泰东图书局的石印本（将出版）。"《小说月报》，1924年第15卷第6期，第29页。

⑤ 经利彬：《〈滇南本草〉考证》，《东方杂志》，1945年41卷14期，第44—46页。

⑥ 分别参见赵万里：《明人文集题记（二）》，《文史》，2000年第4辑，第182页；赵万里：《明人文集题记（四）》，《文史》，2001年第2辑，第212页。

⑦ 《省政府委员会昨开会议》，《扫荡报（昆明）》，1944年7月26日。

致函云南省政府请征集滇人著述：

  查本处编印《云南丛书初编》《二编》计一百五十余种，一千二百余卷。凡三迤先贤之撰述，均网罗其中，传播国外，颇得士林赞许。惟是先贤撰述，续有发现，所得资料亟应整理续编。……工作约分两项，一为结束以前未完部份，即续印《滇文丛录》《滇诗丛录》；一为扩大征集新资料，分别审查后编印入《丛书》内。征集新资料之范围，凡《丛书》初、二编所未收录之滇人著述，暨各府厅州县志及有关云南史地之书，无论本省人外省人所作，或外国人著述，均在征集之列。除在本市者已由处分别洽商征集外，相应函请贵府查照，通令各县政府代为征集，迳寄昆明市翠微湖本处查收以便审查汇编为荷。①

  云南省政府发布训令，通令各县遵照办理。此次工作包括两个方面，一是继续《初编》《二编》未完的《滇文丛录》《滇诗丛录》等。《滇文丛录》终得以铅字印行，虽然仅装订部分行世，大部分印成之书页，由于保管不善，颇多散佚②，但历经二十余年始得问世，实属不易。另一方面，扩大征集的新材料。此次列入征集之列的，不仅有前编未收的滇人著述，还包括外省人、甚至是外国人著述的涉滇之作，可以说是方树梅《三编》计划的继续。但由于时局和条件的限制，《云南丛书》的编印没能持续下去。

  《云南丛书》刷印所用的纸张亦非精良，比较薄，而且粗糙。其中书籍虽经校勘，也有很多不尽人意之处。如清方玉润撰《诗经原始》，所据底本为同治十年陇东分署刊《鸿蒙室丛书》本，1924年上海泰东图书局将卷端的云南丛书字样去掉后据以石印。但李先耕在将中国科学院图书馆藏陇东本与云南本相校后发现："云南本遗漏错讹二百余处……至于眉评旁批整条脱落者，云南本亦屡见不鲜。"③《云南丛书》中各子目的价值亦

---

  ① 龙云：《准辑刻〈云南丛书〉处函为编印〈云南丛书〉初二编未收录之著述请转饬各县代为征集等由一案令仰遵照办理》，《云南省政府公报》，1945年第17卷第4期，第28页。
  ② 云南省文史研究馆：《〈云南丛书〉书目提要》，中华书局，2010年，第273页。
  ③ 1982年李先耕《点校说明》，方玉润：《诗经原始》，中华书局，1986年，第6页。

有参差。郑振铎曾见到几部《云南丛书》的子目，他评价道：

>  祖同来，携《云南丛书》二十许册，欲以易新印书。中有《滇海虞衡志》二册，为檀萃所辑，颇佳。闲中阅毕，足广见闻。惟过于模拟范成大《桂海虞衡志》，殊可不必。又《诗法萃编》十册（二十五卷），为许印芳辑，所收自子夏《诗序》至沈德潜《说诗晬语》，凡二十余种。虽皆为习见之书，然汇于一编，颇便省览也。①

《云南丛书》是民国年间作为官方文化机构的公共图书馆编辑出版的最大型丛书，其编纂是为搜罗云南一地先贤著述，这里面包含了云南学者保存文脉的至诚理想。袁嘉谷在作《征刻云南丛书启》时，胪举了滇南文献千年以来所遭受的厄运。回纥变兴、蒙诏徙民、沐英一炬，都因时代变乱导致，而最令人痛心疾首的，是四库征书，"以滇皆蛮夷，并无著述"②，从而提出为保存云南文献而编刊《云南丛书》。编选的《留砚堂诗选》前也有1917年袁嘉谷所作《留砚堂诗选序》，叙其搜访遗书的曲折："岁辛卯，许五塘师示以先生诗残本，犹以为未足，癸丑甲寅之间，北平杨君伯忱复以《后十年吟》《可老吟》《倦还吟》诸卷相示，仍残本也。家广文兄之言曰：'先生集板今弃于先生旧楼。'余再三访之不获。及丙辰，始得七十三卷足本，计得七千余首，名曰《留砚堂集》。"散佚的文献赖《云南丛书》而流存。

搜集文献，更在于通过先贤著述效仿其德行品行，钱用中在《重刊程月川先生遗集序》强调民国以来国体变更后学习前贤的重要性："惟吾国今日国体变更，政体亦随之大有改革，特其大本大原仍根据五千年来固有之历史，以递为衍进。故凡历史上已过之政治人才，概应表而出之以为后起人才之模范。先生之政绩与其道德学术文章在吾滇乡先贤中实应首屈一指，重刊其书广为流传，或亦吾国今后之政治家与政治学者所乐为浏览

---

① 1943年10月26日，郑振铎：《郑振铎日记》，商务印书馆，2018年，第163页。

② 袁嘉谷著，袁丕厚编：《袁嘉谷文集》第1册，云南人民出版社，2001年，第466页。

者。"①虽然政权更迭,但是先贤的道德、学术、政绩都应当是学习的榜样,这是历久而不变的,这也是保存前贤著述的意义所在。

而《云南丛书》的辑刻不仅仅是保存地方文献,更有清末以来对国家现实问题的考虑以及对民族文化的反思。云南军政长官唐继尧在《云南丛书序》中叙述编刊丛书的必要性在于中华文化面临的危机。在科学日新、研究弗顾的民国初年,为何还要搜采残编、网罗散佚?这是由于"国华不保则民性日漓,旧闻不饫则新知何启"②,在此文明废坠之际,辑刻丛书刻不容缓,这也是学习西方各国保存其国粹、发挥其学术的做法。唐氏还认为西人所撰《百科全书》,即丛书之一类,到他日中国科学著述丰富,别类分门,亦可荟为丛刻,以融汇古今、裨益政教文物,《云南丛书》可为其先导。

特别是云南地处中国西南边陲,其战略地位尤为重要。袁嘉谷在考校《南园漫录》时,尤其关注到张志淳此书对于滇边掌故的记载,内多有论缅甸事:"若缅、若孟养、若木邦,持论之平,筹策之远,一洗腐儒嗫嚅突梯之陋习。"张志淳所论虽在明代没有得到实施,但对于当世仍很有意义:"迄于今,西力东渐,缅已沦夷,吁,惜哉!虽然,事机何常,使吾乡人人知滇之所以安且固、显且远者,大有本原,非拘拘边幅者比,某疆、某隘、某政、某治,今与昔宜有进焉,则是书不可不广布也。"③近代以来的中国屡屡面对边疆危机,云南地区应该吸取缅甸沦陷的教训,确保其长远的稳固。

与之情形相似的还有《滇小记》一书,清雍正年间的蕃藏之役,倪蜕在巡抚甘国璧军幕中,目睹当时"将吏茫昧方舆、惛怯畏缩,而深慨缅藏之于滇如左右股,不能付痛痒于身外",于是计里按程,撰《滇小记》一书,为筹边者备旨南,并言"为雄俊言,非为懿狨设",此书之现实功用由此可见。赵藩校勘此书时,序道:"今缅沦于英,藏亦携贰,剥床以肤,边

---

① 1914年撰,浏览,原作溜览。《丛书集成续编》第133册,上海书店出版社影印本,1994年,第1页。
② 唐继尧:《云南丛书序》,1914年云南图书馆刻本,第1叶b。
③ 袁嘉谷:《南园漫录跋》,[明]张志淳著,云南省文史研究馆编:《南园漫录校注》,云南民族出版社,1999年,第1—2页。

患日亟，狼豕履闼，雄俊伊谁？读翁之言，不禁废书而叹已。"[①] 饱含忧虑。辑刻《丛书》的过程中，也寄托了云南学者们对国家和民族现实的关注，因而应当从更深层的角度评价《云南丛书》的编纂。

## 第二节　浙江图书馆与章太炎、姚振宗著述的出版

浙江为人文渊薮，文人学者众多。民国年间创立的公共图书馆数量即以浙江最为显著，就与藏书家的广泛分布有关。民国年间公共图书馆附设的印行所以浙江图书馆规模最大，经营时间最长。浙江图书馆不仅刷印浙江官书局旧版，还出版新书。《浙江省立图书馆奖励捐赠图书文献物品章程》规定，对于捐赠的名人未经刊行著作酌量刊行或影印以广流传[②]，其中以《章氏丛书》和《师石山房丛书》的出版为代表。

### 一、版刻章太炎《章氏丛书》

民国出版浙江省立图书馆雕版印行的《章氏丛书》，历来广受学界好评，也是章太炎自己比较满意的版本。章太炎作为清末以来卓有成绩的文字学家、经学家，其著述历来为学者关注，因而当前的研究成果也蔚为壮观，不仅考察章氏著述中的学术思想，还涉及《章氏丛书》内各书的编纂、出版、流传等方方面面。但对《章氏丛书》整体上的出版情况尚未有综合性讨论。兹在前人研究的基础上，主要论述浙图本《章氏丛书》的出版过程。

1. 浙江图书馆《章氏丛书》的发端

章太炎与浙江图书馆渊源颇深，在刊刻《章氏丛书》之前，浙江图书馆就曾出版过章太炎所著《小学答问》《文始》《齐物论释》等单行本。这很大程度上是因为章太炎的兄长、弟子等多人均曾任职浙江图书馆。除政界人物外，章太炎与学界中往来最密切的就是其弟子。光绪三十一年（1905）创立的上海国学保存会、光绪三十二年（1906）成立的东京国学讲习会都是章太炎讲学、交流的重要场所。特别是在日本期间，黄侃、钱

---

①　赵藩：《滇小记序》，《丛书集成续编》第54册，上海书店影印本，1994年，第1025页。

②　《浙江省立图书馆概况·章则》，浙江省立图书馆，1931年，第19页。

玄同、朱希祖、龚宝铨、鲁迅、周作人、许寿裳等人均曾听章氏讲学。[①] 民国元年，章太炎弟子钱玄同的长兄钱恂（字念劬）任图书馆馆长，继任者龚宝铨，据1912年12月6日《钱玄同日记》：

> 十时顷至图书馆，得悉已任士衡为长而将以逖先、让旃诸人辅之云。[②]

逖先即朱希祖，让旃即陈宜慈，都是章氏在日本期间的学生，此次任图书馆监理。士衡乃龚宝铨，字未生，他是章太炎的弟子，又是其长婿，早年参加光复会，在东京时曾从章太炎学，民国元年（1912）4月起担任浙江图书馆副理，12月18日，被委任为浙江图书馆馆长，直到1922年逝世。龚宝铨之后的馆长则是章太炎的兄长章箴。

1936年，章太炎去世时，时任浙江省立图书馆馆长的陈训慈在《悼章太炎先生》一文中较为全面地述及了相关史事："先生之仲兄仲铭先生（箴），尝长浙江图书馆，潜心簿录之学，尽瘁馆务至十一年。长婿龚味生先生（宝铨）亦尝长馆政。先生著述之由浙馆镌成《章氏丛书》，即在仲铭先生长馆之时，迄于今印传不替（近年续编之刊于北平，版存二地，余尝致书汪旭初先生、潘景郑先生言之，期萃于一地云）。比年本馆同人以治书余力，偶有撰述，辑为《馆刊》《学报》，尝因张伯岸先生呈书先生，承赐署耑，且许惠稿。是先生之于浙馆固亦别有渊源。"[③]

章箴（1865—1930），字仲铭，章太炎二兄，原名章炳业，1913年4月，任浙江图书馆监理兼编辑。陈训慈说《章氏丛书》刊刻于章箴任馆长期间，略有可商。龚宝铨确因病或家事，先后于1913年4月、1915年3月、1919年11月三次告假离馆，由章箴暂行代理馆长职务。1922年6月25日龚宝铨病逝，7月1日，章箴正式接任馆长，至1927年4月1日辞

---

[①] 张玉法：《民国初年章炳麟的人际关系（1912—1916）》，《纪念孙中山诞辰140周年国际学术研讨会论文集》下卷，社会科学文献出版社，2006年，第474—492页。

[②] 杨天石：《钱玄同日记》（整理本），北京大学出版社，2014年，第245页。

[③] 陈训慈：《悼章太炎先生》，《图书展望》，1936年第1卷第9期，第3—4页。

职。① 但是《章氏丛书》的刊行，是在龚宝铨任馆长期间。章太炎是浙江余姚人，其婿、兄亦相继职掌浙省的文化府库——浙江省立图书馆，是《章氏丛书》刊行的重要原因。

《章氏丛书》刊刻的直接原因是右文社刊刻的《章氏丛书》错误过多。1915年，章太炎弟子康心孚、康心如兄弟集结章氏著述在右文社出版《章氏丛书》并由许寿裳题写封面，是章氏著述的第一次合集。②1515年4月8日，《时事新报》"介绍新书"栏推介右文社本《章氏丛书》，出售预约券："搜集单行之各种并散见之各篇，均由先生及门亲为校雠……足以开拓心胸、推倒豪杰。"③4月9日，《时报》也刊登了右文社《章氏丛书》的广告："内载书籍十种，其编次校雠均由先生及门诸君分任其事，以视坊间之杂凑成书，大有云泥之别矣。右文社出版，预约券甲种六元、乙种四元。"④1915年11月11日给龚宝铨的信："所说《丛书》已竣，寄上一部，是否亲见？"⑤应当就是右文社本《章氏丛书》，据此，真正全部出版应当在此前不久。右文社《章氏丛书》出版后很畅销，1915年12月8日章太炎在给龚宝铨的信中提道："据通一来书，知《丛书》甚风行，甲种一千部（即连史印者）已销尽，则知乙种二千，其销亦速。"⑥在1915年底康心孚即拟再版《丛书》。⑦

但是右文社本章太炎自己并不满意，在《丛书》刚出版时就跟钱玄同说"错字太多"。⑧因而章太炎认为此书在"图书馆寄售者滞销"，"盖

---

① 《浙江图书馆志》编纂委员会：《浙江图书馆志》，中华书局，2000年，第48页。

② 1915年某月9日《与许寿裳》："《齐物论释》已刻好，明日需印。足下所书封面，望速交来为盼。"章太炎著，马勇整理：《章太炎全集·书信集》，上海人民出版社，2017年，第778页。

③ 《介绍章氏丛书》，《时事新报》（上海），1915年4月8日。

④ 《章氏丛书》，《时报》，1915年4月9日。

⑤ 章太炎著，马勇整理：《章太炎全集·书信集》，上海人民出版社，2017年，第753页。

⑥ 章太炎著，马勇整理：《章太炎全集·书信集》，上海人民出版社，2017年，第754页。

⑦ 章太炎著，马勇整理：《章太炎全集·书信集》，上海人民出版社，2017年，第726页。

⑧ 章太炎著，马勇整理：《章太炎全集·书信集》，上海人民出版社，2017年，第223页。

因浙中朋友知其有误字耳"。① 实际上，在右文社本《章氏丛书》印行的过程中，章太炎就已经注意到了这个问题。1915年4月24日在给朱希祖的信中，章太炎就谈到康心孚急于出版，质量或难以保证。

心孚处信想已寄去，彼处仍无复信，钞写无人，断难于六月出版。刻《国故论衡》，改订已了，正可钞写。《检论》亦在改订，正可递钞。而心孚急于出版，懒于移钞，纵使印成，既不惬意，亦多误字，似宜属彼出版稍缓。若急急为之，虽便贸易，终于拙著无与也。书此即望转达。②

但是最终右文社本的质量未能如章太炎所希望的"惬意"且少"误字"。因此当康心孚计划再版时，章太炎没有答应。1915年12月19日，章太炎给龚宝铨信："心如处款果如何？闻彼又拟再版，而此书错乱百出，校亦难清。……大抵心孚兄弟性本欺诈，果于赖债，今即使彼再版，必不如数交款，而书终非精校，进退无益也。"③

尽管右文社本的版税非常可观，但是校勘不佳，且章氏对康心孚兄弟不甚信任，由此便有了浙江图书馆刊《章氏丛书》事。

2. 浙图本《章氏丛书》的刊印

章太炎经常在信中与龚宝铨商讨出版之事。浙江图书馆原本就计划将章太炎稿本抄录一份。1914年10月15日，章太炎在信中与龚宝铨提及抄录之事："所有文集及自著书，钞副留杭大好，唯《訄书》改本一册，尚未大定，可即钞录大略，原本俟德玄来京时，可速带上，拟再有增修也。"④ 是章太炎原本打算抄录一份保存，且拟修订《訄书》。但是右文社本《章氏丛书》刊印质量令章氏非常不满，于是章太炎一再督促龚宝铨将存在右文社的原稿取回，以便自印。

---

① 章太炎著，马勇整理：《章太炎全集·书信集》，上海人民出版社，2017年，第754页。

② 章太炎著，马勇整理：《章太炎全集·书信集》，上海人民出版社，2017年，第393页。

③ 章太炎著，马勇整理：《章太炎全集·书信集》，上海人民出版社，2017年，第754页。

④ 章太炎著，马勇整理：《章太炎全集·书信集》，上海人民出版社，2017年，第753页。

（1915年11月11日）《检论》等原书仍须取还，如有删改，原书具在，可以自印也，千万勿疏为要。①

（1915年12月19日）已书致通一，令将原稿归足下处。……若二千之数绝无眉目，宜直往取书，断不可稍带客气也。今时所要者，首在自达其志，志愿成遂则足矣。②

在这个过程中，章太炎在不断修订原稿，且与龚宝铨商定大致的刊刻顺序。③1915年12月23日："心如处已交来五百圆，想上海家用足支半年。彼欲作甲种再版亦好，但《检论》既可木刻，原稿须速取回。……《国故论衡》原稿亦当取回存杭。……《文集》且俟后议，大氐《别录》一种，不烦亟印，《文录》约亦十一二万字，错误甚多，未及校理，如欲动工，必在明年年底矣。"④章太炎对浙江图书馆刊刻其丛书事非常关注，在这过程中仍多次敦促龚宝铨早日取回原稿以刊印。1916年2月1日："通一处《检论》《国故论衡》二稿宜即往取，阴历春间可付刻也。"⑤1916年2月14日："《检论》《国故论衡》原稿，望速向通一处取木版精印。"⑥从上一年十二月至次年二月，章太炎曾多次提及取回原稿之事，并希冀"阴历春间可付刻"，足见其急切。

其后，章太炎应与康心孚因丛书再版之事有版权纷争，1916年9月15日，与汤国梨信："《章氏丛书》纸版既已归我，则操纵可以自由。前云四千部三千圆之说，既未明订契约，彼中亦不肯一次交租，尽可作废。据行严言，若欲租版，不如向商务印书馆议之，或不至欺人太甚。因行严

---

① 章太炎著，马勇整理：《章太炎全集·书信集》，上海人民出版社，2017年，第753页。

② 章太炎著，马勇整理：《章太炎全集·书信集》，上海人民出版社，2017年，第754页。

③ 章太炎著，马勇整理：《章太炎全集·书信集》，上海人民出版社，2017年，第755页。

④ 章太炎著，马勇整理：《章太炎全集·书信集》，上海人民出版社，2017年，第755页。

⑤ 章太炎著，马勇整理：《章太炎全集·书信集》，上海人民出版社，2017年，第756页。

⑥ 章太炎著，马勇整理：《章太炎全集·书信集》，上海人民出版社，2017年，第757页。

与商务印书馆有关系，其言当能有效。"①是已经解决了版权之争。

浙图《章氏丛书》系官方出版，资金来自政府拨款，而不是像之前的自筹经费。1916年浙江省立图书馆将刊刻《章氏丛书》列入预算并提请财政厅审核，但因提案屡遭议会反对，此书当年并未开雕。②1916年12月9日鲁迅致许寿裳信中提道："杭车中遇未生，言章师在外亦颇困顿。浙图书馆原议以六千金雇匠人刻《章氏丛书》，字皆仿宋，物美而价廉。比来两遭议会质问，谓此书何以当刻，事遂不能进行。"③

据1919年3月浙江图书馆呈报教育厅的公文，详细记载了《章氏丛书》的刊刻曲折：

伏查本馆经刻《章氏丛书》五年度预算案内列银二千七百元，六年度预算案内列银三千七百元，原定两年刻竣造报。乃五年度预算案公布已在年度将半之时，而五年度应发刻书费银甫于六年八月十日准财政厅函送支付通知书到馆，六年度应发刻书费银甫于七年八月十六日准财政厅函送划抵支付通知书到馆，发款既递迟一年，即开雕亦须递迟一年。④

据此公文可知，提案通过时约在1916年6月，但是经费发放在一年以后，所以鲁迅遇到龚宝铨时，书还未刊刻。

《章氏丛书》正式开雕应在1917年8月，当年刻成《检论》九卷。1918年成《新方言》十一卷，《岭外三州语》《镏子政左氏说》《说文部首均语》《管子余义》《庄子解故》《齐物论释》各一卷，《国故论衡》

---

① 章太炎著，马勇整理：《章太炎全集·书信集》，上海人民出版社，2017年，第728页。
② 《呈报办理情形文》："列入预算而未刻者，《章氏丛书》是也。"《浙江公立图书馆年报·公牍》，1916年第2期，第2页。
③ 鲁迅手稿全集编辑委员会：《鲁迅手稿全集·书信》第1册，文物出版社影印本，1978年，第36页。
④ 《本馆办理情形并一切章制文牍》，《浙江公立图书馆年报》，1919年第4期，第8页。

三卷，《别录》二卷①，至1919年8月间全部刊出②，共刊版992块③。全部花费当是6400元，与鲁迅信中所说"六千金"相合。

需要注意的是，《章氏丛书》刊刻完成的顺序与最后的《章氏丛书总目》并不一致，《丛书总目》顺序为《春秋左传读叙录》一卷、《镏子政左氏说》一卷、《文始》九卷、《新方言》十一卷附《岭外三州语》一卷、《小学答问》一卷、《说文部首均语》一卷、《庄子解故》一卷、《管子余义》一卷、《齐物论释》一卷又重定本一卷、《国故论衡》三卷、《检论》九卷、《太炎文录初编》五卷《补编》一卷、《菿汉微言》一卷。1936年，浙图在《章氏丛书》的广告中称："自民国六年由本馆馆长章仲铭先生之绍介后，本馆始取得雕板翻印之权"④，表述并不准确，实际上《章氏丛书》已于1917年正式刊刻，浙图本《春秋左传读叙录》封面上即题"民国六年开雕八年告成"。

3. 浙图本《章氏丛书》的子目变化和校勘

《章氏丛书》写刻精美，校勘精良，一直是浙江省立图书馆较为畅销且广受好评的书籍。浙馆在给《章氏丛书》做广告时自称："由著者本人重行厘定，然后慎重校勘付梓，历三年始成，故内容与坊本有别，而精审则尤过之。"⑤并将之与1915年上海右文社印本对勘，主要有两点不同：

（1）篇章的增删：馆刊者除编末新增《菿汉微言》一卷，《齐物论释重定本》一卷（案：定本较原本多所更正，篇幅亦略增，惟前后《序》两篇以已载初印本不复重出而已），《太炎文录增补编》一卷外，《文录初编》卷二末《时危》四首及《别录》卷三末《读佛典杂记》一篇，则均芟去。

（2）校刊精详：如坊本《管子余义》二页，首行之夺"为"字，十二行之"麞"之讹"麖"，三页首行"盈"之误"赢"，十四行"称为

---

① 《本馆办理情形并一切章制文牍》，《浙江公立图书馆年报》，1919年第4期，第2页。

② 《本馆办理情形并一切章制文牍》，《浙江公立图书馆年报》，1920年第5期，第2页。

③ 赵达雄：《浙江图书馆的版本庋藏与雕版印刷》，《图书馆杂志》，2001年第5期，第61—63页。

④ 《浙江省立图书馆出版图书目录》，浙江省立图书馆，1936年，书前广告。

⑤ 《浙江省立图书馆馆刊》，1934年第3卷第2期，书前广告。

精之"四字之衍文,《别录三》第六十八页第十三行"劳与乐俱"之讹为"业俱"……等等,馆刊皆已一一订正,无复有别风淮雨之憾矣。①

浙图《章氏丛书》广告将己馆所刊上海右文社对比,其主要目的是为了宣传新刊本《章氏丛书》,以广销路。浙图广告的宣传点主要集中在子目的增删和校勘的精良,下面就这两个方面作具体讨论。

其一,子目变化。

浙图本《章氏丛书》增加了《菿汉微言》和《齐物论释重定本》《太炎文录补编》。《菿汉微言》一书成于章太炎被幽囚北京期间,由章太炎口述,吴承仕记录,"凡百六十七首,起自民国四年乙卯以讫五年丙辰"②。而关于《齐物论释重定本》,李智福的研究认为《齐物论释重定本》是在《齐物论释》的基础上损益订正而成,时间在1915年至1917年之间。③ 实际上,早在1912年1月,章太炎在给吴承仕的信中即提到《齐物论释》改定本之事:

> 《齐物论释》第五章尚有未尽义,昨者读《法苑·义林章》,乃悟《人间世》篇"耳目内通,虚室生白"之说,即《内典》所谓"三轮清净神变教诫世人"。但以禅那三昧视之,虽因果相依,究与教诫卫君何与耶?思得此义,甚自快也。足下可携《齐物论释》改定本来,当为补入。④

章太炎读《法苑·义林章》,终悟《庄子·人间世》"耳目内通,虚室生白"之义。遂请吴承仕携《齐物论释》改订本来,欲补入此处。《庄子·人间世》:

> 瞻彼阕者,虚室生白,吉祥止止。夫且不止,是之谓坐驰。夫徇耳目内通而外于心知,鬼神将来舍,而况人乎!(《人间世》)

---

① 《浙江省立图书馆馆刊》,1934年第3卷第2期,书前广告。
② 容媛:《二十四年(五月至十一月)国内学术界消息》,《燕京学报》,1935年第18辑,第213页。
③ 李智福:《章太炎〈齐物论释〉"初本""定本"版本源流考》,《中国社会科学报》,2019年3月26日。
④ 章太炎著,马勇整理:《章太炎全集·书信集》,上海人民出版社,2017年,第400页。

《齐物论释》在提到此句处为：

瞻彼阕者，虚室生白，吉祥止止。夫且不止，是之谓坐驰。以无知知，即愚苊义，不止坐驰，即役役义。夫愚苊者，其观万岁犹一纯束之中，缠缚不解，万物尽然，以是萨迦邪见积起尘劳，斯非知者所能知，乃不知则知之矣。①

章、吴二人往来信札中提到了关于《人间世》的此处修订，但今所见上海右文社印本并浙图本《齐物论释》于此处并无修订。

《齐物论释定本》此处作：

瞻彼阕者，虚室生白，吉祥止止。夫且不止，是之谓坐驰。夫徇耳目内通而外于心知，鬼神将来舍，而况人乎？寻此所说，即释典三轮中第二轮也。《瑜伽师地论》说为三种神变教诫，一神力神变，二记说神变，三教导神变。记说神变者，谓依他心智记别他心而记言说，如《十地论》义以天耳通闻彼声，以他心智知彼意，方为说法，是即记说神变。此云听止于耳，心止于符，气虚待物是也。此三神变，三乘圣者悉能用之，在佛即三轮。《十轮经》说如来及诸菩萨所有神通、记说、教诫三种胜轮，作用无碍。②

直到浙图刊《齐物论释重定本》，信札所涉修订终见体现。通过对比《齐物论释定本》与《齐物论释》可以发现，《齐物论释重定本》中增加了章、吴二人信中所谈内容。关于《齐物论释》改定的计划章氏早在1912年便已有考虑。初章氏"以心齐为禅定"，后意识到"心齐"虽为"禅定"且"因果相依"，但"于教诫卫君之道则远"，当言"依于三昧得起神"意义才切合，继而在最新的修订中做了较为详细的阐述。由此可见，《齐物论释》的修订是一个不断积累的过程。浙图本将《齐物论释》与《齐物论释重定本》俱收入《章氏丛书》，正可体现章太炎前后思想之变化。

---

① 《齐物论释》，浙江图书馆《章氏丛书》本，第49叶。
② 《齐物论释定本》，浙江图书馆《章氏丛书》本，第56叶。

《太炎文录补编》所收均是章氏在1915年至1917年新作之文：《阿育王寺重修舍利殿记》《湘乡张君诔》《告癸丑以来死义诸君文》《黄克强遣奠辞》《勋一位前陆军部总长黄君墓志铭》《故总统府秘书张君墓志铭》《诚意伯集序》《终制》等八篇。而《太炎文录》则删去了部分篇章，《文录》二删去《时危》四首，《别录》三删去《读佛典杂记》等。①

　　以上可见右文社《章氏丛书》和浙江图书馆刊本《章氏丛书》子目之不同，倘若学者在使用之时不知其中的区别，可能会导致一些疑惑的产生。1936年，柳亚子在做《关于段庵旋燕子山僧集的我见种种》一文时，提道："章太炎的《初步梵文典序》——此文我未见，据杨鸿烈《苏曼殊传》引：'曼殊闻英人马格斯牟罗、围林辈，皆有梵语释，文虽简略不能尽大乘义，然于名相切合不凿，乃删次其书，为《初步梵文典》四卷'，云出《章氏丛书·别录·三》，但我处所藏的右文社本《章氏丛书·太炎文录初编·别录·卷三》内，并无此文，只有《梵文典叙》一首，内容又完全不同，不知何故？"②杨鸿烈所据，当为浙图本《章氏丛书》，原作："广州曼殊比丘既闻英人马格斯牟逻、韦林斯辈，皆有梵语释文，虽简略不能尽大乘义，然于名相切合不凿，乃删次其书，为《初步梵文典》四卷，余亦以为可览观也。"③浙图本目录虽题《梵文典序》，但实际内容却为《初步梵文典序》。同是《章氏丛书》，右文社本与浙江图书馆刊本内容不尽相同。

　　选文的多少、篇章的增删甚至文字的修改均表现了章氏在不同时期的思考。章太炎的学术生涯中，曾发生过数次比较大的转变，如1922年在给柳诒徵的信中谈到对朴学的认识变化："鄙人少年本治朴学，亦唯专信古文经典，与长素辈为道背驰，其后深恶长素孔教之说，遂至激而诋孔。中年以后，古文经典笃信如故，至诋孔则绝口不谈，亦由平情斠论，深知孔子之道，非长素辈所能附会也。"④

　　由此可见章氏思想前后之变化，这种变化，也体现在《春秋左传读》

---

① 姚奠中、董国炎：《章太炎学术年谱》，三晋出版社，2014年，第296页。
② 柳亚子：《关于段庵旋燕子山僧集的我见种种》，《语丝》，1926年第101期，第375页。
③ 《章氏丛书·别录三》，1918年浙江图书馆刻本，第130叶。
④ 章太炎著，马勇整理：《章太炎全集·书信集》，上海人民出版社，2017年，第971页。

《春秋左传读》《刘子政左氏说》三书在《章氏丛书》的收录上。在其他子目的文本内容上，也都有或多或少的变化。

### 《春秋左传读》《春秋左传读叙录》《刘子政左氏说》

《春秋左传读叙录》与《春秋左传读》是密不可分的两部书。但由于在很长一段时间内，学者未能见到最早的《春秋左传读》石印本，且所能见到的《春秋左传叙录》的最早版本是光绪三十三年（1907）《国粹学报》本，因而对这两种书的刊印情况虽有讨论却未能精确。直到近年来随着章太炎信札以及《儒藏》编纂过程中《春秋左传读》稿本等的新发现，这一问题逐渐得到厘清。俞国林、朱兆虎《章太炎上曲园老人手札考释》[①]及沙志利《〈春秋左传读〉撰作及刊印时间考》[②]二文均已作了非常详尽的阐述。

章太炎生于同治七年，幼承外祖学习，研读经书，章太炎在给俞樾的信中说道："自幼好《左氏春秋》，时弄雕虫，忘其盲瞽，辄因诸家鸺诂，益求新义。"读俞樾《诸子评议》而服膺之，"及读吾师《平议》，语皆合如玺节，抃掌自意，知不为臆说矣"。章太炎从诂经精舍肄业，乃得以从师俞樾，光绪十六年（1880）"正月，先君殁……既卒哭，肄业诂经精舍。时德清俞荫甫先生主教，因得从学"。《春秋左传读》即应作于此时[③]。光绪十八年底或十九年初，章太炎将所得"《左传读》八百余条，又驳刘申受书"，"醵金付梓"。[④]

此次章太炎所印行的是石印本，钱玄同曾在给顾廷龙的信中提到此书："先师章君之《春秋左传读》，弟于三十年前曾在师处见其自藏之本，其后向先师之兄仲铭丈乞得一部，书系缮写石印，板式及大小略如石印《清经解正续编》，各卷系两人分写，一字迹稍大，体较古雅，系先师自写；

---

① 俞国林、朱兆虎：《章太炎上曲园老人手札考释》，《文献》，2016年第1期，第92—127页。
② 沙志利：《〈春秋左传读〉撰作及刊印时间考》，北京大学《儒藏》编纂与研究中心编：《儒家典籍与思想研究》第8辑，北京大学出版社，2016年，第104—112页。
③ 章太炎自定年谱也提到光绪二十二年（1896）："迁居会城，作《左传读》。"姚奠中、董国炎：《章太炎学术年谱》，三晋出版社，2014年，第42页。
④ 俞国林、朱兆虎：《章太炎上曲园老人手札考释》，《文献》，2016年第1期，第92—127页。

一字迹稍小，体较凡俗，盖抄胥所写。书签为冯梦香一梅篆书。"①据沙志利《〈春秋左传读〉撰作及刊印时间考》一文可知，章太炎在石印出版了《春秋左传读》的同时，着手《续编》的写作，1906至1908年旅居日本期间，太炎又重理旧业，续写了《左传读》数百条。②

《春秋左传叙录》原是光绪本《春秋左传读》的一部分，后章太炎将《叙录》修改后发表在《国粹学报》（1907年）上。《刘子政左氏说》，是章氏从《左传读》中抽出有关刘向的部分32条加以修改，又补充3条，共35条，整理发表在《国粹学报》（1908年）上。

从《春秋左传读》的附录到《春秋左传读叙录》单独成篇，体现了章太炎治《左传》思想的重要转变。他曾回忆光绪十九年（1893）将书进呈给俞樾的情况："既治《春秋左氏传》，为《叙录》驳常州刘氏。书成，呈曲园先生，先生摇首曰：'虽新奇，未免穿凿，后必悔之。'于是锋芒乃敛。"③七月二十六日给俞樾的信中又言："三月间以《左传读》尘览，旋受诲函，教以无守门户，且谓立说纤巧，甚难实非，读之不禁汗下。"后来，章太炎与余樾思想产生分歧，乃至有《谢本师》之作。

而自此之后，章太炎对国学、国粹都有了更进一步的认识。光绪末年，章太炎对国粹反思道："学名国粹，当研精覃思，钩发沈伏，字字征实，不蹈空言，语语心得，不因成说，斯乃形名相称。若徒摭旧语，或张大其说以自文，盈辞满幅，又何贵哉？安事求是之学，虑非可临时卒办。"章氏对国粹的反思，亦体现在其对《左传》的研究上：

《左氏》故言，近欲次录，昔时为此，亦几得五六岁，今仍有不惬意者，要当精心汰渐，始可以质君子。行箧中亦有札记数册，往者少年气盛，立说好异前人，由今观之，多穿凿失本意，大氐十可得五耳。假我数年，

---

① 1938年5月19日《与顾起潜书》，出自《钱玄同先生遗稿》，参见《制言月刊》第50期，1939年3月25日，第1—2页。

② 沙志利：《〈春秋左传读〉撰作及刊印时间考》，北京大学《儒藏》编纂与研究中心：《儒家典籍与思想研究》第8辑，北京大学出版社，2016年，第104—112页。

③ 章念驰：《章太炎全集·演讲集》，上海人民出版社，2015年，第502页。

或可以无大过矣。①

"往者少年气盛""多穿凿失本意",可见章太炎对所作《春秋左传读》并不甚满意。钱玄同在谈论章太炎治左氏学之意见的前后变迁时,认为有三时期的四部书皆极为重要。第一期即光绪年间石印的《春秋左传读》及《叙录》,第二期为在日本期间发表的《春秋左传读叙录》《刘子政左氏说》,在《春秋左传读》之后十余年,"前后见解大异,故此书久为先师所废弃"。正因如此,《春秋左传读》虽然在光绪末年又经过章太炎的修订,但终未再正式刊行。在《章氏丛书》中也仅收录了《春秋左传读叙录》《刘子政左氏说》。

章太炎晚年又作《春秋左氏疑义答问》,与《章氏丛书》中之《春秋左传读叙录》《刘子政左氏说》亦大不相同。② 此为后话。

**《小学答问》**

《小学答问》对《说文》中字多有新解。光绪三十二年(1906),章太炎东渡日本,"行箧惟《古经解汇函》《小学汇函》二书。客居寥寂,日披大徐《说文》,久之,觉段、桂、王、朱见俱未谛。适钱夏、黄侃、汪东辈相聚问学,遂成《小学答问》一卷。"③ 今可见《章氏丛书》之前的单行本《小学答问》一卷,封面题"屠维作噩终相之月刊成","屠维作噩"即"己酉",封面所题刊成时间在清宣统元年,而据董婧宸的研究,刊刻完成的时间应在宣统三年四月④。根据现存资料来看,宣统三年刊成应无疑义。自宣统元年四月起,钱玄同就在抄写《小学答问》,虽未能做到每日必抄,但也非常频繁。在这个过程中,章太炎不时有文字的修改,这一点从章氏致信钱玄同的信中可以得到证明:

---

① 章太炎著,马勇整理:《章太炎全集·书信集》,上海人民出版社,2017年,第306—307页。
② 1938年5月19日《与顾起潜书》,出自《钱玄同先生遗稿》,参见《制言月刊》1939年3月25日第50期,第1—2页。
③ 章念驰:《章太炎全集·演讲集》,上海人民出版社,2015年,第502页。
④ 董婧宸:《从〈说文解字〉授课到学术著述:章太炎〈小学答问〉编纂修订考》,《杭州师范大学学报(社会科学版)》,2020年第4期,第49—56页。

1909年5月3日：《小学答问》不必更有增删。从"天"至"转注"及"相反为训"条，皆有编目，可次第足录。

1910年3月1日：《小学答问》中亦有二误字："季归"。正可改。又及。

1910年3月29日：《小学答问》何时可成？其"宣"字一条，引王引之说，误书作孙诒让，望急改正。又说"转注"一条引《管子》"将立五音凡首"，"管子"误作"纬书"，亦望改也。①

关于《小学问答》的修改，章太炎多次与钱玄同通函，提出修改意见。至1910年5月10日，又有一信："《小学答问》未知刻成大半否？今念草字一条，又有别意，似胜前说，望写附卷末。"②即使此书已经开雕，章太炎仍然在着手修改。虽然章太炎在不断修改稿件，但同时对此书出版之事较为急迫，在1910年5月24日与朱希祖的信中说道："《小学答问》若用美浓纸印，自校完善。然今求之者多，望速印二三十部，即用连史可也。"③直到当年10月，章太炎发现此书仍然有校勘之处："《小学答问》存仆处者祇三十纸，'匿分'实'区分'之误，今改正。其方空亦皆补出，今寄上。其后数纸，仆处未有，望足下校出，以付梓人。"④

到1911年3月14日，《小学答问》已刻成，又以刷印费不给⑤，未能印出。直到1911年8月30日，章太炎才收到印好的《小学答问》百册⑥。

此书刊刻的地点在浙江图书馆，因而版片也存于浙江图书馆。1914

---

① 章太炎著，马勇整理：《章太炎全集·书信集》，上海人民出版社，2017年，第170、175、176页。

② 章太炎著，马勇整理：《章太炎全集·书信集》，上海人民出版社，2017年，第180页。

③ 章太炎著，马勇整理：《章太炎全集·书信集》，上海人民出版社，2017年，第392页。

④ 章太炎著，马勇整理：《章太炎全集·书信集》，上海人民出版社，2017年，第187页。

⑤ 章太炎著，马勇整理：《章太炎全集·书信集》，上海人民出版社，2017年，第204页。

⑥ 章太炎著，马勇整理：《章太炎全集·书信集》，上海人民出版社，2017年，第209页。

年10月15日，章太炎致信龚宝铨："拙著《小学答问》，版在浙馆，并望刷印三四十部寄致。"①《小学答问》的书版并非是寄售于浙馆的，在历年的出版书目中均属浙馆出版之书。②刊刻《章氏丛书》时，浙馆遂将此书列入。

**《文始》**

在著《小学答问》的同时，章太炎注意到汉语语源的问题："又以为学问之道，不当但求文字；文字用表语言，当进而求之语言；语言有所起，人仁天颠，义率有缘。由此寻索，觉语言统系秩然。因谓仓颉依类象形以作书，今独体象形见《说文》者，止三四百数。意当时语不止此，盖一字包数义，故三四百数已足。后则声意相迩者孳乳别生，文字乃广也。"③于是章太炎以声为部次，著成《文始》九卷。1910年10月3日，在给钱玄同的信中说道："仆近草《文始》将就。"④1911年1月24日的信中又提道："自幼渔处得书十二叶，逾七日，《文始》成。"⑤1911年一二月间，此书完稿，但并未立即出版，直到一年以后的5月1日才因要付梓请钱玄同雇抄手迻录。⑥此时，民国成立，章太炎身处北京。此书又一时不能付印，遂于5月25日寄给朱希祖五十元让他的弟子们雇人抄写两份⑦，钱玄同则再负责校勘，此事在1912年10月15日、16日钱玄同的日记中均有记载。⑧到11月，朱宗莱（字蓬仙）又在海宁觅得抄胥二人，将《文始》剩余的四

---

① 章太炎著，马勇整理：《章太炎全集·书信集》，上海人民出版社，2017年，第753页。

② 也有学者认为是浙江官书局刻本，宣统元年浙江官书局即以归图书馆，称是浙江图书馆出版更为合适。

③ 章念驰：《章太炎全集·演讲集》，上海人民出版社，2015年，502页。

④ 章太炎著，马勇整理：《章太炎全集·书信集》，上海人民出版社，2017年，第184页。

⑤ 章太炎著，马勇整理：《章太炎全集·书信集》，上海人民出版社，2017年，第198页。

⑥ 章太炎著，马勇整理：《章太炎全集·书信集》，上海人民出版社，2017年，第216—217页。

⑦ 章太炎著，马勇整理：《章太炎全集·书信集》，上海人民出版社，2017年，第393页。

⑧ 杨天石：《钱玄同日记》（整理本），北京大学出版社，2014年，第229页。

卷抄写。① 此书全部抄写完成当在 1913 年初。1912 年 12 月 30 日，《钱玄同日记》："《文始》范处抄的一册、周处抄的三册均来，将毕事矣。"②可见此书已抄毕四册，但抄书之事发生了变故：

> 返京师数日，又将北征，案牍劳形，无暇精理故业，而旧时自著，尚拟校阅，诸刻皆备，惟《文始》未有副本。君处钞录已逾半年，原约腊底毕功，想已成就。不然则望速钞，将原本仍寄京师贤良寺可也。③

章太炎在 1913 年 2 月 5 日致钱玄同的信中催促其快速办理《文始》抄录事宜，但直到 1913 年 4 月 16 日钱玄同才"将《文始》稿寄出"④。

1912 年 6 月 25 日，章太炎给钱玄同的信中说"《文始》如可迻写，刻木、上石皆宜"⑤。对刊印的方式，章太炎并无要求。1912 年底，《文始》即将抄毕时，钱玄同与龚宝铨商量打算以木刻与影印两种方式刊印此书⑥，钱、龚二人的计划得到了朱希祖、沈尹默等人的认同。其后雕梓计划并未施行，此书改由学林铅印，章太炎所书古字均改从今字，而影印本则由浙江图书馆出版。

1913 年 1 月 24 日钱玄同曾"校《文始》数页"⑦，此时钱玄同尚未将稿本寄出，应当是已经在做此书印行前的校勘工作。今可见在浙江图书馆刊本《文始》一册，由高保康署检。内有牌记："昭阳赤奋若季春浙江图书馆用著者手写稿本景印"，虽言据章太炎稿本影印，但实际上所用底本或是抄胥抄写之本。1913 年 4 月 16 日，钱玄同在日记中写道："告康心孚，谓若印三千部，而价在五十元左右，则竟刻三千部矣！"⑧ 则是石

---

① 杨天石：《钱玄同日记》（整理本），北京大学出版社，2014 年，第 237 页。
② 杨天石：《钱玄同日记》（整理本），北京大学出版社，2014 年，第 250 页。
③ 1913 年 2 月 5 日，章太炎著，马勇整理：《章太炎全集·书信集》，上海人民出版社，2017 年，第 219 页。
④ 杨天石：《钱玄同日记》（整理本），北京大学出版社，2014 年，第 264 页。
⑤ 章太炎著，马勇整理：《章太炎全集·书信集》，上海人民出版社，2017 年，第 217 页。
⑥ 杨天石：《钱玄同日记》（整理本），北京大学出版社，2014 年，第 251 页。
⑦ 杨天石：《钱玄同日记》（整理本），北京大学出版社，2014 年，第 256 页。
⑧ 杨天石：《钱玄同日记》（整理本），北京大学出版社，2014 年，第 264 页。

印本已经成书。

至于木印，1913年1月7日，钱玄同也记载："伯宽谓《文始》写80元，刻300元，约四百元可刊成矣！"[①] 是此时仍有木版刊刻的打算，但直到此书收入《章氏丛书》，仍未见《文始》木刻单行之本。

### 《国故论衡》

1910年5月，《国故论衡》三卷由日本国学讲习会刊行，是为初印本。后经章太炎校正修订。据《太炎先生著述目录初稿》云："先校本修正二十四则。先师自书眉云：'此初校本语，亦有校定所未载者，他日当集合刊之。'"[②] 修订后的本子先收入右文社本《章氏丛书》，又刊入浙图本《章氏丛书》。

### 《新方言》附《岭外三州语》

《新方言》是章太炎因广州土著多诋广东惠州、嘉应等地非汉人，而纪惠州等地雅驯旧音之作，又取温仲和《光绪嘉应州志》、杨恭桓《客话本字》二家六十余事为《岭外三州语》，"足以斥攻者之褊心之言，则和齐民族所有事"[③]。

光绪三十三年（1907）《新方言》初版在东京民报社（秀光社）刊出，8月18日，章太炎致钱玄同信中谈到："《新方言》近已印成，凡国学振起社员，并赠一册，今将此册寄去，幸少讹字，不知阙略当几何也。"[④] 成书以后，章太炎又有增补，1908年3月14日，钱玄同的日记中提道："太炎之《新方言》又有所续，已成。较之初印本体例加密，分释亲属、释形体诸卷。"[⑤] 新增的内容，章太炎在1908年6月1日给孙诒让的信中有所涉及：

---

① 杨天石：《钱玄同日记》（整理本），北京大学出版社，2014年，第253页。
② 姚奠中、董国炎：《章太炎学术年谱·宣统二年庚戌（1910）》，三晋出版社，2014年，第161页。
③ 《岭外三州语》章太炎序，上海人民出版社：《新方言、岭外三州语、文始、小学答问、说文部首均语、新出三体石经考》，上海人民出版社，2014年，第155页。
④ 章太炎著，马勇整理：《章太炎全集·书信集》，上海人民出版社，2017年，第167页。
⑤ 杨天石：《钱玄同日记》（整理本），北京大学出版社，2014年，第121页。

《新方言》印行后，近复附以新知，臊栝就墨，为《释词》《释言》《释亲属》《释形体》《释宫室》《释器》《释天》《释地》《释植物》《释动物》十篇。俟再印行，便当就正。前书阙失尚多，先生有所诲正，幸即见示。[①]

从信中可以看出，孙怡让曾对《新方言》提出过修改意见，章太炎也承诺再印本将修订失误之处。此次刊印，钱玄同本提倡用石印出版，但因条件限制，依旧采用铅印的形式。到1908年8月25日，《新方言》稿已印好数张，钱玄同为之校订。[②]在之后半年多的时间里，钱玄同陆陆续续抄写《新方言》，其日记中多有关于此事的记载。如1908年11月3日："晚抄《新方言》七《释天》一篇（全）。"11月4日，"上午抄《新方言》一张（《岭外三州语》）"[③]。1909年3月9日，钱玄同又"抄《二十二古音表》（即《新方言》之末篇）"[④]。12月26日章太炎给钱同信："前康心孚以《新方言》交夏声寄卖。"[⑤]时此书业已印毕售卖。

1915年右文社辑印《章氏丛书》，《新方言》附《岭外三州语》亦在内。

**《齐物论释》《庄子解故》《管子余义》**

《齐物论释》初纂于1908年左右，据《钱玄同日记》，1908年1月12日（光绪三十四年十二月九日），"社讲习会开会于清风亭，先太炎讲《齐物论》之理，意谓平等必难做到，惟各任自然，不相强迫，斯为得之。又谓天下无极端之真自由，亦无极端之真不自由云云。"[⑥]应是《齐物论释》一书之发端。到1910年，《齐物论释》在日本东京秀光社铅印出版，即潘景郑所说"成于辛亥之岁。刊本有同门钱玄同先生题耑，是为初刊

---

① 章太炎著，马勇整理：《章太炎全集·书信集》，上海人民出版社，2017年，第265页。
② 杨天石：《钱玄同日记》（整理本），北京大学出版社，2014年，第138页。
③ 杨天石：《钱玄同日记》（整理本），北京大学出版社，2014年，第142页。
④ 杨天石：《钱玄同日记》（整理本），北京大学出版社，2014年，第149页。
⑤ 章太炎著，马勇整理：《章太炎全集·书信集》，上海人民出版社，2017年，第171页。
⑥ 杨天石：《钱玄同日记》（整理本），北京大学出版社，2014年，第111—112页。

本"①。民国元年，频伽精舍又铅印《齐物论释》一册，此本印出的数量应较多，到1915年章太炎还写信给频加精舍的月霞法师"望付三四十册，以应友人之求"②。1915年还有一种木刻本，今尚未见。③

据胡道静《章太炎〈庄子解故〉本源》，章太炎为诸生讲习《庄子》在光绪三十四年（1908）。如八月五日上午"讲《庄子》第一次"，递次至八月二十日听"讲《庄子》毕"④。也是在1908年，章太炎曾致信黄侃："近与诸生讲《说文》竟，方讨论庄周书，故往往举其绪言。有所是非，丐以告我。"⑤由于此时在日本，章太炎所讲学所用的本子是日本明善堂铅印本《评注庄子》，并于上手自批校，集结后稍做修改，发表在《国粹学报》上。1909年1月12日，章太炎给黄侃的信中提到"《庄子解故》便可付印"⑥，《庄子解故》在此后不久旋即印出。

《庄子解故》《管子余义》都是章太炎在先秦诸子研究方面的代表之作，他曾与吴承仕谈治庄子的心得："近复见《管子解》自证分处，《庄子》中所说有弟而兄号，即今自然洮汰之论。常念周秦哲理，至吾辈发挥始尽，乃一大快。"⑦由此可见，太炎先生治先秦诸子，尝于其中寻求与时代相合的思想观念。

章太炎曾对诸子学的研究表达了忧虑："经史小学，传者有人，光昌之期，庶几可待。文章各有造诣，无待传薪，惟示之格律，免入歧途可矣。

---

① 潘景郑：《著砚楼读书记》，辽宁教育出版社，2002年，第437页。广东中山图书馆藏有油印本一部，今尚未见。
② 章太炎著，马勇整理：《章太炎全集·书信集》，上海人民出版社，2017年，第780页。
③ 李智福：《章太炎〈齐物论释〉"初本""定本"版本源流考》，《中国社会科学报》2019年3月26日。
④ 胡道静：《章太炎〈庄子解故〉本源》，《古籍整理研究学刊》，1985年第3期，第5页。
⑤ 章太炎著，马勇整理：《章太炎全集·书信集》，上海人民出版社，2017年，第277页。
⑥ 章太炎著，马勇整理：《章太炎全集·书信集》，上海人民出版社，2017年，第169页。
⑦ 章太炎著，马勇整理：《章太炎全集·书信集》，上海人民出版社，2017年，第400页。

惟诸子、哲理，恐将成《广陵散》耳。"① 诸子之学的研究，相比经史小学而言，不甚受重视，然其所含哲理却甚富。幸而民国以来，由于章太炎等人的提倡，诸子学逐渐得到重视和研究，成为中国现代学术重要的一部分。②

### 《訄书》《检论》

《訄书》也是章太炎的早期著述，初刻本于1900年出版。此书前后历经多次修订。陈壁生研究得出，"到了1915年章太炎被囚禁于钱粮胡同，又全面修订《訄书》重订本，改为《检论》行世"③。虞万里也认为："1914年至1915年间，太炎将《訄书》删改、增补、调整，编为《检论》九卷，计有文六十三篇、附录七篇，1917年收入《章氏丛书》。"④ 在钱玄同的日记中也曾提到了此书的修订之事：

（1909年11月30日）至师处还集，师言《訄书》拟改过，将集中诸信札说理之文入之，更名曰《检论》云。（检，法也，与《法言》《典论》同义云。）⑤

据此可知，章太炎拟将《訄书》改为《检论》的计划在1909年便已产生。在此之后，章太炎曾对此书做了一些修改，到1914年至1915年，章太炎被囚禁期间，此书才得以全面修改。1915年5月22日，《时报》刊登右文社本《章氏丛书》广告有云："《訄书》一种，先生改名为《检论》，大加修改，与初印本绝异。"⑥ 右文社本当是此书第一次以《检论》之名出版。后又收入浙图本《章氏丛书》。

---

① 1914年6月初语朱希祖，章太炎著，马勇整理：《章太炎全集·太炎文录补编》，上海人民出版社，2017年，第493页。
② 史革新：《试论晚清诸子学的兴起》，《史学月刊》，2006年第2期，第38—45页。
③ 陈壁生：《从〈訄书〉到〈检论〉——章太炎先生〈检论手稿〉的价值》，《人文杂志》2019年第11期，第93—100页。
④ 虞万里：《章太炎〈检论〉手稿的文献学考察》，《文献》，2021年第3期，第178—192页。
⑤ 杨天石：《钱玄同日记》（整理本），北京大学出版社，2014年，第195页。
⑥ 《时报》，1915年5月22日。

除以上诸书外，《太炎文录初编》五卷、《说文部首均语》等钱玄同手书之本，均收入《章氏丛书》。而章太炎在1905年所作的《致黄宗仰论佛学书》，右文社版与浙江图书馆版《章氏丛书》均未收。[①]1906年章氏所作《论诸子学》，载于《国学讲习会略说》以及《国粹学报》上，《国粹学报》上题为《诸子学略说》，《章氏丛书》亦未收入此文。[②]

《太炎文录》的收文在右文社本《章氏丛书》时就有修改，如《秋瑾集序》一篇，"关系观云名誉，即袁迪庵临事委蛇，亦属可谅。故右文社近刻《文集》，已属将此篇抽去。"[③]因《文录》不取部分先前具有战斗的文章，被鲁迅批评为"既离民众，渐入颓唐"[④]。关于《太炎文录》《太炎别录》的选篇，章太炎此后又有斟酌改订的计划，1919年他在致黄侃的信中谈道："拙著中如《驳康有为书》，本仓卒造攻之作，文辞未甚注意，应入《别录》。因仆西游逾岁，《文录》已上版，不能窜定，因注数语于题下，以为览者分别焉。"[⑤]章太炎认为《驳康有为书》文辞不严谨，而欲改入《别录》，是章氏对之前所作又进行了重新考量。

1910年3月，上海中华图书馆石印《章太炎文钞》四卷，此书为射利性质，并非章太炎授权出版，书中的部分篇章，如《解辫发》《谢本师》《诸子学略说》《再复吴敬恒书》等亦未收入《章氏丛书》。

其二，校勘。

董婧宸《从〈说文解字〉授课到学术著述：章太炎〈小学答问〉编纂修订考》一文对《小学答问》一书进行校勘后提出"经过校勘后可知，浙图本《小学答问》并非据《小学答问》初版或章氏手稿直接写样刊刻，而是以右文社本为底本，参校初版后，恢复部分古字并改正讹字后刊行。"[⑥]

---

[①] 姚奠中、董国炎：《章太炎学术年谱》，三晋出版社，2014年，第93页。
[②] 姚奠中、董国炎：《章太炎学术年谱》，三晋出版社，2014年，第99—100页。
[③] 章太炎著，马勇整理：《章太炎全集·书信集》，上海人民出版社，2017年，第714页。
[④] 朱维铮：《章太炎全集·〈訄书〉初刻本〈訄书〉重订本 检论·前言》，原文写于1982年，上海人民出版社，2014年，第23页。
[⑤] 章太炎著，马勇整理：《章太炎全集·书信集》，上海人民出版社，2017年，第280页。
[⑥] 董婧宸：《从〈说文解字〉授课到学术著述：章太炎〈小学答问〉编纂修订考》，《杭州师范大学学报（社会科学版）》，2020年第4期，第49—56页。

这仅是针对《小学答问》一书的刊印情况所述，从其他一些书的具体情况来看，每书刊刻情况大致相似。如《春秋左传读叙录》一书，《儒藏》本《春秋左传读叙录》以浙图本为底本，参校《国粹学报》本，发现二者不同之处共95条。在这95条中，浙图本与右文社本相同者达79条之多，基本可以确定浙图本应该是以右文社本为底本校订的。但是浙图本在校勘时，应当同时参校了国粹学报本。兹将浙图本与右文社不同的条目列之如下，从中可以看出对国粹学报本的借鉴以及浙图本对右文社本的部分修订（表14）。

表14 《春秋左传读叙录》校勘表

| 序号 | 国粹学报本 | 右文社本 | 儒藏本（浙图本） |
|---|---|---|---|
| 1 | 章绛著 | 章炳麟著 | 章炳麟箸 |
| 2 | 无 | 无 | 增"名者，实之宾" |
| 3 | 此句专据左氏 | 此句专据左氏 | 此句专指左氏 |
| 4 | 时时旁及六蓺 | 时时旁及六藝 | 时时旁及六蓺 |
| 5 | 驳曰：古书非师莫得，如郑康成学于张恭祖 | 驳曰：古书非师莫得，若郑康成学于张恭祖 | 驳曰：古书非师莫得，如郑康成学于张恭祖 |
| 6 | 柱下史其得见邪？夫所谓历谱五德者，历即历人取其年月，谱即谱牒，独记世谥 | 柱下史独记世谥五德，即数家隆于神运 | 柱下史独得见邪？五德即数家隆于神运 |
| 7 | 伏生作尚书大传，则叙事八而说义二 | "八"作"人" | 伏生作尚书大传，则叙事八而说义二 |
| 8 | 诸家说义虽少而宏远精挦 | "挦"作"括" | 诸家说义虽少而宏远精挦 |
| 9 | 驳曰："其书已亡，任臆为冯，是为诬古。" | 驳曰："其书已亡，任臆为冯，是为诬古。" | 驳曰："其书已亡，任臆为说。" |
| 10 | 有藏左氏传书者 | 有藏左氏传书者 | 有藏左氏传 者（案："书"为空格） |
| 11 | 黑漆新故，大有不符 | 黑漆新故，势有不符 | 黑漆新故，执有不符 |
| 12 | 至于子骏奸回之事，则是一说 | 别有一说 | 别自一说 |

续表

| 序号 | 国粹学报本 | 右文社本 | 儒藏本（浙图本） |
|---|---|---|---|
| 13 | 无 | 是亦误引左氏以为经说也 | 是亦援引左氏以为经说也 |
| 14 | 汉人便 | 汉人便 | 汉人便之 |
| 15 | 虽意不罪 | 虽意不罪 | 虽竟不罪 |
| 16 | 左传始得列学 | 左传始得列学 | 左传始得立学 |

由表中可见，浙图本《春秋左传叙录》是重新参酌两本，改动字句。如第6条，学报本原作："柱下史其得见邪？夫所谓历谱五德者，历即历人取其年月，谱即谱牒，独记世谥。"右文社本改作："柱下史独记世谥五德，即数家隆于神运。"而浙图本作"柱下史独得见邪？五德即数家隆于神运"显然是据二者做了修改。

关于《章氏丛书》的校勘事宜，章太炎的部分信件中也略有涉及。如1915年12月23日章太炎致龚宝铨的信：

彼（康心孚）欲作甲种再版亦好，但《检论》既可木刻，原稿须速取回。仆处虽有校本，而彼此邮寄，殊属不便。今以原稿存杭，初校、再校即据之互对，终校则取刻本寄京，而仆以自所校本覆对，如此邮寄，不须在杭初校，再校亦有所据，此为至便矣。①

章太炎建议浙图书馆刊刻《检论》时先用原稿初校、再校，原稿亦即是右文社本的底本，理论上当与右文社本同。章太炎在右文社本出版后也进行了校勘。潘承弼、沈延国等撰《太炎先生著述目录后编初稿》中列《章氏丛书》，第一个版本即为上海右文社铅印本。此本后有按语："谨按此为最初刊本，中多误字，先师有手校本，书存章氏国学讲习会图书馆，较今行浙江图书馆本少《齐物论释重定本》及《菿汉微言》两种。"② 缺少

---

① 章太炎著，马勇整理：《章太炎全集·书信集》，上海人民出版社，2017年，第755页。

② 《太炎先生著述目录后编初稿》，《制言半月刊》，1937年1月1日第34期，第2页。

的这两种是新撰成的，右文社本无。校勘的成果均体现在了浙图本上。

浙图本的刊刻也经过比较严谨的校勘，《章氏丛书》各卷卷末均题校勘人。诸书之中，唯《检论》校者最为特别，此书由嘉兴沈宝鼎和章太炎的兄长章箴、章篯分卷校勘。除《检论》外，其余诸书分任校勘事宜者均是章见伊或沈维伯。潘承弼《著砚楼读书记》中提到写本《齐物论释定本》一书，说明章太炎曾经在刊刻的写定付刊阶段也有过校勘：

《写本齐物论释重定本》，此写本一册，审是刊入《丛书》时写官所录，故板心已标明"章氏丛书"及"重定"等字。书中点画差误，经先师手自勘正，盖不下数十处；其他校文，则出於章见伊，盖任校勘之役者焉。卷尾别著校勘姓字，今见于刊本《丛书》中犹是也。①

版心已标明"章氏丛书"及"重定"等字，说明此本或是浙图本的写样本，章太炎在此本上又做了修改。对于校勘人章见伊，潘承弼仅提姓名，未做进一步的介绍。据《刘绍宽日记》，温州文人刘绍宽与苏达夫为修县志，在1920年11月到杭州浙江图书馆抄书，曾提道："邀图书馆经理、书记沈维伯、卢剑民、孔尹皆、董步恒、徐文蔚诸君，同酌于湖上杏花村。"②可知沈维伯曾任职浙江图书馆，具体生平尚不得而知。章见伊生平亦不详，但可以确定的是，他们的共同参与保证了《章氏丛书》的校勘质量。今见广陵书社用浙图原版重印本《检论》中第三十五、三十六叶版心有"民国二十二年补刊"字样，说明《章氏丛书》刊刻完成后又有所补刻，但亦只见此两处，应该只是较小规模的修改。

4. 浙图本《章氏丛书》的木刻和字体

《章氏丛书》采用木刻本印刷，这一方面是沿用浙江图书馆的旧例，另一方面是由于采用木刻比较符合《章氏丛书》的刊印要求。木刻可以保存很多古字，而这是铅印本所达不到的。宋云彬就曾提道："许叔重的信徒章太炎先生，做文章欢喜写《说文》里所有的所谓'本字'，往往避去

---

① 潘景郑：《著砚楼读书记》，辽宁教育出版社，2002年，第437页。
② 温州市图书馆编，方浦仁、陈盛奖整理：《刘绍宽日记》，中华书局，2018年，第681页。

通常习见之字而用'古'字，但只能用木板来刻印他的《章氏丛书》，发长篇大论的通电时，也就只好从'俗'了，因为他所写的'本字'，不但一般人不认识，电报号码里就没有这些字。"① 宋云彬在这里谈到了一个《章氏丛书》用木版刊刻的重要原因，即章太炎喜用古字。这一点钱玄同亦有相近的论述：

> 排印一事，固较木板为易，然亦有大不好的地方，即少僻之字，或《说文》正体写法，多为彼所无（篆字更不必论），强使刻之，率大小不一，字体位置不匀，且点画之间，多有谬误。故吾谓草刻杂志报章如是可也，若欲认真刻书，木板既不可必得，则求其次，石印可也。盖如今印刷局所有之字，多就一般时下文章所通用者，且字体一遵《康熙字典》，俗讹之体，杂出其间。吾谓必欲铅印者，则若有资本，自开印刷局，自铸字，不假乎以他人，而后可以无误。②

钱氏所谈铅印本之不足，主要是缺字问题。章、钱等人的著述多与文字学有关，《说文》本字所需较多，还要用到篆字，印刷通行之本的铅印设备不能满足章钱等人的需求。因此，1908 年 3 月，章太炎修订《新方言》书成之时，钱玄同趋向于石印："排印则多为铅字所无，排起来又多不成字。木版既不能如愿，若为石印，以自己手书付之更觉其可贵。"③ 但因条件所限，最终还是采用了铅印的形式，1908 年 8 月 25 日，钱玄同见到《新方言》的数张样稿，"校见其中没有之字甚多"，感慨："在此间排印，此事总难也。"④

又如 1908 年 4 月，章太炎作文将《广韵》二百六韵总结出纽文三十六、韵文二十二，用篆文写后命钱玄同印出⑤，钱玄同最初打算用"蓝

---

① 宋云彬：《从"怪异文字"说开去》，海宁市档案局（馆）：《宋云彬文集》第三卷，中华书局，2015 年，第 26 页。
② 杨天石：《钱玄同日记》（整理本），北京大学出版社，2014 年，第 130—131 页。
③ 杨天石：《钱玄同日记》（整理本），北京大学出版社，2014 年，第 121 页。
④ 杨天石：《钱玄同日记》（整理本），北京大学出版社，2014 年，第 138 页。
⑤ 杨天石：《钱玄同日记》（整理本），北京大学出版社，2014 年，第 128 页。

隒板印"。但因"蒟蒻板已坏，印出来有模糊之处"，且因需要书者颇多，又要输入内地，用石印的方法可以多印。① 后又因石印较贵，不得不采用排印之法。② 排印时，稿中篆字又需钱玄同写好刻木戳付印，且要另加四元。钱玄同慨叹"真是何苦来。早知如此，印石印岂不大便，因写就寄之，然吾们将来仍须重付石印也"③。

9月15日，钱玄同等人看到铅印的印稿时，非常不满，因"新铸之字多不成体统，且脱去者不补，小注不加点"，"校对之下，非常昏惘"，于是携带稿件与龚宝铨、朱希祖至章太炎处商量，主张不用铅印而交上海石印，"华式装订，既可无讹字，又形式上亦较雅观"，得到章太炎的认同。④ 到1909年，刊印《小学答问》时，钱玄同也是主张"用石印甚好，其空名处，竟作△可也"⑤。

而选择石印是在木印不能满足的情况下的第二选择。1910年10月31日，章太炎在给钱玄同的信中写道："《文始》当刊入《学林》，他日仍望作隶古正书，刻之木版。"⑥ 可以看出，无论铅印、石印，都不如木版更优。章太炎更倾向于以木刻版刷印其书，《小学答问》即在浙江图书馆刊版印出。

木刻对技术要求较高，当《小学答问》要付之木刻时，钱玄同道："《小学答问》想用原钞付刻，但令字不走样，则甚善矣。"⑦ 木版刻书虽然在字形的表现上具有优势，但是由于刻工水平等原因会导致字体并不能完全体现书写的神韵。因此，在1912年底，钱玄同将要抄写完毕《文始》时，打算与龚宝铨商量商议以两种形式刊印此书"由图书馆刊木，作宋体字，

---

① 杨天石：《钱玄同日记》（整理本），北京大学出版社，2014年，第128页。"蒗隒板印""蒟蒻板"今尚不知确切所指。
② 杨天石：《钱玄同日记》（整理本），北京大学出版社，2014年，第129页。
③ 杨天石：《钱玄同日记》（整理本），北京大学出版社，2014年，第129页。
④ 杨天石：《钱玄同日记》（整理本），北京大学出版社，2014年，第140页。
⑤ 章太炎著，马勇整理：《章太炎全集·书信集》，上海人民出版社，2017年，第170页。
⑥ 章太炎著，马勇整理：《章太炎全集·书信集》，上海人民出版社，2017年，第191页。
⑦ 章太炎著，马勇整理：《章太炎全集·书信集》，上海人民出版社，2017年，第174页。

体稍求近正，如《礼书通故》之例即是。刊后总算民间有了通行本。①

钱玄同所说的"体稍求近正"的宋体字，并不是明代以来流行的匠气较重的宋体字，而是具有手写风格的字体，颇似宋代较为流行的"欧体字"，浙图本《章氏丛书》中可窥见所谓"体稍近正"之风貌。

同时，钱玄同对书籍出版的字体也有一定的标准：

> 至于雕刻书籍，作篆者无论矣，若作隶古者，其出之于名人手写景印者则固无定式，若铸成铅字排印者，则或如宋椠之作欧体书，或径作汉人隶体，皆可。盖惟此二种最为整齐，较为像样也。至于今书匠之作宋体字，于古无征，言乎书法美术均无一当，且不能作圆笔。而俨然与真、草、隶、篆并峙，最为无当，实应废之也。②

对于当时流行之匠体宋字，钱玄同极为反感，甚至认为此种字体"实应废之"。浙图刊刻《章氏丛书》就使用了宋欧体字。浙图本《章氏丛书》封面亦由钱玄同署，1918年10月30日，章太炎致钱玄同信中记载了此事：

> 拙著由浙江图书馆刻木，仿宋颇精，唯书面题署未善，欲足下为书之。种类与右文所印相等，唯多《菿汉微言》一种。纸幅阔狭可与右文一律，或宽五六分亦得，左书"浙江公立图书馆刊"。写成后即寄敝寓（法界爱多亚路七百廿一）可也。③

---

① 杨天石：《钱玄同日记》（整理本），北京大学出版社，2014年，第251页。
② 杨天石：《钱玄同日记》（整理本），北京大学出版社，2014年，第207页。
③ 章太炎著，马勇整理：《章太炎全集·书信集》，上海人民出版社，2017年，第224页。

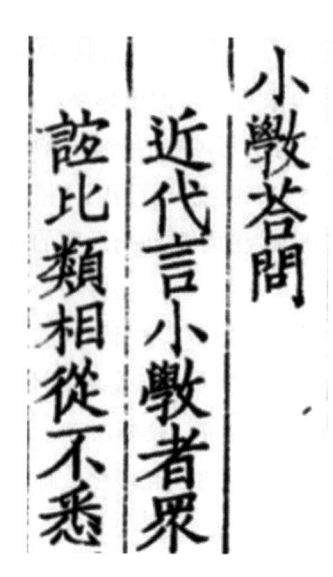

《章氏丛书》本《小学答问》

  浙图本《章氏丛书》刊成，木刻仿宋，深得章太炎喜爱。唯此书封面题签章氏并不满意，因此章太炎才致信钱玄同，邀请钱氏为其书手书题签，同时对文字方面也提了一些要求。

  《章氏丛书》的刻工，章太炎曾在信中略有透露："幸有杨惺吾所教刻工，以此付之最善矣。"① 这位刻工，应该就是陶子麟，常为杨守敬刻书。"当时我国不少学者和藏书家所刻诸书均出陶氏之手，如贵池刘世珩玉海堂之《影宋丛书》《金石契》，南浔刘承幹嘉业堂之《四史》，武进董康之诸书，徐乃昌之《玉台新咏》《徐文公文集》《随庵丛书》，张均珩之《择是居丛书》，江阴缪荃孙之《对雨楼丛书》，以及常州盛氏等诸家所刻之书均出陶氏之手"。②

  《章氏丛书》是陶子麟所刻，应是当时学界的共同认知，民国年间藏书家何挹彭在购买陶子麟刻书时，曾有过一段经历：

---

  ① 章太炎著，马勇整理：《章太炎全集·书信集》，上海人民出版社，2017年，第755页。
  ② 陈方权：《湖北刻书考略》，范军：《崇文书局及晚清官书局研究论集》，崇文书局，2017年，第238页。

前几天倒买到一部《节庵先生遗诗》，即黄冈陶子麟承刻，诗虽不如陈、郑，因为可喜的是陶刻，所以便买了。拿来合浙江图书馆刊《章氏丛书》比较，似乎略逊一筹，笔画较浙刻稍嫌板滞，但是书品宽大，且是白纸，便更觉醒目而已。①

挹彭将新买来的所谓"陶刻"《节庵先生遗诗》与《章氏丛书》作对比，此一点即可证明挹彭显然清楚《章氏丛书》陶子麟所刻。陶子麟在民国年间为诸多藏书家、学者刊刻了为数众多的书籍，这些书籍向来以精品著称。浙图本《章氏丛书》的版式也是字体舒朗、美观大方，可以代表民国年间雕版书的较高水平。

《章氏丛书》印刷的纸张也是非常精善的。钱玄同在日本期间还讨论过印书纸张的问题："至于纸张，则最好是日本美浓纸，其次则米纸、竹纸皆好。装订必以华装为最合，洋纸洋装实不相宜也。"② 可见钱玄同对纸张的要求较高。因此，《章氏丛书》的刷印，自然是选择内地较好的纸张。曹聚仁还曾专门提起过浙江图书馆印书所用纸张：

浙江图书馆木版刊行的书籍，除了《二十二子》和局刊本《二十四史》的一部分以外，只有《章氏丛书》可说是最精美最完备的了（其他的书籍都是用竹连纸印的，只有《章氏丛书》是用官堆纸印的）。③

从曹聚仁的记载来看，浙江图书馆历年刊行的书籍，《章氏丛书》是为数不多的精良之书，其中选用了较为昂贵的官堆纸，这一点正好也符合钱玄同印书用纸的标准。

严谨的校勘、优秀的刻工、精良的纸张等共同保证了浙江图书馆刊《章氏丛书》的质量。浙江图书馆刊本《章氏丛书》是章氏著述的阶段性

---

① 《读书漫谈》，挹彭著，谢其章编：《东西两场访书记》，海豚出版社，2011年，第95页。
② 杨天石：《钱玄同日记》（整理本），北京大学出版社，2014年，第130—131页。
③ 《钱玄同书写〈说文窥管〉》，曹聚仁：《书林三话》，生活·读书·新知三联书店，2010年，第243页。

结集。浙图本《章氏丛书》刊成的五年后，上海古书流通处又据浙图本影印《章氏丛书》，为《章太炎先生所著书》，共四十八卷。1933年，吴承仕等人在北京出版《章氏丛书》续编，所收有《太史公古文尚书说》《古文尚书拾遗》《春秋左氏疑义答问》《菿汉昌言》等书，其中《新出三体石经考》一卷，由钱玄同氏手写影印。1936年始，章氏门弟子又有《章氏丛书三编》之辑。① 正是经过多次结集出版，章太炎的学术才广为传播，传承至今。

## 二、续刊姚振宗《快阁师石山房丛书》

浙江省立图书馆在成立初期，主要是木版刷印书籍，也有少数请印刷公司代为使用铅印出版，比较有代表性的如项元勋所编《台州经籍志》四十卷，于1915年仲冬付印。1929年添设铅印部以后，铅印业务方大量开展，不仅印馆内所需书籍，还承担代印业务，为他人印行书籍。

浙江省立图书馆铅印部印行的书籍中最具代表性的当属清姚振宗的目录学著作《快阁师石山房丛书》。

姚振宗（1842—1906），字海槎、金生，清山阴（今浙江绍兴）人。笃嗜目录之学，先后撰成《后汉艺文志》四卷、《三国艺文志》四卷、《汉书艺文志拾补》六卷、《汉书艺文志条理》八卷、《隋书经籍志考证》五十二卷、《七略佚文》一卷、《七略别录佚文》一卷等七种，共七十六卷，名曰《快阁师石山房丛书》。编次时首《别录佚文》，终《三国艺文志》，不以杀青先后排比。其中尤以《隋书经籍志考证》"卷帙最富，功力亦最勤"②，姚振宗在此书后序中自言："我于此书多心得之言，为前人所未发，亦有驳前人旧说之未安者。当其危疑莫释，湮没无征。有累日寻思不得，忽开悟于俄顷之间。有一时委曲未详，而辗转得数事之证。思之思之，鬼神通之。有不期其然而然者，亦莫之为而为也。"③ 足见其所费心血。

姚振宗为清末目录学大家，《清史稿·文苑列传》中赞誉曰："目录之

---

① 《读书俱乐部·出版消息》，《申报》，1936年9月16日。
② 陈训慈：《师石山房丛书·序》，《文澜学报·序跋汇刊》，1937年第3卷第1期，第8页。
③ 《隋书经籍志考证》后序。王承略、刘心明主编，[清]姚振京撰，刘克东、董建国、尹承整理：《二十五史艺文经籍志考补萃编》第十五卷《隋书经籍志考证》，清华大学出版社，2014年，第2249页。

学，卓然大宗。"[1]梁启超认为姚振宗治目录之学有五大特色："一著者事略，一一详载，令读者得考见其环境及学术渊源；二著录各书，皆注出处，视侯康书加详备；三其书有近人辑本者，皆举列之；四后人对于原书有批评者，皆录入之；五有疑问者，附案语考证之。"[2]张钧衡刊刻《适园丛书》，将姚振宗著述中的两种《后汉艺文志》与《三国艺文志》雕版印出，是在浙江图书馆之前姚氏著作已刊出两种。

1. 杨立诚初印《珍本丛刊》

梁启超对姚振宗评价甚高，浙江图书馆金天游认为"任公于本丛书实尚未窥全豹。仅此二志，因已刻入张均衡之《适园丛书》，故得入览，而已如斯钦挹，使见《隋志考证》，当又如何"。[3]梁启超未见姚振宗全部著述，仅见《后汉艺文志》与《三国艺文志》二书便对姚振宗之学问做出了极高的评价。倘若梁启超有幸能见的全书，甚至只是仅见《隋书经籍志考证》一书，其对姚振宗的学术素养应该会作出更高的评价。姚振宗目录学著作具有极高的学术价值，因此浙江图书馆将印行《师石山房丛书》纳入计划。

姚振宗原稿存于其家，其子姚福厚（小名联元，字载庵，号幼槎）据稿本抄出一部赠浙江省立图书馆。1929年，浙江图书馆馆长杨立诚计划刊印《浙江图书馆珍本丛刊》，将姚氏稿本陆续梓行，这是浙江图书馆第一次印行《师石山房丛书》之书。

1929年付印之《珍本丛刊》第一期拟以《七略别录佚文》《七略佚文》《汉志条理》与姚文田著《说文解字考异》稿本同刊，共八十卷。今见此本版权页题为"珍本丛刊"，"编辑者　浙江省立图书馆，印刷者　华丰印刷铸字所，发行者　杭州大方伯浙江省立图书馆珍本丛刊发行处"。可知此书虽由浙图所编，但系华丰印刷铸字所代印。目录列：《七略佚文叙》、《汉书艺文志拾补》六卷、《汉书艺文志条理》六卷、《七略》七卷、《隋书经籍志考证》五十二卷。

---

[1] 赵尔巽：《清史稿》卷四百九十，《续修四库全书》编纂委员会：《续修四库全书》第300册，上海古籍出版社影印本，1996年，第269页。

[2] 梁启超：《梁启超全集》第9册，北京出版社，1999年，第5130页。

[3] 金天游：《快阁师石山房丛书提要》，《浙江省立图书馆月刊》，1932年第1卷5—6期，第161—163页。

时至 1931 年，印出《七略佚文叙》《汉书艺文志拾补》《七略》《汉书艺文志条理》，《隋志考证》仅印至第四卷，全帙并未刊毕。

2. 陈训慈续印《快阁师石山房丛书》

浙江图书馆继任馆长陈训慈对姚振宗也是推崇备至，"姚先生之为学，迥越恒蹊，既不琐于册籍之饾饤与卷帙之累积，复不规规于版刻之先后与藏印之有无，实于'簿录''好古'二派之外独树一帜"，"顾书未刻全，传流至鲜，读者每有仅睹鳞爪之憾"①，于是续印《师石山房丛书》。陈训慈认为杨立诚印《珍本丛刊》"未免有失原书之本意"，如《七略》与《汉志条理》前段合成一本印出。于是除继续印行剩余的《隋书经籍志考证》外，重加汇订，并恢复了原丛书之名②，并弁"快阁"二字，"盖先生喜得陆放翁快阁旧址而名之"③。

《快阁师石山房丛书》前目录所列，除《叙》外，共计七种：《七略别录佚文》一卷、《七略佚文》一卷、《汉书艺文志条理》八卷、《汉书艺文志拾补》八卷、《隋书经籍志考证》五十二卷、《后汉艺文志》四卷、《三国艺文志》四卷。

此次印行，是由浙江省立图书馆附设印行所独自铅印。今所见卷末版权签即题："浙江省立图书馆出版　杭州新民路本馆附设印行所发行部发售。"其书版式与上海华丰印刷铸字所印本相同，保持了前后印本版式之统一。

《七略别录佚文》《七略佚文》（合订一本）、《汉书艺文志条理》（二册）、《汉书艺文志拾补》以及《隋书经籍志考证》的第一册卷末均附有数页的校勘记，《七略别录佚文》43 条，《七略佚文》44 条，《汉书艺文志拾补》156 条，《汉书艺文志条理》400 条，《隋书经籍志考证》卷一至四 180 条。《隋书经籍志考证勘误表》附校勘后记：

---

① 《申报》，1936 年 11 月 1 日。
② 金天游：《快阁师石山房丛书提要》，《浙江省立图书馆月刊》，1932 年第 1 卷 5—6 期，第 161—163 页。
③ 陈训慈：《师石山房丛书序》，《文澜学报》，1937 年第 3 卷第 1 期，第 7—9 页。

校书苦事，亦非尽人所能胜任，既须检校底本，心细于发，而于订正淮别，更非稍解小学者不为功。此表编制非出一手，其已己、輒輙、寇寇、由由、窶寠等字既辨其雅俗，胥夵亦订厥正讹。惟謐謚错出，或易或否，则以流俗蔽于字林之谬说，诡更正文，是非颠倒，桉之作按，亦同此理。欲普加订正，已憾靡及故也，思读者致疑，用贅数语。至于《策府元龟》学校部之作学较，则著者误援坊本所致，兹亦另据善本勘定。①

由于《七略别录佚文》《七略佚文》《汉书艺文志条理》《汉书艺文志拾补》以及《隋书经籍志考证》（前四卷）诸书在初印时校勘不善，然其书已经刊印，无法修改，只能于诸书后另附《勘误表》加以说明。其后陈训慈对《隋书经籍志》（卷五至卷五十八）、《后汉艺文志》四卷、《三国艺文志》四卷三种精加雠校，并在《隋书经籍志考证》第二册末（此册为卷五至八）黏附了小签并题识："本丛书以前诸册仅校一次，舛讹颇多，故每册皆附有勘误表，自隋志考证卷五以后，皆细加校对，务期与馆藏钞本无殊，间或钞本有误，亦为订正，然后付印。故本册以后不再附勘误表，请读者勿误为未经校正者。惟校书如扫落叶，注意容有未周，如荷海内学者指示，当于次册揭载更正。"校勘后的质量得到很大提高，故《隋书经籍志考证》第二册之后已无再附勘误表之必要。

只是《隋书经籍志考证》仅出至第四册，出版时间在1934年6月。1934年3月31日，陈训慈在给王献唐的信中即提道："浙省侈言建设，省帑日匮，教育常费尚有减折，临时更无从筹用，是二载以来，惟收购通行本，应付通俗阅览。姚氏《隋志考证》尚无力印齐，其他更复不遑。"②由此可见，由于浙图经费不足，《隋书经籍志考证》刊印计划只能暂时搁置。

3. 开明书店再印《师石山房丛书》

浙江图书馆因《隋书经籍志考证》五十二卷篇幅较大，经费不敷，印刷未竟。1936年上海开明书店缩印《二十五史》后，复搜辑历代补订正史

---

① 《隋书经籍志考证勘误表》，1931年浙江省立图书馆铅印本，"策府元龟"当作"册府元龟"。为体现原义，部分文字以繁体录出。

② 安可荇、王书林手稿整理，杜泽逊编校整理：《王献唐师友书札》，青岛出版社，2009年，第1640页。

表志之作，计划印行《二十五史补编》，以姚振宗诸作精审有过前人，于是与浙江省立图书馆协商，请让版权，浙馆本着"以流通古籍，既具同情，爰本成功不必自我之旨，慨许玉成，且俾学者得早睹全书之快"的原则，授权上海开明书店出版姚振宗诸书。①

姚氏著述除《七略别录佚文》《七略佚文》外均收入《二十五史补编》，全部七种又为开明书店重刊，简署"师石山房丛书"②。陈训慈为之作《师石山房丛书》序。

开明书店本《师石山房丛书》的版式改为三栏小字，总为一册。前有王式通《师石山房丛书题辞》、陈训慈《序》、《姚先生小传》、陶存煦《姚海槎先生年谱》、《师石山房丛书目录》等。历经数年之久，全本《师石山房丛书》最终得以印成。

1936年11月1日、11月16日的《申报》上，大幅刊登了《两大特价书·师石山房丛书》的广告：

顾书未刻全，传流至鲜，读者每有仅睹鳞爪之憾。本店近承浙江省立图书馆之介，将全部稿本移付出版，改署为"师石山房丛书"。兹已排校毕工，印装发售。区区表章之微忱，想亦为学术界所鉴许乎。③

广告以大字标举"梁任公先生推崇""目录学之权威"，用以吸引读者注意。开明书店本《师石山房丛书》，充分吸收了浙江省立图书馆已刊诸书的校勘成果。如《汉书艺文志条理》一书，浙江省立图书馆本勘误表中所列条目几乎都已在开明书店本中得到改正，兹举数例于表中（表15）。

---

① 《浙江省立图书馆概况》，浙江省立图书馆，1936年，第16页。
② 陈训慈：《师石山房丛书序》，《文澜学报·序跋汇刊》，1937年第3卷第1期，第7—9页。
③ 《申报》，1936年11月1日。

表 15　《汉书艺文志条理》校勘情况表

| 序号 | 章节 | 浙图本《汉书艺文志条理》 | 《汉书艺文志条理》校勘记 | 开明书店本《汉书艺文志条理》 |
|---|---|---|---|---|
| 1 | 目录 | 分出史部 | 分出为史部 | 分出为史部 |
| 2 | 叙录 | 留意从此缺矣 | 矣作焉 | 六艺从此缺焉 |
| 3 | 叙录 | 孝文皇帝始便掌故朝错从伏生受尚书 | 便作使 | 孝文皇帝始使掌故朝错从伏生受尚书 |
| 4 | 叙录 | 亦尝有法家名家博士也 | 有法家名家博士也 | 亦尝有法家名家道家博士也 |
| 5 | 叙录 | 自鲁则申培公 | 于鲁则申培公 | 于鲁则申培公 |
| 6 | 叙录 | 于齐则胡母生 | 母作毋 | 于齐则胡毋生 |
| 7 | 叙录 | 风之乐 | 风之以乐 | 风之乐 |
| 8 | 叙录 | 侍从之事怀故士 | 士作土 | 侍从之士怀故土 |
| 9 | 叙录 | 相合而成秦誓 | 泰誓 | 相合而成秦誓 |
| 10 | 叙录 | 以数分别之 | 以类分别之 | 以类分别之 |
| 11 | 叙录 | 此条即略首一篇 | 即七略 | 此条七略首一篇 |
| 12 | 叙录 | 麒麟夫禄二阁 | 夫作天 | 麒麟天禄二阁 |
| 13 | 叙录 | 歆始以侍诏宦者 | 待诏 | 歆始以待诏宦者 |
| 14 | 叙录 | 按此诗赋略列六艺之前 | 略为衍文 | 按此诗赋列六艺之前 |

开明书店《二十五史补编》所收姚振宗诸书，尽管每书之下均标有"快阁师石山房稿本"字样，但实际上大都借鉴了浙图本的校勘成果。

当然，开明书店本虽参酌浙图本校勘，但仍有遗漏。如表中所列第9条，"泰誓"误"秦誓"，浙图本《勘误表》中已经更正，而开明书店本却未能改正，说明修改亦未尽善。今人在利用姚氏著述时，当同时参酌开明书店本和浙江省立图书馆本，方不致误。

开明书店本也有沿袭了浙图本讹误的地方，如《汉书艺文志条理》："虽然，甲子作于大挠，尚书。"开明书店本同。后《二十五史艺文经籍志考补萃编》本据开明书店《二十五史补编》本《汉书艺文志》改"书"作"矣"[①]，始得确切。

---

① ［清］姚振宗撰，项永琴整理：《汉书艺文志条理》，《二十五史艺文经籍志考补萃编》第三卷，清华大学出版社，2011年，第430页。

原刊入《适园丛书》的《后汉艺文志》及《三国艺文志》两书，浙江图书馆未及刊刻，亦由开明书店刊出。对勘《适园丛书》本与开明书店本可以发现，开明书店本校勘更精良。《二十五史艺文经籍志考补萃编》本《三国艺文志》，选用开明书店《二十五史补编》本参校，共校出异文28条，据以改正20处（详见下表）[①]，此足见开明书店本之价值所在（表16）。

表16　《二十五史艺文经籍志考补萃编》本《三国艺文志》校勘情况表

| 所在页码 | 点校本原文 | 校语 |
| --- | --- | --- |
| 第91页 | 譓具传其业，又从默讲论义理，五经诸子，无不该览 | "譓"，原作"撰"，据《二十五史补编》本改（下同） |
| 第92页 | 按"有"上敚"梁"字 | "有上"，原误倒 |
| 第126页 | 《册府元龟·学校部·注释门》 | "校"，原作"较" |
| 第135页 | 瑜子熙，史但言历列位，不著其何官，拟即此孙熙 | "拟"，《二十五史补编》本作"似" |
| 第140页 | 帝幸太学，问诸儒者夏《连山》，殷《归藏》，周《周易》之故 | "山"，原作"三" |
| 第140页 | 隗禧　诸经解 | "隗"，原作"魏" |
| 第143页 | 黄武四年，权为太子登娉周瑜女 | "武"，原作"辅" |
| 第154页 | 《异字音》二条 | "条"，原脱 |
| 第155页 | 侯《志》曰："《魏书·江式传》云：'吕静放李登《声类》之法作《韵集》，宫、商、縌、徵、羽各为一篇。'" | "縌"，原作"穌" |
| 第198页 | 又《传》评曰：粲虞常伯之官 | "虞"，《二十五史补编》本作"处" |
| 第198页 | 四时蒸尝，亲奉粢盛 | "粢"，原作"粲" |
| 第200页 | 宜即帝位，以纂二祖 | "纂"，原作"篡" |
| 第241页 | 均始末具经部孝经类 | "始"，原作"史" |
| 第247页 | 梁有《扬子太玄》七卷 | "卷"，原作"经" |
| 第253页 | 作窟室，绮数四周 | "数"，《二十五史补编》本作"疏" |

---

① [清]姚振宗撰，朱莉莉整理：《三国艺文志》，《二十五史艺文经籍志考补萃编》第九卷，清华大学出版社，2012年。此书的底本是民国五年张氏刻《适园丛书》本，校本是1955年中华书局影印《二十五史补编》本。

续表

| 所在页码 | 点校本原文 | 校语 |
| --- | --- | --- |
| 第 253 页 | 又著书三篇，陈骄淫盈佚之致祸败 | "佚"，《二十五史补编本》作"溢" |
| 第 272 页 | 范尝钞撮《汉书》中诸要事 | "要"，《二十五史补编》本作"杂" |
| 第 277 页 | 魏武帝削其繁冗 | "削"，原作"前" |
| 第 289 页 | 白孔六帖 | "白"，原作"曰" |
| 第 295 页 | 长古法三尺六寸五分 | "长"，《二十五史补编》本作"张" |
| 第 306 页 | 围五尺八丈 | "尺"，《二十五史补编》本作"寸" |
| 第 310 页 | 今略见于《御览·百谷部》《菜部》《药部》中 | "中"前原脱"部"字 |
| 第 334 页 | 《乐毅论》 | "论"后原衍"凡" |
| 第 337 页 | 严氏《文编》录存表、疏、奏、笺、檄、诫、论凡九篇 | "诫"，原作"械" |
| 第 354 页 | 应璩《书林》八卷，夏赤松集 | "集"上《二十五史补编》本有"撰"字 |
| 第 366 页 | 《摩诃般若咒》下三十七部四十九卷阙本 | "咒"下原衍"若咒" |
| 第 367 页 | 至废帝时卒 | "时卒"，原脱 |
| 第 382 页 | 按汉志杂占家亦有《执不劾鬼物》八卷 | "有"，原脱 |

浙江图书馆出版的乡贤文献不限于此，出版的《蓬莱轩地理丛书》《邵武徐氏丛书》《金华丛书》《武林掌故丛编》《武林往哲遗书》都是与地方有关的大丛书。此外，还有单行本陈训慈著《晚近浙江省文献述概》。在《浙江图书馆馆刊》的广告宣传中，专门一项"浙江图书馆出版浙江文献"，列出版的浙江文献十四种①：清嵇曾筠《浙江通志》，清王凤生《浙西水利备考》，清秦湘业、程钟英《平浙纪略》，清阮元《两浙防护录》等，都是有关浙江的著述；《浙江全省舆图》《浙江省垣城厢总图》《浙江省垣坊巷全图》等均是浙江地区的地图，具有重要参考意义。

---

① 《本馆出版浙江文献》，《浙江省立图书馆馆刊》，1933 年第 2 卷第 6 期，第 88 页。

## 第三节　王献唐与山东文献的整理出版

1929年8月，王献唐出任山东省立图书馆馆长。上任伊始，即以抢救保护山东文献为己任：赴聊城海源阁查看海源阁藏书保存之情形；抢运掖县（今山东莱州）《大藏经》；收罗历城马国翰玉函山房藏泉、潍县陈介祺拓片；接收扶沟柳氏藏书等等。在王献唐的主持下，山东省立图书馆在收藏图书的基础上，编印出版物，绍介山东图书馆与山东学术。1930年至1931年，又以"山东省立图书馆丛刊"为名，出版《聊城杨氏海源阁之过去现在》《海源阁宋元秘本书目》两种，及时将清末四大藏书楼之一的海源阁历史与现状介绍于世。[1] 对于王献唐任山东图书馆馆长期间的出版活动，当前已经有相当多的研究，此节将着重叙述前人所论未尽之处。

### 一、潍县高氏砖瓦的抢救与《上陶室砖瓦文㪍》的拓印

1930年，青岛海关查获了一批伪装成"玉器及石"的砖瓦，在青岛车站扣留。王献唐接到消息后，亲往青岛，并电至山东省政府，寻求支持。后在南京教育部、山东省教育厅、胶济铁路局、济南市政府的共同帮助下，这些砖瓦均入山东省立图书馆收藏。[2] 这批砖瓦是日本人大田所购，其中的精品"海内皆臣"砖已被其先期运至日本，剩下的装载七大箱，本打算托运到青岛，再运往日本，不料为青岛海关查获。

大田所购砖瓦，皆系潍县高鸿裁之旧物。高鸿裁（1852—1918），字翰生，山东潍县人，是清末民初潍坊金石学家。高氏尤致力于砖瓦收藏，名其室为"上陶室"。

1. 上陶室砖瓦的收集与递藏

高鸿裁父名庆龄，字叔余，号南郑，与吴县（今属江苏苏州）潘祖荫为金石交，辑校《齐鲁古印㪍》。高鸿裁自幼秉承家学，喜好藏书，仅所

---

[1] 杜泽逊：《海源阁藏书目录考略》，《山东图书馆季刊》，1992年第2期，第59—63页。

[2] 刘阶平：《潍县高氏上陶室砖瓦保留沦亡纪略》，《国闻周报》第九卷，1932年，第一期第1—6页，第二期第1—6页，第三期第1—4页，第四期第1—4页。胡兵：《王献唐与潍县高氏上陶室砖瓦收藏》，《山东图书馆学刊》，2009年第3期，第74—75页。

藏方志即达二百余种之多，且多稀见之书，有《辨蝉居藏书目录》一卷。笃嗜金石，曾作《齐鲁印攈补》《历代志铭征存目》，与同邑王西泉等合辑《古印偶存》。又遍交当世知名之士，如陈介祺、吴大澂、王懿荣、缪荃孙、罗振玉等。

清末山东潍县金石学、文字学盛行，特别是此地古代器物大量出土，"订文说字曰契文，曰金文，曰石文，靡然成风，各为专学"①。此期间出现了陈介祺、高鸿裁、郭裕之（又名郭祐之）、宋书升等名家，所重文字，除金文、石文外又有砖文、玉文等。陈介祺以金石文字知名，高鸿裁则致力于砖瓦文。他在《上陶室砖瓦文攈序》中说："余自髫龀时，辄有古文字之好……洎壮，知识训充，好弥笃，而限于力之强，乃于砖瓦一门尤成专。"②高鸿裁所藏砖瓦以精博知名，总数达一千余件，精品几至六百件。③尤为称道者，为汉字大砖，在当时较为稀见，"潍县高翰生氏藏砖，大者有八，中外艳称"④。其中"海内皆臣岁登成熟道无饥人"砖，是光绪十三年（1887）高氏于河南所得，被高鸿裁自称为"齐鲁文字第一"。王懿荣亦曾为此砖作跋："十二字均语砖，翰生所得，订为秦制，翁阁学所谓以文字定时代也，正拟藉此语为今日天家祝厘耳。"⑤由此可见高鸿裁所藏砖瓦之一斑。

上陶室砖瓦收归山东图书馆后，为唤起民众对文物保护的意识和对砖瓦的兴趣，王献唐专门开设展览会，并亲自撰写了《砖瓦图书为甚么要开会展览》《到图书馆去》小册子免费赠送给参加展览会的民众。王献唐的呼吁得到了较大的关注，容媛《燕京学报》还专门报道了此事。

2. 上陶室砖瓦的拓印

上陶室砖瓦两次集中的搥拓，一次为高氏自拓，一次则为王献唐在山

---

① 王献唐：《上陶室砖瓦文攈序》，《山东文献集成》编纂委员会：《山东文献集成》第4辑第50册，山东大学出版社影印本，2011年，第373—376页。

② 高鸿裁：《上陶室砖瓦文攈序》，1931年山东省立图书馆拓本，第1页。

③ 刘阶平：《潍县高氏上陶室砖瓦保留沦亡纪略（一）》，《国闻周报》，1932年第9卷第1期，第1页。

④ 卢少泉修，庄陔兰纂：《[民国]重修莒志》卷五十，1936年，第14叶a。

⑤ 跋文参见刘阶平：《潍县高氏上陶室砖瓦保留沦亡纪略（一）》，《国闻周报》第9卷第1期，1932年，附页。后来这类汉砖陆续发现，文辞不同，经学者考证，应为汉砖，出土地点亦不在河南，而在山西夏县，参见熊龙：《西汉"海内皆臣"砖研究》，《四川文物》，2011年第6期，第29—44页。

东省立图书馆所拓。其中高氏所拓有定本和未定本两种，高氏将拓本定名为《上陶室砖瓦文摭》，王献唐仍以上陶室所藏砖瓦进行再拓，沿用《上陶室砖瓦文摭》旧名。如今上陶室砖瓦已损毁不少，幸赖拓本传世，今人方可睹其一斑。但今存拓本很少，现据相关资料记载和当前馆藏情况将此三种拓本介绍如下：

（1）清光绪二十年（1894）高氏定拓本。

王重民在《中国善本书提要》著录："《上陶室砖瓦文摭》，东方文化图书馆藏本。凡四百三十一种，乃光绪二十年定本。"[①] 东方文化图书馆是20世纪20—40年代日本在中国建立的文化机构"东方文化事业总委员会"下属的"北京人文科学研究所"的图书馆。北京人文所组织编纂的《续修四库全书提要》即收录《上匋室专瓦文摭》[②]。抗战胜利后，《续修四库全书提要》的编纂稿件连同东方文化图书馆的藏书，归中央研究院历史语言研究所，1949年后，归中国科学院图书馆。《上陶室砖瓦文摭》亦在此批藏书之中，归藏中国科学院图书馆。

此清光绪二十年高氏定拓本，六卷六册，前三卷为砖，后三卷为瓦和残陶。[③] 首卷前有吴大澂题名、牌记"光绪甲午潍坊高氏定本"。每卷前又均有"潍县高鸿裁辑"字，各列卷内目录，按时代和砖文类型进行排列。书版心斜宋体题"上陶室砖瓦文摭"。所用纸格均一致，每叶上面为拓文，则下面打直格，如全面为拓文，则次一全面为直格。[④] 定本共收砖206种，瓦194种，残陶26种，共计426种。[⑤]

---

① 王重民：《中国善本书提要》，上海古籍出版社，1983年，第216页。

② 题为《上匋室专瓦文摭》，参见中国科学院图书馆：《续修四库全书总目提要（稿本）》第2册，齐鲁书社，1996年，第438页。

③ 孙殿起《贩书偶记》著录："《上陶室砖瓦文摭》五卷潍县高翰生编，光绪甲午潍县高氏以原器拓本。一秦颂辞砖，二秦吉语砖，三汉纪年砖，四汉姓名砖，五汉吉语砖。"实际上著录的仅是此六卷本卷一的内容。《山东地方史志文献选目》《山东文献书目》《汉字学新论》等沿其误，且《山东文献书目》将《金石书录目》所载本误为此本。参见孙殿起：《贩书偶记》（附续编），上海古籍出版社，1999年，第263页；山东省地方史志编纂委员会办公室、山东省图书馆：《山东省图书馆馆藏山东地方史志文献选目》，1983年；王绍曾：《山东文献书目》，齐鲁书社，1993年，第217页；李运富：《汉字学新论》，北京师范大学出版社，2012年，第98页。

④ 王重民和王献唐等人均认为似是拟作释文而未成。

⑤ 王重民所记总数431种，或因卷内统计方式不同所致。

王重民认为此本是高氏定本，《续修四库全书总目提要》亦称："是编盖其几经删汰最后确定之本，所以所拓砖瓦之文，砖多精整之体，瓦极变化之致，残陶亦非向所习见之品，迥与诸家辑录砖瓦陶文不同也。"① 确是。其题名、牌记、目录等均为石印，当是定制。上海图书馆也藏有一部此光绪二十年高氏定拓本。

（2）高氏未定拓本。

1931年，王献唐考虑到高氏所藏砖瓦拓本存世不多，计划再次捶拓时说道："现海内所存，据调查仅有三部，北平燕京大学图书馆存有一部，为试拓之粗率本，余则徐世昌及山东省图书馆各存一部，皆精拓也。"② 是当时王献唐所知有三部，未见当时东方文化图书馆所藏本及其他拓本。目前，徐世昌藏本与王献唐所言山东图藏本均不知归于何处，燕京大学藏本现存北京大学图书馆。美国国会图书馆藏本以及山东省图书馆藏赵孝陆旧藏本③、潍坊市博物馆藏本与北大藏本均属同一类型。

此本现存为十册，不分卷。五册为砖与陶，五册为瓦。所用纸张、编排格式、版心题字等均与光绪二十年（1894）高氏定本同。此本乃高氏未定拓本，原因有三：第一，此书版权信息不全。王重民《中国善本书提要》著录美国国会图书馆藏所藏本"卷内无书题，无撰人名氏"④，核之其他未定拓本，均同。第二，编拓各本种数不一。此本之种数，美国国会藏共541种；北大藏532种，其中砖230种，瓦266种，陶器36种⑤；山东省图书馆藏赵孝陆旧藏本共538种，其中砖233种，瓦267种，陶38种；均较光绪本多出一百余种，且所多者多为残器。故可确定，此本确系尚未

---

① 中国科学院图书馆：《续修四库全书总目提要（稿本）》第二册，齐鲁书社影印本，1996年，第438页。

② 《没收高氏私售古砖瓦》，《山东省政府教育厅第二次工作报告》（1929—1931），转录自山东省图书馆：《山东省图书馆馆史资料选编》，齐鲁书社，2015年，第29页。

③ 此书曾为赵孝陆旧藏，卷端钤印"孝陆""赵氏模邕阁所藏图籍书画印"。赵陆绩（1876—1939），字孝陆，以字行，山东安丘人，藏书处为"模邕阁"。1948年初，部分赵氏善本收归山东省立图书馆，此书即其中一部。

④ 王重民撰：《中国善本书提要》，上海古籍出版社，1983年，第216页。

⑤ 容媛《金石书录目》卷八匋类著录："《上匋室专瓦文攈》十册，燕京大学图书馆藏拓本专二百三十块，瓦二百六十种，陶器三十六种，凡五百三十二种。"瓦二百六十种，当为二百六十六种，数目乃讹。容媛：《金石书录目及补编》，台湾大通书局影印本，1974年，第101页。

删汰残品拓片的未定之本。另外，此书编拓顺序不甚谨严，偶尔有年代淆乱者，王重民甚至称其"编拓不依年代"。实际上书内大多数年代是有序的，仅有部分不准确。因此可以确定，以上诸本均系高氏未定之拓本。①

除以上成册的拓本之外，上陶室的砖瓦拓片现还有一些散页。潍坊王亮行友艺阁藏高鸿裁上陶室砖拓52品，均钤有"潍高翰生所藏印"，"海内皆臣"砖还钤有"潍高鸿裁丁亥所得秦十二字颂辞砖记""齐鲁文字第一"，则这些拓片均出自高氏自藏。而这些砖瓦拓片均未出《上陶室砖瓦文攗》所收范围，当是拓本单行复本。

王献唐在《上陶室砖瓦文攗序》中言："（高翰生）期年将半，始成完整者八部，时先生已垂垂老矣。"今所知者，定本、残本共有六部，或有他本存于天壤之间，暂未可知也。

（3）山东省立图书馆拓本。

王献唐将归于山东省立图书馆的砖瓦，重新捶拓，辑为山东省立图书馆拓本。从制定计划、选择格式、聘人捶拓，到刻印书签、撰抄序文、装订，至最后钤印完成，历时近一年之久，王献唐均亲力亲为。

此本是依据高鸿裁原砖瓦捶拓、排列而又略有变通。具体表现在：第一，格式变更。全书不分卷，订为十二册。前有高鸿裁序，这是前两本高氏自拓本没有的。所用纸张，为山东省立图书馆统一印制，版心用正宋体上题"上陶室砖瓦文攗"，下题"山东省立图书馆拓本"。第二，所拓器物数量变化。上陶室砖瓦归入省图者砖207种，瓦270种，杂类陶器52种，共529种，中有砖瓦11种为高氏拓本所无。第三，制作精细。捶拓时，延请高茂楠任事。《上陶室砖瓦文攗》高氏原本即出高茂楠手拓。王献唐称此次拓制"既由其揔持，复延三人助之，每拓一器，施墨或至九次，拓成，余再复审，间有未善，更剔出重拓，费时五月始成八编。取对原本，盖较优越"②。

----

① 原山东省图书馆与徐世昌藏本应均是未定拓本，王献唐《上陶室砖瓦文攗序》："计先生砖瓦此次归馆保藏者……共五百二十九种。……外更溢出砖瓦十一种，为《文攗》所无。" 则原书内应有砖瓦五百一十八种左右，远多于定本所收，因此应是未定本。

② 王献唐：《上陶室砖瓦文攗序》，《山东文献集成》编纂委员会：《山东文献集成》第4辑第50册，山东大学出版社影印本，2011年，第373—376页。

另外《文攈》中被携至日本的汉砖由侯素庵补刻[①]，所补刻者，王献唐别钤小印记之，是原器拓印还是制范拓印，一目了然。

山东省立图书馆共拓《文攈》八部，拓毕，图书馆自留一部。其余七部全部发售，柳诒徵、易培基、徐世章、历史语言研究所、北平图书馆等个人和单位都曾预约过山东省立图书馆之拓本。[②]今所知者，山东省博物馆[③]、南京图书馆、台湾傅斯年图书馆、南开大学图书馆有存。其余三部，至今未见，尚待查访。

总的来说，以上三种上陶室砖瓦的拓本中，清光绪二十年（1894）高氏定本最为精要，分卷、列目详细，如卷二"砖类"分为汉吉语砖、汉画像砖、魏纪元砖、晋职官砖、北汉纪元砖、前燕纪元砖、宋纪元砖、北魏纪元砖、北齐纪元砖等数种，时代和类型排列细致精确。高氏未定拓本和山东省立图书馆拓本无分类，时代排列亦偶有错讹，未如高氏定拓本精要，但所收砖瓦较高氏定拓本为齐全，有部分拓片为高氏定拓本所未收录。因而，后两种本既可以反映高氏上陶室砖瓦旧藏的面貌，也可补充高氏定拓本未收的部分砖瓦。

自宋代洪适《隶续》收录砖瓦五块，到清代砖瓦文字研究逐渐蔚为大宗，专门的砖瓦图籍不下数十种，如毕沅《秦汉瓦当图》、朱枫《秦汉瓦当图记》、钱坫《汉瓦图录》、孙星衍《秦汉瓦当文字》、宋经畲《砖文考略》、冯登府《浙江砖录》、许瀚《攀古小庐砖文》、陆心源《千甓亭砖录》、孙诒让《温州古甓记》、端方《陶斋藏砖记》、罗振玉《秦汉瓦当文字》等。但这些书籍或局限于一隅，或仅有文无图，或收录数量较少，或存有讹误。《上陶室砖瓦文攈》搜罗广博，选择精良，原器传拓，王献唐评价该书"精鉴博采，去伪存真，集瓴甓之巨观，传图文之实录，自赵宋以来未有比伦者"[④]，洵非溢美之词。

---

[①] 参见齐鲁书社：《藏书家》（1—5）合订本，齐鲁书社，2014年，第210页。

[②] 分别参见张书学、李勇慧：《王献唐年谱长编（1896—1960）》，华东师范大学出版社，2017年，第208页、第208页、第273页、第260页。

[③] 《山东省立图书馆第三次运移图书金石细目清册·金石类》内有《上陶室砖瓦文攈拓本》十二册，此书与其他文物建国后均归山东省博物馆。参见山东省图书馆：《山东省图书馆馆史资料选编》，齐鲁书社，2015年，第202页、240页。

[④] 王献唐：《上陶室砖瓦文攈序》，《山东文献集成》编纂委员会：《山东文献集成》第4辑第50册，山东大学出版社影印本，2011年，第373—376页。

### 3. 上陶室砖瓦文字研究释例

上陶室砖瓦文字的准确考释是研究的基础，1932年，丁稼民作《潍县高氏上陶室砖瓦考释》，曾对其中50种砖瓦进行了详细的文字释读，提供了丰富的研究资料。① 现以拓本中的数种为例，加以考释，希冀在一定程度上反映高氏所藏砖瓦文字的研究价值：

（1）"孝廉离狐令威寇护君"砖。

"孝廉离狐令威寇护君"砖

孝廉离狐令威寇护军郑府君

威寇护军郑府君

威郑府君

郑府君

据《[光绪]高密县志》载，"孝廉离狐令威寇护君"砖于光绪十九年（1893）出土于潍坊高密城阴城西北墓葬。② 此墓至今尚存，李储森《山东高密城阴城调查简报》称其属刘戈庄墓区，位于城阴城西北100米，刘戈庄村南。③ 而关于此墓的所属的年代，学界多有异议。

光绪年间举人单步青据县名、官称、字体等认为此墓为汉墓，并作《汉离狐令郑公神道碑》④。今人李储森也认为离狐是县名，汉置县，北齐废，此墓属汉墓无疑。

《[光绪]高密县志》卷十又言："威寇护军离狐令郑府君墓在城阴城北里许……案，考《晋书》，护军之名始于魏武。"⑤ 丁稼民释此砖文：

---

① 丁稼民：《潍县高氏上陶室砖瓦考释》，《国闻周报》，1932年第9卷第5期，第1—5页。
② [清]罗邦彦等修，[清]李勤运等纂：《[光绪]高密县志》卷十，光绪二十二年刻本，第54页。
③ 李储森：《山东高密城阴城调查简报》，《考古与文物》，1991年第5期，第17—35页。
④ 《[民国]高密县志》卷十六，1935年，第10叶。
⑤ 《[光绪]高密县志》卷十，光绪二十二年（1896）刻本，第54叶。

"'威寇护军'皆将军号,曹魏置,见《宋书》。"①《[光绪]高密县志》和丁稼民均认为官称"护军"或"威寇护军"乃曹魏始置,故郑府君之墓当不早于曹魏。

又,王献唐跋"威寇护军郑府君"一文认为:"以字体定之,殆晋代墓葬也。"②

综上所述,关于此墓的年代至少有三种观点:第一种观点认为其属汉墓;第二种观点相对保守,认为其必不早于曹魏;第三种观点则据字体定其年代为晋。

离狐确为汉代所置县,魏晋亦沿用,若仅据离狐县的置废判断墓葬年代,证据不足。而"护军"之名,自汉至晋却有较大的变化。考《汉书》载:"护军都尉,秦官。武帝元狩四年属大司马,成帝绥和元年居大司马府比司直,哀帝元寿元年更名司寇,平帝元始元年更名护军。"③《后汉书·朱祐传》:"朱祐,字仲先,南阳宛人也。……及世祖为大司马,讨河北,复以祐为护军。"④又《宋书·百官志》:"魏武为相,以韩浩为护军……建安十二年,改护军为中护军……主武官选。"⑤则护军之称早在秦代西汉即就已经出现,两汉其名又历经更迭。至汉末,"护军"之名时有两层含义:一种是监军官,隶属于大司马及诸将军幕府;一种是禁军长官,魏武帝始置,典武官选举。

孝廉离狐令威寇护军是行政长官兼护军,不同于上两种护军,且此护军有封号。据现存史料,三国魏时置杂号护军。⑥邓艾伐蜀时,即"以问殄虏护军爰邵"⑦。又于地方上设护军,与地方行政长官分别负责军事和行政。《三国志·魏书·毋丘俭传》裴松之注:"(俭钦等表曰)臣与安

---

① 丁稼民:《潍县高氏上陶室砖瓦考释》,《国闻周报》,1932年第9卷第5期,第5页。
② 陈自仁、杨莉:《西北民族大学图书馆藏王献唐题记》,《山东图书馆学刊》,2009年第3期,第68—71页。
③ [汉]班固:《汉书》卷十九上,中华书局,1980年,第737页。
④ [南朝宋]范晔:《后汉书》卷二十二,中华书局,1965年,第769页。
⑤ [南朝梁]沈约:《宋书》卷四十,中华书局,1974年,第1247页。
⑥ 冯君实:《魏晋官制中的护军》,《魏晋南北朝史论文集》,齐鲁书社,1991年,第106页。
⑦ [西晋]陈寿:《三国志》卷二十八,中华书局,1982年,第781页。

丰护军郑翼，庐江护军吕宣、太守张休，淮南太守丁尊，督守合肥护军王休等议……"① 沈钦韩《后汉书疏证》："'臣与安丰护军郑翼、庐江护军吕宣、合肥护军王休等'，魏时于郡县有兵马处又别置护军。"② 至晋乃有军政合一的地方护军。《南齐书·百官志》："镇蛮护军、安远护军，晋世杂号，多为郡领之。"③ 据此可知，晋时多以郡县行政长官兼领杂号护军，郑府君以离狐令兼领威寇护军与之相似。依据以上史料而言，离狐令威寇护军郑府君墓为晋代墓葬可能性较大。无论是从文字字体，还是作为文字内容的"孝廉离狐令威寇护军郑府君"十二字，都可以作为判断墓葬年代的依据。

（2）"咸宁四年陈郡太守"砖。

韩理洲等辑校编年的《全三国两晋南北朝文补遗》中著录一块"台府君夫人椁砖"，文："陈郡太守淮南成德台府君夫人之椁也。"注文称："本砖文录文见《安徽通志稿·金石古物考》。本次整理，据以录文，作时不详。"④《上陶室砖瓦文攈》中有此同名砖，原文是"陈郡太守淮南成德吕府君夫人之郭（椁）也"（"台"当释为"吕"）⑤。在《文攈》中此系列砖有四块：

晋咸宁四年吕氏造泰岁在戊戌（高氏原砖号93）
陈郡太守淮南成□吕府君夫人之□（高氏原砖号94）
晋咸宁四年吕氏造泰岁在戊戌（高氏原砖号95）
陈郡太守淮南成德吕府君夫人之郭（椁）也（高氏原砖号96）⑥

---

① [西晋]陈寿：《三国志》卷二十八，中华书局，1982年，第764页。
② [清]沈钦韩：《后汉书疏证》卷二十一，清光绪二十六年（1900）浙江官书局刻本，第51叶b。
③ [南朝梁]萧子显：《南齐书》卷十六，中华书局，1972年，第329—330页。
④ 韩理洲等：《全三国两晋南北朝文补遗》，三秦出版社，2013年，第146页。
⑤ 郭沫若等认为"台"字应释为"吕"，"台"字为误。参见中国历史博物馆保管部资料组：《介绍几件晋代的行草书砖刻》，《文物》，1965年第12期，第27—34页。
⑥ 刘阶平文第四部分《图书馆保留上陶室专瓦清册》中详细著录了这些砖瓦的新编号、高氏原编号、释文和完损状况。

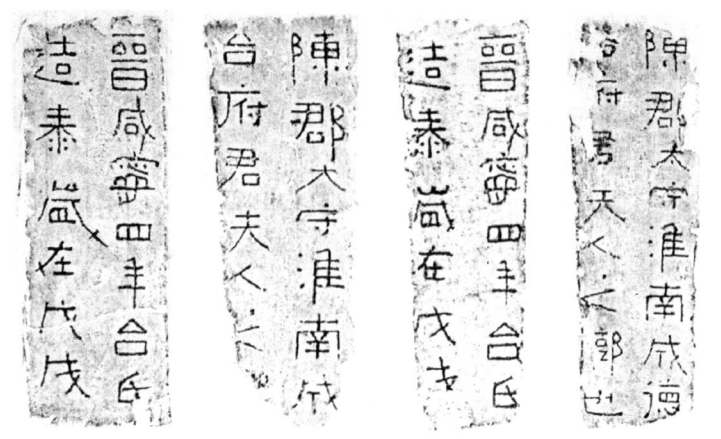

高氏原砖号 93　　高氏原砖号 94　　高氏原砖号 95　　高氏原砖号 96

  高鸿裁在拓印砖瓦时，尽可能将同时、同一地的砖瓦拓印在一起，这几块砖编号相邻、拓页相邻，尺寸相近。核其文字，文字风格亦一致，且均是吕氏所造。可以确定，这几块砖的制作年代应是晋咸宁四年（278，此年岁在戊戌），陈郡太守吕氏为其夫人所造，吕氏籍贯在淮南成德。

  1965年《介绍几件晋代的行草书砖刻》一文收录"咸宁四年吕氏"砖（中国历史博物馆藏）、"吕府君夫人青龙"砖、"吕府君夫人"砖、"晋咸宁四年吕氏造"砖（后三块出自《专门名家》第二集所录徐乃昌旧藏砖）等，此四砖与高鸿裁所藏文字内容相似，故二者应同出一地。据中国历史博物馆保管部资料组的介绍，此四砖的出土地点，在安徽凤台县[①]，恰可补充高氏藏品的著录。

  考《晋书·武帝纪》，泰始元年（265）封司马斌为陈王[②]，咸宁三年（277）八月改封西河[③]。由此可见，陈郡先于泰始元年（265）改为陈国，此年司马斌受晋武帝封任陈王，咸宁三年（277）司马斌改封西河，此后仍为陈国还是改为陈郡，并不明确。然据砖文，咸宁四年（278）此地仍

---

① 中国历史博物馆保管部资料组：《介绍几件晋代的行草书砖刻》，《文物》，1965年12期，第27—34页。
② [唐]房玄龄等：《晋书》卷三，中华书局，1974年，第52页。
③ [唐]房玄龄等：《晋书》卷三，中华书局，1974年，第68页。又《晋书》卷三十七："西河缪王斌……武帝受禅封陈王……三年改封西河，咸宁四年薨。"则三年应为咸宁三年而非泰始三年，文中误脱"咸宁"二字。《晋书》第1114页。

称陈郡，官制亦有太守。又《晋书·地理志》载，晋武帝曾"合陈郡于梁国"①，其时当在太康二年（281）②。综合两条史料可以发现，司马斌改封西河后，陈国应当重新纳入了中央的管辖，恢复了陈郡的行政地位，所以《晋书》才会记载"合郡于梁国"，而非"并陈国入梁国"。此砖所载咸宁四年的陈郡建制恰补史志之记载，弥足珍贵。

《中国行政区划通史·三国两晋南北朝卷》："陈郡秦代始置，三国魏亦置陈郡，西晋泰始元年（265）为陈国，太康二年（281）陈国并入梁国。至惠帝又分梁国复置陈郡。"③文中太康二年并入梁国的当是陈郡而非陈国。

（3）"晋胶东令王君"砖。

太康七年 晋故胶东令王君

晋故胶东令王君

晋太康七年

从砖文纪年来看，此"胶东令王君"砖当制作于晋太康七年（286）。考清赵之谦《补寰宇访碑录》亦载"胶东令王君砖"，其文作："胶东令王君砖文，八分书，永嘉二年（308）八月，山东□□。"④又《山左金石志》有"胶东令王君庙门残碑"条："黄初五年立，八分书。碑高一尺五寸，广二尺五寸，后有近人题记，八分书，七行，在济宁州学明伦堂东北隅壁间。案……黄初字者，当是立庙碑之年尔。"⑤黄初五年是224年，至永嘉二年（308）共八十余年间，"胶东令王君"凡三见，且现今所见胶东令砖也无别姓。这三位"王君"是否有关联，是一人还是多人，是出自不同家族的还是同一家族，都难究其确，尚待探讨。兹可作为地方研究的一

---

① [唐]房玄龄等：《晋书》卷十四，中华书局，1974年，第420—421页。
② 周振鹤：《中国行政区划通史·三国两晋南北朝卷》（上），复旦大学出版社，2014年，第616—617页。
③ 周振鹤：《中国行政区划通史·三国两晋南北朝卷》（上），复旦大学出版社，2014年，第616—617页。
④ [清]赵之谦著，戴家妙整理：《赵之谦集》第3册，浙江古籍出版社，2015年，第785页。
⑤ [清]毕沅，阮元：《山左金石志》卷八，清嘉庆二年（1797）仪征阮氏小琅嬛仙馆刻本，第26叶a。

些资料。

作为收录砖刻铭文的重要著作,《中国古代砖刻铭文集》著录《上陶室砖瓦文攈》所收四块,分别是"晋李道秀砖""南朝宋元嘉十八年(441)孙惠妻李氏墓记砖""北魏太和廿三年(499)玄口姬墓记砖""北朝安德县等字墓记砖"①。就《中国古代砖刻铭文》的收录标准而言,《文攈》中尚有诸多砖瓦未收。如上"陈郡太守淮南成德吕府君夫人之郭也"等砖,另"太和廿二年高密郡昌安县宋玄庆"砖、"普泰元年岁亲(辛)亥七月十五日贾道闻为上(亡)息绍祖造浮图"砖、"宋元嘉廿年平原刘氏大吉砖"②,等等,亦具有较高学术研究价值,均可补入。

1937年,抗战全面爆发。王献唐为保存齐鲁文脉,将馆藏金石书画挑选精品分批运出。据《山东省立图书馆第三次运移图书金石细目清册·金石类》载,内有瓦60件,砖151件,③多数与《上陶室砖瓦文攈》中所载砖瓦相合,则上陶室的砖瓦主要于第三批中运出。此批砖瓦运至了曲阜,保存在曲阜奉祀官府。旋因战火波及曲阜,王献唐又择选第一批中的五箱辗转运至四川后方。通过查阅《四川运回古物目录》可知,王献唐并未运送砖瓦至四川,说明此批砖瓦依然保存在曲阜奉祀官府。

还有部分上陶氏砖瓦在山东省图书馆未及运出,这些砖瓦在战争中多被损毁。罗复唐在《山东省图书馆的今昔》中写道:

> 七七事变后,日兵侵占济南,本馆遂惨遭焚劫!玉佩桥迤东之海岳楼、宏雅阁及馆长办公室等诸建筑,同付一炬!而书籍文物,除王馆长献唐带去一部在曲阜及四川之歌乐山保存外,其余则荡然无存!总计……砖瓦损失一千二百余件!……其他如玉器、银器、石器等种种文物之损失不计焉!

---

① 胡海帆,汤燕:《中国古代砖刻铭文集》,文物出版社影印本,2008年,第140、147、158、180页。

② 原文:"平原刘氏大吉宋元嘉廿年造。"据丁稼民考释:"是砖清光绪中出土于潍县,浮山之麓。平原非今县,盖北海之平原里,今安丘西乡大镇。"据此,此砖之出土地亦知。

③ 山东省图书馆:《山东省图书馆馆史资料选编》,齐鲁书社,2015年,第234—245页。

二十余年之收藏，忽然废于一旦，有不为之痛心疾首者欤？①

根据罗复唐的回忆，日军攻占济南，山东省立图书馆惨遭兵燹，山东省立图书馆二十余年之收藏损失殆尽。上述损失的一千二百余件砖瓦中应该有还未及运出的上陶室砖瓦，这些砖瓦的毁坏是齐鲁文化乃至中华文化的一大损失。

抗战胜利后，保存在曲阜的山东省立图书馆的文物奉命运往南京，寄存于当时国立中央博物院内。此事有载："前奉电谕，以本馆寄存曲阜大成至圣先师奉祀官府图书文物，应运出保存……遵即派孙集霄君前往曲阜，计将箱件二十八只，全部取出，并会同曲阜县政府重加县府封条。当雇大牛车十辆装载，由县府派队保护，从曲阜运至滋阳，另换火车南运。后承八十四师派副官王金生随同照料，业于本月六日安抵南京，即寄存于国立中央博物院内。"②

王献唐曾力求将寄存在南京的文物运回济南，多次运作无果。直到新中国成立后1949年12月11日，经山东省政府与中国人民解放军南京市军事管制委员会协调，这批文物最终运回济南，文物最初由山东古代文物管理委员会代管③，后归山东省博物馆，上陶室砖瓦即随之入藏山东省博物馆。高鸿裁所藏上陶室的砖瓦，久历风雨，现仅有部分存在山东博物馆。虽然高氏所藏砖瓦业已不全，幸而其拓本《上陶室砖瓦文摭》尚存于世。《文摭》在保存墓葬信息、补充和纠正他处的著录、补充史志记载等方面均具有重要的研究价值。

---

① 罗复唐：《山东省图书馆的今昔》，山东省立民众教育馆：《民众教育》，1947年第4期，第21—24页。

② 1947年6月10日《王献唐为移运曲阜大成至圣先师奉祀官府图书文物呈山东省教育厅函附运费旅费清单》，山东省图书馆：《山东省图书馆馆史资料选编》，齐鲁书社，2015年，第202页。

③ 山东古代文物管理委员会：《山东古代文物管理委员会一九四九年工作汇报》，1949年12月复写本，山东省档案馆G4-1-294-13。转引自李勇慧：《抗战时期孔达生先生等前辈保护山东珍贵文献史实考证》（代前言），山东省图书馆、山东省古籍保护中心：《抗战时期孔府保护山东珍贵文献特展图录》，2012年影印本。

## 二、《山左先喆遗书》辑刊始末

《山左先喆遗书》的辑刊,自王献唐提出刊印计划到因抗战中断,历时7、8年之久,在此期间,几经波折、时断时续,足见其成事之艰难。

1. 发端——与傅斯年的商讨

王献唐担任山东图书馆馆长后,即致力于搜访乡贤文献,编辑成书。1930年4月出版的《聊城杨氏海源阁藏书之过去现在》卷末附有《本馆出版新书豫告》,广告中提到了山东省立图书馆尚在编辑中的《许印林遗书》一书,以及已撰成待印的《说文解字韵隶》一书。《许印林遗书》收录日照许瀚遗著未刻行者,其中尤以金石音韵校勘之文居多。《说文解字韵隶》,是日照丁懋五著,许印林校定,其书"合高邮王氏、歙县江氏二家之说,分古韵为二十二部,以《说文》著录之字分隶其下"[①]。此二书编辑出版计划的制定,是王献唐整理乡贤遗著的初期成果。同年,王献唐正式开始与傅斯年就印行乡贤遗著之事展开商讨。

1930年9月13日,傅斯年致信王献唐,言"弟下月或亦赴济,相见不远"。在1930年10月3日王献唐给傅斯年的回信中又有"十余年来,读先生著作,私心向往,兹承殷殷垂教,不鄙固愚,先生奖掖后学之盛谊,既感且愧矣",当是初识之语。王绍曾《日照王献唐先生事略》一文最末,重点称许了王献唐与傅斯年的友谊:"先生与傅孟真交最笃,书简往还,无不言搜罗刻印乡邦文献之事。凡先生所为,孟真均竭办助成。盖孟真之于先生,犹林汲之于南涧也。"[②]王绍曾称二人书信往来文字,多言"搜罗乡邦文献之事"。王献唐与傅斯年的交往很大可能就是发端于山东文献的整理与发掘。

1930年王、傅二人首次通函,且当年交流极为频繁,这不得不令人将之与山东历城城子崖遗址的发现联系起来。1930年,吴金鼎发现了山东历城城子崖遗址,此事引起中央研究院的重视,决定发掘。时任历史语言研究所所长的傅斯年在1930年曾多次函致王献唐,或正与此事有关。

---

① 王献唐:《聊城杨氏海源阁藏书之过去现在》,山东省立图书馆,1930年,卷末广告。
② 王绍曾:《日照王献唐先生事略》,《山东图书馆学刊》,1994年第1期,第51—56页。

1930年11月4日，中央研究院与山东省政府联合成立"山东古迹研究会"，傅斯年任委员长，李济任野外工作主任，王献唐被聘为委员兼秘书。傅斯年赴济当在此年十月左右，正与信中所提时间相合。作为山东学者，傅斯年对山东学术文化尤为关怀，通过王献唐回信中"吾东学术界过去现在之情形，诚如尊论"的话语可知，傅斯年在信中曾与王献唐讨论过山东的学术。惜此信所存并非完帙，未能窥全貌。幸仍存部分亦可见傅斯年对山东学术工作的一些设想：

在山东可举之工作至多，如《通志》之修，大可开一新例，自我作古，俾便容纳科学工具之使用。又如古迹之系统调查、乡人著作之搜集等，非群力不能为功。弟受省费资助留学六年有余，义应有以报之，而回国之后，尽在外省，此志期诸异日耳！①

傅斯年在信中，详细列举了修《通志》、调查古迹、搜集乡贤著作等涉及山东学术工作的一些设想。王献唐给傅斯年的回信长达3000余字，详细介绍了任职省馆以后保护文献和阐发学术的计划，涉及购藏先哲著述、研究古代语言与文字、出版季刊、印行陈介祺拓片等事，其中尤其重要者，乃搜辑、刊印乡贤遗著：

献唐窃不自揆，去秋到馆以来，曾与友人栾调甫先生相约，拟就乡贤已往之破碎工作整理之，补苴之。其整理步骤：先求乡贤遗著，无论已刻未刻使俾藏馆中；俟大集之后，即与调甫仿提要式合辑一《山东艺文志》；再择其未刻而确有价值者庚续印行之，拟名为《齐鲁先哲遗书》。内容略分数门，尤偏重金石小学，以此事在山东方面如陈簠斋、刘燕庭之于金石，王菉友、桂未谷、许印林之于小学，丁以此之于古韵，皆卓绝一世，尤应及先表扬。②

---

① 安可荇、王书林手稿整理，杜泽逊编校整理：《王献唐师友书札》，青岛出版社，2009年，第1324—1325页。
② 王献唐：《复傅斯年书》，《山东省图书馆季刊》，1982年第1期，第70—73页。

清代以来，山东学术以金石、小学著称于世，故而王献唐拟编《齐鲁先哲遗书》之时，尤偏重金石小学。信中所举诸如陈介祺、刘喜海、王筠、桂馥等人，在清代即已显名当世，著述流传颇广，而许瀚（字印林）虽精于小学，亦多有独到见解，却因仕宦不顺、家资困顿，著述一直未能付印。与有许印林情况相似的牟庭（字陌人），亦是有清一代山左学术之代表人物，但其著述也仅有《文集》一种已刻，其余皆散佚各处。王献唐对牟廷有独到之研究，曾对《同文尚书》一书做了高度评价：

先生是书独申刘陶《中文》之例，冶今古真伪于一炉，释疑辨惑、正讹补阙，以深明字诂声训之故。一经辨析会通，异文、歧义又未尝不见其同。至于网罗众说，参研史实以体会经文，得理为宗，不株守一家之学，有清以来治《尚书》者，未有如先生是编之旁参博证、精辟独到者也。[①]

王献唐称"陌人学派，颇近东壁"，特别是《同文尚书》和《诗切》，为"毕生精力所寄"[②]。正是基于对山左先哲的深入研究，王献唐筹划辑刊许瀚、牟庭等人的著述。与此同时，傅斯年也有将牟庭的部分撰著传印行世的意愿："弟近借得《雪泥书屋读书杂志》二本，读之为之大快，颇思出赀为之影印。"同时对于罗致牟氏著述之事非常上心："钱玄同先生处有其著述目，弟借之二次，大约日内可得。其《文集》闻有刻本，不知何处可以见到？又，其《诗切》之下落如何？便中乞惠示。"[③]可见王、傅二人在辑刊山左乡贤遗书之事上具有共同志趣。

在未见《诗切》的情况下，傅斯年仅以读过的《雪泥书屋读书杂志》《改定崔氏易林》二书以及《开有益斋读书志》《越缦堂日记》诸书所引牟氏著述为断，在致王献唐的信中称赞"牟君地位，确有其伟大处，实在值得为之表扬一回"。

---

① 王献唐：《山左先喆遗书提要》，《山东文献集成》第4辑第49册，山东大学出版社影印本，2011年，第290页。
② 王献唐：《山左先喆遗书提要》，《山东文献集成》第4辑第49册，山东大学出版社影印本，2011年，第289页。
③ 安可荇、王书林手稿整理，杜泽逊编校整理：《王献唐师友书札》，青岛出版社，2009年，第1267—1275页。

傅斯年认为明清之际的实学，材料不分门户，见解博大。清代朴学到"乾嘉而大成，亦至乾嘉而硬化"，如王、段诸人，"专题能精研之"，可谓"朴学观止"，"而忘却整个的立场"。因此，傅斯年认为朴学再开大路，有两条道路：一是使用大批新材料；二是返明清之际之风气，扩大范围，认定大题目，"能利用乾嘉朴学之精诣，而不从其作茧自缚之处"。否则"流为琐碎，而不关弘旨"；"流为今文，而一往胡说"。在此情况下，牟庭所论，势所宜然，"其大力所及，在精神上实已返至明清之际"。所谓"知家法而不拘家法"者，"正其能别开一面之处"。牟氏著述中虽亦有荒唐之语，但其所用方法，可谓"郑夹漈后第一人也"。傅斯年在最后感叹道：

胆大的人而能精细，思想驰骋的人而能质实，诚可凭乾嘉之所至，一返明清之季所认识之大题目。惜乎不能独树一风气，并其著作亦散佚也！先生如设法为之刊布，弟亦当竭力赞助之。[1]

傅斯年将牟庭放到明清以来实学发展的总体趋势中加以评述，认为其思想驰骋且能质实，一返明清之际的风气，足见牟氏在傅斯年心中具有极高的评价。同时他也认为，牟庭学术识见极高，却未能独开风气，至为可惜。

在傅斯年之前，钱玄同很早就关注到牟庭《诗切》一书，他在1922年10月15日的日记中于此事有详细记载：

通学斋送牟庭的《雪泥[书]屋遗书目录》来，其中《诗切》一种，有二序，撰第一序时，书名《诗意》，《国风》《小雅》凡六易稿，《大雅》《三颂》凡五易稿，乃成定本，改名《诗切》。《诗意序》作于一七九五，《诗切序》作于一八一六，《国风》定于一八一二，《小雅》定于一八一三，以上均第六次稿。《大雅》及《三颂》定于一八一一，为第五次稿，均见其子牟房跋语。他自撰小序颇多新意，可惜这书没有传下来！[2]

---

[1] 安可荇、王书林手稿整理，杜泽逊编校整理：《王献唐师友书札》，青岛出版社，2009年，第1267—1275页。

[2] 杨天石：《钱玄同日记》（整理本），北京大学出版社，2014年，第463页。

据钱玄同的记载可知，牟庭撰集《诗切》用心颇勤，曾数易其稿，可惜钱氏当时亦未能见到传本，仅读到《诗切》小序二种。1922年10月29日星期日，钱玄同又记："今天将点牟默人的《诗意（〈诗切〉旧名）序》和《诗切序》，又他做的《诗经小序》，以宁静我心。"[①] 可见钱玄同对牟氏著述多有肯定之处。傅斯年未见《诗切》，钱玄同认为《诗切》没有流传下来，这正可从侧面反映出王献唐刊印此书的重大意义。

1931年4月21日，傅斯年致信王献唐，告知北平图书馆安丘赵录绰（字孝孟）亦留意许印林著述，并著《许印林撰校考略》，傅斯年帮抄一份寄王。后来赵录绰还给王献唐列举许氏著述二页，均对王献唐的搜集大有裨益。[②]

王献唐听闻《同文尚书》原稿在张继（字溥泉）处，于是请傅斯年帮忙借抄。后王献唐从朱羲堂处得一本借抄，打算抄毕即付印，由栾调甫任校勘。1931年10月初，傅斯年借到张继所藏《同文尚书》[③]，并于11月23日付邮寄给王献唐[④]。

而针对许瀚著述，王献唐计划先搜辑许瀚的数种手稿，编成《许印林之治学方法及其著述》，"录列遗书内容分送各处，藉以征求国内所无之书"，并将之寄送给傅斯年以求补佚[⑤]。

在搜集山左先哲著述的过程中，王献唐与傅斯年互通有无，在文献的搜罗上很快有了较大的进展，且在出版事宜上二人达成了共识。1932年4月到6月，二人在信中均明确表述了出版的进一步打算，各有分工。1932年4月14日，傅斯年致信王献唐：

又牟陌人书，弟近拟印其《杂志》及《书目》。《杂志》敝处借得一

---

① 杨天石：《钱玄同日记》（整理本），北京大学出版社，2014年，第468页。
② 安可荇、王书林手稿整理，杜泽逊编校整理：《王献唐师友书札》，青岛出版社，2009年，第1267—1275页。
③ 安可荇、王书林手稿整理，杜泽逊编校整理：《王献唐师友书札》，青岛出版社，2009年，第1276—1278页。
④ 安可荇、王书林手稿整理，杜泽逊编校整理：《王献唐师友书札》，青岛出版社，2009年，第1319页。
⑤ 王献唐：《复傅斯年书》，《山东省图书馆季刊》，1982年第1期，第70—73页。

本，《书目》只有兄赐之油印，以之付印尚须用原本为宜。此两事印费当不过四百元（如《敦煌劫余录》式），敝所尚可勉强为之。盖其大书既非一时所可印，始先流传此两件，亦一法也。切盼兄作一叙，或为之作一传。如兄赞成此事，弟下周即先以其《杂志》付印刷人矣。①

《杂志》即《雪泥书屋读书杂志》，《书目》乃《雪泥书屋遗书目录》。因傅斯年未得《雪泥书屋遗书目录》原本，于是计划先将《雪泥书屋读书杂志》付之出版。两个月后，1932年6月17日，王献唐给傅斯年的回信：

陌人先生之精力在《尚书》《诗切》二书。弟已决定印《尚书》，须千数百元，财力艰窘，拟先出豫约，定下月开工。鼎丞先生言如《尚书》出版，彼能执此向其家中索《诗切》焉。《遗文》弟已见过，甚无谓，可不印。其《读书杂志》拟先假一读再作序，否则无从着笔。至《书目》原本存调甫处，日内当索取寄上不误。弟意《书目》提要太简，若未见本书只看《书目》，恐引起俗子之误会，李越缦、朱述之辈皆未见原书而妄发谬论者也。若先生印《书目》，弟处印《尚书》，同时并进，则大妙矣。②

王献唐答应为傅斯年拟印之《雪泥书屋读书杂志》作序，并言向栾调甫借《雪泥书屋遗书目录》原本，而傅氏印《书目》正好与王氏刊《同文尚书》同时并进，相互裨益。然到1932年11月17日傅斯年致王献唐信："雪泥书屋两稿付印事，弟以事忙暂搁。"③或由于傅斯年诸事繁冗，印行之事终未能实现，王献唐亦未能印出《同文尚书》。虽然上述所列诸书，傅、王二人多未印行，但辑刊《山左先喆遗书》的事业，当肇始于此。

2. 再续——《山左先喆遗书》的编辑

1930年6月3日，王欣夫致信王献唐，讨论近读山东图书馆出版的《海源阁藏书过去现在》，并对搜辑先哲遗书事颇为关注：

---

① 安可荇、王书林手稿整理，杜泽逊编校整理：《王献唐师友书札》，青岛出版社，2009年，第1301—1304页。

② 台湾"中研院"历史语言研究所傅斯年图书馆，档案号：元168—16B。

③ 安可荇、王书林手稿整理，杜泽逊编校整理：《王献唐师友书札》，青岛出版社，2009年，第1314—1315页。

贵馆搜罗先贤遗著，刊布海内，诚为盛事，印林、菉友二先生遗著已经编印，不知何日出书，渴望之至。窃思郝懿行、年庭诸先生均为贵省经学大师，遗书未刊者尚多，不知能陆续搜访否？贵馆年刊，观目录多有价值文字，如蒙赐读，尤感。①

对于相关的文献信息也及时提供给王献唐来函："七八年前曾见海丰吴氏钞本《许印林遗稿》十余册，多考订经史及金石跋尾，因议价未谐，转瞬即驰。今尊辑印林遗著，不知已见是本否？"②并多次询问出版的进度："贵馆拟刊王菉友、许印林遗书，不知何日出版？均愿先睹为快。"③可见王欣夫对先哲遗书中王筠、许瀚著述的关注。

1933年9月17日，山东省立图书馆与齐鲁大学成立"山左艺文编纂委员会"，计划刊布山东先贤遗著。据王献唐《太平十全室日记》："次箫、调甫、济青来馆中，与齐大合组'山左艺文编纂委员会'，印行《齐鲁先喆遗书》。推鼎兄为会长，允忱先生为名誉会长，余及次箫、调甫、济青为委员。至是，通过《简章》，宣告成立。"④委员会选举丁惟汾为会长，刘允忱为名誉会长，王献唐与省教育厅刘次箫、齐鲁大学教授栾调甫、齐鲁大学校长林济青为委员，编辑《齐鲁先喆遗书》正式提上日程。

当然，"齐鲁先喆遗书"之名并非自此而始，清刊本郝懿行《荀子补注》一书之版心即刊有"齐鲁先喆遗书"六字。清光绪九年（1883），高鸿裁《聊斋诗集》跋云："癸未夏，搜集齐鲁先哲遗书，陈晋卿征君出是编见贻。"⑤而"齐鲁先喆遗书"作为一套丛书名出现，则始自王献唐。王献唐在给傅斯年的信中曾屡次提及欲刊印《齐鲁先哲遗书》的计划，但此事到1933年才真正付诸实践。

---

① 安可荇、王书林手稿整理，杜泽逊编校整理：《王献唐师友书札》，青岛出版社，2009年，第1607—1608页。

② 安可荇、王书林手稿整理，杜泽逊编校整理：《王献唐师友书札》，青岛出版社，2009年，第1609页。

③ 安可荇、王书林手稿整理，杜泽逊编校整理：《王献唐师友书札》，青岛出版社，2009年，第1602—1603页。

④ 原为未刊稿，转引自李勇慧：《王献唐著述考》，山东教育出版社，2014年，第155页。

⑤ 朱一玄：《〈聊斋志异〉资料汇编》，南开大学出版社，2012年，第298页。

关于刊印山左先哲著作的缘由，王献唐《刊印先哲遗书缘起》一文述之尤详：

> 山东为圣贤之乡，经师硕儒，先后辈出。有清一代，与江浙并峙，为北方重镇。其重要著述，在乾嘉以前者，类以印行。道咸而后，名儒迭生，穷年撰述，不事生产，致书成之后，无力刊布，据见闻所及，先后未刻名著无虑百数十种。埋没穷壤，半就零落。其书又多关系经史实学，扬攉古今，卓绝一世。积数十年心力，聚成以便，竟无由传，非倩儒林之憾，援桑梓敬恭旧谊，亦爱护乡邦文献者之责也。本馆前有见及此，多方搜集，传抄访购，六七年来，得未刊遗书一百余种。……每以山左人文未敢后人，就所藏书择其最名贵者十七种，编为《山左先哲遗书》，得八十册左右，拟筹资付印。①

由于山左为圣贤故里，历来多出硕儒，然其书多未刊印，故王献唐等人成立"山左艺文编纂委员会"，印行乡邦文献。委员会成立不久后，齐鲁大学因故撤出，山东省立图书馆只得独立印书，遂将丛书名改为《山左先喆遗书》。《山左先喆遗书》的出版得到了栾调甫、丁伯弢、丁锡田等人的大力支持，他们襄助编纂了《山左先喆遗书提要》。据《山左先喆遗书提要》卷前陈准题识："本书初由山东省立图书馆发起，与齐鲁大学合组刊行会，后因事中止，改由图书馆方面王献唐先生专任编集，并请栾调甫、丁伯弢诸先生襄理其事，业经商归，敝处刊印发行。"② 是王献唐主要负责了《山左先喆遗书》事。

丁伯弢对印书之事非常上心，在"山左艺文编纂委员会"成立的当月，他就致信王献唐谈论相关的事宜，在丛书编印过程中，更是尽心尽力，每遇与遗书有关之事，皆报与王献唐。如在赵孝陆处见《说文释例》及《说

---

① 各文本中"哲""喆"用字不一，在此均沿用原文，但丛书正式名当作"喆"。《山东省立图书馆消息一束》，《中华图书馆协会会报》，1937年，第12卷第5期，第26—27页。

② 王献唐：《山左先喆遗书提要》，《山东文献集成》编纂委员会：《山东文献集成》第4辑第49册，山东大学出版社影印本，2011年，第289页。

文段注》，批注中称"印林"者甚多，建议王献唐抄入《印林遗著》。①丁锡田也密切关注着丛书的编纂，他在给王献唐的信中道：

《山左先哲遗书》十七种系何种，能见语否？近中又访得掖县侯穆之先生遗著十余种（多史学名著，《山左人物考》《明遗民录》），又宋晋之先生尚有《春秋长历》《春秋月日考》《读春秋随笔》，亦一名著也。②

虽其所举诸书，皆未选入《山左先喆遗书》，但足可见丁锡田对丛书编纂表达出的极高热忱。1935年，丁惟汾将所得《诗切》原稿五册邮寄给王献唐。③诸城郑时赠《清诒堂文集》。④栾调甫1936年10月1日致王献唐信：

《诗切》尚在此间，计十一册，尚有数册闻在鼎丞先生处，未悉然否？略读数篇，新义可喜，其体例与《同文尚书》同，而此似为定稿，弟意刊行牟氏遗书似可先以《诗切》问世，因此为定稿可省校勘之劳，而牟氏每章释文正投时人译诗之好，想可动目也，质之吾兄以为然否？（出版最好委托各大书局办理，不惟便于推销，且以多印价廉，人尽可得，因此书宜广传万本，价若稍昂，便难普及矣。）⑤

栾调甫在信中主要商谈牟氏著述的出版之事，因《诗切》为作者定稿，栾调甫建议先印《诗切》，且当时译诗之风盛行，牟氏所作释文较有市场。在印刷机构的选择上，他建议最好选择大书局，因其价格低廉且便于推销。

---

① 安可荇、王书林手稿整理，杜泽逊编校整理：《王献唐师友书札》，青岛出版社，2009年，第472页。

② 安可荇、王书林手稿整理，杜泽逊编校整理：《王献唐师友书札》，青岛出版社，2009年，第1042页。

③ 邮戳署：廿四年五月二日。安可荇、王书林手稿整理，杜泽逊编校整理：《王献唐师友书札》，青岛出版社，2009年，第195页。

④ 王绍曾、沙嘉孙：《山东藏书家史略》，山东大学出版社，1992年，第327页。

⑤ 安可荇、王书林手稿整理，杜泽逊编校整理：《王献唐师友书札》，青岛出版社，2009年，第796—798页。

在众人的帮助下，王献唐起初计划分十编出版《山左先喆遗书》，每编收书约在二十册左右。前四编的共收书十七种，详细见下目（表17）：

表17 《山左先喆遗书》目录

| 编次 | 书名卷数 | 著者 | 册数 |
| --- | --- | --- | --- |
| 甲编 | 《同文尚书》三十一卷 | 栖霞牟庭陌人著 | 十二册 |
|  | 《古今字诂疏证》 | 日照许瀚印林著 | 一册 |
|  | 《雪泥屋遗书目录》一卷 | 栖霞牟房农星编 | 一册 |
|  | 《南涧先生易簀记》一卷 | 益都李文藻南涧口授 蒋器笔述 | 一册 |
|  | 《佛金山馆秦汉碑跋》 | 栖霞牟房农星著 | 一册 |
| 乙编 | 《诗切》五十卷 | 栖霞牟庭陌人著 | 十册 |
|  | 《经韵》一卷 | 日照许瀚印林著 | 一册 |
|  | 《篛园日札》八卷 | 邹平成瓘肃中著 | 十册 |
|  | 《金石寓目记》一卷 | 鱼台马邦玉荆石著 | 一册 |
| 丙编 | 《钼经摭记》十四卷 | 邹平成琅樨园著 | 十册 |
|  | 《古韵微》二卷 | 潍县宋书升晋之著 | 未标册数 |
|  | 《木盦古陶文释》二卷 | 益都孙文楷木盦著 | 一册 |
|  | 《红榈书屋未刻稿》二卷 | 曲阜孔继涵荭谷著 | 二册 |
| 丁编 | 《倦游庵椠记》四十五卷 | 莱阳周悦让孟白著 | 十四册 |
|  | 《潍县方言》十卷 | 潍县郭麐子嘉著 | 四册 |
|  | 《泗志钩沉》二卷 | 泗水王廷赞子襄著 | 二册 |
|  | 《清诒堂文集》二卷 | 安丘王筠菉友著 | 二册 |

从前四编的目录可以看出，傅斯年与王献唐数次谈论之《同文尚书》及《诗切》俱在刊印之列。这十七种著者分布较为广泛，且又具有密切之关系。牟庭和牟房为父子，成瓘、成琅是兄弟，王筠、许瀚为朋友，许瀚又是王献唐的老师。从内容上来看，明显以金石、文字、音韵为主，著述形式多样，包括解疏、目录、日记、文集等。

虽然王献唐拟辑了四编十七种书，但最终印行的仅为甲编中的四种。

甲编所载之《南涧先生易簪记》《佛金山馆秦汉碑跋》《雪泥屋遗书目录》[①]由瑞安陈氏排印，《古今字诂疏证》则由济南彭氏聚文斋排印，时间在1934年至1935年间。傅斯年拟印而未成的《雪泥屋遗书目录》此时得以正式出版，而王献唐欲印之《同文尚书》仍未能问世。从印书的选择上可以看出，《山左先喆遗书》仅印四种很有可能是由于经费之不足，因为所印四书，均只一册，所费不多，册数多者，则只能暂时搁置。

3. 印刷——与温州陈准仿古书局的合作

《山左先喆遗书》主要是瑞安陈准仿古书局铅字印行的，具体印行的细节已经不可详考，幸《王献唐师友书札》里保存了部分陈准致王献唐的信札，涉及出版的具体事宜，今可据《书札》知其大概。虽然此类信件大多未标年份，但通过内容可以大致判断其时间。下将这几封信按照时间缀连，并展现印行《山左先喆遗书》的过程[②]。

现可见王、陈之间关于刊印《山左先喆遗书》最早的信件当是1934年7月12日陈准致王献唐之信：

《山左遗书甲编》稿及《乙编》稿，望先寄来是幸。此事已存多年之念，弟总求趁此刻以观厥成，深望先生为弟注意是感。日来敝邑恐亦成旱灾，人民亦颇为担忧耳。近来新政不日成立，各机关裁员不少，农村又成破产之状，失业之人在瑞安五十二万人口计已达半许，如弟等更不堪设想矣，而信用及态度等种种统须循规，方可在社会上做事。然家庭之苦痛，已无法可想，奈何！奈何！弟将来求糊口于外埠，故只得忍痛而为之。先生为我知己者，故敢长短耳。[③]

陈准，字绳夫，一字褒殷，浙江瑞安人。喜藏书、刻书，在出版《山

---

① 李勇慧《王献唐著述考》："有学者云，《山左先喆遗书》战前刊行'甲编'四种：然笔者现仅发现出版的三种，其中栖霞牟庭《雪泥屋遗书目录》只见1932年山东省立图书馆油印本，未见瑞安陈氏仿古书局本。"实际上确已出版。李勇慧撰：《王献唐著述考》，山东教育出版社，2014年，第154页。

② 陈准不仅刊印了《山左先喆遗书》，还铅印了丁楙五撰《说文解字韵隶》十二卷（1934年），也是山东著述，但未入《山左先喆遗书》。

③ 安可荇、王书林手稿整理，杜泽逊编校整理：《王献唐师友书札》，青岛出版社，2009年，第1511—1514页。

左先喆遗书》之前，就曾印行《瑞安陈氏湫漻斋丛书》。从这封信可知，陈准早有校印《山左先喆遗书》的计划，直到此时方乃施行。虽当时陈氏处于经济困难之时，但仍致力于印书。此封信的后面，陈准还列咨询王献唐事多条，其中关于刻书的有以下几条：

一、稿本望即寄为荷。
二、《佛金山馆跋》及《易簧记》两种望速寄，以便发售。
三、预约简章请即斟酌示下，望勿再延。
五、定价及预约价望斟酌妥为荷。
六、广告又如何刍词。
七、《遗书》四编，全书原稿几行，每行若干字，每种若干页，望详示，俾便作定价格，此事最要，请勿再搁。①

从"《佛金山馆跋》及《易簧记》两种望速寄"条可以看出，此书应当尚处起步阶段，但陈氏当时仍未见到底本。《丛书》采用预约的方式进行，预约简章、预约价格、广告词均得双方协商。由于旱灾等的影响，瑞安经济凋敝，陈准的经济情况亦极为困顿，"八九月尚须五六百金，先还债主，急待印出若干，方得周转。"②甚至产生至外地谋生的打算，希望能得到王献唐的体恤和帮助。

1934 年 7 月 17 日，陈准又写信催促王献唐寄出所需之本："《易簧记》《佛金山馆秦汉碑跋》，望火速校一本寄来为荷！其余稿再请检寄，统求《遗书》成功为快也。"③并言杨家骆编《丛书大辞典》将收入"山左先喆遗书"条。但是直到九月，王献唐仍未寄出稿件，陈准只得再次寄信："弟所商稿本，伏希火速检寄勿却为荷！"而且，直到此时，陈氏铅印书籍事似尚未开张："因时间已久，未经工作，如京中令友一时未接洽妥，

---

① 安可荇、王书林手稿整理，杜泽逊编校整理：《王献唐师友书札》，青岛出版社，2009 年，第 1511—1514 页。
② 安可荇、王书林手稿整理，杜泽逊编校整理：《王献唐师友书札》，青岛出版社，2009 年，第 1511—1514 页。
③ 安可荇、王书林手稿整理，杜泽逊编校整理：《王献唐师友书札》，青岛出版社，2009 年，第 1521—1522 页。

弟亦可先钞副本以待。如九、十月间弟可设法当即先印，不必候京友也。"①
直到 10 月 10 日，陈准在信中尚称："日来急待发印书籍，倘蒙早日付下稿本，当于收到后即行筹备排印，以便从速出版为快。弟刻书宗旨早经决心，故又快函奉恳，统希勿再迟延为祷。"且请王献唐示下印书顺序："稿到时一俟略印半许，弟拟即行登报，以为敝局印行书之开始也。"②为了打开市面销路，陈准还商借《水浒》《红楼》《三国志》善本，以新标点印行。

在 7 月至 9 月期间，陈准不仅遇到经济上的困难，还连遭打击：小女儿生病去世；仿古印书局被鲍氏兄弟从中破坏，勉强由工人维持③。阳历九月初又正值农历中秋节，陈氏不仅无法解债，还要给亲戚送礼，难以筹措资金。在这种情况下，陈准仍然有较坚定的出书信念：

> 弟十余年刻书成癖，未尝顷刻离怀，《遗书》之举尤为念念也！惜弟财力棉薄及运命所限，所以刻书不甚自由，一俟负债数百元还清后，仍努力进行，决不肯稍有懈怠也。且仿古铅字办来，统希《遗书》印成，方得退还上海。虽损失千元左右，亦足乐也。④

从其致王献唐的信中可以看到，陈氏仿古印书局的铅字是自上海借来，希冀王献唐火速寄来校稿，尽快完成《遗书》的排印，以便退还。至 1934 年 11 月 24 日，陈准收到王献唐邮寄的李南涧原稿，得以商谈进一步的印书打算：

> 《佛金山馆碑跋》单行本，或入《山左遗书》，统希示复为荷。李南涧手稿，字极模糊，制铜板如何，容问上海制版局再告。《山左遗书》甲乙编，或甲乙丙丁，或二三四编，统希《提要》早日撰成，俾便弟另印小册，分

---

① 安可荇、王书林手稿整理，杜泽逊编校整理：《王献唐师友书札》，青岛出版社，2009 年，第 1535 页。
② 安可荇、王书林手稿整理，杜泽逊编校整理：《王献唐师友书札》，青岛出版社，2009 年，第 1531 页。
③ 安可荇、王书林手稿整理，杜泽逊编校整理：《王献唐师友书札》，青岛出版社，2009 年，第 1511—1514 页。
④ 安可荇、王书林手稿整理，杜泽逊编校整理：《王献唐师友书札》，青岛出版社，2009 年，第 1521—1522 页。

发各圕及团体学校等为荷。《雪泥书屋遗书目》，未卜页数多否？前蒙惠书，半月、一月、两月所校之书，望即按期寄来是幸。拙刊新书五种，望代介绍，使弟经济可得周转也。①。

此时，《山左先喆遗书》的目录尚未编就，陈准着手印行《佛金山馆碑跋》和李文藻的《南涧先生易簪记》，《雪泥书屋遗书目》则在初步计划之中。信中所提"拙刊新书五种"当是在12月9日信中所提到的《方校注〈字鉴〉》及《宋韩蕲王碑》《章实斋方志论文集》《说文》等，陈准请王献唐代为推广，推广的对象包括四川茹古堂和山东书局。《山左先喆遗书》的各方捐募，陈氏亦以刊书为赠。②

1935年4月27日陈准又与王献唐信：

兹因各事条陈如后，统希速示为盼。此请公安。弟准顿首，四、廿七。
一、《雪泥屋目》题签及《序文校勘表》请即寄下。
二、《诗切》《经韵》两种稿望即寄来，因敝友愿印《诗切》也。
三、《山左先喆遗书》第一编即用《诗切》《古今字诂疏证》《雪泥屋目》《佛金山跋》《易簪记》（或《经韵》）五种可否？
五、"太鹤山人"题签，烦书就即寄为感。③

此时《佛金山馆碑跋》《南涧先生易簪记》《雪泥书屋遗书目》均已大致完成，接下来可印《诗切》《经韵》。陈氏建议《诗切》《古今字诂疏证》《雪泥屋目》《佛金山跋》《易簪记》（或《经韵》）五种为《山左先喆遗书》第一编（《古今字诂疏证》由聚文斋于1934年底印成）。从下一封6月9日的信可知，《易簪记》已完成初印：

---

① 安可荇、王书林手稿整理，杜泽逊编校整理：《王献唐师友书札》，青岛出版社，2009年，第1515—1516页。
② 安可荇、王书林手稿整理，杜泽逊编校整理：《王献唐师友书札》，青岛出版社，2009年，第1532—1534页。
③ 安可荇、王书林手稿整理，杜泽逊编校整理：《王献唐师友书札》，青岛出版社，2009年，第1519—1520页。

献唐先生文席：日昨所商事，未卜尊意如何？《易簪记》改正本，望即寄来一份为盼。敝意拟将已印成二百五十份左右，先订发售，未知可否？前《古今字诂》如有错误，望即改正一份，以便将来重印。①

陈准与王献唐商量将已经印好的《南涧先生易簪记》先行发售，王献唐亦可赠送当局与友人。在这封信下，陈准还请王献唐出具简章和预约券，撰就登报广告、邮寄《甲编》剩余的两种。② 由于后面的信均已缺失，无从窥见进一步的实施情况，但可以确定的是，印行完《佛金山跋》后，又印出了《山左先喆遗书提要》。具体的出版时间，当在1935年5月之前。现可见5月丁伯弢致王献唐的一封信：

惠寄《石经叙录》及《提要》两册收到，敬谢！大序数万言，使人心怖，久病不能卒读，奈何！《提要》分致家春庭矣。③

丁伯弢在1935年去世，所得书应在1935年的5月，此时《提要》已经印成。《山左先喆遗书提要》一册，前有王献唐的序，后有陈准的跋语，实具广告性质：

迳启者：敝局自备仿宋聚珍专出海内孤本秘籍，兹因山左遗书约在十辑之多，卷帙浩繁，非十年功夫不能出书。兹先选定四编陆续刊出，务望海内收藏家及公私图书馆广为宣传，并希各省教育厅转饬各县图书馆劝其购买，使前贤遗著可以早日贡献于社会也。

在文中，王献唐希望海内藏书机构及个人大力宣传此书。文后所列总发行所有三处：瑞安杨衙街五号仿古书局、北平隆福寺街修绠堂书店、济南大明湖畔山东省立图书馆。

---

① 安可荇、王书林手稿整理，杜泽逊编校整理：《王献唐师友书札》，青岛出版社，2009年，第1508—1510页。
② 安可荇、王书林手稿整理，杜泽逊编校整理：《王献唐师友书札》，青岛出版社，2009年，第1508—1510页。
③ 安可荇、王书林手稿整理，杜泽逊编校整理：《王献唐师友书札》，青岛出版社，2009年，第503—504页。

1935年12月2日（或1936年）陈准致王献唐的信中也涉及了《山左先喆遗书提要》的刊印事宜：

前贡芜函及《山左遗书提[要]》六十册，想登左右矣。《提要》已无存书，不妨由先生先分朋好，待后稍得机缘再行另印全书，亦无不可也。如《遗书》开始印行，弟另配添一批新宋字（即新仿宋字）专印此书，较为美观，并可多备二三副排成八九版或十版，由先生代校可也。①

从信中可以看出，《山左先喆遗书提要》应当刊印了一部分。"待后稍得机缘再行另印全书"，可见印书之事因故暂停。印书过程中面临着经费不足这个最大的困难，王献唐曾寻求政府的财政支持，并于1935年获得一笔资金周济，具体数目不详，但对于所费甚巨的全部印书事业而言，这部分款项没能彻底解决问题。②1937年《中华图书馆协会会报》刊登了《山左先喆遗书》编纂事，除列各书，并称"均是山左先贤一生心血结晶，海内共仰，名贵可知，此项印行，可谓有功文献不少"，还提到"印行费用预算约为两万元"③，两万元实非小数。王献唐于1940年7月17日致李小缘函："全书印行，工费颇大，自宋明轩、张荩忱两将军逝世，同乡中已无肯再出赀者矣。"④更可确定《遗书》未能全部印行的很大原因即是缺乏资金。虽然陈准打算再印时添配新宋字，但由于抗战爆发，《丛书》刊印事未能继续进行。

陈准铅印《山左先喆遗书》的质量实有待商榷。1935年4月，当王欣夫得知王献唐打算由温州仿古书局陈准刊印《山左先喆遗书》时，不甚

---

① 此信没有年份，但《提要》在1935年印成，1937年12月，抗战爆发，已经无暇顾及印书之事，据此推断当是1935年或1936年。安可荇、王书林手稿整理，杜泽逊编校整理：《王献唐师友书札》，青岛出版社，2009年，第1530页。

② 1935年4月27日："预约事及当局补助事成功否？贵馆本年预算有增加否？弟在瑞仍无善状，终日碌碌，终不能糊口，奈何奈何！"1935年6月9日："当局赠下补助费应如何办法，望详示，以便遵命进行。"安可荇、王书林手稿整理，杜泽逊编校整理：《王献唐师友书札》，青岛出版社，2009年，第1519—1520、1508—1510页。

③ 《中华图书馆协会会报》，1937年第12卷第5期，第26—27页。

④ 原札藏南京大学（原金陵大学）图书馆。姜庆刚：《王献唐信札十三则》，《山东图书馆季刊》，2007年第4期。

认同，因陈氏印书讹谬颇多，王欣夫写了一封长信，在信中直言不讳：

  献唐先生阁下：顷见尊辑《山左先喆遗书目录》，所收材料皆属经史未刊要籍，得流布以惠学者，诚盛业也。但窃有进者，瑞安陈君虽喜刊行古书，然于校勘方面，绝非内家，故其所已刊者，无一非豕鱼满纸，开卷作三日呕。瞿木夫《古玉图考》，此真有用之书，而每页差误，多至十数字者有之。木刻且如此，况排印乎？即如此次附印《南涧易贲记》两页为样本，自必校对精严不苟，庶可引起阅者之兴感，而俾广推销矣，然其行款之误排、文字之颠倒，已累累见之，试问全书刊成，有何价值？而第三行固赫然书校录者姓氏即阁下也，阁下非将受诬于不白乎？大概陈君为谋利计，故于校对内容完全不讲，然阁下为表扬先哲遗著计，宁可亦置而勿问耶？况此等有关实学考订之书，苟差误累累，反足以贻误学者，上则重诬先哲，下则贻误后学。如此刻书，不如其已，且亦大负阁下搜罗之苦心矣。窃谓贵馆经费之充裕、人材之美备，既具表彰先贤之盛心，何不自行出版，而必托之于唯利是图、不知校勘为何事之人？仆与陈君素不相识，更无成见，睹此谬种流传，为害之大，不禁为贵省先哲悲，为阁下勤勤搜访之苦心惜，有鲠在喉，不得不一倾吐之，惟阁下其鉴之。至陈君刻书之成绩，固传布甚多，一一可案，非一人之私言也。贵馆年刊中之许校《蔡中郎集》，其下半部亦将付印否？①

  王欣夫的直言不讳没有影响二人之间的交情，5月29日，给王献唐信："奉手书并《山左先喆遗书目》，谢谢。"②1936年7月14日，又帮友人托问山东图书馆邾国铜器拓片出售事。③1937年，王欣夫集印《丁丑丛刊》，出资的图书馆中有山东省立图书馆、江苏省立苏州图书馆、吴县图

---

  ① 安可荇、王书林手稿整理，杜泽逊编校整理：《王献唐师友书札》，青岛出版社，2009年，第1597—1599页。

  ② 安可荇、王书林手稿整理，杜泽逊编校整理：《王献唐师友书札》，青岛出版社，2009年，第1610页。

  ③ 安可荇、王书林手稿整理，杜泽逊编校整理：《王献唐师友书札》，青岛出版社，2009年，第1037—1038页。

书馆。① 书成后，王欣夫即将出资名单寄给王献唐，被王献唐完好地保存在信札里。

现《山左先喆遗书提要》山东省博物馆藏本书衣有 1948 年元月王献唐跋："此册为调甫与余合编，由绳夫印行，内遗书数种已出版，讹误太多，宋明轩将军欲出赀全印，以事变未果。今宋氏与绳夫皆逝世矣，重展此册，为之怆然。"可见王献唐认同王欣夫的看法，书中讹误较多。虽打算全部印出，但终未果。

《山左先喆遗书》是民国年间王献唐整理山东乡贤文献的努力，虽仅印出数种，但尚有很多已经编成而待印者，如计划铅印的栖霞牟庭《雪泥屋遗书目录》，属于《山左先喆遗书》，有 1932 年山东省立图书馆油印本。20 世纪八九十年代，齐鲁书社又以"山左名贤遗书"的名义将《同文尚书》《诗切》《毛诗质疑》等 15 种著述刊布流传。2007 年开始，《山东文献集成》编纂，至今又有《齐鲁文库》之出版，山东文献之整理传承不息。

## 三、金石古物的搜辑与《海岳楼金石丛编》的拓印

王献唐在介绍馆藏特色时，特别强调与它馆之不同在于重视金石："本馆之管理办法，亦颇与他省图书馆不同。彼皆偏重书藏，此以旧附金石保存所、博物院之故，几以书籍与古物并重。欲各组成系统，使阅书者于书本之外，兼得实物参验，收事半功倍之效。"② 金石文物与书籍并重，乃山东图书馆之特色。

山东省立图书馆建馆之初，即附设金石保存所，保存有石刻、铜器、瓷器、玉器等文物，仅石刻就有 20 种 82 石。1929 年后，更是大批收入金石。截至 1933 年 7 月，馆藏"铜器 143 件，石刻 355 石，钱币 3912 品，砖瓦 723 件，陶器杂件 347 件，泉范 235 件，陶文 1649 片，玉器 50 件，瓷器 89 件，甲骨 68 片，祭器乐器 1427 件，书画 601 件，金石拓本（编订成书者不在内）7022 幅，帖 304 册，共计 17394 事"③。当时有称："国内图书馆以藏书之多言，首推北平之国立北平图书馆，以保存古器物之丰言，

---

① 王欣夫：《八年丛编》，上海人民出版社影印本，2019 年，第 2285 页。
② 《山东省立图书馆概况》，山东省立图书馆，1933 年，第 42 页。
③ 《山东省立图书馆概况》，山东省立图书馆，1933 年，第 18—19 页。

殆无出山东省立图书馆之右者。……故富于历史博物院的性质,实可谓为山东省立图书馆特色之所在。"①

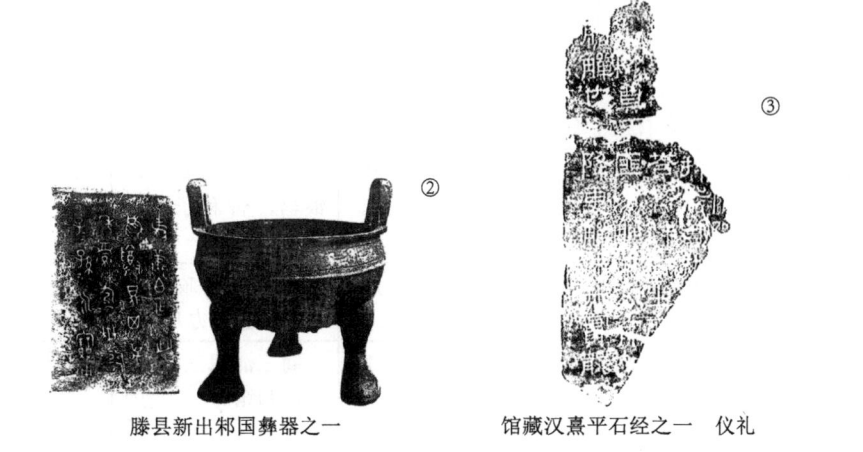

滕县新出邾国彝器之一　　　　　馆藏汉熹平石经之一　仪礼

1933年出版的《山东省立图书馆概况》,依据文物品类、收藏时间、文物来源、出资情况,将馆中部分藏品做了介绍,详见下表(表18)④:

表18　山东省立图书馆藏文物情况表

| 文物种类 | 文物品类 | 时间 | 来源 | 出资 |
| --- | --- | --- | --- | --- |
| 石刻 | 汉永和封墓刻石<br>嘉祥汉代画像<br>李璧墓志<br>魏孙宝憘造像 | 建馆初 | 各地搜集 | 少予以价 |
|  | 岳飞送张紫严北伐诗巨石 | 1913年2月 | 济南府署门东土地祠内移藏 |  |
|  | 汶上出土之汉食堂画像 | 1917年12月 | 省立二师校长孔祥桐,在姚村车站,扣留移馆 | 未出资 |
|  | 六朝造像 | 1918年2月 | 益都知事范家祜在车站悦来栈扣留 | 未出资 |

---

① 《国内图书馆刊物提要介绍:山东省立图书馆季刊》,《浙江省立图书馆季刊》,1933年第2卷第3期,第132页。
② 《山东省立图书馆概况》,山东省立图书馆,1933年,书内插页。
③ 《山东省立图书馆概况》,山东省立图书馆,1933年,书内插页。
④ 《山东省立图书馆概况》,山东省立图书馆,1933年,第8—18页。

231

续表

| 文物种类 | 文物品类 | 时间 | 来源 | 出资 |
|---|---|---|---|---|
| 石刻 | 汉画像六石（嘉祥伪刻） | 1923年 | 商埠文美斋亦扣留日商私购 | 予以代价 |
| | 青州寿光出土六朝隋唐石刻十石 | 1933年2月 | | 购入 |
| | 宋皇佑碑刻石棺 | 1933年5月 | 陵县出土，及铜器，银器，舍利子等，亦悉数移馆 | |
| 铜器 | 旧藩库所藏铜器，磁器，玉器，书画 | 1913年7月 | 姚柳屏为行政公署科长，主持办理 | |
| | 聊城铁塔寺铜佛 | 1917年11月 | 日商三浦辈三私购，交涉归馆 | 未出资 |
| | 曲阜铜器，大小残整，共三十四件 | 1929年秋 | 在孔林前出土，该县知事征送省政府，是年十二月，呈请归馆 | |
| | 滕县铜器十四件 | 1933年 | 本年三月，在城东安上村出土。四月十日，全部归馆保存 | 省政府给予地主农民二千元 |
| 书画碑帖 | 刘石庵楷书果子诗 | 1913年 | 藩库旧存移藏本馆 | |
| 乐器祭器 | 乐器祭器一千四百二十七件 | 1930年春 | 济南孔庙改为省立第一实验小学校舍，移藏入馆 | |
| 陈介祺故物 | 潍县陈簠斋家藏六朝隋唐造像墓志、藏泉、砖瓦、齐鲁古陶文、齐法货泉范 | 1932年9月 | | 三千元购存馆内 |
| 泉币 | 历城马竹吾玉函山房藏泉一千三百三十二品 | | 即红藕画轩泉品著录各品，皆嵌置版上 | |
| | 青州李氏藏泉七百五十品 | | | |
| 砖瓦 | 潍县高氏上陶室砖瓦五百二十九事 | 1931年6月 | 初为日商购去，交涉归馆 | |

以上所列，均为当时馆藏重要之文物。除此以外，时储石刻还有汉魏石经残石87枚，为洛阳太学旧址出土。又汉画像滕县18石，青州2石，潍县6石，济南4石，也是"或为赠送，或为挖掘，或为价买，或与外人交涉"，皆先后入馆。另如汉琅琊相刘君墓表、济城元碑及汉魏六朝石刻等石刻，山东图书馆所藏，为数甚多。

山东图书馆所藏以金石古物为大宗，也有书画手稿《邢摺伯大破日师战绩图》《禹慎斋绘渔洋埧箃唱和图》《幽篁坐啸图》、李南涧摹本《贯休罗汉》及《琉璃厂书肆记》手稿等，均为馆藏之重要部分。

山东省立图书馆的金石古物藏品极为丰富，这与山东多文明古国有关，也与清代以来当地金石小学研究风气密不可分。梁启超在《近代学风之地理的分布》中概括到：

山左金石最富。自顾亭林（炎武）来游，力为提倡，厥后黄小松（易）宦斯土，搜剔日广。斯土学者亦笃嗜之，有以名其家者。海丰吴子苾（式芬）、诸城刘燕庭（喜海）、潍县陈簠斋（介祺）、黄县丁彦臣（彦臣）、福山王廉生（懿荣）皆收藏甚富，而考证亦日益精审。故咸同间金石学度越前古，而山东学者为之魁。①

梁启超所言海丰吴子苾（式芬）、诸城刘燕庭（喜海）、潍县陈簠斋（介祺）及福山王廉生（懿荣）诸人，既是小学研究之大家，同时也是金石甲骨收藏之巨擘。王献唐本人研究旨趣亦在金石小学，屈万里在《王献唐先生事略》中讲道："日照为许印林（瀚）、丁竹君（以此）故里，流风所被，邑人多治小学。先生既精于金石、音韵、训诂之学，复资以证古史，故创获独多。"② 其师从许瀚，是清代卓有成就的文字学家。这在一定程度上也影响了山东图书馆的收藏与出版。

山东省立图书馆的出版物中，《山左先喆遗书》所收的《古今字诂疏证》《佛金山馆秦汉碑跋》均与金石文字有关。王献唐还将金石资料专门

---

① 梁启超：《梁启超全集》第7册，北京出版社，1999年，第4264页。此处梁启超有误，丁彦臣为浙江归安人，长期在山东为官。黄县丁氏，知名者丁佛言（1878—1931），非咸同年间人。

② 屈万里：《屈万里文存》第5册，台湾联经出版事业公司，1985年，第1878页。

辑印成书，为《海岳楼金石丛拓》《海岳楼金石丛编》，亦可见山东文化精华之所在。

1.《海岳楼金石丛编》的集拓

1930年4月出版的《聊城杨氏海源阁藏书之过去现在》卷末所附《本馆出版新书豫告》中，除《说文解字韵隶》和《许印林遗书》外，还有《齐鲁陶文》《玉函山房泉录》，均是王献唐编纂、整理的金石文字书籍。其中，《齐鲁陶文》主要是潍县簠斋旧藏，共计古陶器文字拓本一千八百余页，《玉函山房泉录》则是椎拓山东省图书馆新收的历城马国翰藏泉一千四十余品，每钱各为考证，均嵌刻版上，共六百一十版，马氏原著《红藕花轩泉品》九卷仅及《泉录》三分之一。

1933年，山东图书馆计划编印《海岳楼金石丛拓》，拟印："金文，一册；玺印，二册；汉魏石经，二册，汉魏六朝石文，四册；帛币，六册；砖文，十册；瓦文，十册；陶文，十六册；笵文，四册。"① 从编印计划中亦可看出所藏文物品类之丰富。

《海岳楼金石丛书》所收文物，均需拓印而成。陶湘与王献唐往来的信札提到了此书的拓印事宜：

> 献唐先生阁下：拓碑之举，议了一年，迄未实践者，拓手未得明白人也。兹有刘保忠者，人既诚实，对于碑帖"残""完"两字颇有研究，特令其趋叩台端，先拓贵馆（全份）及曲阜（孔林在内）、济宁（嘉祥在内），此三处（各处敝处均五六份为止）如何拓法为宜？并佳纸佳墨均已交之。弟新正月内（即二月内）必趋教一切，还乞先行饬其试办先拓，惟有许多处必须过水洗净浆滞者，统希鼎力维持办到，实文化前途之大幸也。②

据信可知，1933年1月，陶湘曾向王献唐推荐刘保忠负责拓印之事。此次拓碑不仅要拓山东图书馆藏品，曲阜孔林和嘉祥石刻亦在拓印计划之内。到2月15日，陶湘又给王献唐写信："嗣得曲阜刘保忠回函，知已

---

① 《山东省立图书馆概况》，山东省立图书馆，1933年，第39—40页。
② 安可荇、王书林手稿整理，杜泽逊编校整理：《王献唐师友书札》，青岛出版社，2009年，第49—50页。

与台端相洽，准日内赴历下拓尊馆所藏各石刻，心感之至。"①此时，刘保忠已与王献唐接洽。

《海岳楼金石丛拓》五种，分别是《封泥货币文字》（又名《泥封货布文字》）、《秦诏量瓦集拓》《十钟山房金文》《二百镜斋镜文》《齐鲁陶文》。②但真正流通的是《海岳楼金石丛编》，而非《海岳楼金石丛拓》。其中，玺印为王献唐藏印，用特制印泥以原印钤成《两汉印帚》三册，为《丛编》之一，前有牌记"海曲王氏家藏齐鲁古印"，版心上下分别题"两汉印帚""双行精舍藏"字样。王献唐题词："寒家旧藏印鉨，益以近岁所收，抉其较佳者百纽，辑印是谱为《山东图书馆金石丛编》之一，以汉为断，下此弗录，间有三二纽年次稍远，亦并入之，署曰'印帚'，家有敝帚之意也。二十二年三月日照王献唐记。"

《汉魏石经残字》《邹滕古陶文字》《双行精舍陶骨印存》《临淄封泥文字》分别为《海岳楼金石丛编》之二至之五。③《邹滕古陶文字》选集邹滕两县出土邾国陶器文字精拓。《临淄封泥文字》则是临淄、邹县出土的周秦汉晋封泥。山东图书馆印行的这些书籍，多是向迪琮题签，如《临淄封泥文字》书衣即题"蜀人向迪琮署"。

《汉魏石经残字》是集拓馆中所藏石经残石87块而成。在此书之前，石经的集拓已经有若干次，20世纪20—30年代，马衡、罗振玉等人共同发起拓制的《集拓新出汉魏石经残字》，先后共有四编，是民国时期石经研究的重要成果。《汉魏石经残字》所载87块残石中，仅有一块魏石经罗振玉已考定，余皆未见著录，这些集拓的石经后来均成为马衡《汉石经集存》重要的资料来源。此书王献唐为之作序，屈万里又作《校录》一卷并行，亦可单行。

《双行精舍陶骨印存》仅印成三部，前有戊子年（1948）王献唐识语："旧藏临淄出土匋骨玺印，十一年年前墨拓三份装册，一赠友人，一藏图书馆，一自存，劫后归来于故箧中重获是册，后□匋骨数纽检视当未揭入

---

① 安可荇、王书林手稿整理，杜泽逊编校整理：《王献唐师友书札》，青岛出版社，2009年，第52—53页。
② 原本现藏山东省博物馆，2009年青岛出版社影印出版。
③ 《汉魏石经残字》前牌记："海岳楼金石丛编之二"，穆天子传后书衣"《邹滕古陶文字》，海岳楼金石丛编之二"兹依牌记排列。

也。"[1] 但此书未能正式发行。

王献唐主持山东省立图书馆以海岳楼为名出版的书籍另有《海岳楼藏印甲集》，此书系1936年辑拓山东省立图书馆藏清代牙、石印章而成，但也是仅出三部，未能大量发行，"一藏馆中，一贻仲采，一自藏"[2]。现山东省博物馆藏一部。

2. 单张拓片的印行

1934年由山东省立图书馆出版了《穆天子传》一书，此书后还附有其馆印制的单张拓品的广告：

汉魏石经屏幅　每份四幅实价四元
汉寿州石羊刻辞　每份二幅实价一元[3]

拓制单张拓片出售是很多藏有文物的图书馆都进行的业务。北平图书馆、河南图书馆都拓印过《熹平石经》残石，国学图书馆、浙江图书馆、云南图书馆也拓有部分石刻。山东省立图书馆也是拓石较多的图书馆之一："所藏石刻，亦多拓为墨本，定价出售，或以交换书籍。"[4] 1931年的《山东省立图书馆碑帖拓本价目表》共有52种墨本，有石刻，如《汉永和封墓刻石》《汉嘉祥画像》《汉梧台里社残石》；有砖瓦，如《汉建初砖》《汉地节画砖》《汉建安画砖》《魏普通瓦》；有墓志，如《魏李璧墓志》《魏介休令李谋墓志》《唐张公佐墓志》《唐陈兰英墓志》；有造像，如《魏孙宝憘造像》《魏崔承宗造像》《魏张道果造像》《齐李德玉造像》等，均是据馆内所藏拓就。

在这些石刻中，值得一提的是《汉永和封墓刻石》和《李璧墓志》：

汉石以《永和封墓刻石》为最，传世墓志，此为最古，长篇小字，尤属仅见。魏石则推《李璧墓志》，近世河洛出土魏志最夥，未有能胜

---

[1] 王献唐：《海岳楼金石丛编》，青岛出版社影印本，2009年。
[2] 李勇慧：《王献唐著述考》，山东教育出版社，2014年，第159页。
[3] 1934年出版的《穆天子传》末印制的广告。
[4] 《山东省立图书馆概况》，山东省立图书馆，1933年，第38页。

此者也。①

这两种石刻均在建馆之初即入藏。《汉永和封墓刻石》，又称《汉临碑》，方若《校碑随笔》著录《□临为父通作封记》，顾燮光《梦碧簃石言》著录为《汉杜临封塚记》。《□临为父通作封记》：

> 隶书、十六行、行二十四字至二十八字不等。石归山东济南金石保存所。延熹六年二月。

> 石昔在山东邹县马槽村，半没土中。宣统元年劝业道萧应椿查矿，经此见而掘出之，试拓数纸，极草率文不易读，是年归金石保存所，次年有精拓本。②

萧应椿，字绍庭，云南昆明人。光绪三十四年（1908）任山东劝业道，还曾兼任山东大学堂监理，宣统元年（1909）发现汉永和封墓刻石后，运至山东图书馆金石保存所保存，罗正钧为石撰写跋语并镂刻，罗氏跋语拓本附于原石拓本存售，至今多见保存。此刻石入藏山东图书馆金石保存所后，所拓之本乃精善。1918年顾燮光《梦碧簃石言》出版时，亦收入罗正钧的跋。

到1932年，山东省立图书馆出版的墨本增加到71种。增加的有《汉潍县画像》《汉青州画像》《齐武平造像》《齐河清造像》《唐董氏墓志》《宋李悔墓志》《苏东坡罗池庙碑摸本残石》《翁覃溪楷书残石》《铁梅庵行书济南书院记》《何子贞楷书程孺人墓志》《祁寯藻楷书王海门墓志》《潘伯寅隶书王鹄生圹志》《潍县高氏上陶室砖瓦精品屏幅》等，都是王献唐到馆以后所收。1934年又增有《汉魏石经屏幅》《汉寿州石羊刻辞》等。

实际拓印的数量应该不止于此，如1935年12月21日，国学图书馆以馆印书与山东省图书馆交换得碑帖砖瓦拓片81种，则至少在81种以上。③

1943年，山东省立图书馆委员会将新出墨本定价："书谱拓片分甲

---

① 《山东省立图书馆概况》，山东省立图书馆，1933年，第12页。
② 王壮弘：《增补校碑随笔》，上海书店出版社，1981年，第76—77页。
③ 《江苏省立国学图书馆第九年刊·纪事》，1936年，第11页。

乙丙三种，六吉连绵纸拓者为甲种，每份定价三十元；画心纸搨者为乙种，每份定价二十元；杭粉连拓者为丙种，每份定价十六元。"[1]因所藏文物较多，山东图书馆还创造性地使用了实物广告的形式，即直接在碑石原物旁设置广告："图书馆各碑石旁均已悬挂木牌，标出名目，并注明拓片每份价值，以备阅览。"[2]观看实物时，通过旁边的价值标志，即可知有拓片销售。

1934年9月16日，《申报》大篇幅报道《鲁图书馆新购海丰吴氏彝器》一事，末云："该馆现拟汇集前后所收有文字之铜器百件上下，编为《海岳楼彝器图录》问世。最近除收吴氏一部分外，又从各处购得新出土铜器十件、汉《熹平石经》二段，皆可宝贵。"[3]虽然文中所举金石是山东图书馆收藏的很小一部分，所说《海岳楼彝器图录》未见出版，但是山东图书馆出版拓印的金石墨本为民国时期公共图书馆之翘楚，毋庸置疑[4]。

1918年3月刊印的《广东图书馆附设印行所书目》所列图书中，有相当部分为广东乡贤著述和地方史料，如陈澧《东塾遗书》，何若瑶《公羊注疏质疑》，侯康《后汉书补注续》《补三国艺文志》《三国志补注续》，仪克中《剑光楼集》，以及《岭南遗书》《海山仙馆丛书》《广东通志》《广州府志》《粤东十三家诗集》《楚庭耆旧遗诗》《岭南集》《南海百咏》《岭南文钞》《学海堂初二三四集》《广东图说》等。[5]

苏州图书馆所出版的书籍也以吴中先哲著述为主，如徐澂所撰《王烟客先生绘画年表》[6]《吴门画史》[7]《俞曲园先生年谱》《余杭先生语录》[8]，

---

[1] 第十三次会议（1943年），山东省立图书馆委员会记录簿，山东省图书馆藏稿本。

[2] 第十次会议（1942年），《山东省立图书馆委员会记录簿》，山东省图书馆藏稿本。

[3] 《申报》，1934年9月16日。

[4] 已编就的刘锡增编《玉函山房泉录》亦未出版，原本现藏山东博物馆。

[5] 广东炎黄文化研究会、番禺炎黄文化研究会：《岭峤春秋 徐信符研究文献集》，广东人民出版社，2004年，第158页。

[6] 以图表形式列出画家王时敏绘画作品，1939年2月铅印本。

[7] 按姓氏笔画编排介绍苏州历代画家1200余人，1939年10月铅印本。

[8] 均在1940年出版，分别是俞樾、章太炎的年谱和语录。

苏州图书馆自编《吴县志列传人名索引》《吴中惠氏传经图》[①]《万蕉园十快记传奇八曲》[②]等。《江苏先贤像》今所知有两种，一种是《民国时期总书目》所载，1939年7月出版，共10页，辑入范文正、叶文庄、沈石田、吴文字、祝枝山、文衡山、周恭肃、严文靖、瞿忠宣、朱柏庐等人的画像及略传[③]；一种是1940年5月汇印的，珂罗版印制，采用上方装订、文字横排从左到右书写的方式，每页下方均有"江苏省立苏州图书馆特辑"字，有高启、惠士奇、徐乾学、王文治、严讷、吴宽、孙尔准、王念孙等33人的画像及略传。

苏州图书馆在1939年到1943年编辑汇印《吴中文献小丛书》，《刊行吴中文献小丛书旨趣》强调地方文献的价值，并先出版先儒专著："地方文献，全文化之所由积也。文化为物，群伦攸共，故凡尊惜文化，应自地方文献始。吾吴夙称东南文薮，文献著录，与祀俱进，或既铅椠，或秘箧衍。经兹兵燹，散佚难稽，历劫幸存，弥足珍贵。本馆整拾丛残，职责莫贷，爰拟就有关地方文献之亟待表章者，如先儒专著《寓贤瑱纪》，或其遗稿未经刊布，或虽刊刻而流传已鲜，特辑为《吴中文献小丛书》，次第梓行。"[④]每种书前均标有"吴中文献小丛书之几"，如《张籲邺诗》即是"吴中文献小丛书之一"，序号共至三十，但其中二和十五均收书两种，因此共收入文献32种。《吴中文献小丛书》的不同之处在于，均是非卖品，出版以后均用来赠送或交换，而不谋求经济利益。

河南省立图书馆访购本省名人著述未刻者，陆续校刊，汇为《中州丛刻》[⑤]，安徽省立图书馆出版桐城姚永朴著《旧闻随笔》、张树侯《淮南耆旧小传》，江西省立图书馆出版《豫章丛书》、欧阳祖经《南明赣事系年录》，陕西省立第一图书馆出版张长工编《西京胜迹》，广东省立图书馆编印《广东方志目录》等都是出版物中的"地方文献"。

---

① 1939年铅印。

② 题为蕉散人填词，复印本。

③ 北京图书馆：《民国时期总书目（1911—1949）·历史·传记·考古·地理》（下），北京图书馆出版社，1994年，第456页。据《民国时期总书目》，此书藏上海图书馆。

④ 《吴中文献小丛书》每种书前均有《刊行吴中文献小丛书旨趣》。

⑤ 王爱功、张松道主编，刘中朝、孔德超、夏雁副主编：《河南省图书馆志》，吉林文史出版社，2009年，第388页。

1921年，赵藩代表唐继尧由粤返滇，函约方树梅襄助《云南丛书》时说道："藩衰年远役，家国两无所裨，触目伤心，即应逃世。以平生夙志，阐扬吾滇文献，所事未完，一息尚存，允当尽力，姑葳此役，而后寒裳。吾弟雅尚相同，知必有以匡我不逮也。"[①] 正是有赵藩、方树梅等人对地方文献搜辑编纂的坚持不懈，才使先贤学术流传不辍。

---

① 方树梅著，戴群整理，吴格审定：《北游搜访文献日记》，上海人民出版社，2020年，第183页。

# 第三章　寓存于印，挽救沦亡
## ——影印珍稀善本

河北省立第一图书馆在中华图书馆协会第一次年会上提出"孤本书籍立行重印以广流传案"时的理由为："查各图书馆每有孤本之书，一旦损失，殊属可惜。应由协会请款重印，分储各图书馆以传永久，或廉价出售，令各图书馆各购一部，以重公款而保国粹。总之，以我国孤本书籍不至沦亡为得计也。"① 影印是挽救中国珍本书籍免于沦亡的重要方式。出版界的代表人物张元济，将搜罗和传印中国珍稀古籍作为重要的事业，他曾言："古籍散亡，印术日新，余恒思择要影印，以饷学者。"② 影印的《四部丛刊》《古逸丛书续编》均负盛名。周武在《张元济赴日访书与民族记忆的修复》一文中阐述了张元济仿印珍籍的重大意义："这些珍本秘籍后来相继被编入他主持编纂的大型古籍丛书，使沈薶数百年之久、离散于异域的古本逸编得以复见于故土，并重新楔入中华民族的历史与记忆。因此，它的意义绝不仅限于版本的价值，更重要的是它关系到民族记忆的修复和民族精神的再构。"③ 作为保存书籍的图书馆特别是公共图书馆来说，将馆藏

---

① 中华图书馆协会执行委员会：《中华图书馆协会第一次年会报告》，中华图书馆协会事务所，1929年，第74页。

② 张元济：《涵芬楼烬余书录序》，张人凤：《张元济与中国近现代图书馆事业》，上海科学技术文献出版社，2014年，第171页。

③ 周武：《张元济赴日访书与民族记忆的修复》，《学术月刊》，2018年第6期，第146—165页。

通过出版的形式公诸于众，不仅可便利学人，还使古籍化身千百，流藏民间。特别是在国家危难时刻，仍设法刊布，更是挽救民族文化之大事业。

## 第一节　北平图书馆的善本影印

影印是北平图书馆的重要业务活动，1933年沈祖荣《中国图书馆及图书馆教育调查报告》："每日来馆缮校孤本者颇多。馆中且置有影书机（Photostat），凡道远不能亲自赴馆缮校之孤本，馆中可代为印影出，取价至廉，每页只收价费二角五分。由此，该馆对于读者之服务，更觉宏巨。"[①]今可见《北平图书馆出版书籍目录》末页"国立北平图书馆流通典籍之工作"的告示，国立北平图书馆为促进流通典籍，专设照相室、晒书室、缮校室，凡欲将北平图书馆馆藏书某种某册或某页录副者，可指定办法（照相、晒印、抄录）委托北平馆代为办理。[②]照像、晒印、抄录均是书籍复制的方式，北平图书馆有多种形式，其中流通更广泛的则是影印善本古籍。

北平图书馆出版事业的较快发展开始于1929年。1929年2月10日，改组后的北平图书馆重新开放，蔡元培兼任馆长，8月30日，教育部又任命袁同礼为副馆长。北平图书馆的很多大事是由北平图书馆委员会决定，成员有傅斯年、周诒春、刘复、任鸿隽、陈垣、孙洪芬、马叙伦、胡适、蒋梦麟等，多为学界翘楚。

与此同时，北平图书馆善本书入藏增多。如1931年7月到1932年6月间，"中文采访事业因经费特增，实力充足，入藏之书颇多孤刊原稿"[③]。入藏的有海源阁遗书、明地志、宋元明别集、《宋会要辑稿》等。另外如经部有宋刻大字本《诗集传》，史部有万历本程开祜《筹辽硕画》、万历修本赵官《后湖志》、旧抄足本《千顷堂书目》、劳氏丹铅精舍抄本《万卷堂书目》、万历本《行人司书目》、弘治成化本《进士登科录》，子部

---

[①] 沈祖荣：《沈祖荣集》，武汉大学出版社，2016年，第232页。"印影出"中"印"字当为衍文。

[②] 《北平图书馆出版书籍目录》，国立北平图书馆，1939年，末页。

[③] 《国立北平图书馆馆务报告（民国二十年七月至二十一年六月）》，国立北平图书馆，1932年，第5页。

有稿本焦循《里堂视听录》、汪曰桢手写《廿一史日月考》及《长术辑要》、徐虹亭家抄本晏殊《类要》，词曲类则有明刻屠隆《修文记》、无名氏《磨忠记》及成化本《西厢驻云飞》小曲五种，皆极罕见之珍本。① 珍稀善本的入藏是北平图书馆各项事业开展的基础，还为出版印行储备了资源。

## 一、海外典籍

1929年1月，中华图书馆协会第一次会议，云南图书馆、徐庭遵、徐韫知、陆秀、黄警顽、沈仲俊、谢源、王淑皇等提出"请国民政府收回庚子年被外人掳去之各种古籍（如《永乐大典》等）及其他陆续收去者请准我国影印收回以保存国粹案"，正式在官方层面上提出影印中国海外古籍。

> 理由 前清庚子之乱，所有在京宝贵之物，多被外人捆载而去。至如《永乐大典》一书，乃历朝遗留载籍之所汇纂，至其他之古籍被掳去及陆续收去者，不胜目举。我国国民政府成立，亟应请下令向各国交涉影印收回，此举并不防其所有权，实为争存我国国耻及保存国粹之幸。②

协会的办法是"呈请国民政府向各国交涉，准许我国影印行世"。具体方案包括：由本会请求中华教育文化基金董事会拨款；由本会接洽张汉卿印刷事宜；由本会与中华教育文化基金董事会、中央研究院、东三省影印四库全书委员会，合组机关办理。③ 这是图书馆界影印保存海外典籍的开始。

使这项工作得以进行的是北平图书馆。北平图书馆沿自清末的京师图书馆，从创立时起，就承担起国家图书馆的职责。在保护珍籍的同时，寻访海内外稀见古籍，增进中华典籍的保护与流传，如编辑《东瀛秘藏汉籍

---

① 《国立北平图书馆馆务报告（民国二十年七月至二十一年六月）》，国立北平图书馆，1932年，第8页。
② 中华图书馆协会执行委员会：《中华图书馆协会第一次年会报告》，中华图书馆协会事务所，1929年，第74页。
③ 中华图书馆协会执行委员会：《中华图书馆协会第一次年会报告》，中华图书馆协会事务所，1929年，第75页。

善本撷华录》[1]，铅印出版法国伯希和编、陆翔译《巴黎图书馆敦煌写本书目》[2]，王重民撰《巴黎敦煌残卷叙录》[3]，袁同礼编《永乐大典现存书目表》[4]。

也在1929年，北平图书馆馆务报告中写道："本馆以《永乐大典》为有明一代巨制，罕见之书多赖之以传，今虽散佚，亟应将现存他处者分别录副，藉广流传，叠与国内外公私藏书家往复函商，大致业已就绪。"[5] 所列1929年6月以前收到影照或影抄之卷数中，有三册伦敦东方语言学校影照、四卷英国剑桥大学影照、三册伦敦大英博物馆影照、三册借上海东方图书馆影抄，[6] 是民国时期搜集海外《永乐大典》最多的公共图书馆。

北平图书馆还尽量满足影印这些书籍的经费需求。1933年12月6日第11次会议，议决专项"筹划影照日本所存古佚书"，经费议决美国 Department Bank 迟还的美金1520元9角，"如购书委员会无异议，则可全数作为影照佚书之用"[7]。1937年3月29日第25次会议，讨论"管理中英庚款董事会补助八千元专作影照及选印英法所藏敦煌写本案"，议决应尽量影照。所选印之古佚书由馆先拟一书目，再请专家审核。[8] 北平图书馆将影照的法国国立图书馆所藏敦煌古籍择其最重要者影印行世，计有《毛诗音》《尔雅注》《汉书刑法志》《瑞应图故》《陈子昂遗集》《还冤记》《帝王略论》《楚辞音》《文选音》《论语义疏》十种，委托商务印书馆印行。[9]

---

[1] 民国间油印本，1册，上海图书馆有藏。

[2] 1933—1934年国立北平图书馆铅印本。

[3] 《巴黎敦煌残卷叙录》第一辑四卷附录一卷，国立北平图书馆，1936年。《巴黎敦煌残卷叙录》第二辑四卷，国立北平图书馆，1941年。

[4] 袁同礼：《永乐大典现存卷目》，《中华图书馆协会会报》第1卷第4期，中华图书馆协会执行部，1925年，第4页。又有1933本。

[5] 《国立北平图书馆馆务报告（民国十八年七月至十九年六月）》，国立北平图书馆，1930年，第13页。

[6] 《国立北平图书馆馆务报告（民国十八年七月至十九年六月）》，国立北平图书馆，1930年，第13—14页。

[7] 北京图书馆业务研究委员会：《北京图书馆馆史资料汇编（1909—1949）》，书目文献出版社影印本，1992年，340—341页。

[8] 北京图书馆业务研究委员会：《北京图书馆馆史资料汇编（1909—1949）》，书目文献出版社影印本，1992年，第354页。

[9] 《国立北平图书馆馆务报告（民国二十五年七月至二十六年六月）》，国立北平图书馆，1937年，第17页。

虽因战争爆发而未果，但此为有系统的影印海外典籍的开始。

## 二、《宋会要辑稿》

1931年，北平图书馆经董康介绍，花费四千元购得《宋会要辑稿》。从唐贞元中苏冕纂修《唐会要》始，断代《会要》多有续纂。宋代于秘书省设会要所，专司其事，前后共历十次，成书凡二千二百余卷。其书所据多为实录与日历，依类而成，具有重要的史料价值。宋时会要的官修原本，宋代从未刊行，但是政府许可臣民自由传抄，此书得以流传。元代修《宋史》，多所依据。明修《永乐大典》时，文渊阁尚藏《宋会要》残本203册，惜明宣德间毁于火。幸明初修《永乐大典》时，将《宋会要》史事分隶于各韵。清嘉庆十四年（1809），徐松任《全唐文》提调兼总纂官，假托《宋会要》为纂辑《全唐文》之资料，以授写官录副。徐氏未及排比整理而卒，卒后其稿流落北平琉璃厂书肆，为江阴缪荃孙所得。后又归广雅书局，张之洞聘缪氏及屠寄任校勘，拟付剞劂，成"职官"一门，然事情未成，原稿为书局提调王秉恩所藏匿，直到1915年，王氏藏书散出，《宋会要辑稿》为刘承幹以重金购归。1931年，北平图书馆又从刘氏处购归。

北京图书馆准备将《宋会要辑稿》付诸出版，当时有两种选择，一是影印徐氏原稿，一是出版改编清本。改编清本是原稿在刘承幹处时，延请刘富曾、费有容重加厘定的。刘富曾将全部徐氏原稿删并，成《初编》二百九十一卷，《续编》七十五卷，又参考《宋志》《通考》《玉海》等书，"移改旧史实，增入新资料"，录成清本，为四百六十卷。

北平图书馆最开始是打算出版改编本。1932年12月24日，北平图书馆委员会第七次会议，议决"用刘承幹编订本付印，以徐松底本供校勘上之参考"。[①] 在当年的馆务报告中"校勘宋会要"条说道："《宋会要》一书仅有稿本从未付印，本馆承刘翰怡先生之让与，拟为校勘写定设法付印，以备治宋史者之一助，现由叶渭清君从事校勘。"[②] 经过叶渭清的校勘发现，改编本颇多失检，但也有少数篇幅清本有而不见于原稿，"由此知清

---

① 北京图书馆业务研究委员会：《北京图书馆馆史资料汇编（1909—1949）》，书目文献出版社影印本，1992年，第338页。

② 《国立北平图书馆馆务报告（民国二十一年七月至二十二年六月）》，国立北平图书馆，1933年，第27页。

本与原稿，实有合印并行之必要"①。但是因经费所限，只能先印一种。

在准备出版《宋会要》时，北平图书馆委员会还议决组织《宋会要》编印委员会，1933年1月，委员会正式成立，陈垣、傅增湘、章钰、余嘉锡、叶渭清、徐鸿宝、赵万里七人为委员，并推陈垣为委员长。②陈垣、傅增湘等人均是具有远见卓识的文献学家，更认识到《宋会要》原稿的价值："如以刘氏新编之清本，与被剪裁之原稿较，吾人宁取原稿而舍清本，盖原稿纵有误文误字，乃《永乐大典》编者或《全唐文》馆中写官之过，与他本无涉，且一字一句，尽是《大典》原文，吾人尚可据以推定原来之次序。至所谓清本，总类子目，离合无端，杂引他书，不注所本，有篡改兰台漆书之嫌。只能供读原稿者比勘之用，不足据为典要。"③在这种情况下，北平图书馆决定先影印原稿。

1934年3月，北平图书馆准备《宋会要》印刷准备费1975元，略为不足，先暂存北平金城银行，始为半年，后又续存一年。④到1935年秋，北平图书馆与上海大东书局签订影印合同，要求大东书局影印时应"竭力保持原稿，不宜修补"。⑤哈佛燕京社补助美金2500元为印费，影印之事乃得成。

影印的《宋会要》封面由陈垣题"宋会要辑稿"，是此书正式名为《宋会要辑稿》。背面题"此书印刷费由哈佛燕京学社补助半数，特此志谢，国立北平图书馆谨白"，前为铅印《影印宋会要辑稿缘起》。全书200册，分为帝系、后妃、乐、礼、舆服、仪制、瑞异、运历、崇儒、职官、选举、食货、刑法、兵、方域、蕃夷、道释17类，是研究两宋典章制度的重要史籍。宋史学家邓广铭曾评价道："《宋会要辑稿》是在十九世纪初叶，主持编

---

① 《影印宋会要辑稿缘起》，《宋会要辑稿》，国立北平图书馆影印本，1936年，第6叶b。
② 北京图书馆业务研究委员会：《北京图书馆史资料汇编（1909—1949）》，书目文献出版社影印本，1992年，第338页。
③ 《影印宋会要辑稿缘起》，《宋会要辑稿》，国立北平图书馆影印本，1936年，第6叶a。
④ 北京图书馆业务研究委员会：《北京图书馆史资料汇编（1909—1949）》，书目文献出版社影印本，1992年，第347页。
⑤ 北京图书馆业务研究委员会：《北京图书馆史资料汇编（1909—1949）》，书目文献出版社影印本，1992年，349—350页。

修《全唐文》的徐松，利用机会，从《永乐大典》中辑录出来的。此书之被辑出，对于宋代史事的研究工作所能作出的贡献，与编修《四库全书》时从《永乐大典》中辑录出来的《续资治通鉴长编》，是完全可以相提并论、先后媲美的。"① 足见此书之价值。

除影印《宋会要辑稿》外，北平图书馆馆员叶渭清还据馆藏元刊十行本《宋史》及武英殿本《宋史》校勘浙江书局本《宋史》，所写校记逐月刊布于《北平图书馆月刊》中，亦为宋史研究之一助。

### 三、《北平图书馆珍本丛书》

《国立北平图书馆概况》（1931年）："十八年杪，学术界同人发起珍本经籍刊行会，就本馆所藏善本与夫近世名人论著各种小品仿《知不足斋丛书》例招股刊行，即名为《国立北平图书馆丛书》"②。据《国立北平图书馆刊行珍本经籍招股章程》，发起人有：任鸿隽、江瀚、朱希祖、李煜瀛、李宗侗、李四光、沈兼士、易培基、周诒春、周作民、马鉴、马叙伦、胡适、容庚、陈寅恪、陈垣、傅斯年、傅增湘、张继、张元济、张星烺、杨铨、叶恭绰、福开森、刘复、蔡元培、谈荔孙、蒋梦麟、罗家伦、袁同礼等。这些人中有北平图书馆委员会成员傅斯年、胡适，也有出版名家张元济，还有北平图书馆原馆长江瀚等。1930年4月10日，《国立北平图书馆刊行珍本经籍招股章程》发布，共计七条：

第一条 同人等因鉴于学术界之需求，拟请国立北平图书馆印行珍本经籍，仿《知不足斋丛书》例，以若干种为一集，并得继续刊行至数十集。

第二条 开办费暂定为一万元。除由该馆筹拨一部分作垫款外，余由发起人先行认股，并求助于海内外之赞成者。

第三条 此项开办费共分二百股，每股五十元。同人及赞成者或认一股至数十股，均听各人自便。

第四条 书籍印成后，其发行权及版权均归该馆。认股者均得按定价

---

① 邓广铭：《〈〈宋会要辑稿〉考校〉序言，《邓广铭全集》第九卷《史籍考辨》，河北教育出版社，2005年，第564页。

② 《国立北平图书馆概况》，国立北平图书馆，1931年，第26页。

核折分书。如有认股而不愿分书者，尤拜高谊。

  第五条　前十集发售后，如有盈余，当再拟目续印他书，并续招新股，一如前例。

  第六条　刊行书籍以罕见及有价值者为标准。

  第七条　本章程即日施行。如有未尽事宜，得由发起人随时商洽改订。

  收款处　北平金城银行或北平图书馆。①

《北平图书馆丛书》前四集拟目②列表如下：

表19　《北平图书馆丛书》前四集拟目

| 集次 | 书名卷数 | 著者 | 版本 |
| --- | --- | --- | --- |
| 第一集 | 《方言校正》一卷 | 王国维撰 | 稿本 |
|  | 《全边略记》十二卷 | 明方孔炤撰 | 明刻本 |
|  | 《中兴伟略》不分卷 | 明冯梦龙编 | 明刻本 |
|  | 《重校正和林金石录》一卷 | 王国维撰 | 稿本 |
|  | 《郁冈斋笔尘》四卷 | 明王肯堂撰 | 明本 |
|  | 《今是集》一卷 | 清钱遵王撰 | 刻本 |
| 第二集 | 《祝发记传奇》二卷 | 明张凤翼撰 | 明刻本 |
|  | 《双忠记传奇》二卷 | 明姚茂良撰 | 明刻本 |
|  | 《还带记传奇》二卷 | 明沈采撰 | 明刻本 |
|  | 《埋剑记传奇》二卷 | 明沈璟撰 | 明刻本 |
|  | 《双鱼记传奇》二卷 | 明沈璟撰 | 明刻本 |
|  | 《惊鸿记传奇》二卷 | 明吴世美撰 | 明刻本 |
| 第三集 | 《日本考》三卷 | 明李言恭等撰 | 明刻本 |
|  | 《越峤书》二十卷 | 明李文凤撰 | 旧抄本 |
|  | 《三朝平壤录》五卷 | 明诸葛元声撰 | 明刻本 |
|  | 《万历三大征考》不分卷 | 明茗上愚公撰 | 明刻本 |
| 第四集 | 《逸周书补正》六卷《略说》一卷 | 刘师培撰 | 刻本 |
|  | 《说文校读》四卷 | 刘师培撰 | 稿本 |

---

  ①　张人凤：《张元济与中国近现代图书馆事业》，上海科学技术文献出版社，2014年，第14—15页。

  ②　《国立北平图书馆月刊》，1929年第3卷第5号，扉页。

续表

| 集次 | 书名卷数 | 著者 | 版本 |
|---|---|---|---|
| 第四集 | 《老子斠》补二卷 | 刘师培撰 | 传抄本 |
| | 《庄子校》补一卷 | 刘师培撰 | 刻本 |
| | 《荀子斠》补四卷 | 刘师培撰 | 传抄本 |
| | 《墨子拾》补二卷 | 刘师培撰 | 传抄本 |
| | 《管子斠》补一卷 | 刘师培撰 | 国粹学报本 |
| | 《春秋繁露斠》补三卷 | 刘师培撰 | 刻本 |
| | 《白虎通斠》补三卷 | 刘师培撰 | 传抄本 |

表中所列书，主要是明刻本传奇和王国维、刘师培的稿抄本。1930年5月4日，北平图书馆在给张元济的信函中已经提到第一集已付印，三个月可成书，并将拟刊书目交张元济审看。① 张元济捐赀100元，又代周越然认领二股。今还可见江瀚旧藏国立北平图书馆珍本经籍刊行会的油印公函，此公函写于1930年10月15日，内容如下：

书海先生大鉴：敬启者，本会刊行北平图书馆珍本经籍，辱承发起，至深感幸，拟刊丛书，顷已先成四种（见另单）谨各检奉一部，书价按股东□价六折计算，合洋玖元六角，又附呈本□□收支报告一份，敬希鉴□尊处所认股款倘承早日惠下，尤所盼祷，专此，肃□台绥。附单二

国立北平图书馆珍本经籍刊行会启。②

后还附一单为《国立北平图书馆丛书》四种：《通制条格》，六册，六元；《全边纪略》，六册，六元；《郁冈斋笔尘》，二册；《埋剑记》。前两书当是最早出版者，到1930年底这四种书全部出版。③ 原价洋十六元，股东六折扣计九元六角。

---

① 张人凤：《张元济与中国近现代图书馆事业》，上海科学技术文献出版社，2014年，第85页。

② 此信函见于孔网拍卖，有若干字看不清。

③ 《馆讯·珍本经籍刊行会新出各书》，《国立北平图书馆馆刊》，1930年第4卷第5号，第134页。

对于拟刊书目，张元济认为"时贤著述同时刊印，似觉稍有未惬"[①]。北平图书馆选目当吸取了张元济的建议，后来所选印的均是明清刊本。至1931年出版者有《想当然传奇》二卷、《鸦片事略》二卷、《平寇志》十二卷等，已出版共七种。[②]

《全边略记》，记有明一代全国筹边政略，《四库全书》未收，为清代禁书，北平图书馆用明刻本排印。

《通制条格》，《大元通制》之一部分。元朝法典《大元通制》分四个部分：诏制、条格、断例、别类，共2539条。但全书早已亡佚，明清书目也极少著录。北平图书馆所藏《通制条格》是内阁大库明初墨格写本，共六册二十二卷，保存了其中的大部分内容，共1151条。

《平寇志》，清彭孙贻撰，记明末流寇始末，乾隆入禁书目，北平图书馆以清初活字本排印。

《郁冈斋笔尘》，明王肯堂所撰医学笔记，《四库全书》存目著录，北平图书馆以馆藏明万历刻本影印。

《埋剑记》，全称《镌重校出像点板埋剑记》，北平图书馆借马氏藏明金陵继志斋刻本影印。

《鸦片事略》，清李圭著，叙道光间鸦片战争始末，以光绪刻本排印。[③]

《想当然传奇》，即《谭友夏批点想当然传奇》，明王光鲁（别题卢柟）撰，明谭元春批点，二卷，明崇祯茧室刻本。1930年北平图书馆据明刻本影印，1954年《古本戏曲丛刊初集》又据影印本影印。

## 四、《国立北平图书馆善本丛书》

1933年北平图书馆又与商务印书馆签订合同影印善本丛书。合同规定了影印书籍的开本、纸张、印费、版权等内容。1933年12月6日，北平图书馆委员会召开第11次会议，此次会议的出席者有胡适、傅斯年、

---

① 1930年5月30日回信，张人凤：《张元济与中国近现代图书馆事业》，上海科学技术文献出版社，2014年，第85页。

② 《国立北平图书馆概况》，国立北平图书馆，1931年，第26页。全根先认为《国立北平图书馆丛书》未成，实际上已经刊刻成了七种。

③ 《国立北平图书馆馆务报告（民国十九年七月至二十年六月）》，国立北平图书馆，1931年，第34页。

任鸿隽、孙洪芬、袁同礼、周诒春、刘复、陈垣，主席为胡适，议决通过合同。①

合同第九条规定"本契约有效期间暂定三年"，在此后的两年里，并没有见到以北平图书馆名义影印的善本书，直到1936年才有以"国立平图书馆善本丛书第一集"的名义影印的书籍，②成12种。这些影印书的突出特点是均以明代刊本或抄本为底本。

表20 《北平图书馆善本丛书》目录

| 书名 | 著者 | 底本 | 印行方式 |
| --- | --- | --- | --- |
| 《皇明九边考》十卷 | [明]魏焕撰 | 明嘉靖刻本 | 影印 |
| 《边政考》十二卷 | [明]张雨撰 | 明嘉靖刻本 | 影印 |
| 《三云筹俎考》四卷 | [明]王士琦撰 | 明万历刻本 | 影印 |
| 《西域行程记》一卷 | [明]陈诚[明]李暹撰 | 明抄本 | 影印 |
| 《西域番国志》一卷 | [明]陈诚[明]李暹撰 | 明抄本 | 影印 |
| 《筹辽硕画》四十六卷 | [明]程开祜撰 | 明万历刻本 | 影印 |
| 《皇明象胥录》八卷 | [明]茅瑞征撰 | 明崇祯刻本 | 影印 |
| 《行边纪闻》一卷 | [明]田汝成撰 | 明嘉靖刻本 | 景印 |
| 《朝鲜史略》六卷 | [朝鲜]□□撰 | 明万历刻本 | 影印 |
| 《安南图志》一卷 | [明]邓钟撰 | 钱氏述古堂抄本 | 影印 |
| 《日本考》五卷 | [明]李言恭[明]郝杰撰 | 明万历刻本 | 影印 |
| 《使琉球录》一卷附《夷语夷字》一卷 | [明]陈侃撰 | 明嘉靖刻本 | 影印 |

《国立北平图书馆善本丛书》第一集影印完成是在抗战期间，1935年，"华北事变"爆发，教育部密电北平图书馆设法将善本移存南方，以策安全。于是在1935年底、1936年初，600多箱善本古籍，包括敦煌遗书、文渊阁《四库全书》等珍贵古籍文献分批南运。此时北平图书馆的善本书南运分

---

① 北京图书馆业务研究委员会：《北京图书馆馆史资料汇编(1909—1949)》，书目文献出版社影印本，1992年，340—341页。

② 牌记题"国立北平图书馆善本丛书弟一集"。

251

放在上海和南京，这在一定程度上使商务印书馆取书较为方便。接着，袁同礼等人就筹划影印第二集。1940年6月，北平图书馆李耀南遵照袁同礼的嘱托，将《国立北平图书馆善本丛书》第二集书目及各种叶数请张元济核查估价，从中可以看出第二集的拟目。

《滇台行稿》四卷　二百二十五叶
《黔草》二十一卷　一千一百叶
《西南纪事》　五十二叶
《黔南类稿》　四百七十五叶
《铁桥志书》二卷　一百六十九叶
《桂胜》十六卷　二百十叶
《殿粤要纂》四卷　三百四十一叶

又傅沅叔先生加入《桂林郡艺文志》八卷及《百粤风土记》，该二书由傅先生迳寄。①

6月17日，张元济回信李耀南：

昨承枉顾，藉获畅谈，欣幸无似。交下《善本丛书》第二集选定各书叶数清单，敬已阅悉。惟敝处估计印价尚须察看原书刷印是否清朗，以定制版之难易。拟倩丁君趋前检阅。应以何时为宜？即祈示下为荷。②

张元济提出书籍印价需要根据原书的清晰状况而定。与此同时，北平图书馆还打算交商务印书馆影印馆藏孤本戏曲。北平图书馆所藏珍本戏曲数量可观，此前只影印过《想当然传奇》和《埋剑记》。1940年4月29日张元济致信李耀南：

昨由尊处递到袁守和先生本月十八日来函。以贵馆藏有孤本戏曲多种，

---

① 在《〈国立北平图书馆善本丛书〉第二集书目上的批注》（1940年6月19日），《张元济全集》第十卷《古籍研究著作》，商务印书馆，2010年，第306页。
② 张元济：《张元济全集》第二卷《书信》，商务印书馆，2007年，第63页。

愿委托敝馆影印发行，并附下拟目一份，云书均在沪，随时可以提取。兹照拟目打印奉上，敬祈台端查照，赐将原书全数检齐，定一时日通知敝馆派人趋前领取，俾看原书印刷程度及制版难易，再复守和先生商酌办理。①

从信中可知 4 月 18 日副馆长袁同礼曾致函张元济谈及影印之事，并有拟目一份，商务印书馆照拟目印出打印本。现拟目尚未见到，但应可以确定，这些书均在上海，和将要影印的《善本丛书》第二集之书均在南迁之列，而且都需要查看原书的印刷质量来判断制版的难易。5 月 2 日，李耀南回复张元济：

> 昨奉四月廿九日大函，并附《戏曲丛刊》第一、二集目录一纸，均一一诵悉。查此项书籍自应早日呈览，惟以书籍另置别处，开检手续颇繁，又查其中尚有数种系去年购自郑振铎者，当时经渠借去，迄今尚未送还，现正在催索中。统俟将各该书汇检齐全再行奉上，大约须在半月以后也。②

李耀南主要陈述检查书籍质量较为不便，不仅因为书籍在他处，而且因郑振铎借出者未还，只能等到半月以后才能将书汇齐。张元济接到信，又在 5 月 3 日回信，表示郑振铎所借曲本，不须索还，只需北平图书馆开示目录，商务印书馆派人去郑振铎处查阅即可，检查书籍的叶数和印刷程度很快便可完成。③

虽然关于印行《善本丛书》第二集与《戏曲丛刊》这两部书的具体细节在上述时间之后难以见到相关资料，可以确定的是两书都没有得到印行。1940 年下半年以后，随着局势越来越紧张，袁同礼、王重民等只得设法将善本书运出，后来辗转运至美国国会图书馆暂存，影印之事未成。

## 五、《国藏善本丛刊》

1936 年至 1937 年，北平图书馆、故宫博物院、北京大学图书馆和中

---

① 张元济：《张元济全集》第二卷《书信》，商务印书馆，2007 年，第 63 页。
② 张元济：《张元济全集》第二卷《书信》，商务印书馆，2007 年，第 63 页。
③ 张元济：《张元济全集》第二卷《书信》，商务印书馆，2007 年，第 63 页。

央研究院历史语言研究所共同发起影印《国藏善本丛刊》，这是民国时期国家藏书机构合作影印古籍的一件大事。周武在其博士论文《张元济研究》第五章《张元济与〈国藏善本丛刊〉》中，对此事进行了较为详细的叙述，尤其是对张元济、傅斯年在此事中所起的作用进行了表彰。北平图书馆作为影印《国藏善本丛刊》的重要参与者，也做了相当多的工作，在一定程度上可以说是影印之事的主要负责者。

1936年4月5日，傅斯年在给张元济的信中提到影印北平各国立机关所藏善本事："年来斯年有一微意，以为北平各国立机关藏有善本者，不妨各出其所藏，成一丛书，分集付刊。""书式仿照《四部丛刊》，以保原来面目，且可定价低廉。"① 初步所作各机关之分配为故宫60%、北平图书馆25%、北大7%、历史语言研究所8%。

1936年12月31日，北平图书馆委员会第24次会议，傅斯年、袁同礼报告影印《国藏善本丛刊》案，经委员会通过，并议决由馆员负责与商务印书馆接洽。同时，北平图书馆还突出了三个条件：第一，经部之书可缓印；第二，注多字小者应照原式影印，不得缩小；第三，草目再予审查以便分集出版。②1937年初，国立北平图书馆草拟了一份《〈国藏善本汇刊〉编印办法》。除规定参加机关以北平图书馆、故宫图书馆、北京大学、历史语言研究所为限外，还提议共同推举成立委员会担任选书及其他事项。委员长蔡元培，副委员长袁同礼，委员张元济、马衡、袁同礼、傅斯年、傅增湘、沈兼士、王云五（商务）、徐鸿宝（故宫）、赵万里（平馆）、陈寅恪（历史所）、陈垣、李伯嘉。③

同年3月，四家国藏机构与商务印书馆议定了条件，草拟《国藏善本汇刊》契约书。3月29日，北平图书馆委员会第25次会议，审议商务所拟之合同草案，除第二条条款"若底本模糊不易摄照者，亦删除之"应改为"凡底本模糊不易摄照者，可改精校排印"外，照章通过。委员会决定

---

① 周武：《张元济研究》，华东师范大学博士学位论文，2017年，第165页。
② 北京图书馆业务研究委员会：《北京图书馆史资料汇编（1909—1949）》，书目文献出版社影印本，1992年，第354页。
③ 袁咏秋、曾季光：《中国历代国家藏书机构及名家藏读叙传选》，北京大学出版社，1997年，第142页。

由图书馆征询其他参加机关之意见后再函复商务印书馆。①由此可见，北平图书馆委员会在一定程度上承担着沟通双方的职能。

周武在其论文中还提到："据我目前掌握的史料看，《景印国藏善本丛刊》最初的草目是由国立北平图书馆的赵万里（斐云）拟就的。1937年2月27日赵万里在致张元济的一封信中曾提到此事。"②北平图书馆赵万里不仅审议合同，还草拟选目。而且《国藏善本丛刊》草目拟定后，在征询有关学人意见时，北平图书馆馆长袁同礼就曾寄信给叶渭清，叶渭清不仅是北平图书馆委员会成员，还为北平图书馆校勘《宋会要》，与北平图书馆关系密切。

或许由于北平图书馆在其中所起的作用，1937年5月19日，《益世报》刊登消息："北平图书馆于本年春季发起，与故宫博物院、北京大学、国立中央研究院历史语言研究所联合委托商务印书馆影印国藏善本丛刊，经数月之商洽，业告完成，正式签订契约，以上机关之代表人为袁同礼、马衡、严文郁、傅斯年、王云五等，目下正由北平图书馆及故宫博物院整理挑选国藏善本，预定五月底可以选竣，计八十余种。"文中直言发起人为北平图书馆，此时目录尚未选定。直到1937年6月，《景印国藏善本丛刊样本》发布，并以景印国藏善本丛刊委员会的名义作《景印国藏善本丛书缘起》，并制定了《国藏善本丛书凡例》，选定书目共50种。

1936年7月至1937年6月的《国立北平图书馆馆务报告》刊载了《景印国藏善本丛书缘起》及《凡例》，并在"编辑出版"目中说道："为流通古籍起见，本馆与国立中央研究院历史语言研究所、国立北平故宫博物院、国立北京大学等处合作，取所藏珍本古籍委托商务印书馆影印行世，业经订立合同，定名为《国藏善本丛书》。选定书籍，现在开始影印，全书约五十种，共装订一千册。"③此《国藏善本丛书》即《国藏善本丛刊》。

《国藏善本丛书》选定国立北平故宫博物院藏本22种，国立北平图书馆藏本21种，国立中央研究院历史语言研究所藏本5种，国立北京大

---

① 北京图书馆业务研究委员会：《北京图书馆馆史资料汇编（1909—1949）》，书目文献出版社影印本，1992年，第354页。
② 周武：《张元济研究》，华东师范大学博士学位论文，2017年，第166页。
③ 《国立北平图书馆馆务报告（民国二十五年七月至二十六年六月）》，国立北平图书馆，1937年，第17页。

学藏本 2 种。[①] 多是罕见典籍，宋刻本《周易玩辞》、宋庆元间建安魏县尉宅刻本《附释文尚书注疏》、宋两浙东路茶盐司刻宋元递修本《周礼疏》、宋淳祐十二年魏克愚刻本《仪礼要义》等具有重要的版本价值。其中，魏县尉宅刻本《附释文尚书注疏》是现存最早的经注疏附释文本《尚书》。又如旧抄本《崇祯长编》、明嘉靖十八年傅凤翱刻本《皇明诏令》、清抄本《督师奏疏》、明抄本《神庙留中奏疏汇要》等具有重要的史料价值。因抗日战争的爆发，《国藏善本丛刊》未能刊出。

民国时期，另外一种馆际合作影印的大型丛书为《四库全书珍本丛书》，是在教育部、中央图书馆筹备处的组织下，以北平图书馆所藏《文渊阁四库全书》底本影印的，故宫博物院也是此事的参与者，详见"郑振铎与中央图书馆《玄览堂丛书》"节。

## 六、珍本方志和拓片

方志具有重要的历史资料价值，逐渐为学者重视，如张元济："民国之始，余锐意收集全国方志……其间珍贵之纪述，恐有比善本为尤重者。"[②] 1930 年，北平图书馆就影印了《[乾隆]永清县志》二十五卷《永清文征》五卷，这部县志由清周震荣修，章学诚编纂，是永清地区目前所存最早的县志，也是章学诚的重要著述，曾被收入《章氏遗书》。现在可见较多的是 1939 年以晒印的方式印行的方志，有清蒋旭修、清陈金珏纂《[康熙]蒙化府志》六卷首一卷，清沈生遴编《[乾隆]陆凉州志》六卷，清汤大宝修、清赵震等纂《[乾隆]开化府志》十卷，清管学宣编《[乾隆]石屏县志》八卷，清吕缵先修、清罗元琦纂《[乾隆]石屏州续志》二卷等。这或许是因为在抗战期间保存副本的需要，也是由于经济、设备等条件的限制，只得选择晒印这样一种较为简陋的方法。另，北平图书馆也曾在 1936 年晒印清崔维雅撰《河防刍议》六卷。

金石文字之书，北平图书馆有《金石丛编》，出版了《吴愙斋尺牍》，

---

[①] 《景印国藏善本丛刊第一辑提要》，商务印书馆，1937 年，韦力：《中国近代古籍出版发行史料丛刊补编》第 24 册，线装书局影印本，2006 年，第 469—496 页。

[②] 张元济：《涵芬楼烬余书录序》，张人凤：《张元济与中国近现代图书馆事业》，上海科学技术文献出版社，2014 年，第 173 页。

内容是吴氏致陈簠斋手札及未刊著述。全书共七册，交由商务印书馆影印出版。①

拓印单张墨本也是图书馆出版的方式，现附记于此。当时的北平国立图书馆就把购得的《汉熹平石经后记》残石拓印出售，每份二张，售价大洋四元，上有钤印："国立北平图书馆藏石"。另外还有《隋卢文构墓志》《唐张举墓志》《唐□夫人月相墓志》《唐裴修舩心经》《郭槐墓志》《唐石崇俊》《唐契苾嵩》《国立北平图书馆记石刻拓片》《闽侯何氏藏古镜拓片》《瓦当文拓片》等，特别是《闽侯何氏藏古镜拓片》每份一百一十张，《瓦当文拓片》每份一百张。②

抗日战争期间，北平图书馆部分馆藏和馆员南迁，并陆续在上海、香港、昆明、重庆等地建立了办事处。1939年国立北平图书馆昆明办事处印行了《国立北平图书馆出版书籍目录》，继续发售印行的书籍，印刷的有杨殿珣编《石刻题跋索引》，邓衍林编《中国边防图籍录》，谢国桢、梁启勋编《丛书子目类编》，王育伊编《清代文史笔记索引》③等。

《国立北平图书馆馆务报告》"研究方面"称："本馆为行政机关而非研究机关，其性质与科学研究院迥不相同，故其事业不在研究本身而在如何供给研究者之便利。"④其举办之事业如各种索引之编制、孤本书籍之翻印、宋史之校勘、李慈铭遗书之整理、专门目录之编制、北平各图书馆西文书总目录之编制等其宗旨均在于此。"惟本馆事实上既为中国最大之图书馆，关于目录、校勘、版本、考订诸问题各方面前来咨询者颇不乏人，爰就所知或研究所籍各种出版物发表以供社会参考而非本馆之主要工作也。"⑤尽管北平图书馆称自己不是专门的科研机构，出版各书均在提供参考。然其所举除目录编纂外，如"李慈铭遗书之整理""宋史之校勘"均具有重要的学术价值。"孤本书籍翻印"更是重要的学术出版活动。整

---

① 《国立北平图书馆馆务报告（民国二十五年七月至二十六年六月）》，国立北平图书馆，1937年，第17页。
② 《国立北平图书馆出版书籍目录》，国立北平图书馆，1939年，第7页。
③ 《国立北平图书馆出版书籍目录》，国立北平图书馆，1939年，第9页。
④ 《国立北平图书馆馆务报告（民国十八年七月至十九年六月）》，国立北平图书馆，1930年，第5—6页。
⑤ 《国立北平图书馆馆务报告（民国十八年七月至十九年六月）》，国立北平图书馆，1930年，第6页。

理校勘的文献《嵇中散集》《孙渊如外集》《清开国史料目录》《晚明史籍考》《书画书录解题》《圆明园史料汇编》《清儒集外文辑》以及影印的唐人写经舆图、金石拓片等[①]均保存了文献、便利了学人，更是重要的学术活动。

## 第二节　柳诒徵与国学图书馆善本影印

江苏省立国学图书馆源自清光绪三十四年（1908）两江总督端方创办的江南图书馆，地址旧为南京龙蟠里惜阴书院。在建馆之初，即购入了丁氏八千卷楼的众多珍本，与北平图书馆南北相应，成为全国有名的图书馆。经过缪荃孙等人的经营，愈见规模。在出版方面，继承的原淮南官书局、江楚官书局书版委托给江南官书局印行，馆内留部分书版以及存售书籍；自行出版的书籍，多由商业印刷厂代印，如宣统三年（1911）出版日本河野元三著、欧阳瑞骅译的《蒙古史》二卷就是请南洋印刷官厂代为印刷的，每部二册，售价六角。在之后的十几年中，出版最多的是馆藏书目。

1927年4月，国民政府定都南京，6月在江苏、浙江试行大学区制，以东南大学为基础的九所高校和江苏省教育厅合组成第四中山大学，张乃燕任校长。[②]6月24日，江苏省教育厅函聘柳诒徵为江苏省立国学图书馆馆长。柳诒徵（1880—1956），字翼谋，一字希兆，号知非，晚号劬堂，江苏镇江人。柳诒徵与国学图书馆早就有千丝万缕的关系：柳诒徵早年入江楚编译局，即为国学图书馆的创始人之一缪荃孙的学生；在编译局期间，所撰《历代史略》由江楚编译局印出，江楚编译官书局出版的《西学丛书》亦是柳诒徵作跋；民国后江楚编译局的版片即归国学图书馆所有，《历代史略》也还在国学图书馆存售。

柳诒徵任职后，整理馆务，尽心竭力，他在给徐积余的信中说道："承乏盋山，发箧陈书，辄思艺风师及善余创垂之懿，后来者不能赓续光大。"[③]

---

[①]　《国立北平图书馆馆务报告（民国十九年七月至二十年六月）》，国立北平图书馆，1931年，第30—34页。

[②]　1928年2月改名江苏大学，于5月16日又改称中央大学。冯世昌：《南京师范大学志上（1902—2002）》，南京师范大学出版社，2002年，第19页。

[③]　《致徐积余函》，《国学图书馆年刊第二年刊·案牍》，1929年，第32页。

而发扬光大之一端,即流通古籍。前文已述柳诒徵在木版书印行方面的成绩,在影印善本方面贡献更为显著。柳诒徵甫一上任就考虑印行古籍善本,他在给教育厅和大学筹备委员会呈送的《改良第一图书馆计划书》中阐述道:

> 又有一事,亟宜举办,即印行是也。馆中善本,不啻鸿宝。任人阅览,即易损失(宋元旧本藏度多年,一有损失,无以另求)。什袭珍藏,则等窖币。兵火之劫,盗易之弊,虫蠹之患,在在堪虞。他如传钞孤本有关学术者,仅恃手钞,事难功鲜。故欲恢张国故,便利学人,宜取善本、孤本影印发行,则如一人化身千亿。恒干之外,子孙繁多,一面可以嘉惠艺林,一面可以获取重值。①

珍善古籍要给人阅览,而仅有一本既易损失,亦不便广传。国学图书馆收藏的八千卷楼旧藏众多抄本世所罕见,更是学者所需。最好的办法即是影印发行,使之化身千百,广泛流布。由此,柳诒徵开始设立印行部出版书籍。

出版对于柳诒徵来说并不是首次接触,他曾任职的江楚编译局就是清末重要的官方出版机构。在南京高等师范学堂任教期间,柳诒徵列席了学校的多个常设委员会,其中比较重要的两个:图书委员会、出版委员会。其中图书委员会主任张士一,委员有张子高、柳翼谋、郑晓沧。出版委员会主任刘伯明,委员杨杏佛、陶行知、胡步曾、李仲霞等。② 可以说,柳诒徵在担任图书馆馆长之前就已经与图书、出版产生了联系。

## 一、成立印行部,始印善本

柳诒徵任馆长的第三天,6月26日,在柳诒徵的推荐下,教育部教厅委任赵鸿谦为主任。赵鸿谦,字吉士,江苏镇江人,在南京高等师范学校文史地部学习期间,受教于柳翼谋,1919年毕业。9月17日,编辑部主干兼保管事宜范希曾到馆③,范希曾在1919年入南京高等师范学校文史

---

① 《中央大学国学图书馆第一年刊·案牍》,1928年,第6页。
② 南京大学校史研究室:《南京大学校史资料选编》第二卷《南京高师与东南大学时期》(上),南京大学出版社,2019年,第102—103页。
③ 《中央大学国学图书馆第一年刊·大事记》,1928年,第33页。

地部，也是柳诒徵的学生。柳诒徵聘请的学生中还有一位向达，向达也于1919年考入南京高等师范学校，与范希曾同级，毕业后先后任上海商务印书馆编译所任编辑、北平图书馆编纂委员会委员等职，1928年1月，被柳诒徵聘为印行部主干。向达在国学图书馆的这段经历，鲜有人提及，或许与时间较短有关系，他在同年8月即离馆，但在这近八个月的时间里，向达辅助柳诒徵将印行所事业开展起来：柳诒徵创办馆刊第一期《中央大学国学图书馆第一年刊》的第一篇文章刊登的就是向达《唐代刊书考》；国学图书馆影印的《剿奴议撮》附《建州考》一书的跋语亦是向达撰写。另外还有传抄部主干兼阅览事宜张逢辰、汪阆等，均是柳诒徵印书事业的得力助手。

1928年4月，柳诒徵聘请中央大学历史系教授陈汉章、中文系教授王瀣、哲学系教授汤用彤、金陵大学图书馆馆长李小缘为国学图书馆参议，定期到馆讨论馆务。① 这些为柳诒徵出版业务的展开奠定了非常厚重的学术基础。

在众多的善本中，柳诒徵以小书开始印起，首先影印了明阮大铖《永怀堂诗》、余怀手写《玉琴斋词》、明于燕芳《剿奴议撮》附陈继儒《建州考》。② 柳诒徵在给姚石子的信中说道："影印书籍比仅试办，未能放手为之。大书巨册需费孔巨，而销行又需时。爰先以短册诗词诱起群众之兴味，非有所畸重也。"③ 在给福建图书馆的信中也提及："敝馆藏书不乏海内孤本，自去岁迄今，已翻印数种，惜绌于经费，先举其易，然后再及其他。"④ 从小册诗词印起，既是基于经费不足的现实考虑，也是从读者兴趣出发所作的决定。

阮大铖是明末清初以来备受争议的人物，其品行为人所不齿，然其诗确真有独特之处。陈三立评《咏怀堂诗集》为"芳洁深微，妙绪纷披，

---

① 《中央大学国学图书馆第一年刊·大事记》，1928年，第36页。
② 《本馆十七年新出各书》，《中央大学国学图书馆第一年刊》，1928年，《唐代刊书考》后广告，第19—20页。
③ 《国学图书馆第二年刊·案牍》，1929年，第29页。
④ 《国学图书馆第二年刊·案牍》，1929年，第33页。

具体储韦，追踪陶谢"[1]。柳诒徵在影印的选择时，并未因人废诗。早在1918年，他发表在《南京高等师范学校校友会杂志》上的《读阮集之咏怀堂诗感赋》"信矣吾所闻，甚恶有甚美"[2]就可以看出他对阮大铖诗的欣赏。此次影印选用最早的是明刊本，其中《咏怀堂诗集》四卷、《外集》二卷、《丙子诗》一卷、《戊寅诗》一卷是丁氏八千卷楼故物，《辛巳诗》二卷则是柳诒徵在书肆所得。印行时还在书首刊铜版四幅，分别是为陈散原、章太炎的题字以及焦山海云庵阮氏写江文通诗及游焦山五律四首石刻真迹，卷末附有胡先骕、柳诒徵所作的两首跋语，可谓制作用心精美。柳诒徵在给此书写的跋语中称"以备谈艺嗜奇者之求"[3]，与信中所说"诱起读者之兴味"是相互呼应的。章太炎题《阮大铖诗集》："大铖五言古诗，以王、孟意趣而兼谢客之精炼。律诗微不逮，七言又次之。然榷论明代诗人，如大铖者鲜矣！潘岳、宋之问，险诐不后于大铖，其诗至今存。君子不以人废言也。"[4]可以说是对柳诒徵刊印此书的赞同。

《玉琴斋词》则属诗词兼名家书法，为清初莆田余怀（字澹心）手写。在此之前，余怀流寓金陵所著《板桥杂记》，脍炙人口。国学图书馆藏有余氏手写《玉琴斋词》稿向未刊行，柳诒徵称其"词哀感顽艳，不下陈迦陵，书法亦清挺秀逸，出入欧褚，可供学楷者橅写"。此书首册有吴梅村、尤西堂手书题词，末有顾千里、孙渊如手书跋，每卷末又有楝亭曹氏藏书印[5]，精雅之至，亦在柳诒徵初印书籍的范围之内。

1928年6月9日，《剿奴议撮》印成，后附《建州考》，即柳诒徵印行的第三种书，也是为数不多的铅印书之一。《剿奴议撮》是于燕芳作于明万历四十七年（1619）萨尔浒之战杨镐大败之后、六月熊廷弼经略辽

---

[1] 《本馆十七年新出各书》，《中央大学国学图书馆第一年刊》，1928年，《唐代刊书考》后广告，第20页。

[2] 柳诒徵著，杨共乐、张昭军主编：《柳诒徵文集》卷十二，商务印书馆，2018年，第4页。

[3] 柳诒徵：《阮大铖咏怀堂诗集跋》，《国学图书馆第二年刊·本馆新印书序跋辑录》，1929年，第31页。

[4] 章太炎：《题手抄本〈阮大铖诗集〉》，马勇整理：《章太炎全集·太炎文录补编》，上海人民出版社，2017年，第746页。

[5] 《影印余澹心手写玉琴斋词》，《中央大学国学图书馆第一年刊·本馆十七年新出各书》，1928年，《唐代刊书考》后广告，第19页。

东之前，条举复辽之策。书前有《辽阳指掌图》，可观清初建国规模。题中之"奴"是指努尔哈赤，故此书在清代被列入全毁书目。陈继儒《建州考》多丑诋满俗，亦为清全毁书。二书流传甚少，章太炎作《清建国别记》、日人稻叶君山作《清朝全史》均未能见。《剿奴议撮》一书陈继儒曾刻入《眉公杂录》，八千卷楼旧藏，《建州考》则从《眉公全集》中录出。由于原书讹误颇多，向达别据《明辽东志》诸书为之勘正，为保持原书面目，校勘记付诸卷末。①

《剿奴议撮》仍旧属于小书，仅有一册，但却是柳诒徵的旨趣所在。早在1903年，柳诒徵就撰写了《历代史略》一书，打破了中国历代盛行的纲鉴体史书的形式，被称为我国第一部历史教科书。后又撰写《中国商业史》《中国教育史》《中国文化史》《北亚史》《东亚各国史》等史学著作及《史学研究法》《国史要义》史学理论著作，还有《中国礼俗史发凡》等纲领式著述。在南京高等师范学校和东南大学任教期间，柳诒徵主要教授中国文化史、东南亚史、印度史等课程，一直致力于中国历史和文化的探讨和研究。1924年柳诒徵曾写信给章太炎，讨论重修宋、明史，惜今原信或已佚，而从章太炎给柳诒徵的回信："金陵一叙，胜得清酒三升，尊意重修宋、明二史……"② 可知这段过往。

1920年，南京高等师范学堂史地部学生成立了史地研究会，以研究史学、地学为宗旨。柳诒徵、竺可桢等人任指导员，陈训慈、范希曾、缪凤林、向达、郑鹤声、王焕镳、周憨等均是史地研究会的成员。③ 柳诒徵在《史地学报》《学衡》等杂志上发表了多篇关于中国历史、文化史的文章。从他撰写的《史地学报序》中可以看出其对史学研究的用力，以及提倡重视史学的呼吁：

今世人之所知者，已至于有史以前之史，大地以外之地。而吾所知如此，匪惟不能争衡于并世，且举先民之已知者而失坠之，而犹侈然自居于

---

① 向达：《剿奴议撮建州考跋》，《国学图书馆第二年刊·本馆新印书序跋辑录》，1929年，第30—31页。
② 柳曾符：《章炳麟致柳诒徵论修史书》，《文献》，1982年第3期，第101—104页。
③ 吴忠良：《南高史地学派研究》，华东师范大学博士学位论文，2005年，第6—9页。

学者，其可耻孰甚。吾尝以此晓诸生，诸生亦耻之，于是有《史地学报》之刊。是刊也，非以鸣其学，所以鸣其学之不逮人而策吾之耻也。①

"非以鸣其学，所以鸣其学之不逮人而策吾之耻也"，更将史学与求实的学风相关联。在中华教育改进社历史研究组议案中，柳诒徵还提出编撰全史目录以整理中国旧史："整理中国旧史，殊非易事。鄙意入手之法，第一宜编一全史目录。"②可见其对历史的整理和研究一直是亲身践行的。这自然影响到了柳诒徵印书时的史书选择。

## 二、与中央大学图书馆、商务印书馆的合作

1928年8月，向达去职，缪凤林继任访购部和印行部主干③。同月，国学图书馆与中央大学图书馆合组中社，双方平均出资专门印行海内秘籍孤本，社址设在南京龙蟠里十号。发售处有三：龙蟠里十号中社、龙蟠里国学图书馆及中央大学图书馆。16日，双方签订《中社印行古籍简约》，《简约》共十三条，主要规定中社印书的资本来源、存折保管、存款支取办法、印书版权、书籍代售等方面的内容。如双方各认一千元共二千元作为印书资本，若有不足，平均分担；双方各派一人共同经理其事，且所印书籍续得双方同意始得印行；提供书籍的一方享有版权，书印成后可多提五部，余由双方定价发售并协议同意代售等。④

根据合约的规定，双方各派一人经理其事。也是在16日，崔萍村致信柳诒徵，中央大学图书馆派陈杰夫为中社的负责代表⑤，国学图书馆则派赵鸿谦为代表⑥。实际上，在合约签订以前，双方就已经开始协商印书

---

① 柳诒徵著，杨共乐、张昭军主编：《柳诒徵文集》第八卷，商务印书馆，2018年，第248页。
② 《拟编全史目录议·中华教育改进社历史研究组议案》，柳诒徵著，杨共乐、张昭军主编：《柳诒徵文集》第九卷，商务印书馆，2018年，第312页。
③ 缪凤林也是柳诒徵在南京高等师范学堂时期的学生，与向达、范希曾、王庸、陈训慈、胡焕庸等均为同班同学。《中央大学国学图书馆第二年刊》刊登缪凤林《明人著与日本有关史籍提要四种》、赵鸿谦《松轩书录》、张逢辰《清档琐记》、汪闻《馆藏历代名人年谱集目》等。
④ 《复崔萍村函》附录，《国学图书馆第二年刊·案牍》，1929年，第26页。附录中《中社印行古籍简约》为十六日，大事记题为十七日。
⑤ 《中央大学图书馆来函》，《国学图书馆第二年刊·案牍》，1929年，第54页。
⑥ 《复崔萍村函》，《国学图书馆第二年刊·案牍》，1929年，第26页。

事宜。国学图书馆在当年编订的《中央大学国学图书馆第一年刊》中即刊登了中社影印《严修能精写宋本东莱书说》《戴鹿牀手写宋元四家诗》二书的预约启事："《戴鹿牀手写宋元四家诗》定价一元五角，特价一元，预约时间至阳历十一月。"① 而《中央大学国学图书馆第一年刊》在1928年7月即已付印，并且《剿奴议撮》一书在1928年6月9日已经影印成②，《玉琴斋词》一书也已经在1928年8月12日影印成③。今可见《剿奴议撮》卷末加盖钤印"民国戊辰国立中央图书馆印行翻印必究"，也把《剿奴议撮》计入了中社所影印书，实际上是合约签订以前国学图书馆所影印。

《严修能精写宋本东莱书说》是以中社名义影印的第一种书："大学两馆，醵资印书，首举是本，付之手民。"④《东莱书说》是宋代吕祖谦为解《尚书》而作，世上通行的是吕祖谦学生时澜增修的本子，而时澜所依据的巩丰抄本，虽曾在宋淳祐年间刊刻，很多学者如徐乾学、朱彝尊、纪昀等均未见过。⑤ 国学图书馆所藏本是宋巩丰抄本，严元照依宋本手抄逐卷题识。"全书笔墨矜严，结构皆用山舟笔法"，不仅内容稀见，更具有书法价值。柳诒徵称印行此书以"抉翼微学，流衍秘笈，既资稽古，兼埤审美。虽未能得原刻影印，然其声价固不在宋本下也"⑥。除"流衍秘笈"外，还可以"抉翼微学"，这在柳诒徵给姚石子信中有较为详细的阐释：

近影巩氏《东莱书说》，为清代经师所未见，然嗜之者惧未必逮《余澹心词》矣。近人好称朴学，研阅义例者尤罕，风会所趋，未易矫拂，尚祈大雅君子辨章而振起之。⑦

---

① 《本馆与中央大学图书馆合组中社印行各书》，《中央大学国学图书馆第一年刊》，1928年，第77页。
② 《中央大学国学图书馆第一年刊·大事记》，1928年，第38页。
③ 《国学图书馆第二年刊·大事记》，1930年，第1页。
④ 柳诒徵：《严修能写东莱书说跋》，《国学图书馆第二年刊·本馆新印书序跋辑录》，1929年，第25页。
⑤ 柳诒徵：《东莱书说跋》，《国学图书馆第二年刊·本馆新印书序跋辑录》，1929年，第25页。
⑥ 柳诒徵：《东莱书说跋》，《国学图书馆第二年刊·本馆新印书序跋辑录》，1929年，第25页。
⑦ 《致姚石子函》，《国学图书馆第二年刊·案牍》，1929年，第29页。

这是柳诒徵面对民国年间乾嘉之学仍然盛行的现状进行的反思和纠正，《东莱书说》是少见的研究义例之书。除对学风的关注外，在影印史部书籍中也有对国情的忧虑以及对关注国事的呼吁。明初钱古训《百夷传》，是研究西南少数民族山川、人物、风俗等的重要著述，然鲜有征引和使用，特别是近代以来边事频发，学者却仍少有关注，对此，柳诒徵论述道：

光绪中滇缅有事，学者稍稍究心边围，久之屏置弗道。或远考《山经》《穆传》荒远难稽之名物以相夸饰，而于近代国权所及故隶版籍、服声教者，坐视其沦丧，不屑措意。彼暂种之恣情蚕食，盅其人，次其货，且奖学者宋（深）入其境，博搜其史。以诒徵所知，盖有网罗吾国纪载苗蛮獞濮之书殆遍。来盍山见此书，亟欲传录者，诒徵惧域外人知有其书，而吾国人转未寓目也。爰为校录印布，以公诸世。①

柳诒徵认为学者不能局限于书斋，而应关心时事，近代以来的边疆问题尤其值得重视，具有强烈的时代使命感。关于史书，此时还影印了杨光先《不得已》，是批判西洋天主教和历法论集，反映了明清之际的中西历法冲突，是宗教史的重要文献。而此书在雍乾间传本已鲜，中社影印本据吴慰祖购得的王朴臣故藏本，末附有钱大昕、黄丕烈等跋。② 清末以来，中西文化交流的问题逐渐成为学者研究的对象，特别是明清之际的传教士活动尤为学者所重，柳诒徵影印杨光先《不得已》亦可为关心时事学术之一体现。

柳诒徵的这种家国情怀还体现在影印宋元书影上。清光绪年间杨守敬访书东瀛，摹印宋、元、明珍本，日本、朝鲜旧抄本等书影为《留真谱》，虽仅刻边框、界行、版心，未刊全页，但足以饷学者，并开启刊印书影之风气。宣统三年（1911）江阴缪荃孙选学部、艺风堂、张氏适园、南陵徐氏聚学轩等藏宋元书影四十一种刊印《宋元书景》，保存全页，较《留真谱》又有发展。到民国年间，珍本书影印行愈加兴盛，例如瞿启甲编《铁琴铜剑楼宋金元本书影》、傅增湘编选《故宫善本书影》、张允亮编《故宫善

---

① 柳诒徵：《钱古训百夷传跋》，《国学图书馆第二年刊·本馆新印书序跋辑录》，1929年，第28页。
② 柳诒徵：《杨光先不得已跋》，《国学图书馆第二年刊·本馆新印书序跋辑录》，1929年，第31页。

本书影初编》等均用影印法出版。国学图书馆所藏钱塘丁氏善本与皕宋楼、海源阁、铁琴铜剑楼等并称海内，柳诒徵汇辑其中宋元刊本书影，按原书尺寸影印为《盋山书影》并详加说明，不仅使"艺林鸿宝""家觏而户购"，还能启发民众的民族自豪感。柳诒徵还特别强调宋元刊本所能代表的先民智慧：

> 雕刻发明，莫先我国，天水朔南，蔚极美备。阅者于此，景先民文化之懿，用以推迹国工，沧启新智，则其为效岂徒区区鉴藏欣赏而已哉。①

正是因为有这样的意识，在1929年1月底2月初召开的中华图书馆年会上，国学图书馆提出"请本会调查登记公私中外现存宋版书以便筹谋影印使勿亡佚案"时，陈述理由中除了提到以往学术界广泛认知的宋刻本在"考证校勘学上有相当之功用"外，还提出"在艺术方面，亦极有价值"："欧美当十五世纪始有印版书，吾国当十世纪，于雕版研求已极精美。故宋椠在世界印刷史上实为最可宝贵之标本。"②这就突破了朴学研究中仅将宋元刊本作为考证校勘之本的藩篱。

当然，柳诒徵也并不排斥朴学。影印的吴颖芳《说文理董后编》即是专门申明许说、辩驳郑樵《六书略》之作；③王初桐《西域尔雅》采录新疆、蒙、回、藏方言依《尔雅》十九篇之例撮合成编，为治蒙藏方言之专书；姚际恒《好古堂书目》则是目录学专著。影印金陵故籍方面，明弘治刻本《洪武京城图志》具载楼馆、街市、坛庙、官署所在，不仅治史者得以研索明都，还可为城市建设之研阅；④明陈沂撰《金陵古今图考》亦可考见金陵建置沿革。柳诒徵还计划赓续印行更为详细的《至正金陵新志》，以续《景

---

① 柳诒徵：《盋山書影序》，《国学图书馆第二年刊·本馆新印书序跋辑录》，1929年，第29页。

② 《请本会调查登记公私中外现存宋版书以便筹谋影印使勿亡佚案》，《国学图书馆第二年刊·附录》，1929年，第3页。

③ 柳诒徵：《吴颖芳说文理董后编跋》，《国学图书馆第二年刊·本馆新印书序跋辑录》，1929年，第26页。

④ 柳诒徵：《洪武京城图志跋》，《国学图书馆第二年刊·本馆新印书序跋辑录》，1929年，第27页。

定建康志》，"庶于金陵掌故，觊缕靡遗"①。图志以外，盛时泰《元牍记》详举金陵碑碣，于古刻多资考证。②

诗词书法继有出版，如戴熙（字醇士，号鹿床）手写《宋元四家诗》，戴以画名世，实亦精诗、书，《宋元四家诗》选录林逋、姜夔、倪瓒、王冕四家诗，工楷书就，"诗境生新而华妙，观此知公所契，在写范自然，宜其艺事之臻绝诣也"③。中社同人重戴熙翰墨，影印行世，柳诒徵还就馆藏四家诗诸本校勘之，讹夺之处附识于上。《永怀堂诗集》前已影印，但其中《丙子诗》仅有上卷，所收并不完全。诗集出版后，柳诒徵得知丁祖荫④藏有《丙子诗》下卷抄本，于是于当年9月30日致函请抄：

> 芝孙先生大鉴：承手校藉悉敝馆刊印《咏怀堂诗集》已经藻鉴，其中有《戊寅诗》而缺《丙子诗》下卷，与先生昔向八千卷楼传写者不同，洵属疑问。丁书归馆时，诒虽未与检校之役，按之初印书目逐年各家传写之本，均止此八卷，不图仍有遗珠。兹承惠示，于阮集又得百数十题，若能续印一册，庶几可窥全豹。拟请将《丙子诗》下卷寄示，以便补录或由贵处代抄寄下，至乞卓裁。⑤

丁祖荫的回信暂时不得而知，但是通过1929年3月30日柳诒徵给丁祖荫的回信可以确认，此时已经抄写完毕：

> 承惠书并代抄《永怀堂诗·丙子诗》下卷，成兹完璧，洵艺林之佳话也。佩甚慰。⑥

---

① 柳诒徵：《陈沂金陵古今图考跋》，《国学图书馆第二年刊·本馆新印书序跋辑录》，1929年，第27页。
② 柳诒徵：《盛时泰元牍记跋》，《国学图书馆第二年刊·本馆新印书序跋辑录》，1929年，第30页。
③ 柳诒徵：《宋元四家诗跋》，《国学图书馆第二年刊·本馆新印书序跋辑录》，1929年，第33页。
④ 丁祖荫（1871—1930），原名祖德，字芝荪，一作之孙，号初我、初园居士，又号一行，常熟人。
⑤ 《国学图书馆第二年刊·案牍》，1929年，第29页。
⑥ 《国学图书馆第二年刊·案牍》，1929年，第47页。

不仅如此，国学图书馆应付的抄费，丁芝荪也没有收取，因而柳诒徵寄送国学图书馆出版的《洪武京城图志》《金陵古今图考》《好古堂书目》各一部，以答谢意。柳诒徵将《丙子诗》下卷排印为《咏怀堂诗补遗》一册，又冠以阮氏手书诗墨迹。这份手迹为番禺叶玉虎所藏，是柳诒徵向叶氏请印而来：

闻公精于藻鉴，藏有阮圆海手迹，洵为可宝。敝馆现拟续印《永怀堂丙子诗》，拟请尊处将阮氏手迹影印寄下，以便冠于书首，与前印焦岩石刻相辉映。需费若干，当由馆寄奉，想先生提倡风雅，当乐予赞同也。①

在柳诒徵的精益求精下，《咏怀堂诗集》通过刊印，遂成完璧。

国学图书馆成立印行部以后，将馆藏善本付诸出版，开始解决与商务印书馆的合作问题。在国学国学图书馆独立设立印行部之前，商务也曾影印了一些国学图书馆所藏书，但是都不甚符合柳诒徵的印书要求：

往者商务印书馆印行《四部丛刊》，虽借馆书印行多种，惟书贾牟利，不善鉴别，所印者，或改易原式，或不适实用。若馆中自行印布，善本则依原尺寸，钞本则排印精校，聚之则为丛书，分之亦可单售，较之假手书贾，必有良楛之别。②

《四部丛刊》是民国时期影响较大的影印丛书，收罗了大量古籍必备书的较好底本，以缩印的形式影印，以保证丛书制式的统一。柳诒徵刊印善本的理念显然与商务不同，即必须依原尺寸影印或精校排印。国学图书馆设立印行部以后，国学图书馆成为独立的书籍发行的主体，商业出版机构只是代为印刷。1919年商务印书馆借取国学图书馆善本书影印时，订有借印规则六条。③1928年12月8日，柳诒徵致信商务印书馆张元济、王云

---

① 《国学图书馆第二年刊·案牍》，1929年，第42页。
② 《改良第一图书馆计划书》，《中央大学国学图书馆第一年刊·案牍》，1928年，第6页。
③ 赵鸿谦：《借书影表》，《中央大学国学图书馆第一年刊》，1928年，第35页。

五，表示书籍不再交由商务影印。

  敬启者：前贵馆借印敝馆善本计单行者一种，印入《四部丛刊》者四十一种，印入《续古逸丛书》者一种，又经借照而尚未印行者十九种。现敝馆已成立印行部，所有贵馆借印借照之书悉已计划次第印行。除单行之《韩昌黎集》及《丛刊》初版印行之四十一种得依照贵馆与前江苏省公署所订契约，仅初印者发售外，此后无论汇刊、单行永远不得再版。其经借照尚未印行之十九种亦请贵馆停止发行。至《颐堂文集》一种，贵馆当日以《丛刊》名义借照，本期廉价流通，今乃重值发售，且有"翻印必究"字样，殊属侵害敝馆版权。除不得再版外，初版印行之书已售者应酌抽版税，未售者敝馆当派员查盖钤记。贵馆为出版界领袖，两公亦书业巨子，事关版权，想荷鉴允也。①

  柳诒徵欲收回善本影印之权，在信中主要说了三件事：第一，《韩昌黎集》和《四部丛刊》初编印行的四十一种由于之前签有契约，准许继续发售，但仅限初印，不准再版；第二，商务已经照相而未印行的十九种停止发行；第三，《颐堂文集》以《四部丛刊》的名义借印，商务却单行重价营利，且"翻印必究"字样侵害版权，请商务不得再版，并向国学图书馆交纳版税。王云五本拟亲自去南京与柳诒徵面见协商，但因病未能成行，仅托同事李伯嘉代为拜访转达商榷意愿。因此柳诒徵在1929年2月28日再次去信重申国学图书馆的诉求，并说出了"事关版权，亦无何种商榷，仍请查照办理。庶敝馆得保持正当法益，亦免引起侵害版权纠纷也""所有《颐堂文集》印售数目及敝馆应得版税（至少百分之二十）并祈转知贵馆营业股，另单开寄为荷"②较为严厉的话语。

  3月5日，王云五再次回复柳诒徵，除表达未能亲访的歉意外，主要陈述商务印书馆影印善本书籍的初衷以及对国学图书馆开办印行事业的惺惺相惜之感：

---

  ① 《致商务印书馆张菊生王岫庐函》，《国学图书馆第二年刊·案牍》，1928年，第17页。

  ② 《复王岫庐函》，《国学图书馆第二年刊·案牍》，1928年，第17页。

敝馆书林讬业，责在流通，祇以国学销沉，旧籍亡佚，学校生徒之有志稽古者欲得一明清佳刻，匪费多金不能，寒畯之士岂能胜此，故敝馆亟求罕见之本景印流传。去岁秋冬之交，复派人赴日本参观彼国图书馆，冀有所获。彼邦人士深表同情，公私名家慨然许我假印者凡数十种。其中颇有吾国久逸之书，敝馆即当陆续印行，藉饷学界。承示贵馆已成立印行部，嘤鸣之应，深幸同声。敝馆闻讯之余，益当勉竭绵薄，追踪大雅，益扩前功。①

王云五还派遣编译所算学部主任段育华（字抚群）亲往南京与柳诒徵协商续签契约事。或许是王云五所说"国学销沉，旧籍亡佚，学校生徒之有志稽古者欲得一明清佳刻，匪费多金不能，寒畯之士岂能胜此，故敝馆亟求罕见之本景印流传"和"嘤鸣之应，深幸同声"的殷殷之情打动了柳诒徵，也因为国学图书馆的诉求得到了商务印书馆的承认，经过商谈，双方重新达成协议。

此项协议共十条，主要是商务印书馆借印的手续以及须赠送的书籍，其中与国学图书馆印书相关的关键有两条：

一 商务印书馆欲借国学图书馆所藏善本书照相影印须先函开书名、版本、册数及单行或丛刊，经国学图书馆查明非国学图书馆预定计划中函须印行之书得遵照下列各条办理。

十 商务印书馆借印之书，国学图书馆自行出资印售者，商务印书馆不得过问。②

至此，国学图书馆在印行书籍的版权问题上与商务印书馆划分清楚。

1928 年 10 月 23 日，大学院改为教育部。1929 年 7 月 5 日，教育部停止"大学区制"，中央大学区限于年底停止，中央大学不再兼负教育行政职能。③ 至 1929 年 9 月 2 日，国学图书馆结束中社账目，与中央大学图

---

① 《王岫庐来函》，《国学图书馆第二年刊·案牍》，1928 年，第 19 页。
② 《国学图书馆 商务印书馆重订借印善本规约》，《国学图书馆第二年刊·案牍》，1928 年，第 21—22 页。
③ 冯世昌：《南京师范大学志 上（1902—2002）》，南京师范大学出版社，2002 年，第 19 页。

书馆划分存书及售书各款，取消中社名义。[①] 中社印书历时约一年，总的来说，这一时期的影印书比最初时已稍扩大范围，柳诒徵开始选择一些较有学术意义的书籍，并加以推广，在此后国学图书馆独立印行的活动中，书籍的学术意义和现实意义越来越明显。

## 三、效法先贤，以"陶风"命名

国学图书馆影印的书或题"国学图书馆"，或题"盋山图书馆"，或题"盋山精舍"，或题"陶风楼"，其中以"陶风楼"最具含义。"陶风楼"是盋山国学图书馆藏书楼，原无名，柳诒徵命之，并于1928年6月17日悬挂匾额[②]。"陶风"二字，有志陶斋端方、艺风缪荃孙之遗泽之意，有溯建馆故址为清道光年间两江总督文毅公陶澍所建书院之意。然最为重要者，乃是追陶澍建书院之旨：

文毅督两江时，即盋山为四松园，割园为书院，课多士实学，额曰"惜阴"。以陶桓公尝败苏峻于石头城下，履斯地也，犹仿像其遗徽，令千载下学人志士抟固其毕生数十年之精力，湛深于学，推暨于世，奋然踪古先贤杰，而肩荷国族之大任。岂惟是流连山墅，婴玩景光，庨官阀而翘其一家之誉望已哉！[③]

国学图书馆旧址为惜阴书院，"惜阴"二字乃文毅公陶澍命名。柳诒徵初至盋山时，或竟日无人来读书，或以其地为忧恤燕闲之所，柳诒徵以"陶风"之名以自助、助友，"洎世之来读斯楼之书者，即不为桓公、为文毅公，以智名勇功扶翼世局，降而为端方之知爱国籍，为艺风师之耆耆述作不倦，犹不无小补于世"。[④] 在柳诒徵看来图书馆为读书之所，而非燕游之地。读书之最大用为"扶翼世局"，追踪先贤，"荷国族之大任"，

---

① 《江苏省立国学图书馆第三年刊·大事记》，1930年，第1页。
② 《中央大学国学图书馆第一年刊·大事记》，1928年，第38页。
③ 《陶风楼记》，柳诒徵著，杨共乐、张昭军主编：《柳诒徵文集》第十一卷，商务印书馆，2018年，第17页。
④ 柳诒徵著，杨共乐、张昭军主编：《柳诒徵文集》第十一卷，商务印书馆，2018年，第18页。

这是与陶澍创建惜阴书院的初衷是相同的；继而如端方爱护国之图籍，如缪荃孙著述不倦，均可有益于世。

柳诒徵的这种认识是与他对国势的关注分不开的。"四海方多难，潜龙孰与游"[①]正是其对国事的忧心。1930年，柳诒徵影印明宋应昌编撰《经略复国要编》，此书载宋应昌在经略东北军务任内及事后的疏奏、文移、檄牍等，是研究东北史事的重要资料，而甲午战争以来研究东事之著述均未涉及此书。国学图书馆所藏本"某领事曾乞迻录，而邦人不为搜讨其勋略，使湮霾蟫蠹间"。柳诒徵影印此书，不仅在于使之广为人知，以作学术研究，更重要的是，书名中所谓"复国"，是指"复累朝恭顺之属国""朝鲜已失土地举尺寸还之故土"。明万历年间，日本侵略朝鲜，最终为明朝所败，退居海岛。清末甲午战事，亦以朝鲜事为开端，然中国一时战败，直到三十年代仍未能一雪前耻，正是有感于此，柳诒徵在跋语中更强调其中的"国族大任"：

爰述所怀，以谂国族，使知明当嘉靖以还，积苦倭患，而命世之才，初不为覆车所馁，赫然建树若是。则今日明耻励俗，故宜一涤前习，不徒以《箫》《勺》腹里为国功也已。[②]

"不徒以《箫》《勺》腹里为国功"，而当以洗雪国耻为业，是柳诒徵认为的读书第一大用。国事之外，还要寻求文化上的自立。柳诒徵叙述刊印《南雍志》一书之旨：

欧陆若英伦大学率阅数百年，吾国南北都大学才数十年，瞠乎后矣。第就南都论，孙吴以来，已有国学，至隋始夷为郡县，黉序颓弛。而朱明之国子监，尤极养士之盛，自成贤街抵钦天山，遗址章灼。今中央大学暨考试院皆在故明庙学界中，风徽相续未遐也。清人多薄明制，又不详究其史籍，往予尝为《五百年前南京之国立大学》一文，布之《学衡》杂志，

---

[①] 柳诒徵著，杨共乐、张昭军主编：《柳诒徵文集》第十二卷，商务印书馆，2018年，第8页。

[②] 柳诒徵：《经略复国要编跋》，《江苏省立国学图书馆第三年刊·本馆新印书序跋辑录》，1930年，第36页。

某公诧为昔所未闻。而学者乃稍稍知十四五纪时，吾国辟雍造士之规模，远过于巴黎、伦敦诸学校也。明代学制，故在《明史·选举志》中，两京太学亦均有专志，然北雍实仿南监，成弘以降，偏重科举，教泽陵迟衰微矣。黄氏《南雍志》详载洪武、永乐兴学事实，言教育史者，宜胝沫之，乃有以见《大易》所谓"教思无穷，容保民无疆者"，明祖有焉。其源则自虞、夏、商、周成均、东序、西膠、瞽宗、明堂，汉、魏、吴、晋、南北朝、隋、唐、两宋太学演蜕而来，炳焉为东亚文教宗主。非夫皮傅耳食、橅邻裔而拾滓绪自贬其国族文化者伦也。①

柳诒徵曾任教十余年，对于学校教育一直尤为关注。近代中国大学的发展深受西方的影响，更鲜有人知中国古代的大学情况。面此情形，柳诒徵作《五百年前南京至国立大学》一文介绍于世。明黄泰泉《南雍志》叙述明代南京国子监事，影印此书更以昭中国古代太学发展之盛况，不仅使读者知历史故事，更可提升民族自信心和自豪感。

1915年柳诒徵在南京高师国文专修学校曾教授《杂文》一门，看似不甚重要，但是这门课程"重在使学者先知道德学术、政治教育之根本，以立文学之基，次则辨析文字涂辙，使各就性之所近以求深造"②，选择哪些经史篇章就非常值得考虑，这需要广博的学识才可以胜任。在此过程中，他深刻了解国故的重要性并将之努力传授给学生。1923年，河南新郑出土商周古器多种，柳诒徵在听闻北京大学国学门向国务院及洛阳巡阅使申请将古物由北京大学负责保管研究一事后，立即撰文请校长转呈江苏省政府呼吁文物亦当为东南学子所用：

伏思阐扬文化固先于首都，而发皇国光尤当期其远及。前清编定《四库全书》，特在江浙设立三阁，与北方四阁相辉映，良以东南为人文所萃。学术当天下为公，但使物力有余，不妨兼营并蓄。窃见河南所得古物为数甚多，陈之汴梁，专归北校，皆止限于一地，未能被之四方。曷若以此不

---

① 柳诒徵：《南雍志跋》，《江苏省立国学图书馆第四年刊·本馆新印书序跋辑录》，1931年，第31页。
② 南京大学校史研究室：《南京大学校史资料选编》第二卷《南京高师与东南大学时期》（上），南京大学出版社，2019年，第311页。

世之珍，分而颁之国立之校？敝校地当江海之枢，南中夙富金石之学，念先进之流风未沫，值环宝之出土孔多，愿与国人同负斯责，使互贡其所得，必有裨于国闻。为此拟请督军省长咨行国务院暨汴省当道，酌定办法，或以此项古物全数悉交北京大学及东南大学两校陈列保管，或酌留一部分于河南，而以一部分交北京大学，以一部分交东南大学陈列保管，庶同时南北两大都会及河南当地皆得凭借考古之新资料，发扬吾国之真文明。既可餍远方人士研摩古物之忱，益以见当代君子昌明国学之意。①

"学术当天下为公""昌明国学"是柳诒徵的学术思想，这也影响了他在国学图书馆出版事业的展开。1930年7月，范希曾去世，柳诒徵即将范氏遗著《书目答问补正》单独出版，此书曾分卷刊载在《国学图书馆年刊》上（《国学图书馆第二年刊》刊登了第二卷史部，《国学图书馆第三年刊》则刊登了卷一经部），此次全部印出单行。范希曾《书目答问补正》是补张之洞《书目答问》成书以来新增之书以及正其谬误而作，对《书目答问》多有补充，柳诒徵称其"补正五十年来之著述，搜罗殆备，间及旧刊，治国学者不可不备"②，是研治目录学之重要书籍。

柳诒徵影印的《元明杂剧》则是对中国古典文学的新认识。民国以来，研究风气转变，小说杂曲等俗文学进入学者的研究视野，元曲著述中，最为流行的是明臧懋循的《元曲选》。盋山图书馆藏丁氏汇集明刻而成的《元明杂剧》27种，其中有11种不见于《元曲选》，且相同的曲目内容亦多有差异。另如《斛园居士二种》及《豫让吞炭》《醉写赤壁赋》等剧，虽见于《太和正音谱》及《也是园书目》，亦传本稀少，多有学者请抄，故柳诒徵付之影印，以应广需。在《元明杂剧跋》中，柳诒徵还表达了对这一文学形式的重视，将其与《诗经》《离骚》之旨相类比：

元明作者，以风会所演，竴力剧本，其思力往往镌镵造化，歌泣鬼神。

---

① 《柳教授拟呈两署文稿》，原藏中央大学档案。南京大学校史研究室：《南京大学校史资料选编》第二卷《南京高师与东南大学时期》（上），南京大学出版社，2019年，第307页。

② 《本馆新印史部书提要（二）》，《江苏省立国学图书馆第八年刊》，1935年，《展览会纪事》后，第40页。

顾切究其根荄窟宅，则一仍《国风》《小雅》《离骚》《九歌》血胤。形表虽殊，质素不二。以故敷写事物，缠绵悱恻，属词虽极浅俚，劝惩之旨溢焉。论华夏文学，必厝意乎此，始非掷金虚牝。若徒耽隐僻，矜考订，以傅合俚俗为极诣，恶得为知言哉。①

柳诒徵虽然以经史为主业，然从中可见对古典文学也有较为独到的见解。名家诗词的影印也多有前人所未重视之本。如徐文长《歌代啸》，多认为是游戏之笔，各家书录多未载，亦未见刊本，但柳氏认为却认为并非如此："要其意，以滑稽当铸鼎，非漫作也。冥梦瞀乱，终古如斯，涉世稍深，即知逻辑为无用，而一切礼教、法制、戒律，罔非涂饰耳目之具。"②透过游戏文字的表面而更理解其思想的深厚。

又有先哲诗文手札，如何栔以文著称，与顺康间张玉书，嘉道间张崇兰为前后三家，而独其著述传本绝鲜。柳诒徵从何赞尧处抄得《晴江阁集》一部，以其中最为称道的传文三卷，先付影印，名为《晴江阁文抄》，并校勘讹舛为《校勘记》一卷别行。③丹徒章性良，清康熙年间人，论诗专主"祧唐祖宋"之说，"论诗宗两宋"之开山。然著作多散佚，国学图书馆藏《种学堂詹詹吟稿》四卷，虽非全集，但吉光片羽，足为流布。④《陶风楼藏名贤手札》遴选清咸同年间名贤手札"尤精懿可考事实者"影印八册。⑤卢文弨手校《切近编》，清乾隆桑调元、沈廷芳辑朱熹、张履祥、陆陇其、劳余山四家之语，最明白切近者，溥教齐民："阅世愈深，愈知先儒片言只语，体索靡既，与炫博骛华，截然两事。"⑥

---

① 柳诒徵：《元明杂剧跋》，《江苏省立国学图书馆第三年刊·本馆新印书序跋辑录》，1930年，第38页。
② 柳诒徵：《歌代啸跋》，《江苏省立国学图书馆第四年刊·本馆新印书序跋辑录》，1931年，第32页。
③ 柳诒徵：《晴江阁文钞校勘记跋》，《江苏省立国学图书馆第四年刊·本馆新印书序跋辑录》，1931年，第31页。
④ 柳诒徵：《种学堂戋戋吟稿跋》，《江苏省立国学图书馆第三年刊·本馆新印书序跋辑录》，第37页。"詹詹"此处作"戋戋"。
⑤ 柳诒徵：《陶风楼藏名贤手札跋》，《江苏省立国学图书馆第三年刊·本馆新印书序跋辑录》，第38页。
⑥ 柳诒徵：《切近编跋》，《江苏省立国学图书馆第三年刊》，1930年，第36页。

在柳诒徵的主持下，国学图书馆成为重要的学术交流之地。据《江苏省立国学图书馆馆刊》中的大事记，仅民国1930年7月下旬来馆的有：

二十五日，日本静嘉堂文库职员长泽规矩也来馆参观。

二十九日，北平图书馆职员赵万里来馆钞书三日。

三十日，日本台北帝国大学助教授神田喜一郎、京城帝国大学助教授玉井是博来馆参观。

又十月一日，北平图书馆职员谢国桢来馆参观读书一星期。

柳诒徵命名"陶风楼"的努力已初见效果。然而，国势又起变化。

## 四、国事日蹇，印书寄怀

1931年9月18日，日本侵入沈阳，东北沦陷，举国震动。一个月后的10月20日，《大公报》刊登了柳诒徵撰写的《罪言》一文，沉痛指出国之不善者五：鸦片、赌博、酒色、欺骗、盗窃，只有改正国之不善者，才能救国。[①]柳诒徵为此还撰《救国纲要》，其生张其昀介绍在1932年1月1日《中央日报》上发表。[②]1932年1月28日，日军又进攻上海，淞沪抗战爆发。柳诒徵在《哀吴碧柳》一文中发出"即此东北东南国殇之万骨，谁复能以鲸铿狮吼之作传其真。彼冥冥者祸我华夏何太酷！"[③]的慨叹。

希望从历史中寻求救国之路，柳诒徵撰写了《江苏明代倭寇事辑》，载于《国风半月刊》1933年第2卷第8期。1934年作《从历史上求民族复兴之路》："鄙意欲求民族复兴之路，必须认清吾民族何时为最兴盛，其时之兴盛由于何故，使一般人知今日存亡危急之秋。非此不足以挽回溃势，否则惟有坐以待亡，不必再自命为优异之民族也。"[④]在各种演讲中，

---

① 柳诒徵著，杨共乐、张昭军主编：《柳诒徵文集》第十一卷，商务印书馆，2018年，第3—5页。

② 柳诒徵著，杨共乐、张昭军主编：《柳诒徵文集》第十一卷，商务印书馆，2018年，第76页。

③ 柳诒徵著，杨共乐、张昭军主编：《柳诒徵文集》第十二卷，商务印书馆，2018年，第24页。

④ 柳诒徵著，杨共乐、张昭军主编：《柳诒徵文集》第十二卷，商务印书馆，2018年，第300页。

时时不忘救国,《清季教育之国耻》:"希望诸同学时时以人格为救国之本。"①

现状如斯,柳诒徵开始印行抗倭之书,第一部即明徐学聚撰《嘉靖东南平倭通录》。柳诒徵在此书的跋语中表达了影印此书的原因:

明至嘉靖,国运已不振矣,然文谟武略忠诚纯迈之士,犹错出不绝,故戡定祸乱,多由士大夫,不徒恃田州永保乌合狙击之兵也。士气既伸,国威未坠,其阳明甘泉讲学之效乎?抑先民风化,根源固濩,不择时而发,而寇攘之来适足以淬厉而激越之乎?吾绅绎《明史》及诸集录,述往绳来,不胜隆污之感。拟举山馆所藏纪述倭寇之书今鲜传本者,一一印布,俾论兵导国者有所考镜,爰以兹书为嚆矢焉。②

此书是钱塘丁氏从《国朝典汇》摘录嘉靖朝倭寇事实而成,柳诒徵认为"斯时倭患最烈,其狷獗凶顽足与淞沪之役相印证",虽国运不振,然忠诚勇谋之士,勘定祸乱,不仅靠士兵,还要靠士大夫之倡导,这是学者在当时国家危难之时所应承担的使命,影印此书可资考镜。又如明嘉靖末年,长治任环为保东南安全,与倭夷大小百余战,其诗文集《山海漫谈》,"读之可以激发爱国之精神,增长御侮之胆识"③,这都是从激励精神上所作的努力。

更重要的还是实际措施,明昆山郑若曾佐胡宗宪幕,平倭有功,撰《郑开阳杂著》共十种,于江防、海防诸图论皆所目击,日本、朝鲜、安南、琉球诸考皆咨访考究所得。④柳诒徵述书刊印此书之初衷:

馆藏写本,摹图甚精。亟与《平倭通录》《山海漫谈》二书次比印行,以证明之学者,精究国防,不徒以空谈心性为事。又以见明人措意倭患,

---

① 柳诒徵著,杨共乐、张昭军主编:《柳诒徵文集》第十二卷,商务印书馆,2018年,第309页。
② 柳诒徵:《嘉靖东南平倭通录跋》,《江苏省立国学图书馆第六年刊·本馆新印书题跋辑录》,1933年,第1页。
③ 《江苏省立国学图书馆最近出版新书》,《江苏省立国学图书馆第五年刊》,1932年,《江苏明代倭寇事辑》后,第172页。
④ 《江苏省立国学图书馆最近出版新书》,《江苏省立国学图书馆第五年刊》,1932年,《江苏明代倭寇事辑》后,第172页。

实兼规及海上诸小国，不仅仅就倭言倭，是则恢复旧属，抶翼小邦，张辅车之势，以挫虎狼之锋。正神州赤县人士，所宜高瞻远举，为亚东宗主。恶可以局部抗扞为已尽其职哉。①

柳诒徵认为，明代学者不徒谈心性，更以家国大事为己任，抗倭不仅限于抗倭，还在"恢复旧属、扶翼小邦"，有着大国宗主风范。柳诒徵此言是有现实考虑的：当国际局势日益紧张时，不仅要考虑本国之抗战，还当联合国际力量共同应敌。

柳诒徵还希望通过印书来鼓励民众的全面抗敌信心。明辽东经略王在晋编《三朝辽事实录》，记载明季辽东兵事，凡战守梗概、兵饷凡要、政府聚讼、将卒怯敌之状，莫不据事直书，"筹画辽事，足资殷鉴"②。更有以古鉴今的思想：

在晋为经略时上言："天下事决裂至此，诸臣尚不回心涤虑，急救倾危，而徒立户分门，互相攻击，非以爱国，亦非以自爱也。"冯三元之劾熊廷弼也，亦曰"精神不以筹边，而意气偏以角内"，何其言之痛也。畏敌偷存，惟务内讧，虽有金汤，不能自保，岂惟明季为然。辽难方殷，救亡无术，亟印此书，以视国族，俾知角内自私，古今一辙，诚不欲为残明之赓者，任人皆当湔涤卤体，一反前此之所为矣。③

这是对停止内战、团结一致抗日的呼吁，大敌当前，当摒弃门户之见，杜绝内讧，共同向外，乃得胜利，古今相同。《平倭通录》《辽事实录》《山海漫谈》《郑开阳杂著》四种在《第七年刊》《第八年刊》专门列出，作为"本馆印行关于辽事倭寇之书籍"系列。

除此之外，明抗倭将领俞大猷以儒术治水陆兵平倭靖虏，与戚继光齐名，有"俞龙戚虎"之目。其《正气堂集》为鲜见之书，《四库》未收。

---

① 《江苏省立国学图书馆第六年刊·本馆新印书题跋辑录》，1933年，第2页。
② 《本馆印行关于辽事倭寇之书籍》，《江苏省立国学图书馆第七年刊》，1934年，《阅览部收到赠送公报杂志登记》后，第12页。
③ 柳诒徵：《王在晋三朝辽事实录跋》，《江苏省立国学图书馆第五年刊·本馆新印书题跋辑录》，1932年，第1页。

柳诒徵因之而强调此书"为讲国耻论将略者必读之书"①：

> 余辑倭寇事，颇采武裏书牍，因以推论将略之必本于正学，非徒权谲虓悍为足言兵，闻者伟之。②

明代的历史研究也是柳诒徵重点关注的学术问题。清毛乃庸专研史部，撰《季明封爵表》"始自弘光，迄于永历，并附郑氏时代之封爵，按年循月，部次秩然，足为读南明史籍之助"③，故影印以流传。

> 诒徵乃请先写此表印布，匪惟帙少费省之故，亦以哀刘君之书未成，而覆辙之足资鉴戒。即诸藩封爵一端，亦季世所宜警寤也。海上天子，船中国公，蜗角蚕丛，颠越狼狈。仅仅提空名，为无聊赖之号召，曾不思淬厉实力，一挥鲁阳之戈，复洪成熙宣之境域。戎夫寇盗，倾贰反侧，莫可检柙，至自相称署，甚且缘靳封一字，大肆凶焰。呜呼悕矣！疆圉可弃，宗社可夷，异族可事，种姓可殄，独此陵驾曹伍、窃号自娱之念不可弭。五等爵号，虽不必同朝菌、蟪蛄，宁间先后耶？④

柳诒徵对清代史事也有关注。庄严《吴淞炮台档案》刊于《年刊》之中："际此国库空虚不知何日得以恢复，而此炮台经营之始，以及台成而拨炮操演、添筑修葺、工程做法、领用银数，本馆藏有档案可稽，兹择其要者著录之，以供留心时事者之参考。"⑤还将《吴淞炮台图》插入《第五年刊》中。张德坚总纂《贼情汇纂》十二卷，分九类二十余万言，所记太平天国

---

① 《本馆最近出版新书露布》，《江苏省立国学图书馆第七年刊》，1934年，《江苏艺文志》第151页。

② 柳诒徵：《正气堂集跋》，《江苏省立国学图书馆第八年刊·本馆新印书题跋辑录》，1935年，第2页。

③ 《江苏省立国学图书馆最近出版新书广告》，《江苏省立国学图书馆第六年刊》，1933年，《江苏艺文志》第50页。

④ 柳诒徵：《季明封爵表跋》，《江苏省立国学图书馆第七年刊·本馆新印书题跋辑录》，1934年，第4页。

⑤ 庄严：《吴淞炮台档案》，《江苏省立国学图书馆第五年刊》，1932年，第1页。

之事实、仪制至为详尽,未曾刊行。① 向达为此书作跋,考其成书过程颇详。② 包世臣《说储》上篇,为晚清改制之书,中有制度改革之议,以传抄稿本影印:"想治国故故谈改革者,胥以得此惊人秘籍为一快也。"③

柳诒徵还影印与朝鲜、安南等周边国家有关的史事书以资参鉴。龚用乡撰《使朝鲜录》载嘉靖十六年奉使朝鲜之事,分为三类:一曰出使之礼;二曰邦交之仪;三曰使职之务。凡典礼仪文、山川道里记载具详,附纪胜写景之作与酬酢诗文。影印此本,"使知我国往昔之盛,作其气而兴之","庶越勾践式怒蛙意"④。《校补安南弃守本末》更是希望给当政者以警诫:"使当年法太祖以沐氏镇云南故事,何至尽骤前勋,及宣德之弃为外藩也。中官之贪墨苛扰,将帅之寡谋怯懦,要不得辞其罪,所以谷应泰氏有勃貂短辕之诮。不然,以垂毙之黎利,何遽不能制其死命。噫!前事者,后事之师,印布此书,述往策来,资言规复者鉴焉。"⑤《议处安南事宜》为邓士龙所辑国朝典故之一,记嘉靖间处分莫登庸事,对仁宣以来宗属关系叙述明了,书中的地图,也有《明史安南传》及《地理志》未载的,为考史画疆资料。⑥ "至朝议媕娿,庙谟无定,虽具见史策,然较之满清之于安南,苟且涂饰,卒沦属邦于远西者,相去霄壤矣"。⑦

此外还有《武经七书直解》,武经七书为宋元丰中颁于武学的《孙子》《吴子》《司马法》《李卫公问对》《尉缭子》《三略》《六韬》。明初刘寅为之直解,"注释详明,引据切要,补遗匡谬,析衷至当,学者推为善本"。"吾国古兵书自有其万古长新之价值","国人研求安内攘外之

---

① 《本馆影印书籍提要之三》,《江苏省立国学图书馆第七年刊》,1934年,《表格》后第12页。
② 向达:《贼情汇纂跋》,《江苏省立国学图书馆第六年刊》,1933年,第3—4页。
③ 《本馆新印子部书提要(一)》,《江苏省立国学图书馆第十年刊》,1937年,《陶风楼藏档案》卷六后第172页。
④ 《本馆最近出版新书露布》,《江苏省立国学图书馆第十年刊》,1937年,《江苏艺文志》第16页。
⑤ 柳诒徵:《校补安南弃守本末跋》,《江苏省立国学图书馆第十年刊·本馆新印书题跋辑录》,1937年,第6页。
⑥ 《本馆最近出版新书露布》,《江苏省立国学图书馆第十年刊》,1937年,《江苏艺文志》第16页。
⑦ 柳诒徵:《议处安南事宜跋》,《江苏省立国学图书馆第十年刊·本馆新印书题跋辑录》,1937年,第6页。

术者允宜人手一编"。①

郭镜川借国学图书馆所藏原刊本校印明邱琼山《世史正纲》，由南京龙蟠里本馆发行："自称以著世变而纪事始，其于华夷之辨、复仇之义，不惮反覆陈述，在明世及清初佥推为继朱子纲目之书。际兹强邻凭陵之秋，是实恢复民族精神之要籍"。②

陈训慈《勷师从游脞记》曾说道："由于时代关系，有关边疆与御侮之书，罕见及未刊者，为其重点之一。盖九一八以后，日本侵我日亟，师特为极力印布《经略复国要编》《辽事记闻》等，皆寓此义，刊书实有沾溉多士，淬励民气之效。"③所言颇符实际。

除通过印书激励读者的爱国之心外，还注重民族文化的保存和传承。柳诒徵尤其注重避免门户之见，争取吸取汉学、宋学各自的长处。在沈阳任教期间，讲授《说文》，编《说文段注凡例》："学者循是以求之，庶可以知前人读书用心之精密，而叹治汉学者非徒争门户夸淹博已也。"④作《论以〈说文〉证史必先知〈说文〉之谊例》一文强调先懂《说文》之重要。还身体力行以傅增湘影印南宋监本校刘氏嘉业堂刻单疏本，作《周易正义》校勘记。

在《记周易荀氏九家义后》一文中，柳诒徵对镇江的清代汉学有大致总结："吾乡多诗人而鲜覃研经术之士，嘉道间海内汉学盛行，渐潘吾邑，邑之通才异敏，始发愤治经为专门之学。时则有若张氏崇兰、戴氏守梧治《尚书》，陈氏宗起治《三礼》，吾家宾叔先生治《毛诗》《穀梁》，翼南先生治《尚书》《说文》，各有纂述，彬彬然极一时之盛矣。庄氏忠棫稍后起，与赵氏彦偁同治《周易》，彦偁为《汉易六家义疏》未成，忠棫

---

① 《〈武经七书直解〉出版露布》，《江苏省立国学图书馆第六年刊》，1933年，《吕氏春秋补注》第122页。
② 《校印明邱琼山世史正纲出版启事》，《江苏省立国学图书馆第九年刊》，1936年，《本馆图书总目序》后，第4页。
③ 陈训慈：《勷师从游脞记》，中国人民政治协商会议镇江市委员会文史资料研究委员会：《镇江文史资料》第11辑《柳翼谋先生纪念文集》，政协镇江市委员会文史资料研究委员会，1986年，第111页。
④ 《〈说文段注凡例〉序》，柳诒徵：《柳诒徵文集》第八卷，商务印书馆，2018年，第263页。

成《易荀氏九家义》九卷、《易纬通义》八卷，甄微综邃，蔚为专家。"[1]

王铭西之学以礼求经，以纬说易，不囿于传注一师之学，为王益吾推重：《春秋属比考例》"能于杜氏释例外卓然自成一说"[2]，《春秋五行灾异卦炁属比考》"语入元微，当与珍艺庄氏《夏小正》各种并传"。而以雕版费绌不获入赓《经解》[3]，隐而不显，几于湮没，柳诒徵为之阐发：

去岁书肆以二书来售，予惊为南献遗珍，亟购庋盎山甲库。顷始从《毗陵文录》，得君家传，悉其身世，庸付手民，发兹潜采。其书之以古文篆体易楷隶者，一仍其旧云。[4]

《穀梁》一经习者较少，影印道光中丹徒柳兴恩《穀梁大义述补阙》，以为"治《麟经》及《穀梁》家法者不可不读"[5]。宋王应麟所辑《诗考》，经卢文弨增校，辗转归于振绮堂，汪远孙复为详校，又经冯柳东、李芋沚、陈扶雅、徐北溟、曹柳桥诸家增校，所以丁氏善本书室藏书志称为善而又善之本，柳诒徵又据《抱经文集》增抄序跋并附影印，不仅仅在于"荟萃众说，展卷了如，承学之士循览尤便"[6]，更"以示清儒由宋儒而跻汉学之门径"[7]。

朴学方面的书籍，如余仲林《古经解钩沉》，著录于《四库》，道光中经柳兴恩、柳荣宗为之正讹补缺，视原本为善，"因付影印，谅为治朴学者所乐观也"[8]；昆山叶九来撰《叶九来金石录续跋》，"为治金石学

---

[1] 柳诒徵著，杨共乐、张昭军主编：《柳诒徵文集》第八卷，商务印书馆，2018年，第241页。

[2] 《本馆新印书籍提要》，《江苏省立国学图书馆第八年刊》，1935年，《陶风楼藏档案目》第2页。

[3] 《本馆新印书籍提要》，《江苏省立国学图书馆第八年刊》，1935年，《陶风楼藏档案目》第2页。

[4] 柳诒徵：《〈春秋属比考例〉〈春秋五行灾异卦炁属比考〉跋》，《江苏省立国学图书馆第八年刊·本馆新印书题跋辑录》，1935年，第4页。

[5] 《本馆印行经部书籍提要》，《江苏省立国学图书馆第九年刊》，1936年，《陶风楼藏档案目》卷四后，第142页。

[6] 《本馆印行经部书籍提要》，《江苏省立国学图书馆第九年刊》，1936年，《陶风楼藏档案目》卷四后，第142页。

[7] 柳诒徵：《卢抱经增校附诸家校补诗考跋》，《江苏省立国学图书馆第九年刊》，1936年，第1页。

[8] 《本馆最近出书露布》，《江苏省立国学图书馆第九年刊》，1936年，《保管部收到赠送图书登记》后，第40页。

者素所未赌之秘笈，允宜流布以广实学"①；谢承《谢氏后汉书补佚》，影印"以备辑佚者之参证"②。

影印的诗文集，主要与江苏地区的先哲有关，《韦苏州集》、明吕高《江峰漫稿》、鲍山《野菜博录》、张文贞《京江张相公诗稿》、钱之鼎《双花阁词抄》《靳文僖公戒庵文集》、陈耀文《花草粹编》、冷秋江《绪风吟》附《江泠阁诗文校补》、严保庸《盂兰梦》等。

柳诒徵自撰《江苏社会志初稿》《江苏书院志初稿》《江苏钱币志》《江苏明代倭寇事辑》《里乘》等以征稽地方文献。《金陵玄观志》，以万历刻本印，其体例与葛寅亮之《金陵梵刹志》同，图绘精详、叙述明晰，印布行世，可供道学研究。③

明代沿元宣政院之制，立僧道录司，统摄二氏，徒以饰帝室皇居之仪式，拓别士穷民之生计，于六朝玄学，未之能振起也。然规制秩然，文物灿著，总明遗风，仙茅旧宇，足使人缘史志知政教之相维焉。④

柳诒徵还非常注重地方建设的过程中中国文化的保存，在地方改造的过程中，要保存文物古迹、石刻碑版，更要保存中国的道德。⑤明慈谿姚堂辑《润州先贤录》，搜辑润州先贤事实而成，自春秋以迄宋代，分高风、忠节、相业、直谏、德望、文学六类，都计二十人，摹像撰传兼录遗文。其书久无传本，志乘目录亦罕记载⑥，此次影印明天顺刻本。柳诒徵将认识地方先贤与保存民族文化相联系：

---

① 《本馆最近出版新书露布》，《江苏省立国学图书馆第十年刊》，1937年，《江苏艺文志》第16页。

② 柳诒徵：《谢氏后汉书补佚跋》，《江苏省立国学图书馆第五年刊·本馆新印书题跋辑录》，1932年，第1页。

③ 《本馆最近出版新书露布》，《江苏省立国学图书馆第十年刊》，1937年，《江苏艺文志》第16页。

④ 柳诒徵：《金陵玄观志跋》，《江苏省立国学图书馆第十年刊·本馆新印书题跋辑录》，1937年，第4页。

⑤ 柳诒徵著，杨共乐、张昭军主编：《柳诒徵文集》第十二卷，商务印书馆，2018年，第231页。

⑥ 《江苏省立国学图书馆最近出版新书广告》，《江苏省立国学图书馆第六年刊》，1933年，《江苏艺文志》第50页。

天顺距今垂五百年，《四库》但存其目，乡人未睹厥书，人往风微，时殊俗易，祠庙不复崇贤，官守罔知敬教。即《录》中所举先哲，声光风尚磊磊轩天地，亘万祀而不朽者，新学小生，殆俱不能举其名字事状，而徒膏唇鼓吻，欲复民族之精神。甚则狂谵醉寱，斥昔之人无闻知，惟凭其诞谩贪戾之私，谓足以立国于斯世。吾读是录，述往思来，盖不知涕之何从也。①

恢复民族之精神，不是空有其言，当有所凭，取资先贤，方是有效之途径。柳诒徵时时以家国为念，为民族挂怀，以影印书籍为武器，以作抵抗仇敌、保护文明之举措。影印善本，更重要的是善本背后的寄怀。

表21　国学图书馆影印书简表

| 年度 | 种数 | 印行书籍 |
| --- | --- | --- |
| 1928年 | 影印12种 排印2种 | 《东莱书说》《说文理董后编》《西域尔雅》《洪武京城图志》《金陵古今图考》《百夷传》《好古堂书目》《盍山书影》《剿奴议撮附建州考》《不得已》《宋元四家诗》《玉琴斋词》《元牍记》《永怀堂诗补遗》 |
| 1929年 | 影印6种 | 《切近编》《元明杂剧》《经略复国要编》《陶风楼藏名贤手札》《晴江阁文钞》《詹詹吟稿》 |
| 1930年 | 影印3种 排印1种 | 《晴江阁文钞校勘记》《南雍志》《歌代啸》《书目答问补正》 |
| 1931年 | 影印2种 | 《三朝辽事实录》《谢氏后汉书补逸》 |
| 1932年 | 影印5种 图9幅 | 《嘉定东南平倭通录》《郑开阳杂著》《山海漫谈》《贼情汇纂》《陶风楼书画目》《吴淞炮台图》 |
| 1933年 | 影印6种 | 《医说》《花草粹编》《润州先贤录》《季明封爵表》《江峰漫稿》《正气堂集》② |
| 1934年 | 影印7种 | 《穀梁大义述补阙》《京江相公诗稿》《书目答问补正再版》《秋属比考例》《春秋五行灾异卦炁属比考》《野菜博录》《盂兰梦》 |

---

① 柳诒徵：《润州先贤录跋》，《江苏省立国学图书馆第七年刊·本馆新印书题跋辑录》，1934年，第2页。
② 《二十二年度全馆工作报告表》，《国学图书馆第七年刊》，1934年，书内表格。

续表

| 年度 | 种数 | 印行书籍 |
|---|---|---|
| 1935年 | 影印2种 | 《诗考》《双花阁词钞》[①] |
| 1936年 | 影印10种 珂罗版印1种 | 《戒庵集》《重校古经解钩沉》《说储上篇》《绪风吟并诗文校补》《金陵玄观志》《使朝鲜录》《校补安南弃守本末》《议处安南事宜》《韦苏州集》《金石录续跋》《来蝶仙堂诗画册》[②] |

民国时期公共图书馆珍藏众多的名贵书画，也影印出版发售，以江苏省立国学图书馆为主。1931年至1932年，影印出版的书画有38种，包括山水、人物、鸟兽、花卉、书法等。在《国学图书馆第三年刊》之后的馆刊中，均有《陶风楼藏书画影片细目》或《本馆印行书画影片细目》的广告，内容相同，共印行出版八组，每组六枚，售价半元。[③]

柳诒徵主持下的国学图书馆影印书，兼收新旧、不分汉宋，这与柳诒徵自身的学术经历和修养是分不开的。柳诒徵少年时在外祖家受传统教育，23岁入江楚编译局，受业于缪荃孙，又随缪荃孙东渡日本考察教育。张謇办商业学堂，柳诒徵讲授中国商业史，兼任高等学堂国文、历史、伦理三科教员。1906年，两江师范学堂成立，监督李瑞清聘柳诒徵为历史教员。1914年，两江师范学堂停办，原址设立南京高等师范学校，柳诒徵继续任

---

[①] 各部汇编：《民国二十四年度全馆工作报告表》，《国学图书馆第九年刊》，1936年，书内表格。

[②] 各部汇编：《民国二十五年度全馆工作报告表》，《国学图书馆第十年刊》，1937年，书内表格。

[③] 见每期馆刊中，如《江苏省立国学图书馆第五年刊》，江苏省立国学图书馆出版，1932年，《明遗民与履安先生年谱》后，第62页。第一组为山水风景画，包括方士庶山水、黄尊古山水、高其佩山水、曹听山枯木竹石、程玉几芍药、瞿琴峰桐月；第二组人物图像，有宋吴武顺王像、储震昌香山九老图、蒋璋钟馗、改七乡河东君小影、蔡松原人物、金冬心佛像；第三组是花鸟动物，赵子昂马、黄华道人松鹰、蒋闻沙双凤、陶云亭百鹿图、文濬花鸟、边颐公四季平安；第四组为书法，徐俟斋行书、程正揆行书、梁闻山行书、何拙斋行书、周公瑕行书、刘石庵楹联；第五组曹可伯翎毛花卉，共六页；第六组是汪笠甫花卉，亦为六页；第七组是扇面，有唐伯虎仕女、汪雨亭白鹏、朱天藻山水、应古麟检书看剑图、朱升西钟馗嫁妹、程寿龄离骚图；第八组除姚元之忠孝图外，均为花卉图，黄左田竹菊、米万钟三友、吴子野水仙、吴才甫松菊、梦禅指头梅花。

教其中，为国文、历史教授。1921年南京高等师范学校改为国立东南大学，柳诒徵继续任教历史系。1925年，东南大学发生学潮，柳诒徵离去北上，先后执教于清华大学、北京女子大学和东北大学。[1]柳诒徵的这些经历都深深影响了他的学术思想，他在《我的自述》中曾说道：

私心自幸，生在光绪初年，宾叔公至翌年始下世，我在外祖家能从外祖、两舅氏，常闻海门诸公及宾叔公以及家乡先哲文章道德经术门径，从旧社会中剽窃绪余。又值国家社会变迁，随着同时的人物逐渐演进，反而觉得比起乾、嘉、道、咸、同、光的人，所见所知不同，遂由八股小楷社会中，渡到科学物质的社会中，这可算我的幸运。[2]

柳诒徵有着广阔的学术视野，从他所撰述的《华化渐被史》《谈墨微言》《婆罗门述》《契丹大小字考》，到评陆懋德《周秦哲学史》，可看治学旨趣的广泛。吴宓在《空轩诗话》中将其与梁启超相比："近以吾国学者人师，可与梁任公联镳并驾、而其治学方法亦相类似者，厥惟丹徒柳翼谋先生诒徵。两先生皆宏通博雅，皆兼包考据、义理、词章，以综合通贯之法治国学；皆萃其精力于中国文化；皆并识西学西理西俗西政，能为融合古今，折衷中外之精言名论；皆归宿于儒学，而以论道经邦、内圣外王为立身之最后目的；皆缘行道爱国之心，而不能忘情于政治事功；皆富于热诚及刚果之勇气；皆能以浅显犀利之笔，为家喻众晓之文；皆视诗词为余事，而偶作必具精彩，此皆两先生根本大端之相同处。"正是这深厚的学术修养，保证了国学图书馆影印书的质量。

国学图书馆所印图书广获好评，如潘伯鹰说："他所影印的书，都是图书馆里所藏的孤本精钞旧椠。由于这一工作，使得极多的极有价值的书籍，延续了生命，扩大了流布。……至今这种书籍几乎又已成为学术界的

---

[1] 柳诒徵：《自传与回忆》，柳曾符、柳佳：《劬堂学记》，上海书店出版社，2002年，第3—21页。

[2] 柳诒徵：《自传与回忆》，柳曾符、柳佳：《劬堂学记》，上海书店出版社，2002年，第20—21页。

珍本了。"①乔衍琯也说："国学图书馆所藏的善本，在质和量上，比起平馆和故宫自有逊色，然而经先生惨淡经营，在选印善本书籍这一方面，可说是开风气之先。且选择精善，数量上也有六十多种。而印出来的书，不仅可以广为流传，又可和各方交换馆中所缺少的书，国学图书馆从先生主持馆务后，藏书激增，这也是原因之一。而经历变乱，我们仍能读到这些珍本秘笈，更是拜先生之赐了。"②抗战期间，国学图书馆馆藏旧书中，宋元本缺佚较少，明本却损失严重，1946年重新开馆时，所藏《咏怀堂诗集》已经不知下落。新印的本子"也已被人偷出去当作还魂纸卖掉，没有多余的可供出售了"③，幸而影印之书已有流传。

1930年，国学图书馆选取精印书籍参加比利时独立百年纪念博览会，获得金质奖章。正如国学图书馆《印行部概况》中所说："本馆自民国十七年上开始印行孤本秘笈，志在流通传播及海内外，以宣扬我国固有之文化。"④在博览会上的获奖可以说是对柳诒徵出版事业的充分肯定。

## 第三节　郑振铎与中央图书馆《玄览堂丛书》的出版

民国时期中央图书馆影印的古籍中，以《四库全书珍本初集》最为知名。1933年4月，国立中央图书馆筹备处设立，蒋复璁主其事。时值九一八事变之后，经济困窘，中央图书馆每月也仅有1000元购书费，到7月正式成立预算后，也才有2000元购书费⑤，图书建设极其不敷。于是，蒋复璁向教育部长朱家骅建议，影印《四部全书》，不仅是文化盛事，更希望借《四库》版税所得之书，作与国外图书馆交换之用，经王雪艇提交

---

① 潘伯鹰：《柳翼谋丹铅高寄》，柳曾符、柳佳：《劬堂学记》，上海书店出版社，2002年，第146页。

② 乔衍琯：《柳翼谋先生文录编后记》，柳曾符、柳佳：《劬堂学记》，上海书店出版社，2002年，第299页。

③ 黄裳：《银鱼集》，生活·读书·新知三联书店，1985年，第141页。黄裳也曾得到的一部《丙子诗》二卷，也是八千卷楼的旧物，卷前有"钱载""箨石"二印；"嘉惠堂丁氏藏书之记"印；"翁同龢观"印。与国学图书馆所藏非一本。

④ 《江苏省立国学图书馆第九年刊·概况·印行部概况》，1936年，第1页。

⑤ 《"国立中央图书馆"创办的经过与未来的展望》，蒋复璁：《蒋复璁文集》第一卷，美商EHGBooks微出版公司，2017年，第582页。

行政院会议通过。①教育部委托中央图书馆办理影印事宜，从而促成了中央图书馆第一次较大规模的影印善本书事，即《四库全书珍本初集》。

关于《四库全书珍本初集》，中央图书馆特别是蒋复璁作为此事的组织者发挥了重要的作用，而具体影印事宜是商务印书馆承办，多已知之，在此主要叙述中央图书馆的工作。

在中央图书馆影印之前，叶恭绰、金梁始倡影印《四库全书》，后政界、学界多次筹划实施，比较有代表性的共四次：1920年，大总统徐世昌任命朱启钤影印文津阁本《四库全书》按原式大小百部；1924年，商务印书馆据文渊阁本分三种样式缩印四百部；1925年，章士钊、叶恭绰委托商务影印文津阁本，按原式大小和缩印各三十部和八十部；1926年，奉天张学良、杨霆宇拟印文溯阁本二千部。但或以经费支绌、或以外力阻挠、或以主持者去世等均未能成功。

中央图书馆倡议影印《四库全书》时，正值华北局势紧张，国民政府为保证文物安全，令故宫博物院、北平图书馆等机构所藏文物南迁，陆续运存上海，北平图书馆所藏文渊阁《四库全书》亦运至沪上，珍本影印工作得以较为便捷地进行。

《四库全书》卷帙浩繁，全部影印所费甚巨，且《四库》中书，坊间多有通行，于是蒋复璁和朱家骅初步确定选印其中的未刊之本。随后，蒋复璁联系上海出版界最大的三家：商务印书馆、中华书局和世界书局，中华和世界均因经济不裕未敢接受，而在商务印书馆则得到张元济、王云五、李宣龚、高梦旦等人的支持，将此事承担下来，这与前几次影印中，皆有商务参与其中，而均未能成功也有关系。

1933年6月17日中央图书馆与商务印书馆签订合同，经过行政院同意，影印《四库》未刊珍本，"以九万页为限，每部分订中装一千五百册，于两年内将书出齐。按印数赠十分之一与中央图书馆，倘印数不满三百部时，仍赠足三十部，影印至多为一千五百部。"②

---

① 详见蒋复璁：《〈影印文渊阁四库全书珍本〉后序》，蒋复璁：《蒋复璁文集》第一卷，美商EHGBooks微出版公司，2017年，547—551页。
② 《"国立中央图书馆"创办的经过与未来的展望》，蒋复璁：《蒋复璁文集》第一卷，美商EHGBooks微出版公司，2017年，第584页。

随后，中央图书馆草拟《景印〈四库全书〉未刊珍本目录》，并组织影印《四库全书》未刊珍本编目委员会，由教育部函聘陈垣、傅增湘、张元济、董康、柳诒徵、赵万里、袁同礼、李盛铎、徐鸿宝、刘承幹、徐乃昌、傅斯年、顾颉刚、张宗祥、马衡等十五人为委员。①确定其中罕传之书231种、1960册，命名为《四库全书珍本初集》。现还可见柳诒徵在1933年呈教育部函，内有对影印《四库全书》的认识：

承属审查影印《四库全书》未刊本草目，谨就原本签注附缴，以备汇案公议。海内学者对于是举，议论孔多。鄙意库书辑自《大典》，采及私家，久无刊本，仅存三阁者，据筹备处所列目计有二百余种，自应照原定契约交商务书馆影印，而定名曰《选印四库秘书》；其有宋元明清刊本，及四库底本较阁书精善者，可由平馆或公私各方面合力汇集，另印一书，名曰《四库著录珍本》。二者并行不悖，均不必袭用"全书"二字，以俟后之有力都举全书印布，或加校订续编焉。管见所及，伏候裁择，勿任主臣。②

可见影印事确广泛征求了意见。1933年11月17日，《四库全书珍本》在沪开始影印，计划分四次出版。初集完成后，因战争局势的影响，拟定的二到四集未能在当时影印。期间，中央图书馆还照《四库》原样影印经史子集各一种，亦由商务印书馆承办。③

《四库全书珍本初集》题"王云五主编"，牌记为"商务印书馆受教育部中央图书馆筹备处委托景印故宫博物院所藏文渊阁本"。前"文渊阁宝"彩印，后面"乾隆御览之宝"印章为黑白印刷。《初集》共印一千部，中央图书馆得到一百部，取与国际交换了很多西文参考书，也增加了中央图书馆在国际的知名度，被称为"中央图书馆成功的一件事"④。

比起《四库全书珍本初集》，中央图书馆影印的另一部丛书《玄览堂

---

① 《"国立中央图书馆"创办的经过与未来的展望》，蒋复璁：《蒋复璁文集》第一卷，美商EHGBooks微出版公司，2017年，第585页。
② 柳诒徵著，杨共乐、张昭军主编：《柳诒徵文集》第十二卷，商务印书馆，2018年，第155页。
③ 《国立中央图书馆概况·出版》，国立中央图书馆，1947年，第6页。
④ 《"国立中央图书馆"创办的经过与未来的展望》，蒋复璁：《蒋复璁文集》第一卷，美商EHGBooks微出版公司，2017年，第586页。

丛书》的知名度相对较小。随着近年来郑振铎书信的发现与整理、何炳松年谱等的编纂与整理以及海外交流的增加，与《玄览堂丛书》相关的"文献保存同志会"得到了越来越多的关注，不仅有多篇文章予以介绍和分析，还有专门的学位论文进行系统研究。《玄览堂丛书》作为文献保存同志会的一个成果，均列入其中。刘明《郑振铎编〈玄览堂丛书〉的底本及入藏国家图书馆始末探略》还对此书的底本进行了考察①，而对于这一部意义非凡的丛书的出版过程，目前鲜有系统介绍，本节即重点考察这部书的出版过程以及所涉及的人与事，以期对这段史事有更深刻的认识。

## 一、"保存文献同志会"的文献收集

清末以来，救亡图存是中国面对的首要问题，革命志士前赴后继拯救民族于危亡之中。从事出版事业的学者，面对中华民族问题，也饱含忧患意识，1934年春，商务印书馆影印《大清一统志》，张元济为之作跋，深刻分析了当时中国所面对的局势："展卷以观，我国家全盛之时，如朝鲜、如琉球、如暹罗、如越南、如缅甸，何一非朝贡于我者，今犹有存焉者乎？如蒙古、如西藏、如新疆，今犹能屏翰吾圉乎？引领北望，举数百万方里之沃壤，任人割剥，莫敢谁何！租赁之地，遍于口岸，深入腹地；外人舰队，出入无禁；设营置戍，悉惟其便。"面此情景，张氏发出"仅仅九十年而日辟日蹙之势，竟前后相反若是"的感慨，也有着"自今以往，其仅存之版图，是否能永无残阙，恐尚在不可必得之数"的忧虑。因而他希望能通过影印此书，让读是书者能"顾名思义、忧勤惕励，而谋所以保兹疆土之策"，从而"毋贻前人羞"②。柳诒徵在影印南京图书馆善本时，也非常注重选书的现实联系。

1937年全面抗战爆发，中华民族的文化事业遭到了前所未有的摧残和破坏，不仅有炮火的直接冲击，还有动荡带来的文献流散。故宫、北平图书馆等将文物和古籍辗转运输，以图保存。而大量的私人藏书家却无力外运，面对生活日艰、社会动乱的现状，只得逐渐将藏书售出。另一方面，

---

① 刘明：《郑振铎编〈玄览堂丛书〉的底本及入藏国家图书馆始末探略》，《新世纪图书馆》，2014年第7期，第54—60页。

② 《景印钞本〈大清一统志〉跋》，张人凤：《张元济与中国近现代图书馆事业》，上海科学技术文献出版社，2014年，第154页。

美国、日本等加紧了对中国文献的搜集和抢购。

面对此情景，中央图书馆的郑振铎等人忧心如焚，更兼前有皕宋藏书流入日本之殷鉴，于是联名向重庆教育部及管理中英庚款董事会建议以政府力量抢购古籍。时朱家骅任管理中英庚款董事会董事长，主张用该会补助国立中央图书馆南京建馆经费留存之法币一百数十万元充作购书经费，得到教育部部长陈立夫、次长顾毓琇的支持，并许全力予以经费支持①，由教育部拨发。

在中央图书馆的支持下，郑振铎、张寿镛、何炳松、张元济、张凤举等人在上海成立了"文献保存同志会"，秘密收购古籍。②据1940年1月16日《郑振铎日记》："购书事，已决定由菊生、咏霓、柏丞、凤举四位及我负责。"③在战时的特殊环境下，搜购古籍要冒很大的风险，还要与藏书家、书商等各色人等打交道，事情烦冗，因而可以说"其工作之艰巨与重要，实远在黄黎洲、叶石君等人以私人之力，收拾残余者之上十百倍也"④。而"文献保存同志会"的成员分工明确，通力合作，取得了非常有效的成果。

徐森玉也是重要的参与者，蒋复璁在他的《"国立中央图书馆"创办的经过与未来的展望》一文中曾专门提到徐森玉："自三十年起，至抗战结束止，中英庚款董事会应拨中央图书馆的建筑费全部用罄，教育部继续拨款，约有二百万元，除汇款外，也由北平故宫博物院图书馆馆长徐鸿宝先生领支带去。上海方面因为暨南大学迁离上海，因此何、张两校长委托郑西谛先生办理，后来张寿镛先生逝世，于是全部由郑先生负责。徐鸿宝先生是板本权威，精通古物，所购善本图书都经他鉴定，后来古物迁台，

---

① 《重印玄览堂丛书初集后序》，蒋复璁：《蒋复璁文集》第一卷，美商EHGBooks微出版公司，2017年，第563页。

② 苏精《抗战时期秘密搜购沦陷区古籍始末》（苏精：《近代藏书三十家》，中华书局，2009年，第234—246页）；蒋复璁《"国立中央图书馆"创办的经过与未来的展望》（《蒋复璁文集》第一卷，美商EHGBooks微出版公司，2017年）；徐家恺，陈希亮《徐森玉与国立中央图书馆》（《新世纪图书馆》，2020年第1期，第59—66页）。

③ 郑振铎：《郑振铎日记》，商务印书馆，2018年，第132页。

④ 郑振铎著，刘哲民、陈政文编：《抢救祖国文献的珍贵记录 郑振铎先生书信集》，学林出版社，1992年，第150—151页。

也都是他选择装箱的。"① 郑振铎1940年12月19日致信张寿镛："昨日下午，曾偕何先生访徐森玉先生长谈……森玉先生为版本专家，有许多事正可乘便请教他，诚幸事也。……嘉业堂及印书事，星期六约可详谈。森玉先生品格极高，且为此事而来，似无事不可对他讲也。"② 也记载了徐森玉之事。同时，中英庚款委员会也给予了大力的支持。

统筹全局并任事最多的是郑振铎。郑振铎，字西谛，曾发现了《脉望馆抄校本古今杂剧》，并影印行世。《劫中得书记》一书，是其抗战期间访书、购书的专门论著，曾被日本学者长泽规矩也密切关注。③ 郑振铎对于古书的收藏颇有心得，他曾在书店见到明刊白绵纸嘉靖本《东坡七集》、明刊本《昌黎集》及明仿宋刊本《黄帝内经素问》，价三百五十元。认为"此类书，予以其价昂，而上不及宋元本之精美，下不如清代板之适用，故不甚罗致之。然刻工之精者，往往能鱼目混珠，被书贾们染纸加蛀，冒作宋元刊本，且未经删改，尚存古本面目，藏书家固应收之"④。郑振铎在访购工作刚开始时就提出了实施策略："我辈访购，必须先有见到新出书籍之机会，然后方可选择其精者。现已逐渐可使江南一带所出古书，必须先经我辈阅过，然后再售。"⑤ 后来的访书过程即大致按照这个程序，从最开始经常错失良书，到后来能购入大部分善本书籍都是策略的效用，其所费心力不可考量。

文献保存同志会访购了规模庞大的善本古籍，1941年6月，还从传新书店得周越然所藏《永乐大典》二册。⑥ 而在抢购文献的过程中尤其注

---

① 《"国立中央图书馆"创办的经过与未来的展望》，蒋复璁：《蒋复璁文集》第一卷，美商EHGBooks微出版公司，2017年，第591页。
② 郑振铎著，刘哲民、陈政文编：《抢救祖国文献的珍贵记录 郑振铎先生书信集》，学林出版社，1992年，第172—173页。
③ 吴真：《郑振铎与战时文献抢救及战后追索》，《文学评论》，2018年第6期，第52—61页。
④ 郑振铎：《郑振铎日记》，商务印书馆，2018年，第130页。
⑤ 郑振铎著，刘哲民、陈政文编：《抢救祖国文献的珍贵记录 郑振铎先生书信集》，学林出版社，1992年，第11页。
⑥ 一为卷一万四百二十一至二（"李"字卷），一为卷之一万五千八百九十七至八（"论"字即《阿毗达磨俱舍论》卷九至十），参见第三号工作报告（1940年6月24日），郑振铎著，陈福康整理：《为国家保存文化 郑振铎抢救珍稀文献书信日记辑录》，中华书局，2016年，第312页。

重的是史料书①，郑振铎在拿到一家藏目后，常先将书目中关于明史料的一部分最先圈出。如在购沈曾植书时，认为"关于明史料一部分，最为可贵"，最先关注到的是其中的《五边典则》《皇明书》《皇明经世文编》《辽东志》等书。②1940年2月23日，郑振铎在给张寿镛的信中明确坚决收入此类书：

> 前日在来青阁见到薛应旂《宪章录》一部，绝佳，索价五百元，即取二册回（其首册已送出）。今日又去取得首册，兹奉上，请鉴阅。凡十册，但原为二十册，并订之痕迹尚在。此书绝罕见，所见都为不全者。此是天一阁旧藏，初印干净，虽为万历初年刊，实极可贵。此类史料书，为《四库》所斥者（见《四库存目》），我辈必须收下。③

这些大多是被《四库全书》所摒弃之书，价值颇大。郑振铎特别注重这些史料书的内容价值，不因纸张不佳等外部因素而弃置：

> 又万历版《平播全书》一部（来青阁书），极罕见（虽《畿辅丛书》中有之，然原刊从未见过）。初望甚奢，欲售八百元，又云可售二千元。从知《畿辅》中已刊过，乃突跌价至三百余元。经商妥，以三百二十元成交。是否可购，仍乞决定。盖此类"史料"书，价格飞腾，似不能以其为万历竹纸本而忽视之也。④

面对同一种书的不同版本，需有取舍，则版本在前资料少者亦不取："《大明会典》敝意以收万历刊本为宜，盖以其后出，材料较多也。弘治

---

① 1940年2月16日："慰堂先生有信来，亦主多购清人集及近代史料。"郑振铎著，刘哲民、陈政文编：《抢救祖国文献的珍贵记录 郑振铎先生书信集》，学林出版社，1992年，第8页。
② 1940年12月3日，郑振铎著，刘哲民、陈政文编：《抢救祖国文献的珍贵记录 郑振铎先生书信集》，学林出版社，1992年，第163页。
③ 郑振铎著，刘哲民、陈政文编：《抢救祖国文献的珍贵记录 郑振铎先生书信集》，学林出版社，1992年，第10—11页。
④ 1940年4月7日，郑振铎著，刘哲民、陈政文编：《抢救祖国文献的珍贵记录 郑振铎先生书信集》，学林出版社，1992年，第65页。

本（楷书者）虽在版本上远胜万历本，然材料却少。"① 在郑振铎的信中，反复出现的文字是"此类书，价虽昂，亦必留之"②，"惟此类书，价虽昂，却不能不收"③。从其所举书名《明初伏莽志》《鸿猷录》④《岭南文献》《岭南焚馀》《大明一统名胜志》《三朝宝训》《抚津疏草》⑤等便可知对这些史料书的格外重视。他曾总结收书的宗旨："我辈收书，不重外表，不重古董，亦不在饰架壮观，惟以实用及保存文化为主。持此宗旨，想来决不会有人说闲话也。……我辈之工作，完全为国家、民族之文化着想，无私嗜，无偏心，故可得好书不少，且眼光较为远大，亦不偏促于一门一部，故所得能兼'广大'与'精微'。"⑥

正因如此，面对嘉业堂书，郑振铎等人格外重视和费心。嘉业堂之书"多半为史料及集部孤本、罕见本"⑦，"论板本或不如瞿、杨二家及适园之精，论有用与罕见，则似较此数家为尤足重视"⑧。通过目前所存郑振铎给张寿镛的信可以发现，嘉业堂书籍事经常是他们讨论的中心。郑振铎认为"保存文献之意义，便在与某方争此类'文献'也"⑨。特别是联系到近代以来的书籍流散事如皕宋东运、木犀继去、海源之藏将空、江南之库已罄，购藏嘉业堂书籍事更加急迫和重要。⑩后经郑振铎等人的鉴定，

---

① 1940年12月9日，郑振铎著，刘哲民、陈政文编：《抢救祖国文献的珍贵记录 郑振铎先生书信集》，学林出版社，1992年，第167页。

② 1940年6月1日，郑振铎著，刘哲民、陈政文编：《抢救祖国文献的珍贵记录 郑振铎先生书信集》，学林出版社，1992年，第101页。

③ 1940年6月24日，郑振铎著，刘哲民、陈政文编：《抢救祖国文献的珍贵记录 郑振铎先生书信集》，学林出版社，1992年，第110—111页。

④ 1940年6月1日，郑振铎著，刘哲民、陈政文编：《抢救祖国文献的珍贵记录 郑振铎先生书信集》，学林出版社，1992年，第101页。

⑤ 1940年6月24日，郑振铎著，刘哲民、陈政文编：《抢救祖国文献的珍贵记录 郑振铎先生书信集》，学林出版社，1992年，第110—111页。

⑥ 1940年6月29日，郑振铎著，刘哲民、陈政文编：《抢救祖国文献的珍贵记录 郑振铎先生书信集》，学林出版社，1992年，第114—115页。

⑦ 1940年8月7日，郑振铎著，刘哲民、陈政文编：《抢救祖国文献的珍贵记录 郑振铎先生书信集》，学林出版社，1992年，第127页。

⑧ 1940年9月1日，郑振铎著，刘哲民、陈政文编：《抢救祖国文献的珍贵记录 郑振铎先生书信集》，学林出版社，1992年，第140页。

⑨ 1940年8月7日，郑振铎著，刘哲民、陈政文编：《抢救祖国文献的珍贵记录 郑振铎先生书信集》，学林出版社，1992年，第127—128页。

⑩ 《第三号工作报告书》（1940年6月24日），郑振铎著，陈福康整理：《为国家保存文化 郑振铎抢救珍稀文献书信日记辑录》，中华书局，2016年，第315页。

决定以购入嘉业堂书中的明本为目标，其宋元本则其次考虑。当时，各方都密切关注着刘氏藏书，正如1940年4月2日，郑振铎给张寿镛信中所说："近来平贾来者益众，如文禄堂、邃雅斋、修文堂等均已来此。闻来薰阁等不日亦将到，彼等之意何居乎？恐必在嘉业堂书上作计算。"①

1941年4月，经过一年多反复磋商，郑振铎等人心心念念的刘氏嘉业堂书终于购成，15日在给张寿镛的信中写道："刘事反覆无常，变幻百出，昨日几生意外。书主欲加殿板《图书集成》一部，共索三十万，当即答以三十万可付，惟须多取他书，《图书集成》不要；又问，如仍以四十万购前单之书，可仍照付否？当即答以可付。彼乃无辞而去，惟坚持二十五万之数。经与何徐二公一商，已允二五之数。此事总算定局矣！好在相差仅一数，想先生必可同意也。昨日下午已去点书，今明日尚须续点。点毕，即可付款取书矣。"②可见事情经过之波折。这批嘉业堂书共计明刊本1200余种，抄校本30余种③，是刘氏藏书中最为精华的部分。善本书籍的访购，为《玄览堂丛书》的编印提供了丰富的文献资源。

## 二、《玄览堂丛书》初集的出版

《玄览堂丛书》之名，并非一开始就有的，而是随着访书工作的进行以及根据古籍影印的具体情况，最后确定的。在这个过程中，中央图书馆影印的《丛书》之名几经变更，从中可以看到郑振铎等人在书籍影印过程中的反复斟酌和考虑，更可见他们为古籍保存、流传所付出的努力和心血。

1.《晚明史料丛书》

1938年6月，郑振铎代教育部买下也是园旧藏《元明杂剧》时立即打算付印，他在给张元济的信中说道："因此种孤本书，如不流传，终是危险也。如一时不能承印，则最好用黑白纸晒印数份，分数地保存。不知商务愿否保存一份？闻商务有此种晒印机器，盼能设法晒印三份。其中商

---

① 郑振铎著，刘哲民、陈政文编：《抢救祖国文献的珍贵记录 郑振铎先生书信集》，学林出版社，1992年，第30页。

② 1941年4月5日，郑振铎著，刘哲民、陈政文编：《抢救祖国文献的珍贵记录 郑振铎先生书信集》，学林出版社，1992年，第214页。

③ 《第八号工作报告书》（1941年5月3日），郑振铎著，陈福康整理：《为国家保存文化 郑振铎抢救珍稀文献书信日记辑录》，中华书局，2016年，第347页。

务可得一份。余二份即送给国家。此办法如先生同意,俟书取得后,即当送到先生处,以极快的方法晒照出来。因原书不日即将移藏他地也。"①其急切影印流传之心溢于纸间,影印之事得到张元济的积极回应和支持。后来印行之事历经周折,终于在1941年排印出版,一经问世,很快售罄,从此这部国宝级别的《元明杂剧》得已化身千百,广泛流布。②

此次为中央图书馆收集的珍善古籍,为了预防万一发生意外,对于重要的孤本珍本,亦需设法录副,或影印、或拍照、或晒印③,以求长久保存文献。其中影印可得复本较多、流传益广。1940年5月3日,郑振铎在给张寿镛的信中提出了影印史料珍本的想法:"傅氏明季稗史佳者至多,惟不能全部同时得到,仅能分批零星购之耳。《甲申朝市小记》,较谢国桢《晚明史籍考》所著录者,多出第四、第五两编,又第三编多出四卷(计共多出二十卷,通行钞本及《痛史》本皆仅为第一、二编及第三编之前四卷),可见其佳妙。此类史料书,不仅应传钞,实应流布人间也。俟集合数十种后,当汇为一丛书,与商务一商,设法刊行。"④其所说傅氏即傅以礼(1827—1898),原名以豫,字戊臣,号小石,又字节子,号节庵学人,浙江山阴人。专治明代史,藏书尤留心收集南明史料,编有《桑海遗编》等书,其藏温睿临《南疆逸史》五十六卷足抄本,尤为治南明史者所重。⑤因这批书以南明史料为主,这一丛书初命名为《晚明史料丛书》。

郑振铎很快开始草拟目录。1940年9月21日写信时尚称:"《晚明史料丛刊》正在拟目,付商务影印行世,想可成功。"⑥("丛刊"当是误书)到9月26日,"《晚明史料丛书》第一集目录已拟就",中有《甲申纪闻》《先

---

① 1938年6月9日,郑振铎著,刘哲民、陈政文编:《抢救祖国文献的珍贵记录 郑振铎先生书信集》,学林出版社,1992年,第290页。
② 柳和城:《〈孤本元明杂剧〉编印的前前后后》,柳和城:《书里书外:张元济与现代中国出版》,上海交通大学出版社,2017年,第261—275页。
③ 刘哲民:《郑振铎先生书信集·前言》,郑振铎著,刘哲民、陈政文编:《抢救祖国文献的珍贵记录 郑振铎先生书信集》,学林出版社,1992年,第5页。
④ 1940年5月3日,郑振铎著,刘哲民、陈政文编:《抢救祖国文献的珍贵记录 郑振铎先生书信集》,学林出版社,1992年,第79页。
⑤ 《傅以礼家多禁书》,柳和城:《百年书人书楼随笔》,浙江教育出版社,2017年,第58页。
⑥ 1940年9月21日,郑振铎著,刘哲民、陈政文编:《抢救祖国文献的珍贵记录 郑振铎先生书信集》,学林出版社,1992年,第151页。

拨纪始》："《甲申纪闻》等均极罕见，《先拨纪始》虽有通行本，然此为原刊本，与通行本歧异处不少，故可贵。"①《甲申纪闻》，冯梦龙撰，又与《绅志略》《中兴实录》《中兴从信录》《北事补遗》《扬州变略》《京口变略》《中兴伟略》《淮城纪事》《燕都日记》等收入冯梦龙所辑《甲申纪事》②，记载甲申年李自成攻入北京城后的一系列史事和文人、官吏给南明政权的奏疏、策议，以及野史佚闻，在清代遭到禁毁，流传稀少。

《先拨纪始》或应为《先拨志始》，明文秉所著，记万历末至崇祯年遗事，始梃击、红丸、移宫等三案，终魏忠贤掌权。清修《四库全书》，将此书列入存目。民国年间的通行本是商务印书馆辑印的《丛书集成初编》本，列入史地类。1936年蔡元培等人编纂《中国内乱外祸历史丛书》亦收入。《晚明史料丛书》目录拟定后，郑振铎请张寿镛指正，打算再致信蒋复璁，便交商务设法印出③，他乐观地期待："俟刘、张二氏书成交，则我辈之印行《丛书》计划便可成功。"④

2.《中央图书馆善本丛书》乙种

郑振铎命名之《晚明史料丛书》是由于所收多为晚明史料书，此时正值日本全面侵华，全民族奋起抗战，何炳松认为书名"过于凄楚，无兴国气象"⑤，可多增入有兴国气象之书。于是郑振铎扩大选书范围，上自汉代，下迄太平天国，称为《善本丛书》。其中"史料丛书"部分，先选五六十种未刊稿本或明刊罕见本影印百册左右⑥。因篇幅较巨、工程较大，若商务印书馆不肯担任，则自行印出。

1940年10月24日，在文献保存同志会《第五号工作报告书》中，郑振铎等人提出同时影印宋元善本："此间诸友均主能将'孤本''善本'

---

① 1940年9月26日，郑振铎著，刘哲民、陈政文编：《抢救祖国文献的珍贵记录 郑振铎先生书信集》，学林出版社，1992年，第153页。
② 陆树仑：《冯梦龙研究》，复旦大学出版社，1987年，第153页。
③ 1940年9月26日，郑振铎著，刘哲民、陈政文编：《抢救祖国文献的珍贵记录 郑振铎先生书信集》，学林出版社，1992年，第153页。
④ 1940年10月15日，郑振铎著，刘哲民、陈政文编：《抢救祖国文献的珍贵记录 郑振铎先生书信集》，学林出版社，1992年，第155页。
⑤ 1940年10月15日，郑振铎著，刘哲民、陈政文编：《抢救祖国文献的珍贵记录 郑振铎先生书信集》，学林出版社，1992年，第155页。
⑥ 《第五号工作报告书》（1940年10月24日），郑振铎著，陈福康整理：《为国家保存文化 郑振铎抢救珍稀文献书信日记辑录》，中华书局，2016年，第337页。

付之影印传世，我辈亦有此感。惟石印甚不雅观，宋本元椠，尤不宜付之雪白干洁之石印。至少应以古色纸印珂罗板。所谓'古逸'，确宜以须眉毕肖为主。《吴郡图经续记》等，篇幅不多，或可试印一二种，如何？（名义《□□□□图书馆善本丛书》第一种）惟选纸择工，未免较费时力耳。此项工作，商务恐未必肯担任。或可在每月经费中撙节为之。"①

郑振铎等人提交了《□□□□□善本丛书拟目》，收录十二种书，拟编为第一集。所列书目如下②：

　　一《尚书注疏》宋刊本（张）
　　二《韩诗外传》元刊本（张）
○　三《中兴馆阁录》《续录》宋刊本
○　四《续吴郡图经》宋刊本
○　五《新定续志》宋刊本
　　六《李贺歌诗编》北宋刊本（张）
　　七《豫章黄先生文集》宋刊本（张）
○　八《沧浪吟》元刊本
　　九《五臣注文选》宋刊本
○　十《唐诗弘秀集》宋刊本
　　十一《坡门酬唱》宋刊本（张）
　　十二《诗法源流》元刊本（张）

为保安全，信中"国立中央""中央图书馆"等字均用"□"表示。目中所列均为宋元刊本，是《中央图书馆善本丛书》之一部分。其中前有"○"者均篇幅不甚多，计划先出。影印《中央图书馆善本丛书》的计划，在1941年1月6号的《第六号工作报告书》中有详细介绍：

----

① 《第五号工作报告书》（1940年10月24日），郑振铎著，陈福康整理：《为国家保存文化 郑振铎抢救珍稀文献书信日记辑录》，中华书局，2016年，第336页。
② 《第五号工作报告书》（1940年10月24日），郑振铎著，陈福康整理：《为国家保存文化 郑振铎抢救珍稀文献书信日记辑录》，中华书局，2016年，第337页。《唐诗弘秀集》当是《唐僧弘秀集》。

第一步拟先印"书影",一以昭信,一以备查,且亦可供学人应用。此外,拟再印行甲乙种善本丛书若干种:"甲种善本"拟用珂罗板印,照原书大小(较《续古逸》为壮观)。第一种拟印《中兴殿阁录》及《续录》。"乙种善本"用石印,照《北平图书馆善本丛书》大小,第一辑拟印宋明史料书十种,大都为未刊稿本。"书目"正在拟议中,俟决定后,当奉上请各股东再作最后之决定。①

此时,文献保存同志会所收古籍,除普通明刊本、清刊精本外,宋元明刊善本及未刊稿本、抄校本共2050多部,18600余册。②郑振铎等人原计划印行的史料书籍,列入"乙种善本",故而在此称为"《中央图书馆善本丛书》乙种"。各位成员都提出了各自的拟印书目,郑振铎计划将来当将各书聚集一处,再详加讨论"何者应先印,何者可缓印",但认为关于"史料"一部分,应当先印。③这个计划应该是得到了其他几位的认同。1941年2月15日,在给张寿镛的信中已有"印书事已积极进行,兹将'印样'"奉上一份,乞审阅"的话,"印样"的底本是明弘治年间刊刻的《诸司职掌》,洪武中敕辑,流传绝少,北平图书馆亦仅有残本,即属于上文所说的罕见"史料书籍"。从信中内容也可知,此时《善本丛书》乙种是随印随收的,没有一个拟定的目录:"将来积成十种,即可出《一集》,积二十种,即可出《二集》。《丛书》详目拟就,再行商谈。"④印书所用纸张,是1940年底郑振铎设法购买得的:"宣纸六十刀,绵连纸四百五十刀,计共价洋五千八百二十元。"⑤

由于工人罢工,印书进行较为迟缓。但到1941年5月,《善本丛书》

---

① 《第六号工作报告书》(1941年1月6号),郑振铎著,陈福康整理:《为国家保存文化 郑振铎抢救珍稀文献书信日记辑录》,中华书局,2016年,第341页。《中兴殿阁录》中"殿"或是误书,当作"馆"。

② 《第六号工作报告书》(1941年1月6号),郑振铎著,陈福康整理:《为国家保存文化 郑振铎抢救珍稀文献书信日记辑录》,中华书局,2016年,第342页。

③ 1940年12月31日,郑振铎著,刘哲民、陈政文编:《抢救祖国文献的珍贵记录 郑振铎先生书信集》,学林出版社,1992年,第182页。

④ 1940年2月15日,郑振铎著,刘哲民、陈政文编:《抢救祖国文献的珍贵记录 郑振铎先生书信集》,学林出版社,1992年,第195页。

⑤ 1940年12月23日,《郑振铎先生书信集》,郑振铎著,刘哲民、陈政文编:《抢救祖国文献的珍贵记录 郑振铎先生书信集》,学林出版社,1992年,第174页。

乙种第一至四集的目录编就，且此时购书之事告一段落，郑振铎得以集中精力处理印书之工作。① 因所购纸张不多，不能印大部头书，目录中所选书籍每部均未有超过八册以上的，共有四十种。但"四集约共有一百二十册左右，似尚可观也"②。郑振铎感慨说："如能印四五十种好书，则我辈对于前人亦可告无罪矣。"③ 为下文叙述方便，在此不避烦冗，将一至四集目录列表如下④：

表22 《中央图书馆善本丛书》乙种四集拟目

| 序号 | 善本丛书第一集 | 善本丛书第二集 | 善本丛书第三集 | 善本丛书第四集 |
| --- | --- | --- | --- | --- |
| 1 | 《诸司职掌》明刊本 | 《皇舆考》明刊本 | 《中兴六将传》穴砚斋抄本 | 《安南来威图册》《安南辑略》明刊本 |
| 2 | 《昭代王章》明刊本 | 《皇明职方地图》明刊本 | 《家世旧闻》穴砚斋抄本 | 《交黎剿平事略》明刊本 |
| 3 | 《大明官制》明刊本 | 《天下一统路程记》明刊本 | 《高科考》明抄本 | 《虔台倭纂》明刊本 |
| 4 | 《旧京词林志》明刊本 | 《边政考》明刊本 | 《明初伏莽志》稿本 | 《倭奴遗事》明刊本 |
| 5 | 《玉堂丛语》明刊本 | 《三镇图说》明刊本 | 《謇斋琐缀录》明抄本 | 《神器谱》明刊本 |
| 6 | 《厂库须知》明刊本 | 《东夷考略》明刊本 | 《刑部问蓝玉党案》明抄本 | 《北狄顺义王俺答谢表》明刊本 |
| 7 | 《马政记》明刊本 | 《朝鲜杂志》明抄本 | 《刑部问宁王案》明抄本 | 《两朝平攘录》明刊本 |
| 8 | 《漕船志》明刊本 | 《炎徼瑣言》明刊本 | 《兵部问宁夏案》明抄本 | 《辽筹》明刊本 |

---

① 1941年4月22日，郑振铎著，刘哲民、陈政文编：《抢救祖国文献的珍贵记录 郑振铎先生书信集》，学林出版社，1992年，第218页。
② 《第八号工作报告书》（1941年5月3日），郑振铎著，陈福康整理：《为国家保存文化 郑振铎抢救珍稀文献书信日记辑录》，中华书局，2016年，第360页。
③ 1941年4月22日，郑振铎著，刘哲民、陈政文编：《抢救祖国文献的珍贵记录 郑振铎先生书信集》，学林出版社，1992年，学林出版社，1992年，第218页。
④ 在报告书中均用《善本丛书》名，实际上是《善本丛书》乙种，在此沿用，故说明。《第八号工作报告书》（1941年5月3日），郑振铎著，陈福康整理：《为国家保存文化 郑振铎抢救珍稀文献书信日记辑录》，中华书局，2016年，第361—362页。

续表

| 序号 | 善本丛书第一集 | 善本丛书第二集 | 善本丛书第三集 | 善本丛书第四集 |
|---|---|---|---|---|
| 9 | 《海运新考》明刊本 | 《记古滇说原集》明刊本 | 《泰昌日录》明刊本 | 《敬事草》明刊本 |
| 10 | 《福建运司志》明刊本 | 《裔乘》明刊本 | 《史太常三疏》明刊本 | 《东事书》明刊本 |

这四集四十种书，分别关于明代典章、地理边防、宋明史料、明代边事，所涉面广，史料丰富，且均为非常稀见之书。如《纪古滇说原集》一书，全书仅十八叶，却是元代张道宗撰关于云南地区始自唐虞迄于咸淳年间的重要史料，包括方域、年运、谣俗、服叛等各个方面。明嘉靖年间钦差镇守云南总兵官征南将军右军都督府佥事沐朝弼重新刊刻，非常稀见。民国年间，赵藩、李根源等人辑刻《云南丛书》，均未能得见此书。中央图书馆所得此本，从徐乃昌处购得，四明卢氏抱经楼旧藏。又如明杨一葵撰《裔乘》，将明朝以外的诸国分成八卷，以八方命名：东夷、南夷、西夷、北夷、东南夷、西南夷、东北夷、西北夷等，记录了朝鲜、日本、渤海、新罗、百济等139个国家的风土人情，是反映明代中外交流的重要典籍。此处所得为万历原刊本。

此后郑振铎等人印行书籍基本出自这四集拟目略有增损。1941年6月，郑振铎委托中国书店杨金华办理印刷事宜①，《丛书》开始印行。到9月初，已印成《纪古滇说集》《交黎剿平事略》《诸司职掌》及《甲申纪事》等，前三种书分别出自目中的第二集、第四集、第一集。《甲申纪事》即前文所论冯梦龙所辑书，未在目中列出。郑振铎等向蒋复璁等请示在印出的每种内加一里封，并请姜左禹先生代书"国立中央图书馆善本丛书"字样②。

3.《中央图书馆丛书》

1941年10月10日，郑振铎又致信蒋复璁，决定将所印书籍称为"国立中央图书馆丛书"第一集或甲集："我辈又曾数次集谈，拟决定：名为

---

① 1941年6月24日，郑振铎著，刘哲民、陈政文编：《抢救祖国文献的珍贵记录 郑振铎先生书信集》，学林出版社，1992年，第240页。

② 1941年9月11日，沈津：《郑振铎致蒋复璁信札（中）》，《文献》，2001年第4期，第218页。

'□□□□图书馆丛书'第一集或甲集,不加'善本'字样,盖将来收书范围,可以较广也。第二集或乙集拟收清儒未刊稿本。'善本丛书'则留待将来印宋、元刊本时之用。"① 至此,上文中所列《中央图书馆善本丛书》乙种中的四十种书均改称为《国立中央图书馆丛书》第一集。

在《丛书》更名的同时,郑振铎开始将所印书的样本寄往重庆大后方:"已印竣之书,拟分函奉上,由尊处集合装订成册。因邮寄困难,故不易多寄,将来当运港转上若干份。此仅作为'样本'而已。"② 寄出的第一种印样是《纪古滇说集》一册,页数较少。后来的所需寄出的印样数量较多,幸得在邮局工作的唐弢的帮助,而不致令人怀疑。1941年10月11日,郑振铎致信唐弢,开始正式委托邮寄印样:

此间曾印《丛书》一种,皆明代珍罕之刊本及抄本,必须邮寄一份至内地。兹奉上八函,不知能同时寄出否?此八函内,为《交黎抚剿事略》一书之印样,海内孤本也。能邮致一部,陈列于内地图书馆架上,诚佳事也!琐琐费神,至为不安!容泥首以谢!邮费再附奉拾元,乞察收。③

唐弢的回信现无从得见。但是,此后半年内,唐弢多次帮助郑振铎邮寄信件。在寄信的过程中,为便于重庆方查考及装订,郑振铎等人将《丛书》样本之函件编号,以防若有阙失,容易照补,且实际印出的书中有篇幅较大的,如《甲申纪事》全书有五百多页,而每函仅能寄二十页左右,即须寄二十余函,不编号不易查找。编号时将所寄第一种书第一函为甲1号、第二函为甲2号,依此类推④。从目前所存的信件等资料中,可查到的邮寄印样的情况如下表:

---

① 1941年10月10日,沈津:《郑振铎致蒋复璁信札(中)》,《文献》,2001年第4期,第222页。

② 1941年10月10日,沈津:《郑振铎致蒋复璁信札(中)》,《文献》,2001年第4期,第222页。

③ 1941年10月11日,《交黎抚剿事略》当是《交黎剿平事略》,郑振铎著,刘哲民、陈政文编:《抢救祖国文献的珍贵记录 郑振铎先生书信集》,学林出版社,1992年,第302页。

④ 1941年10月9日,沈津:《郑振铎致蒋复璁信札(中)》,《文献》,2001年第4期,第221页。

表 23　郑振铎信函所载印样表

| 寄出时间 | 序号 | 函数 | 书名 |
| --- | --- | --- | --- |
| 1941 年 10 月 10 日 | 甲 1 号 | 一函 | 《纪古滇说集》① |
| 1941 年 10 月 11 日 | 甲 2 号至甲 9 号 | 八函 | 《交黎剿平事略》② |
| 1941 年 10 月 17 日 | 甲 10 号至甲 15 号 | 六函 | 《九边图说》③ |
| 1941 年 10 月 28 日 | | 十函 | 书名不详④ |
| 1940 年 11 月 1 日 | 甲 35 至甲 41 号 | 七函 | 《安南来威图册》三卷、《辑略》三卷⑤ |
| 1941 年 11 月 4 日 | | 十一函⑥ | |
| 1941 年 11 月 22 日 | 乙 1 号至乙 8 号 | 八函 | 《甲申纪事》印样半部⑦ |
| 1941 年 11 月 25 日 | | 八函⑧ | |
| 1941 年 11 月 26 日 | | 五函⑨ | |

---

①　1941 年 10 月 10 日，沈津：《郑振铎致蒋复璁信札（中）》，《文献》，2001 年第 4 期，第 222 页。

②　1941 年 10 月 17 日，沈津：《郑振铎致蒋复璁信札（中）》，《文献》，2001 年第 4 期，第 223 页。

③　1941 年 10 月 17 日，沈津：《郑振铎致蒋复璁信札（中）》，《文献》，2001 年第 4 期，第 224 页。

④　1941 年 10 月 28 日，郑振铎著，刘哲民、陈政文编：《抢救祖国文献的珍贵记录 郑振铎先生书信集》，学林出版社，1992 年，学林出版社，1992 年，第 304 页。

⑤　1941 年 11 月 1 日给唐弢："兹奉上致蒋君函八件。"（郑振铎著，刘哲民、陈政文编：《抢救祖国文献的珍贵记录 郑振铎先生书信集》，学林出版社，1992 年，第 305 页）与此函同日，与蒋复璁："并奉上"丛书"印样甲 35 至甲 41 号，共七函（内为《安南来威图册》三卷、《辑略》三卷）。"（沈津：《郑振铎致蒋复璁信札（上）》，2001 年第 3 期，第 261 页）时间当是 1941 年，沈津误识为 1940 年。

⑥　1941 年 11 月 4 日，与唐弢："又致蒋君函十二封，乞察收。……（如太多不便，分二次寄出可也）"。按照之前寄信的规律，每次寄出的信中，有一封是正文，余为印样。如 1941 年 10 月 28 日："兹奉上国币拾元，又附上寄蒋君函十一件（内十件为《丛书》印样）。"

⑦　1941 年 11 月 22 日，沈津：《郑振铎致蒋复璁信札（下）》，《文献》，2002 年第 1 期，第 216 页。

⑧　1941 年 11 月 25 日："昨日奉上数函，想已收到发出。兹又奉上致蒋君函九件，……此批"印样"，再有一次，即可寄毕。下次续印，恐须十二月后，始可告成矣。"《郑振铎先生书信集》，学林出版社，1992 年，第 310 页。

⑨　1941 年 11 月 26 日："前昨二日奉上致蒋函请代发，想均已收到。兹又奉上五函，均系致蒋君者（内为"印样"）。此批寄后，大批函件，一时不致有矣。种种烦劳之处，容面谢！《丛书》在装订中，装就，当奉上一部也。"郑振铎著，刘哲民、陈政文编：《抢救祖国文献的珍贵记录 郑振铎先生书信集》，学林出版社，1992 年，第 310 页。

1941年11月，《丛书》部分开始装订①。1941年11月21日，郑振铎致唐弢信："所有印样当于最近期内整理就绪，交兄寄发也。"②11月25日、26日均有寄出。而到12月4日信中说："《丛书》又已印竣十四种，不日恐又将要麻烦。"③印书还未结束。

　　印书期间还要面临因物价日益上涨导致的成本提高。1941年9月11日，郑振铎在给蒋复璁的信中写道："惜去岁购纸不多，大是憾事，今年纸价，昂至一倍以上。去岁绵连纸每刀价十元八角，现需二十六元，如欲多印，则耗费必倍之矣。"④仅10个月左右的时间，纸张的价格就涨了一倍多。一个多月以后，到10月23日，纸张又涨到了二十八元一刀。⑤"纸张太贵，不能多收'佳本'，大是憾事！"⑥在这种情况下，《五边典则》一书未能印："《五边典则》亟盼能印出，然全书篇幅，多至三千数百张，仅用纸即须一千五百元左右。第二批购入之纸，仅印此书，尚有不敷，故只好将此书暂行搁置。然极可惜！"⑦在1941年初，郑振铎等人计划印书时，虽然也有纸张较贵的问题，但还略为乐观地估计："印刷费用，拟提出五千之数。但如节省用之，有三千或可敷用。每种拟印二百至三百部。"⑧而现在仅《五边典则》一书所需纸张都不敷使用。郑振铎向蒋复璁求助："不知尊处有无办法，将此书设法印出？如第一

---

　　① 1941年11月26日："《丛书》在装订中，装就，当奉上一部也。"郑振铎著，刘哲民、陈政文编：《抢救祖国文献的珍贵记录 郑振铎先生书信集》，学林出版社，1992年，第310页。

　　② 1941年11月21日，郑振铎著，刘哲民、陈政文编：《抢救祖国文献的珍贵记录 郑振铎先生书信集》，学林出版社，1992年，学林出版社，1992年，第308页。

　　③ 1941年12月4日，郑振铎著，刘哲民、陈政文编：《抢救祖国文献的珍贵记录 郑振铎先生书信集》，学林出版社，1992年，第311页。

　　④ 1941年9月11日，沈津：《郑振铎致蒋复璁信札（中）》，《文献》，2001年第4期，第218页。

　　⑤ 1941年10月23日，沈津：《郑振铎致蒋复璁信札（中）》，《文献》，2001年第4期，第225页。

　　⑥ 1941年10月10日（甲一号），沈津：《郑振铎致蒋复璁信札（中）》，《文献》，2001年第4期，第222页。

　　⑦ 1941年10月9日，沈津：《郑振铎致蒋复璁信札（中）》，《文献》，2001年第4期，第221页。

　　⑧ 《第六号工作报告书》（1941年1月6号），郑振铎著，陈福康整理：《为国家保存文化 郑振铎抢救珍稀文献书信日记辑录》，中华书局，2016年，第341页。

集加入此书，则共可有一百六十册左右，尤为钜观矣（现仅有一百二十册）。"①但最后印出的《丛书》还是共一百二十册。

印书的全部费用，现在已经无法精确统计，据郑振铎书信中的零星记载：1941年7月30日付石印工费2000元；1941年9月18日购纸款14100元；1941年9月23日付石印局款2000元；1941年10月28日由何先生开出支票3000元，作为印费之用；②1941年10月31日因购绵连纸八百刀，需款19500元，③加上最开始购买的纸张5820元，则这项印书花费至少在46420元。这是在极其困难的情况下进行的，中央图书馆自1933年开始筹备，百事纷杂，到1940年8月，才正式成立。抢购书籍也已经耗费了巨大的心力和财力，能在此时印出一套大书，是非常值得表彰的。

面对诸多问题，郑振铎等人没有丝毫的松懈：随着局势日益紧张、需要将书籍运出上海时，在书运出之前，抓紧时间把将要印行的重要图籍及其他必须录副之孤本，摄印一份底版保存④，"以备陆续影印"⑤；在装箱时，统筹安排，须付印各书最后装箱⑥；对印书事严格把关，原计划影印的《今古舆图》一书，因朱墨套印模糊，印出后也不会清晰，选择不再印⑦……郑振铎拿到《纪古滇说集》一书的印样后，评价道："此书印样尚佳，且用绵连印。较'连史'为堂皇，且书本比之《四部丛刊》略大（因绵连较连史为大），似亦较为美观。"⑧说明他对出书的效果较为满意。

---

① 1941年10月9日，沈津：《郑振铎致蒋复璁信札（中）》，《文献》，2001年第4期，第221页。

② 1941年10月28日，郑振铎著，刘哲民、陈政文编：《抢救祖国文献的珍贵记录 郑振铎先生书信集》，学林出版社，1992年，第273页。

③ 1941年10月31日，郑振铎著，刘哲民、陈政文编：《抢救祖国文献的珍贵记录 郑振铎先生书信集》，学林出版社，1992年，第275页。

④ 1940年10月16日，郑振铎著，刘哲民、陈政文编：《抢救祖国文献的珍贵记录 郑振铎先生书信集》，学林出版社，1992年，第156页。

⑤ 蒋复璁：《影印玄览堂丛书初集后序》，《蒋复璁文集》卷一《图书馆卷》，美商EHGBooks微出版公司，2017年，第564页。

⑥ 1940年12月29日，郑振铎著，刘哲民、陈政文编：《抢救祖国文献的珍贵记录 郑振铎先生书信集》，学林出版社，1992年，第178页。

⑦ 1941年10月2日，郑振铎著，刘哲民、陈政文编：《抢救祖国文献的珍贵记录 郑振铎先生书信集》，学林出版社，1992年，第263页。

⑧ 1941年10月10日（甲一号），沈津：《郑振铎致蒋复璁信札（中）》，《文献》，2001年第4期，第222页。

### 4.《玄览堂丛书》

就在1941年12月4日郑振铎给唐弢写信说"《丛书》又已印竣十四种"[①]后的第三天，日本偷袭珍珠港，第二次世界大战太平洋战争爆发，上海的局势日益紧张。"文献保存同志会"不得不终止了收书的工作。

"一二·八"后，我们的工作不能不停止。一则经济的来源断绝；二则敌伪的力量已经无孔不入，决难允许像我们这样的一个组织有存在可能；三则，为了书籍及个人的安全计，我不能不离开了家，我一离开，工作也不能不随之而停顿了。[②]

《丛书》的刊印没有立即停止，在郑振铎的继续努力下最后得以装订成书。郑振铎曾在日记中回忆珍珠港事件以后的生活，至今读来能让人感觉到危险和紧张，兹选择数句录之如下，以对当时的情况有更直接的认识：

在这四年之间，过的生活很苦，然而很有趣。我从没有这样的生活过。前几次也住在外面过，但只是短时期的，也没有这次那么觉得严重过。有时很惊恐，又有时觉得很坦然。……有时，似觉得有人在后面跟着，简直不敢回过头去。有时，在电车或公共汽车上，有人注意着时，我也会连忙地在一个不相干的站头上跳了下去。我换一身中装，有时还穿着从来不穿的马褂，眼镜的黑边也换了白边。不敢在公共地方出现，也不敢参与任何的婚、丧、寿宴。

我这样的小心的躲避着，四年来如一日，居然能够躲避得过去，而且在躲避的时候，还印行了两辑的《中国版画史图录》，有一百二十本的《玄览堂丛书》，十二本的《长乐郑氏影印传奇第一集》和十二本的《明季史料丛书》，这不能不说是"天幸"！[③]

---

[①] 1941年12月4日，郑振铎著，刘哲民、陈政文编：《抢救祖国文献的珍贵记录 郑振铎先生书信集》，学林出版社，1992年，第311页。

[②] 郑振铎：《郑振铎日记（上）》，商务印书馆，2018年，第123页。"一二·八"应该是指日本偷袭珍珠港事件，此事发生在夏威夷时间1941年12月7日，郑振铎的日记中均记作"一二·八"。

[③] 郑振铎：《郑振铎日记（上）》，商务印书馆，2018年，第125页。

《丛书》没有命名为《中央图书馆丛书》，而命名为《玄览堂丛书》，封面牌记为"庚辰六月印行"，书前有《玄览居士序》时间也是题为"庚辰夏"。庚辰为1940年，比正式印书的时间提前了一年，这都与局势的紧张有关。蒋复璁曾回忆道："推前一年者，盖避日方耳目也。余于二十九年冬潜往上海主持购书之事，虽甚秘密，仍为日方所悉，上海日本特务机构曾派人至余家查询，而余适于前一日离沪，未被捕获，亦云幸矣。推前一年，俾使此书之出版不致与搜购之事牵涉，庶免招致无谓之纠纷也。"① 因而郑振铎以玄览居士的名义写了撰写了序文。据前文所述，整部丛书命名为《玄览堂丛书》应在1941年10月10日以后。1941年11月26日，郑振铎在给唐弢的信中写道："《丛书》在装订中，装就，当奉上一部也。"② 定下丛书之名或在此时。

《玄览堂丛书》之名，来源于在此之前加盖在收购的善本书上的印章"中区玄览"。蒋复璁《影印玄览堂丛书初集后序》："搜获之善本，为了便于识别，须加盖钤记，因在沦陷区，不能由国立中央图书馆出面，于是徐森玉先生等商议，采撷陆机《文赋》'伫中区以玄览，颐情志于典坟'之句意，遂以'中区玄览'四字，请金石名家王福庵先生镌刻朱文方形石印一方，钤盖其上，隐寓中央虽居玄冥之地，仍能远览万物，留意于典册。"③ 这在郑振铎的信中也有记载，1941年5月下旬，郑振铎致信蒋复璁："'善本书'所用印鉴，已请森公托王福庵刻'玄览中枢'四字，甚佳。"④

将丛书名为《玄览堂丛书》也便利了书籍的销售。郑振铎最初影印《丛

---

① 蒋复璁：《影印玄览堂丛书初集后序》，《蒋复璁文集》卷一《图书馆卷》，美商EHGBooks微出版公司，2017年，第565页。
② 1941年11月26日，郑振铎著，刘哲民、陈政文编：《抢救祖国文献的珍贵记录 郑振铎先生书信集》，学林出版社，1992年，第310页。
③ 蒋复璁：《影印玄览堂丛书初集后序》，《蒋复璁文集》卷一《图书馆卷》，美商EHGBooks微出版公司，2017年，第564页。
④ 1941年5月21日。沈津：《郑振铎致蒋复璁信札（上）》，《文献》2001年第3期，第273页。沈津的信札录文作"玄览中枢"。徐忆农在《玄览中区——海峡两岸玄览堂珍籍合璧展纪实》一文中也曾讨论过"中枢"还是"中区"："展览以'玄览堂'命名，除得自《玄览堂丛书》书名外，还源于'文献保存同志会'在沦陷区所购善本书加盖的'玄览中区'四字印鉴。……而印文在蒋复璁先生著作中曾记载为'中枢玄览'，本馆致函台北同源馆，请代为目验郑振铎致蒋复璁手札所述印文，证实与《南京图书馆志》所录印鉴图像相符。"据此，"玄览中区"应是无疑问的。今核现存古籍文献，均作"中区"。

书》时并未计划出售，他在给蒋复璁的信中说道："印成后，并不发售，乞放心。"① 同年在给唐弢的信中也提道："此项《丛书》仅印二百部，不发售。俟装订及序跋完成后，当奉上一部，供兄参考。"② 但是，或由于经济压力，郑振铎后来在报纸上发布广告，将《玄览堂丛书》定价出售。苏精在《近代藏书三十家》中也谈道："困难是还有物价飞涨中的生活问题，他（郑振铎）一面靠重庆的接济，并将印好不久的《玄览堂丛书》零星出售易米……此时正好救急；另方面郑振铎也卖去不少自藏的图书。"③ 1943年2月27日，《申报》刊登了《廉售书籍》广告："《玄览堂丛书》一百二十册一千二百元。"④ 同年12月，《图书季刊》专幅介绍了《玄览堂丛书》，首段文字为"张玉葱（玄览居士）辑，民国二十九年六月南浔张氏出版，影印本，线装，一百二十册，上海来薰阁代售"⑤。这段信息中所提供的著者和版本项均是有意为之。来薰阁是当时上海一家较大的古籍书店，郑振铎所收书很多是在其中所得，今还可见《玄览堂丛书》的卷末版权页上内容为"编辑发行者玄览居士，印刷者精华印刷公司，中华民国三十年六月出版"，这个出版时间却没有题前，或是未及修改。据《郑振铎日记》："1943年5月，餐后，乃至三马路，遇西江，以《玄览堂》二部，取得现款二千，甚为痛快。"⑥《玄览堂丛书》确实得已售出，且在价格上有折扣。到1945年4月，《中法汉学研究所图书馆馆刊》的"图书介绍"部分，也介绍了《玄览堂丛书》，⑦ 几乎沿用了《图书季刊》上的内容。

直到抗战胜利后，中央图书馆在《概况》中介绍《玄览堂丛书》为其

---

① 1941年3月19日，沈津：《郑振致蒋复璁信札（上）》，《文献》，2001年第3期，第267页。
② 1941年10月17日，郑振铎著，刘哲民、陈政文编：《抢救祖国文献的珍贵记录 郑振铎先生书信集》，学林出版社，1992年，第302页。
③ 苏精：《近代藏书三十家》，中华书局，2009年，第200页。
④ 《廉售书籍》，《申报》，1943年2月27日。
⑤ 《图书介绍·玄览堂丛书》，《图书季刊》，1943第4卷第3—4期合刊，第103页。
⑥ 郑振铎：《郑振铎日记》，商务印书馆，2018年，第191页。
⑦ 《图书介绍·玄览堂丛书》，《中法汉学研究所图书馆馆刊》，1945年第1期，第151—153页。

影印之书："三十一年编印《玄览堂丛书》第一集三十一种一百二十册，本馆影印本。此系本馆在沪秘密收购之善本书，恐遭散佚，特在沦陷时之上海排比影印，取陆机文赋'中枢玄览'，隐示中央之意，现第二集亦已在影印中。"①《玄览堂丛书》的出版者中央图书馆可以正大光明地宣扬。

拟印《玄览堂丛书》的同时，郑振铎等还印行了《宋元书影》②，至 1941 年 9 月印就。③1943 年 9 月 7 日，郑振铎在给蒋复璁的信中，又提到影印《善本丛书》事："潘氏书中，除宋、元板外，尚有明铜活字本唐人集数十种，又有'书影'数册，均极佳。……因此想过，《善本丛书》，似可印，但必须仿古如真，精美异常（较《续古逸》更精），如先试印《鱼玄机》等小集，一定会成功的（珂罗版可以设法试印两三色）。"④但终未能印行。

## 三、《玄览堂丛书》续集、三集

抗战胜利后，中央图书馆续选择善本影印出版，在 1947 年出版了《玄览堂丛书》续集共 21 种附 4 种，120 册，1948 年筹印《玄览堂丛书三集》最后印出 12 种。

苏维《探寻郑振铎与近代中国古籍影印之情——以南京图书馆新见民国时期国立中央图书馆书目档案为据》一文披露了 1947 至 1948 年间中央图书馆与郑振铎之间往来的四份书单，提供了反映《玄览堂丛书续集》《玄览堂丛书三集》影印过程的重要资料，是《玄览堂丛书》面世的重要见证。⑤这四份书单还可解决一些问题，兹在苏文的基础上做进一步探讨。

---

① 《国立中央图书馆概况·出版》，国立中央图书馆，1947 年，第 6 页。"区"误作"枢"。

② 1941 年 3 月 19 日："宋元书影，已在陆续付印。兹先将《中兴馆阁录》及《五臣文选》书影三页附函奉上。徐当于下函中再寄。"沈津：《郑振铎致蒋复璁信札（上）》，《文献》，2001 年第 3 期，第 268 页。

③ 1941 年 9 月 11 日："书影已全部摄照完毕，约可有百余种。仅印宋、元部分，抄、校及明刻本全部割舍不照。因起运匆匆，实在来不及多照也。但如芹货成交，则此项宋、元书影，可共有二百四十余种，能订成四册或六册，大是钜观矣。"沈津：《郑振铎致蒋复璁信札（中）》，《文献》，2001 年第 4 期，第 218 页。

④ 沈津：《郑振铎致蒋复璁信札（下）》，《文献》，2002 年第 1 期，第 229—230 页。

⑤ 苏维：《探寻郑振铎与近代中国古籍影印之情——民国时期国立中央图书馆书目档案为据》，《新世纪图书馆》，2018 年第 4 期，第 86—89 页。

《第一次由京提交郑西谛先生预备付印之书》封面题"卅六年弍月万里记",可知在1947年2月,书单中的书预备借出影印。

表24　《第一次由京提交郑西谛先生预备付印之书》

| 序号 | 书名 | 册数 | 来源 | 附注 |
| --- | --- | --- | --- | --- |
| 1 | 《龙江船厂志》 | 二册 | 旧存 | 还 |
| 2 | 《工部厂库须知》 | 十一册 | 渝购 | 此书不全 |
| 3 | 《宋西事案》 | 六册 | 泽存 | 还(二月二十七日由屈万里先生带回) |
| 4 | 《魏珰逆党录》 | 一册 | 泽存 | 汉奸陈群的"泽存书库" |
| 5 | 《皇朝本纪》 | 一册 | 新收未编 | |

(《第一次由京提交郑西谛先生预备付印之书》,来源:苏维《探寻郑振铎与近代中国古籍影印之情——以南京图书馆新见民国时期国立中央图书馆书目档案为据》。)

从第一个书单中所列《龙江船厂志》《工部厂库须知》等可知是在为《玄览堂丛书续集》选书。

表25　第二次由京提交郑西谛先生预备付印之书

| 序号 | 书名 | 册数 | 版本 | 附注 |
| --- | --- | --- | --- | --- |
| 1 | 《龙飞纪略》十四卷 | 十二册 | 明刊本 | |
| 2 | 《昭代典则》 | 四十册 | 明刊本 | 此书暂不带沪,屈万里记 |
| 3 | 《皇明嘉隆两朝闻见纪》 | 十二册 | 明刊本 | |
| 4 | 《皇明永陵编年信史》 | 四册 | 明刊本 | |
| 5 | 《世穆两朝编年史》 | 十册 | 明刊本 | |
| 6 | 《聚善传芳录》八卷 | 五册 | 明刊本 | |
| 7 | 《大明一统志》 | 二十四册 | 明刊本 | |
| 8 | 《革朝志》 | 四册 | 明刊本 | |
| 9 | 《三朝要典》 | 八册 | 明刊本 | |
| 10 | 《嘉靖大政编年记》 | 四册 | 明刊本 | |
| 11 | 《国朝献征录》 | 一百册 | 明刊本 | 此书暂不带沪,屈万里记 |
| 12 | 《肃皇外史》 | 十册 | 抄本 | |
| 13 | 《今史》 | 九册 | 抄本 | |
| 14 | 《皇明献实》 | 八册 | 抄本 | |

(第二次由京提交郑西谛先生预备付印之书,来源:苏维《探寻郑振铎与近代中国古籍影印之情——以南京图书馆新见民国时期国立中央图书馆书目档案为据》)

《第二次由京提交郑西谛先生预备付印之书》原列十四种，后将《国朝献徵录》批去，并在后面将十四种改为十三种，时间题为"卅六、二、廿七"，后题为"以上各书于二月廿八日由童药山先生带交郑西谛先生"，则知在《续集》进行的过程中，就已经开始了《三集》的选目。目中所列均为明代文献，郑振铎在日记中曾提到《皇明献征录》，当与《国朝献征录》为一书：

1948年6月7日，晤屈万里。阅各书库，取《皇明献征录》，计一百二十卷，凡一百册，每卷多则百许页，少则六十余页。叹息而止，不能印也。①

预备付印之书，除《大明一统志》选入《中国历史参考图谱》外，大多数并没有付诸影印。苏维还展示了两张中央图书馆的收条，收条上的书是最后真正印出的，分别是1948年10月16日收到的《蹴鞠谱》抄本四册、《华夷译语》抄本八册、《雪窦寺志》弘光刊本一册；1948年10月20日收到的《本朝分省人物考》四十八册、《皇明职方地图》四册、《大明律附例》六册、《户部事例》三册、《增定四夷馆馆则》八册、《旧编南九宫谱》一册、《嘉靖新例》一册。

其中《旧编南九宫谱》有注"书签未缴来"，说明此时已经拍照摄影完毕。《嘉靖新例》有注"借王季玉之藏书"，是影印书中并非全是中央图书馆藏书。

《玄览堂丛书续集》共21种：《皇明本纪》《洞庭集》《庐江郡何氏家记》、《怀陵流寇始终录》（附《甲申剩事》《将亡妖孽》《延绥镇志·李自成传》）、《边事小纪》《倭志》《虔台倭纂》《倭奴遗事》《总督四镇奏议》《大元一统志》《寰宇通志》《炎徼琐言》《粤剑编》《荒徼通考》《四夷广记》《国朝当机录》《嘉隆新例万历新历》《工部厂库须知》《龙江船厂志》《延平二王遗集》、《黄石斋未刻稿》（附《蔡夫人未刻稿》）。除《大元一统志》外，均是明代著述。

此次印书所用的纸张，应该是来自战后没收汉奸陈群泽存书库所得。

---

① 郑振铎：《郑振铎日记》，商务印书馆，2018年，第438页。

1946年5月17日，国学图书馆馆长柳诒徵曾致信朱家骅、徐森玉、朱经农、杭立武、蒋复璁等人，请清查泽存书库囤积的印书纸张，公开发售，以济公用。

> 骝先、森玉、经农、立武、慰堂先生大鉴：京、沪两地组织清点文物委员会……侧闻陈逆群之泽存书库，屯积印书纸张，比屋连楹，估计价值不下法币亿万。封存之后，未经公布发售为国家某项用途。按照现行处分逆产事例，凡屯积大宗物品，均系公开发售，以济公用。窃谓陈逆所屯此项纸张，应由大部邀约京市机关，共同清查，公布数量，招商承领，所得货价，即可补充京、沪两处清点会之用。①

6月22日，朱家骅回复柳诒徵，说明此项纸张已经交给中央图书馆：

> 查泽存书库一切文物，前经本部呈奉行政院核准，令发国立中央图书馆接收。所有存纸，亦已令准拨充该馆印书之用。早成定案，不便变更。②

信中所说"令准拨充该馆印书之用"，明确了这批纸张的用途。此后，中央图书馆也出版了《概况》、期刊等书籍，但均不是大宗。据柳诒徵所说，这批纸张数量很大，中央图书馆出版书中用量最大的还是《玄览堂丛书续集》及《三集》，至少《玄览堂丛书续集》使用了这批纸张。

与《玄览堂丛书》初集不同，续编的刊印得到较为广泛的宣传。1947年6月16日、7月18日、9月27日、12月27日均刊登了《玄览堂丛书续集》的广告。

《玄览堂丛书续集》发售预约启事：

> 全书现已全部印竣，正在装订中，兹特发售预约一百部。全书凡七千二百余页，装订一百二十册，国产棉纸影印，定价每部国币贰佰万元整。

---

① 1946年5月17日，柳诒徵著，杨共乐、张昭军主编：《柳诒徵文集》第十二卷，商务印书馆，2018年，第121页。

② 柳诒徵著，杨共乐、张昭军主编：《柳诒徵文集》第十二卷，商务印书馆，2018年，第121页。

预约值 每部国币一百六十万元整。全书出版约在八月中。

预约处 南京成贤街四十八号本馆、上海广西路二八一号来薰阁书店。①

后来还将丛书发售单行本，每零种单列价目。②《玄览堂丛书续集》共120册，定价200万元，价值不菲，实际上销售对象为学术收藏机构及经济宽裕的个人。书籍出版后教育部预约50部，分配给设有文史系的公立院校、中央大学等五十个单位，各得一部。③

《玄览堂丛书续集》出版后，很快开始印行《玄览堂丛书三集》，但由于局势动荡，最后仅成12种。1949年2月16日，郑振铎致信顾廷龙嘱托印行事：

《玄览堂三集》事盼兄鼎力主持，如不能续印下去，则仅此四十册亦可成书，乞商之慰堂兄为荷。④

书籍印出后，亦未能及时装订。直到新中国成立以后，1955年才由南京图书馆装订成书，牌记题为："一九五五年七月南京图书馆装订。"南京图书馆即由新中国成立前的国学图书馆和中央图书馆合并而来。

蒋复璁曾提到："据徐森玉先生告，中央图书馆所搜购之善本书，可供出版者不下二三百种，今所已出版之三辑尚不足三分之一。"⑤而这些已经出版者，还是在郑振铎等人在极其困难的情况下完成的，真正起到了保存文献、挽救沦亡的作用。据蒋复璁所说，已经影印的书中有原书不在"中央图书馆"现藏善本中。

《初集》中有十九种、《续集》中有四种附三种，其原书已不在台北

---

① 《大公报》，1947年6月16日，广告。
② 《玄览堂丛书续集出版广告》，《大公报》，1947年11月27日，第1版。
③ 《中央图书馆影印玄览堂丛书 教部购发各国立院校》，《申报》，1948年2月6日。
④ 1949年2月26日，郑振铎著，刘哲民、陈政文编：《抢救祖国文献的珍贵记录 郑振铎先生书信集》，学林出版社，1992年，第348页。
⑤ 蒋复璁：《影印玄览堂丛书初集后序》，《蒋复璁文集》卷一《图书馆卷》，美商EHGBooks微出版公司，2017年，第565页。

台湾图书馆现藏善本中。昔年沪上收购时，遇有可景印之孤本，随即摄照，以照片付之影印。在港收购及未运日者尚有若干仍存香港，"中馆"迁运善本图书来台前，并未运返南京；再者尚有沪上所购运抵南京之普通旧籍十余万册，亦未及开箱整理编目，盖"中馆"在京中文旧籍尚有八十万册之多而无法运台也。故此所佚之二十余种究系由沪寄港途中所失？或存香港未返？或为运至南京而杂置普通旧籍箱中？今皆已不得而知矣。所幸有此景本在，亦属不幸之幸矣。①

现在可以确定的是，《玄览堂丛书》的底本，有部分今存于国家图书馆、南京图书馆、香港大学图书馆。海峡两岸曾举办"玄览堂珍籍合璧展"，《玄览堂丛书》及其底本今可互通有无。

## 四、《玄览堂丛书》的底本与旧藏

《玄览堂丛书》的子目，原目初集31种，续集20种，三集12种，共63种。《丛书综录》著录为初集33种附1种，二集21种附4种，三集12种，共71种，但是统计并不准确。其中，初集中《工部新刊事例》一卷实际上是《甲申纪事》十三卷后所附最后一种，不能单独计算。《都督刘将军传略》，《玄览堂丛书初集》原目未列，因此，初集应共32种附2种。《玄览堂丛书续集》原目未列《黄石斋未刻稿》一卷附《蔡夫人未刻稿》一卷，实为21种附4种。三集共65种附6种，总71种。

《玄览堂丛书》的底本除《明朝小史》十八卷据清初本，《四译馆增定馆则》二十卷《新增馆则》一卷据清康熙本，《大元一统志》据清袁氏贞节堂抄本，《倭志》一卷据清初抄本外，都是明刻本或明抄本，且集中于嘉靖、万历、天启、崇祯等明代后期。撰者中除《纪古滇说原集》《大元一统志》为元人所撰，《百宝总珍集》作者为宋代，《四译馆增定馆则》有清代钱绽补写外，其实均是明人所著。

这些底本，或是郑振铎等人从嘉业堂、适园等藏书家购得，或从书肆访得，来源广泛。71种子目中，刘明《郑振铎编〈玄览堂丛书〉的底本及

---

① 蒋复璁：《影印玄览堂丛书初集后序》，《蒋复璁文集》卷一《图书馆卷》，美商EHGBooks微出版公司，2017年，第565页。

入藏国家图书馆始末探略》[1]曾根据郑振铎等人的书信和报告书统计出 48 本的来源，其中《倭志》重复计入，也有 47 种。另外通过书籍上的钤印以及中央图书馆编写的《群碧楼书目》等亦可判断一些书籍的来源以及递藏源流。今参考其文，全部重新统计，共可得出 54 种附 5 种共 59 书籍的来源，以及另外 5 种附 1 种共 6 种虽不知来源但可略知旧藏，仅余 6 种未见记载、未有印章或印章未能确定的。

表26　《玄览堂丛书》底本来源表

| 来源 | 【玄览堂丛书初集】 | 【玄览堂丛书续集】 | 【玄览堂丛书三集】 |
|---|---|---|---|
| 徐乃昌 | 《纪古滇说原集》一卷<br>《皇明帝后纪略》一卷<br>《藩封》一卷 | | |
| 刘承幹 | 《朝鲜杂志》一卷<br>《北狄顺义王俺答谢表》一卷<br>《裔乘》八卷<br>《交黎剿平事略》四卷<br>《安南来威图册》三卷<br>《辑略》三卷<br>《九边图说》不分卷<br>《宣大山西三镇图说》三卷<br>《皇舆考》十二卷<br>《通惠河志》二卷<br>《海运新考》三卷<br>《漕船志》八卷<br>《福建运司志》十六卷<br>《旧京词林志》六卷<br>《皇朝马政记》十二卷<br>《昭代王章》五卷《首》一卷《名例》一卷<br>《兵部问宁夏案》一卷<br>《刑部问宁王案》一卷 | 《虔台倭纂》二卷<br>《炎徼琐言》二卷<br>《国朝当机录》三卷 | 《皇明职方地图表》二卷 |

---

[1] 刘明：《郑振铎编〈玄览堂丛书〉的底本及入藏国家图书馆始末探略》，《新世纪图书馆》，2014 年第 7 期，第 54—60 页。

续表

| 来源 | 【玄览堂丛书初集】 | 【玄览堂丛书续集】 | 【玄览堂丛书三集】 |
|---|---|---|---|
| | 《高科考》一卷<br>《东夷考略》三卷《图》一卷<br>《东事答问》一卷<br>《都督刘将军传》一卷①<br>《九十九筹》十卷 | | |
| 张氏适园 | | 《总督四镇奏议》十卷<br>《荒缴通考》不分卷<br>《算法全能集》二卷 | 《旧编南九宫谱》十卷<br>《十三调南曲音节谱》一卷 |
| 邓氏群碧楼 | 《明朝小史》十八卷<br>《辽筹》二卷《辽夷略》一卷<br>《陈谣杂咏》一卷 | | |
| 沈氏海日楼 | | 《工部厂库须知》十二卷 | 《大明律附例》三十卷《附录》一卷 |
| 合肥李氏 | 《甲申纪事》十三卷附《大廷尉茗柯凌公殉节纪略》一卷《工部新刊事例》一卷② | | |
| 大兴傅氏 | 《觚闽小史》六卷 | | |
| 杭州王氏（王绶珊） | | | 《寓圃杂记》十卷 |
| 沈德寿 | | 《皇明本纪》不分卷 | |
| 袁思亮 | | 《怀陵流寇始终录》十八卷<br>《甲申剩事》一卷<br>《将亡妖孽》一卷<br>《延绥镇志李自成传》一卷 | |
| 钱塘丁氏嘉惠堂 | | 《边事小纪》四卷 | |

---

① 原目录未列。刘承幹明刊本书目内有《万历三大征考》不分卷、《东夷考略》不分卷（《中国著名藏书家书目汇刊 近代卷》第34册，第309页）。刘将军传是《万历三大征》所附，国图藏《万历三大征》刘氏旧藏本。

② 原目录未列。

续表

| 来源 | 【玄览堂丛书初集】 | 【玄览堂丛书续集】 | 【玄览堂丛书三集】 |
|---|---|---|---|
| 潘承厚 |  | 《大元一统志》一千三卷 |  |
| 孙毓修 |  |  | 《平粤录》一卷 |
| 周越然 |  |  | 《蹴鞠谱》一卷 |
| 借王季玉之藏书① |  |  | 《嘉靖新例》一卷 |
| 北平邃雅斋 |  | 《倭志》一卷 |  |
| 来青阁 |  |  | 《雪窦寺志略》一卷 |
| 赵万里代购 | 《开原图说》二卷<br>《神器谱》一卷 |  | 《今史》九卷 |
| 旧藏可考 | 《东事书》一卷（刘盼遂）<br>《诸司职掌》十卷（沈家本） | 《庐江郡何氏家记》一卷（毛晋、曹溶、吴卓信）<br>《寰宇通志》一百十九卷（明内府）<br>《四夷广记》不分卷（卢氏抱经楼）<br>《嘉隆新例附万历》三卷（泷川藏书）<br>《龙江船厂志》八卷（汲古阁、虞山景氏、周慎初、沈景乾）<br>《延平二王遗集》一卷（翁之缮）<br>《黄石斋未刻稿》一卷附《蔡夫人未刻稿》一卷（成蓉镜） |  |
| 来源、旧藏未可考 | 《神器谱或问》一卷 | 《倭奴遗事》一卷<br>《洞庭集》四卷<br>《粤徼编》四卷 | 《四译馆增定馆则》二十卷《新增馆则》一卷<br>《百宝总珍集》十卷 |

---

① 《第一次由京提交郑西谛先生预备付印之书》，苏维：《探寻郑振铎与近代中国古籍影印之情——以南京图书馆新见民国时期国立中央图书馆书目档案为据》，《新世纪图书馆》，2018年第4期。

《玄览堂丛书》中，刘承幹嘉业堂、张氏适园、邓氏群碧楼、沈氏海日楼以及书肆等都是底本的重要来源，可见搜罗之广泛。其中又以刘氏嘉业堂旧藏为最多。以至于方国瑜一度误认为《玄览堂丛书》是刘承幹印行的："抗日战争期间，刘承幹影印《玄览堂丛书》初集，收《纪古滇说原集》一卷，元人张道宗撰，嘉靖己酉刊本，即用天一阁旧藏，今已易得也。"①这与文献保护同志会重视史料书的搜集，尤其注重刘氏藏书的收购是离不开的。刘承幹请周子美编撰《嘉业藏书楼明刊本书目》，并在1940年将之铅印出版。前有吴恂序："中计宋刊本七十种，凡一千二百二十册，元椠本九十种，凡一千七百二十余册。而明雕善本，侈侈隆富，尤为菁华所在，都凡一千八百十有余种，二万九千一百九十八册，深足跨踬前修。"②褚德彝称"惟北平图书馆、南京省立国学图书馆二处，差可比拟，其他藏书家皆望尘莫及矣"③。

郑振铎曾总结文献保护同志会收书的几大特色："（一）抄校本多而精；（二）史料多，且较专门，如得刘物，则欲纂辑《明史长编》，必可成功；（三）唐诗多，且颇精。并世藏家，恐无足匹敌者。如再得蜀刻及书棚本唐集十余种，明活字本唐集五六十种（近有六十种左右可得），则重编《全唐诗》之工作，亦大可进行矣。"④根据所得之书，编辑《明史长编》，重编《全唐诗》，可见其远大的学术理想。郑振铎计划编印之书涉及面之广由此可见，但处在战争期间，所要面对的问题重重，最基本的经费也难以保证，郑振铎抱着乐观的心态"惟事在人为，或竟有成功之时，亦难言也"⑤。正是这种精神的支撑，使《玄览堂丛书》在极度困难的情况下得以印出流传，有功于世。

---

① 方国瑜主编，徐文德、木芹、郑志惠纂录校订：《云南史料丛刊》第二卷，云南大学出版社，1998年，第652页。
② 林夕主编，煮雨山房辑：《中国著名藏书家书目汇刊 近代卷》第34册，商务印书馆影印本，2005年，第268页。
③ 林夕主编，煮雨山房辑：《中国著名藏书家书目汇刊 近代卷》第34册，商务印书馆影印本，2005年，第272页。
④ 1941年1月17日，郑振铎著，刘哲民、陈政文编：《抢救祖国文献的珍贵记录 郑振铎先生书信集》，学林出版社，1992年，第187页。
⑤ 1941年1月17日，郑振铎著，刘哲民、陈政文编：《抢救祖国文献的珍贵记录 郑振铎先生书信集》，学林出版社，1992年，第187页。

1933年，王献唐在计划编印《海岳楼金石丛拓》时拟编印善本丛书，名为《海岳楼秘籍丛刊》，准备影印《穆天子传》《元人写本韵书》《玉轩古今书目》《汪水云集》四种。《穆天子传》为海源阁旧藏黄丕烈校本，《玉轩古今书目》为明景泰三年乌江刘元亮手写稿本。《汪水云集》是海源阁藏一栗斋抄本。

　　《穆天子传》是1930年王献唐在济南书肆购得，同时所得还有海源阁旧藏顾广圻校《说文系传》，王献唐乃用"顾黄书寮"作书室名。这部《穆天子传》，原是明万历时程荣校刻的《汉魏丛书》本，清代为黄丕烈所得，又经汪士钟艺芸精舍、杨氏海源阁递藏。影印本后有1934年王献唐跋："荛翁先后手勘，益以惠、顾两家旧校，合八本为一，尤利学者。其所据之九行二十二字本，为人间孤帙，亦复备具。书中旁行斜上，朱墨焕烂，余见荛翁勘书，殆以此册及刘子《新论》为最缜密矣。"此影印本《穆天子传》不仅具有重要的学术价值，还是民国时期公共图书馆影印书中少见的套色印本，也是山东图书馆仅影印成的善本。①

　　抗战期间，图书馆的出版活动并没有停止，在大后方的四川省立图书馆铅印顾炎武著《蒋山佣残稿》三卷并附华忱之的《校勘记》，出版时间约在1944年。华忱之（1914—？），原名恂，字忱之，1931年考入省立沈阳东北大学中国语言文学系，九一八事变后，借读于国立清华大学中国语言文学系，后转正式学籍并于1937年毕业。抗日战争期间，曾在成都中学兼课。此书的底本，是华忱之友人在日本大阪图书馆影印的旧抄本，华借录并作校勘记，书之内容，有《亭林文集》所无者的《答门人毛景岩》等六十篇②，颇具研究价值。

　　1946年8月，蒙文通校勘的《道德经义疏》由四川省立图书馆影印完成。1933年，蒙文通受郭有守之聘任四川省立图书馆馆长，典守图书，日以旧本旧抄校勘群籍，所校书达二十余种，以《史通》《文心雕龙》为最精，以《书苑菁华》《墨池编校》《法书要录》尤贵，后三书原皆无善本。1945年，蒙文通又从《道藏》唐人著述中辑得唐西华法师成玄英《道

---

　　① 已编就待印之书，《唐本鹖冠子校证》二册，王献唐撰。《洛神赋十三行考证》二册，王献唐撰。屈万里编《长安获古编校补》等均未出版，原本现藏山东省博物馆。

　　② 顾炎武著，华忱之校录：《蒋山佣残稿》，四川省立图书馆铅印本，第1页。

德经义疏》，《道德经义疏》又称《老子义疏》，成玄英所作疏在唐末就已流传不全，蒙文通根据强思齐《道德真经玄德纂疏》、顾欢《道德真经注疏》、宋李霖《取善集》等参合辑录，除其复重，而成完籍。钱穆评价此书"有清二三百年间所辑逸书率多残帙，何意今日竟得全编，非治学精勤者恶能获此"，并用罗振玉影印敦煌唐写《老子义疏》残本一卷与所辑本相较，结果证明辑本优于唐写。蒙文通校成疏毕，发现成玄英之经与强、顾诸家所据经皆不能合，于是又取《老子》异本数十种勘，其中唐遂、易二州龙兴观道德经碑最与成玄英经合，爰据遂碑校成氏所据经文，于是成玄英此书经与疏"字字皆从唐出"。[①]校辑完成后，蒙文通在书前题词："抗日战役期中校辑《老子义疏》，竣功之日，适逢胜利。佳兵不祥，群生刍狗，奉愿国殇毅魄早证三清，并祷永弭甲兵，天下安泰。"付印时全书由重庆杨正萱书，前附《国殇》图一幅，宋李公麟《九歌图》本，清萧云从仿，杨正芳重摹。蒙文通对此书的印刷也颇为审慎，1946年秋初印完成，进行复审时，一页之中若有一字之讹便改印，共重印七页，才为定本。其中尚有疑误之处，皆系《道藏》原本之旧，不径改正。

影印古籍是公共图书馆顺应潮流采用新技术进行的出版活动，这与也当时的出版风气息息相关。1935年陈豪楚在《近年中国出版界的趋势》总结中国出版界几种明显的倾向："第一是翻印古籍之多，第二是许多年鉴之出版，第三是期刊的盛兴。"[②]第一个和第三个则在公共图书馆的出版中表现甚为明显，特别是古籍的出版，是公共图书馆重要的出版活动。

---

[①] 郭有守：《道德经义疏序》，蒙文通：《道德经义疏》，四川省立图书馆影印本，1946年。

[②] 《图书展望》，1935年第1期，第19页。

# 第四章　民国时期公共图书馆
古籍出版的经营

民国时期的公共图书馆，与众多的出版机构一样，需要经营与管理。1935年开明书店编《全国出版物总目录》，出版机构代号北平图书馆是I32、浙江省立图书馆是L0、国学图书馆是T8，[①] 公共图书馆的经营与商业机构有共同之处，也因其官有性质呈现不同的特色。

## 第一节　经费来源及影响

各公共图书馆的出版可被称作"官刻"，原因在于刊书的经费几乎都来自政府拨款。早在宣统三年（1911），浙江图书馆刚成立时，图书馆监督钱恂就呈请浙江都督将西湖圣因寺官产拨作储藏室，原有寺田二百余亩作为当年经费。[②] 民国成立后，各公共图书馆的经费均列入政府预算，成为每年财政支出的一部分。

1915年教育部《图书馆规程》第八条："公立图书馆之经费，应于会计年度开始之前，由主管公署列入预算，具报于教育部。"[③] 给图书馆

---

[①] 国家图书馆典藏阅览部：《民国时期发行书目汇编》第2册，国家图书馆出版社影印本，2010年，第320页。

[②] 《浙江教育界之进行》，《申报》，1912年3月15日。

[③] 郭锡龙：《图书馆暨有关书刊管理法规汇览》，中国政法大学出版社，1995年，第64页。

事业奠定了一定的基础。国民政府成立,1927年,大学院发布《图书馆条例》,第十一条:"公立图书馆之经费,应于会计年度开始之前,由主管机关列入预算呈报大学院,但不得少于该地方教育经费总额百分之五。"① 山东省立图书馆原经费每月400元,到1929年8月,增至每月1300元,当年经费就达15600元。后逐渐增加,到1930年,每月1787元,随时更以临时费补助之。1939年,山东省立图书馆委员会成立,暂定6000元为设备费。馆内经费一般是用来购买书籍、碑石等物,出版费用也多从购书费内开支。

附设印行所的图书馆还设有专门的经费印书,1924年章篯在回复沈祖荣、胡庆生的信中提到1923年浙江图书馆附设印行所"经费5500余元,专为印行前官书局书籍之用,与图书馆无涉"②。1928年以后,浙江省立图书馆将印行所经费单独列预算和决算,统计岁入和岁出,岁入决算书中收入包括田租、银行存息、附设印行所售书收入。

公共图书馆在刊刻新书时,还可单独申请临时预算。1914年8月,唐继尧拨款万元,令云南图书馆设处辑刻《云南丛书》,因此云南图书馆附设辑刻《云南丛书》处自1914年八月开办至1922年底系由特别款项。浙江图书馆刊刻《章氏丛书》,就申请了6000多元的刊书费,1929年增设铅印部,所用经费9000余元,均是由浙江政府拨款。国学图书馆1927年度积有款4433余元,指定为影印《玉琴斋词》及刊刻《永怀堂诗集》与《国学图书馆小史》以及年刊之用,"为数不赀即以存款为之挹注"③;1931年7月,江苏省教厅令拨临时费5000元专为印行善本之用④;1934年推广事业费用3448.63元,专为印行传抄孤本秘籍⑤;1935年又拨临时费2000元、专款1660.24元,指明印书目费用⑥;书籍价格的改订亦须

---

① 郭锡龙:《图书馆暨有关书刊管理法规汇览》,中国政法大学出版社,1995年,第82页。
② 《本馆办理情形并一切章制文牍》,《浙江公立图书馆年报》,1925年第9期,第10页。
③ 《致教育经费管理处函》,《国学图书馆第二年刊·案牍》,1929年,第23—24页。
④ 1931年7月7日,《江苏省立国学图书馆第五年刊·纪事》,1931年,第1页。
⑤ 各部汇编:《民国二十三年度全馆工作报告表》,《江苏省立国学图书馆第八年刊》,1935年,书内表格。
⑥ 各部汇编:《民国二十四年度全馆工作报告表》,《江苏省立国学图书馆第九年刊》,1936年,书内表格。

经过政府批准。民国时期公共图书馆有政府经费,特别是到 1927 至 1937 这 10 年间,经费相对宽裕,这给出版提供了资金支持。

销售所得亦是经费来源之一。现存公共图书馆出版的书籍,大多数在最后的版权页都标有价格,是为售卖之用。云南图书馆在民国初年售书收入一年约五六百元,自 1916 年 10 月起不扣抵领款,作为轮转印售书籍之用。①

另一方面,公共图书馆的经费虽有一定的规定,但还是普遍不足。以山东省立图书馆为例,民国元年至 1929 年,"十数年间,教育当局类[对]于图书馆教育,无相当认识,每月仅予以四百余元之经费"②,实际上,有时甚至不到 400 元。1916 年,图书馆以"保存国粹、助进文化而设,所有应行购置图书、金石等项需款甚繁",申请经费预算 4256 元③,却以"该馆现状人浮于事,即应裁减冗员,以节糜费"为由,较原数减 1256 元,定为 3000 元。④虽然到 1917 年预算费用又增加 1272 元,共 4272 元,然而由于新增了文牍兼编辑员、庶务兼会计员、管理博物修缮员、管理图书金石招待员、管理书籍券价员,仅俸给就占了 2628 元,购书费仅 120 元,博物费 120 元。⑤到 1927 年经费 2463 元,1928 年只有 1000 元。

即使在经费较为充足的 30 年代,图书馆的出版仍受到一定的限制。1933《山东省立图书馆概况》"编印书籍"条称"此事之困难,全在经济问题",⑥选辑的《海岳楼金石丛拓》《海岳楼秘籍丛刊》等因"印费之故,虽计划有年,终迟迟未敢举行也",最后仅成书数种。山东图书馆的书版也曾一度未印:"吾鲁尚志堂所刻各书,校订精审,久见重于士林,无待

---

① 《云南图书馆一览》,李希泌、张椒华:《中国古代藏书与近代图书馆史料(春秋至五四前后)》,中华书局,1982 年,第 341 页。
② 《山东省立图书馆概况》,山东省立图书馆,1933 年,第 2 页。
③ 《山东省民国五年度地方收入支出概算册》,1916 年石印本,第 10 叶 b。
④ 《山东省议会议决第五会计年度地方支出预算表说明书》,《山东省议会第二次常年会报告书总册》,1916 年铅印本,第 30 叶 b。
⑤ 《山东省议会议决山东省第六会计年度地方预算册》,1917 年石印本,第 91—92 叶。
⑥ 《一年来本馆工作之回顾》,《山东省立图书馆季刊》,1931 年第 1 集第 1 期,第 35 页。

赘述。惟年来以公帑支绌故，久而未印。"①

民国初年，政治、经济的动荡影响了公共图书馆印书也不稳定，《云南丛书》的出版也是历经波折。1916年2月，滇省护国军兴，各机关经费均须核减，全馆员役薪酬酌减二成，管理印刷员事务较简裁撤。到12月，附设辑刻《云南丛书》处因经费不敷，"所有职员、夫马、笔墨、新津等费，概行停止，只留设校对员一员，刊印事务，暂归本馆办理"。1919年12月，附设辑刻《云南丛书》处"虽经续拨款项，仍属支绌，因将校对员暂行停设，其校书事仍暂归本馆办理"。② 有专项资金支持的《云南丛书》的刊刻尚且如此，其他的出版更是资金不足。

到30年代，江西、湖南等馆的版片虽由政府资助得到印刷，但印刷的数量并不多。江西省立图书馆藏木刻书版共有88种，除依靠省教育厅拨款重印《豫章丛书》外，其余《江西通志》《阮刻十三经注疏》《五种纪事本末》《黄山谷诗集》《江西诗征》等，虽计划重印③，但并未成行。

湖南省立中山图书馆也由省政府拨款印刷了《曾文正公全集》，馆内自行印刷了《庄子集释》《韩非子集解》《荀子集解》《晏子春秋》等。④

有的省立图书馆馆藏版片均未有机会印刷，如湖北省立图书馆，1936年，因湖北官书处被撤销，官书处所存的版片以及一万多部书，全部移交给了湖北省图书馆，原处改为湖北省图书馆崇文书局保管处。但这些书版在战争年代历经辗转，到1953年，《新五代史》和《旧五代史》版片，拨交给了湖北省博物馆⑤，没有再次印刷。福建省立图书馆在1929年时计划印刷的《正谊丛书》，后来也没有印成。

公共图书馆的经费来自拨款，在一定程度上保证了出版的进行，但当经费不足，就限制了发展壮大，因而民国时期的公共图书馆出版都在有限的条件下进行的。

---

① 山东书局：《山东书局木板书籍目录·尚志堂所刻书籍目录》，山东书局铅印本，1925年，第27叶。
② 《云南图书博物馆一览·纪事》，云南图书博物馆，1923年，第5页。
③ 《江西省立图书馆概况》，江西省立图书馆，1936年，第54页。
④ 寻霖、刘志盛：《湖南刻书史略》，岳麓书社，2013年，215页。
⑤ 韦力：《寻访官书局》，江西高校出版社，2018年，第291页。

## 第二节　印刷途径——自印与委托印刷

出版活动包括编辑、印刷、发行、销售等一系列流程，对于公共图书馆来说，编辑多由馆员自行承担，发行和销售亦可视情况自主决定，唯有印刷，需要与他方合作。因印刷需要印刷设备，每个公共图书馆所具备的木印、铅印、石印设备情况并不相同，因而有自印和委托印刷。

### 一、刻工的新去向

存储版片的公共图书馆大都是自行印刷出版，如规模最大的浙江图书馆附设印行所；也有如苏州图书馆印书采取自备材料、包工承印办法[①]。公共图书馆的雕版印书在民国时期遇到的主要问题是优质刻工的减少。

清末新学的兴起，给从事刻书事业的工人以新的发展途径，其一即是可以入学堂读书。光绪三十三年（1907），叶德辉在给缪荃孙的信中说道："独借学堂既兴，二三手民粗通文理，亦考入学班，短衣横行天下，以致此业高手日稀。今岁刻成仅只《石林燕语》一书，将来刻书无人，大是可忧之事。"[②] 宣统二年（1910）又在信中说："自去年以来，石印、活字板大行，刻工四散，有入学堂为甲班学生者。学生之成效当有可观，惜我辈刻书，一时掣肘耳。"[③] 得入学堂读书的刻工中通文理较优的，这就影响了刻工群体的数量和质量。

新的印刷技术的运用加速了刻工的减少："年来铅字盛行，梓人一职，或几乎息顾。"[④] 叶德辉在他的著作《书林清话》中也不止一次提到刻工减少的问题："晚近则鄂之陶子龄，同以工影宋刻本名。江阴缪氏、宜都杨氏、常州盛氏、贵池刘氏所刻诸书，多出陶手。至是金陵、苏、杭刻书之运终矣。然湘、鄂如艾与陶者，亦继起无其人。"[⑤] 由此，他发出

---

[①] 政协苏州市委员会文史资料委员会：《苏州文史资料》（第1—5辑），政协苏州市委员会文史资料委员会，1990年，第331页。

[②] 钱伯城、郭群一整理，顾廷龙校阅：《艺风堂友朋书札》，上海人民出版社，2018年，第666页。

[③] 钱伯城、郭群一整理，顾廷龙校阅：《艺风堂友朋书札》，上海人民出版社，2018年，第675—676页。

[④] 丁三在：《聚珍仿宋印书局招股启》，张静庐：《中国近现代出版史料（补编）》，上海书店出版社，2011年，第285页。

[⑤] 叶德辉：《书林清话》卷九，上海古籍出版社，2012年，第209页。

"危矣哉刻书也"的感叹。民国初年，张钧衡和刘承幹向缪荃孙请教刻书之道，缪荃孙建议二人分送他处刊刻："沪上刻手不多，二君同举盛业，必不敷用。《常州先哲遗书》，宁鄂分办。丁氏《武陵掌故》，杭、甬同刊。今宜分送湖北、江宁、苏州三处，以便速成。"① 由于张、刘刻书工程较大，缪荃孙如此建议，但也从侧面反映出此时刻工数量的减少。仅存的少数刻工的实际境遇似乎并没有得到提高，民国初年《云南丛书》刊刻时，从四川乐池请来刻工，计二十多人，夜以继日地工作，工资低到每百字只二角多。后来遣散时，这些刻工回不了原籍，只得在昆明开刻字店。② 在这种情况下，从事雕版的刻工越来越少，新书很难再使用雕版的方式出版。

刻工的减少不仅影响书籍的新刊，旧版的修补也难觅佳工。由于公共图书馆所印书籍多是依据旧版，印刷质量大不如前，柳诒徵《国学书局本末》就称江楚、淮南、江南局版已与前不同："年久失修，蠹损不可胜计；手民潦草，烟墨模糊，新印与旧印，相去天壤。"③ 即使是非常推崇官书局书籍的刘启琳也不得不说："两局之事，犹有应待整饬者，如扬局经部久经停刷；宁局四史漫漶，不能印于厚纸；他若装刷欠工、勘校加密。"④ 刻工修缮不良，影响了书籍刷印的质量。

《古逸丛书》也是后印本质量远逊先印本，莫棠《荀子》跋："光绪甲申，遵义黎莼斋先生为出使日本国大臣，刊《古逸丛书》二十六种。其秋，莼丈奉召将归，奏请置书版于江苏书局，得旨允行。……迨后板入局中，则更无佳印矣。"⑤ 此跋作于1913年，评价尚如此，更无论几年以后所印书籍质量了。伦明也说《古逸丛书》"在日本印者纸精良，印工不苟。至苏州所印，则无足观矣"。⑥ 虽然"无足观"所言稍过，但也反映

---

① 缪荃孙：《与张石铭刘翰怡书》，缪荃孙著，张廷银，朱玉麒：《缪荃孙全集·诗文1》，凤凰出版社，2014年，第656页。
② 于乃义：《云南图书馆见闻录》，李希泌、张椒华：《中国古代藏书与近代图书馆史料（春秋至五四前后）》，中华书局，1982年，第499页。
③ 柳诒徵：《国学书局本末》，《江苏省立国学图书馆第三年刊》，1930年，第153页。
④ 《刘启琳致江苏省长书》，《时报》，1922年8月8日。
⑤ 王文进著，柳向春整理，吴格审定：《文禄堂访书记》，中华书局，2019年，第188页。
⑥ 伦明：《辛亥以来藏书纪事诗（外二种）》，北京燕山出版社，2008年，第74页。

了一定现实情况。

修版刻工的缺乏，导致一些版片印刷只能维持现状。1929年国学书局因所印书有脱漏事专门函告读者：

本局开设已六十余年，字迹脱遗在所不免，现当金库支绌之际，重刻固难，椠补尤不易着手。现拟择本局旧印之书特别存储，俟购书者携带笔墨来局照本抄补残缺之处以臻完善（如在外者可托友来局代抄）。

民国十八年四月一日国学书局谨言。[①]

解决脱漏的问题不是改善书版，而是请购书者携带笔墨来抄写，这在现在看来几乎是难以想象的场景。

因此，公共图书馆在选印新书时，也逐渐多采用铅印、影印的方式。浙江省立图书馆在1928年设立铅印所，铅印书籍。江苏省立国学图书馆印行善本书时，"善本、精钞本、精校本影印必依原式，精校本未印者及钞本之内容有价值而缮写不精者用铅印"[②]，用影印和铅印的形式印行馆藏珍本书画近百种之多。江苏省立苏州图书馆《吴中文献小丛书》收元、明、清、民国时期苏州地区的珍贵文献32种30册，均采用了铅印的形式。

## 二、委托印刷

1932年11月10日，王献唐打算影印《海岳楼秘笈丛刊》，与王重民商量相关事宜，从王重民的回信中，可以推测所商之事当是在何处影印：

闻先生拟印《海源阁秘笈丛刊》，并各附校勘记，尤为我国学术前途幸。先已拟定之《汪水云集》等三种，考证校勘记，想均已脱稿，早日公布，当不只小弟一人之所切盼，想亦海人士之所至祷也。济南不能影印，如拟在北平印，弟愿作监察人。影印与排印不同，并不费许多时间也（此种珍本秘笈，又道途千里，恐生乖误，岂不有罪文化！好在影印第一步为摄影，

---

[①]《江南书局书目·函言》，1929年刻本。
[②]《江苏省立国学图书馆章程·印行部规程》，《江苏省立国学图书馆概况》，江苏省立国学图书馆，1931年，第52页。

贵馆地方如方便，可令此间印刷局亲到济南摄影，再来平付印。如此则原书不必带来北平，可减少莫大危险！）。如有意，当向此间印刷局一接洽。①

　　王献唐所遇到的问题当是很多地方图书馆面临的共同问题，民国时期公共图书馆最初以铅印、石印等方式印刷时，就多是委托商业出版公司。如1916年《浙江公立图书馆附设印行所书目》由兴业印书局代印；苏州图书馆在民国年间出版的木印书书目诸如1921年《江苏省立第二图书馆官书印行所各种书籍核实价目》、1926年《江苏省立第二图书馆官书印行所各种书籍核实价目》、1929年《中央大学区立苏州图书馆印行所书籍价目》，就分别由苏州观西华兴印刷局、苏州利苏印书社、苏州江苏印务局代为铅印；《江苏省立国学图书馆年刊》主要是南京仁德印刷所铅印；1934年11月出版的《江西图书馆馆刊》印刷者是南昌一职印刷所；《云南丛书》中的五种印谱也是委托云南崇文印书馆石印而成。一般铅印或石印出版的书籍，技术要求相对不高，所以多选择本地印刷所。只有少数如山东省立图书馆铅印出版的《古今字诂疏证》是济南聚文斋校勘、北平中华印书局印刷，《汉魏石经残字叙录》由温州仿古印书局铅印。

　　而影印则不同，由于资金、技术的限制，即使是省会城市，也很难具备完善的影印设备，于是去上海、北京等大城市寻求大型印刷厂的代印就成为非常普遍的现象，特别是去近代出版业最为兴盛的上海最为常见。民国时期的上海汇聚了数百上千的出版机构，福州路上车水马龙，充斥着新印书籍的油墨味道。上海这个国际化大都市，也是中国出版业的繁华之地，全国绝大多数的新书都是从这里运往各地，也吸引着全国的学者、文人来此寻求合作，出版著述。

　　商务印书馆又是上海地区的领先者，成立于光绪二十三年（1907）的商务印书馆顺应技术和市场的变化，逐渐发展成为一个资金雄厚、技术领先、业务广泛的出版机构。不管是新颖的铅印还是影印技术，都是当时出版业的先行者。20世纪前半期很多规模庞大的出版活动都是在商务印书馆进行的。就影印来说，商务有着丰富的影印经验和成熟的影印技术，曾影

---

① 安可荇、王书林手稿整理，杜泽逊编校整理：《王献唐师友书札》，青岛出版社，2009年，第1734—1737页。《海源阁秘笈丛刊》当为《海岳楼秘笈丛刊》。

印乾隆《殿版二十四史》《百衲本二十四史》《四部丛刊》《清仪阁所藏古器物文》《嘉庆重修一统志》《宛委别藏》《元明善本丛书》《正统道藏》《石渠宝笈》《学津讨原》等规模庞大的典籍。当时的公共图书馆在影印书籍时，大多数都是委托商务印书馆进行。此外，文明书局也曾专设玻璃版部影印书籍，曾影印《三体石经》未裂本，纤毫毕现。中华书局、开明书局、世界书局等也都是公共图书馆影印书时的可以选择的技术较强的出版机构。

公共图书馆出版的书籍中，有相当一部分是技术要求较高的影印书，"赴沪影印"几乎成为共同的选择。在江苏省立国学图书馆的大事记中，"赴沪影印"常常见于纸间：

十七年六月五日　印行部主干兼访购事宜向达请假赴沪。[1]
十七年七月二十九日　馆长偕王参议赴沪监印善本书。[2]
十七年十二月二十六日　赵主任赴沪监印《宋本书影》及《洪武京城图志》《金陵古今图考》《好古堂书目》。[3]
二十年五月十日　周主干赴沪影印《南雍志》及《歌代啸》。[4]
二十年十一月二十六日　印行部周主干赴沪影印《三朝辽事实录》《谢氏后汉书补逸》[5]
二十一年七月六日　印行部周主干赴沪印书。[6]
二十二年九月二十八日　沪印《花草粹编》寄来。[7]
二十四年六月二十五日　《宋书补表》寄开明书局付印。[8]
二十五年七月二十二日　《戒庵集》印成由沪寄来。[9]

国学图书馆影印的书籍几乎都是在沪完成。中央图书馆筹备处联合故

---

[1]　《中央大学国学图书馆第一年刊·簿录及记事》，1928年，第38页。
[2]　《国学图书馆第二年刊·大事记》，1929年，第1页。
[3]　《国学图书馆第二年刊·大事记》，1929年，第3页。
[4]　《江苏省立国学图书馆第四年刊·纪事》，1931年，第4页。
[5]　《江苏省立国学图书馆第五年刊·纪事》，1932年，第3页。
[6]　《江苏省立国学图书馆第六年刊·纪事》，1933年，第1页。
[7]　《江苏省立国学图书馆第七年刊·纪事》，1934年，第3页。
[8]　《江苏省立国学图书馆第八年刊·纪事》，1935年，第22页。
[9]　《江苏省立国学图书馆第十年刊·纪事》，1937年，第2页。

宫博物院等处影印《四库全书珍本》也是交由上海商务印书馆完成。处在北方文化中心的国立北平图书馆，在出版书籍时也多委托商业机构代为发行，如在1936年将最近入藏的《清世祖实录》第二次修本委托上海大东书局影印①；《吴愙斋尺牍》《敦煌古籍丛编》《国藏善本丛书》均委托商务印书馆印行②。1933年，山东省立图书馆的《穆天子传》也曾计划在上海文明书店影印，后来因估价差不多，才选择济南叔恭印刷所出版。

不仅书籍委托印刷，书签也有代为印行的，如山东图书馆出版的《海岳楼金石丛编》，内容为馆内自拓，书签则由向迪琮书写并委托印出的。现存1934年6月12日向迪琮写给王献唐的信，里面专门提到题签印行之事：

> 承嘱书《封泥》书签，已遵写就，复念济上刻工不甚精巧，文杜又远在北平，往返寄刊，殊多不便，因托此间商报馆代制锌版，似尚精致，兹并奉上，乞即莞纳为幸。③

因济南刻工不佳，所以书签为向迪琮写就后，交由商报馆制作锌版印刷。这也从侧面说明高质量的影印在全国范围内仍然是比较少的。

## 三、本馆自印

新印书籍如果仅依靠委托印书馆印刷，所费昂贵，且需将书籍携出本馆，也有不妥，校对、装订亦不能就近监督。随着印刷书籍的增多，一些图书馆开始在馆内增设印书部门，筹设铅印、石印设备。此以浙江省立图书馆为规模最大，1929年，浙江省立图书馆将原来的印行部改为木印部，增设铅印部，添置设备和人员，不仅印刷本馆书籍，还开展代印业务。姚振宗《师石山房丛书》中《隋书经籍志考证》卷五至十六就是浙江图书馆铅印部印出的。

---

① 《国立北平图书馆馆务报告（民国二十五年七月至二十六年六月）》，国立北平图书馆，1937年，第16页。
② 《国立北平图书馆馆务报告（民国二十五年七月至二十六年六月）》，国立北平图书馆，1937年，第17页。
③ 安可荇、王书林手稿整理，杜泽逊编校整理：《王献唐师友书札》，青岛出版社，2009年，第763—764页。

苏州图书馆与浙江省立图书馆情况相似，苏州图书馆附设印行所专门刷印前江苏书局局刻诸书，因是木刻书版，不能增印新书。1929年苏州图书馆蒋镜寰在《本馆之扩充计划》中专有一项"购置印机"，从图书馆之责任、苏州图书馆现有之条件、苏馆印书之计划等方面系统阐述了苏州图书馆购置铅印或石印设备的必要性。① 后用购买的铅印设备出版了陈定祥《黄陶楼先生年谱》（1932年）、叶德辉著《书目答问斠補》（1932年）等。

铅印设备的添置不仅在于出版单部古籍，还便利了馆刊的出版，民国时期公共图书馆的馆刊多刊载著述，甚至是以连载的方式进行。1933年《国内图书馆刊物提要介绍》："今国内著名图书馆刊物，有专究古籍版刻者，有同时讨论图书馆学者，有注意书报之评述介绍者，有侧重地方文献之表扬者。"② 《国学图书馆年刊》有时能达到八九百页，即因收录著述，如范希曾《书目答问补正》最初就是在《国学图书馆年刊》上分期刊布的，还有赵鸿谦《松轩书录》在《国学图书馆第二年刊》至《江苏省立国学图书馆第四年刊》三期连载。刊载的重要著述还有清柳荣宗《丹徒柳翼南先生遗稿》、范希曾《南献遗徵笺》、柳诒徵《族谱研究举例》、金鉽《江苏艺文志稿》、王焕镳《曾南丰先生年谱》等。《苏州图书馆馆刊》先后收录曹元忠《笺经室所见宋元书题跋》、王大隆《黄荛圃先生年谱补》、沈勤卢《中国分地金石书目》、陈子彝《中国纪元通检》等。这些馆刊中的著述基本上又可以抽出单行。

本馆自印采取的方式还有油印和打印，多用于临时印刷，目前所见者有山东省立图书馆油印本王献唐《关于图书学之一部》，打印本路大荒《山东藏书家史略初稿》以及北平图书馆《四库全书档案》等，用于古籍出版的情况较少。

## 第三节　广告与流通方式

公共图书馆出版的古籍，或用于销售，或用于交换和赠送，销售的数量占多数，为提高书籍的知名度和销售额，公共图书馆也在一定范围内采

---

① 《本馆之扩充计划》，《江苏省立苏州图书馆馆刊》，1929年第1期，第4页。
② 《国内图书馆刊物提要介绍：学风》，《浙江省立图书馆季刊》，1933年第2卷第3期，第138—139页。

取了多样的广告形式。

## 一、广告类型

1916年,《浙江公立图书馆年报》:"前清官书局每年售价,多至万元,自改印行所以来,每年售价不及官书局之半,固由馆长不善经理,而外界不知印行所即官书局,实亦一大原因。于是撰为告白,登之杭报,声明昔局今所,以广招来,是曰刊登广告。"[1]是浙江图书馆采取登载报纸广告的形式宣传推广。刊登广告是提升知名度,提高销售额的重要举措。

总的来说,书籍广告有销售书籍广告、预约书籍广告、书籍特价广告等。一般书籍出版以后定价出售,而费用较高、数量较多的丛书常用预约的方式,如商务印书馆影印《续古逸丛书》《四部丛刊》等都曾采用过预约的形式。山东省立图书馆出版《海岳楼金石丛拓》就曾打算使用预约方式:"以上各书,工料颇昂,现拟先出预约;预约但收工料费,不再加价,藉广流通。"销售书籍广告是使用最多的,公共图书馆使用的广告形式可以分为以下几种:

1. 书目广告

出版书目不仅是一种书目形式,还是一种广告形式。书目广告为读者提供销售目录,可以使读者按目索骥,购买需要的书籍。书目广告又有两种形式。

第一,单张书目广告。独立的书籍拓片销售单是当时非常常见的广告形式,如《山东省立图书馆碑帖书籍价单》,长54.2cm,宽39.1cm,全页蓝色铅印,分书籍、拓片和代售书籍三部分。相似的还有《国立北平图书馆出版书籍目录》(59.9cm×45cm,铅印)、《北平邃雅斋古书店地方志目一览表》(69.1cm×39.9cm,铅印)、《北京琉璃厂开明书局书目》(63.5cm×53.8cm,铅印)、《来薰阁书店方志目录》(54.1cm×39.1cm,铅印)等,都是单张的价单目录。这种价单便于携带和邮寄,不仅为读者提供目录,还可以为大的图书馆和书店提供购书目录。

这种单张书目,应该都是免费的,如浙江图书馆:"印有单张书目,

---

[1] 《浙江公立图书馆详报民国四五年度办理情形文》,李希泌、张椒华:《中国古代藏书与近代图书馆史料(春秋至五四前后)》,中华书局,1982年,第329页。

函索即寄，并订有通信邮购办法，与批发承销办法，皆印在书目之后。"①
"函索即寄"可以更好地为书籍做宣传。

第二，书本式出版目录。浙江省立图书馆1933年度计划推销出版物："本所发印之单张书目，即将分发完罄，而单张书目太简，对于推销之助力较小。现拟编印书本式出版目录一种，请本馆编纂组协助编制，约在十一月内可以印竣，然后分发各处，并备各界之函索。"②现在可见的有1934年和1936年的《浙江省立图书馆出版图书目录》，包括《浙江省立图书馆出版木印书目》《寄售书书目》（江苏省立国学图书馆、国立北平图书馆、中华图书馆协会等）。1936年的目录内有"浙江省立图书馆出版木印书目""浙江省立图书馆出版铅印书目"，后有各种广告：《浙江省立图书馆出版国医参考书》《浙江通志》《章氏丛书》《淳化阁帖》《文澜学报》《国学基本书》《文学书籍》《有关杭州西湖的书籍》《浙江文献》《新增图书》，等等，后还有《本馆附设印行所售书办法》。③内容确比单张书目丰富。

2. 书内广告

民国时期书商常在书衣和书内刷印广告，公共图书馆出版物也有类似广告。如书衣广告，《汉魏石经残字》后书衣内页："右为《汉魏石经残字附录》单行本，原书就石经精搨分装二巨册，共为一函，定价二十元，购者请向山东省立图书馆或代售处接洽为荷。"《穆天子传》有两层书衣，外书衣印有《山东省立图书馆新出书籍石刻墨本》详列书籍的价格、简介，墨本的价格，及代售处。

图书馆的书内广告常在所编馆刊内，从20世纪20年代开始，各个公共图书馆开始创办馆刊，刊发学术、馆务消息，也刊发出版书籍的广告。浙江省立图书馆、江苏省立国学图书馆、苏州图书馆、山东省立图书馆、江西省立图书馆的馆刊上均有销售广告，如《浙江省立图书馆刊》内有《浙江全省图书馆概览出版》的整页广告，详列此书的简介、定价及购买方

---

① 《浙江省立图书馆印局版精刻国学要籍》，陆谷：《浙江省立图书馆善本书目题识》，1932年，目录后广告。
② 《浙江省立图书馆馆刊》，1933年第2卷第6期，第141页。
③ 《浙江省立图书馆图书出版目录》，浙江省立图书馆，1936年。

式①，还有《关于史学之两大名著》②《局版精刻国学要籍》③等广告。

1934年11月出版的《江西图书馆馆刊》上有《本馆发行豫章丛书特价启事》。《江苏省立苏州图书馆年刊》后附《本馆编印刊物目录》。《山东省立图书馆季刊》前有《本馆编印书籍豫告》。

书内广告犹以《江苏省立国学图书馆年刊》为代表，书内插入各种出版书籍的价表、提要等。以《江苏省立国学图书馆第七年刊》为例，不仅前有《江苏省立国学图书馆图书总目发行特价启事》④，还有专门的《本刊补白索引》，包含各种价单和目录：《本馆影印书籍提要》《本馆精印藕香零拾细目》《本馆印行入库书籍》《本馆精印云自在龛汇刻名家词细目》《本馆印行关于辽事倭寇之书籍》《本馆代售各处书籍价目表》《本馆代售北平图书馆出版书籍价目表》《本馆出版关于本馆之刊物》《本馆出版关于本馆之目录》《本馆最近出版新书露布》《本馆新印书籍售价单》《本馆旧印书籍价目表》《书画影片细目》，可以说是面面俱到。

3. 报纸广告

在报纸刊登广告也是图书馆出版的广告形式："图书馆各种碑石拓片已遵案拟定出售广告，送交省署秘书处登报，并附价目表。"⑤"又以广告之重要，拟在上海及杭州各大报载大版广告。"⑥每年八月，国学图书馆还登孔子诞辰纪念廉价售书广告于各报。⑦江西图书馆印行之《豫章丛书》制定的推销方案之一就是通函各文化机关推销并在天津《大公报》登广告。⑧《玄览堂丛书》出版后也是在报纸上发布广告出售。

出版物的广告，有两种主要的形式：列出某类或某馆书目、价格；正版详细介绍某部书的价值、价格和购买方式等，都可以为购买者提供指引。

---

① 《浙江省立图书馆馆刊》，1933年第2卷第3期，第110页。
② 《浙江省立图书馆馆刊》，1934年第3卷第2期，书末广告。
③ 《浙江省立图书馆馆刊》，1933年第2卷第4期，扉页广告。
④ 《江苏省立国学图书馆第七年刊》，1934年，扉页广告。
⑤ 第十次会议（1942年），《山东省立图书馆委员会记录簿》，山东省图书馆藏稿本。
⑥ 《浙江省立图书馆馆刊》，1933年第2卷第6期，第141页。
⑦ 《江苏省立国学图书馆第九年刊·大事记》，1936年，第4页。
⑧ 《江西图书馆馆刊·馆务》，1934年第1期，第73页。

4. 其他形式的广告

浙江图书馆还仿京师图书分馆办法,"将地点、宗旨、图书册数、阅期、设备等撰为广告,印贴省城内外,以广招来"①,使用张贴广告的方式推广。国学图书馆在举行书画展览会期间专门附设售书处于普通阅览室中,在窗壁张贴书目,包括:存售书,即江楚编译局所遗及改组前所出版之书;中社书,即中大图书馆与国学图书馆合资景印之书;新近印行书,即 1927 年以来编辑印行之书。"在展览期间,售价皆减定直一成,预约印行之书,如名贤手札等,则视廉价之数再减一成。"②1936 年,柳诒徵还致书在学校任职的友人,托其向各省立学校校长推销书目。③

公共图书馆有时还请政府推销。以江西省立图书馆出版的《豫章丛书》为代表。1933 年,江西省立图书馆请山东省政府代为推销《豫章丛书》,并附预约样张。为此,山东省政府教育厅发布第 3910 号训令——为《豫章丛书》推销事知照相关部门,分发至全省的县政府,令知照县内学校、图书馆。④

## 二、销售方式

公共图书馆的销售方式也包括直销、代销、函购等。

1. 馆内直销

浙江省立图书馆在杭州新民路分馆设立了专门的售书处,用来发售书籍。⑤云南图书馆设售书处附设馆内,照旧发售以便阅书报者随时购备。⑥山东省立图书馆亦是"购者请向山东省立图书馆或代售处接洽为荷"⑦。说明馆内直销是省立图书馆重要的销售方式。

---

① 《本学年关于本馆办理情形并一切章制文牍》,《浙江公立图书馆年报》,1923 年 8 期,第 2 页。

② 张逢辰:《书画展览会撷余》,《江苏省立国学图书馆第三年刊》,1930 年,第 2 页。

③ 《江苏省立国学图书馆第九年刊·纪事》,1936 年,第 15 页。

④ 《山东省政府教育厅训令第三九一零(为〈豫章丛书〉推销事知照相关部门)》,《山东教育行政周报》,1933 年第 263 期。

⑤ 《欲购浙江省立图书馆出版木印铅印书者注意》,《浙江省立图书馆刊》,1933 年第 2 卷第 3 期,第 20 页。

⑥ 《云南省立昆华图书馆概况》,云南省立昆华图书馆,1937 年,第 17 页。

⑦ 屈万里:《汉魏石经残字》,山东省立图书馆,1934 年,书末广告。

1936年方树梅在给王献唐的信中提到了《云南丛书》的销售事宜：

《云南丛书》处只负编纂之责，刊印出售乃图书馆之责，梅与袁树五诸先生仅有编纂任务。对于印售，虽另是一事，亦甚望与各省广为交换。无如为经费所限，未能如愿，同人实深抱歉。与贵馆如何交换，由图书馆直接商办。①

从信中可知《云南丛书》的流通主要通过销售，由云南图书馆直接负责。与其他各图书馆略为不同的是，《云南丛书》交换流通的较少②，这在当前所见的资料中亦有体现。由于《云南丛书》和云南图书馆刊印的其他书籍是一起销售的，在此一并叙述。

据《云南省志》，云南图书馆的售书地点有三个分售处，以昆明粮道街官办售书处为第一分售处，以昆明文庙奎星楼下为第二分售处，以昆明南城外公园为第三分售处。③然从目前所见资料中，仅可略知设在本馆的售书处的售书情况。

从《郑天挺西南联大日记》可知，其售书处规模不大，由一人值守，定点开放。

（1938年3月15日）至昆华图书馆，意在购《云南丛书》。入门，无人门焉，随往翠湖公园散步。候至十一时，再往，有工役告以购书须十二时。乃坐阅报室，阅所陈本省十二日以前、外埠二月二十六日以前报纸，同阅者仅二人，其他阅览室无阅者，亦无守者。噫！十二时售书者至，乃选《滇海虞衡志》《云南备征录》《南诏野史》三种，均无装整者，约明日往取。

---

① 安可荐、王书林手稿整理，杜泽逊编校整理：《王献唐师友书札》，青岛出版社，2009年，第316—318页。
② 方树梅北游期间携带的《云南丛书》本多赠与当地学者或学术机关。《朱希祖日记》也载1935年8月间方树梅寄赠书《云南丛书》中书六种，这些均属于个人之间的赠送，且数量非常少。《朱希祖日记》10月19日，朱希祖：《朱希祖日记》，中华书局，2012年，第558页。
③ 高登智主编，云南省地方志编纂委员会总纂，云南省文化厅编撰：《云南省志》卷七十三《文化艺术志》，云南人民出版社，2002年，第824页。

（16日）饭后往昆华图书馆取书。①

通过这段描述，可以判断，云南图书馆售书处的客流量当不是很大，且其中销售的书籍亦可随装随售，这或许与战时状况有关。在民国前半期，云南图书馆还通过本省报刊刊登售书广告或启事，如1920年3月1日，《国是报》刊登了云南图书馆发售第45次出版《云南丛书》广告。不仅如此，今可见有《云南图书馆印售云南丛书办法附书目》《云南图书馆发行书目》等书，均是重要的售书目录。《云南图书馆印售云南丛书办法附书目》所载印售办法共六条：

一 印售丛书以现时出版初编一百三十二种、二编十种为限，目录附后。
一 上项丛书均用绵纸刷印，书价邮费核实共银捌拾伍元，不折不扣。
一 书价邮费统须一次交清，以一月为限，过期须俟另版。
一 印出各书以自交到书价邮费四个月内陆续寄交，并希于定价时将收书地址开示。
一 本馆所刊丛书如续有出版，随即作达，俾便购取。
一 收款发售均归云南省城内翠微公园图书博物馆办理。②

1937年5月28日《申报》刊载《滇程拾遗》一文内有在云南图书馆购书事："团中诸人、雅好碑帖、于是□□《爨龙颜》《祥光寺》《孟孝琚》等新拓旧拓、搜求为之一空，图书馆寄卖部共售去《滇系》《云南丛书》若干部。"③与《云南图书馆发行书目》中销售书籍、碑帖等相合。

2. 代售

出版物也多由代售点代售。《江苏省立国学图书馆·章程》："本馆印行之书在本馆发售外，得于本京及他地设置发行所或委托他书肆代售。"④如1935年7月20日，函托镇江正中书局代售本馆印行各书。8月

---

① 郑天挺：《郑天挺西南联大日记》，中华书局，2018年，第40页。
② 《云南图书馆印售云南丛书办法附书目》，民国铅印本，第1叶，上海图书馆藏。
③ 栝卷：《滇程拾遗》（十六），《申报》，1937年5月28日。
④ 《江苏省立国学图书馆概况·章程》，江苏省立国学图书馆，1935年，第30页。

12日，镇江正中书局经理陈公酌来接洽寄售印行书手续。①浙江图书馆特约上海开明书店代售旧有木印书及新出书，1933年3月30日选齐木印及新出各书共76部寄去。②为增进销售，还计划与各木印书出版家交换代售书籍。③王献唐也曾函致沪平各书局，请其代售《金石著述名家考略》。

代售主要包括图书馆之间代售和书店代售两种。各省立图书馆代售最多的是国立北平图书馆的出版物，如《山东省立图书馆碑帖书籍价单》后有：《北平图书馆季刊》《北平图书馆月刊》《国学论文索引》《说文释例》《万柳老人诗集残稿》《汉熹平石经后记残石》均是北平图书馆的出版物。《国学图书馆年刊》中专列有《北平图书馆寄售书目》。④国立北平图书馆也代售各省立图书馆的出版物。《国立北平图书馆出版书籍目录》中《山东省立图书馆季刊》在列。

书店代售有不同的方式。如民国前期苏州图书馆书籍发行以外地批发为主，本地门售较少。各处官书局和书坊店都有特约经营，苏州坊如绿荫堂、扫叶山房、振新书社、交通书局等，亦有代售。⑤1930年《江苏省立苏州图书馆概要》也称："近年营业约计一千六七百元，以苏沪书坊及各省书坊批购者为最多。"⑥

其他图书馆的代售处，通过所出版书籍版权页，我们可以了解代售处的情况。《汉魏石经残字校录》代售处有北平开明局（琉璃厂）、富晋书局（青云阁）、上海中国书店（西藏路大庆里）。《穆天子传》的代售处有北平国立北平图书馆、富晋书局（青云阁）、开明书局（琉璃厂），南京保文堂（状元境），上海中国书店（西藏路大庆里）、蟫隐庐（三马路），杭州聚文斋（花墙子街）、翰文斋（小布政司街），青岛中华书局（即墨路）。

---

① 《江苏省立国学图书馆第九年刊·纪事》，1936年，第2—3页。

② 《浙江省立图书馆馆刊》，1933年第2卷第2期，第205页。

③ 《浙江省立图书馆附设印行所二十三年度进行计划》，《浙江省立图书馆报》，1934年第3卷第4期，第4页。

④ 《北平图书馆寄售书目》，《江苏省立国学图书馆第九年刊》，1936年，《夏小正之检讨》后，第30页。

⑤ 政协苏州市委员会文史资料委员会：《苏州文史资料》（第1—5辑），政协苏州市委员会文史资料委员会，1990年，第331页。

⑥ 《江苏省立苏州图书馆概要·印行》，江苏省立苏州图书馆，1930年，第31页。

而尤以《山东省立图书馆季刊》为代表，分售处是所见最多的，分布在八个城市的十四个销售点：济南，教育图书社、山东书局、聚文斋；南京，花牌楼南京书店、状元境保文堂；北平，北平图书馆、琉璃厂开明书店、青云阁富晋书局；上海，西藏路中国书店、三马路蟫隐庐；天津，中华书局；青岛，中华书局；杭州，车站抱经堂；开封，中华书局。可见销售网络主要集中在东部省份。

江苏省立国学图书馆代售处亦不少，《江苏省立国学图书馆第七年刊》代售处：南京，钟山书局、保文堂、萃古山房、聚文堂；上海，蟫隐庐、中国书店、来青阁、中国通艺馆；苏州，来青阁；广州，岭南图书社；杭州，浙江图书馆、抱经堂、经训堂；北平，北平图书馆、文奎堂、修绠堂、来薰阁、开明书局、大同书局；武昌，文华季刊社。《五年刊》代售处还有：苏州，振新书社；重庆，华化书局。可以看到当时的北京、南京上海是代售最多的地方。还会根据内容为相关系列书籍挑选合适的代售处。浙江省立图书馆1933年度计划推销出版物："有关西湖之书籍，拟俟二十二年春季游客较多之时，交西湖湖滨一带之书店寄售。"[①]

1932年，因淞沪之役，国学图书馆寄售在商务印书馆的书籍损失37种643部，价值计值定价洋951.8元。[②] 可见，国学图书馆在商务印书馆寄售的书籍数量还是比较多的。

图书馆也代售它处书籍，如《云南图书馆发行书目》的代售书籍类列书11种：《滇绎》《杨弘山先生遗稿》《师荔扉集》《鸡足山志》《滇南名胜图》《虚斋诗稿》《诒燕堂诗丛残》《虚斋文集》《北征日记》《老易通》《大学古本质言》。内有《虚斋文集》《虚斋诗稿》，后均收入《云南丛书》二编。而从代售书籍可以看出，在收购之前，其书已在云南图书馆发售处出售。

3. 函购

除以上方式外，还可以通函的方式购买书籍，一般加邮费即可。浙江省立图书馆函购部在杭州大学路省立图书馆总馆。到1933年后，浙馆附

---

[①] 《浙江省立图书馆附设印行所二十二年度进行计划》，《浙江省立图书馆馆刊》，1933年第2卷第6期，第141页。

[②] 《江苏省立国学图书馆第六年刊·纪事》，1932年，第1页。

设印行所发行部函售部分，亦归并到浙馆总务处收发室办理。①1936年的《浙江省立图书馆出版图书目录》末："优待各图书馆学校机关铅印书八折，木印书九折，外埠函购可用邮局，代收货价办法惟须先汇书价二成。印有精印木印书样本一册，承索附邮十分即寄。"做广告时，还会将邮费算进优惠里，《江苏省立国学图书馆第七年刊》："《词话丛编甲编》发行预约露布，每部连邮十六元。"②

江苏省立国学图书馆柳诒徵与山东省立图书馆馆长王献唐就用函购的方式售购书籍。1934年王献唐致信柳诒徵："《印尊》《陶文》二书遵即寄上。因工料过费，统按八折计算，稍资挹注。附上发单一纸，统祈詧收。"③3月27日，以江苏省立国学图书馆的名义回复王献唐："接奉大函，附下发票一纸，均悉。……兹交邮汇上《印尊》《古匋文》两书价，款洋三十元八角六分，即祈察收是荷。"④是图书馆之间，函购也是重要的方式。

馆内直销和代售表明，图书馆并未形成完善的销售体系，多仅通过馆际之间或私人之间的相互关系在他处销售，这是与商务印书馆、中华书局等遍布全国的经营和销售网络无法比拟的。

## 三、交换与赠送

王晓霞在《纲维国本：晚清官书局研究》一书中提出，在近代图书馆兴建初期时，图书馆的书籍多由官方从官书局调取或互相赠送，书局成为图书馆藏书的来源之一。⑤就图书馆本身的实际工作来看，书籍出版也是其书籍交换的必然需求。山东省图书馆建馆之初，书籍缺乏，一部分就是来自各省赠送。山东提学使罗正钧分咨各省请每种各送一份。云南赠送滇省所出书籍八种，并请山东抚部院赠送山东官书局所刊各书。⑥云南图书

---

① 《浙江省立图书馆馆刊》，1933年第2卷第3期，第20页。

② 《词话丛编发行预约露布》，《江苏省立国学图书馆第七年刊》，1934年，《建康实录校记（续）》后，第68页。

③ 《江苏省立国学图书馆第七年刊·本年度案牍辑录》，1934年，第10页。

④ 《复王献唐先生》，《江苏省立国学图书馆第七年刊·本年度案牍辑录》，1934年，第27页。

⑤ 王晓霞：《纲维国本：晚清官书局研究》，江西高校出版社，2018年，第260页。

⑥ 《本署司郭遵札检呈滇省书籍请咨送山东图书馆并请照案咨发书籍来滇文》，《云南教育官报》，1909年第26期，第23—24叶。

馆还与浙江图书馆交换书籍，云南提学使叶尔恺把云南官书局刻版已归图书馆印刷的书印刷了一份寄送浙馆，浙江提学使袁嘉谷也将浙江书局刻版归浙江图书馆印刷的书送滇馆一份。①

到民国年间，虽然很多官书局书版已经由图书馆接管，官方的调取和赠送仍然继续存在。1927年8月7日，江苏第四中山大学令调取苏州图书馆官书印行所出版志书、地图。至9月16日，苏州图书馆将本馆印行所印就的《苏州府志》《江苏全省舆图》五县共三十方里舆图、《苏州城厢全图》包封邮递送呈中山大学。②

《山东省立图书馆概况》："所藏石刻，亦多拓为墨本，定价出售，或以交换书籍。"③民国年间，书刊交换也是馆际之间的正常活动，甚至得到省长的支持和推动。1917年山东图书馆书目和陕西图书馆书目均编成印行，两馆进行了书目交换。④1931年，柳诒徵曾致信王献唐："交换刊物一节，辱蒙慨允，尤深感幸。惠下《季刊》一册、《新印海源阁书目》二册，谢谢。……兹照所开书目，奉上书籍二十四种，《南雍志》《歌代啸》容出版后照寄，《常州词录》俟再版时奉上。敝馆所需拓本及书籍另纸录尘，察阅赐予寄下。其未出版者亦祈出版后照寄。"⑤两馆之间除函购书籍外，也有赠送和交换。

而如果没有出版书籍，则无法进行书籍交换。1913年浙江图书馆申请与陕西图书馆交换书目，但因陕西"去岁光复""典籍率多散佚"，现"图书馆业经开办，正在搜集编次，俟整理就绪支配妥帖后再行印刷书目"，没有能够交换成功。⑥又如河南图书馆，在1933年才开始出版《河南图书馆刊》："本馆向无出板刊物，各处请求交换出板物者，均无以应。即本

---

① 于乃义：《云南图书馆见闻录》，李希泌、张椒华：《中国古代藏书与近代图书馆史料（春秋至五四前后）》，中华书局，1982年，第495—502页。
② 《江苏省立苏州图书馆馆刊·馆务纪要》，1929年，第3页。
③ 《山东省立图书馆概况》，山东省立图书馆，1933年，第38页。
④ 《谘陕西省长据山东图书馆馆长庄陔兰呈送该馆藏书目录请转谘文》，录自山东教育公报编辑部编《山东教育公报旬刊》第117册，1917年。
⑤ 《致山东省立图书馆王献唐函》，《江苏省立国学图书馆第四年刊》，1931年，第27页。
⑥ 《大都督覆浙督咨取各省局刊书目互相交换函》，《秦中公报》，1913年第241期，第10页。

馆办理情形，亦无法使各方明了。"① 可见，书籍交换是图书馆界乃至图书馆与学术界之间进行交流的重要方式，而交换的书籍当然是本馆出版物。

此外，图书馆出版了一些非卖品，如江苏省立苏州图书馆出版的《吴中文献小丛书》如《吴下名园记》《周端孝先生血疏题跋》等卷末均印有"非卖品"字样。江西省立图书馆出版的《南明赣事系年录》卷末版权页："非卖品 江西省立图书馆印赠。"② 山西图书馆出版的《山西公立图书馆目录初编》版权页未标价格，并题："印赠者 山西公立图书馆。"③ 赠送与交换应该是这些书籍重要的流通方式。

公共图书馆与国内其他文化出版机构也保持着交换与赠送活动。柳诒徵上任之初，就给故宫博物院沈兼士致函请书：

诒徵于去秋承乏盋山，检点藏书，不下数十万卷，独惜金石未备。窃欲征集故宫博物院调查影拓各本为敝馆生色，曾托李玄伯先生达意，谅邀清听。迩日来馆阅书者恒询及此，至祈惠寄报告名目及影拓全分以诏来兹，使南都学子得以考证参稽，皆拜先生之赐也。④

故宫博物院将其出版物34种赠送给国学图书馆，为表谢意，柳诒徵将国学图书馆出版的《永怀堂诗》《剿奴议撮》《玉琴斋词》3种，以及《国学图书馆小史》赠予故宫博物院。⑤

与国学图书馆有交换关系的图书馆有山东省立图书馆、福建省立图书馆、云南图书馆等。据国学图书馆《簿录记事》，仅1928年7月至1929年6月，保管部收到赠送图书就有：山西公立图书馆赠《最新算数之最旧观》（董化时著）、江西图书馆赠《江西全省舆图》、湖北图书馆赠《湖北省立图书馆书目》（冯汉骥编）、王献唐赠《公孙龙子悬解》、聂光甫赠《山

---

① 《河南省立图书馆概况》，《浙江省立图书馆季刊》，1933年第2卷第3期，第258—261页。
② 欧阳祖经：《南明赣事系年录》，江西省立图书馆，1937年。
③ 田九德、聂光甫：《山西公立图书馆目录初编》，山西公立图书馆，1931年。
④ 《国学图书馆第二年刊·案牍》，1929年，第31页。
⑤ 《国学图书馆第二年刊·案牍》，1929年，第35页。

西公立图书馆简章》。①

二十四年十二月二十一日,以馆印行书与山东省图书馆交换得碑帖砖瓦拓片八十一种。②

二十五年二月二十五日,山西民教馆以书六十三种一百七十七册来交换本馆印行书。③

国学图书馆还与日本的部分藏书家与藏书机构有往来,日本静嘉堂文库赠其《国书分类目录》,柳诒徵亦将出版书邮寄赠送。④日本东方考古学会岛村孝三郎寄赠东方考古学会出版的《貔子窝》,柳诒徵回赠《宋本书影》《洪武京城图志》《金陵古今图考》。⑤国学图书馆的出版物还参与其他国际交换。⑥

在全面抗战开始后,北平图书馆一度迁至长沙,函发征书启,柳诒徵将国学图书馆所的印售书全份及个人赠品,挂号邮寄。⑦

图书馆主持者们还会通过自己的私人交往与藏书家、藏书机构借阅、交换互赠书籍。如顾炎武《肇域志》一书,国学图书馆仅有浙江布政司二册,古物保存所有南畿郡县十册,虽经辗转迻录,均非全书,于是柳诒徵向徐积余处抄其全本。⑧柳诒徵在听说业定侯藏何绍基旧藏并评校的王箓友《说文句读》最后定本时,立刻函商业氏借抄。⑨1934年4月16日,借

---

① 《保管部收到赠送图书登记》,《国学图书馆第二年刊·簿录记事》,1929年,第1—14页。
② 《江苏省立国学图书馆第九年刊·纪事》,1936年,第11页。
③ 《江苏省立国学图书馆第九年刊·纪事》,1936年,第15页。
④ 《国学图书馆第二年刊·案牍》,1929年,第51页。
⑤ 《国学图书馆第二年刊·案牍》,1929年,第52页。
⑥ 柳诒徵:《致国际出版交换所徐所长函》(1929年5月21日),《国学图书馆第二年刊·案牍》,1929年,第52页。
⑦ 《呈北平图书馆长沙办事处函》(1937年10月10日),柳诒徵著,杨共乐、张昭军主编:《柳诒徵文集》第十二卷,商务印书馆,2018年,第60页。
⑧ 《致徐积余函》,《江苏省立国学图书馆第二年刊·案牍》,1929年,第32页。
⑨ 《复业定侯先生函》,《江苏省立国学图书馆第七年刊·案牍》,1934年,第20页。

南浔刘氏所藏道光刊本《正气堂集》与馆藏明本校勘。[①] 即使在书籍出版完成以后，若得知旧本信息，柳诒徵也尽量予以互校。如叶定侯新得旧抄本《元椠记》，柳诒徵立即寄去山馆刊行的二部，除一部赠送外，另一部请业氏校对[②]，后得业氏校本，又亲自校勘改正[③]。1935年6月，柳诒徵又以影印元椠本朱淑真《断肠诗集》与甲库罗抄天一阁本对勘，[④] 以判断馆藏本和影印本的质量与价值。

这些藏书家们自己也印行书籍与图书馆互通有无。叶玉虎自己影印《曾刚父蛰庵诗存》就曾寄赠国学图书馆，而柳诒徵在给丁芝荪的信中也在征询丁氏刊行的《虞阳说苑》一书。1928年柳诒徵将国学图书馆新印书与旧藏发售的书编纂目录寄给唐蔚芝，以供其按需采择。[⑤]

多途径的交换与赠送，是图书馆出版物的重要去向，既充实了馆藏，也加强了与学术界的交流，是民国时期公共图书馆出版活动中的一大特色。

## 第四节　定价与销售

民国时期公共图书馆出版的古籍仅占市场的一部分，为了更好地了解和评价这些古籍的竞争力，除了书籍本身的质量外，价格也是非常关键的因素。

### 一、书籍价格考察

印刷方式是影响书籍价格最为重要的因素之一，民国时期各公共图书馆在印刷方式上也有多种选择，雕版、石印（包括珂罗版印）、铅印、拓印、油印、打印，几乎涵盖了当时可以用到的所有的印刷技术。雕版印刷是延续中国一千多年的印刷方式，公共图书馆继续发挥官方出版的职能使之不辍；石印书籍除少数普通书外，主要影印善本书和善本书画；铅印则是出版内容最多的形式，一些不适于影印的善本书也用铅字排印出版；拓

---

① 《江苏省立国学图书馆第七年刊·大事记》，1934年，第7页。
② 《复业定侯先生函》，《江苏省立国学图书馆第七年刊·案牍》，1934年，第19页。
③ 《复业定侯先生函》，《江苏省立国学图书馆第七年刊·案牍》，1934年，第20页。
④ 《江苏省立国学图书馆第八年刊·纪事》，1935年，第22页。
⑤ 《复唐蔚芝函》，《国学图书馆第二年刊·案牍》，1929年，第37页。

印墨本是当时公共图书馆的特殊出版；油印也是清末以来新兴的印刷方式，但使用范围较小，多用于临时书籍；打印则是在民国后期出现的印刷方式，在一些图书馆中零星存在。木印、铅印、石印、拓印是使用最为广泛的，因而在此主要将用这些形式印刷的书籍价格进行分析。

1. 木印书成本及价格

1916年，《浙江公立图书馆年报》曾提到一次调整价格："所中书价，定自宣统初元，时阅八年，工料日昂，纸张尤贵，非增价无以保成本。附售各书，多系旧印，存多售少，非减价无以广行销，于是请准前按署分别增减，是曰更定书价。"① 在此次价格调整中，有一部分存售书降低价格，有一部分又因工价、纸价的上涨而提价。根据物价、供需等情况的变化制定相应的价格，这种定价与商业出版机构相同。

事实上，民国年间木印书价格的整体趋势是上涨。浙江省立图书馆在最初降低价格促销售以后，随着工料纸价的提高，为维持成本，也只能呈报教育厅提高价格。根据现存售书目可知，在1916年以后，1920年、1926年、1927年、1930年、1934年，书价均有调整。实际上调整价格的次数不止这几次，如有记载的还有1932年："出版木印书籍，因近年纸质飞涨，印工增加，而原定价目，只值旧时成本，若仍照旧价发售，益有亏蚀之虞。已于二十一年六月，奉准照加书价二成，后于二十二年一月一日起，按照新价发售。"②

经营国学图书馆书版的江南书局也是面临成本上涨的问题，1921年，江南官书局就因纸本、印工昂贵呈请江苏省省长加价一成，至八月一日制定出新的价单，淮南书局、江楚书局书籍同在加价之列。但是一年以后，因经费问题江苏省政府甚至想裁撤江南官书局，刘启琳提出的建议是增加书价。1924年，江南官书局经理员李楷林，又通告各书业同行实行加价：

> 江苏省江南官书局出售经史等书，向来定价极廉，因有领款补助，彼时纸本印工，均皆便易，故易办到。自清季以来，经费全停，书局购纸印

---

① 《呈报办理情形文》，《浙江公立图书馆年报·公牍》，1916年第2期，第3页。

② 《浙江省立图书馆附设印行所二十一年度工作报告》，《浙江省立图书馆馆刊》，1933年第2卷第6期，第124页。

书仅恃出售书价周转，故嗣后书价之低昂，全恃纸本印工之多寡，以为标准。近年纸价日见增高，而各工匠又因食用百物昂贵异常，乘上海印刷罢工风潮，纷纷要求加价，几至二成有奇。若仍墨守旧章，不予略为变通，则成本日亏，实有难以支持之势。楷林为维持局务起见，拟将官堆、杭连两种书价酌加二成，赛连书价酌加一五成以敷工本，而免亏耗，并已呈准省长、准予七月一日起，实行加价。①

民国时期的公共图书馆虽然是继承官书局而来，但是印刷出版的书籍没有了官书局兴盛时期充分的经费支持，早在清末，官书局的经费支持就逐渐减少，而在辛亥以后全停，这也是官书局停办的原因之一。朱士嘉也说："它们已没有公私款项的补助了，倒闭的倒闭，归并的归并。"②书局的经费几乎全依赖售书收入，为了维持出版的正常运转，只能提高书价。到1929年，江南官书局改为国学书局，价格又有提高。

只是在民国中期，虽然公共图书馆书价有提高，但是很多书籍的价格与他处相比仍然不算高。如《章氏丛书》，据章太炎信中所说，右文社铅印本《章氏丛书》成本六千元，连史纸售六元，有光纸售四元③。而浙江图书馆木刊本《章氏丛书》花费六千四百元，在1920年出售时也仅连史纸六元，官堆纸五元六角。

根据当前的资料，可以大致推算，每册木印书在一角至三角之间，在西南边陲的云南图书馆价格亦相差不大。1923至1929年之间出版的《云南图书馆印售云南丛书办法附书目》中《云南丛书》的子目《周易标义》每部定价六角四仙④，《观象反求录》每部定价一角三仙。1930年左右的《云南图书馆发行书目》价格略高，《周易标义》每部三册，定价七角六仙；《观象反求录》，每部一册，定价一角七仙。又有《易经》每部四册，定价七

---

① 《官书局通告加价》，《时报》，1924年6月1日。
② 朱士嘉：《官书局书目汇编》，中华图书馆协会，1933年，第3页。
③ 章太炎著，马勇整理：《章太炎全集·书信集》，上海人民出版社，2017年，第754页。右文社本《章氏丛书》连史纸售六元，一千册，得六千元，有光纸售四元，二千册，得八千元，共一万四千元，除去原用工费六千元，赢利八千元。
④ 仙，货币单位，相当于"分"。

毛；《书经》每部六册定价一元；《礼记》每部十册，定价二元五毛①；《滇海虞衡志》每部四册，定价五角。因每部书的厚薄及纸张的不同略有区别。

只是到了 30 年代，木印书市场变得变小，且纸价上涨较快，成本更加提高："年来木印书籍纸料来源既艰，价格增昂，益不易与普通铅印本相争衡。"②1930 年《章氏丛书》涨至连史纸七元九角、官堆纸七元五角四分③，1934 年为连史纸十元八角、官堆纸十元四角④。浙江图书馆刷印的很多大部丛书，因册数较多，价格高达几十元，也不易销售。如 1933 年浙图新印的《续金华丛书》，每部 120 本，连史六十元、官堆四十六元。尽管在刚开始销售时有九折优惠，但也不是普通人能轻易消费的。⑤ 为拓宽销售市场，浙江图书馆还采取了"丛书单行"的方式，吸引一些读者，1935 年时，《玉海》《二十二子》《邵武徐氏丛书初刻》《邵武徐氏丛书二集》《金华丛书》《续金华丛书》《半厂丛书初编》《啸园丛书》《武林掌故丛编》《武林往哲遗书》等均可单售。⑥ 价格低廉本是官书局以及省立图书馆出版的木印书的一大优势，价格愈高，优势就愈不明显。

2. 铅印书成本及价格

在同样使用铅字印书的情况下，最影响书籍成本的因素是纸张，《中国十大出版家》中提及，铅印本可以使用不同于以前的纸张，此前，中国的出版商都是用毛边、毛太或是连史纸来印刷此类作品，夏瑞芳最先想出用一面粗糙、一面光滑的纸代替，效果与连史纸相似，但是价格只有它的三分之一。雕版印刷的《通鉴辑览》卖 20 元（银圆），夏瑞芳的铅版印刷本只要两元。⑦ 若据此推断，商务印书馆铅印本《通鉴辑览》约 40 册，每册费用仅 0.05 元。但是夏瑞芳使用的是与传统毛边纸、毛太纸、连史纸不同的较为粗糙的纸张，公共图书馆铅印书籍时，仍然多选用质量较好

---

① 《易经》《书经》《礼记》三书的价格均有手写改动的痕迹，这是修改后的书价。
② 《浙江省立图书馆概况》，浙江省立图书馆，1934 年，第 15 页。
③ 朱士嘉：《官书局书目汇编》，中华图书馆协会，1933 年，第 57 页。
④ 《浙江省立图书馆出版图书目录》，浙江省立图书馆，1934 年，第 15 页。
⑤ 《浙江省立图书馆馆刊》，1933 年第 2 卷第 5 期，书内广告。
⑥ 《浙江省立图书馆附设印行所发售精印书籍》，《文澜学报》，1935 年第 1 辑，书末广告。
⑦ 王震、贺越明：《中国十大出版家》，书海出版社，1991 年，第 6 页。

的连史纸或其他纸张，成本就相对较高。

1934年12月9日，陈准排印《石经校录》毕，致信王献唐有关钱款事。

献唐先生道鉴：《石经校录》共三十五版已印完，另邮寄上，请查收示复为荷！全书重印几版，请检出以便代印，决不计价。另附发票一纸，共计洋壹百五十元左右，以便贵馆报销也。

后附《上海中国仿古印书局温处分局发票》一件：

发奉《汉魏石经校录》共叁拾五版，排工每版贰元二角，共七十七元；印工每版三角，共拾元零五分；三开粉连纸二件，计大洋六拾贰元。共结该大洋壹佰四拾玖元五角，邮费不计。山东省立图书馆台照。民国二十三年十二月九日①。

这里详细列出了出版《汉魏石经校录》一书的成本：排工每版2.2元，印工每版0.3元，粉连纸每件31元。排印35版，用纸两件共149.5元。每版花费约4.3元。在这里没有说共印了多少册，而以耗费较大的《穆天子传》也印了600册来推断，至少有数百册，若印300册，则成本在五角，若印400册，则成本在3.75角，若印500册，则成本只有三角。在最后的销售中，《汉魏石经残字校录》一册定价国币五角，定高于成本，成本价格当在3角左右。此书虽是铅印，但所用纸张优良，与普通铅印本所用纸张不同，价格也较高。

3. 影印本书成本及价格

1934年3月，柳诒徵致信王献唐询问山东图书馆套印《穆天子传》价格："套印三色版之方法、价值等，贵处套印性情如何？并恳详予见告。"②王献唐回信道："《穆传》系用影印作两次印，先墨后朱，制版亦用两次，因此制板费须加倍。《穆传》共印六百册，每叶印六百份（订

---

① 安可荇、王书林手稿整理，杜泽逊编校整理：《王献唐师友书札》，青岛出版社，2009年，第1532—1534页。

② 安可荇、王书林手稿整理，杜泽逊编校整理：《王献唐师友书札》，青岛出版社，2009年，第273—274页。

工在内）需八元（纸费在内），若印一色，只用四元，前在上海文明书局估价与此间无甚出入，若多印当能克己也。"① 彩色套印价格是墨色影印的两倍，每页制版、印订纸费的成本在八元，墨色也有四元，单色成本费用与上所说精制铅印本相差不大。《穆天子传》每部一册，售价二元。

国学图书馆所出《严修能精写东莱书说》二册二元、《吴颖芳说文理董后编》二册一元，价格是铅印本二至三倍。珂罗版宣纸印刷的《来蝶仙堂诗画册》，一册二元，则又约是普通影印本价格的2倍。

4. 拓本的成本及价格

在公共图书馆的出版物中，较为特殊的当属拓片，很多拓片按照按单张来售卖，据《山东省立图书馆碑帖书籍价单》拓片售价在一角到十元不等。如《汉寿州石羊刻辞》，每份二幅，实价一元；《汉魏石经屏幅》，每份四幅，实价四元。价格更高的是拓印成册的墨本。这是因为墨本是需要一页一页在原物上施拓而成，不能复制，过程繁复。山东图书馆拓印的《两汉印帚》是用特制印泥以原印钤成，全书共三册，前二册为汉印正集，末册多收周秦古鉨，定价二十元。《邹滕古陶文字》也是三册，选集邹、滕两县出土邾国陶器文字搥拓，还附有临淄齐国陶文及秦汉杂品，定价十八元。②《汉魏石经残字》，就石经原石拓印，二册定价二十元。1934年3月27日，柳诒徵为国学图书馆购买此二书，汇上书款38元8角6分，③ 说明正常情况是不折不扣的。

从以上来看，公共图书馆出版的书籍，除了刷印的木版书以外，铅印、石印、拓印的书籍都是成本相对较高，这或是由于官方出资，不用太考虑成本，从而可以出版学术价值高、制作精良的书籍。这些具有学术研究性质的古籍，不能仅从价格角度来考虑它的市场情况，也无法与商务等出版社进行价格对比，其所承载的内容价值才是最重要的。

为了对书价有一个比较直观的认识，在这里略举民国时期的工资和物价水平："按1935年的币值计，工资最高的工人，大约一年在300—400

---

① 《王献唐先生来函》，《江苏省立国学图书馆第七年刊·本年度案牍辑录》，1934年，第10页。

② 《山东省立图书馆新出书籍石刻墨本》，《穆天子传》外书衣背面广告，1934年。

③ 《江苏省立国学图书馆第七年刊·本年度案牍辑录》，1934年，第27页。

元之间,对大多数工人来说,年收入只能在200—300元之间,收入最低的是出卖苦力的码头工人和运输工人,年收入在200元以下。商业职工、公务员以及下级职员的年收入则介于技术工人与非技术工人之间。就劳动者阶级而言,他们中大多数人的年收入约介于200—300元之间。"①1935年,天津地区批发物价麦约0.08元每斤,猪肉、羊肉约0.2元每斤,鸡肉约0.25元每斤,豆油约0.18元每斤,盐约0.098元每斤。②公共图书馆出版的古籍价格,雕版刷印的古籍最低每册约0.1元,尚在普通民众可负担的范围内,但当是册数较多的大部头书、拓印书等,则较难以承担。

## 二、印书不为营利

前文已经提到,公共图书馆出版木印书并不以营利为目的,这不仅是停留在口号上的,从书籍的定价与销售的实际举措中可以得到更明确的印证,规模最大的浙江图书馆附设印行所就很有代表性。浙江图书馆附设印行所是为数不多的没有经历暂停阶段的机构,而在民国初期木印书市场并不乐观的情况下,浙图也存在销售困难:"前清官书局每年售价,多至万元,自改印行所以来,每年售价不及官书局之半。"③由于这些书籍多系旧印,存多售少,于是浙江图书馆附设印行所采取减价、多购优惠等的策略推广营销。

1919年,浙江图书馆在办事细则第四十五条中规定"坊间或私人购买价在十元以上者,得照原价减十分之一"。因考虑到"购买价在十元者,即得照原价减十分之一,而购买价在数十元者,亦仅得照原价减十分之一","似不免相形见绌",另一方面若层累而上为无限制之减折亦有妨成本,兼筹并顾下,于原文"得照原价减十分之一"之下增加"在五十元以上者,得照原价减十分之一五"两句④,两经呈请教育厅,乃获准施

---

① 陆兴龙:《民国时期工人的工资及家庭消费状况简析》,《档案与史学》,1995年第1期,第53—57页。

② 《天津批发物价》,南开大学经济研究所:《1913年—1952年南开指数资料汇编》,统计出版社,1958年,第118—120页。

③ 《呈报办理情形文》,《浙江公立图书馆年报·公牍》,1916年第2期,第3页。

④ 《本馆办理情形并一切章制文牍·呈教育厅文》,《浙江公立图书馆年报》,1919年第4期,第4页。

行①。但是，减价之事并没有结束。

浙江图书馆又考虑到原定多购书籍得以减价的规定本意为推广招徕，但是私人购买中，以寒士居多，"往往不能满十元，更无论五十元"。能购至十元以上或五十元以上的多属坊间，因而前项减价之规定实际上是坊间受赐，于寒士并无利益。而且，因有减价规定，就要在一定程度上提高书籍的底价，以免亏本。如此一来，寒士不仅没受益，反而还有损害，"若不亟为修正，似非嘉惠士林之道"。于是浙江图书馆馆长请示教育厅将办事细则第四十五条所载"坊间"以下三十九字删去，直接由馆长将现行价目减十分之一五，购买多少均不折减，这样"寒畯既免偏枯，价值亦昭划一"②。

从浙江图书馆历年的销售额也反映了这一情况。以下是1918年至1925年浙江图书馆印行所每年的售书收入，除1918年和1925年外，均在5000左右。而印行所每年的印钉费预算1923年度以前年是4080元，1924年后增至4480元，销售收入基本上就在印钉预算费上下浮动，盈利很小，有的年份还略有亏损。这还是在没有计入印行所人员工资的情况下，若计入人员工资，则"经费5500余元"。

表27　1918年—1925年浙江图书馆售书收入表

| 年份 | 售书额（元） |
| --- | --- |
| 1918年 | 5505 |
| 1919年 | 4249 |
| 1920年 | 3788.224 |
| 1921年 | 5117 |
| 1922年 | 4695 |
| 1923年 | 5140 |
| 1924年 | 4464 |
| 1925年 | 8158 |

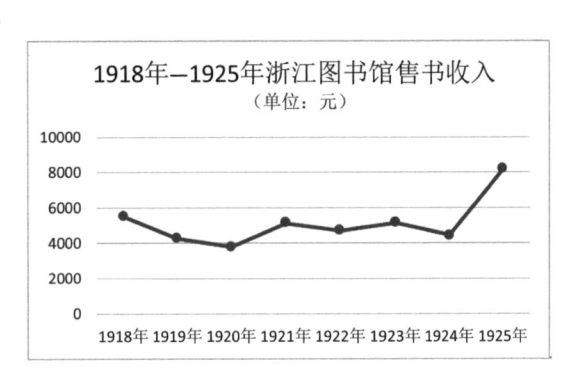

---

① 《本馆办理情形并一切章制文牍·呈教育厅文》，《浙江公立图书馆年报》，1919年第4期，第5页。

② 《本学年关于本馆办理情形并一切章制文牍·呈教育厅文》，《浙江公立图书馆年报》，1922年第7期，第3页。

但是在这一时期，并不是因为书籍滞销导致的没有盈余，相反，浙江图书馆印行的书籍常常不敷需求。

1918年附设印行所经费预算中印钉工料全年额银3502元，每月额领银291元有余，销售额一般与预算持平，但是本年四月份售出各书价银至868.486元，多售出570多元。[1]甚至在1925年全年销售额达到了8000多，其中上半年3501元，下半年书价4657元。这个数字是在1926年1月上报的，在6月修订后的统计中，上半年度共售书收入4617元9角3分，而1925年度售书收入预算为5510元，半年的销售额已经占全年度80%[2]（1922年销售收入略有减少，是因为本年书价降低，而非需求减少[3]）。

实际上，印行所经营的理念就是在印钉工价和销售书价钱数不相上下时，可以做到收支相合，印售均无妨碍，[4]销售书价上升意味着需要更多的资金投入，但是每年的印订工料费没有增加。1918年5月13日，浙江图书馆因本年四月份售出各书价银骤至868.486元[5]事，呈教育厅文"为门售发达，存书将售罄，请示办法以维营业"。浙江图书馆多售之书为旧存书，"自经此番门售发达"，浙馆印行所存书实已逐渐减少，需要添印以备售卖，印书需用银800余元，如果按照每月预算定额支出，则会透用到七月份的印钉工料。更重要的是，浙图每月售书收入即须按月如数解库，这样就会导致"存书万一售罄，势必无书可以发行"。5月26日，教育指令"印钉工料本系按年统算，不必分月截清，如果因门售发达，尽可就本年度预算数内通盘计算，酌量添印"[6]。这虽在一定程度上缓解了问题，

---

[1] 《本馆办理情形并一切章制文牍·呈教育厅文》，《浙江公立图书馆年报》，1919年第4期，第3页。

[2] 《本学年本馆办理情形并一切章制文牍·报解十四年度田租及上半年度书价文》，《浙江公立图书馆年报》，1926年第11期，第3页。

[3] 《本学年关于本馆办理情形并一切章制文牍·呈教育厅文》，《浙江公立图书馆年报》，1923年第8期，第1页。印行："印行所之书价自办事细则第四十五条修正而减少，其书版则因汪振绮堂五千余片捐入而增，其售书收入则上半年二千一百二十九元零，下半年二千五百六十六元零。"

[4] 《本馆办理情形并一切章制文牍·呈教育厅文》，《浙江公立图书馆年报》，1919年第4期，第3页。

[5] 《本馆办理情形并一切章制文牍·呈教育厅文》，《浙江公立图书馆年报》，1919年第4期，第3页。

[6] 《本馆办理情形并一切章制文牍·呈教育厅文》，《浙江公立图书馆年报》，1919年第4期，第3—4页。

但并没有彻底解决。正如1918年的印行书籍费用报告："计售书收入上半年2681元，下半年2824元，查下半年印订工料仅1500元而收入之数乃过于成本几一倍，盖由豫支今年上半年印订工料之一部分所致。然工料总额预算规定月计虽许通融，岁计必不许超过，是则七年下半年因印订多而收入多者，八年上半年必印订少而收入少矣。"①浙馆印行所之书总量未变。1923年7月间永康胡氏退补斋以家刻《金华丛书》版片捐赠浙馆，藏版益富，但"印订经费年只四千八十元，故虽有多版不能多印"。②

只有投入多，才能印出多、售出多。在1918年11月14日，浙江省议会开会，浙江公立图书馆提出"追加附属印行所印钉工料经费案"，由政务委员陈述理由，议会付财政审查。③1921年浙江图书馆在制定《来学年之整理进行计画》时，指出当时印行所存在的第一大问题就是投入资金的不足："至附设印行所则第一要义须有流动基金，以资周转。若由今之道，印订工料不得超过售书收入，不得截留，则遇营业发达，印本不敷，时惟有谢绝买主尚何进行之可言也。"④1922年的《来学年整理进行之计画》也强调："附设印行所则近年销场日畅而印订经费只4080元，实属困难已极，因此常有谢绝买主之事，买主不知该印行所之有限制方且啧有烦言，故欲推广发行必先扩充印订，欲扩充印订必先增加经费，此关于经费之计画也。"⑤因无书可卖而谢绝买主，与普遍认识中雕版印书销售停滞几乎完全相反。这并非是浙江图书馆在言过其实，1926年7月浙江图书馆就发布了《请买书人勿遽汇款函》：

> 径启者，查敝馆附设印行之所，印钉费经豫算规定自十二年度以前年

---

① 《本馆办理情形并一切章制文牍·印行》，《浙江公立图书馆年报》，1919年第4期，第2页。疑文中"豫支今年上半年印订工料"，当为"豫支明年上半年印订工料"，句意乃通。

② 《本学年关于本馆办理情形并一切章制文牍》，《浙江公立图书馆年报》，1924年第9期，第3页。

③ 《申报·地方通信·杭州》，1918年12月16日。

④ 《来学年之整理进行计画》，《浙江公立图书馆年报》，1922年第7期，第3页。

⑤ 《来学年整理进行之计画》，《浙江公立图书馆年报》，1923年第8期，第3页。

仅四千零八十元，十三年度起始增四百元，然仍供不敷求。又是项印钉费向分十二个月匀发，近年复多拖欠，甲月之款必丙月始发，更缓不济急，因此对于买主常苦无以应付。任何营业皆望发达，独该所反患发达，良可慨也。本年度豫算敝馆列印钉费六千元，并请于年度开始时一次发给，奈官厅仍减为四千四百八十元，亦不允一次发给。是该所虽欲多印早印以应各界之需要而势不可能。素承贵处惠顾，用特函告，嗣后如向该所邮购书籍，请先函询有无，勿遽汇款，庶买主不致久候，该所亦免久欠，幸甚幸甚。①

正如文中所说"任何营业皆望发达，独该所反患发达"，这一营业上的怪现象的主要原因，还是在于经费不足。印行所之外，浙江图书馆全年经费才一万余元。除每月经费发放不及时，申请的临时经费也常遥遥无期。1921年，浙馆在来年计划中申请增加经费，其中一个原因是修理残版，原藏之《十三经古注》已多漫漶，振绮堂书版也残缺四百余块，而木版修缮费年仅六十元。②1925年申请到临时修理费700元，直到1926年6月仍未发放，当时未发放的还有1924年即已经申请到的营造费2800元、购置费220元、刻书费900元，加上1925年临时刻书费900元，总共拖欠5520元。此时《十三经古注》版片漫漶更加严重，"买主或欲买而中止或既买而求退，亟需补刻"。③《十三经古注》版片后来一直没有得到修理，据1935年毛春翔的《浙江省立图书馆藏书版记》的记载，除《孝经》十八块木版未坏尚印售外，其余诸经自1928后即不印，到1935年《孝经》亦正式呈准教育厅停印。由上可见，在北洋政府时期，浙江省立图书馆印行所书籍的销售状况尚可，然因经费的限制，印刷事业未能充分展开。

国民政府成立后，增加了一些经费投入，但是原料和市场已经发生了变化，浙江图书馆的木版书销售不佳。如1928年附设印行所的预算费用为7523.8元、决算为6990.117元，但是当年的岁入决算最后仅有

---

① 《本学年本馆办理情形并一切章制文牍》，《浙江公立图书馆年报》，1926年第11期，第4—5页。

② 《来学年之整理进行计画》，《浙江公立图书馆年报》，1922年第7期，第3—4页。

③ 《本学年关于本馆办理情形并一切章制文牍·请咨催速发临时费文》，《浙江公立图书馆年报》，1926年第11期，第4页。

5725.740元。①1932年2月，售出木印书籍45部，共75.46元。②1932年3月，木印部售出书籍193部，收入286.06元。③1933年全年木印部营业收入计4604.22元。④其原因与20年代印订费缺乏不同，主要与纸价上涨与销售市场变小有关：

年来木印书籍纸料来源既艰，价格增昂，益不易与普通铅印本相争衡。且木印图书之主要销路，为日本、辽宁、北平、成都等处，近来因战争迭作，销路亦滞。以是木印部分，亏耗颇多。⑤

1929年，浙江图书馆成立铅印部，在最初阶段，收入在16000、17000左右，可以维持平衡，但是因为"木印图书售价低而行销滞，收入有限，而开支甚大""入不敷出，损失甚巨""以铅印之所赢，不足以弥补木印部分之所亏"⑥。印行所采取节省开支、扩充营业、严密管理、改善出品等进行整理。

1932年，浙江图书馆对木印部及发行部实行紧缩，以节开支而维营业：木印部原有工务员一人，月支薪水三十五元，工作简易，自九月份起将该员解雇，另就图书馆工役中选择能力较强者一人训练之使充是职，月给薪十八元；又将印行所雇的厨子一人亦停用，伙食归印工自理；分页工人也一并停用，工作归承包装订之作场自理，不另给值。⑦这样每月节省

---

① 《浙江省立图书馆中华民国十七年度岁入决算书》《浙江省立图书馆中华民国十七年度岁出决算书》，《浙江省立图书馆概况·经费》，浙江省立图书馆，1931年，第2—6页。

② 《本馆二月份工作报告略志》，《浙江省立图书馆月刊》，1932年第1卷第1期，第9页。

③ 《浙江省立图书馆月刊·馆务》，1932年第1卷第2期，第10页。

④ 《浙江省立图书馆附设印行所二十二年度工作报告》，《浙江省立图书馆馆刊》，1934年第3卷第4期，第4页。

⑤ 《浙江省立图书馆概况·营业状况》，浙江省立图书馆，1934年，第15页。

⑥ 《浙江省立图书馆附设印行所二十一年度工作报告》，《浙江省立图书馆馆刊》，1933年第2卷第6期，第140页。

⑦ 《浙江省立图书馆附设印行所二十一年度工作报告》，1933年第2卷第6期，第140页。

经费二十余元。①到 1933 年 7 月 6 日正式发布《附设印行所木版、发行二部紧缩办法》："由总务处派定接收人员。"其中，"阮乐烻、陈次宏接收发行部存书，吴伯君、胡哲庵接收发行部薄据，杨信贤、彭金保接收木印部"②，对原来的印行所进行全面整顿。

浙江省立图书馆还改良纸张："木印书用纸，向采用国货连史、赛连、官堆、顺泰四种。近年来国纸纸质日下，市面上极难购得如旧时细洁韧厚者。本年度内，拟委托本埠造纸厂，定造质地优良之印书纸，分为甲乙两种，以资应用（甲种近于连史，乙种近于赛连官堆，而皆较厚韧）。并拟委托特制一种仿宋纸，选字体古朴之书版用是项仿宋纸精印，酌增此项精印本之书价，一方面顾全成本，一方面足供好古者之采购。"③到 1934 年，方达到"收支相抵""不累省款之目的"④。即使是在经营困难的情况下，浙江图书馆也仍旧坚持木版印刷，更多是因为木版书所代表的文化意义而非营利所在。

影印书中销售额较大的是国学图书馆，现可见每年大致的销售情况。由于民国时期的年度计算都是从前一年的七月到第二年的六月，所以所统计的数据并非是一整年的，而是前后两个半年的数据。例如《国学图书馆第二年刊》所统计的即是 1928 年下半年到 1929 年上半年的印书状况。

表28 国学图书馆历年发售书数及书款表

| 年度 | 发售及赠送书数 | 发售书款 |
| --- | --- | --- |
| 1928 年 | 3506 部④ | 915.452 元⑤ |
| 1929 年 | 2987 部 | 1879.924 元 |
| 1930 年 | 2721 部 6170 册 | 1317.611 元 |
| 1931 年 | 2118 部 5351 册 | 1645.308 元 |
| 1932 年 | 2918 部 6831 册 | 2556.358 元 |

---

① 《浙江省立图书馆附设印行所二十二年度工作报告》，《浙江省立图书馆馆刊》，1934 年第 3 卷第 4 期，第 2 页。

② 《馆务大事记》，《浙江省立图书馆馆刊》，1933 年第 2 卷第 4 期，第 233 页。

③ 《浙江省立图书馆附设印行所二十三年度进行计划》，《浙江省立图书馆馆刊》，1934 年第 3 卷第 4 期，第 2 页。

④ 《浙江省立图书馆概况·营业状况》，浙江省立图书馆，1934 年，第 15 页。

④ 发售及赠送数，存寄售书店者亦列入。

⑤ 各部汇编：《十七年度全馆工作报告表》，《国学图书馆第二年刊》，1929 年，刊内表格。各处寄售书款结账而未收款及收款而未结账者概未列入。

续表

| 年度 | 发售及赠送书数 | 发售书款 |
|------|----------------|----------|
| 1933 年 | 2396 部 8532 册 | 4429.685 元 |
| 1934 年 | 3784 部 9690 册 | 2960.53 元[①] |
| 1935 年 | 2415 部 6901 册[②] | 1695.775 元[③] |
| 1936 年 | 2110 部 5976 册 | 2206.47 元[④] |

国学图书馆每年出版书籍的经费现在无法精确统计，但是可以确定的是1927年度积有款4433余元指定影印《玉琴斋词》及刊刻《永怀堂诗集》与《国学图书馆小史》以及年刊。[⑤]1931年7月，教育厅拨临时费5000元专为印行善本之用，[⑥]书目专款3660.24元，仅此三项就有13093.24元，而表中历年所售书款共16643.483元。由此推断，国学图书馆所售书，也很难有盈利可言。

苏州图书馆印行所的规模要小于浙江图书馆，1930年在其概况中总结到："近年营业约计一千六七百元，以苏沪书坊及各省书坊批购者为最多。"[⑦]这1000余元的营业额亦较浙馆为低。

由上可见，民国时期公共图书馆的经费主要来自政府拨款，这在一定程度上保证了出版活动的进行，公共图书馆可以不必考虑盈利与否，印行成本相对较高但学术意义较大的书籍，如浙江图书馆《章氏丛书》、山东图书馆《海岳楼金石丛编》都是花费较大的书籍。而另一方面，财政拨款的不稳定也使一些出版活动难以长期延续，这掣肘了出版规模的扩大和大型丛书的编刊。为回收成本、流动资金，公共图书馆也发布了一些广告进行宣传推广，而且在书籍价格上，公共图书馆出版的书籍占有一定的优势，因而对当时的文人阅读和读者市场都有一定的影响。

---

① 各部汇编：《民国二十三年度全馆工作报告表》，《江苏省立国学图书馆第八年刊》，1935年，书内表格。
② 各部汇编：《民国二十四年度全馆工作报告表》，《江苏省立国学图书馆第九年刊》，1936年，书内表格。
③ 后注：归入专款项下作印书之用。
④ 各部汇编：《民国二十五年度全馆工作报告表》，《江苏省立国学图书馆第十年刊》，1937年，书内表格。
⑤ 《致教育经费管理处函》，《国学图书馆第二年刊·案牍》，1929年，第23页。
⑥ 《江苏省立国学图书馆第五年刊·纪事》，1932年，第1页。
⑦ 《江苏省立苏州图书馆概要》，江苏省立苏州图书馆，1930年，第31页。

# 第五章　民国时期公共图书馆古籍出版与近代学术演进

晚清以来，欧风东渐。西籍的传入，极大影响了中国人书籍阅读的选择，中国的文人学者编纂了大量西学书目，如梁启超《西学书目表》、康有为《日本书目志》、徐维则《东西学书录》、沈兆炜《新学书目提要》、王景沂《科学书目提要初编》、顾燮光《译书经眼录》等，仅从这些书名中就可看出书籍流行的广泛程度。但是与此同时，中国传统书籍的出版仍在延续，公共图书馆就是其中非常具有代表性的出版机构，出版的古籍显示着与西学书籍截然不同的特色，也是近代中国学术演进的重要表现。

民国时期公共图书馆出版的古籍，与各图书馆主持者的个人学术旨趣密切相关，他们多数是古典学术研究学者。柳诒徵专注于史学，以其为代表的史地学派，与顾颉刚为代表的疑古派相互对立。浙江省立图书馆馆长龚宝铨、章箴、陈训慈，或与章太炎关系密切，或与柳诒徵为师徒，均为传统学者。山东省立图书馆王献唐更是精研金石、小学文字的学者。北平图书馆袁同礼、徐鸿宝、赵万里精于版本、金石。在他们的主持下，图书馆是传统学问保存的处所，印行出版国学类典籍，不仅有馆藏资源的支撑，更是他们自己发挥学术见识和眼光的重要表现，也产生了重要的学术影响。

## 第一节　典籍阅读与国学研究

清末到民国时期，传统的典籍有一个更为广泛的统称——"国学书籍"。

这是清末以来保存国学的学者提倡的结果，也有1919年以后胡适提出"整理国故"的影响。

清末以来的保存国学，是在西方文化冲击下，知识分子的应对。光绪三十年（1904）3月31日，邓实在《政艺通报》第3期发表《国学保存论》，呼吁"知吾学以爱吾国"；7月25日，在第13期又发表《国粹学》，"国学不明，大义终塞，将有国破种亡之惨。"① 黄侃在《国故论衡赞》中也充满忧虑："方今华夏雕瘁，国闻沦失，西来殊学，荡灭旧贯。"光绪三十二年（1906），国学讲习会成立，章太炎为主讲人，聚集了一批以国学研究为主的学者。到民国元年，章太炎弟子马裕藻、朱希祖等发起"国学会"，推章氏为会长，讲授科目有六："甲，文、小学（音韵训诂，字原属焉）、文章（文章流别，文学史属焉）；乙，经（群经通义）；丙，子（诸子异义）；丁，史（典章制度、史评）；戊，学术流别；己，释典。"② 内容均是中国传统的学问。章太炎等人是国学的坚决拥护者，1913年3月26日，知钱恂将请沈尹默教授孙儿读经书，钱玄同"亦极愿以秉雄携往读书也"③。1921年3月，刘伯明、柳诒徵在南京高师《请设国文特班议》时也曾提到："自清季以来，各地人士亦有不入学校专在家塾研求国学者，其于外国文字及各科学或鲜涉猎，而专论国文，往往有不下于吾校毕业生者。"④ 民国亦有很多坚守传统文化者。

1922年1月，梅光迪、吴宓、胡先骕、刘伯明、柳诒徵等人，在国立东南大学，发起创办了《学衡》杂志。遵循"论究学术，阐求真理，昌明国粹，融化新知。以中正之眼光，行批评之职事，无偏无党，不激不随"⑤的宗旨，开展国学研究和西学研究，特别是在国学上"以切实之工夫，为精确之研究，然后整理而条析之，明其源流，著其旨要，以见吾国文化，

---

① 王学典主编，陈峰、姜萌编撰：《20世纪中国史学编年（1901—1949）》，商务印书馆，2014年，第73页。

② 姚奠中、董国炎：《章太炎学术年谱·民国元年》，三晋出版社，2014年，第197页。

③ 秉雄，钱玄同子。杨天石：《钱玄同日记》（整理本），北京大学出版社，2014年，第263页。

④ 南京大学校史研究室：《南京大学校史资料选编》第二卷《南京高师与东南大学时期》（上），南京大学出版社，2019年，第289页。

⑤ 《学衡杂志简章》，《学衡》，1922年第1期。

有可与日月争光之价值",陈寅恪、王国维都曾为《学衡》撰稿。[①]"学衡派"在当时被评价为文化保守派,他们是国学研究的重要力量。

当时新文化运动的代表人物对中国旧学也没有完全摒弃,胡适在1919年提出"整理国故",以"研究问题,输入学理,整理国故,再造文明"为方针,又创办《国学季刊》,"整理国故"在全国范围内流行。新文化运动的主要成员之一鲁迅,不仅写作白话小说,还辑录了大量金石拓片,手自抄校,并重订《寰宇贞石图》。民国时期还建立了很多国学研究的机构,如北大研究所国学门、清华国学研究院、中央研究院历史语言研究所等。

公共图书馆与国学息息相关,江苏省立国学图书馆就以"国学"而命名。1929年云南图书馆也一度改名为云南省立国学图书馆。各图书馆馆藏图书,也以官书局书籍为大宗。正因如此,公共图书馆在编辑馆藏目录时,都会给国学典籍以专门的位置。如苏州图书馆"根据四库而参以十进,务使适应新旧,力避臆造,编订大纲,厘定子目,无失国学之专长,兼采科学之方式"[②]。安徽省立图书馆虽然分为十类,但是在"总丛经典类"下专设"国学"一门。国学图书馆编纂的《江苏省立国学图书馆书目》,仍坚持传统的四部分类。这些现象都表明民国时期公共图书馆对国学典籍的保存与发扬。

这些国学研究活动,都对公共图书馆出版古籍特别是印行官书局旧籍起到了推动作用,尤以"整理国故"影响最大。朱士嘉曾说道:"官书局创始于同治,极盛于光绪,及至鼎革,摧残过半。民八以来,却因提倡国故,交了次好运。"[③]《山东书局发售木板书籍启事》也提到:"清之末叶,曾、左诸公在各省创设官书局,刻板印书,嘉惠士林,至非浅鲜。自鼎革后,各省以公帑支绌,停而未印。宏篇巨制,弃置可惜。自民八以后,国人渐知国学之可重,各局遂次第恢复。"[④]公共图书馆旧版印刷的古籍再度盛行。

---

① 盛丹艳:《〈学衡〉办刊理念及其文化价值》,《理论视野》,2017年第5期,第80—83页。

② 蒋镜寰、陈子彝:《江苏省立苏州图书馆图书目录》,江苏省立苏州图书馆,1932年,第1页。

③ 朱士嘉:《官书局书目汇编》,中华图书馆协会,1933年,第3页。

④ 《山东书局木板书籍目录》,山东书局铅印本,1925年,第1页。

公共图书馆雕版印刷的书籍以传统国学基本典籍为主要部分，这在各馆出版的印售目录中有明显的体现，如《浙江公立图书馆附设印行所书目》《广东图书馆附设印行所书目》《江苏省立第二图书馆官书印刷所核实书籍价目》《云南图书馆发行书目》等，均是按传统的经、史、子、集四部分类编排，几乎是完整的传统基本典籍目录。

这与晚清官书局成立的初衷是振兴文教有关。清同治帝专门发布谕旨："着各直省督抚转饬所属将旧存学中书籍，广为购补，并将列圣御纂钦定经史各书，先行敬谨重刊，颁发各学，并准书肆刷印，以广流传。"[1]各官书局所刊刻的书籍首选御制经史，然后是其他儒家基本典籍。到民国时期，经史旧籍仍是公共图书馆雕版印刷的主体。新刊国学基本典籍中，也以传统典籍为主，这些传统典籍依然适应国学研究的需求。

公共图书馆在介绍出版的书籍时，也是将其称作国学书籍，如苏州图书馆："本馆印行国学图书经、史、子、集、丛计一百另二种，均系木刻精本。"[2]浙江省立图书馆也是将官书局旧籍称作国学书籍："本馆继承前浙江官书局之旧业，藏有国学要籍之版片颇多。"[3]发布的广告中，有专门以国学书籍为标题，如《国学基本书》《浙江省立图书馆印行局版精刻国学要籍》[4]。江南官书局后来甚至改名为国学书局。

各图书馆还出版了国学类举要书推荐国学书籍。如：国学图书馆1933年9月专门印发《国学门径书目》[5]；在范希曾《书目答问补正》的广告词中，特别强调"治国学者不可不备"[6]；印行支伟成《国学用书类述》，"使国学途径秩然，学者易得要领"[7]。浙江图书馆出版曹功济编《国学用书举要》，1931年4月初版，1932年5月再版。1928年，云南图书馆出版

---

[1]《同治帝就鲍源深办书局刻书谕》，宋原放：《中国出版史料（近代部分）》第一卷，湖北教育出版社、山东教育出版社，2004年，第408页。

[2]《江苏省立苏州图书馆概要·印行》，江苏省立苏州图书馆，1930年，第30页。

[3]《浙江省立图书馆馆刊》，1933年第2卷第4期，第239页。

[4]《浙江省立图书馆馆刊》，1933年第2卷第4期，书后广告。

[5]《江苏省立国学图书馆第七年刊·大事记》，1934年，第1页。

[6]《江苏省立国学图书馆第八年刊·本馆新印史部书提要（二）》，1935年，《展览会纪要》后，第40页。

[7]《江苏省立国学图书馆第十年刊·本馆新印史部书提要（二）》，1936年，《陶风楼藏档案目》卷五后，第68页。

张连楙《国学读法》，分经部、史部、子部、集部、工具类、小说及尺牍类六类，此书是为滇中学子学习国学之用："读者必谓此书重心，端在子、史两部，不知滇中国学，不及江浙各地者，正忽子史而欠讲也。"[①] 从这些举要书的广泛编纂也可以看出，国学研究风气的盛行以及对公共图书馆出版的影响。

读书人书单中可以反映公共图书馆出版书籍对文人阅读选择的影响。1913年，朱希祖被聘任为北京大学预科教授兼清史馆编修，暑假期间，他择选较为重要且有用之书运往北京，这些运京的书目，朱希祖亲自抄录为《癸丑七节迁京书目》。[②] 由于朱氏的研究旨趣，书目首列书目类、小学类，后分经学书类、史学书类、子部书类、集部书类。后又列《癸丑七月迁京（金石、家集、邑集、师友）书目》《癸丑七月迁京丛书目录》。这些书目不仅有书名卷数著者、册数，大多数书还详列版本，可以较为清晰地了解这些书的出版来源。书目不乏珍善本，如明刊本《洪武正韵》、元刊本《古今韵会》、顾千里校勘本《集韵》等，但还是以普遍适用书占绝大多数。

《癸丑七节迁京书目》中书目类书籍共有32种，在这些书目中，钱大昭《补续汉书艺文志》为广雅书局本，章宗源《隋经籍志考证》为湖北崇文书局刊，钱恂编《壬子文澜阁所存书目》为浙江书局刊本，这里朱希祖在记录时仍沿用旧称。不仅如此，朱希祖还专列了官书局书目《浙江官书局书目》《江苏官书坊书目》《江南书局书目》《淮南书局书目》《江西书局书目》《湖北官书处书目》《湖南思贤书局书目》《湖北官书局寄售书目》等8种，所列占书目总数三分之一有余，说明这些书目中所列的书籍是朱希祖采选的重要对象。

朱希祖师从章太炎，对小学尤为精研，此书目中之小学类书共79种，若将丛刻类如《许学丛刻》按子目计算，则有100种之多。其中亦多官书局本，如淮南局本《汲古阁第四次样本说文》，江苏局本钮树玉《说文校录》，崇文局刊桂馥《说文解字义证》、钮树玉《段氏说文注订》、钮树玉《说文新附考》，淮南局刊红氏（纸）样本《复古编》，浙江局刊刻《佩

---

① 张连楙：《国学读法》，云南图书馆，1928年，自序。
② 朱希祖：《癸丑七节迁京书目》，李万健、邓咏秋：《民国时期私家藏书目录丛刊》第11册，国家图书馆出版社影印本，2012年，第1—222页。

文诗韵释要》、潘衍桐《尔雅正郭》，江苏局本《仓颉篇辑》、《字林考逸》，崇文局本汪大椿《小学钩沉》，淮南局本《小学汇函》（子目 14 种）等，共 25 种，占据四分之一。

家集一册因内容关系几乎全为稿本或家刻本。丛书亦没有局刻本。经史子集各部典籍官书局本的种数统计如下（表 29）：

表 29　《癸丑七节迁京书目》中各官书局本数量表

| 分类 | 浙江书局 | 江南书局 | 江苏书局 | 扬州书局 | 淮南书局 | 湖北崇文书局 | 湖南书局 | 湖南思贤书局 | 广雅书局 | 四川尊经书局 | 总数 |
|---|---|---|---|---|---|---|---|---|---|---|---|
| 经部 | 8 | 1 | 0 | 0 | 2 | 4 | 1 | 2 | 0 | 1 | 19 |
| 史部 | 26 | 17 | 10 | 0 | 2 | 6 | 0 | 1 | 5 | 0 | 67 |
| 子部 | 28 | 1 | 2 | 0 | 0 | 8 | 0 | 1 | 1 | 0 | 41 |
| 集部 | 1 | 1 | 7 | 1 | 0 | 4 | 0 | 0 | 0 | 0 | 14 |
| 总数 | 63 | 20 | 19 | 1 | 4 | 22 | 1 | 4 | 6 | 1 | 141 |

除书目类和小学类外，共有 141 种。[1] 虽然朱希祖开列的这些局刻本呈现着明显的地域偏向，但仍然可以反映官书局书籍在读书人书单中所占据的分量，而且朱希祖择选的这批书将要运抵北京，说明是常备且较为重要的书。这从侧面反映出清末民初公共图书馆接续官书局，仍然继续为文人提供这些基本书籍。

民国年间章太炎、钱玄同的书信和日记中，也经常有购买官书局书籍的记录。如《钱玄同日记》：

1912 年 11 月 20 日，至梅花碑，见淮南局刻《经籍纂诂》，初印甚精，书亦尚洁净无污，以三元半易之归。[2]

1912 年 11 月 27 日，购《汉魏丛书》，缺六本，为书八种，《淮南子》缺一本，浙局有单行本可购。[3]

---

[1] 其中《十三经》算作一种，《二十四史》由于是不同书局刊刻，故计算子目。
[2] 杨天石：《钱玄同日记》（整理本），北京大学出版社，2014 年，第 238 页。
[3] 杨天石：《钱玄同日记》（整理本），北京大学出版社，2014 年，第 240 页。

1922年9月25日，买浙江局刻朱熹《诗集传》一部。[①]

钱玄同购买浙江局刻朱熹《诗集传》时，还特别记下了具体的用处："这是从前他们作儿童读本用的，虽是朱注，而每诗上端又刻有《毛序》。我要将各家诗说抄在上端，买了此本则《毛序》可以省得抄了。"[②]可见是为研究《诗经》而购，在新的时代条件下，一些基本典籍在以新的方式发挥作用。

1911年8月30日，章太炎为研究庄子，托钱玄同购买湖南书局刊刻的郭庆藩《庄子集释》。[③]1914年10月15日，章太炎致信龚宝铨需用浙局刻本："北京书籍甚贵，新书又不可得，浙馆近印定海《黄氏遗书》，闻甚可观，并局印《论语后案》《周季编略》，望各取一部寄来，或交德玄亦可。"[④]又1927年，徐仁甫由沪至杭，以浙江为人文之渊薮，凭吊古迹外，购定海《黄氏遗书》、余姚黄宗羲著作等浙刻书籍。[⑤]这里的《黄氏遗书》当是指黄以周所撰《儆居遗书》，共11种。其中《周季编略》《论语后案》分别由浙江书局在清同治十二年（1873）、清光绪九年（1883）刊刻，另9种则是光绪年间黄氏家塾刻。黄以周本人长期在浙江书局任事，光绪十九年（1893）将书版让与浙江书局，由浙江书局印刷，民国以后又归入浙江图书馆。

朱希祖的书单反映了民国初年研究型读者的国学书籍阅读倾向。普通学子的读书情况，则在大学教授给学子的推荐书单里有一定的反映。1923年，提倡国故的胡适还制定出《一个最低限度的国学书目》书目中列的版本很多是公共图书馆或官书局本[⑥]。

---

[①] 杨天石：《钱玄同日记》（整理本），北京大学出版社，2014年，第442页。
[②] 杨天石：《钱玄同日记》（整理本），北京大学出版社，2014年，第442页。
[③] 章太炎著，马勇整理：《章太炎全集·书信集》，上海人民出版社，2017年，第209页。
[④] 章太炎著，马勇整理：《章太炎全集·书信集》，上海人民出版社，2017年，第753页。
[⑤] 《徐仁甫先生行年录》，徐仁甫：《史记注解辨正》，中华书局，2014年，第365页。
[⑥] 胡适：《胡适文存》（贰），华文出版社，2013年，第69—82页。

表 30　《一个最低限度的国学书目》中公共图书馆书籍情况表

| 书名 | 胡适所述版本 | 所涉图书馆 |
| --- | --- | --- |
| 《四库全书总目提要》附存目录 | 广东图书馆刻本，又点石斋石印本最方便 | 广东图书馆 |
| 《历代地理韵编》《清代舆地韵编》（李兆洛） | 广东图书馆本，又坊刻《李氏五种》本 | 广东图书馆 |
| 二十二子：《老子》《庄子》《管子》《列子》《墨子》《荀子》《尸子》《孙子》《孔子集语》《晏子春秋》《吕氏春秋》《贾谊新书》《春秋繁露》《扬子法言》《文子缵义》《黄帝内经》《竹书纪年》《商君书》《韩非子》《淮南子》《文中子》《山海经》 | 浙江公立图书馆（即浙江书局）刻本。上海有铅印本亦尚可用。汇刻子书，以此部为最佳 | 浙江图书馆 |
| 《朱子年谱》（王懋竑） | 广东图书馆本，湖北书局本。此书为研究朱子最不可少之书 | 广东图书馆 |
| 《王文成公全书》（王守仁） | 浙江图书馆本 | 浙江图书馆 |
| 《章氏遗书》（章学诚） | 浙江图书馆排印，上海刘翰怡新刻全书本 | 浙江图书馆 |
| 《汉学商兑》（方东树） | 此书无甚价值，但可考见当日汉宋学之争。单行本，朱氏《槐庐丛书》本 | 浙江图书馆 |
| 《日知录》（顾炎武） | 用黄汝成《集释》本。通行本 | 广东图书馆 |
| 《章氏丛书》（章炳麟） | 康宝忠等排印本；浙江图书馆刻本 | 浙江图书馆 |
| 《诗本谊》（龚橙） | 浙江图书馆《半广丛书》本 | 浙江图书馆 |
| 《全上古三代秦汉三国六朝文》（严可均编） | 广雅书局本。此书搜集最富，远胜于张溥的《汉魏六朝百三家集》 | 广东图书馆 |
| 《古文苑》（章樵注） | 江苏书局本 | 苏州图书馆 |
| 《续古文苑》（孙星衍编） | 江苏书局本 | 苏州图书馆 |
| 《唐文粹》（姚铉编） | 江苏书局本 | 苏州图书馆 |
| 《唐文粹补遗》（郭麟编） | 同上 | 苏州图书馆 |
| 《宋文鉴》（吕祖谦编） | 江苏书局本 | 苏州图书馆 |
| 《南宋文范》（庄仲方编） | 同上 | 苏州图书馆 |
| 《南宋文录》（董兆熊编） | 同上 | 苏州图书馆 |
| 《金文最》（张金吾编） | 江苏书局本 | 苏州图书馆 |

续表

| 书名 | 胡适所述版本 | 所涉图书馆 |
|---|---|---|
| 《元文类》（苏天爵编） | 同上 | 苏州图书馆 |
| 《明文在》（薛熙编） | 江苏书局本 | 苏州图书馆 |
| 《文史通义》（章学诚） | 贵阳刻本，浙江局本，铅印本 | 浙江图书馆 |
| 《胡子衡齐》（胡直） | 此书为明代哲学中一部最有条理又最有精彩之书。《豫章丛书》本 | 江西图书馆 |

不仅如此，胡适《书目》中还有一些书未列具体版本，仅言"通行本"，这些书很多是图书馆的在售书。如"四书（《论语》《大学》《中庸》《孟子》）最好先看白文，或用朱熹集注本"，浙江图书馆有《读本四书》，苏州图书馆《四书读本》，江南书局有《四书十一经》《四书集注》；"《韩昌黎集》（韩愈），坊间流通本甚多"，广东图书馆、苏州图书馆均有；"《诗经集传》（朱熹），通行本"，山东图书馆《十三经读本》、浙江图书馆《读本五经》均可单售；"《春秋左氏传》，通行本"，浙江图书馆有《春秋左传杜注》；"《楚辞集注》附《辨证后语》，（朱熹）通行本"，苏州图书馆亦有售。①

后来胡适又在书单后加上九种《纪事本末》②，苏州图书馆则出版有《左传纪事本末》《通鉴纪事本末》《通鉴长编纪事本末》《宋史纪事本末》《辽史纪事本末》《元史纪事本末》《明史纪事本末》《金史纪事本末》八种。

胡适还提到福州正谊书局所刊张伯行《正谊堂全书》："这部丛书搜集程朱一系的书最多，欲研究'正统派'的哲学的，应备一部。全书六百七十余卷，价约三十元。初刻本已不可得，现行者为同治间初刻本。"③此书正是福建图书馆计划重新印行的，惜后未成。

胡适所举版本，当考虑到了书籍的可选性，可见这些原为官书局刻本的图书馆书籍也是普通学生较为易得的版本。胡适还专门说明："这个书

---

① 胡适：《胡适文存》（贰），华文出版社，2013年，第71、74、75页。
② 胡适：《胡适文存》（贰），华文出版社，2013年，第82页。
③ 胡适：《胡适文存》（贰），华文出版社，2013年，第73页。

目不单是为私人用的，还可以供一切中小学校图书馆及地方公共图书馆之用。所以每部书之下，如有最易得的版本，皆为注出。"①这点为梁启超等人所批评，但实际上也反映了当时阅读景象的另一面，作为清末以来新兴的服务类机构，图书馆是很多读书人的阅读场所。胡适所举书版本为图书馆藏书之选，与图书馆的实际情况是有相合之处的。1935年，陈训慈在总结全国省立图书馆藏书情况时说："今各省省立图书馆之藏书，……即或总量在数万册者，按其实质，什九为各官书局旧刻。"②这种藏书情况决定了国学典籍是图书馆的读者群体所阅读的重要对象。

后来，梁启超不满胡适所列书目，拟定了"真正之最低限度"：

《四书》《易经》《书经》《诗经》《礼记》《左传》《老子》《墨子》《庄子》《荀子》《韩非子》《战国策》《史记》《汉书》《后汉书》《三国志》《资治通鉴》（或《通鉴纪事本末》）、《宋元明史纪事本末》《楚辞》《文选》《李太白集》《杜工部集》《韩昌黎集》《柳河东集》《白香山集》。其他词曲集，随所好选读数种。③

细究其目，可以发现，均是经史子集中最具代表性的典籍，与晚清官书局刻本的书籍类型有很大的相合之处。而且梁启超在评胡适《一个最低限度的国学书目》末，附《梁先生致〈清华周刊〉记者书》，列举了留美学生可携购的"最普通"之书：

《四书集注》、石印《正续文献通考》、相台本《五经单注》、石印《文选》、石印浙刻《二十二子》《李太白集》《墨子间诂》《杜工部集》《荀子集解》《白香山集》、铅印《四史》、《柳柳州集》、铅印《正续资治通鉴》《东坡诗集》……④

---

① 胡适：《胡适文存》（贰），华文出版社，2013年，第69页。
② 陈训慈：《全国省立图书馆现状之鸟瞰》，《浙江省立图书馆馆刊》，1935年第4卷第3期，第6页。
③ 梁启超：《梁启超全集》第7册，北京出版社，1999年，第4244—4245页。
④ 梁启超：《梁启超全集》第7册，北京出版社，1999年，第4246页。

或因考虑到留美学生的便携程度，梁启超所列版本多为石印、铅印。除却版本形式，梁氏所列《四书集注》《正续文献通考》《五经单注》《文选》《四史》等书，图书馆均有重印的官书局本，《二十二子》更是浙江图书馆修版、重刻的代表性书籍。因而在实际的阅读中，这些典籍仍在一定程度上满足在校学生的需求。

1931年9月，时在北京大学史学系求学的梁茂修（字竹航）因山东书局所刻《十三经读本》事致信王献唐。

> 献唐先生：往年由山东教育厅得张宗昌时代复印《十三经》一部，今夏翻阅，发现《春秋左氏传读本》缺七、八、九三卷，而卷一、卷二则重复也，余尚未及检校。闻该书余数现存图书馆，如蒙代为检出补寄，幸甚矣。兹寄奉卷一、二合一册，以资全足。
> 
> 附《钦定春秋左氏传读本》一册。①

文中所说"张宗昌时代复印《十三经》"是张宗昌督鲁时，用清同治年间山东书局刊刻的《十三经读本》的版片重新刷印的，此时原山东书局的版片均储存在山东图书馆。梁茂修就读北大史学系，《左传》应是必读之书，而山东书局旧刊的《春秋左传读本》为其提供了本子。

民国初年，商务印书馆出版的一些书还以原官书局本为底本。如《五种遗规》是浙江、江苏等官书局均出版的书籍，包括《养正遗规》《教女遗规》《训俗遗规》《从政遗规》《在官法戒录》，商务印书馆重印此书，用浙图本为底本，在广告语中说道："是书为桂林陈榕门先生所编辑，理极纯正，语极平实，可为中学校修身科之用，故各学校采用者甚多，现经本馆照浙江局刻本精校付印以便学者。"②这也说明了这些继续印刷的书籍仍为学者所用。

1933年朱士嘉《官书局书目汇编》评价官书局："那里印行的书，

---

① 安可荇、王书林手稿整理，杜泽逊编校整理：《王献唐师友书札》，青岛出版社，2009年，第1769页。

② 价格分别为：一角五分、一角、三分、二角、二角。商务印书馆出版图书，《图书汇报》1913年第27期，刘洪权：《民国时期出版书目汇编》第1册，国家图书馆出版社影印本，2010年，第43页。

既合实用，价又低廉，含有普及性。"①这个评价，其实可以作为民国年间公共图书馆出版古籍的评价。

## 第二节　新材料的发现与语言文字研究

民国时期的古典学术研究，承接清代继续发展，保留了很多清学研究的传统，考据学仍占有重要地位："五四后的民国学术中，考据学在文史学科仍占据着重要地位甚至是主导地位。有学者将民国时期的考据学称为新历史考证学，也有学者称之为新汉学，尽管称呼不同，但都公认这方面成就巨大，甚至是当时历史学科最主要的成就之一。当然，奠定其学术根基的仍是清代考据学。"②而清代考据学能在民国时期显示新的活力，离不开新史料的发掘。

清末以来的新材料，最为人所称道的"四大发现"：殷墟甲骨文、居延汉简、敦煌文书、明清内阁大库档案。凭借这些新发掘的历史材料，古典学术研究有了进一步的发展，甚至"出现超越清代乾嘉汉学的势头"③。

以文字学为例，新材料的发现也为文字学注入了新的活力。王献唐在《砖瓦图书为甚么要开会展览》一书里提到"在此项砖瓦中，最可注意的，还有两点：一是当时工匠的图案花纹，一是砖瓦上的各种文字。"在文字方面，"现在的材料，比较从前越发多了，第一是甲骨文、第二是《说文》一类的小篆籀文古文、第三是金文——钟鼎彝器等等、第四是石刻、第五是陶文——周秦汉魏整碎陶器上的文字、第六是泉币、第七是玺印——泥封在内、第八是砖瓦"。王献唐非常注重这几种文字之间共同的研究：

他们各有各的支流，各有各的面目，各有各的价值地位。仅仅是研究一门两门，便找不出他们交互转变的关系。同时也只得到一支一流的小脉

---

① 朱士嘉：《官书局书目汇编·引言》，中华图书馆协会，1933年，第1页。
② 李帆：《民国学术的清学传统》，欧阳哲生、左玉河、阎书钦、李帆、郑大华：《多维度视阈下的民国学术发展》，《史学理论研究》，2020年第1期，第4—23页。
③ 欧阳哲生：《民国学术之历史定位》，欧阳哲生、左玉河、阎书钦、李帆、郑大华：《多维度视阈下的民国学术发展》，《史学理论研究》，2020年第1期，第4—23页。

络，找不出文字全体的总条理，所以上面所说的文字材料，任何那一部分，都在学术上有同等价值，有同等地位，不容偏废，也不容忽视。从第一项到第四项，经过多数人的考索，大致有点头绪；从第五项到第八项，虽也有些人在那里附带参考，尚不算统系研究，换一句话说，只是浅尝，并没有正式下手。可怜几千年来的中华民族，连自己祖先替他创造的一点文字，尚且整理不出来，岂不羞死。①

在文字研究领域，随着出土文献的增多，文字学研究改变了清末以前以说文为中心的研究方法，甚至对文字体系产生了颠覆性认识。《说文》小篆籀文古文、青铜器铭文、石刻文字都已经有了更进一步的研究，即使是清末才发现的甲骨文研究也有王懿荣、刘鹗、罗振玉、王国维等人取得了较大的成绩。前人关注不足的陶器、泉币、玺印、砖瓦上的文字也逐渐引起重视。

新材料的发现还在于清代以前不受重视的小说、戏曲、歌谣等俗文学也进入学者研究的领域。王国维撰《宋元戏曲考》、鲁迅撰《古小说钩沉》《中国小说史略》，都是这方面的代表著述。

另一方面，新材料的研究需要传统文献的辅助，正如研究古文字，离不开许慎《说文解字》。王国维研究甲骨文，撰写《殷卜辞中所见先王先公考》，还利用了多种传世典籍：

> 甲寅岁莫，上虞罗叔言参事撰《殷虚书契考释》，始于卜辞中发见"王亥"之名。嗣余读《山海经》《竹书纪年》，乃知王亥为殷之先公，并与《世本·作篇》之胲、《帝系篇》之核，《楚辞·天问》之该，《吕氏春秋》之王，《史记·殷本纪》及《三代世表》之振，《汉书·古今人表》之垓，实系一人。②

仅查阅"王亥"的信息，王国维使用的古籍就有《山海经》《竹书纪

---

① 王献唐：《砖瓦图书为甚么要开会展览》，山东省立图书馆，1931年，第22页。

② 王国维：《观堂集林（外二种）》，河北教育出版社，2001年，第259页。

年》《世本》《楚辞》《吕氏春秋》《史记》《汉书》等。王国维提出"二重证据法"中的"纸上之材料""地下之新材料"同等重要。这也在一定程度上影响了公共图书馆出版中传统典籍和新见材料的齐头并进。

光绪三十二年（1906），章太炎撰《论语言文字之学》指出："今欲知国学，则不得不先知语言文字。此语言文字之学，古称小学。"① 浙江图书馆的《章氏丛书》，包罗丰富，涉及文字、音韵、经学、诸子等各个方面，其中语言文字成就尤大。

1915年《南京高师国文专修科各学科教授大纲》中《说文》一门，教授者王伯沆、江谦、向楚，教科书选用王氏《说文句读》，除讲解《说文》部首和《说文解字叙》，还较为详细地列出《说文》"声音学"的大纲：

天然声母，天然韵母，反切名义，双声叠韵，变读得切法，定清浊法，附清浊六转表，音和类隔，陈兰甫氏《声类考》，《清浊审纽简明表》，章太炎氏《论汉字统一会》《驳万国新语》，音理论，等韵学之沿革，古韵学，各家韵部短长得失之概略，章氏《小学略说》《成韵图》，阴阳对转旁转通例，二十三部文准，《新方言》，《古今语》，语言，字音，语根变易，声类孳乳，《文始》，《小学答案[问]》，门径书目，疑问。②

此声音学，当是指音韵学，此大纲所列章氏书《小学略说》《成韵图》《新方言》《文始》《小学答案》，可见章氏之书出版以后，即较快地为学界所注意和研究。在浙图本《章氏丛书》出版之前，1915年12月8日，章太炎在给龚宝铨的信中提道："据通一来书，知《丛书》甚风行，甲种一千部（即连史印者）已销尽，则知乙种二千，其销亦速。"③ 可见其通行程度。浙江图书馆本《章氏丛书》校勘精确，更为学界研究提供了善本。

---

① 章太炎：《论语言文字之学》，章念驰：《章太炎全集·演讲集》上，上海人民出版社，2015年，第13页。

② 南京大学校史研究室：《南京大学校史资料选编》第二卷《南京高师与东南大学时期》（上），南京大学出版社，2019年，第310页。庞石帚任教四川大学期间，教授国学概论，也是用《国故论衡》作为教材。参见党永辉：《民国时期大学国学著述按需编撰及序列出版考》，《中国编辑》，2017年第8期，第81—87页。

③ 章太炎著，马勇整理：《章太炎全集·书信集》，上海人民出版社，2017年，第754页。

山东图书馆所藏古器甚多，出版的《古文字诂疏证》《海源阁金石丛编》和单张拓片等，均可作为文字研究的材料，具有重要的文字研究价值，吸引了金石、古文字等研究者的关注。罗振玉、黄侃、顾廷龙、容庚、商承祚等人均与王献唐有书信往来，不仅购书、换书，还交流学术观点，反映了山东图书馆出版的这些书籍在文字研究方面的作用。

现可见罗振玉写给王献唐较早的信当是在1934年7月：

奉惠书并承赐《石经》墨本，拜谢无似。其中已经拙著著录者不少，此次又得十石，改日写寄。尊书谓洛阳近多伪刻，诚然诚然！所寄贵馆拓本能寄示一看最感，当为鉴别之。伯益所得残石未尝寄来，能以拓本借示否？①

罗振玉信中所说《石经》墨本，应该就是拓印的《汉魏石经残字》。王献唐又为罗振玉拓印《石经》残石及滕县吉金，罗振玉还想请王献唐寄予馆藏墓志拓本：

奉到手书，知前寄《贞松堂集古遗文》，业经奉达左右，又寄《辽居杂著乙编》四册，想亦可寄到。石经及滕县吉金已承饬拓，感谢不可言喻。闻贵馆《概况》后附记售品中有墓志数种，为寒斋所无，另目附寄，祈邮寄一份。敝藏《石经残石》卅有一品（现装册未竟），尚有敝藏诸石拓本，一同奉寄贵馆不误。②

罗振玉所列墓志品种有：《梁孙氏墓志》二张、《唐张公佐墓志》二张、《唐董氏墓志》二张、《唐张巽墓志》二张、《宋李悔墓志》一张、《元檀氏墓志》等全份八张、上陶室砖瓦精品屏幅十二幅。③罗振玉是金石文

---

① 安可荇、王书林手稿整理，杜泽逊编校整理：《王献唐师友书札》，青岛出版社，2009年，第8页。
② 安可荇、王书林手稿整理，杜泽逊编校整理：《王献唐师友书札》，青岛出版社，2009年，第10页。
③ 安可荇、王书林手稿整理，杜泽逊编校整理：《王献唐师友书札》，青岛出版社，2009年，第12页。《辽居杂著乙编》印于1933年夏，此信至少在1933年下半年或1934年。

字研究方面的著名学者，对金文、石经、墓志等很多文献都有关注。他所著《辽居杂著乙编》中，《松翁未焚稿》部分除文字考释外，相关的题目有：《汉石经残字续补跋》《汉石经鲁诗唐风残字跋》等石经跋语2则、《魏元宝月墓志跋》《尔朱绍墓志跋》等墓志碑跋25则、《殷墟书契续编序》《雪堂所藏古器物图说》，等等。王献唐将所拓石刻寄给罗振玉后，罗振玉将其所藏石经残石拓本寄赠给王献唐，并嘱"若近有新得吉金石刻，请不吝拓寄"①。而罗振玉对金文拓本的需求，则因要编《三代吉金文存》。

> 献唐先生著席：奉教拜悉，允惠金文拓本全份，感荷无似！弟近正编《三代吉金文存》，所收墨本约四千余品，付玻璃板精印，大约明年春末可以成书。得尊馆之藏，可以加入，洵快事也。《泥封》仍祈兄寄一部，纸墨价祈示缴。石羊拓本及属[嘱]拙书之纸，尚未到（到即写奉）。沂县石羊运到后，祈早日拓示，先睹为快。《滑台新驿记》残石能代索一本否？近刊二册邮奉高教。②

1936年，罗振玉所编《三代吉金文存》以"百爵斋"的名义出版，山东图书馆出版的拓片为其有所补充。其他各书，关于泥封、刻石等，均在传统金石学范围内，亦为罗氏研究旨趣所在。

顾廷龙也因《汉魏石经残字》而与王献唐及山东图书馆结缘，起因是顾廷龙得知山东图书馆藏有《尚书》汉石经，委托胡道静转为介绍。1936年12月30日③，胡道静代为致信王献唐：

> 兹有恳者，友人顾起潜先生，精研金石文字，现在燕京大学图书馆，顷闻贵馆藏有《尚书》汉石经，拟得拓本，属为代乞一份（原函附呈），如荷俯允，实深感激，尚祈直接寄与起潜先生为祷。倘需手续费，即乞示知，

---

① 末署"新正四日"，新正为农历正月，或在1935年初。安可荇、王书林手稿整理，杜泽逊编校整理：《王献唐师友书札》，青岛出版社，2009年，第9页。

② 安可荇、王书林手稿整理，杜泽逊编校整理：《王献唐师友书札》，青岛出版社，2009年，第6—7页。《泥封》，即《临淄封泥文字》，1936年10月出版。

③ 邮戳：上海廿五年十二月三十。见安可荇、王书林手稿整理，杜泽逊编校整理：《王献唐师友书札》，青岛出版社，2009年，第1864页。

以便转达。①

末附顾廷龙致胡道静函（1936年12月25日）："比闻山东图书馆藏有《尚书》汉石经勒石，颇欲得其拓本，因念吾兄与王献唐先生订文字交甚久，倘能为吾索致一份，感幸无似，如必须价购，亦当照缴也，拜托拜托！"② 现能见到最早的王献唐给顾廷龙的回信是在1937年3月29日，王献唐在信中说"弟少受学，颇承前辈许印林之绪余，因欲为许刻遗书，并作年谱、学案及著述目"。③ 可知期间还有其他往来。在当天王献唐还有一信与顾廷龙，是关于顾廷龙所著《愙斋年谱》以及王献唐所藏愙斋书画可补顾廷龙《年谱》不足事④，在此不再详述。3月31日，顾廷龙给王献唐写了一封长信，由于此信之前未有披露，在此先过录全文：

献唐先生左右：顷奉还云并赐拓屏，感荷无极。拙著辱蒙奖饰，逾情皇愧万状，尚望仁贤有以教益之。尊著《石经叙录》尚未见及，幸示一读，以开茅塞，全份拓本俟将来重拓再行预约。现拓匋文已成若干，曾在坊间瞥见大序，未能细读，知一洋洋大观也。何日可以成书？甚念。龙于匋文嗜之有素，惜所见不广，而柴愚一无发明。弟曾将所见拓本文字排比成册，名之曰《古匋文香录》，承北平研究院史学研究会列入丛书，为之出版。谫陋之作，无当于大雅，敬呈一册，敢乞指正。

承示欲为许印林先生刻遗书、作年谱学案，不朽盛业也。印林先生曾馆海丰吴氏，故《攀古小庐杂著》由吴氏镂板而未毕工，而未刊之稿所存尚多。近年石莲闇遗物渐散，许著亦出，其《攀古小庐杂著》数部均归开明书局，就龙所知，一售于历史语言研究所，一售于清华，一售于燕京，一售于思泊先生，而遗稿各种，尽为史言所所得。闻当时该所拟请容希白

---

① 安可荇、王书林手稿整理，杜泽逊编校整理：《王献唐师友书札》，青岛出版社，2009年，第1863页。
② 安可荇、王书林手稿整理，杜泽逊编校整理：《王献唐师友书札》，青岛出版社，2009年，第1865页。
③ 王献唐1937年3月29日致顾廷龙函，原件藏哈佛燕京图书馆。引自李勇慧撰：《王献唐著述考》，山东教育出版社，2014年，第42页。
④ 李军：《王献唐〈吴愙斋先生年谱校记〉书后——顾廷龙、王献唐两先生交往事迹拾补》，《天一阁文丛》第14辑，浙江古籍出版社，2016年，第49—53页。

先生整理发表，惟容先生以无暇辞，后未闻由谁从事矣。不识先生知之否？见之否？如未见过，先生与傅孟真先生当熟识，盍去函一探寻之。复颂著祺，弟顾廷龙顿首。三月卅一日灯下。

先生雅篆未祥，是否名号一致，便希示及，冒昧之处，当祈曲亮。又拜。《山左先喆遗书》何时可出版，甚念，又拜。①

从信中可知，王献唐赠送顾廷龙拓屏，顾廷龙也回赠其著《古陶文舂录》。王献唐为山东图书馆出版的书籍中又有《齐鲁陶文》，顾廷龙所说"现拓匋文已成若干，曾在坊间瞥见大序"当即是指《齐鲁陶文》，可见曾浏览此书。顾廷龙在书中为王献唐提供了许瀚稿本的更多信息，对编纂《山左先喆遗书》有所裨益。4月4日，王献唐又给顾廷龙回信：

承惠大著《古陶文舂录》，百朋之锡，感纫无量。刻下尚未读毕，展籀首卷，矜慎通明，搜采之博，审识之密，前无古人矣。弟亦夙治此业，只限山左一区，皆以出土地域分别研肄，迄未汇成一书。今读大著，益增愧汗。陶文多以印文钤成，簠斋求钤陶器印多年未获，弟幸收数纽，具为临淄出土，陶质，手下适存拓本二纸，今以奉鉴。②

接信后的王献唐又为顾廷龙寄去陶器拓片二纸。从以上数信可见二人志趣相投，交流融洽，很重要的一个原因即是对金石、陶文的共同关注。王献唐拓印《古陶文录》，顾廷龙收集整理建德周季木、吴县潘承厚家藏的拓片，编撰了我国第一部陶文字典《古陶文舂录》。山东图书馆出版的有关石经、陶文的书籍，对顾廷龙的学术研究亦有助力。

1937年6月29日，容庚来信借山东图书馆石经拓本印入《魏三字石经集录》："友人孙海波君辑《魏三字石经集录》，惟以未得贵馆所藏拓

---

① 稿本现藏于山东省图书馆。
② 李军：《王献唐〈吴憲斋先生年谱校记〉书后——顾廷龙、王献唐两先生交往事迹拾补》，《天一阁文丛》第14辑，浙江古籍出版社，2016年，第49—53页。

本为憾，乞惠借印入如何？"①潘承弼请"酌赐画像、造像、墓志等拓"②。商承祚亦有信与王献唐商讨拓片中之问题："贵馆所藏琅邪刘君墓表出何地？又山鲁市东里汉安禺石出土地月，是否亦藏尊处？"③都是对石经、墓志等专有研究的学者。美国学者福开森也与王献唐有书籍往来，王献唐曾将石刻拓本等寄赠，福开森还回赠以《齐侯四器考释》《陶斋旧藏古酒器考》《周铜鼓考》《隋书律历志十五等尺》《历代名瓷》各一册，又《陶斋旧藏古禁全器》影印本一份等。④

黄侃，字季刚，章太炎的弟子。他也及时关注到了山东图书馆出版拓片之事，并写信给王献唐求购。1931年6月12日信：

贵馆所售汉石拓本，冀得左列四种：永和封墓刻石、食堂画像、虎函、韦子平［雖］，值当续奉。永和封墓文中为"王浅命"一句最有用，盖今文《书》"予小子新命予三王"之异文，"新"读为"新尊絜之"之"新"。"浅"盖亦训新，犹言为王重新其命耳。［雖］从皀声，而以確省为形，亦俗字之有理者。献唐先生教之。侃又上。⑤

黄侃应是看到了山东图书馆发布的售书广告得知拓片有售。他师从章太炎，精于文字音韵，因而，在给王献唐的信中，不仅列举了所求拓片名目，还与王献唐探讨所需拓片内容中所涉及的文字问题。据《黄侃日记》1931年6月19日载："得王献唐书……献唐寄拓本四种到（汉永和封墓刻石，共纸二；汉食堂画像；汉虎函；晋韦子平［雖］）"⑥，王献唐几乎是收到信后马上就回信。又《黄侃日记》6月20日记："以快信寄献

---

① 安可荇、王书林手稿整理，杜泽逊编校整理：《王献唐师友书札》，青岛出版社，2009年，第1148页。
② 末署新正十三日，亦当在1930年代，安可荇、王书林手稿整理，杜泽逊编校整理：《王献唐师友书札》，青岛出版社，2009年，第1786页。
③ 1941年2月29日，安可荇、王书林手稿整理，杜泽逊编校整理：《王献唐师友书札》，青岛出版社，2009年，第1423页。
④ 5月8日，安可荇、王书林手稿整理，杜泽逊编校整理：《王献唐师友书札》，青岛出版社，2009年，第1996页。
⑤ 司马朝军、王文晖：《黄侃年谱》，湖北人民出版社，2005年，第335页。［雖］原缺，今据1931年山东省立图书馆售书目录补。
⑥ 黄侃：《黄侃日记》，中华书局，2007年，第714—715页。

唐。"① 今尚可见到这封寄给王献唐的快信：

奉手书并汉晋石刻拓本四种，欢喜无量。又悉叶钞《释文》已有落，愿贵馆收回后即付影印，以惠经生。《海源阁宋元秘本书目》鼎翁忘见付，乞更贶一册。侃资钝学迟，未敢言著述，《说文》《尔雅》书眉间有批语，尚不能辑成一书。兹将《礼学略说》近稿呈览，油印满胡，钞胥讹脱，谨自校正矣。近日学风益趋新奇，侃之所为，犹是学究旧法，世必笑之，或不见非于雅德君子耳。承惠墨拓，不收纸价，尚有无餍之求，欲得《蒿庵》一集耳，愧愧！②

信中所说《释文》，即明抄本《经典释文》，后随王献唐运至四川，归来藏至山东博物馆。黄侃还请《海源阁宋元秘本书目》及张尔歧《蒿庵集》两书。黄侃称自己所习为"学究旧法"，不与当时新奇之学风同，从其所著《礼学略说》可窥一斑。民国时期的经学、礼学研究风气衰落，从其事者，仅有极少数学者。1934年，王献唐将印好的《穆天子传》寄赠黄侃，黄侃看到书后的广告得知山东省立图书馆在拓印《海岳楼金石丛编》，于是又有信给王献唐："昨荷寄示新印《穆传》，甚感！读跋文，悉有《海岳楼金石丛编》已成二集，侃于此学嗜之已久，拟各购壹部，请饬馆人寄下，当如值纳上。"③ 由于书信往来，及时获取新书资讯。信中所说的"二集"，当是《两汉印帚》《齐鲁陶文》二书。

还有很多不在文化研究机构而在政府单位工作的研究者，为王献唐题写书签的向迪琮就曾任职多个政府部门。远在四川的省政府秘书处科员韦介立密切关注着金石文物研究的学术动态，1936年4月16日，他给王献唐写信，袒露了对金石文字的爱好，然为条件所限的无奈："介立对于金石文字颇有嗜痂之癖，然为地势财力所限，无法搜集，私心每用

---

① 黄侃：《黄侃日记》，中华书局，2007年，715页。
② 参见司马朝军、王文晖：《黄侃年谱》，湖北人民出版社，2005年，第335—336页；李勇慧：《一代传人王献唐》，山东教育出版社，2012年，第116页。
③ 4月2日，安可荇、王书林手稿整理，杜泽逊编校整理：《王献唐师友书札》，青岛出版社，2009年，第388页。

沮丧耳。"① 幸而山东图书馆出版的情况在报纸上登载，韦介立得知"其考证著录之出版者已有数种"，"最近又将由河南购得汉魏石经残石，连同旧存数百枚，督工拓印成帙，并考证其字体，公之于世"，欲购而无从获知出版金石著录的具体书名与价值、石经残石是原拓还是影印，于是专函询问。②

还有在教育部任职的吴兆璜，亦致力于金石碑帖研究，他在给王献唐的信中道：

奉手示并蒙颁示《季刊》一册、汉刻拓本四种，祗谢！祗谢！……贵馆石刻拓本，友好欲购者甚多，最近目录乞赐数份，俾供选购。又寿州（仅需字文）石羊、熹平石经、秦瓦量（又诏板文拓本）诸拓本，颇欲得之，以资研讨，如有多份，当备价取得也。③

吴兆璜信的内容反映出石刻拓本的需求并不仅限于他一人，欲研究者颇多。另外有获得《封泥文字目录》的丁启哲④、欲得金文拓片的朱德裳⑤等均非学界名人，然都对古典学问有专门研究，均是山东图书馆出版物的读者。这些学者、爱好者共同促进了民国时期语言文字学、金石学的进一步发展。

---

① 安可荇、王书林手稿整理，杜泽逊编校整理：《王献唐师友书札》，青岛出版社，第1464页。
② 安可荇、王书林手稿整理，杜泽逊编校整理：《王献唐师友书札》，青岛出版社，2009年，第1463—1465页。
③ 1937年1月6日，安可荇、王书林手稿整理，杜泽逊编校整理：《王献唐师友书札》，青岛出版社，2009年，第1672—1673页。
④ 安可荇、王书林手稿整理，杜泽逊编校整理：《王献唐师友书札》，青岛出版社，2009年，第122页。
⑤ 安可荇、王书林手稿整理，杜泽逊编校整理：《王献唐师友书札》，青岛出版社，2009年，第130—131页。

## 第三节　国势变化与明清史研究

史学家陈垣曾说道:"清代经生,囿于小学,疏于史事。"[1] 而到清末,以经学、小学为主的学风逐渐转变,史学也越来越进入研究视野,甚至开始反超经学。顾颉刚在给杨向奎的信中说道:"现在治文字学与历史学者甚多,而治经学者殆无其人。"[2]

1924年3月,柳诒徵发表《讲国学宜先讲史学》演讲,强调史学对国学研究的重要性。

现在有许多人都知道要讲国学,但是中国的学问很多,首先应讲那一种学问,自然各有各的嗜好习惯。……但是我们要讲国学,必须先将各国的学问来比较一下,那一种学问在世界各国都有的,那就要问某一种学问在中国是特别发达、特别完备。自然中国的小学、经学、理学、文学等,比较他国特别发达。但是最初发达的,无过于史学,后来逐渐进步,尤其完备,所以我说讲国学宜先讲史学。[3]

柳诒徵认为,在国学研究中,中国的史学是最先发达的,因而讲国学须先讲史学。罗志田曾在《史料的尽量扩充与不看二十四史——民国新史学的一个诡论现象》一文中阐述民国史学研究的现象,综合章太炎和顾颉刚的论述得出这一时期史学的五个特点,其中有两点更为值得关注:"详远古而略近代"对等于"考古学和史前史的研究"的进步、"审边塞而遗内治"则对应于"中外交通史和蒙古史研究。"[4] 远古史研究取得重大进步主要得益于考古成绩,随着殷墟甲骨发掘和文化遗址的勘探,再加上顾

---

[1] 蔡尚思:《陈垣先生的学术贡献》,白寿彝等:《励耘书屋问学记 史学家陈垣的治学》,生活·读书·新知三联书店,1982年,第8页。蔡尚思文中标注此句出自《中国佛教史籍概论》,检寻后未见此句。

[2] 王学典、孙延杰:《顾颉刚和他的弟子们》,山东画报出版社,2000年,第296页。

[3] 柳诒徵著,杨共乐、张昭军主编:《柳诒徵文集》第十二卷,商务印书馆,2018年,第301页。

[4] 罗志田:《史料的尽量扩充与不看二十四史——民国新史学的一个诡论现象》,《历史研究》,2000年第4期,第151—167页。

颉刚"古史辨"派的巨大影响，殷周及其以前的历史得到前所未有的关注。边疆史研究因近代民族危机以及西北考察材料的发掘亦有较大进步。

但是民国史学还有一个很重要的方面——近代史学或言明清史研究也被相当多的学者重视和研究，尽管与远古史无法匹敌，但足以超过其他阶段的断代史研究，而且与中外关系史、民族史相互影响和促进。仅30年代，黄云眉[①]、孟森[②]、陈训慈[③]、黎光明[④]、张鸿翔[⑤]、陈懋恒[⑥]、张维华[⑦]、罗尔纲[⑧]等人均相继发表论著探讨明清史的相关问题。1933年1月，商务印书馆开始编印"史地小丛书"。1931年4月商务印书馆《图书汇报》所列出版的中国历代史类书籍中，秦汉以前史30种、三国志1种、唐五代史2种、明史6种、清史12种。秦汉以前史主要是《尚书》《春秋三传》《史记》《汉书》的《四部丛刊》影印本以及白文本、菁华本、句解本等，三国志为《三国志菁华》，唐史为吕思勉选注《新唐书》、杨筠如《九品中正与六朝门阀》，明史则主要为史料性质：《南明野史》《痛史》《明季稗史》《明季续闻》，清史则均为当时人著述。[⑨]1933年1月《图书汇报》清代以前史8种，唐史五代2种，元史1种，清史3种。[⑩]这在一定程度上说明，这一时期明清史研究书籍占据了商务出版的史学书的很大部分。

清末以来学者研究明清史，多是由于关注国家民族问题。光绪三十年（1904）五月，章太炎重订《訄书》由日本东京翔鸾社印刷出版。重印本扉页有章太炎介绍："素雄于文，博治经史百家，而尤注意于明季文史。

---

① 黄云眉：《明史编纂考略》，《金陵学报》，1931年第1卷第2期。
② 孟森：《建文逊国事考》，《国立北平图书馆馆刊》，1931年第5卷第6期。
③ 陈训慈：《中国近世史》，美丰祥印书馆，1931年。
④ 黎光明：《嘉靖御倭江浙主客军考》，燕京大学哈佛燕京学社，1933年。
⑤ 张鸿翔：《明外族赐姓考录》《明外族赐姓续考》，分载《辅仁学志》1932年第3卷第2期、1934年第4卷第2期。
⑥ 陈懋恒：《明代倭寇考略》，燕京大学哈佛燕京学社，1934年。
⑦ 张维华：《明史佛郎机吕宋和兰意大里亚四传注释》，燕京大学哈佛燕京学社，1934年。
⑧ 罗尔纲：《贼情汇纂订误》，《国立北平图书馆馆刊》，1934年第8卷第4期。
⑨ 刘洪权：《民国时期出版书目汇编》第2册，国家图书馆出版社影印本，2010年，305—307页。
⑩ 刘洪权：《民国时期出版书目汇编》第2册，国家图书馆出版社影印本，2010年，520—521页。

深维汉族亡国之痛，力倡光复主义，作《訄书》以见志，文渊奥古，俗吏未之察也。"① 顾颉刚也曾评述："南明史的研究，由于民族主义思想的刺激，在清末时，对于史料的收集与研究，已经有人着手，刘师培及邓实皆欲作《后明书》而未成，师培书已由章炳麟预为之作序。最近则以朱希祖先生用力最深。"② 而朱希祖研究南明史的目的是激发民族精神，拯救国难。③ 他在给谢国桢《晚明史籍考》作序时更包含历史忧患意识："盖读此等书者，皆有故国河山之感，故能不数年间，光复旧物，弘我新猷。回顾顺、康、雍、乾诸朝，出其暴戾雄鸷之力以从事于摧残禁毁者，方知其非无故也。"④

特别是在九一八事变以后，国家危机严重。1932年初，时任青岛大学教授的黄淬伯收到王献唐所寄山东图书馆刷印的《毛诗正韵》后，给王献唐回信，除表感谢外，还发出了对考证之学的疑问："承贵馆惠寄新刻《毛诗正韵》一部，无任感纫，而仰止先贤治学之深细，益不能去怀耳。国步艰难，近觉考证之学无补救亡，以是彷徨，若失所向矣，何以教之？"⑤ 清末以来，主权沦丧、政局混乱、百姓贫困、文化衰落，各方志士都在不断探索拯救民族危亡的道路。黄淬伯任教中文系，自会思考其学问之用，这也是当时的知识分子普遍面临的问题。对国学的保存、对考据之学的继续深入研究实际上都包含着清末民初西学传入时知识分子对现实的应对，明清史的研究以及明清史料的搜集也是学者们对救亡图存问题的一种回应。

边疆史以及民族关系史越来越得到关注。顾颉刚发起编纂《边疆丛书》："当此国家多难之日，吾辈书生，报国有心，而力有未逮，窃愿竭驽钝之资，为救亡图存之学。"⑥ "苟欲洞悉边情，一赖实地调查，一在

---

① 王学典主编，陈峰、姜萌编撰：《20世纪中国史学编年（1900—1949）》，商务印书馆，2014年，第70页。
② 顾颉刚：《当代中国史学》，辽宁教育出版社，1998年，第85页。
③ 王明德等：《近代中国的学术传承》，巴蜀书社，2010年，第198页。
④ 《初版本朱希祖先生序》，谢国桢著，谢小彬、杨璐主编：《谢国桢全集》第2册，北京出版社，2013年，第369页。
⑤ 安可荇、王书林手稿整理，杜泽逊编校整理：《王献唐师友书札》，青岛出版社，2009年，第1470页。
⑥ 《本会此后三年中工作计划》，《禹贡》半月刊，1937年，第7卷第1、2、3合期。顾颉刚等：《禹贡半月刊》，中华书局影印本，2010年，第5282页。

考究典籍。"① 顾颉刚将丛书的编纂与时事的需求结合起来。与边疆有关的书目也是李小缘在关注边疆问题的基础上而作，书目能将帝国主义侵略中国的有关书籍一一收集，从而可以窥测其根源、揭发其底细，进而加以更深探索。② 虽然他编纂的《西人论华书目》《蒙古书目》《新疆书目》《西藏书目》《黔书目》等未能成书出版，但是《云南书目》足以代表李小缘的编目思想，不仅保存云南文献，还使"我国人民了解边疆危机的过去和现在"③。

明清史研究亦如此。容肇祖《明代思想史》在抗战年代出版。1944年4月，《文史杂志》出版"明清史专号"，刊载了孟森《明开国以后之制度》、李文治《明末的寨堡与义军》、萧一山《天德王洪大全考》、罗尔纲《翼王石达开略传》等文。社论《明清史研究的重要及其趋向》中提出："历史研究的目的原在帮助人类对于现实问题的理解，进而决定其行动趋向与取舍。所以古代史的研究与近代史的研究是有同等的重要性。为了探求现代中国社会文化的渊源，以决定将来社会文化的进路，我们固然需要源溯到三代秦汉以上，而近代的明清两朝的历史，尤其需要下一番研讨的工夫。……希望明清史研究者把他们的研究计划和抗战建国的需要切实配合起来，使明清史的研究在现在可以直接有利于抗战，在将来更可以直接帮助建国。"④ 在抗战的重要阶段，明清史研究仍然是风气所向，也具有重要意义。

明清史特别是明末清初的历史成为很多学者研究的方向，明清史料自然成为学者关注的对象。傅斯年提出"史学即史料学"。章太炎也跟柳诒徵谈到其著《清建国别记》时运用史料的问题："拙著《清建国别记》，近因钞《会典》及《篁墩文集》又有补入，大抵援引二十余种，而明著明刊居半，或可问世。近又得叶文忠《四夷考》，乃知董山诛后，山与凡察、满住之后，皆得袭官，《四夷考》及《东夷考略》所载嘉靖间李撒赤哈作

---

① 《本学会三年来工作略述》，《禹贡》半月刊，1937年，第7卷第1、2、3合期。顾颉刚等：《禹贡半月刊》，中华书局影印本，2010年，第5273—5274页。

② 李小缘：《西人论华书目·自序》，马先阵：《李小缘纪念文集》，南京大学出版社，1988年，第203—204页。

③ 王绳祖：《云南书目·序》，李小缘：《云南书目》，云南人民出版社，1988年，第1页。

④ 王学典主编，陈峰、姜萌编撰：《20世纪中国史学编年（1900—1949）》，商务印书馆，2014年，第887页。

乱伏诛事，殆即李满住后也。唯凡察子究系何名，今不可得。昨承示北京大学所存《明实录》宪宗一朝完全无缺，已属友人代检矣。"①正因掌握了一定的明清史料，章太炎的著述才得以完成。

1931年，罗家伦在武汉大学《社会科学季刊》第2卷第1期发表《研究中国近代史的意义和方法》，在研究中国近代史的方法上，特别强调史料的收集与整理，第一步即是"放开眼光，扩大范围，随时随地和猎狗似得去寻材料"②。

越来越多的学者注意到明代书籍中的史料价值。褚德彝在给《嘉业藏书楼藏明刊本书目》作序时，就从版本和史料两方面的价值评价嘉业堂所藏的明刊本："其中明刻本洋洋大观，尤为嘉业堂菁华所萃，盖明代中叶以前所刊各书，犹存宋元巨镬，流传渐少。仅有海内无第二本者，殆与宋元刻本同一珍异。明初内官郑和三至西洋，遍历各国，其后教士利玛窦东来传教。故有明一代，实为东西洋文化沟通之初期，明人著述中蕴有不少宝贵之史料及研讨高深学术之论著。"③嘉业堂所藏的丰富明本，正是在清末以来学术风气变化影响下的积聚。

但是刘承幹这样的大藏书家毕竟是少数，对于大多数学者来说，搜辑足够的明清史料仍非易事。朱希祖治史学尤力，他曾感叹："自清乾隆禁毁明季史籍以来，学者欲撰辑南明史者，辄叹史料之难得。"④不仅是南明史料，明中后期的书籍包括有些前代书籍均为学者所需。朱希祖还曾将原写本湖州陆氏《捐资建阁归公书籍目录》中史部稀见而重要者摘记，其中如《[嘉靖]上海县志》《吴中水利书》《庆元条法事类》《至正条格》《皇明大事记》《中兴大事记》等，末云："此等书籍，皆系人间稀有之本，安得有力者集资影印，以免缮写校勘之劳，特记于此，以告当世有流通古

---

① 柳曾符：《章炳麟致柳诒徵论修史书》，《文献》，1982年第3期，第101—104页。

② 王学典主编，陈峰、姜萌编撰：《20世纪中国史学编年（1900—1949）》，商务印书馆，2014年，第494页。

③ 刘承幹藏，周子美编：《嘉业藏书楼明刊本书目》（1940年）。参见林夕、煮雨山房：《中国著名藏书家书目汇刊 近代卷》第34册，商务印书馆影印本，2005年，第271—272页。

④ 朱希祖：《稿本鲁之春秋跋》，朱希祖：《明季史料题跋（外二种）》，辽宁教育出版社，1998年，第36页。

籍之雅意者也。"① 朱希祖的这种意识反映了民国时期学者的普遍诉求。

1930年至1931年，陈寅恪、朱希祖、陈垣、傅斯年、徐中舒等编审《明清史料》甲编10册，刊布了从明隆庆元年（1567）至清乾隆三十一年（1766）近二百年间形成的10300余件官方档案史料，特别是其中明末辽东战争、农民战争的史料，为研究明清之际的历史提供了珍贵的原始资料。②1932年至1933年，故宫博物院《清代外交史料》（嘉庆朝、道光朝）陆续出版。1933年6月，北平文殿阁书庄开始编印"国学文库"。该文库主要收录宋元明清时代的史料书籍，有《松漠纪闻》《辽文萃》《长春真人西游记校注》《皇明四夷考》《皇明经济文录》《满洲实录》《粤海关志》《庚子交涉隅录》等。

在这种风气影响下，公共图书馆承担起保存、流通古籍的职能，编辑、出版古籍，明清史料是其出版的重要组成部分。

通览民国时期公共图书馆出版的书籍就会发现，史学书籍特别是明清史料书籍的出版是很多图书馆的共同关注的主题。国立北平图书馆鉴于明清史料研究的风气，专门编纂《清开国史料目录》："清初史料最为难明，为治史学者亟须解决之问题，近来日人罩治极精而吾国人尚付阙如，诚为不可缓治之事。……近来研究明清史料颇成风气，编辑此籍要不可谓非学术界之一助。"③ 北平图书馆鉴于当时学界明清史料研究的风气，编纂有关目录，并且"将已得史料汇为初编"，编辑出版明清史料书籍。首举明末清初史料四种，分别是：明马文升撰《抚安东夷记》一卷，明茅瑞征《东夷考略》一卷，明张鼐撰《辽夷略》一卷，清海滨野史撰《建州私志》三卷，还附有谢国桢撰《清开国史料考叙论订补篇》一卷。到1933年全部正式印出。关于明清史料的书籍，北平图书馆还有：刘世瑗《征访明季遗书目》④、谢国桢《晚明史籍考》二十卷⑤ 等。1936年又委托上海大东

---

① 朱希祖：《明季史料题跋（外二种）》，中华书局，2012年，第147页。
② 王学典主编，陈峰、姜萌编撰：《20世纪中国史学编年（1900—1949）》，商务印书馆，2014年，第496页。
③ 《国立北平图书馆馆务报告（民国十八年七月至十九年六月）》，国立北平图书馆，1930年，第31页。
④ 民国铅印本，1册，湖北图书馆有藏。
⑤ 1932年国立北平图书馆铅印本。

书局影印《清世祖实录》[1]。

《晚明史籍考》仿照朱彝尊《经义考》著录方法，标举书名，确定作者，罗列版本，开载庋藏，说明内容，叙述其史料价值，被柳亚子誉为"研究南明史料一个钥匙"。此书为研究明清史提供了莫大便利，是一本价值很高的资料工具书。

北平图书馆出版的《北平图书馆珍本丛书》《北平图书馆善本丛书》以明代书籍占据绝大多数。江苏省立国学图书馆的影印本中，除宋新安张杲所撰《医说》为南宋原刻本[2]外，都是明清刊本、稿抄本，有很多与明史有关。中央图书馆影印的《玄览堂丛书》几乎均是明代史书。

抗战时期，郑振铎影印《玄览堂丛书》，他在序中说道："今世变方亟，三灾为烈，古书之散佚沦亡者多矣，及今不为传布，而尚以秘惜为藏，诚罪人也。夫唐宋秘本，刊布已多，经史古著，传本不鲜，尚非急务。独元明以来之著述，经清室禁焚删夷，什不存一，芟艾之余，罕秘独多，所谓一时怒而百世与之立言，每孤本单传若明若昧，一旦沦失，便归澌灭。予究心明史，每愤之冷肆，假之故家，所得珍秘，不下三百余种，乃不得亟求其化身千百以期长守，力有未足，先以什之一刊布于世。"[3]尤其注重明代书籍的搜集，影印成书的绝大多数为明代史料书籍。

而且这些书很多属于清修《四库全书》时的存目、禁毁书，明代史料书特别是晚明书籍，在清代修《四库全书》期间遭到严格的审查，宁侠《四库禁书研究》将这些情况分为：严禁"抵触本朝者"、抽选与禁毁明代奏疏、严审明代谈兵、谈边之书、以人废言等。[4]清末以来，存目和禁毁书得到越来越多的关注。

郑振铎非常重视《四库》存目书与未收书："《四库全书》之编纂，本为清帝消灭我国文化之一手段，其祸酷于秦火，古书之面目为尽失其真。于宋、明二代之著述，刘夷尤烈。余尝谓《四库存目》之书，每足重视，而

---

[1] 《国立北平图书馆馆务报告（民国二十五年七月至二十六年六月）》，国立北平图书馆，1937年，第16页。

[2] 柳诒徵：《宋本医说跋》，《江苏省立国学图书馆第七年刊·本馆新印书题跋辑录》，1934年，第1页。

[3] 郑振铎：《玄览堂丛书·序》，1941年影印本。

[4] 宁侠：《四库禁书研究》，商务印书馆，2018年，第176—212页。

《存目》未收者，则尤为民族之瑰宝。"[1]《玄览堂丛书》的子目除少数几种外，几乎都是明代著述，很明显地体现了郑振铎的这种思想。《玄览堂丛书》中入《四库全书》的并不多，而以存目、禁毁为多数。

表 31　民国时期公共图书馆影印书在清代违禁情况表（部分）

| 书名 | 违禁原因 | 《纂修四库全书档案》相关记载 |
|---|---|---|
| 《全边略记》 | 第十卷中语多悖触[2] | 乾隆四十年三月十九日<br>浙江巡抚三宝奏陈续获应毁各书及遵旨再行逐户购觅折（附清单一）<br>"现获应毁遗书八种"[3] |
| 《东夷考略》 | 题苕上愚公撰，其书狂悖[4] | 乾隆四十年五月二十二日<br>浙江巡抚三宝奏解缴续收应毁书籍版片并堪采遗书折<br>附续缴触碍应毁各书清单[5] |
| 《边事小纪》 | 所记乃天启崇祯中辽东用兵事迹，词多夸诞失实，悖犯字句尤多 | |
| 《议撮》 | 明于燕芳撰，其书狂悖已极[6] | |
| 《象胥录》 | 所记皆外国事迹，本系抄撮成书，不足凭据，且有悖妄语句[7] | 乾隆四十年六月十一日<br>江苏巡抚萨载奏再行查解违碍书籍板片折[8] |
| 《陈眉公集》 | 以上共违碍书二百种，计一千六百二十八部，俱系各省解过重复查出之书 | 乾隆四十二年五月二十日<br>两江总督高晋奏续解堪备采择及违碍应毁书籍板片折（附清单）[9] |
| 《先拨志始》 | | |

---

[1]　《远碧楼善本书目五卷》，郑振铎撰，吴晓铃整理：《西谛书跋》，文物出版社，1998 年，第 76 页。
[2]　姚觐元：《清代禁毁书目（补遗）》，商务印书馆，1957 年，第 214 页。
[3]　中国第一历史档案馆：《纂修四库全书档案》，上海古籍出版社，1997 年，第 363—368 页。
[4]　姚觐元：《清代禁毁书目（补遗）》，商务印书馆，1957 年，第 185 页。
[5]　中国第一历史档案馆：《纂修四库全书档案》，上海古籍出版社，1997 年，第 396—403 页。
[6]　姚觐元：《清代禁毁书目（补遗）》，商务印书馆，1957 年，第 234 页。
[7]　姚觐元：《清代禁毁书目（补遗）》，商务印书馆，1957 年，第 197 页。
[8]　中国第一历史档案馆：《纂修四库全书档案》，上海古籍出版社，1997 年，第 410—415 页。
[9]　中国第一历史档案馆：《纂修四库全书档案》，上海古籍出版社，1997 年，第 594—604 页。

续表

| 书名 | 违禁原因 | 《纂修四库全书档案》相关记载 |
| --- | --- | --- |
| 《经略复国要编》 | 书中违碍字面甚多，应请销毁[1] | |
| 《国朝典汇》 | 其《边臣功罪》等卷内有违碍语句[2] | |
| 《甲申纪事》 | 是书汇录明进士程源等所撰，曰孤臣纪哭、曰再生纪略，并杂纂福王时诸臣奏议，并多违碍 | 乾隆四十二年八月初四日 浙江巡抚三宝奏续交应毁书籍折（附清单）[3] |
| 《五边典则》 | 内"蓟辽"一门语多悖犯，应请销毁[4] | |
| 《明朝小史》 | 琐碎无当。内载《南都公檄》一篇，干犯我朝，应请查禁 | 乾隆四十三年五月十一日 署云贵总督裴宗锡奏第四次查缴应禁书籍分别委员解京折（附二滇省向未查禁各书清单）[5] |
| 《陈眉公杂录》 | 内《建州考》《燕市杂诗》二种，语皆狂悖，应请销毁[6] | 乾隆四十三年十月初四日 湖广总督三宝等奏六次查获应毁各书折（附清单一）[7] |
| 《九十九筹》 | 其词气佻纤，不出明季恶习，中多悖碍字句，应请销毁[8] | 乾隆四十三年十二月初九日 寄谕各省督抚严查《九十九筹》一书及板片解京销毁[9] |

---

[1] 姚觐元：《清代禁毁书目（补遗）》，商务印书馆，1957年，第223页。
[2] 姚觐元：《清代禁毁书目附（补遗）》，商务印书馆，1957年，第296页。
[3] 中国第一历史档案馆：《纂修四库全书档案》，上海古籍出版社，1997年，第643—675页。
[4] 姚觐元：《清代禁毁书目（补遗）》，商务印书馆，1957年，第214页。
[5] 中国第一历史档案馆：《纂修四库全书档案》，上海古籍出版社，1997年，第820—828页。
[6] 姚觐元：《清代禁毁书目（补遗）》，商务印书馆，1957年，第185页。
[7] 中国第一历史档案馆：《纂修四库全书档案》，上海古籍出版社，1997年，第894—924页。
[8] 姚觐元：《清代禁毁书目（补遗）》，商务印书馆，1957年，第241页。
[9] 中国第一历史档案馆：《纂修四库全书档案》，上海古籍出版社，1997年，956页。

续表

| 书名 | 违禁原因 | 《纂修四库全书档案》相关记载 |
|---|---|---|
| 《辽筹》 | 其中诋斥之处甚多,较寻常违禁各书,更为狂悖不法 | 乾隆四十四年正月初九日 河南巡抚郑大进奏查获《九十九筹》等书情形摺[①] |
| 《九边考》 | 此书卷首序文及《辽东考》中语有违碍 | 乾隆四十四年七月初九日 两江总督萨载奏续解《九钥集》等违碍书籍板片折（附清单一）[②] |
| 《平寇志》 | 语句多有触犯违碍 | 乾隆四十六年五月二十四日 江西巡抚郝硕奏缴违碍书籍板片折（附清单一）[③] |
| 《万历三大征考》 | 所述三大征考乃哱氏、倭国、播州三处,惟图内显有干碍,应毁 | 乾隆四十八年九月 应销毁书籍总档。续办第三次应毁书四种[④] |
| 《九边图说》 | 内有忌讳,应毁 | |
| 《明代帝后纪略》 | 系明万历间编辑有明一代帝后并藩封谱系。查明代《实录》《宝训》俱经销毁,此亦应毁 | |
| 《说储》 | 内元兵攻归德一条,有偏谬字句[⑤] | |
| 《舆地图考》 | 内《九边》一卷语多指斥,应请销毁[⑥] | |

有一些书经过了四库馆臣的删削,其中如《先拨志始》,前文已述,

---

[①] 中国第一历史档案馆：《纂修四库全书档案》,上海古籍出版社,1997年,983页。
[②] 中国第一历史档案馆：《纂修四库全书档案》,上海古籍出版社,1997年,第1068—1082页。
[③] 中国第一历史档案馆：《纂修四库全书档案》,上海古籍出版社,1997年,第1352—1355页。
[④] 中国第一历史档案馆：《纂修四库全书档案》,上海古籍出版社,1997年,第1740—1748页。
[⑤] 姚觐元：《清代禁毁书目（补遗）》,商务印书馆,1957年,第24页。
[⑥] 姚觐元：《清代禁毁书目（补遗）》,商务印书馆,1957年,第229页。

列入《四库全书》史部杂史类存目，书中所载"俱系纪朋党实迹，尚无悖碍"，但是其中"涉及当时边事之处四五条，应行删毁"①。又如黄道周的著述在清代均被列为违碍书籍，乾隆四十四年（1779）山东巡抚国泰奏汇解违碍书籍，所附"查缴各省咨会应毁各书名目清单"有明黄道周著《博物典汇》，又《山东省查出应毁各书名目清单》中有黄道周辑《群书典汇》②，安徽巡抚闵鹗元的《奏请通饬铲削志乘所载应销各书名目及诗文》中提到清廷将黄道周著述中的违碍字句进行删削：

窃查明末野史及国初人所著悖谬各书，仰蒙圣训，搜查销毁。并钦奉谕旨，以钱谦益、金堡、屈大均等托名胜国，妄肆狂狺，其书应概行毁弃。若刘宗周、黄道周、熊廷弼等书，为明丧乱所关，足资考镜，惟当改易违碍字句，毋庸销毁，特命四库馆总裁分别查办。③

《玄览堂丛书》中有明黄道周撰《黄石斋未刻稿》一卷，是未经删改过的本子，完好保留了黄道周著述的原貌。

又如北平图书馆影印《朝鲜史略》。《朝鲜史略》是朝鲜人所撰编年史书，纪事始自檀君，终于明洪武二十五年（1392），虽然其历年纪事与正史内的《高丽传》《朝鲜传》相合，但是仍有清廷不满之处："惟自汉以迄明代，多以中国年号用双行分注，殊乖大义。又所纪金朝初兴时事，亦语涉舛谬。"于是军机大臣于乾隆四十六年上奏"拟加删节抄存""其所注中国年号，亦于初见处加签"④。这些删削不仅改动了书籍的原貌，更影响所载史事的准确程度。

《玄览堂丛书》内明陈祖绶撰《皇明职方地图表》二卷，应该就是《职方地图》一书，乾隆三十九年十二月初四日，江苏巡抚萨载奏查办违碍书：

---

① 姚觐元：《清代禁毁书目（补遗）》，商务印书馆，1957年，第86页。
② 中国第一历史档案馆：《纂修四库全书档案》，上海古籍出版社，1997年，第1032—1047页。
③ 中国第一历史档案馆：《纂修四库全书档案》，上海古籍出版社，1997年，第1118—1119页。
④ 中国第一历史档案馆：《纂修四库全书档案》，上海古籍出版社，1997年，第1431页。

"内《职方地图》《博物典汇》《雪屋集》三种,均系明季时纂辑,语多狂悖。"① 乾隆四十年,浙江巡抚三宝奏解缴续收应毁书籍版片,对《职方地图》做了进一步的说明:"《职方地图》一部,刊本。是书系明陈组绶辑,取明代两京十三省及边镇山川,分列为图,各系以表论,共三卷。其中卷内有论蓟辽形势等篇。"② 虽卷数不一,但内容一致。因"间有语句悖谬及字义触碍之处,俱应销毁"。但是此书反映了明代的地理形势,是研究明史及明代地理的重要典籍。

另外还有存目书如《玄览堂丛书》内的《记古滇说》《朝鲜杂志》《皇舆考》《通惠河志》《海运新考》《百宝总珍集》,北平图书馆的《郁冈斋笔尘》等都经历了或多或少的改动。

《四库》违碍书中,有些是全面禁毁的,如柳诒徵曾影印的王在晋《三朝辽事实录》。王在晋的著述涉及辽事居多,如《辽纪附述》《评辽续记》《评辽纪要》《辽事实录》等,往往谈及用兵始末,均在清代奏准全毁之列。如对奏请全毁的王在晋《经略疏稿》评语:

皆系为经略时所上奏疏,在晋植党误国,殊无可取,疏内指斥狂悖之语,不一而足,应请销毁。③

这些古籍最重要是史料价值,《玄览堂丛书》的广告就是将史地书籍作为其书的宣传点。

《玄览堂丛书续集》发售预约启事
国立中央图书馆启:本馆前曾出版《玄览堂丛书》一集凡一百二十册,收元明二代史地书籍三十一种,其中多半海内孤本,出版后极为士林所珍重,□已绝版,不易讲求。兹于复员之后再将馆藏珍本二十种编为《玄览堂丛书续集》,付之影印,以广其传。此二十种亦都为有关元明二代之史

---

① 中国第一历史档案馆:《纂修四库全书档案》,上海古籍出版社,1997年,第302—303页。

② 中国第一历史档案馆:《纂修四库全书档案》,上海古籍出版社,1997年,第396—403页。

③ 姚觐元:《清代禁毁书目(补遗)》,商务印书馆,1957年,第244页。

地著作，大抵皆孤本流传，世人不易得见者，一旦重印出版，当为读者所大感快意也。①

如果对前文所列《玄览堂丛书》来源和钤印情况仔细分析就会发现，这些古籍的收藏者主要集中在清末民国时期。在刘承幹等人之前，除明末汲古阁以及清卢氏抱经楼、成蓉镜等少数藏家等外，旧藏家们很多都难以考证，更不用说享誉海内的大收藏家。公共图书馆出版明清史料书，这与一直以来以影刻、影印宋元本为主，有了很大的不同。

1936年4月5日，傅斯年与张元济商量《国藏善本丛书》时，建议"先自有实用、存未流传之材料者始，其纯粹关系版本问题者，可待将来社会中购买力稍抒时"，也是首先看中影印书籍的史料作用。而且在当时的社会环境下，"如选择时宗旨不在玩赏，而在流传材料；不多注重版本，而多注重实用，销路当可超过续《四部丛刊》之上。"②《国藏善本丛书凡例》其中第二条即是"是编所录多属精椠明钞，然仍希有及切于实用者为主，并无偏重版本之见"，更讲求书籍的实用性。

公共图书馆影印的明清史料书籍，使鲜为流传的古籍得已广为人知，不仅保存了古籍，还为学者研究提供了更多的史料。北平图书馆编刊《善本丛书》时，也注意到所选书籍对边疆研究的助益："清初禁书近年颇复出现，本馆采访所及极愿广为流传，因选明人所撰明季野史有关边陲史乘者十二种作为第一集。""足为研治边疆史者之一助。"③览其目有《皇明九边考》《边政考》《三云筹俎考》《西域行程记》《西域番国志》等均为明代有关边防以及周边民族之书。

郑振铎在购入大量明代文献后，计划编纂《明史长编》，主要分为四个方面：第一，"列传"部，"拟以焦氏献征录及各明人集为根据，先成明碑传集，此或简而易举者"；第二，"本纪"部，拟印《明实录》及《明宝训》《大诰》等；第三为表志之部，"搜罗明人各著作，如《国朝列卿

---

① 《大公报》1947年6月16日，广告。
② 周武：《张元济研究》，华东师范大学博士学位论文，2017年，第165页。
③ 《国立北平图书馆馆务报告（民国二十五年七月至二十六年六月）》，国立北平图书馆，1937年，第14页。

年表》《马政记》《厂库须知》等为之";第四,"倭""辽"诸役部,体例类《纪事本末》或《四夷传》,汇集各书为之。①正是有可依据的资料,郑振铎才制定这宏大的计划。

经济史学家、明清史学家梁方仲《读书笔记》中关于《玄览堂丛书》的笔记分为经理财用、修举屯田、权衡钱法、核查田粮、上政府朝房会议揭、志时事、万历辛丑九月十四日夜话记、义官之滥、变法、户役赋役不均、工例造作不如法、造作违限等条目,②将《玄览堂丛书》作为研究的重要借鉴资料。

尽管《四库》存目、禁毁书有的不仅仅是因为有对清廷抵触之语,还因为内容确属不精,但是这些书籍的重新出版可以使学者对史料重新鉴别和审定,从而加深了对《四库》书籍以及当时编纂史实的认识和研究,更重要的是,这些书籍出版的背后,是当时图书馆界的学者,在古籍文化领域激励民族精神、抵抗外族侵略的努力。

此外,地理学研究书籍也受到一定程度的重视。民国时期公共图书馆出版的地理学古籍有浙江图书馆刊印的丁谦《蓬莱轩舆地学丛书》、山东图书馆影印《穆天子传》、广东图书馆辑印《广雅丛书》内的《晋书地理志新补正》《晋书地理志校补》《史记楚汉诸侯疆域志》《补三国疆域志》等。地理学研究实为历史学研究之一部分,这体现在《穆天子传》的研究不再局限于训诂释义,而偏向于历史地理考证。

1931年,顾实得知王献唐得黄丕烈校本《穆天子传》,极力推荐王献唐付诸影印,他在给王献唐得信中说道:"黄校《穆天子传》,弟自以得见原本为幸,兹已另托南京商务印书馆王诚彰先生办理此事矣。惟尊意拟将此书影印,弟尤盼祷!因《穆传》一书,实为上古史之原料,方今各大学史地部需用至要也。"《穆天子传》是研究中国古史的重要书籍,顾实准备撰写《穆传书目提要》,"括举古今传本及各家注本",黄丕烈校本自然在搜罗之列。

在《穆天子传》影印之前,顾实先向王献唐商借了原本,据顾实的书

---

① 郑振铎著,刘哲民、陈政文编:《抢救祖国文献的珍贵记录 郑振铎先生书信集》,学林出版社,1992年,第187页。
② 梁方仲著,梁承邺等整理:《梁方仲遗稿·读书笔记》(下),广东人民出版社,2019年,第4—24页。

信："《穆传》校本已接到，弟正据以校诸本，且录入《穆传书目提要》中，俟印成后，当呈请指正，永铭不朽之感。"① 顾实据以校本录入《穆传书目提要》。

顾实最先关注到《穆天子传》在古史研究方面的价值，而经过仔细研究，又发现《穆天子传》在地理学方面的重要意义，他在给王献唐的信中阐述道："弟近疏《穆传》，并绘地图，则穆王游行至今波斯，通过高加索山到波兰而东归，经今莫斯科、乌拉尔山南端，通过中亚细亚循吹河而南入新疆，再回中国。此事关系吾民族莫大之光荣，故弟至盼先生影印黄校本以增中国无上之光荣也。"② 在顾实看来，《穆天子传》中所载是穆王的游历路线已远至波斯，是意义非凡的中国古代地理典籍，非常值得影印出版。

在顾实的支持下，王献唐将《穆天子传》影印了600册，顾实自是其中较早的读者和研究者。今还可见一信曰：

前日接奉惠存黄校《穆传》，感谢无量。因事回常州故乡，顷又接奉大札并附邵次公先生著《穆传月日考》，拜诵之下，钦佩已极。……拙著《穆传西征讲疏》交商务印行，来函说本年四月出版，但已愆期。牟陌人校《穆传》及次公先生之《月日考》，止可列补遗，正在与商务函商也。③

此信末署"四月九日"，此时《穆天子传》已经影印成，写作时间当在1934年。顾实又撰《穆传西征讲疏》，不仅用到这部《穆天子传》的资料，王献唐还帮助搜集相关的《穆天子传》资料。顾实还在信中询问相关的《穆传》信息："前得尊函，有牟陌人先生校《穆传》，请先生便示该书名及著作年月。"④ 这是双方学术交流的另一见证。1934年9月，顾实《穆天子传西征讲疏》一书由商务印书馆正式出版。

---

① 安可荇、王书林手稿整理，杜泽逊编校整理：《王献唐师友书札》，青岛出版社，2009年，第227页。
② 安可荇、王书林手稿整理，杜泽逊编校整理：《王献唐师友书札》，青岛出版社，2009年，第224页。
③ 安可荇、王书林手稿整理，杜泽逊编校整理：《王献唐师友书札》，青岛出版社，2009年，第218—220页。
④ 安可荇、王书林手稿整理，杜泽逊编校整理：《王献唐师友书札》，青岛出版社，2009年，第220页。

抗战期间，北大、清华等高校师生南迁至昆明，学者们的研究也与云南图书馆、《云南丛书》发生了联系。1938年3月，郑天挺购得《滇海虞衡志》《云南备征录》《南诏野史》后，将《云南备征志》列入日课，此后每日读十余页，至少读至六月二十日。① 在阅读云南文献的基础上写出《历史上云南通道》《关于夷民译名问题》等文章。②

方国瑜治南诏史，尝取昆华图书馆所藏抄本《南诏野史》及《南诏蒙段记》比勘刻本《南诏野史》，并撰有《南诏大事年表》。③

王仲荦在昆明期间，关注云南史事，读《资治通鉴》时，留意有关云南史料。其中有侯景乱梁时，云南曾出师二万，方国瑜不仅告诉王仲荦，袁嘉谷对此事曾有论述，还把《云南丛书》中一部书借给他，这部书是专门摘录《资治通鉴》中有关记载云南事的。王仲荦得书后，遇到《资治通鉴》有、而此书未收者，用毛笔写在天地头，密密麻麻地写了一本，④ 整理后成为研究云南地方史的重要著述。王仲荦先生言书名已忘，据其内容，或为《滇云历年传》一书。《滇云历年传》仿朱熹《通监纲目》体例，以编年体记唐尧至清雍正十三年（1735）间云南地方事，所辑材料不仅取自《资治通鉴》，还有《史记》《汉书》《云南通志》《滇考》《方舆胜览》等。方国瑜曾称赞此书"所载史事多注出处，前后事迹之安置，颇具匠心，中多考证，亦见其不苟之作"⑤。

公共图书馆出版古籍，既是柳诒徵、王献唐等人学术思想的体现，也促进了这些学者的研究。柳诒徵为国学图书馆影印的每一部古籍都撰写了跋语，后汇辑入《劬堂序跋集》，成为柳诒徵的代表著述。王献唐辑印山东图书馆藏金石拓片，亦有利于个人研究。在这个过程中，王献唐撰写《双行精舍书跋辑存》《古文字中所见之火烛》等文，并因书籍往来与全国的图书馆、大学、研究所的学者以及藏书家等保持着频繁的学术交流，成为

---

① 郑天挺：《郑天挺西南联大日记》，中华书局，2018年，第45—70页。
② 郑天挺：《郑天挺西南联大日记》，中华书局，2018年，第621页。
③ 郑天挺：《郑天挺西南联大日记》，中华书局，2018年，第53页。
④ 王仲荦：《蜡华山馆丛稿·谈谈我的生平和治学经过》，中华书局，2007年，第599页。
⑤ 方国瑜：《云南史料目录概说》，引自李埏：《〈滇云历年传〉校点本前言》，李埏：《李埏文集》第五卷《札记与杂文》，云南大学出版社，2018年，第174页。

民国时期文献、考古、文字研究的重要人物。在古籍出版的过程中，还培养了一批学者，柳诒徵鼓励支持范希曾、向达、缪凤林、汪闿等人撰写研究性文章，并刊登在馆刊上。王献唐拓印《汉魏石经残字》，鼓励屈万里做《汉魏石经残字校录》；这些不仅促进了当时的学术研究，还影响了中国学术的发展。

## 第四节　善本入藏与文献传承

图书馆出版的官书局旧籍基本均是国学典籍，新印的古籍实际上也属于国学类。正如王云五所说"国学销沈，旧籍亡佚""敝馆亟求罕见之本景印流传"，公共图书馆出版古籍，既是对民族文献的保存和流传，也是对国学的保存与传承。

### 一、善本入藏与流传

影印的善本书籍不仅为读者所用，也为图书馆收藏与保存。江苏省立国学图书馆出版的馆刊中，都附记《本馆影印排印刷印本入库之书》，如1929年7月至1930年6月，入库之古籍有《不得已》《说文理董后编》《西域尔雅》《百夷传》《盉山书影元本》《永怀堂丙子诗》《艺风堂金石文字目》《切近编》《元明杂剧》《经略复国要编》《陶风楼藏名贤手札》《晴江阁文钞》《詹詹吟稿》等。①

图书馆之间的相互交换和购买书籍也丰富了馆藏。1931年6月，柳诒徵致信王献唐商量交换刊物，王献唐寄赠《山东图书馆季刊》《海源阁宋元秘本书目》，柳诒徵亦按照王献唐所开书目寄赠《南雍志》，潍县高氏的《上陶室砖瓦文攈》则付费请拓。② 后王献唐又寄赠馆藏拓片35种，③ 柳诒徵回寄《南雍志》八册、《歌代啸》一册。④ 山东图书馆出版

---

① 《本馆影印排印刷印本入库之书》，《江苏省立国学图书馆第三年刊·簿录纪事》，1930年。
② 1931年6月19日，《江苏省立国学图书馆第四年刊·案牍》，1931年，第27页。
③ 1931年6月28日，柳诒徵致信王献唐，安可荇、王书林手稿整理，杜泽逊编校整理：《王献唐师友书札》，青岛出版社，2009年，第275页。
④ 1931年8月20日，《江苏省立国学图书馆第五年刊·案牍》，1932年，第17页。

的《穆天子传》《两汉印帚》《邹滕古陶文字》等均或赠、或售予国学图书馆①，国学图书馆所出各书亦多为山东图书馆收藏。

谢国桢亦为北平图书馆向王献唐寻求拓本：

前月小游张垣，在燕龄兄处得闻吾公消息及瓦量全形拓本，欣忭无已。昨游厂肆，见大作《临淄封泥文字叙目》，携归，尽一夜之力读之，所述体制详确，尤于两汉官制考证精详。佩甚佩甚！敝馆亦需此拓本。尊撰之书，已在《图书副刊》为作介绍。前者馆藏楚器拓本，未知尊处有无庋藏，或易或购，均听吾公之意。尚望能将封泥拓本、瓦量拓片能先寄下，尤为感盼。汉画敝馆亦曾搜辑，闻沂上滕县时有出品，亟盼详示一二，以发矇愤。②

此信写于1937年1月7日，到2月23日，谢国桢回信《临淄封泥存》已收到，并寄上王献唐所需书籍，③此时谢国桢随护北平图书馆善本书在上海。王献唐也曾寄《毛诗正韵》④《雪泥屋遗书目录》⑤给北平图书馆王重民。

其他如《汉魏石经残字叙录》出版后，王献唐即赠送给齐鲁大学图书馆一册。⑥浙江图书馆馆长陈训慈在1934年3月31日亦有信给王献唐："承赐影印《穆天子传》两帙，朱墨灿然，不殊原物，嘉惠拜受，无任感纫。《海岳楼金石丛编》二种，精拓传古，尤艺林之盛事，容由馆订购。"⑦

---

① 安可荇、王书林手稿整理，杜泽逊编校整理：《王献唐师友书札》，青岛出版社，2009年，第273—274页。
② 安可荇、王书林手稿整理，杜泽逊编校整理：《王献唐师友书札》，青岛出版社，2009年，第1626—1627页。
③ 安可荇、王书林手稿整理，杜泽逊编校整理：《王献唐师友书札》，青岛出版社，2009年，第1630页。
④ 1月24日，安可荇、王书林手稿整理，杜泽逊编校整理：《王献唐师友书札》，青岛出版社，2009年，第1717页。
⑤ 安可荇、王书林手稿整理，杜泽逊编校整理：《王献唐师友书札》，青岛出版社，2009年，第1725页。
⑥ 安可荇、王书林手稿整理，杜泽逊编校整理：《王献唐师友书札》，青岛出版社，2009年，第1957页。
⑦ 邮戳：杭县廿三年四月。安可荇、王书林手稿整理，杜泽逊编校整理：《王献唐师友书札》，青岛出版社，2009年，第1924页。此页与第1640页为同一封信。

都是图书馆学界之间的书籍往来。

民国时期的影印书多列在善本书目下，1927年《浙江省立图书馆报》第一期保存书即善本书按版本分为：宋元本第一，明本甲第二，明本乙第三，清以后本第四，影印本第五，日本国本第六，高丽本第七，梵文本第八，抄本第九，校本第十，稿本第十一，列书名卷数作者版本和册数。①影印本是善本的一种。1926年8月至1927年11月所续收新收的善本，也是按照版本类别置于保存类书目之下，分为阁本、明本、清以后本、拓本、抄本、墨迹、日本国本、影印本等，影印本亦作为善本列入。

民国年间公共图书馆出版的古籍，至今为学者所用。改革开放以来，相继编纂的《续修四库全书》《四库全书存目丛书》《四库禁毁书丛刊》均收入民国时期公共图书馆出版的古籍。如《续修四库全书》收录的有浙江图书馆刊刻的《章氏丛书》本《春秋左传读叙录》《镏子政左氏说》《新方言》《太炎文录初编补编》、《师石山房丛书》本《汉书艺文志条理》《汉书艺文志拾补》、《温州经籍志》，《国立北平图书馆善本丛书》中的《边政考》《三云筹俎考》《使琉球录》《日本考》以及《国立北平图书馆珍本丛书》本《通制条格》、铅印本《越缦堂文集》，国立中央图书馆《玄览堂丛书》本《龙江船厂志》，江苏省国立国学图书馆影印《南雍志》。

《四库全书存目丛书》内收国学图书馆影印的《润州先贤录》《南雍志》《百夷传》、《国立北平图书馆善本丛书》本《日本考》《皇明九边考》。

明茅瑞徵撰《皇明象胥录》八卷，为《国立北平图书馆善本丛书》第一集影印，收入《四库禁毁书丛刊》史部。

## 二、延续雕版印书

印刷技术的发展，使得在实际的阅读活动中，铅印、石印书深刻影响了读者的书籍选择。章太炎《自述治学之功夫及志向》述其在清末读史书时曾说："全史局本力不能得，赖竹简斋书印成，以三十二版金得一部，潜心读之。"②"竹简斋本"即光绪十八年（1892）武林竹简斋石印本《二

---

① 国图藏有一部《浙江省立图书馆善本新置图书目录》，实际上内容均出自《浙江省立图书馆报》，包括本馆旧藏善本书类要、本馆新置图书目录（保存类、通常类）、本馆历来经过之情形等。

② 章念驰：《章太炎全集·演讲集》，上海人民出版社，2015年，第502页。

十四史》，所据底本为武英殿本，全书 200 册左右，售价 32 版金，而与此同时，局版《二十四史》官堆纸 80 多两、连史纸则在 100 两以上。① 虽然竹简斋本字小行密，但是对于经济并不宽裕的读书人来说也很有市场。1923 年，中华书局重印《竹简斋二十四史》："同文本卷帙仍繁，售价昂贵，小字本仅便科场携带，字小于蝇且多讹误，惟竹简斋本字体适中，价亦不昂，四开大本颇壮观览，允为影印殿版中之最佳者。"② 1925 年的《中华书局书目》竹简斋版二十四史特价 64 元③，1936 年时已经售罄绝板④。而且，石印、铅印书的商业竞争也在一定程度上降低了阅读的成本。民国初年，章太炎又有记载："今日买书，因有石印、排印各种，故与旧书木刻者相抵，价亦平均。"⑤ 前文所述公共图书馆木印书的成本部分，也能反映这一情况。

更重要的是随着学术的变化，读者对书籍内容的需求产生了变化。清末新学兴起时，旧式书籍的读者大大减少，而新式书籍需求大增："迨庚子以后，停止科举，兴办学校，大势变迁，与我书业大有关系。……自后瀛海开通，新学新理日出不穷，著译图书盛行。"⑥ 官书局的裁并也与新学兴起有关："戊戌变法，各省裁减局所，金陵书局改归江宁府管理。局款无出，仅恃流存书价印售周转。……辛丑以后，江南官书局归江楚编译官书局兼管。丁未夏间，淮南书局亦并属江楚。盖其时新学萌芽，视旧籍无足轻重。故以印售旧籍之事，归入译著新书之局也。"⑦ 叶德辉也曾总结道："自学校一变，而书局并裁。"⑧

---

① 今可见光绪年间《二十四史》的价格在光绪二十八年（1902）的《直隶官书局运售各省书籍总目》：局版二十四史官堆纸 83 两 2 钱，连史纸 104 两。其中江南局本《史记》官堆纸售价 3 两，与江南书局光绪十六年的史记价格三串文几乎等价，由此可大致推断书籍价格应相差不大，且直隶书局运售各书明确规定，运购各书每 100 两加价不能超过 10 两。

② 中华书局：《重印竹简斋二十四史缘起》，1923 年。

③ 《中华书局图书目录》，1925 年，书中广告。

④ 《中华书局图书目录》，1936 年，第 218 页。

⑤ 1914 年 8 月 15 日，章太炎著，马勇整理：《章太炎全集·书信集》，上海人民出版社，2017 年，第 221 页。

⑥ [美] 芮哲非著，张志强等译：《谷腾堡在上海：中国印刷资本业的发展（1876—1937）》，商务印书馆，2014 年，第 200 页。

⑦ 柳诒徵：《国学书局本末》，《国学图书馆第三年刊》，1930 年，第 9—10 页。

⑧ 叶德辉：《书林清话》卷九，上海古籍出版社，2012 年，第 209 页。

特别是辛亥以后，传统的经学教育逐渐转化为新式的分科教学，儒家经典失去最广阔的市场。而且，新式书籍也不再适用于雕版印刷，多采用铅印或石印的形式。这在一定程度上是受洋装书的影响，也是由于这些书籍需要更快的印刷方式："新文学是有时间性的，不比中国的古书，可以束之高阁，藏之名山。为了开风气起见，赶紧要把那些印出来才好。"[①]石印和铅印在印刷速度方面具有明显的优势。

尽管各官书局也顺应时势雕版印刷了一些新式书籍，但难以转型成功，仍以传统典籍为特色。即使是江苏省立国学图书馆接收的大量新学教科书，如《读新学书法》《清朝事略》《埃及近世考》《日本史纲》《女学修身教科书》《政治学》《经济学教科书》《地质学教科书》《高等小学几何》《小学农业教科书》等[②]，也与民国年间的教科书有很大的不同，需求较少。

1915年12月浙江公立图书馆编印的《浙江公立图书馆年报》第一期中《阅书统计表并报告书》中有阅书种类比较的统计数据，从中可以看出当时杭州省城的阅览情况：

> 杭城阅书人以中等学校占大多数，其所偏重在科学及小说家言，故本馆本年阅览书籍本数以新书部、杂志部为最多，前者几占百分之二十三，后者占百分之二十二，盖两部各书多关科学小说故也。子部各书若农家类、若医家类、若天文算法类，即近世之科学，其说虽旧，尚足以资参考。而小说书籍又隶子部，故阅览者较多于经史集三部，约占百分之十八。集部、史部之书与科学关系较浅，其趣味又不如小说，故观者较子部为少，集部仅占百分之十五，史部仅占百分之十三，西文书籍不易阅览，经书非学校所注重，其阅览本数约各占百分之五。[③]

杭州是民国时期较有代表性的省会城市，而浙江图书馆又是当时藏书量排名前几的省级公共图书馆，其阅览情况反映了当时人们阅览的普遍现

---

① 包天笑：《钏影楼回忆录》，生活·读书·新知三联书店，2014年，第211页。
② 《本馆旧印存售书籍价目表》，《江苏省立国学图书馆第四年刊》，1931年，《阅览部收到赠送公报杂志登记》后，第14页。
③ 《浙江公立图书馆年报》，1915年第1期，第14—15页。

象。浙江公立图书馆的书籍分经、史、子、集、新书、杂志等部。阅览的种类中以科学书和小说为主,故含有科学书和小说的新书部、杂志部、子部阅览人数最多,占总数百分之六十三,科举时代占绝对优势的经书因"非学校注重",仅占百分之五。可见经学书籍的阅读群体已经非常小。阅览人数如此,购买书籍的情况可想而知。

即使是传统典籍,在民国年间,也有非常多样化的出版形式。研求国学者所用的书籍,有了更多选择,并非仅官书局书籍。以《左传》为例,公共图书馆木版印行的《左传》书籍主要有《左传注疏》和《左传读本》《左传杜林》三种,前者合经、注、疏于一体,非专业研究经学者不能读。《左传读本》虽较为简洁,也有10册之多。① 而在当时的上海,却至少有十数种版本可以满足阅读《左传》的需求。如《左传菁华录》《评点春秋纲目左传句解汇隽》《曲江书屋新订批注左传快读》《春秋左传音义白话注解》《言文对照左传评注读本》《新式标点白话译注春秋左传》《言文对照左传评传笔法百篇》《言文对照左传句解》等。《左传菁华录》二十四卷,吴曾祺评注,六册,商务印书馆铅印,1915年9月初版,定价大洋六角,到1929年已经出至十版,还是大洋六角。此书还有1923年上海世界书局石印本。

《评点春秋纲目左传句解汇隽》《曲江书屋新订批注左传快读》分别是清韩菼、清李绍崧所编,虽然是为士子应考而作,但在民国年间以其通俗易懂仍广为传播。② 民国时期的教育改革,提倡白话、使用标点符号等都对传统书籍的出版产生了影响,《春秋左传音义白话注解》《新式标点白

---

① 《江南书局书目》,1929年,第1页。上海图书馆藏。
② 民国年间出版最多的是清韩菼编《评点春秋纲目左传句解汇隽》六卷,有1912年锦章书局石印本、1912年石印本、1914年上海共和书局石印本、1914年太和书局刻本、1914年上海商务印书馆铅印本、1916年上海章记书局石印本、1920年上海会文堂书局石印本、1923年上海锦章图书局石印本、1924年上海大成书局石印本、1926年上海昌文书局石印本、1937年上海商务印书馆铅印本(仅题左传句解)、民国间上海广益书局石印本、上海锦章书局石印本、上海文瑞楼石印本、上海扫叶山房石印本、上海进步书局石印本。
曲江书屋《新订批注左传快读》十八卷首一卷,清李绍崧编,有1919年上海会文堂书局石印本、1921年上海锦章书局石印本、1928年上海锦章书局石印本,民国间上海会文堂新记书局石印本。

话译注春秋左传》①重点标举其"白话"特色,《言文对照左传评注读本》《言文对照左传评传笔法百篇》《言文对照左传句解》②则强调其在文言文和白话文的双重功能,这些顺应时代潮流的《左传》书籍,显然对读者更有吸引力。而且,很多学校开设《左传》课程,多自己编纂教材,如北京正志中学编纂并铅印《左传选读》。

比较值得一提的还有《东莱博议》一书,宋吕祖谦解说《左传》之书,自宋代开始流传,明代时出现了多个版本,历经清代,至民国仍然不衰。③还出现了很多进一步加工《左氏博议》的著述。如《增批辑注东莱博议》④《分段加评注释东莱博议》⑤《新体广注东莱博议》⑥《言文对照评注东莱博议》⑦《东莱博议约选》⑧,形式非常多样。

又如《汉书》,也有《言文对照汉书评注读本》,秦同培选辑,1925年上海世界书局石印本。又有《教科适用汉书精华》,中华书局编,中华书局铅印本,自1915年出版后,非常畅销,到1934年已经印行了十版。这些形式多样的书籍大大挤压了公共图书馆印刷的官书局旧籍的市场。

民国时期公共图书馆的古籍出版特别是木版书籍的印刷面临着非常多的困难,销售亦不畅。如山东省立图书馆因"工料昂贵,除《毛诗正韵》于二十年刷印一次外,余书均未重印,且以旧存尚夥,勿庸复印也"⑨。江苏省立国学图书馆《国学图书馆第四年刊·旧印书籍价目表》所列旧印

---

① 《春秋左传音义白话注解》六卷,费恕皆编,1921年上海国粹书局石印本。《新式标点白话译注春秋左传》六卷,周乐山编,1936年上海中原书局石印本。

② 《言文对照左传评注读本》,秦同培编,1924年上海世界书局石印本、1928年上海世界书局石印本。《言文对照左传评传笔法百篇》四卷,上海进化书局编,1924年上海进化书局石印本。《言文对照左传句解》六卷,广益书局编辑部编,1936年上海广益书局石印本。

③ 《东莱博议》四卷,宋吕祖谦撰,清冯泰松点定,1912年上海国华书局石印本、1914年上海中华书局铅印本、民国上海文明书局铅印本。《东莱博议》四卷《增补虚字注释》一卷,1917年上海章福记书局石印本。

④ 四卷,刘钟英辑注,有1924年上海启新书局石印本、1932年上海锦章书局石印本、民国上海文瑞楼石印本。

⑤ 四卷,刘钟英辑注,许慕羲加评,1924年上海广益书局石印本。

⑥ 四卷,世界书局编辑所编,1932年上海世界书局石印本。

⑦ 四卷,1934年上海扫叶山房石印本。

⑧ 二卷,蓝炳然选注,1926年上海文明书局铅印本。

⑨ 《山东省立图书馆概况》,山东省立图书馆,1933年,第17页。

存售的《高等小学几何学》《万国史略》《日本历史》《女学修身教科书》等到 1936 年《国学图书馆第九年刊》内仍在销售。江西省立图书馆仅在 1933 年重印《豫章丛书》一次百部，销售国内各图书馆及私人共数十部，到 1936 年尚有余存，于是不得不发行《豫章丛书特价启事》，原定价 120 元，七折实售 84 元。①

1933 年陈训慈在《一年来本馆工作之回顾》中谈道："民国十八年秋，始增设铅印部，开支太巨，营业维艰，木印书推行更滞……一年以来，尽力擘画，从事节省开支，推广营业，续收板片，略著成效。自去年七月至十二月，以铅印之所余挹注木印之损失，尚能不致亏耗。"② 依靠销售铅印部书籍的弥补，浙江图书馆总体上才不至于亏损。

1928 年南京教育局欲征集江南官书局地时，就认为其几乎不盈利："所有书籍均为木板《诗》《书》《经》《礼》之类。现在潮流变转，此类书籍已不能销行适用，所余书籍曰计千百余部，日售不过一二，籍以维持看守一二人之伙食。"③

公共图书馆雕版印书面临的困境是民国时期雕版印刷业境况的缩影。芮哲非统计民国初年上海 100 多家经营书业的公司中，除了 3 家经营拓片和书画外，只有 6 家经营木刻善本古籍，因而他得出结论："那时上海的古籍生意占全行业的比例很小。"④ 他这里所说的"古籍"显然是指雕版书籍，可见雕版书籍的市场已经非常不佳。公共图书馆的雕版印书就是在这样的背景下展开的。

不过，民国时期公共图书馆继续开展雕版印书事业，仍满足了一部分文人的文化心理需求："自近世印刷术进步，相形见绌，吾国之木板印书事业渐归衰落。然木刻字体之朴雅，木印书印工纸张装池之精美，亦为铅印所不逮。故私家续雕，犹时有所闻。而旧日官书局书版之保藏与印行，

---

① 《江西省立图书馆概况》，江西省立图书馆，1936 年，第 54 页。
② 陈训慈：《浙江图书馆之回顾与展望》，《浙江省立图书馆馆刊》，1933 年第 2 卷第 1 期，第 28 页。
③ 《函请令饬迁让江南官书局由》，《市政公报》，1928 年第 14—15 期，第 87 页。
④ [美]芮哲非著，张志强等译：《谷腾堡在上海：中国印刷资本业的发展（1876—1937）》，商务印书馆，2014 年，第 204 页。

乃尤有不可废者矣。"① "新法视木印诚为便捷,然木版精印之书不能废,不仅以已刻之版废置可惜,亦以好学嗜古者爱木印书相沿不衰也。"② 冯煦在《贵池先哲遗书序》中所说:"欧术既东,凡流衍经籍者皆易木而石,往在汉上与梁节庵前辈云:'学之有新旧,刻之有板木石印,在我为绝续之交,在彼则谓过渡时代也。祖国旧籍若不于此时网罗掇拾,授之剞氏,不数十年将就沦亡,其祸更烈于秦燔楚炬。'"③ 私家的"网罗掇拾,授之剞氏"终因时势的影响而不能继续。公共图书馆继承的这些版片继续刷印流传,对于这些人来说,不仅仅是印刷形式的问题,还有文化传承的意义在。

即使是使用过影印方法的王献唐,也非常注重精雕版书,他在跋董刻《梅村家藏稿》中评述各私家藏书之优劣,并对影印发表了看法:"惟陶董近出书籍间用囗璃版景印,印虽精好,终失大雅。陶氏覆宋《营造法式》他皆木刻,独图案一种改用锌版,尤为憾事。如以图案镌雕不易,何天水原刻能奏刀裕如耶。"④

1937年抗战全面爆发,公共图书馆的版片征集和印刷出版均被中断。各图书馆均在尽力保存馆藏书版,然因战争损坏者无数。抗战结束以后,更多的私人书版失其所在,沦为柴薪。公共图书馆加强了对版片的征集和保护。其中,江苏省立苏州图书馆所取得的成绩尤其显著,到新中国成立,江苏省立苏州图书馆所存的版片总数达71360片(其中旧藏官书局书版计55907片)。⑤

民国时期公共图书馆保存下来的这些版片在新中国成立以后,除损坏的,一部分归于博物馆收藏,一部分又得到了印刷出版。如江苏省立苏州图书馆所存的版片均于1961至1962年调运到扬州古旧书店,成为新中国以后雕版印书的重要版片资源。1985年,河南省图书馆与北京市中国书店

---

① 《浙江省立图书馆概况》,浙江省立图书馆,1936年,第18页。
② 《浙江省立图书馆征求书版启事》,《浙江省立图书馆馆刊》,1934年第3卷第4期,刊内广告。
③ 冯煦:《贵池先哲遗书序》,《贵池先哲遗书》,1925年贵池刘氏刻本,第1叶。
④ 王献唐:《跋董刻梅村家藏稿》,《守书日记》(1930年8月11日),李勇慧:《一代传人王献唐》,山东教育出版社,2012年,第520页。
⑤ 蒋吟秋:《江苏官书局及其书板》,政协苏州市委员会文史资料委员会:《苏州文史资料》(第1—5辑),1990年,第332页。

达成《关于复印木刻版片的协议》，共选出 12 种 6792 块书版，重新印刷出版。①民国时期公共图书馆的雕版印书起了重要的过渡作用。只是，新中国成立后雕版印刷的书籍已经不再具有全国的普遍性，民国时期公共图书馆的雕版印书也终成为中国雕版印刷业的夕阳晚照。

　　王汉章在《刊印总述》中论述清后期以来的官刻书："官局之书，自曾文正公金陵设局以后，浙、粤、鄂等七省官书局踵兴，且更合刻《二十四史》，蔚为大观。……民国成立，军事频年，戎马倥偬，鲜暇及此。且自军兴以后，原有各省设立之官书局，在减政裁并方策之下，纷纷停办。……幸得后起之省立各图书馆，保存版片，继续流行，传播之功，亦不可废。尤以开封图书馆之关百益，济南图书馆之王献唐，南京图书馆之柳诒徵诸氏，抱残守缺，兴废继绝，类能注意变化，竭力发扬，对此盛举，颇堪钦挹。"②对省立图书馆在继承官书局出版事业、继续雕版印书上所取得的成果给予了极大的肯定。民国时期的省立图书馆不仅印刷了官书局书籍，在保存印售私家书版上也居功至伟。

　　雕版印刷从唐代出现以后，经过了一千多年的发展，到清末逐渐走向没落。采用更为方便快捷的新的印刷方式成为时代潮流，传统的雕版印书不再是首要的书籍生产方式。这既是技术革新带来的改变，也是中国文化现代化转型带来的必然结果，民国时期的公共图书馆成为传统雕版业衰退的最后防线。随着公共图书馆雕版印书活动的衰微，大规模官方性的、有制度支撑的雕版印书活动基本结束，后来虽有零星的雕版印刷，均不再具有相当的影响力。公共图书馆的雕版印书，在文献传承上发挥了重要的作用，同时也代表了民国时期雕版印刷业的发展状况，是中国印刷史、出版史重要的一页。

---

① 李和邦：《河南省图书馆志略》，中国致公出版社，2001 年，第 89 页。
② 张静庐：《中国近现代出版史料（近代二编）》，上海书店出版社，2011 年，第 364 页。这里应该有误，河南图书馆馆长井俊起，关百益是河南博物馆馆长。

# 结　　语

在清宣统二年（1910）《学部奏拟定京师及各省图书馆通行章程折》之前，全国成立的公共图书馆仅有京师、江南、浙江、山东、河南、陕西等几所，且成立时间均较短，社会的不稳定以及经费的不足使图书馆体制都难以健全，很多业务工作并未来得及展开，系统地刊印书籍亦未施行。宣统三年（1911）十二月二十五日，溥仪颁布退位诏书，正式宣告了清朝灭亡。图书馆印行孤本秘籍的计划到了民国时期才得以实施。

但是民国建立后，中国没有迎来一个和平、稳定、统一的局面。这一时期，除个别图书馆外，馆长更换频繁，经费拖延是常态。民国时期公共图书馆的古籍出版因面临很多困境而未能完全发展起来，其中最大的问题就是经费的缺乏。柳诒徵曾致信省王主席函："馆屋不敷存贮，馆员不敷工作，馆款不敷支配，三者均感困难。"[①]这绝非国学图书馆一个馆的情形。而且每个图书馆因各地经济情况的不同，发展情况也不同。浙江图书馆附设印行所设立铅印部，仅机器费用就7300元，还有器具500元、流动基金12000元，[②]这在浙江可以负担，而在其他省份，是难以做到的。各省图书馆状况，也与各地政府政策密切相关，如唐继尧捐资云南图书馆刊刻《云南丛书》，也是较为少见的情况。

---

[①] 1946年5月15日，柳诒徵著，杨共乐、张昭军主编：《柳诒徵文集》第十二卷，商务印书馆，2018年，第122页。

[②] 《浙江省立图书馆中华民国十八年度临时费预算书》，《浙江省立图书馆概况》，浙江省立图书馆，1931年，第14页。

出版物较多的省立图书馆如浙江、江苏、山东、广东、云南、安徽、河南等，多集中在东中部省份，其他大多数省份只是出版了书目。陕西省公立图书馆1918工作报告："查各省图书馆，无不附设印刷工厂，惟陕西独赋缺如，一有印刷，种种困难。"①整个民国年间，陕西省图书馆出版的书籍仅有数种。广西、四川、甘肃等中西部省份出版的书籍都很少。1935年5月22日，方树梅到百花洲，访江西省立图书馆，图书馆为赣绥靖行营所据，只得设临时阅览室于南堤省教育会内。②基本的阅览活动尚不能保证，出版书籍则更为困难。

1930年，胡适在信中也告诉陈东原，"征集文献之事，非一年半载所能成，千万不可求速成。若潦草从事，不如勿作。此种政局之下，不易作此等大事。你若能在你任内把全省府县志收齐，已可算是绝大成绩了。"③胡适正是看到了当时存在的各种困难，才与陈平原说出这番话。

正因如此，有些图书馆出版古籍情况的文献记载只能通过零碎的材料可以考察。如山西图书馆《潭西精舍纪年》一卷一册见录于《民国线装图书总目》，题为"清陈秉灼、清沈默编，民国九年山西图书馆铅印本"④。又王欣夫的信中曾提到："郝氏未刊书目，即刻附《全书总目》后，可复检也。近见山西图书馆印《颜氏家训校记》一种，出全书外也。"⑤此书也见于王重民给王献唐的信："往读郝懿行《证俗文》及《颜氏家训校笺》（山西图书馆迻录铅印本，流传似少），见引牟氏说，惊其学有心得。"⑥两书当均是指郝懿行《颜氏家训校记》，但今尚未见。

而在各种困难情境下，各公共图书馆仍然取得了一定成绩，离不开

---

① 《陕西省公立图书馆民国七、八年度工作报告（节录）》，李希泌、张椒华：《中国古代藏书与近代图书馆史料（春秋至五四前后）》，中华书局，1982年，第291页。

② 方树梅著，戴群整理，吴格审定：《北游搜访文献日记》，上海人民出版社，2020年，第117页。

③ 《学风》，1930年第1卷第1期，第15页。

④ 中国国家图书馆、中华书局：《民国线装图书总目》第46册，中华书局影印本，2020年，第116页。

⑤ 安可荇、王书林手稿整理，杜泽逊编校整理：《王献唐师友书札》，青岛出版社，2009年，第1605页。

⑥ 1932年3月1日，安可荇、王书林手稿整理，杜泽逊编校整理：《王献唐师友书札》，青岛出版社，2009年，第1725—1726页。

当时图书馆先辈的苦心孤诣、呕心沥血。1927年，张元济致信傅增湘："吾辈生当斯世，他事无可为，惟保存吾国数千年之文明，不致因时势而失坠，此为应尽之责。能使古书多流传一部，即于保存上多一分效力。吾辈秉烛余光能有几时，不能不努力为之也。"[①] 影印古籍可使古书多流传，保存版片、印刷发行与其有异曲同工之处。公共图书馆有保存文献、流通古籍之责，版片的保存与印刷、珍本的整理与影印，是古书流传的途径，也是近代以来保护和传承中华文明的重要组成部分，在文化延续和传播上起到了重要的作用。

由于民国时期资金和环境的限制，很多计划影印的书籍并未能全部出版。新中国成立以后，随着政治的稳定、经济的恢复，很多公藏单位将以前未尽的影印计划陆续付诸实施。如《国藏善本丛刊》，1964年，台湾广文书局影印出版《唐写本王仁昫刊谬补缺切韵》；1989年，台湾故宫博物院出版《景印宋本附释文尚书注疏》；2021年，北京燕山出版社将《国藏善本丛刊》全部重新影印出版，共227册。近年以来，影印古籍也是公共图书馆的重要业务活动，如已经出版的《北京图书馆古籍珍本丛刊》（2000年）、《南京图书馆藏稀见方志丛刊》（2012年）、《原国立北平图书馆甲库善本丛书》（2014年）等。另外出版的善本书目、善本书影、善本题跋等亦非常丰富，公共图书馆的古籍出版处于快速发展的时期。

民国年间影印技术的发展不尽完善。1980年，顾廷龙在作《自庄严堪勘书图跋》时记载了此事："（周叔弢）先生尝收藏黄荛圃校《穆天子传》一书，为王君献唐故物，曾付景印。或以为影印本与先生所藏原本略有出入，遂传真本尚在山东某氏，秘不示人，称与影印本丝毫不爽。龙请观比勘，影印本与原本确有不同之处，如朱笔之深淡，校文位置之参差，点画略见肥瘦，谛审再三，始恍然。当时影印条件较差，摄影、套版、描润三者技术皆不精，遂失真面，滋人疑窦耳。其为黄校亲笔，固无庸致疑矣。"[②] 虽然顾廷龙作这段话是为了说明鉴别版本需要亲见真凭实据，不宜轻改前人之说，但是可以看出民国时期的影印技术的局限，今照相、扫

---

① 张元济、傅增湘：《张元济傅增湘论书尺牍》，商务印书馆，1983年，第145页。
② 顾廷龙著，《顾廷龙全集》编辑委员会编：《顾廷龙全集·文集卷》，上海辞书出版社，2015年，第713页。

描、复印、影印技术愈见发达，影印古籍的质量已经不可同日而语。

当代的图书馆，在经费支持和技术保障上，已经远胜于民国时期的图书馆，应继续继承和发扬民国时期图书馆出版的宗旨和精神。实施"中华古籍保护计划"印行的《中华古籍再造善本》，都得到了各图书馆的拥护和支持，公共图书馆应当继续将馆藏开发利用，公之于众。出版的方式不再局限于影印、铅印，还可以大量的电子化。现在国家图书馆已经公布了大量的电子资源，各地的图书馆也相继推出了数字化古籍，但是还有大量的馆藏资源有待开发。在影印、电子化、整理的资源的选择上，应注意特色，避免同质化。如同民国时期各公共图书馆的出版注重地方特色，选择馆藏中最具特色的、具有代表性的古籍电子化、出版，才是真正将馆藏化身千百、用之于众，才能更好地发挥公共图书馆文化传承、教育的功能与职责。

1929年，卞鸿儒编述《辽宁省立图书馆之使命与其实施》说："我国旧籍，多系先民之遗产，国学之精华。保存整理，实为今后学者之责任，抑亦图书馆所应负之重大使命也。"[①] 当代学者与图书馆从业者仍当鉴之。

---

① 卞鸿儒：《辽宁省立图书馆之使命与其实施》，辽宁省立图书馆，1929年，第5页。

# 参 考 文 献

## 一、清末、民国文献[①]

［清］翻译馆：《江南制造局译书提要》，江南制造局铅印本，宣统元年（1909）。

《山东省民国五年度地方收入支出概算册》，1916年石印本，山东省图书馆藏。

《山东省议会第二次常年会报告书总册》，1916年铅印本，山东省图书馆藏。

《山东省议会议决山东省第六会计年度地方预算册》，1917年石印本，山东省图书馆藏。

《国立中央图书馆概况》，国立中央图书馆，1937年。

《安徽省立图书馆概况》，安徽省立图书馆，1930年。

《安徽省立图书馆概况》，安徽省立图书馆，1933年。

《国立北平图书馆概况》，国立北平图书馆，1931年。

《国立北平图书馆馆务报告》，国立北平图书馆，1929年。

《国立北平图书馆各项章程》，国立北平图书馆，1912—1949年。

《国立北平图书馆馆务报告（民国十九年七月至二十年六月）》，国立北平图书馆，1931年。

---

[①] 民国时期公共图书馆出版的古籍不在此列。

《国立北平图书馆馆务报告（民国二十年七月至二十一年六月）》，国立北平图书馆，1932年。

《国立北平图书馆馆务报告（民国二十一年七月至二十二年六月）》，国立北平图书馆，1933年。

《国立北平图书馆馆务报告（民国二十五年七月至二十六年六月》，国立北平图书馆，1937年。

《福建省立图书馆概况》，福建省立图书馆，1931年。

《福建省立图书馆概况》，福建省立图书馆，1936年。

《河北省立第一图书馆概况》，河北省立第一图书馆，1931年。

《河北省立第一图书馆概况》，河北省立第一图书馆，1934年。

《河北省立第二图书馆概况》，河北省立第二图书馆，1931年。

《河南省立图书馆概况》，河南省立图书馆，1941年。

《湖北省立图书馆概况》，湖北省立图书馆，1930年。

《湖南省立中山图书馆概况》，湖南省立中山图书馆，1936年。

《吉林省立图书馆概况》，吉林省立图书馆，1931年。

《中央大学国学图书馆小史》，中央大学国学图书馆，1928年。

《江苏省立国学图书馆概况》，江苏省立国学图书馆，1931年。

《江苏省立国学图书馆概况》，江苏省立国学图书馆，1935年。

《江苏省立苏州图书馆概要》，江苏省立苏州图书馆，1930年。

《江苏省立苏州图书馆概要》，江苏省立苏州图书馆，1932年。

《江苏省立苏州图书馆》，江苏省立苏州图书馆，1936年。

《江苏省立苏州图书馆概况》，江苏省立苏州图书馆，1947年。

《江苏省立镇江图书馆概况》，江苏省立镇江图书馆，1936年。

《江苏省立镇江图书馆概况》，江苏省立镇江图书馆，1948年。

《江西省立图书馆概况》，江西省立图书馆，1936年。

《山东省立图书馆概况》，山东省立图书馆，1933年。

《陕西省立第一图书馆概况》，陕西省立第一图书馆，1932年。

《四川省立图书馆概况》，四川省立图书馆，1940年。

《绥远省立图书馆概况》，绥远省立图书馆，1936年。

《云南省立昆华图书馆概况》，云南省立昆华图书馆，1937年。

《云南图书博物馆一览》，云南图书博物馆，1923年。

《浙江省立图书馆一览》，浙江省立图书馆，1932 年。

《浙江省立图书馆概况》，浙江省立图书馆，1931 年。

《浙江省立图书馆概况与报告》，浙江省立图书馆，1933 年。

《浙江省立图书馆概况》，浙江省立图书馆，1934 年。

《浙江省立图书馆概况》，浙江省立图书馆，1936 年 4 月。

《浙江省立图书馆概况》，浙江省立图书馆，1936 年 7 月。

杜定友：《广东省立图书馆工作报告》，1942 年油印本。

杜定友：《广东省立图书馆工作报告》，1943 年油印本。

《福建省立图书馆年报》，福建省立图书馆，1930 年。

《国立北平图书馆月刊》，1929 年第 3 卷第 5 号。

《国立北平图书馆馆刊》，1930—1937 年。

安徽省图书馆：《学风》，1930—1932 年。

《中央大学国学图书馆第一年刊》，1928 年。

《国学图书馆第二年刊》，1929 年。

《江苏省立国学图书馆年刊》（第三年至第十年），1930—1937 年。

《河南图书馆馆刊》，1933 年。

《江苏省立苏州图书馆馆刊》，1929—1930 年、1932 年。

《江苏省立苏州图书馆年刊》，1931、1936 年。

《江西省立图书馆馆务汇刊》，1929 年。

《江西图书馆馆刊》，1934—1935 年。

《山东省立图书馆季刊》，1931、1936 年。

陕西省立第一图书馆：《图书馆》，1933—1934 年。

四川省立图书馆：《图书集刊》，1942 年。

浙江省立图书馆、丽水县立民众教育馆联合图书室：《图书介绍》，1938 年。

浙江省立图书馆：《图书展望》，1935—1937 年。

浙江省立图书馆：《新书周报》，1935 年。

《浙江省立图书馆月刊》，1932 年。

《浙江省立图书馆馆刊》，1933—1935 年。

《浙江图书馆报》，1927—1931 年。

《浙江公立图书馆年报》，1915—1926 年。

浙江省立图书馆：《文澜学报》，1935年。

《中华图书馆协会会报》，1925—1948年。

中国图书馆协会执行委员会：《中华图书馆协会第一次年会报告》，中华图书馆协会事务所，1929年。

中华图书馆协会执行委员会：《中华图书馆协会概况》，中华图书馆协会事务所，1933年。

《图书书价目录十二种》，民国刻本、铅印本，上海图书馆藏。

《山东书局木板书籍目录》，山东书局铅印本，1925年，山东省图书馆藏。

《中华书局图书目录》，中华书局，1925年。

《云南图书馆发行书目》，云南图书馆铅印本，约1930年，云南图书馆藏。

《国立北平图书馆出版书籍目录》，国立北平图书馆，1939年。

朱士嘉：《官书局书目汇编》，中华图书馆协会，1933年。

《浙江省立图书馆出版图书目录》，浙江省立图书馆，1934、1936年。

《陕西图书馆附属版库实存书数目表》，1921年抄本，辽宁图书馆藏。

《广东图书馆附设印行所书目》，广东图书馆附设印行所，1920年。

何日章：《河南图书馆藏石目》，河南官印局，1925年。

李根源、何日章：《河南图书馆藏石跋》，河南官印局，1925年。

《福建省立图书馆图书目录》（上册），福建省立图书馆，1933年。

《江苏省立国学图书馆现存书目》，江苏省立国学图书馆，1948年。

王献唐：《砖瓦图书为甚么要开会展览》，山东省立图书馆，1931年。

董光忠：《山西万泉县阎子疙瘩（即汉汾阴后土祠遗址）之发掘》，山西公立图书馆，1932年。

毛春翔：《浙江省立图书馆藏书版记》，浙江省立图书馆，1935年。

李小缘：《云南书目》，1937年。

《二十五史》刊行委员会：《二十五史补编》，开明书店，1936—1937年。

潘承弼、顾廷龙：《明代版本图录初编》，开明书店，1941年。

《山东省立图书馆委员会记录簿》，稿本，山东省图书馆藏。

杜定友：《广东文化论丛》，广东省立图书馆，1949年。

## 二、史料汇编、丛书

中国第一历史档案馆：《纂修四库全书档案》，上海古籍出版社，1997年。

张静庐：《中国近现代出版史料》，上海书店出版社，2011年。

宋原放：《中国出版史料（近代部分）》，山东教育出版社、湖北教育出版社，2004年。

宋原放：《中国出版史料（现代部分）》，山东教育出版社、湖北教育出版社，2001年。

宋原放：《中国出版史料（现代部分补卷）》，山东教育出版社、湖北教育出版社，2006年。

王振鸣：《图书馆法规文件汇编》，河北大学图书馆学系，1985年。

徐蜀、宋安莉：《中国近代古籍出版发行史料丛刊》，北京图书馆出版社，2003年。

韦力：《中国近代古籍出版发行史料丛刊补编》，线装书局，2006年。

殷梦霞、李莎莎：《中国近代古籍出版发行史料丛刊续编》，国家图书馆出版社，2008年。

上海图书公司：《二十世纪中国古旧书业资料丛刊》，广陵书社，2008年。

张研、孙燕京：《民国史料丛刊》，大象出版社，2009年。

孙燕京：《民国史料丛刊续编》，大象出版社，2012年。

刘洪权：《民国时期出版书目汇编》，国家图书馆出版社，2010年。

国家图书馆典藏阅览部：《民国时期发行书目汇编》，国家图书馆出版社，2010年。

李万健、邓咏秋：《民国时期私家藏书目录丛刊》，国家图书馆出版社，2012年。

吴永贵：《民国时期出版史料汇编》，国家图书馆出版社，2013年。

山东省出版总社出版志编辑室：《山东出版志资料》（全八辑），山东人民出版社，1984—1989年。

山东省出版总社出版志编辑室：《山东出版志资料（山东省清末民国时期出版法令训令选编专辑）》，山东省出版总社，1990年。

广东省新闻出版局、《广东出版史料》编辑部：《广东出版史料》第2辑，《广东出版史料》编辑部，1991年。

李希泌、张椒华：《中国古代藏书与近代图书馆史料（春秋至五四前后）》，中华书局，1982年。

袁咏秋、曾季光：《中国历代国家藏书机构及名家藏读叙传选》，北京大学出版社，1997年。

北京图书馆业务研究委员会：《北京图书馆馆史资料汇编（1909—1949）》，书目文献出版社，1992年。

中国人民政治协商会议云南省委员会文史资料委员会：《云南文史资料选辑》第35辑，云南人民出版社，1989年。

王余光：《清末民国图书馆史料汇编》，国家图书馆出版社，2014年。

姚乐野主编，任家乐、胡康林副主编：《民国时期图书馆学家学术文选》，国家图书馆出版社，2019年。

山东省图书馆：《山东省图书馆馆史资料选编》，齐鲁书社，2015年。

南京大学校史研究室：《南京大学校史资料选编》第二卷，南京大学出版社，2019年。

中国人民政治协商会议镇江市委员会文史资料研究委员会：《镇江文史资料》第11辑《柳翼谋先生纪念文集》，政协镇江市委员会文史资料研究委员会，1986年。

尤中主编，云南省高等院校古籍整理委员会、云南大学西南古籍研究所编：《西南古籍研究1987》，云南人民出版社，1989年。

方国瑜主编，徐文德、木芹、郑志惠纂录校订：《云南史料丛刊》，云南大学出版社，1998年。

政协苏州市委员会文史资料委员会：《苏州文史资料》（第1—5辑），政协苏州市委员会文史资料委员会，1990年。

云南省地方志编纂委员会总纂，云南省新闻出版局编：《云南省志·出版志》，云南人民出版社，2000年。

杨柏林：《吉林省图书馆百年馆庆纪念文集》，吉林人民出版社，2009年。

卢子博主编，《南京图书馆志》编写组编纂：《南京图书馆志（1907—1995）》，南京出版社，1996年。

《浙江图书馆志》编纂委员会：《浙江图书馆志》，中华书局，2000年。

王爱功、张松道主编，刘中朝、孔德超、夏雁副主编：《河南省图书馆志》，吉林文史出版社，2009年。

王学典主编，陈峰、姜萌编撰：《20世纪中国史学编年 1900—1949》，商务印书馆，2014年。

高彦、王琳琳等：《新编国子监志》，中国社会科学出版社，2016年。

章太炎：《章氏丛书》，江苏广陵古籍刻印社据原版重印本，1981年。

郑振铎：《玄览堂丛书》，江苏广陵古籍刻印社影印本，1986—1987年。

王欣夫：《八年丛编》，上海人民出版社，2019年。

上海书店出版社：《丛书集成续编》，上海书店出版社，1994年。

《四库全书存目丛书》编纂委员会：《四库全书存目丛书》，齐鲁书社，1997年。

《山东文献集成》编纂委员会：《山东文献集成》，山东大学出版社，2006年。

云南省文史研究馆：《云南丛书》，中华书局影印本，2009年。

《清代诗文集汇编》编纂委员会：《清代诗文集汇编》，上海古籍出版社，2010年。

林夕、煮雨山房：《中国著名藏书家书目汇刊 近代卷》，商务印书馆，2005年。

浙江图书馆等：《浙江省民国时期传统装帧书籍普查登记目录》，国家图书馆出版社，2018—2019年。

## 三、当代整理、出版著述

［唐］房玄龄等撰，中华书局编辑部点校：《晋书》，中华书局，1974年。

［明］张志淳著，云南省文史研究馆编：《南园漫录校注》，云南民族出版社，1999年。

［清］永瑢等：《四库全书总目》，中华书局，1965年。

［清］赵之谦著，戴家妙整理：《赵之谦集》，浙江古籍出版社，

2015年。

［清］曾国藩著，唐浩明修订：《曾国藩全集》，岳麓书社，2012年。

［清］姚振宗撰，项永琴整理：《汉书艺文志条理》，王承略、刘心明主编：《二十五史艺文经籍志考补萃编》第三卷，清华大学出版社，2011年。

［清］姚振宗撰，朱莉莉整理：《三国艺文志》，王承略、刘心明主编：《二十五史艺文经籍志考补萃编》第九卷，清华大学出版社，2012年。

赵尔巽等：《清史稿》，《续修四库全书》编纂委员会：《续修四库全书》第300册，上海古籍出版社，1996年。

章太炎：《春秋左传读》，北京大学《儒藏》编纂与研究中心：《儒藏（精华编八三）》，北京大学出版社，2014年。

《咸阳经典旧志稽注》编纂委员会：《咸阳经典旧志稽注·[民国]重修咸阳县志》，三秦出版社，2010年。

魏隐儒：《中国古籍印刷史》，印刷工业出版社，1988年。

李致忠：《历代刻书考述》，巴蜀书社，1990年。

王雨著、王书燕：《王子霖古籍版本学文集》第1册《古籍版本学》，上海古籍出版社，2006年。

张秀民著，韩琦增订：《中国印刷史》，浙江古籍出版社，2006年。

黄永年：《古籍版本学》，江苏教育出版社，2009年。

张召奎：《中国出版史概要》，山西人民出版社，1985年。

宋原放、李白坚：《中国出版史》，中国书籍出版社，1991年。

张宪文、穆纬铭：《江苏民国时期出版史》，江苏人民出版社，1993年。

张煜明：《中国出版史》，武汉出版社，1994年。

寿勤泽：《浙江出版史研究·民国时期》，浙江大学出版社，1994年。

范慕韩：《中国印刷近代史初稿》，印刷工业出版社，1995年。

来新夏等：《中国近代图书事业史》，上海人民出版社，2000年。

叶再生：《中国近代现代出版通史》，华文出版社，2002年。

徐雁：《中国旧书业百年》，科学出版社，2005年。

王余光、吴永贵：《中国出版通史·民国卷》，中国书籍出版社，2008年。

元青主编，王建明、王晓霞等著：《中国近代出版史稿》，南开大学出版社，2011年。

吴永贵：《民国出版史》，福建人民出版社，2011年。

顾志兴：《浙江印刷出版史》，杭州出版社，2011年

张忠：《民国时期成都出版业研究》，巴蜀书社，2011年。

谢灼华：《中国图书和图书馆史》，武汉大学出版社，2011年。

张雪峰：《福建近代出版史研究》，中国书籍出版社，2015年。

肖东发、杨虎：《中国出版史》，北京大学出版社，2017年。

李明山：《中国近代版权史》，河南大学出版社，2003年。

吴永贵：《民国图书出版史编年：1912—1949》，社会科学文献出版社，2018年。

严文郁：《中国图书馆发展史：自清末至抗战胜利》，"中国图书馆学会"，1983年。

程焕文：《晚清图书馆学术思想史》，北京图书馆出版社，2004年。

韩永进：《中国图书馆史》，国家图书馆出版社，2017年。

叶景葵：《卷盦书跋》，古典文学出版社，1957年。

王献唐：《双行精舍书跋辑存》，齐鲁书社，1983年。

王重民：《中国善本书提要》，上海古籍出版社，1983年。

黄裳：《银鱼集》，生活·读书·新知三联书店，1985年。

王同愈著，顾廷龙编：《王同愈集》，上海古籍出版社，1998年。

周越然等：《蠹鱼篇》，辽宁教育出版社，1998年。

郑振铎撰，吴晓铃整理：《西谛书跋》，文物出版社，1998年。

孙殿起：《贩书偶记》（附续编），上海古籍出版社，1999年。

潘景郑：《著砚楼读书记》，辽宁教育出版社，2002年。

曹聚仁：《书林三话》，生活·读书·新知三联书店，2010年。

朱希祖：《明季史料题跋（外二种）》，中华书局，2012年。

叶德辉：《书林清话》，上海古籍出版社，2012年。

云南图书馆：《云南丛书简目》，云南图书馆油印本，1978年。

李小缘撰，云南省社会科学院文献研究室校补：《云南书目》，云南人民出版社，1988年。

北京图书馆：《民国时期总书目》，书目文献出版社，1986—1997年。

周振鹤：《晚清营业书目》，上海书店出版社，2005年。

杜泽逊：《四库存目标注》，上海古籍出版社，2007年。

北京图书馆普通古籍组：《北京图书馆普通古籍书目》，北京图书馆出版社，2008年。

云南省文史研究馆：《〈云南丛书〉书目提要》，中华书局，2010年。

魏小虎：《四库全书总目汇订》，上海古籍出版社，2012年。

杨海清、汤旭言：《湖北官书局版刻图录》，湖北教育出版社，2014年。

徐泳：《山东通志艺文志订补》，山东人民出版社，2016年。

王绍曾主编，沙嘉孙修订：《山东文献书目》（增订版），齐鲁书社，2017年。

国家图书馆、中华书局：《民国时期出版物总目录·民国线装图书总目》，国家图书馆出版社，2020年。

屈万里：《屈万里先生文存》，台湾联经出版事业公司，1985年。

梁启超：《梁启超全集》，北京出版社，1999年。

袁嘉谷著，袁丕厚编：《袁嘉谷文集》，云南人民出版社，2001年。

柳曾符、柳佳：《劬堂学记》，上海书店出版社，2002年。

王仲荦：《𪩘华山馆丛稿》，中华书局，2007年。

张元济：《张元济全集》，商务印书馆，2008年。

胡适：《20世纪佛学研究经典文库·胡适卷》，武汉大学出版社，2008年。

包天笑：《钏影楼回忆录》，生活·读书·新知三联书店，2014年。

章太炎：《章太炎全集》，上海人民出版社，2014—2017年。

顾廷龙著，《顾廷龙全集》编辑委员会编：《顾廷龙全集·文集卷》，上海辞书出版社，2015年。

王文楚：《史地丛稿》，上海人民出版社，2014年。

沈祖荣：《沈祖荣集》，武汉大学出版社，2016年。

海宁市档案局：《宋云彬文集》，中华书局，2015年。

柳诒徵著，杨共乐、张昭军主编：《柳诒徵文集》，商务印书馆，2018年。

梁方仲著，梁承邺等整理：《梁方仲遗稿·读书笔记》，广东人民出版社，2019年。

蒋复璁：《蒋复璁文集》，美国美商 EHGBooks 微出版公司，2017 年。

李国庆编著，周景良校定：《弢翁藏书年谱》，黄山书社，2000 年。

姚奠中、董国炎：《章太炎学术年谱》，三晋出版社，2014。

叶笑雪：《〈徐森玉年谱〉手稿》，中华书局，2015 年。

张书学、李勇慧：《王献唐年谱长编（1896—1960）》，华东师范大学出版社，2017 年。

郑振铎著，刘哲民、陈政文编：《抢救祖国文献的珍贵记录　郑振铎先生书信集》，学林出版社，1992 年。

黄侃：《黄侃日记》，中华书局，2007 年。

陈大康：《张文虎日记》，上海书店出版社，2009 年。

安可荇、王书林手稿整理，杜泽逊编校整理：《王献唐师友书札》，青岛出版社，2009 年。

俞樾著，张燕婴整理：《俞樾函札辑证》，凤凰出版社，2014 年。

杨天石：《钱玄同日记》（整理本），北京大学出版社，2014 年。

刘承幹著，陈谊整理：《嘉业堂藏书日记抄》，凤凰出版社，2016 年。

郑振铎，陈福康整理：《为国家保存文化　郑振铎抢救珍稀文献书信日记辑录》，中华书局，2016 年。

钱伯城、郭群一整理，顾廷龙校阅：《艺风堂友朋书札》，上海人民出版社，2018 年。

郑振铎：《郑振铎日记》，商务印书馆，2018 年。

温州市图书馆编，方浦仁、陈盛奖整理：《刘绍宽日记》，中华书局，2018 年。

郑天挺：《郑天挺西南联大日记》，中华书局，2018 年。

谢彬：《云南游记》，云南人民出版社，2019 年。

郑振铎：《劫中得书记》，上海古籍出版社，2019 年。

方树梅著，戴群整理，吴格审定：《北游搜访文献日记》，上海人民出版社，2020 年。

伦明：《辛亥以来藏书纪事诗（外二种）》，北京燕山出版社，2008 年。

吴则虞撰，吴受琚增补，俞震、曾敏整理：《续藏书纪事诗》，国家图书馆出版社，2016 年。

王绍曾、沙嘉孙：《山东藏书家史略》，山东大学出版社，1992 年。

王水乔：《云南藏书文化研究》，云南人民出版社，2015年。

骆伟：《岭南文献综录》，广东人民出版社，2016年。

徐成志、王思豪：《桐城派文集叙录》，安徽大学出版社，2016年。

江澄波：《吴门贩书丛谈》，北京联合出版公司，2019年。

李勇慧：《一代传人王献唐》，山东教育出版社，2012年。

李勇慧：《王献唐著述考》，山东教育出版社，2014年。

张人凤：《张元济与中国近现代图书馆事业》，上海科学技术文献出版社，2014年。

柳和城：《书里书外：张元济与现代中国出版》，上海交通大学出版社，2017年。

柳和城：《百年书人书楼随笔》，浙江教育出版社，2017年。

陈正宏：《东亚汉籍版本学初探》，中西书局，2014年。

张仲民：《出版与文化政治：晚清的"卫生"书籍研究》，上海书店出版社，2009年。

罗琤：《金陵刻经处研究》，上海社会科学院出版社，2010年。

彭卫国、胡建强：《民国刻本经眼录》，上海远东出版社，2011年。

石祥：《杭州丁氏八千卷楼书事新考》，上海古籍出版社，2011年。

许静波：《石头记：上海近代石印书业研究（1843—1956）》，苏州大学出版社，2014年。

［美］芮哲非著，张志强等译：《谷腾堡在上海：中国印刷资本业的发展（1876—1937）》，商务印书馆，2014年。

郭立暄：《中国古籍原刻翻刻与初印后印研究》，中西书局，2015年。

苏精：《铸以代刻：十九世纪中文印刷变局》，中华书局，2018年。

李开升：《明嘉靖刻本研究》，中西书局，2019年。

杨丽莹：《清末民初的石印术与石印本研究——以上海地区为中心》，上海古籍出版社，2018年。

项旋：《皇权与教化：清代武英殿修书处研究》，中国社会科学出版社，2020年。

吴瑞秀：《清末各省官书局之研究》，花木兰文化出版社，2005年。

邓文锋：《晚清官书局述论稿》，中国书籍出版社，2011年。

王晓霞：《纲维国本：晚清官书局研究》，江西高校出版社，2018年。

唐桂艳：《山东书局研究》，山东大学出版社，2020年。

兰秋阳：《金陵书局与晚清学术（1864—1911）》，中国社会科学出版社，2022年。

顾颉刚：《当代中国史学》，辽宁教育出版社，1998年。

王先明：《近代新学：中国传统学术文化的嬗变与重构》，商务印书馆，2000年。

罗志田：《国家与学术：清季民初关于"国学"的思想论争》，生活·读书·新知三联书店，2003年。

王明德等：《近代中国的学术传承》，巴蜀书社，2010年。

[法]费夫贺、马尔坦著，李鸿志译：《印刷书的诞生》，广西师范大学出版社，2006年。

桑兵：《治学的门径与取法——晚清民国研究的史料与史学》，社会科学文献出版社，2014年。

沈珉：《现代性的另一副面孔：晚清至民国的书刊形态研究》，中国书籍出版社，2015年。

江琳：《从"文物保护"到"文化保护"：近代中国文物保护的制度与实践研究（1840—1949）》，新华出版社，2015年。

[美]包筠雅著，刘永华、饶佳荣等译：《文化贸易：清代至民国时期四堡的书籍交易》，北京大学出版社，2016年。

张仲民：《种瓜得豆：清末民初的阅读文化与接受政治》，社会科学文献出版社，2016年。

周振鹤：《中国行政区划通史》，复旦大学出版社，2014年。

宁侠：《四库禁书研究》，商务印书馆，2018年。

朱贞：《清季民初的学制、学堂与经学》，社会科学文献出版社，2019年。

潘光哲：《晚清士人的西学阅读史（1833—1898）》，凤凰出版社，2019年。

秦嘉杭：《新中国雕版印书研究》，北京大学出版社，2020年。

刘洪权：《民国时期古籍出版研究》，安徽教育出版社，2022年。

## 四、学位论文

刘洪权：《民国时期古籍出版研究》，2003年北京大学博士学位论文。

黄林：《晚清新政时期出版业研究》，2004年湖南师范大学博士学位论文。

王茜：《嘉业堂藏书聚散考》，2005年复旦大学博士学位论文。

吴忠良：《南高史地学派研究》，2005年华东师范大学博士学位论文。

黄宝忠：《近代中国民营出版业研究——以商务印书馆和中华书局为考察对象》，2007年浙江大学博士学位论文。

杜少霞：《民国时期古籍版本学研究》，2007年郑州大学硕士学位论文。

陈谊：《嘉业堂刻书研究》，2009年复旦大学博士学位论文。

宋立：《浙江官书局研究》，2010年河南大学硕士学位论文。

蒋鹏翔：《〈古逸丛书〉编刊考》，2011年复旦大学博士学位论文。

孙淑贤：《晚清官书局刊书辑考》，2013年南京大学硕士学位论文。

徐琼：《广雅书局研究》，2014年华中师范大学硕士学位论文。

张娟：《江苏官书局研究》，2016年河南大学硕士学位论文。

周武：《张元济研究》，2017年华东师范大学博士学位论文。

兰秋阳：《金陵书局与晚清学术（1864—1911）》，2018年中国社会科学院博士学位论文。

陈振林：《"孤岛"时期文献保存同志会研究》，2018年华中师范大学硕士学位论文。

石杰：《清末陕西味经书院与味经官书局出版活动研究》，2019年山东大学硕士学位论文。

罗伟华：《江楚编译书局研究》，2019年华东师范大学硕士学位论文。

付青云：《民国时期苏州图书馆研究（1914—1937）》，2019年苏州科技大学硕士学位论文。

## 五、期刊论文、论文集

梁启超：《近代学风之地理的分布》，《清华学报》1924年第1卷第1期。

王献唐：《复傅斯年书》，《山东省图书馆季刊》1982年第1期。

柳曾符：《章炳麟致柳诒徵论修史书》，《文献》1982年第3期。

黄炯旋：《广东藏书家小记（六）·徐信符》，《广东图书馆学刊》1982年第3期。

方人烥：《广东板刻纪事》，《广东图书馆学刊》1982年第3期。

胡道静：《章太炎〈庄子解故〉本源》，《古籍整理研究学刊》1985年第3期。

王笛：《清末新政与近代学堂的兴起》，《近代史研究》1987年第3期。

吴家驹：《清季各省官书局考略》，《文献》1989年第1期。

徐苏撰：《江苏官书局考辨》，《图书馆杂志》1990年第5期。

曹之：《民国时期的古籍出版业》，《图书馆工作》1991年第1期。

杜泽逊：《海源阁藏书目录考略》，《山东图书馆季刊》1992年第2期。

王绍曾：《日照王献唐先生事略》，《山东图书馆季刊》1994年第1期。

陈刚：《中国近代图书市场研究》，《编辑学刊》1995年第2期。

桑兵：《晚清民国时期的国学研究与西学》，《历史研究》1996年第5期。

杨扬：《民间出版业对二十世纪中国文化事业的影响》，《文艺理论研究》1999年第3期。

罗志田：《史料的尽量扩充与不看二十四史——民国新史学的一个诡论现象》，《历史研究》2000年第4期。

张磊：《官书局刻书考略》，《图书馆》2001年第2期。

沈津：《郑振铎致蒋复璁信札（上）》，《文献》2001年第3期。

沈津：《郑振铎致蒋复璁信札（中）》，《文献》2001年第4期。

沈津：《郑振铎致蒋复璁信札（下）》，《文献》2002年第1期。

赵达雄：《浙江图书馆的版本庋藏与雕版印刷》，《图书馆杂志》2001年第5期。

赵万里：《明人文集题记（二）》，《文史》2000年第4辑。

赵万里：《明人文集题记（四）》，《文史》2001年第2辑。

全根先：《民国时期图书馆刊刻古籍述略》，《新世纪图书馆》2004年第5期。

梁玉泉：《清末上海的书籍市场（1898—1901）——以〈申报〉书籍广告为例》，《南京晓庄学院学报》2005年第3期。

史革新：《试论晚清诸子学的兴起》，《史学月刊》2006年第2期。

熊贤君：《民国时期的国学教育及价值解读》，《民国档案》2006年第3期。

姜庆刚：《王献唐信札十三则》，《山东图书馆季刊》2007年第4期。

吴家驹：《局本〈二十四史〉述略》，《图书馆理论与实践》2007年第5期。

张仲民：《从书籍史到阅读史——关于晚清书籍史/阅读史研究的若干思考》，《史林》2007年第5期。

吴永贵：《论我国出版业近代化转型的内外部因素》，《济南大学学报（社会科学版）》2008年第3期。

曾广庆、赵振华：《民国时期河南博物馆藏洛阳出土文物》，洛阳博物馆编《洛阳博物馆建馆50周年论文集》，2008年大象出版社排印本。

赵达雄：《近代名人与浙江图书馆》，《图书馆研究与工作》2008年第1期。

［美］梅尔清著，刘宗灵、鞠北平译，马钊校：《印刷的世界：书籍、出版文化和中华帝国晚期的社会》，《史林》2008年第4期。

徐有富：《柳诒徵与国学图书馆》，《古典文献研究》2008年第11辑。

徐有富：《试论〈云南书目〉》，《大学图书馆学报》2009年第3期。

刘洪权：《民国雕版刻书研究》，《图书情报知识》2010年第4期。

胡学彦：《清末杭州的浙江官书局》，《出版史料》2011第2期。

熊龙：《西汉"海内皆臣"砖研究》，《四川文物》2011年第6期。

李勇慧：《王献唐〈守书日记〉辑注》，《文献》2011年第2期。

苏晓君：《郑振铎藏"文献保存同志会"购书单据概述》，《文津学志》2013年第1期。

琚青春：《河南省图书馆馆藏木刻书版考略》，《文史博览（理论）》2013年第1期。

隗静秋、董强：《"顺势而行"的晚清官书局创置与衍变——以浙江官书局为中心的考察》，《中国出版》2013年第12期。

刘洪权：《民国时期图书馆对刻书版片的保护》，《大学图书馆学报》2014年第6期。

段继红：《近现代上海民营出版业的运作模式》，《编辑之友》2014

年第 12 期。

刘明：《郑振铎编〈玄览堂丛书〉的底本及入藏国家图书馆始末探略》，《新世纪图书馆》2014 年第 7 期。

林振岳：《学海堂、广雅书局书版之归宿》，《书屋》2014 年第 11 期。

俞国林：《章太炎上曲园老人手札考释》，《文献》2016 第 1 期。

李冬凌：《民国文献视野下国立北平图书馆的编辑出版初探》，《山东图书馆学刊》2016 年第 6 期。

王细荣：《从文献统计看中国近代图书馆的图书出版》，《大学图书馆学报》2017 年第 1 期。

何朝晖：《对象、问题与方法：中国古代出版史研究的范式转换》，《中国出版史研究》2017 年第 2 期。

盛丹艳：《〈学衡〉办刊理念及其文化价值》，《理论视野》2017 年第 5 期。

王细荣：《中国近代图书馆图书出版的书业性质》，《出版发行研究》2018 年 1 期。

兰秋阳：《晚清地方书局兴起缘由探析》，《安徽史学》2018 年第 1 期。

刘姝：《版本流变中的国学类图书出版趋势——以章太炎〈国学概论〉为例》，《中国出版史研究》2018 年第 2 期。

李绪柏：《广雅书局与〈史学丛书〉》，《广州大典研究》2018 年第 2 辑。

苏维：《探寻郑振铎与近代中国古籍影印之情——以南京图书馆新见民国时期国立中央图书馆书目档案为据》，《新世纪图书馆》2018 年第 4 期。

王细荣：《中国近代图书馆图书出版的价值取向》，《河南科技学院学报》2018 年第 3 期。

邓志伟：《京都大学馆藏〈章炳麟手稿〉刍议》，《中国文化研究》2018 年第 4 期。

吴真：《郑振铎与战时文献抢救及战后追索》，《文学评论》2018 年第 6 期。

周武：《张元济赴日访书与民族记忆的修复》，《学术月刊》2018 年第 6 期。

智晓静、智晓敏：《民国时期图书馆出版实践初探》，《新世纪图书馆》2019 年 9 期。

梁明青：《云南书局、官书局及其刻书考》，《文献》2019年第1期。

刘洪权：《中国近代新式交通发展与出版业的转型》，《现代出版》2019年第3期。

褚金勇：《作为变革动因的印刷机：中国近代文人著述出版的观念转型》，《出版发行研究》2019年第8期。

王岩、李彭元：《中华图书馆协会的主要调查活动》，《图书馆论坛》2019年第10期。

陈壁生：《从〈訄书〉到〈检论〉——章太炎先生〈检论手稿〉的价值》，《人文杂志》2019年第11期。

欧阳哲生、左玉河、阎书钦、李帆、郑大华：《多维度视阈下的民国学术发展》，《史学理论研究》2020年第1期。

马学良：《公心与私意之间：〈四库全书珍本初集〉影印始末考略》，《中国出版史研究》2020年第2期。

董婧宸：《章太炎〈文始〉的成书与版本考》，《民俗典籍文字研究》2020年第2期。

朱宝元：《晚清官书局本的刷印》，《中国出版史研究》2020年第3期。

徐长生：《〈正谊堂丛书〉与〈正谊堂全书〉考论》，《安徽理工大学学报（社会科学版）》2020年第1期。

董婧宸：《从〈说文解字〉授课到学术著述：章太炎〈小学答问〉编纂修订考》，《杭州师范大学学报（社会科学版）》2020年第4期。

虞万里：《章太炎〈检论〉手稿的文献学考察》，《文献》2021年第3期。

王晓霞：《新旧之间：江楚编译局始末》，《中国出版史研究》2022年第1期。

徐忆农：《〈玄览堂丛书〉的传播与影响》，《印刷文化（中英文）》2022年第2期。

胡培培：《中国雕版印刷业的夕阳晚照——民国时期公共图书馆雕版印书探析》，《出版科学》2022年第2期。

杨长春：《清末走向世界声中的江苏官立书局》，中国近代现代出版史编纂组：《中国近代现代出版史学术讨论会文集》，中国书籍出版社，

1990 年。

江澄波：《晚清江苏三大官书局刻书》，叶再生：《出版史研究》第 3 辑，中国书籍出版社，1995 年。

王雏文、王雅文、王蘅文、王曼文：《先祖王宗炎先生事略》，泰州市海陵区政协学习文史资料研究委员会：《海陵文史》第 10 辑，1999 年。

徐信符：《广东版片记略》，广东炎黄文化研究会、番禺炎黄文化研究会编：《岭峤春秋 徐信符研究文献集》，广东人民出版社，2004 年。

黄少明：《民国时期公共图书馆的出版物》，佐斌：《教育文献信息建设》，华中师范大学出版社，2005 年。

左玉河：《从保存国粹到整理国故 近代中国学术转型中的民族主义情结》，《中国近代史上的民族主义——第二届中国近代思想史国际学术研讨会论文集》，2006 年。

齐鲁书社：《藏书家》（1—5）合订本，齐鲁书社，2014 年。

李明奎、铁胜定：《方孝秉〈盘龙山纪要〉整理研究》，《西南古籍研究》，2015 年。

李军：《王献唐〈吴愙斋先生年谱校记〉书后——顾廷龙、王献唐两先生交往事迹拾补》，《天一阁文丛》第 14 辑，2016 年。

沙志利：《〈春秋左传读〉撰作及刊印时间考》，北京大学《儒藏》编纂与研究中心：《儒家典籍与思想研究》第 8 辑，2016 年。

范军：《崇文书局及晚清官书局研究论集》，崇文书局，2017 年。

# 附录 《云南丛书》子目版本情况表

| 序号 | 《云南丛书》目录 | 已刊 | 版本情况[①] | 详细信息 |
|---|---|---|---|---|
|  | 初编 |  |  |  |
|  | △经部 |  |  |  |
| 1 | 《周易标义》三卷[清]李澄撰 | ○ | 新刊 | 未见他本 |
| 2 | 《读易浅说》十卷[清]李澄撰 |  |  |  |
| 3 | 《彖象合参》二卷[清]李澄撰 |  |  |  |
| 4 | 《观象反求录》一卷[清]甘仲贤撰 | ○ | 新刊 | 未见他本 |
| 5 | 《诵诗小识》三卷[清]赵铭撰 | ○ | 新刊 | 未见他本 |
| 6 | 《诗小学》三十卷《补遗》一卷[清]吴树声撰[②] |  |  |  |
| 7 | 《诗经原始》十八《卷首》二卷[清]方玉润撰 | ○ | 据清同治十年陇东分署刊《鸿蒙室丛书》本重刻 | 《鸿蒙室丛书》本版心有："鸿蒙室丛书 三十六种之三。" |
| 8 | 《齐风说》一卷[清]李坤撰 | ○ | 新刊 | 未见他本 |

---

① 《云南丛书》各子目版本或根据序跋信息，或与原刻书影对照，相关信息照录，书影对照从略。
② 云南图书馆藏本刊稿末六卷，不全，当是民国时期搜辑到的卷数。

428

续表

| 序号 | 《云南丛书》目录 | 已刊 | 版本情况 | 详细信息 |
|---|---|---|---|---|
| 9 | 《勿自弃轩遗稿》一卷 [清] 华嵘撰 | ○ | 丛书处重刻 | 《云南地方文献概说》："有其书从未付梓而由丛书处新梓者，如华嵘的《勿自弃轩遗稿》、张星柳的《天船诗集》诸书等是。"①然《古籍总目》载有清光绪十五年（1889）粤西奉议州官廨刻《昆明华氏丛刻》本，或未见此本。 |
| 10 | 《拙修庵读书脞记》六卷 [清] 赵联元撰 | | | |
| 11 | 《泰律》十二卷《外篇》三卷 [明] 葛仲选撰 | ○ | 据清光绪二十八年经正书院刻版重印 | |
| 12 | 《韵略易通》一卷 [明] 释本悟撰 | ○ | 据清康熙刻本重刻 | 此书原被赵潘等人误以为兰茂所著，卷端原题为"嵩明兰茂止庵著"，后改为"瑶泠山大戒本悟集撰"，潘序："嵩名本悟本悟禅师集校，法孙通梓阅之。"后有1917年袁嘉谷跋，同认为此书为兰茂所作。 |
| 13 | 《等音声位合汇》二卷 [清] 高奣映撰 | ○ | 据刻本重刻 | |
| 14 | 《切韵正音经纬图》一卷 [清] 释宗常撰 | ○ | 据清康熙刻本重刻 | 前有康熙三十九年（1700）释宗常序："兹付梓，惟以若辈口传心受虽能记忆，恐其日久木无遗忘。""卷端："昆明海印寺释宗常纂述，曹州双河连沛较正。"北大藏有清康熙三十九年（1700）昆明海印寺刻本。 |

① 李友仁主编，李怡苹撰稿，云南省图书馆编：《云南地方文献概说》，云南美术出版社，2005年，第178页。

续表

| 序号 | 《云南丛书》目录 | 已刊 | 版本情况 | 详细信息 |
|---|---|---|---|---|
| 15 | 《歌麻古韵考》四卷[清]吴树声撰 | ○ | 据清同治八年刻本重印 | 后有吴树声跋："是编成于咸丰，纪元庚戌，辛亥之间，弃簦者十有余年，因承乏冲涂，又军书旁午，弗克授梓也。己巳(1869)夏，案牍余暇，校勘一过，匆匆授梓，刊成后又得歌字二条……" |
| | ◁史部 | | | |
| 16 | 《滇云历年传》十二卷[清]倪蜕撰 | ○ | 据道光二十六年刻本重刻 | 吉林大学图书馆藏道光二十六年(1846)本，行歌一致，字体极为相似，或是直接上版。 |
| 17 | 《苗载》残本二卷[明]张合撰 | ○ | 据国学图书馆抄本刊刻 | 1924年刻本。前有1924年李根源序：《南园漫录》暨《禹山诗文集》刻于昆明，赵介庵师来书云图书馆藏有《苗载》，因致书江宁，何小泉、苏州两馆借钞，复书并云无之，辄深怅惘。今年春，方瞩仙树梅复来书云访确有钞本存宁馆，乃南亲任检阅，乃得之于丛残中，为出资付钞本，费半月力乃蒇事。……乃仪签注数条，属寄介庵。虚斋两师订正付样。" |
| 18 | 《史筌》五卷《首》一卷[清]杨铭柱辑 | ○ | 据清光绪八年刻版重印 | 前有陈荣昌《杨侍御传》。 |
| 19 | 《武昌纪事》一卷[清]陈徽言撰 | ○ | 据清咸丰七年刻同治四年补刻本重刻 | |
| 20 | 《关中奏议》十八卷[明]杨一清撰 | ○ | 据清宣统二年云南图书馆刻版重印 | |

续表

| 序号 | 《云南丛书》目录 | 已刊 | 版本情况 | 详细信息 |
|---|---|---|---|---|
| 21 | 《人鉴》一百四十八卷 [清] 喻怀信撰 | | | |
| 22 | 《滇南山水纲目》二卷 [清] 赵元祚撰 | ○ | 据民国元年云南图书馆刻版重印 | 前有民国元年十二月周钟岳《三刻滇南山水纲目序》："宣统纪元友人搜获我轩先生《滇南山水纲目》二册，刻之，板存学务公所。三年九月义军反正，板片毁失净尽。今岁秋，余馆学篆，属图书科科长秦君溁安、科员王君聚五为之校雠，复取旧藏本付图书馆庶务员何君筱泉刻之，工既竣，间序子余。" |
| 23 | 《滇小记》一卷 [清] 倪蜕撰 | ○ | 据抄本刻 | 前有1918年赵潘序："《滇小记》二卷旧钞本上卷已佚，今以下卷刊入《云南丛书》"。 |
| 24 | 《滇系》不分卷 [清] 师范辑 | ○ | 据清光绪六年云南书局刻版重印 | 光绪六年（1880）云南书局刻本牌记"光绪庚辰春云南书局刻"，又有人民大学图书馆藏一本牌记"光绪丁亥（十三年）云南通志局刊"，实为同一版本。 |
| 25 | 《云南备征志》二十一卷 [清] 王崧辑 | ○ | 据清道光十一年刻本，宣统二年云南官报局排印本重刻 | 前有宣统二年（1910）春正月陈荣昌序："滇中掌故之书，为滇人所繁辑者，以赵州师荔扉之《滇系》、浪穹王乐山之《云南备征志》为尤著。……回氓平，遂重刻剥而《备征志》寂焉无闻。惟秦瑞堂廉家藏其书一部耳。……宣统元年己酉冬，滇开图书馆征南中旧籍，瑞堂出其书，郭子南学使乃谋排印数百部以广其传，而乐山先生将坠以绪赖不绝。" |

续表

| 序号 | 《云南丛书》目录 | 已刊 | 版本情况 | 详细信息 |
|---|---|---|---|---|
| 26 | 《南越游记》三卷 [清] 陈徽言撰 | ○ | 据清咸丰七年刻本重刻 | |
| 27 | 《鼎堂金石录》二卷 [清] 吴树声撰 | ○ | 据袁氏藏稿本影印 | |
| 　　子部 | | | | |
| 28 | 《艾自新艾自修》二卷 [明] 陈荣昌辑子目：《艾云苍语录》一卷 [明] 艾自新撰 《艾雪苍语录》一卷 [明] 艾自修撰 | ○ | 据清光绪二十三年陈荣昌刻三十四年补刻版重印 | 前陈荣昌《艾云仓先生传》末有光绪二十六年（1900）题："艾云仓曾公即子前序所称国子先生者也，前刻《希圣录》时未得此传，今从剑川赵月村大守得之，因朴刊焉。月村又以云仓先生教家录寄予，予又从大和李南彬广文乞得《钟山合璧》贰册，稍暇亦当补刻。"光绪二十三年（1897）陈荣昌《重刻希圣录序》："《希圣录》一卷，原刻世不多有，襄从亡友吕子恂处寄在己亥庚子间，忽忽八九年，今秋检旧箧得之，亟命儿子诒书重录而校刊焉，与《希圣录》合为一册，附槲村原札子卷末以志其末历云。"又有陈荣昌记："樨村，今秋检旧箧得之，亟命儿子诒书重录而校刊焉，附槲村原札子卷末以志其末历云。"卷端无"云南丛书"字。 |

续表

| 序号 | 《云南丛书》目录 | 已刊 | 版本情况 | 详细信息 |
|---|---|---|---|---|
| 29 | 《素蒙图说》一卷［明］涂时相撰 | ○ | 据乾隆十三年云南梦杏书屋刻本重刻 | 天津图书馆藏清乾隆十三年（1748）刻本 |
| 30 | 《镜谭》一卷［清］张锦蕴撰 | ○ | 据清刻本重刻 | 卷端："滇蒙张锦蕴甫著，男端、弼重校，裔孙邹隆重录。"后有张锦蕴《镜谭自序》："诸君子同一寓目，皆谓可以镜得失，乐付之剞劂。" |
| 31 | 《道南录》初稿一卷［清］迟祚永撰 | ○ | 新刊 | 未见他本，卷端：云南丛书子部之四（与著者字体略不同）。 |
| 32 | 《孝弟录》二卷［清］李文耕撰 | ○ | 据清刻本重刻 | |
| 33 | 《寸录》八卷［清］窦垿撰 | ○ | 据清刻本重刻 | |
| 34 | 《续理学正宗》四卷［清］何桂珍辑 | ○ | 据清道光刻本重刻 | 前有道光二十五年（1845）唐鉴序，道光二十六年（1846）何桂珍序，道光二十五年（1845）何桂珍序。 |
| 35 | 《何文贞公千字文》一卷［清］何桂珍撰 | ○ | 据清光绪二十八年云南官书局刻版重印 | 另有清光绪二十三年（1897）北京会文斋写刻本，行款、内容均同。封面题"光绪丁酉 何文贞公千字文 版存京都正阳门外琉璃厂东门内坂子庙路东会文斋"。 |
| 36 | 《味道集》一卷［清］段植龄撰 | | | |

① 梁明青《云南书局、官书局及其刻书考》一文认为"此种书（陈荣昌书《何文贞公千字文》）是云南官书局独有图书"，待商榷。

续表

| 序号 | 《云南丛书》目录 | 已刊 | 版本情况 | 详细信息 |
|---|---|---|---|---|
| 37 | 《杨刘周三先生语录合钞》三卷 何秉智辑 子目：《知陋轩迂谈》一卷[清]杨昌撰 《藏拙居遗文》一卷[清]刘道撰 《郁云语录》一卷[清]周文龙撰 | ○ | 据抄本新刻 | 前有1917年何秉智《杨刘周三先生语录合钞序》："历下周书昌氏修《四库全书》，搜《永乐大典》，于书成后尚得十余种，为世艳称。……滇辑丛书都数千卷，搜罗之富，编刊之慎，三年于兹。秉智盖赞助其间，终始其事。书分四部而子部较轻，史集为鲜，自成国以来学术风涌，诸子争鸣……滇之语录以邓川二艾为粹，李复斋《喜闻过斋集》、窦兰泉《抹寸录》抑其次也，近则有永北杨星楼先生之《知陋轩迂谈》，昆明刘正庵先生之《藏拙居遗文》，周郁云先生之《遗集》……滇风素朴，言必顾行，三先生之语录无非体验有得之言……于是汇三先生之作精而择之，合而编之，各为一卷，名曰《三先生语录》，合钞付诸《丛书》子部之末，庶几历下搜存古籍之意云"。 |
| 38 | 《反身要语》一卷[清]邹泽撰 | ○ | 新刻 | 未见他本 |
| 39 | 《存真录》一卷[清]吴昌南撰 | ○ | 新刻 | 未见他本 |
| 40 | 《尚志斋慎思记》《讼过记》一卷[清]吕存德撰 | ○ | 据清光绪二十二年刻本重刻 | 北大藏光绪二十二年（1896）刻本，行款不同，后有光绪二十二年（1896）陈荣昌跋、祭文。 |
| 41 | 《医门肇要》二卷[明]兰茂撰 | ○ | 据清刻本重刻 | |

续表

| 序号 | 《云南丛书》目录 | 已刊 | 版本情况 | 详细信息 |
|---|---|---|---|---|
| 42 | 《滇南本草》三卷 [明] 兰茂撰 | ○ | 据清刻本重刻 | 前有赵藩序："兰有旧坊刻本，其中有刘乾添注数条，刘不详何时何地人，恐非兰止庵先生。至新坊刻兰本则太糅杂，且中时称止庵先生，决为无识者窜乱止庵之书矣。惟道光中院人孙兆熊以同知吏目中称工绘，光绪传钞本，兰茂旧坊刻本，乃得药四百一十种，分载与杨慎之说，亦间附己说，自绘为图而刊之，曰《一隅本草》，其书尚可备医家之用。"（务本堂本作"滇南草本"，管暄校、管渡订。） |
| 43 | 《信古斋句股一贯述》四卷 [清] 朱演撰 | ○ | 暂未确定 | 目前所见卷端无"云南丛书"字，且版式字密紧凑，不似云南丛书他刻。 |
| 44 | 《筹算法》一卷 | ○ | 新刊 | 未见他本 |
| 45 | 《皇极经世心易发微》八卷《首》一卷《末》一卷附《补遗》一卷（原缺卷七至八）[明] 杨体仁撰 | ○ | 以清光绪刻本增补 | 后有1916年袁嘉谷跋："余读明史，知杨野崖先生《心易发微》已收《艺文志》，及读《四库提要》，则于是书多微词，仅列存目。因回欲觅其书而而得耳。光绪中，陈君少庚重刻之，凡八卷，惟末两卷仅有目而阙其文，亦非足本也。滇开丛书馆，余取以校刻本，群集珍萃，先生之乡人王君永言得是书钞本示余，无关发怙，余钞以原书同，可以补阙如，则颇倒阙如。然钞本未首卷之序，又阙邓方伯之末，其文体存谢断非赝作，闻之王君，钞本谱多数十页，附于刻本之末，若夫刻本八卷则仍不敢轻子童意。……乃审定而论焉，近日劳宿未者增刻之，见《明史》号野崖，先生名向春，不作'向春'。盖言慎也。知近日劳宿未者增刻之，今刻本名'体仁'，不作'向春'，号野崖，见《滇系》《滇志》有'字体元'之说，岂以音近而传讹欤？" |

435

续表

| 序号 | 《云南丛书》目录 | 已刊 | 版本情况 | 详细信息 |
|---|---|---|---|---|
| 46 | 《澹一斋草草谱》一卷 [清] 孙藩篆 | ○ | 以钤印稿本石印 | 后有1918年七世孙孙桂馨跋:"戊午之冬,之图书馆访何君筱泉,始悉辑刻《滇南丛书》一帙将付剞劂……有清一代,吾滇以铁笔鸣天下者,有澹一斋介庵王雪庐、孙铁州、谷梦山诸先生,自足与祖后先辉映,以视金昔、钝丁有过之无不及也。" |
| 47 | 《介庵印谱》一册 [清] 释湛福篆 | ○ | 以钤印稿本石印 | 牌记:"乙卯岁十月石屏袁氏藏本云南丛书馆印"。前有1915年李坤跋:"此册为石屏袁介弟树五同年袁铭泉先生藏,余读《冷官余谈》而知之,亟询铭泉介弟树五同年,谓尚存子家,遂趣付影印以广其传。"1915年袁嘉谷序:"环滇池而居者有三僧,一苍雪,呈贡人;一担当,晋宁人;其三则介福,昆明人,以书画名,介庵名湛福,精研三礼,楷逼钟王,隶追两汉,身虽释而学则儒仲兄铭泉广文藏其印谱二百六十一方,合一巨册,称为四绝……爱付石印。"末"云南崇文印书馆写真石印。" |
| 48 | 《王雪庐红书》一册 [清] 王孥篆 | ○ | 以钤印稿本石印 | 一名书学印谱,卷端:"书学印谱 滇池王孥雪庐镌篆,授业郝敬贤、郝尊贤同校。"牌记:"民国四年乙卯启文局印。" |
| 49 | 《十瓶斋印谱》二册不分卷 [清] 孙铸篆 | ○ | 以钤印稿本石印 | 又名《十瓶斋石言》,版心:十瓶斋。 |
| 50 | 《咏秋吟馆红书》一册 [清] 谷篆 | ○ | 以钤印稿本石印 | 启文局印。 |

续表

| 序号 | 《云南丛书》目录 | 已刊 | 版本情况 | 详细信息 |
|---|---|---|---|---|
| 51 | 《南园漫录》十卷 [明] 张志淳撰 | ○ | 据民国元年李根源本重印 | 民国元年李根源《重刊南园漫录序》："岁辛亥，袁君树五自内府抄出《南园漫录》一集，付席君上骏，归示孙少元先生，源因得见，以为当世孤本，欲梓以行。合有事于西陲，乃属施君少云为之检校，比西事定，师旋次永昌，而施君书适来，以将毕工，索数语为序。"民国元年赵藩《南园漫录序》："明保山张侍郎志淳与子合，一门文事，著录竟然。侍即所著曰《南园集》《西铭通法》《续录》。合昌二芳记》《李太白诗选》《禺山诗文选》。余搜得所著曰《贲所文集》《禺山诗文选》旧刻本，已付腾冲兵火顿仍，书皆久佚。余搜得内府抄本《南园漫录》，而印泉又得所印泉李君刊本，将讫工，属余序之。……近年印泉极意搜刻乡先正遗书，所得曼夥，风声所树，岩扃管井，发露秘藏，亦复木于昆明，所得曼夥，风声所树，岩扃管井，发露秘藏，余无乐得而读之叙之，侍其喁矢云。""腾越后学根源意搜校刊。""宁、玄等避讳，版心下有字数。 |
| 52 | 《育书》一卷 [清] 张登瀛撰 | ○ | 重刻本，底本或为清嘉庆刻本 | 全书似不全，前有嘉庆元年（1796）秦维岳序，嘉庆十八年（1813）刘大绅序。 |
| 53 | 《说纬》六卷 [清] 王崧撰 | ○ | 重刊本 | 有两版：一是二卷本，牌记"云南图书馆藏版"，"玄"不避，北大藏，著录为宣统刻本。二为六卷本，1914年云南图书馆刻。 |

续表

| 序号 | 《云南丛书》目录 | 已刊 | 版本情况 | 详细信息 |
|---|---|---|---|---|
| 54 | 《增订发蒙三字经》一卷（宋）王应麟撰[清]许印芳增订 | ○ | 据清许印芳刻版重印 | 卷端有"云南丛书子部之二十七"字，后有许印芳识："书中文又当有注释，原书有注各附正文后不便诵读，今用大字写刻正文，低格补注释，专作读本，有增补注释者，顶格写注宜。凡教初学之本，并须分析讲读，坊刻书不能尽如此说，有如法者任翻刻学之，字多讹谬，甚至删削，原书希图贱售，贻害无穷。余监刻是本，全监校对，卷首条辨亦无漏义。有翻刻者务须认真校对，并无讹字，慎之慎之。删削或书多讹字，余必根究而毁其版，慎之慎之。"又有光绪十三年（1887）许印芳谓伯厚至是既可劝可广乐育。叙"："览者咸谓伯厚是书既可劝可广乐育。"读主讲学之门径，因自捐廉镂板以广乐育。" |
| 55 | 《泠吟余谈》二卷[清]袁嘉谟撰 | ○ | 据抄本新刻 | 前有1916年袁光王序："民国三年，唐蓂赓将军就图书馆设辑刻《云南丛书》处，搜采旧藏书，不遗余力，于是石屏袁氏以铭泉先生所著《泠吟余谈》进付李君厚安审查……"卷端无"云南丛书"字。 |
| 56 | 《滇释纪》四卷[清]释圆鼎撰 | ○ | 应为新刻本 | 末有释圆鼎跋。目前所存最早刻本。 |
| △集部 | | | | |
| 57 | 《朝天集》一卷[明]释法天撰 释大谨辑 | ○ | | 前有康熙三十二年（1693）黄元治序："爰为订其讹谬，命寺僧寿诸梨枣，以传永久。"卷端无"云南丛书"字。 |

438

续表

| 序号 | 《云南丛书》目录 | 已刊 | 版本情况 | 详细信息 |
|---|---|---|---|---|
| 58 | 《声律发蒙》一卷 [明] 兰茂撰 | ○ | 据清乾隆辛酉（六年，1741）孙人龙刻本重刻 | 前有赵藩序："余见乌程孙東瑞刊嵩明兰止庵茂本，其用韵以東钟山集合部，似遵《洪武正韵》，殆元人旧帙有所赠损也（孙人龙，字端人，雍正八年进士，乾隆元年，以詹事府中允出任广东学政；十年，以翰林院编修出任云南学政）。" |
| 59 | 《石淙诗钞》十五卷附《诸公诗》一卷 [明] 杨一清撰 | ○ | 据清嘉庆刻本重刻 | 梁之相《云南书提要》："是编为公门人李嵌山编辑，孙思和复即其生平出处，各以类分，排比铨次梓以行世，原题《石淙类稿》。"卷端亦无"云南丛书"字。 |
| 60 | 《杨弘山先生存稿》十二卷 [明] 杨士云撰 | ○ | 据民国元年铅印本重刻 | 前有民国元年赵藩《重刊杨弘山先生存稿序》，"存稿若干卷，余子同治庚午桥后井得之先生后人，箧藏有年，今付印泉李君重刊。"有民国元年铅印本，云南丛书重刻。 |
| 61 | 《张愈光诗文选》八卷《附录》一卷 [明] 张合撰 杨慎评选 | ○ | 据民国元年赵藩、李根源铅印本重刻 | 封面题："民国元年铅印本前有宣统三年（1911）李根源序："得李中溪先生集于陈敬圃师，己刻之昆明，去年冬适以行役，至大理，介庵师嘱出此集及杨弘山先生集以示，皆明刻，得之尤喜。……此本出升庵手定，致为矜慎，印行亦二百余年……乃先以付梓，便于学者。"民国元年赵藩《重刊明张合禹山先生文集序》："明万历庚子光绪所存孤本也，余于光绪庚子得自昆明，盖明季镂板而清多搜意修辑乡前辈遗书付梓流传，近年已刊《五名臣合稿》《李中溪全集》，文贞道、雷石庵、胡二峰、陈翼叔、刘毅庵、普荷、孙南村、尹湛农、刘桐轩诸残稿，余因取央禹山集及大和杨弘山先生集付之刊行。" |

439

续表

| 序号 | 《云南丛书》目录 | 已刊 | 版本情况 | 详细信息 |
|---|---|---|---|---|
| 62 | 《李中溪全集》十卷《首》一卷 [明]李元阳撰 | ○ | 据清抄本重刻 | 卷端题：中溪家传汇稿。底本清抄本，云南图书馆藏。 |
| 63 | 《凝翠集》五卷 [明]王元翰撰 | ○ | 据清嘉庆五年宁州王氏树德堂刻版重印 | |
| 64 | 《北征集》一卷 [明]禄洪撰 | ○ | 据清抄本重刻 | 云南图书馆藏清抄本。 |
| 65 | 《烟坪诗钞》二卷 [清]陆天麟撰 | ○ | 据清抄本重刻 | 前有李坤序："州志久毁，省志亦失载，其他行事无可考，乡人林槐钞得遗诗一卷，上卷为《樵隐集》，下卷为《百嗜草》，卷中纪年自永历庚寅起至康熙庚戌止，都一百九十余首，以授昆明李坤，合坤应聘辑《云南丛书》，乃序而刻之。" |
| 66 | 《居易轩遗稿》二卷 [清]赵炳龙撰 | ○ | 据抄本重刻 | |
| 67 | 《高澹生诗文钞》二卷 [清]高应甫撰 | ○ | 据抄本重刻 | 李坤序："《高澹生诗文钞》二卷……澂浦舒立禧钞存古今体诗百余首，《高舍人传》：'澂浦舒文泉篇以付剑川赵潘……今已付梓'。赵潘《高舍人传》："澂浦舒立禧篇以付剑川赵潘，与户部《居易轩遗集》合钞待刊'。后有光绪十五年舒立年序足走取百余首，杂文十余篇以付剑川赵潘'。书赵云升高澹生两合钞后'：'己丑春，禧自滇专足走取《居易轩遗集》来以付介伯，且属介伯合《居易轩遗集》为一编，并属多写副本端藏名山。'"《古籍总目》载有清舒立禧抄本《澹生遗集》一卷。 |
| 68 | 《陈翼叔诗集》六卷附《石榴集》一卷 [明]陈佐才撰 | ○ | 据清初刊本重刻 | |
| 69 | 《苍雪和尚南来堂诗集》四卷附《灵》一卷 [清]释读彻撰 | ○ | 据清雍正元年刻本重刻 | |

续表

| 序号 | 《云南丛书》目录 | 已刊 | 版本情况 | 详细信息 |
|---|---|---|---|---|
| 70 | 《担当遗诗》七卷《附录》一卷 [清] 释通荷撰 | ○ | 1924年据方树梅所得本重刻 | |
| 71 | 《梅柳诗合刻》一卷 [明] 释大错撰 | ○ | 据辑抄本新刻 | 《中国书名释义大辞典》："邦芑所著书，清代列入禁毁书目，今不传。民国赵跃元裒辑其遗文，编为《大错和尚遗集》四卷。《梅柳诗合刻》，为咏梅、柳之作。有《云南丛书》本。" |
| 72 | 《呈贡文氏三遗集合抄》赵藩辑子目：《明阴山房遗诗》一卷 [明] 文祖尧撰 《醉禅草》一卷 《晚春堂诗》《余生随咏》一卷 文俊德撰 文化远撰 | ○ | 据辑抄本新刻 | 前有1914年赵藩《文介石先生父子遗诗文》："先生所著书……俱未锓而佚，惟《明阳沈芳诗文》《离忧集》三卷已刊行，乾隆中抽毁违碍书籍，仍付劫烬，今此三卷之存，已历二百余年，得逃于鼠虫兵火之厄……适会吾滇有丛书之刊，亟付锓本，以永其传。"《晚春堂诗》前有赵藩序："余初得卷三至卷八近体三册，随又得卷一以古体为《呈贡文氏集》。"末有1915年汤员跋："翰卿执余书一册，遂成完本，因亟取彖介石、秋水两神后刻入丛书先生稿本问序子余……适月村前辈纂辑滇南丛书，辄执稿以请附刊。余商之翰卿，将所存其余稿而欣焉，不自知其造次，极乐表同意。秋水山公《遗生随咏》《醉禅草》，孙又山公《晚春堂诗》裒八卷汇呈审定，前辈更广为搜罗，袭成合集，付之剞劂，以公诸世。" |

① 赵传仁、鲍延毅、葛增福：《中国书名释义大辞典》，山东友谊出版社，2007年，第969页。

续表

| 序号 | 《云南丛书》目录 | 已刊 | 版本情况 | 详细信息 |
|---|---|---|---|---|
| 73 | 《读书堂彩衣全集》四十六卷《首》一卷 [清]赵士麟撰 | ○ | 据清光绪十九年浙江书局刻版重印 | |
| 74 | 《釜水吟》二卷 [清]李崇阶撰 | ○ | 据抄本新刻 | 前有1917年袁嘉谷《李象岳釜水吟序》："此本为腾冲李君印泉得之象岳六世孙捷夫（名登赢）。详绎诗意……乃志不传，其官蜀蜀即集名亦无知者。仅赖此抄本得以考其学论其世。吾滇人阘然自修类然如此。谨为之校仇文，删先竹，正错简，厘为二卷。亟付手民，传先正之典型。" |
| 75 | 《赐砚堂诗稿》四卷附《补遗》一卷 [清]许贺来撰 | ○ | 据抄本新刻 | 前有1917年袁嘉谷跋："集凡十卷，余仅见其四，求之于家姊文峨轩孝廉，复得抄本二巨册，皆先生未刻稿。孝廉者，先生裔孙也，选未刻稿数十首，殊不及原刻诗之工，因其罕传定为补遗一卷，合而刻之。（四卷所据应是雍正三年刻本，重刻将原书的抬头及空格均去掉）" |
| 76 | 《李中丞遗集》三卷 [清]李发甲撰 | ○ | 据清同治九年湖南抚署刻本重刻 | |
| 77 | 《南村诗集》八卷 [清]孙鹏撰 | ○ | 据民国元年李根源刻版重印 | 前有民国元年李根源序："余既辑清慤公遗文，汇刊《名臣集》，又访公墓于西关外……南村先生……诗古文名于当时……借世无传本，仅于《滇南诗文略》中得见数首……岁辛亥，昆明黄君德厚以先生抄本诗稿见视，卷首有月楼传衢序文……余既得此册，因吸锓之……椎抄本字多漶漫残缺，未敢擅为补订……" |

442

续表

| 序号 | 《云南丛书》目录 | 已刊 | 版本情况 | 详细信息 |
|---|---|---|---|---|
| 78 | 《留砚堂诗选》六卷 [清] 张汉撰 | ○ | 据清道光刻本重刻 | 前有1917年《留砚堂诗选序》："岁辛卯，许五塘师示以先生诗残本，犹以为未足。癸丑甲寅之间，北平杨君伯忧复以《后十年吟》《可老吟》《倦还吟》诸卷相示，仍残本也。家广文兄言之：'先生集板今并于先生旧楼。'余再三访之不获，及丙辰幷于先生集钞千介弟罗七千余首，名曰《留砚堂集》……先生集有声。刊于侄孙孝所。孝诗名进士，令粤东有声。校者任孙轩传存诗繁附注颂，观者病之，余忝为先生后学，悉心裁择存之二……名曰《诗选》。"云南图书馆藏有《留砚堂诗集》七十四卷，书衣为袁嘉谟合题，钤印："昆华图书馆藏""云南丛书馆审定本"。 |
| 79 | 《汗漫集》三卷 [清] 万友正撰 | ○ | 据清乾隆刻本重刻 | 前有乾隆二十五年齐世南序。 |
| 80 | 《蜕翁草堂全集》八卷 [清] 倪蜕撰 | ○ | 据清乾隆刻本重刻 | 前有乾隆四年序。 |
| 81 | 《李氏诗存合刻》十四卷 [清] 李冶民等撰 子目：《棱翁诗钞》二卷 [清] 李因培撰 《鹤峰诗钞》三卷 [清] 李培撰 《衣山诗钞》二卷 [清] 李湖撰 《兰溪诗钞》二卷 [清] 李诫撰 《云华诗钞》五卷 [清] 李翊撰 | ○ | 据清道光五年赐砚堂本重印 | 前有光绪二十五年（1899）李彭跂：诗存一册，先曾祖侍讲公视学楚北时而敬刊者也，计岁月历七十余年，江湖转徙八九行省，所幸护守甚谨，经兵燹者屡矣，板片得已完好，手泽如新。"此次又重印。 |
| 82 | 《藏密诗钞》五卷 [清] 傅为詝撰 | ○ | 据清道光二十五年刻本重刻 | 云南图书馆藏一底本，似非此本之底本，应是丛书刊完后又得。 |

443

续表

| 序号 | 《云南丛书》目录 | 已刊 | 版本情况 | 详细信息 |
|---|---|---|---|---|
| 83 | 《钱南园先生遗集》八卷《补遗》一卷 [清] 钱澧撰 | ○ | 据清光绪十九年陈荣昌刻二十六年补刻版重印 | 据光绪十九年（1893）俞樾序，同治湖南巡抚刘崐刻五卷，刘景韩据湖南本重刻于浙江。光绪二十一年庵余序称："陈君小圃素慕仰先生，……又复傅金属余刻先生遗集，印若干部，广其传，板存祠堂中。"《原刻南园文存例言》末增刻光绪二十六年（1900）陈荣昌题识："施君聚五为余刻《钱南园先生遗集》，既成后乃于王君仲瑜处得《南园文存》原刻本，其文三十篇，与今所刻者同，惟《桂花厅谜集序》《用严说》二篇则原刻所无耳。原刻有增花先生叔子所刻，其述先生遗事有足观感者，因为补刊如右，又得《赵文恪公祭墓文》一篇并增刻之，以见先正师弟之谊。" |
| 84 | 《录竹堂诗存》一卷 [清] 余孝文撰 | ○ | 据清道光二十九年刻本重刻 | 前有道光二十九年（1849）戴絅孙序。 |
| 85 | 《拾草堂诗存》一卷 [清] 李观撰 | ○ | 据清道光二十九年刻本重刻 | 前有道光二十九年（1849）戴絅孙序。 |
| 86 | 《芋栗园遗诗》二卷 [清] 朱奕簪撰 | ○ | 据清道光二十六年刻本重刻 | 前有道光二十六年（1846）贺长龄《朱柱邻先生遗诗序》。云南图书馆藏道光二十六年（1846）刻本，方树梅旧藏。 |
| 87 | 《寄庵诗文钞》三十三卷 [清] 刘大绅撰 | ○ | 据清嘉庆至道光潭西草堂刻版重印 | 《寄庵诗钞》所据为清嘉庆刊本，《寄庵文钞》所据是清道光刻本。 |
| 88 | 《西阿先生诗草》三卷《附漱芳亭诗钞》一卷 [清] 谷际岐撰 | ○ | 虽无法确定原刻，但从卷端看，似是重印 | 前有嘉庆十二年（1807）法式善序，彭龄《谷西阿先生诗集序》。嘉庆十三年（1808） |

444

续表

| 序号 | 《云南丛书》目录 | 已刊 | 版本情况 | 详细信息 |
|---|---|---|---|---|
| 89 | 《师荔扉诗集》二十七卷《附录》一卷［清］师范撰（原缺三、七、九、十二、二十一） | ○ | 据1913年铅印本，方树梅、蒋合所得抄本合刻 | 1913年曾以铅字印行《师荔扉先生诗集残本》八卷，1916年方树梅于升平坡古书肆又得五卷，赵藩将之与昆明蒋合所得续编入《丛书》，为《师荔扉诗集》二十七卷附录一集，1922年刊刻，全书仅缺五卷。 |
| 90 | 《保山二袁遗诗》十二卷［清］袁文揆辑赵川撰辑子目：《陶村诗抄》一卷［清］袁文典撰《时备堂诗稿》十一卷［清］袁文揆撰 | ○ | 据手稿本新刻 | 前有陈荣昌序：《陶村诗抄》一卷……商榷未定本也，今录存八十二首仍为一卷。""《时备堂诗》十一卷，……诗皆手自删定者，藏剑川赵月邨家，今仿其卷帙，付诸梓。 |
| 91 | 《点苍山人诗钞》八卷［清］沙琛撰 | ○ | 据1915年太和王廷治本重印 | 前有1914年唐继尧《重刊点苍山人诗钞序》："吾友王子襄臣以太和沙献如先生《点苍山人诗钞》四册及《赊谷纪恩》一册示余，倪准钦跋："其外曾孙王襄臣少将……亟谋再付手民，属予为序。" |
| 92 | 《触怀吟》二卷［清］钱允济撰 | ○ | 据清嘉庆二十一年刻本重刻 | 云南图书馆藏。 |
| 93 | 《小清阁诗钞》一卷［清］倪汾撰 | ○ | 据清道光二十七年刻本选刻 | 云南图书馆藏底本，并有选诗标记。 |
| 94 | 《乐山集》二卷［清］王崧撰 | ○ | 据清道光刻本重刻 | 云南图书馆藏底本。 |
| 95 | 《红茗山房诗存》十卷［清］严烺撰 | ○ | 据清嘉庆十九年湖北臬署刻本重刻 | |
| 96 | 《喜闻过斋全集》十二卷［清］李文耕撰 | ○ | 据清道光十年家刻光绪二十三年陈荣昌重修重印 | 版藏经正书院。 |

续表

| 序号 | 《云南丛书》目录 | 已刊 | 版本情况 | 详细信息 |
|---|---|---|---|---|
| 97 | 《程月川遗集》十五卷 [清] 程含章撰 | ○ | 据1910至1914年云南图书馆刻版重印 | 前有1914年正月钱用中《重刊程月川先生遗集序》："先生以清乾隆壬子举于乡，嘉庆初出仕，由县令累迁至巡抚……服官三十年，所至均自著有集，刊板印行，曰《岭南集》《岭南续集》，刊于广东任所；曰《山左集》《山左续集》，刊于山东任所；曰《中州集》《江右集》《冬官集》《潞储集》《之江集》《月川未是稿》。先后刊于河南、江西、浙江、工部仓场各任所，道光中致仕携板归滇，咸丰回乱，板毁于兵燹。原丰印行无多，流传不广，余以光绪壬午从滇垣旧书肆购得《岭南》《山左》《江右》《冬官》三集，合计先后购得七集，汇成十二卷，久拟为之重刊，以著于资方迟迟有待。洎庚戌之岁，始由滇学务公所拨图书科长秦君安请拨官款奉准付刊，图书馆售处管理员张君雨甘为之经理，科员王君聚五为之校字，适年刊竣，值辛亥重九之变，未及印行。癸丑二月，秦君兼任图书馆长，有以月川先生全集寄存本馆者，复由新任馆长何君小泉续为经理，募手民补刊，刊资由售书处庶务何君领款项下支付，板存图书馆，由馆承刊发行。"《月川未是稿》三卷。 |

446

续表

| 序号 | 《云南丛书》目录 | 已刊 | 版本情况 | 详细信息 |
|---|---|---|---|---|
| 98 | 《蓝尾轩诗稿》四卷 [清] 王毓麟撰 | ○ | 据清道光刻光绪二十七年续刻版重印 | 前有辛丑陈荣昌题识："子前岁得李即园诗板，藏之经正书楼，今又得王匏生蓝尾轩诗钞》有匏生即园诗合传一篇，因检出刊之以冠诸卷首，俾读王李两先生诗者先阅是传，得其梗概焉。按传称匏生穷死又称欲为之梓其诗，而是板杂一箧中，同时为余所得。则匏生诗殆古村先生为之付梓欤？未可知也。云帆、古村二公并与匏生为莫逆交，匏生死而为之梓其诗，戴云帆《味雪斋文钞》之经正书楼，仍藏之经正书楼。昔见戴云帆文，俾读王李两先生欲为之梓其诗。尺寸相符，且椠旧存箧古村先生付之付梓欤？未可知也。令人增友道之重，爱题数语以志之。" |
| 99 | 《即园诗钞》十五卷 [清] 李于阳撰 | ○ | 据清嘉庆二十三年刻光绪二十五年修补版重印 | 后几卷卷次做了整理。前有光绪二十五年（1899）陈荣昌序，即园（即园）板尚存者五十余，因周先生购求之，子大章、向遗兵乱、家产荡尽，乃独守其之孙文经尽五十余，板不敢失……虽贫不愿受板受，当庀板子经正书院藏书楼中，荣昌办非敢私乡先辈遗书者，愿以赠得印行焉。……检视其板，颇有残缺，间华允会言未与同人共守之。……薇园孝廉家有藏本，乃借其残缺者二千余字，得补其残缺者二千余字，遂印以传于世。 |
| 100 | 《玉案山房诗草》二卷 [清] 尹尚廉撰 | ○ | 据清道光十三年刻本重刻 | 前有道光十年（1830）谢琼序，欲付剞劂……为遴取其尤佳者三百余篇并赞一言于简端。"又有道光十三年（1833）序。 |
| 101 | 《邓虹桥遗诗》一卷 [清] 邓学先撰 | ○ | 据清道光刻本重刻 | 前有1915年袁嘉合序："于《稼堂全集》之末得附刻《虹桥诗》一卷，别出为专集，校其讹误，付诸梓。"原附刻于蒙自陆应合《抱真书屋诗钞》后，陆应合（1804—1857），字树嘉，一字稼堂。 |

续表

| 序号 | 《云南丛书》目录 | 已刊 | 版本情况 | 详细信息 |
|---|---|---|---|---|
| 102 | 《彩云百咏正续》四卷 [清] 张履程撰 | | | |
| 103 | 《藉一草草诗文钞》四卷 [清] 董灼文撰 | | | |
| 104 | 《王眉仙遗著》二卷 [清] 王寿昌撰 | ○ | | 卷二《小清华园诗谈》有清道光刻本。 |
| 105 | 《雪楼诗选》二卷 [清] 马之龙撰 | ○ | 据清道光十六年刻本重刻 | 选刻。底本存云南图书馆，有选诗标记。 |
| 106 | 《醉吟草》六卷 [清] 刘大容撰 | | | |
| 107 | 《朱丹木诗集》三卷 [清] 朱䕃撰 | ○ | 据清刻本重刻 | 仅刊成一卷。《积风阁近作》有清道光年间刻本[1]，《云南辞典》："䕃诗光绪《云南通志》著录为《咪无咪斋诗集》。《新纂云南通志》《积风阁近作》一卷《咪无咪斋诗抄》二卷。此集为辑刻《朱丹木诗集》处据旧刻重刊，以旧刻板心均为《朱丹木诗集》，故依旧名，收入《云南丛书》初编。云南省图书馆有《近作》及《诗抄》清刻本。"[2] |

[1] 云南省石屏县志编纂委员会：《石屏县志》，云南人民出版社，1990年，第583页。
[2] 赵浩之厚主编，《云南辞典》编辑委员会编辑：《云南辞典》，云南人民出版社，1993年，第570页。

续表

| 序号 | 《云南丛书》目录 | 已刊 | 版本情况 | 详细信息 |
|---|---|---|---|---|
| 108 | 《晚翠轩诗钞》八卷《续钞》八卷《三钞》八卷《四钞》八卷《五钞》八卷《漫稿》五卷［清］戴絅孙撰 | ○ | 据清道光戴氏家刻本旧版校订重印，稿抄本是校本 | 前有光绪二十七年（1901）陈荣昌序："子先后得絅生古学、古村图书馆诸藏抄本《晚翠轩诗钞》八卷钤印'云南丛书馆审定本'。书衣墨题：'五塘先生寄来戴古邨先生诗钞稿十九本。赵藩一本。末有1927袁嘉谷跋：'古村诗兼王孟韩各家用笔用典似拙实巧，一代坛坫，不专恃矩卿搨扬也。矩卿天才人力均胜，其评语固佳，书法尤妙。曜仙得之，增人眼福，童识数语，仍以还之。" |
| 109 | 《味雪斋文钞》二十六卷《续诗钞》二卷［清］戴絅孙撰 | ○ | 据清道光刻本至光绪刻本重刻 | 云南图书馆藏道光至光绪刻本。 |
| 110 | 《抱真书屋诗钞》十卷［清］陆应谷撰 | ○ | 据清道光刻本重刻 | |
| 111 | 《㾕㾕堂集》八卷［清］何彤云撰 | ○ | 据清咸丰九年刻本重刻 | |
| 112 | 《知蔬味斋诗钞》四卷《首》一卷［清］黄琮撰 | ○ | 据清道光宣宾李棻映桼刻本重刻 | 一名《蜀游草》。 |
| 113 | 《何文贞公遗集》六卷［清］何桂珍撰；朴辑《朱子大学讲义》二卷《何文贞公文集》二卷《首》一卷《附录》一卷 | ○ | 据清光绪十年安徐宗瀛求我斋刻版新刊 | 前有光绪十年（1884）方宗诚《校刊何文贞公遗书序》。 |
| 114 | 《赵文恪公遗集》二卷［清］赵光撰 | ○ | 据光绪十六年昆明赵氏刻版重印 | |
| 115 | 《甘我斋诗稿》二卷［清］尹艺撰 | ○ | 据民国元年腾越李根源铅印本重刻 | |

续表

| 序号 | 《云南丛书》目录 | 已刊 | 版本情况 | 详细信息 |
|---|---|---|---|---|
| 116 | 《梅庵诗钞》十卷 [清] 李廷杰撰 | | | 云南图书馆藏抄校本。梁之相《云南丛书提要》编有《梅庵诗钞》十三卷，钞校本藏云南图书馆，"列入二编待刊"。但初编拟刊，兹放此处。 |
| 117 | 《呈贡二孙遗诗》八卷 [清] 孙清元 [清] 孙清士辑 | ○ | 据清宣统三年铅印本重刻 | 前有宣统三年（1911）孙楷序："爱付铅印以保存先人手泽之意焉。"乙卯袁嘉谷序："孙之诗佚，而仅仅得竹轩先生抄本一卷，五塘先生抄本二卷，其子楷家刻本六卷补遗一卷……合而校之。"复于许抄本中得未刻诗二首，又于丁女史务余偶吟题词中得四首附录卷末。"（《抱素堂遗诗》六卷补遗一卷，清孙清元撰，清宣统三年（1911）铅印本） |
| 118 | 《思过斋诗钞》十二卷 [清] 萧培元撰 | ○ | 据清同治九年刻版重印 | |
| 119 | 《一笑先生诗文钞》三卷 [清] 李玉湛撰 | ○ | 或是首刻 | 未见其他本，前有赵藩《一笑先生墓表》："藩先掇菁华入《丽郡诗征》，全集之锓则当要诸异日。" |
| 120 | 《梅高诗稿》四卷 [清] 毕应辰撰 | ○ | 据清光绪元年刻本选刻 | 云南图书馆藏底本。 |
| 121 | 《朴过斋遗集》二卷 [清] 甘雨撰 | ○ | 据抄本新刊 | 云南图书馆藏抄本题卷四。此本是甘雨子甘孟贤重编本，编辑顷言后有："先考毕生精力萃于姚志一书，其余杂着亦时为之。咸丰初遭寇乱，一无存稿，迫不肖解义归户，窃取而藏之，得数十纸，存稿尽付祝融。后遇难山居，又惧触时忌，旋作旋焚，一无存稿，今略分为二卷，曰文，曰诗。" |

续表

| 序号 | 《云南丛书》目录 | 已刊 | 版本情况 | 详细信息 |
|---|---|---|---|---|
| 122 | 《李叔豹遗诗》一卷 [清] 李煦文撰 | ○ | 新刊 | 《新纂云南通志》著录为《石莲斋诗草》，辑刻《云南丛书》处另为删定。改题今名。《经吹堂初稿》① |
| 123 | 《红梼山庄诗草》四卷附《黔游草》一卷 [清] 刘彖湊撰 | | | |
| 124 | 《陶诗汇注》六卷 [清] 吴瞻泰辑 [清] 许印芳增订 | ○ | 据清光绪二十二年石屏许印芳刻版重印 | 卷端加了"云南丛书"字。 |
| 125 | 《五塘诗草》六卷 [清] 许印芳撰 | ○ | 据清光绪十三年许印芳刻版重印 | |
| 126 | 《五塘杂俎》三卷 [清] 许印芳撰 | ○ | 据清光绪十三年五塘山人许印芳刻版重印 | |
| 127 | 《穆清堂诗钞》三卷《续集》五卷 [清] 朱庭珍撰 | ○ | 据清光绪十三年刻光绪二十年续刻版重印 | |
| 128 | 《天船诗集》三卷 [清] 张星莹撰 | ○ | 据清光绪二十年刻本重刻 | |
| 129 | 《香雪馆遗诗》一卷 [清] 释续亮撰 | ○ | 应据赵藩整理本新刊 | 前有宣统三年（1911）赵藩《候朴国子监学正学录张君传》，未见其他刻本。 |
| 130 | 《梅庵诗草》一卷 [清] 李坤撰 | ○ | 据清抄本新刻 | |
| 131 | 《思亭诗文钞》八卷 [明] 冰昂辑 | ○ | 据袁嘉谷抄文澜阁四库全书本新刊 | 云南图书馆藏《思亭诗钞》五卷保留了删订的过程。 |
| 132 | 《沧海遗珠》四卷 [明] 冰昂辑 | ○ | 据袁嘉谷抄文澜阁四库全书本新刊 | |
| 133 | 《选诗补遗》二卷 [明] 唐尧官辑 | ○ | 据明集芳谷抄本新刊 | 云南图书馆藏，书衣有赵藩题识："晚翠轩旧藏，三祝堂阅本。" |

① 施之厚主编，《云南辞典》编辑委员会编辑：《云南辞典》，云南人民出版社，1993年，第574页。

续表

| 序号 | 《云南丛书》目录 | 已刊 | 版本情况 | 详细信息 |
|---|---|---|---|---|
| 134 | 《滇南诗略》四十七卷 [清] 袁文典辑 | ○ | 据清嘉庆肆雅堂刻版重印 | |
| 135 | 《滇南文略》四十七卷 [清] 袁文揆、张登瀛辑 | ○ | 据清嘉庆八年刻版重印 | |
| 136 | 《滇诗嗣音集》二十卷《补遗》一卷 [清] 黄琮辑 | ○ | 据清光绪三十四年陈荣昌刻版重印 | 原底本是咸丰元年（1851）五华书院刻本。 |
| 137 | 《丽郡诗征》十三卷《文征》八卷 [清] 赵联元辑 | ○ | 据抄本新刊 | 前有光绪二十五年（1899）赵联元序。 |
| 138 | 《滇诗重光集》十八卷 [清] 许印芳辑 | ○ | 据清光绪十八年许印芳刻版重印 | 前有光绪十八年王先谦《滇诗重光集序》："吾滇文学，代不乏人，……丙辰后毁于兵乱……辑光绪以前文誾十家诗誾四十先刻。" 1915年袁嘉谷跋："诗重光集，而穗村先生与虚斋师及我同志诸友忧得于涅农沈陆中分一席地，搜残补缺，所谓百七十余家者，或全刊，或选刊，终籍以传诸不朽。……师原刻重光集卷数末分，目录并阙，因与馆中何君小泉补编目录，厘次卷数，俾斯集为完书。……师已刊之《诗谱详说》《陶诗汇注》《三字经》《五塘杂俎》《滇秀集》《律髓辑要》《诗法萃编》，其板皆小泉宝存者也。" |

452

续表

| 序号 | 《云南丛书》目录 | 已刊 | 版本情况 | 详细信息 |
|---|---|---|---|---|
| 139 | 《律髓辑要》七卷 [元] 方回辑 [清] 许印芳摘抄 | ○ | 清许印芳刻云南图书馆续刻本 | 宣统三年（1911）袁嘉谷序："许印许荫山先生……取方氏书纪手批而重订之，成《律髓辑要》六卷，刊及半，遽归道山……伯虞图书馆前辈托同门袁孝廉瑞堂补刊成帙。孙中翰少元适总图书馆事，乐为推广"。1915年袁荟谷跋："五塘师《律髓辑要》专录《律髓》中之可为戒者，仍归图书馆刻之。余曾跋之，九佳不理复表师续稿一卷" |
| 140 | 《滇诗拾遗》六卷 [清] 陈荣昌辑 | ○ | 据清宣统元年陈荣昌刻版重印 | 前有光绪二十九年（1903）陈荣昌序。 |
| 141 | 《滇诗拾遗补》四卷 [清] 李坤辑 | ○ | 新刊，应是首刻 | 未见他本 |
| 142 | 《明滇南五名臣遗集》五种九卷 李根源辑 子目：《杨文襄公文集》一卷《诗集》一卷 [明] 杨一清撰 《孙清愍公文集》一卷《诗集》一卷 [明] 孙继鲁撰 《杨文毅公文集》一卷《诗集》一卷 [明] 杨绳武撰 《博忠壮公文集》一卷《诗集》一卷 [明] 傅宗龙撰 《王忠节公文集》一卷 [明] 王锡衮撰 | ○ | 据李根源刻版重印 | 宣统三年（1911）本封面："宣统辛亥六月明滇南五臣遗集 昆明吴现署。"牌记："宣统二年七月付刊，板捐存云南图书馆。"前有宣统三年李根源刻书序。 |
| 143 | 《明雷石庵胡二峰遗集合刊》二卷 李根源等辑 子目：《雷石庵尚书遗集》一卷 [明] 雷跃龙撰 《胡二峰侍郎遗集》一卷 [明] 胡璇撰 | ○ | 据清宣统三年李根源刻版重印 | |

续表

| 序号 | 《云南丛书》目录 | 已刊 | 版本情况 | 详细信息 |
|---|---|---|---|---|
| 144 | 《滇文丛录》一百卷《首》一卷《总目》二卷《作者小传》三卷《云南丛书》处辑 | ○ | 新刊铅印 | 前有1938年序，1940年李根源序。 |
| 145 | 《滇诗丛录》一百卷《叙目》一卷附《滇南诗略》一卷《云南丛书》处辑 | | | |
| 146 | 《滇词丛录》三卷《云南丛书》处辑 | ○ | 新刊 | 前有1921年赵潘序。 |
| 147 | 《荫椿书屋诗话》一卷［清］师范撰 | ○ | 据稿本新刊 | 暂未见其他刻本，或是首刊，云南图书馆藏稿本。 |
| 148 | 《酌雅诗话》三卷［清］陈伟勋撰 | ○ | 据清道光二十九年稿本新刊 | 未见其他刻本，云南图书馆藏道光二十九年（1849）稿本。① |
| 149 | 《药栏诗话》二卷［清］严廷中撰 | ○ | 据清道光十六年刻本新刊 | 云南图书馆藏道光二十六年（1846）刻本。 |
| 150 | 《诗法萃编》十五卷［清］许印芳辑 | ○ | 据清光绪二十一年许印芳刻版重印 | |
| 151 | 《诗谱详说》八卷［清］许印芳撰 | ○ | 据许印芳刻版重印 | |
| 152 | 《筱园诗话》四卷［清］朱庭珍撰 | ○ | 据清光绪十年滇省王氏务本堂刻版重印 | |

① 施之厚主编，《云南辞典》编辑委员会编辑：《云南辞典》，云南人民出版社，1993年，第592页。

续表

| 序号 | 《云南丛书》目录 | 已刊 | 版本情况 | 详细信息 |
|---|---|---|---|---|
| | 二编 | | | |
| | △经部 | | | |
| 153 | 《太极明辩》三卷 [清] 高𩆜映撰 | ○ | | 未见他本 |
| 154 | 《卦极图说》一卷 [清] 马之龙撰 | ○ | 据清道光二十三年刻本重刻 | 赵藩题识云："马之龙先生《卦极图说》一卷，刻于昆明，今已罕见。其说亦可备一家言，重梓亦简便也。"① |
| 155 | 《律吕新书算法细草》[清] 李澎撰 | | | |
| 156 | 《秦律朴》一卷 [清] 闵为人撰 | ○ | 据民国元年云南图书馆刻版重印 | |
| 157 | 《六书纲目》一卷 [清] 吴式钊撰 | ○ | 据稿本新刊，首刻 | 前有光绪十五年（1889）序（《中国古籍总目》载有清光绪十五年稿本，前有《切音导原》）。《续云南通志长编》："《云南丛书》刻成《六书纲目》等，至《滇诗文丛录》正印行中。又陈小圃先生《虚斋文稿》、《诗稿》版片，亦与先生后裔洽妥，收归馆中。"② |
| 158 | 《切音导原》一卷 [清] 吴式钊撰 | ○ | 据稿本新刊，首刻 | 前有光绪十五年（1889）序，版心题"卷二"。 |
| 159 | 《肆雅释词》二卷 [清] 杨琼撰 | | | |

① 王水乔：《云南藏书文化研究》，云南人民出版社，2015年，第187页。
② 云南省志编纂委员会办公室：《续云南通志长编》卷五十二（省立图书馆），编纂于民国年间，1986年，第897页。

续表

| 序号 | 《云南丛书》目录 | 已刊 | 版本情况 | 详细信息 |
|---|---|---|---|---|
| 160 | 《韵略易通》二卷《校勘记》二卷 [明] 兰茂撰 | | 拟据明刻本重刻 | 方树梅《北游搜访文献日记》："（1935年2月17日）光宇（丽江，周果）来访，交来方国瑜所得明刻本兰止庵先生《韵略易通》，可谓滇中至宝，光宇有《校勘记》二卷。"[①] |
| 161 | 《合音辑略》一卷 [清] 吴树声撰 | | | |
| △史部 | | | | |
| 162 | 《制府杂录》一卷 [明] 杨一清撰 | ○ | 新刊，疑据抄明本刊 | |
| 163 | 《西征日录》一卷 [明] 杨一清撰 | ○ | 新刊，疑据抄明本刊 | |
| 164 | 《宸翰录》四卷 [明] 杨一清撰 | | | |
| 165 | 《密谕录》七卷 [明] 杨一清撰 | | | |
| 166 | 《阁谕录》四卷 [明] 杨一清撰 | | | |
| 167 | 《吏部献纳稿》一卷 [明] 杨一清撰 | | | |
| 168 | 《刘中丞奏稿》八卷 [清] 刘琨撰 | | | |
| 169 | 《晚闻斋稿待焚录》一卷 [清] 窦垿撰 | ○ | 据清稿本新刊 | 未见他本。古籍总目载"清咸丰十一年稿本（赵藩跋）"。 |

① 方树梅著，戴群整理，吴格审定：《北游搜访文献日记》，上海人民出版社，2020年，第49页。

续表

| 序号 | 《云南丛书》目录 | 已刊 | 版本情况 | 详细信息 |
|---|---|---|---|---|
| 170 | 《重葺杨文襄公事略》一卷 [清] 谢纯撰 | ○ | 据明万历历云南安宁刻清康熙补刻本《重葺杨文襄公实录》、抄本《石淙杨文襄公传》重刻 | |
| 171 | 《赵忠愍公景忠集》一卷 [明] 赵谦撰 [清] 张汉、[清] 傅为詟辑 | ○ | 据清乾隆刻本重刻 | |
| 172 | 《明赠光禄寺卿路南杨公忠节录》二卷 [清] 杨天恩辑 袁嘉谷增订 | ○ | 据清光绪刻本校订重刻 | 前有1922秋九月赵藩《重刊剑川段公昭忠录路南杨公忠节录》：“段公后人以旧辑《昭忠录》逸藩为重编，将刊行而杨公后人又送所辑《忠节录》至，遂倩袁君树五为之理董，亦待梓而入焉。”又有1922年冬袁孙杨合泰等《重刊忠节录序》：“丁未岁草草付梓，舛讹不计也……壬戌，幸承我滇袁树五先生赏鉴考订编作两卷，由《云南丛书》局代为刊行。” |
| 173 | 《尹楚珍年谱》一卷 [清] 尹壮图撰 | ○ | 据清道光五年《楚珍自记年谱》重刻 | |
| 174 | 《盘龙山纪要》四卷附《行先遗稿》一卷 [清] 方桼孝撰 | ○ | 据1918年至1919年方树梅刻版重印 | |
| 175 | 《红叶楼蜀游记》一卷 [清] 孙璲撰 | | | 云南图书馆藏清抄本。 |
| 176 | 《续云南备征志》三十二卷《序目》一卷 秦光玉辑 | | | |

附　录

续表

| 序号 | 《云南丛书》目录 | 已刊 | 版本情况 | 详细信息 |
|---|---|---|---|---|
| 177 | 《示儿录》一卷 [清] 窦垿撰 | | | 云南图书馆藏待刻本。 |
| | ☐子部 | | | |
| 178 | 《素书明辨》一卷 [明] 何星文撰 | | | |
| 179 | 《课余随录》三卷 [清] 师范撰 | | | |
| 180 | 《鉴辨小言》一卷 [清] 赵联元撰 | ○ | | 卷端没有"云南丛书"字。 |
| 181 | 《筱凤阁随笔》四卷 李坤撰 | | | |
| | ☐集部 | | | |
| 182 | 《李太白诗选》五卷 [明] 张含辑 | ○ | 据明万历朱墨套印本重刻 | 卷内有很多墨丁。《瞿仙年谱》:"十七年五月,得张愈光《太白诗选》,明季朱墨本,前有杨升庵序,眉有升庵评,及明季人评语。介庵师谓,太白诗全集内者不鲜,龚定庵选本不得见,愈山此选甚当,删去明季人评语,收入《丛书》。" |
| 183 | 《杨林两隐君集》二卷《附录》一卷 [明] 兰茂 贾维孝撰 李文汉 李文林辑 《兰隐君集》一卷 [明] 兰茂撰 《贾隐君集》一卷 [明] 贾维孝撰 | ○ | 据1918年李文汉、李文林刻版重印 | 前有1918赵藩序、1919陈荣昌序。 |

① 方树梅著, 戴群整理, 吴格审定:《北游搜访文献日记》, 上海人民出版社, 2020年, 第193—194页。

458

续表

| 序号 | 《云南丛书》目录 | 已刊 | 版本情况 | 详细信息 |
|---|---|---|---|---|
| 184 | 《遯庵集》一卷《续集》一卷[明]杨一清撰撰 | | | |
| 185 | 《桃川剩稿》二卷[明]王廷表撰 | ○ | 据1928年抄本新刊 | 云南图书馆藏，书衣墨题："戊辰九月在南京国立图书馆影钞"，周钟岳识。 |
| 186 | 《雪山诗选》三卷[明]木公撰 | ○ | 据明刻本重刻 | 云南图书馆藏赵藩嘉靖刻本，书衣墨题："中华民国十四年乙卯三月剑川赵藩石禅老人在昆明重刊一遍。""此卷六种选定为三卷可以重刊。"钤印："赵藩印信""狼仙寓目"。内多有签条。 |
| 187 | 《大错和尚遗集》四卷[明]释大错撰[明]钱邦芑辑[清]赵联元辑 | ○ | 据辑抄本新刊 | 邦芑所著书，清代列入禁毁书目。民国赵联元裒辑其遗文，编为《大错和尚遗集》四卷。 |
| 188 | 《抚松吟集》一卷[清]张端亮撰 | ○ | 据清乾隆刻本重刻 | |
| 189 | 《松溪诗集》一卷[清]彭印古撰 | ○ | 据清光绪刻本重刻 | |
| 190 | 《马梅斋先生遗集》二卷[清]马汝为撰 刘达武纂辑 | ○ | 据清光绪刻本重刻 | 卷端无"云南丛书"字，前有1923年赵潘《马梅斋先生遗集序》："元江马宣臣先生汝为《梅斋遗集》，宝庆刘达武刊行。己刊行，兹略为删补，收入《丛书》。"武知元江县时所辑，已刊行。兹略为删补，著录有清末铅印本（《中国古籍总目》）。 |
| 191 | 《梦亭遗集》三卷[清]方学周撰 方树梅纂辑 | ○ | 据1920年方树梅刻版重印 | 前有1913年方树梅方树梅《北游搜访文献日记》："（1920年）《梦亭遗集》刻成。" |

① 方树梅著，戴群整理，灵格审定：《北游搜访文献日记》，上海人民出版社，2020年，第183页。

续表

| 序号 | 《云南丛书》目录 | 已刊 | 版本情况 | 详细信息 |
|---|---|---|---|---|
| 192 | 《检斋遗集》二卷 [清] 赵甥撰 | ○ | 据手稿本新刊 | 未见他本。 |
| 193 | 《七峰诗选》四卷附《昭文遗诗》一卷 [清] 段时恒 段煜撰 | ○ | 据手稿本新刊 | 未见他本。前有1924赵潘序。1923年方树梅购得手稿本，原为《鸣凤堂诗》八卷《问斗吟》二卷附诗余二十五阕。选编成四卷。 |
| 194 | 《二余堂文稿》六卷 [清] 师范撰 | ○ | 据清嘉庆同望江县官廨刻本重刻 | |
| 195 | 《袁陶村文集》一卷 [清] 袁文典撰 檀萃评 | ○ | 据抄本新刊 | 前有1918年赵潘《袁陶村文集序》："保山二袁先生诗集已刊入《丛书》，近得钞本《陶村文集》一卷，盖华生世岔旧藏，今归江南董君仲华，乃就仲华假出，移写付梓，为文计二十二篇，望江檀默斋氏加以评点而复序之以为先生寿。卷末苏亨季弟六十赠言则又先生寿苏亨者也。" |
| 196 | 《岩泉山人诗四选存稿》一卷 [清] 严廷中撰 | ○ | 据《岩泉山人诗四选存稿》清抄本新刊 | 清抄本云南图书馆藏，方树梅旧藏。 |
| 197 | 《次民诗稿》二卷 [清] 朱在勤撰 | ○ | 据清同治十二年刻本重刊 | |
| 198 | 《五之堂诗钞》二卷 [清] 李作舟撰 | ○ | 据手稿本择选新刊 | 前有1922年赵潘序："所作《五之堂诗》手稿一巨册，借袁君嘉谷选钞，得古近体一百二十余，首属条覆枝，为汰去题异而辞同五律一卷，误收汪云樊学使七古一首，析为十一卷，华君敬样之心，袁君校订之力，皆同尚也。因刊入《云南丛书》以永其传。" |

460

续表

| 序号 | 《云南丛书》目录 | 已刊 | 版本情况 | 详细信息 |
|---|---|---|---|---|
| 199 | 《强静斋集》七卷［清］吴式钊撰 | ○ | 首刻 | 《强静斋诗录》前有宣统三年（1911）陈昭常序（《《云南丛书》叙目》《云南丛书》《综录》《提要》均《强静斋诗录》著录为"一卷"，《简目》《书目》同。《提要》云："编前七卷题曰《强静斋诗录》，末题曰《强静斋诗稿》，未厘卷。……第四卷全付阙如，且其他各卷阙篇脱文不少，不易卒读。"盖原已残阙矣。①） |
| 200 | 《知闲轩文钞》四卷［清］孙文达撰 | ○ | 据抄本新刊，首刻 | 前有1924年陈度序。 |
| 201 | 《不冷堂遗集》四卷［清］张辉琴撰 | ○ | 据稿本删存抄写新刊 | |
| 202 | 《剑川罗杨二子遗诗合钞》二卷 赵藩辑 子目：《梦苍山馆遗诗》一卷［清］罗撰 《惜春山房遗诗》一卷［清］杨志中撰 | ○ | 据1918年明夷村舍刻版重印 | |
| 203 | 《虚斋文集》八卷《虚斋诗稿》十五卷《桐村骈文》二卷［清］陈荣昌撰 | | 《二集》前七卷据辑抄本新刊 | |
| 204 | 《向湖村舍诗初集》十二卷《二集》二十四卷 赵藩撰 | | | |
| 205 | 《养浩然斋文存》十六卷《序目》一卷 席聘臣撰 | | | |

① 云南省社会科学文献研究室《《云南丛书》叙目》，尤中主编，云南省高等院校古籍整理委员会、云南大学西南古籍研究所编：《西南古籍研究 1987》，云南人民出版社，1989年，第103页。

续表

| 序号 | 《云南丛书》目录 | 已刊 | 版本情况 | 详细信息 |
|---|---|---|---|---|
| 206 | 《杨文襄公写韵楼遗像题录》一卷 [清] 赵惠元辑 | ○ | 据抄本新刊 | |
| 207 | 《钱南园先生守株图题词录》一卷 赵藩辑 | ○ | 据抄本新刊 | 前有1922赵藩题识："友人移写之本，委略为厘次，亟录付梓，收入《云南丛书》。"1938年昆明开智公司铅印本。 |
| 208 | 《晋宁诗文征》二十卷《序目》一卷 方树梅辑 | ○ | 新刊铅本 | |
| 209 | 《咏灯诗话》二卷 [清] 王宝书撰 | ○ | | 未见他本 |
| 210 | 《风向集》一卷 [明] 释褝林无际 | | | |
| 211 | 《嶰园诗稿》[清] 许湜撰 | | | |
| 212 | 《留砚堂骈文》二卷 [清] 张汉撰 | | | |
| 213 | 《初学文类》一卷 [清] 傅为訢撰 | | | |
| 214 | 《廉泉诗抄》四卷 [清] 范仕义撰 | | | 云南图书馆藏待刻本。 |
| 215 | 《古香书屋诗抄》十二卷《文抄》二卷 [清] 赵辉璧撰 | | | 云南图书馆藏清道光刻本、光绪刻本。 |
| 216 | 《鸿蒙室诗集选》一卷 [清] 方玉润撰 | | | |
| 217 | 《宜良严氏诗》三卷 严仕道 严阴曾撰 | | | |
| 218 | 《知非轩诗文钞》四卷 [清] 孙文达撰 | | | 云南图书馆藏待刻本。 |
| 219 | 《北山诗集》一卷 袁丕钧撰 | | | |

462

# 后　记

《民国时期公共图书馆古籍出版史》是我的博士论文，从 2020 年 5 月 24 日正式定题，到 2022 年 4 月 8 日送交盲审，写作历时约两年。此次又在原文的基础上做了部分修改，包括章节顺序调整、文字修订等。

2020 年初，我在为原定的《民国时期山东出版史》查找资料，并着手写一些篇章，首先关注的是较为熟悉的山东省立图书馆的出版活动，发现当时包括山东在内的很多图书馆都出版了大量的书籍，特别是各省立图书馆接收晚清官书局书版并进行印刷一项，引起了我极大的兴趣，于是计划将"民国时期公共图书馆的出版活动"这一问题写成单篇论文。在 5 月 23 日，师门论文报告时，我汇报了这一想法，导师杜泽逊教授建议改作博士论文。第二天，我重新整理了框架，向杜老师汇报，确定改换博士论文题目。

民国时期图书馆事业发展迅速，公立、私立、普通、专门等各类图书馆都有一定的数量，于是将研究重点放在在书籍出版方面有较大贡献的公共普通图书馆内，即各国立、省立、市立、县立图书馆的出版活动。出版的范围，则包括古籍、期刊、书目等。民国时期的出版事业，前人已经有了很多关注，特别是商务印书馆、中华书局等的出版活动，而对于公共图书馆的出版，鲜有了解，这是本论文较为不同的一方面。但是另一方面，关注少，要么说明并不占多么重要的位置，影响力较小，要么说明资料较少，所以我也带着这一疑问来做这一工作。

为了能够全面掌握当时的情况，我把所能见到的当时各公共图书馆的所有出版物，包括著述、概况、馆史、期刊、目录等，全部逐页查阅了一遍，又检索报刊，阅览学者日记、书信、文集，查阅各类汇编、档案，形成了20余万字的资料长编，还发现了一些比较有趣的问题，这给了我很大的信心。在后期写作过程中，由于内容太多，又缩小范围，限定在古籍出版方面。

本文实际上是一种"述"，主要将民国时期公共图书馆古籍出版这一现象揭示出来，补充当前的出版史、书籍史研究，也意在提供一个新的观察民国时期学术文化的视角。讨论具体问题时，在尽可能目验出版古籍的原件或电子影像的基础上，进行版本比勘、史实考据、学术史书写。

感谢我的老师，感谢在论文写作、书籍出版过程中给予帮助的众多师友，也感谢不断寻找光的自己。未尽之处，还请读者批评指正。

2024年4月5日
记于山东济南